A Dignidade da Pessoa Humana na Justiça Constitucional

A Dignidade da Pessoa Humana na Justiça Constitucional

2018

Jorge Reis Novais
Tiago Fidalgo de Freitas
Organizadores

ALMEDINA

A DIGNIDADE DA PESSOA HUMANA
NA JUSTIÇA CONSTITUCIONAL

ORGANIZADORES
Jorge Reis Novais
Tiago Fidalgo de Freitas

EDITOR
EDIÇÕES ALMEDINA, S.A.
Rua Fernandes Tomás, nºs 76-80
3000-167 Coimbra
Tel.: 239 851 904 · Fax: 239 851 901
www.almedina.net · editora@almedina.net

DESIGN DE CAPA
FBA.

PRÉ-IMPRESSÃO
João Jegundo

IMPRESSÃO E ACABAMENTO
Pentaedro, Lda.
Abril, 2018

DEPÓSITO LEGAL
439420/18

ALMEDINA | GRUPOALMEDINA

BIBLIOTECA NACIONAL DE PORTUGAL – CATALOGAÇÃO NA PUBLICAÇÃO

A DIGNIDADE DA PESSOA HUMANA NA
JUSTIÇA CONSTITUCIONAL

A dignidade da pessoa humana na justiça
constitucional / orgs Jorge Reis Novais, Tiago
Fidalgo de Freitas
ISBN 978-972-40- 7415-3

I – NOVAIS, Jorge Reis
II - FREITAS, Tiago Fidalgo de

CDU 342

ÍNDICE

INTRODUÇÃO
Jorge Reis Novais e *Tiago Fidalgo de Freitas* 9

I. DIGNIDADE E DIREITO ESTRANGEIRO

Significado y alcance de la apelación al principio constitucional de la dignidad de la persona en España
José Mª Porras Ramírez 25

Dignidade da pessoa humana como limite à restrição de direitos fundamentais: Análise da coerência da aplicação do conceito em decisões do STF
Marcela Rosa Abrahão 49

II. DIGNIDADE E DIREITOS SOCIAIS

A dignidade da pessoa humana e o direito à saúde – Políticas públicas e ativismo judicial
Catarina Santos Botelho 83

Notas sobre direito ao um mínimo existencial para uma vida com dignidade e os direitos fundamentais sociais
Ingo Wolfgang Sarlet 115

III. DIGNIDADE E FAMÍLIA

Brave New World: Human dignity and the Welfare State within the tensions between the right to family and the child's best interest
Inês Ferreira Leite 143

Prestação de cuidados de saúde e a idade para consentir
Cláudia Monge 177

A igualdade como concretização da dignidade? Considerações a propósito do Acórdão nº 346/2015 do Tribunal Constitucional
Luísa Neto 205

IV. DIGNIDADE E PROCRIAÇÃO

O princípio da dignidade da pessoa humana e a procriação medicamente assistida: Comentário ao Acórdão nº 101/2009 do Tribunal Constitucional
Benedita Mac Crorie 235

Dignidade humana e igualdade: Considerações a propósito do Acórdão do Tribunal Constitucional nº 101/2009
Miguel Nogueira de Brito 259

V. DIGNIDADE E MORTE

"(...) the appellant's mind and her forceful clarity «is all that Marie has left»". Sobre a dignidade, a autonomia e a moral a propósito do caso *Fleming* v. *Ireland*
Pedro Moniz Lopes 289

Dignidade da pessoa humana e 'morte assistida' na jurisprudência do Tribunal Constitucional colombiano
Jorge Pação 335

A dignidade (da morte) da pessoa humana: O caso Eluana Englaro
André Gonçalo Dias Pereira e *Mafalda Francisco Matos* 357

VI. DIGNIDADE, IGUALDADE E AUTONOMIA

O argumento do princípio da dignidade da pessoa humana: Paternalismo jurídico e restrições a direitos fundamentais
Mariana Melo Egídio 387

Moral ou dignidade no lenocínio: Um crime à procura de um bem jurídico
Mafalda Serrasqueiro 417

Dignidade e igualdade no contexto da atribuição (pública) de prémios olímpicos e paraolímpicos – Anotação ao Acórdão nº 486/03, do Tribunal Constitucional
Tiago Serrão 447

Dignidade da pessoa humana e liberdade contratual – A propósito de um Acórdão do Supremo Tribunal de Justiça de 24-09-2008
José João Abrantes 467

VII. DIGNIDADE, DEVERES DE PROTECÇÃO E PONDERAÇÃO

Das dimensões da dignidade da pessoa humana na jurisprudência do Tribunal Interamericano dos Direitos Humanos: O caso *Velásquez Rodriguez* v. *Honduras*
Francisco de Abreu Duarte e *Lucas Alcici* 487

O caso alemão da 'Lei da segurança da aviação' e a norma da dignidade da pessoa humana à luz de uma análise estrutural
Jorge Silva Sampaio 519

Introdução

Jorge Reis Novais[1]
Tiago Fidalgo de Freitas[2]

a) A presente obra analisa o princípio da dignidade da pessoa humana na justiça constitucional portuguesa e estrangeira, bem como na justiça internacional, dando uma visão panorâmica da enorme complexidade dos desafios que a aplicação do princípio coloca no dia-a-dia das democracias constitucionais contemporâneas. Para além de um enquadramento compreensivo e abrangente de alguns dos problemas relativos à delimitação do seu conteúdo, analisam-se questões localizadas na intersecção da dignidade com vários núcleos temáticos.

A colecção de estudos que ora se apresenta – a primeira sobre o tema em Portugal – ostenta quatro características distintivas centrais:

i) Internormatividade: os artigos aqui coligidos escrutinam não só decisões de direito português, mas também de direito internacional e de direito espanhol, de direito alemão, de direito brasileiro, de direito angolano e de direito colombiano – corroborando a ideia de diálogo, de migração de conceitos e de fertilização cruzada de e entre várias ordens jurídicas[3];

[1] Professor da Faculdade de Direito da Universidade de Lisboa e investigador principal do Centro de Investigação de Direito Público.

[2] Assistente convidado da Faculdade de Direito da Universidade de Lisboa e investigador associado e coordenador executivo do Centro de Investigação de Direito Público.

[3] Cfr., entre tantos, V. Perju, *Constitutional transplants, borrowing, and migrations*, in M. Rosenfeld / A. Sajó (eds.), *The Oxford handbook of comparative constitutional law*, Oxford: OUP, 2012,

ii) Multidisciplinariedade: são aqui analisadas questões de direito constitucional, mas também de direito civil, de direito do trabalho, de direito penal, de direito da bioética e de direito internacional, demonstrando à saciedade a centralidade do princípio da dignidade da pessoa humana enquanto fundamento jurídico-político dos ordenamentos jurídicos contemporâneos[4];

iii) Diversidade de origem: para além da presença de Autores estrangeiros, os Autores nacionais, de diferentes gerações, são provenientes das Faculdades de Direito portuguesas mais relevantes (Faculdades de Direito da Universidade de Lisboa, da Universidade de Coimbra, da Universidade Nova de Lisboa, da Universidade do Porto, da Universidade do Minho e da Universidade Católica Portuguesa);

iv) Carácter eminentemente prático: um dos fios condutores entre os vários trabalhos ora publicados consiste em seguirem uma abordagem virada para a aplicação prática do referido princípio pelos tribunais enquanto demonstração da centralidade da jurisprudência na protecção dos direitos fundamentais[5]. Quer isto dizer que poderá ser útil para os advogados e juízes portugueses que, confrontados com a utilização cada vez mais frequente deste princípio nos mais diferentes ramos do Direito na jurisprudência cível (tanto em casos civis quanto criminais), administrativa e constitucional, podem a ela

pp. 1304 ss.; G. Halmai, *The use of foreign law in constitutional interpretation*, in M. Rosenfeld / A. Sajó (eds.), *op. cit.*, pp. 1328 ss; S. Choudry, *Migration as a new metaphor in comparative constitutional law*, in S. Choudry (ed), *The migration of constitutional ideas*, Cambridge: CUP, 2006, pp. 1 ss.. Entre nós, utilizando precisamente, nesta matéria, o conceito de 'internormatividade', confessadamente inspirado no de 'interconstitucionalidade' (p. 22) e crismando este entrecruzamento de ordenamentos jurídicos como um 'triângulo normativo europeu' (p. 281), cfr. M. L. Duarte, *União Europeia e direitos fundamentais*, Lisboa: AAFDL, 2006, pp. 197-208; utilizando o conceito de 'constitucionalismo multinível', cfr. A. M. Guerra Martins, *Manual de direito da União Europeia*, Coimbra: Almedina, 2012, pp. 35-52; de uma perspectiva adjectiva, cfr. M. J. Rangel de Mesquita, *Introdução ao contencioso da União Europeia*[2], Coimbra: Coimbra Editora, 2013, pp. 316-399; M. L. Duarte, *idem*, pp. 367-420; cfr., por fim, T. Fidalgo de Freitas, *A Carta dos direitos fundamentais da União Europeia e a sua relação com a Convenção Europeia dos Direitos do Homem*, in J. Miranda (ed.), *Estudos em homenagem ao Prof. Doutor Sérvulo Correia*, IV, Coimbra: Coimbra Editora, 2010, pp. 816-848.

[4] Cfr. J. Reis Novais, *A dignidade da pessoa humana*, I, Coimbra: Almedina, 2015, pp. 19-23; Id., *A dignidade da pessoa humana*, II, Coimbra: Almedina, 2016, pp. 157-199.

[5] Cfr. J. Reis Novais, *Direitos fundamentais e justiça constitucional*, Lisboa: AAFDL, 2017, pp. 164 ss..

recorrer para uma adequada sustentação de razões e argumentos. Ao mesmo tempo, também o podem fazer os estudantes de licenciatura que são confrontados com um princípio jurídico tão controverso e com tão elevado grau de indeterminação e, bem assim, os mestrandos, doutorandos e pós-doutorandos que, visando aprofundar teoricamente o estudo das matérias com ele conexas, encontram aqui ponto de partida para muitos temas altamente complexos que podem desenvolver nas suas próprias investigações, seja alinhando seja divergindo das conclusões a que aqui se chega.

b) O livro está organizado em sete capítulos: um primeiro capítulo transversal com artigos sobre a tutela da dignidade da pessoa humana em ordenamentos jurídicos estrangeiros e seis outros capítulos temáticos. São eles: o princípio constitucional da dignidade da pessoa humana como fundamento dos direitos fundamentais sociais; as dimensões do referido princípio no âmbito das relações familiares; a invocação do princípio na procriação auxiliada clinicamente; a relação entre a dignidade e a morte; questões relativas à autodeterminação individual, à igualdade e à autonomia; e, por fim, o papel da ponderação e dos deveres de protecção na metódica de manuseamento do princípio da dignidade da pessoa humana.

Dentro do primeiro capítulo (i) – sobre dignidade e direito estrangeiro –, J. M. Porras Ramírez debruça-se sobre o significado e o alcance desta norma-princípio no ordenamento jurídico espanhol à luz da interpretação que a jurisprudência do Tribunal Constitucional tem feito do artigo 10.1 da Constituição espanhola de 1978. Argumenta que o princípio em causa é multifuncional, servindo essencialmente três funções: a fundamentação comum e ordenação de todos os direitos fundamentais em torno de uma ideia fundacional da cultural ocidental e da unidade da Constituição; a definição de novas pretensões subjectivas jusfundamentais que sejam merecedoras de tutela específica, sejam novos direitos de liberdade, sejam direitos a prestações; e como justificação dos limites ou restrições que afectam os direitos reconhecidos.

Marcela Rosa Abrahão faz uma análise de alguns acórdãos representativos da jurisprudência do Supremo Tribunal Federal brasileiro sobre a dignidade da pessoa humana enquanto fundamento e limite das restrições estatais a direitos fundamentais à luz da Constituição cidadã de 1988, bem como sobre a utilização da 'fórmula do objecto'. As matérias sobre as quais incidem essa série de processos são: o aborto de feto anencefálico, a investigação em células-tronco embrionárias, a liberdade de expressão e o uso de algemas por acusados de crime. Através desse exercício, procura tipificar casos típicos de situações em que a norma constitucional da dignidade da pessoa humana é violada. A conclusão, contudo, vai no sentido de que, na maior parte dos casos, o princípio é utilizado com uma formulação absoluta baseada na ideia de violação evidente do princípio que abdica de qualquer relação fundamentada com o caso concreto. A dignidade é, assim, invocada mais como *fórmula-chavão* legitimadora da decisão alcançada, qual porta-estandarte – qualquer que seja o seu conteúdo –, do que como argumento jurídico.

Já no segundo capítulo (ii) – dedicado à relação entre dignidade e direitos sociais –, Catarina Santos Botelho escalpeliza o direito fundamental à protecção da saúde enquanto emanação directa do princípio da dignidade da pessoa humana à luz do direito internacional geral e regional dos direitos humanos, bem como da Constituição portuguesa de 1976. São ainda analisadas três questões complexas: por um lado, se existe uma proibição de retrocesso social em matéria de direito à saúde; por outro, se o direito à saúde inclui no seu âmbito de protecção o turismo de saúde e o direito fundamental à inovação terapêutica; por fim, se o activismo judicial em matéria de concretização do direito à saúde, em particular no Brasil, consubstancia uma violação do princípio da separação de poderes. Por fim, conclui que, numa situação concreta em que esteja em risco a vida de uma pessoa, o direito social prestacional à saúde se metamorfoseia num direito subjectivo a uma determinada prestação positiva do Estado.

Ingo Wolfgang Sarlet, por sua vez, debruça-se sobre o direito a um mínimo existencial digno, comparando de forma crítica exemplos representativos da jurisprudência do Supremo Tribunal Federal brasileiro e da do *Bundesverfassungsgericht* alemão. Ainda que o primeiro tribunal tenha importado o conceito e o seu conteúdo do segundo, a metodologia e as circunstâncias que têm rodeado a sua aplicação são bastante distintas, sucedendo que o Supremo Tribunal Federal brasileiro o tem utilizando de forma inadequada e desproporcional como critério de controlo das funções legislativa e administrativa, em lugar de reconhecer que compete ao legislador defini-lo em primeira linha.

Passando ao terceiro capítulo (iii) – sobre dignidade e família –, Inês Ferreira Leite começa por analisar o conceito de superior interesse da criança e os direitos fundamentais a constituir família e à privacidade da família à luz do princípio da dignidade da pessoa humana. Partindo da análise de casos decididos pelos tribunais judiciais portugueses e pelo Tribunal Europeu dos Direitos do Homem, pondera se o Estado deve estar, ou não, limitado na sua competência de avaliação do melhor ambiente para a criança, bem como o papel que a família biológica e os laços emocionais com a mesma devem ter nessa equação. Em particular, concentra-se nos desafios colocados pela austeridade e pela crise do Estado social ao apoio às famílias biológicas pobres e desestruturadas, em que estatisticamente está provado existirem mais casos de crianças negligenciadas e maltratadas, e questiona a ideia de que a adopção seja necessariamente a melhor solução nestes casos.

Cláudia Monge parte da ideia de que o consentimento prévio, livre e esclarecido para uma intervenção ou tratamento médico, enquanto manifestação de autonomia, é uma decorrência necessária do princípio da dignidade da pessoa humana. Desta perspectiva, e à luz das disposições civis, penais e de direito da saúde de direito ordinário relevantes, discute a questão de saber se e a partir de que idade os menores têm capacidade para dar consentimento de forma autónoma. Por fim, identifica os sujeitos onerados com um dever de protecção dos menores e defende que do artigo 36º, nº 5, da Constituição, decorrem duas normas de direitos fundamentais: uma que atribui aos pais o direito à manutenção de educação e manutenção dos filhos, e outra que lhes impõe o dever dessa educação e manutenção, sendo os filhos os beneficiários dessa obrigação.

Luísa Neto, por seu turno, aborda a questão de saber se a dignidade da pessoa humana pode ser invocada, pelo putativo progenitor, como argumento para recusar a averiguação oficiosa e/ou o reconhecimento judicial da paternidade. Analisa jurisprudência do Tribunal Constitucional português – e em particular o Acórdão do Tribunal Constitucional nº 347/2015 – e do Tribunal Constitucional Federal alemão e dos tribunais comuns sobre a matéria e recusa essa possibilidade, seja como decorrência do livre desenvolvimento da personalidade do progenitor, seja como derivação da reserva da sua vida privada e familiar. Ao mesmo tempo que rejeita, nesses termos, um direito genérico à autodeterminação parental, reconhece, contudo, que, na medida em que a prova tenha de ser feita através de uma lesão da integridade física do alegado progenitor, o mesmo tem legitimidade para a recusar, afastando que essa recusa possa ser de alguma forma valorada para efeitos probatórios, e dando prevalência a esse direito sobre o direito fundamental à identidade pessoal da criança.

No quarto capítulo (iv) – focado na análise da procriação clinicamente auxiliada à luz do princípio da dignidade da pessoa humana –, Benedita MacCrorie toma como ponto de partida o voto de vencido da Conselheira Maria Lúcia Amaral ao Acórdão do Tribunal Constitucional nº 101/2009. Procura, em primeiro lugar, determinar de que forma a dignidade pode ser usada como "instrumento interpretativo auxiliar da ponderação a fazer entre *outros* direitos ou princípios", o que logra fazer questionando a aplicação da 'fórmula do objecto' ao caso. Em segundo lugar, visa estabelecer o seu "âmbito de aplicação subjectivo", sustentando que, ao longo da decisão, o Tribunal Constitucional não é claro quanto à questão de saber se o embrião é, ele próprio, protegido pelo princípio da dignidade da pessoa humana e defendendo um conceito constitucional de vida mais abrangente do que o que foi utilizado no Acórdão.

Miguel Nogueira de Brito, comentando o mesmo acórdão, começa por defender que, apesar de a dignidade ter deixado de ser encarada como um valor absoluto e ter passado a ser encarada como *mais uma* norma de direitos fundamentais sujeita a ponderação (ou, pelo menos, uma norma cujo conteúdo pode ser variável e de valor *prima facie*), a segunda perspectiva não substituiu a primeira, antes se cumulou com ela. É proposto um conteúdo alternativo para o conceito de dignidade humana como igualdade do valor humano, defendendo que existe violação da dignidade humana sempre que alguém for tratado por outrem em termos que este último rejeitaria para si mesmo. Daqui decorre que à dignidade correspondem um compromisso de igualitarismo estrito, por um lado, e, por outro, uma pretensão de carácter binário, que não admite gradações. Esta proposta de direito a um tratamento de acordo com a dignidade humana reconhecido a todas as pessoas, quando aplicado à bioética, milita contra a concessão de cheques em branco à pesquisa científica, exigindo que sirva o propósito de tratar uma patologia específica e não que meramente contribua para o benefício da humanidade.

Iniciando o quinto capítulo (v) – sobre dignidade humana e morte –, Pedro Moniz Lopes comenta um caso do *Supreme Court* da República da Irlanda em que a requerente (Marie Fleming) sustentava que o seu "direito" a viver compreendia logicamente, na dimensão de exercício negativo, o "direito" a pôr termo à própria vida. Usando como pano de fundo a teoria *hohfeldiana* das posições jurídicas, sustenta que Marie Fleming alegava uma mera liberdade (permissão fraca) e o correlativo reconhecimento da inexistência de um dever constitucional de terceiros de não prestar assistência à realização daquele fim, e não um direito-pretensão (permissão forte) a que estivesse associado um dever estadual de prestar assistência àquele fim. No contexto de uma sociedade pluralista e tolerante, a norma de dignidade da pessoa humana tem subjacente um desacordo interpretativo profundo e uma inequívoca ressonância moral, podendo ser assumido essencialmente de várias formas, de entre as quais se salientam duas: de uma perspectiva comunitário-religiosa heterónoma (particularmente ligada ao imperativo categórico) ou de uma perspectiva liberal-individual ancorada na autonomia (associada a imperativos hipotéticos). A primeira perspectiva condiciona o indivíduo a qualquer comando moral sem mais, enquanto a segunda lhe dá espaço para o fazer enquanto e na medida em que o corresponda aos seus fins e interesse. A adopção da segunda concepção acaba por ser decorrente do reconhecimento de que todas as normas (jurídicas ou morais) são derrotáveis em consequência da sua estrutura normativa, por serem sensíveis ao contexto factual e normativo implicitamente compreendido nas suas condições de emissão.

Jorge Pação comenta um caso decidido pela *Corte Constitucional* colombiana em que foi decidida a não inconstitucionalidade da 'morte assistida' com fundamento na dimensão subjetiva da dignidade da pessoa humana enquanto dignidade-autonomia. Sufragando o enquadramento dado pelo referido tribunal, a dignidade da pessoa humana é reconduzida ao fundamento jurídico de todo e qualquer direito fundamental e, nessa qualidade, a *iter* necessário de qualquer renúncia, sobretudo quando total e irreversível, a direitos. Neste contexto, apenas a dimensão objectiva da dignidade – identificada não com qualquer moral pública, mas com a 'fórmula do objecto' – será passível de ponderação com a dimensão subjectiva acima identificada com base nos respectivos pesos concretos. Aplicado à questão da 'morte assistida', desde que comprovado o consentimento livre e esclarecido do envolvido, este encontra-se a prosseguir um fim que lhe é próprio, não havendo, por isso, qualquer instrumentalização.

André Dias Pereira e Mafalda Francisco Matos, por seu turno, partem de um caso decidido pela *Corte Suprema di Cassazione* italiana em que foi reconhecido o direito à autodeterminação terapêutica, mesmo quando um paciente adulto já não esteja em condições de manifestar a sua vontade, procurando enquadrá-lo à luz dos ordenamentos jurídico português e angolano. Em Portugal e em Angola, o cotejo das diferentes fontes constitucionais, internacionais, legais e regulamentares aplicáveis determinaria também que a recusa de tratamento por parte de um doente, mesmo que pudesse provocar a sua morte, fosse conforme à lei. Por fim, identificam-se três áreas em que se verifica algum consenso a nível internacional nas matérias da dignidade e da morte: a proibição da distanásia e a aceitação da ortotanásia, a admissibilidade da doutrina do duplo efeito e o direito aos cuidados paliativos.

O sexto capítulo (vi) – sobre dignidade, igualdade e autonomia – inicia-se com um artigo de Mariana Melo Egídio que tem por objecto as restrições ao exercício de direitos fundamentais com fundamento no princípio da dignidade da pessoa humana, mesmo quando o comportamento vedado corresponda a uma voluntária e consciente manifestação de vontade do indivíduo. O texto parte de um caso decidido pelo Tribunal Constitucional português sobre a não inconstitucionalidade (por violação da dignidade da pessoa humana) da incriminação do lenocínio com fundamento num risco elevado e não aceitável de exploração de uma situação de carência e desproteção social. Apesar de ter estrutura de princípio, a norma da dignidade da pessoa humana assumiria a natureza de regra em determinadas situações, podendo ainda apresentar duas funções adicionais: uma função defensiva e uma função de norma de protecção. A atitude paternalista do Estado de protecção do indivíduo contra si próprio decorreria da vertente positiva do princípio da dignidade da pessoa humana, enquanto dever de protecção imposto ao Estado. No entanto, para recorrer a essa vertente, o Estado careceria de um fundamento particularmente forte, especialmente quando do outro lado da balança não estivessem direitos fundamentais de outras pessoas, mas sim 'valores intrínsecos', como é o caso. Todavia, essa fundamentação inexistiria no caso do crime de lenocínio, motivo pelo qual se estaria perante uma utilização da dignidade da pessoa humana *contra* os direitos fundamentais.

Mafalda Serrasqueiro examina o mesmo Acórdão do Tribunal Constitucional português e a (in)constitucionalidade da incriminação do lenocínio. Sendo o bem jurídico protegido pelo crime em questão a liberdade de expressão sexual da pessoa, a sua justificação residiria na ideia de que quem se prostitui o faria por necessidade económica, pelo que a sua vontade não seria verdadeiramente livre e se trataria sempre de uma exploração da respectiva dignidade. Depois de desconstruir esta ideia, com base em argumentos de vária natureza, sustenta que, muito pelo contrário, é a dignidade da pessoa humana que postula uma esfera de autonomia ao seu titular, subtraída ao poder do Estado e aos seus moralismos, e que lhe permite inclusivamente renunciar a direitos fundamentais. Desta perspectiva, o crime de lenocínio, ao invés de proteger a dignidade da pessoa que se prostitui, nega-lhe essa dignidade ao ignorar a sua vontade, o seu consentimento na relação com o proxeneta, a sua autonomia individual e a sua natureza de ser responsável pelas suas escolhas e capaz de orientar a sua vida da forma que considerar melhor para si.

Tiago Serrão debruça-se sobre um Acórdão do Tribunal Constitucional português que decidiu inexistir violação do princípio da igualdade na norma que, comparativamente com o que acontecia com atletas sem deficiência, determinava a atribuição (pública) de prémios de montante mais baixo para os atletas com deficiência que alcançassem resultados desportivos de destaque em certas provas internacionais, bem como na norma que estabelecia apenas para estes atletas um teto máximo de prémios a auferir. Notando a total ausência de revelação de um fundamento para a diferenciação efectuada pelo Estado legislador ou pelo Estado administrador, sustenta que se trataria de uma discriminação com base na circunstância intrínseca ao sujeito e totalmente incontrolável pelo mesmo sujeito: a deficiência. Assim sendo, as normas em causa não poderiam deixar de ser inconstitucionais, não só por violarem o princípio da igualdade, mas também por violarem o princípio da dignidade da pessoa humana, dada a gravidade da discriminação em presença, de onde decorreria uma sugestão social clara e gravemente denegridora ou de menorização.

Em comentário a um Acórdão do Supremo Tribunal de Justiça relativo a um caso em que um trabalhador foi despedido por, através de testes médicos feitos no âmbito da medicina do trabalho, ter sido diagnosticado com HIV positivo, José João Abrantes problematiza a questão da justiça contratual no contrato de trabalho. Tendo como pano de fundo a eficácia horizontal dos direitos fundamentais, tenta-se conciliar a liberdade contratual e a autonomia privada com outros direitos ou interesses constitucionalmente protegidos (designadamente o direito à reserva da intimidade da vida privada) para determinar os limites da subordinação jurídica.

A abrir o sétimo e último capítulo (vii) – dedicado à relação entre ponderação, deveres de protecção e dignidade –, Francisco de Abreu

DUARTE e LUCAS ALCICI focam-se na perspectiva jusinternacionalista, tanto geral quanto regional, da dignidade da pessoa humana. A partir do Acórdão proferido pelo Tribunal Interamericano dos Direitos Humanos no caso *Velásquez Rodriguez* v. *Honduras*, sobre desaparecimentos forçados, escalpelizam as várias dimensões da dignidade na jurisprudência daquele órgão jurisdicional: enquanto parâmetro objetivo, enquanto conteúdo mínimo de outros direitos fundamentais, enquanto mandado de interpretação *pro homine* e, por fim, enquanto fundamento de jurisdição.

JORGE SILVA SAMPAIO, a encerrar a obra, procede a uma análise estrutural da norma de dignidade da pessoa humana. Da sua natureza não absoluta decorreria, de uma perspectiva de lógica deôntica, que poderia entrar em conflitos normativos – e, portanto, sujeita a ponderação – e, eventualmente, ser derrotada. O seu índice de derrotabilidade seria, contudo, muito baixo, em especial à luz da força abstracta que a mesma mostraria em comparação com as restantes normas de direitos fundamentais. A esta luz, é escrutinado o acórdão do Tribunal Constitucional Federal alemão sobre a Lei da Segurança da Aviação, no âmbito da qual estava em causa a permissão de abater um avião com terroristas e passageiros inocentes a bordo e que podia tirar a vida a pessoas inocentes que se encontravam em terra.

c) Sendo relativamente abrangentes nas temáticas versadas, os estudos que ora se publicam têm um fio condutor orientado pela ideia de que um conceito constitucionalmente adequado de dignidade assenta nas seguintes fundações, apresentadas numa gradação de concretização:

i) A rejeição da utilização da dignidade da pessoa humana *contra* os direitos fundamentais e o acolhimento inequívoco de um conceito de dignidade aplicado *a favor* dos direitos fundamentais. Esta ideia consubstancia-se essencialmente linhas de força que se seguem: na utilização da dignidade enquanto critério de interpretação do conteúdo dos restantes direitos fundamentais, enquanto parâmetro das ponderações a realizar com outros direitos fundamentais, enquanto limite aos limites dos direitos fundamentais e enquanto garantia do conteúdo essencial dos direitos fundamentais[6];

[6] Neste sentido, cfr. J. REIS NOVAIS, *A dignidade da pessoa humana*, I, pp. 97-119; ID., *A dignidade da pessoa humana*, II, pp. 23-34.

ii) A opção clara por uma concepção liberal de *dignidade como autonomia* por oposição a uma concepção comunitária de *dignidade como coerção*[7]. A primeira perspectiva assenta na ideia de que compete a todo e a cada indivíduo escolher pessoalmente o seu destino de acordo com a sua visão sobre o que seja a boa vida[8]. A dignidade, assim, é plural e não só não impõe uma única representação ou mundividência, como não cerceia a possibilidade de escolher qualquer das alternativas de vida existentes, por muito irracional ou depravadas que sejam à luz da consciência geral; maximiza, desta forma, a autonomia individual, valorizada enquanto liberdade negativa, sem interferências estatais. Neste contexto, inexistem escolhas dignas e escolhas indignas: todas são iguais perante o Estado; o mesmo é dizer que todos os indivíduos estão numa posição absoluta de igualdade na definição e prossecução autónomas de fins e modos de vida[9]. A segunda, pelo contrário, assume que é legítimo que o Estado tome posição sobre as opções individuais dos cidadãos em nome de valores comunitários, designadamente de natureza moral ou religiosa, e em regra socialmente construídos, impondo o que é –

[7] Cfr. N. Rao, *Three concepts of dignity in constitutional law*, Notre Dame Law Review, vol. 86/1, 2011, pp. 183-271 (que desenvolve um conceito de 'dignidade por inerência', oposto ao de 'dignidade comunitária ou por coerção'). Cfr. ainda R. Siegel, *Dignity and the politics of protection: Abortion restrictions under* Casey/Carhart, Yale Law Journal, vol. 117, 2008, pp. 1737-1739 (que, no contexto da jurisprudência sobre interrupção voluntária de gravidez do *Supreme Court* norte-americano, desenvolve um conceito de 'dignidade assente na liberdade', que se opõe ao de 'dignidade assente na vida'); R. Dworkin, *Is democracy possible here? Principles for a new political debate*, Princeton/Oxford: Princeton University Press, 2006, pp. 9-11, 17-21 (que desenvolve um 'princípio de responsabilidade pessoal' correspondente ao sentido liberal-individual de autonomia acolhido no texto); Id., *Justice for hedgehogs*, Cambridge/London: Belknap, 2011, pp. 195-218 (em que mantém a distinção anterior, embora redenomine o princípio em causa como 'princípio de autenticidade'). Cfr., por fim, o texto de P. Moniz Lopes, *"(...) The appellant's mind and her forceful clarity «is all that Marie has left»". Sobre a dignidade, a autonomia e a moral a propósito do caso* Fleming *v.* Ireland, pp. 321-332, neste volume. Já opondo um conceito aberto a um conceito fechado de dignidade, em sentido próximo do referido no texto, cfr. J. Reis Novais, *Os princípios constitucionais estruturantes da República portuguesa*, Coimbra: Coimbra Editora, 2004, pp. 58-60.

[8] Sobre o conceito filosófico de autonomia, aqui pressuposto, cfr. o texto propedêutico de G. Dworkin, *Autonomy*, in R. Goodin / P. Pettit / T. Pogge (orgs.), *A companion to contemporary political philosophy*[2], I, Malden/Oxford/Carlton: Blackwell, 2007, pp. 443-451.

[9] Cfr. J. Reis Novais, *A dignidade da pessoa humana*, II, p. 136; Id., *Os princípios constitucionais estruturantes*, p. 59.

e sobretudo o que não é – uma vida adequada. O que na concepção de *dignidade como autonomia* eram escolhas autodeterminadas, são agora, na *dignidade como coerção,* nuns casos deveres jurídicos imperativos e noutros casos opções entre alternativas muito limitadas e heterodeterminadas. Como o *Supreme Court* norte-americano tão eloquentemente referiu em *Casey*, abraçando a *dignidade como autonomia*, "[t]hese matters, involving the most intimate and personal choices a person may make in a lifetime, choices central to personal dignity and autonomy, are central to the liberty protected by the Fourteenth Amendment. At the heart of liberty is the right to define one's own concept of existence, of meaning, of the universe, and of the mystery of human life. Beliefs about these matters could not define the attributes of personhood were they formed under compulsion of the State"[10];

iii) O enquadramento é exclusivamente secular, como não podia deixar de ser num ordenamento jurídico-constitucional que consagra a liberdade de consciência, de religião e de culto e determina imperativamente a separação entre a igreja e outras comunidades religiosas e o Estado[11]. Cada pessoa pode escolher, na sua vida, conformar-se com uma concepção de dignidade mais ou menos próxima da professada por uma comunidade religiosa, mas quando o faz é por opção própria e não porque lhe é imposto pelo Estado[12].

Ao mesmo tempo, e não obstante a respectiva amplitude temática, inúmeros tópicos com uma ligação umbilical à dignidade da pessoa humana ficaram de fora. São eles, designadamente, os seguintes: (1) a pena de morte; (2) as penas e os tratamentos cruéis, desumanos e degradantes e a tortura[13]; (3) o direito fundamental a um mínimo de existência condigna[14];

[10] Acórdão do *Supreme Court* dos Estados Unidos da América de 29 de Junho de 1992, *Planned Parenthood of Southeastern Pa. v. Casey*, 505 U. S. 833 [1992], também citado por M. Rosen, *Dignity. Its history and meaning*, Cambridge & London: Harvard University Press, 2012, p. 124, e por R. Siegel, *Dignity and the politics of protection*, p. 1740.

[11] Neste sentido, cfr. J. Reis Novais, *A dignidade da pessoa humana*, I, pp. 121-153.

[12] Também assim, cfr. R. Dworkin, *Is democracy possible here?*, pp. 10, 52-89.

[13] Cfr., sobre o tema, J. Reis Novais, *A dignidade da pessoa humana*, II, pp. 201-240.

[14] Cfr., sobre este tema, o que já se escreveu em J. Reis Novais, *Direitos sociais. Teoria jurídica dos direitos sociais enquanto direitos fundamentais*[2], Lisboa: AAFDL, 2017, pp. 230-240; Id., *Os princípios constitucionais estruturantes*, pp. 66-68; T. Fidalgo de Freitas, *O princípio da*

(4) os direitos das pessoas LGBT e em particular dos casais do mesmo sexo, quer em termos de casamento ou união civil[15], quer em termos de procriação ou de adopção; (5) os direitos de outras minorias, designadamente étnicas e raciais, religiosas e políticas; (6) os direitos dos povos indígenas; (7) os direitos dos refugiados e de outras pessoas deslocadas, internacional ou nacionalmente, ou objecto de algum regime de protecção internacional[16]; (8) os direitos das pessoas com deficiência; (9) os direitos das crianças; (10) os direitos sexuais e reprodutivos das mulheres[17]; (11) várias questões no âmbito da biomedicina, como sejam as relativas à investigação sobre células estaminais embrionárias, à terapia genética e ao diagnóstico pré-implantação; (12) diversas questões sobre biotecnologia, nomeadamente as relativas ao aperfeiçoamento das capacidades humanas e à clonagem[18].

proibição de retrocesso social, in AA.Vv., *Estudos em memória do Professor Doutor Marcello Caetano*, II, Lisboa: Faculdade de Direito da Universidade de Lisboa, 2006, pp. 819-822.

[15] Cfr., sobre este tema, o que já se escreveu em T. Fidalgo de Freitas / D. Tega, *Judicial restraint and political responsibility: A review of the jurisprudence of Italian, Spanish and Portuguese high courts on same-sex couples*, in D. Gallo et al. (eds.), *Same-sex couples before national, supranational and international jurisdictions*, Berlim/Heidelberg: Springer, 2014, pp. 287-317.

[16] Cfr., sobre este tema, o que já se escreveu em T. Fidalgo de Freitas / B. Menezes Queiroz / B. Esperança *O conceito de* refugiado *nos ordenamentos jurídicos internacional, europeu e português*, in S. David (coord.), *O contencioso do direito de asilo e proteção subsidiária*, Lisboa: CEJ, 2016, pp. 129-164.

[17] Cfr., sobre este tema, R. Rubio Marín, *Legal transfer of women and fetuses: A trip from German to Portuguese constitutionalism*, in G. Frankenberg (ed.), *Order from transfer. Comparative constitutional design and legal culture*, Cheltenham: Elgar, 2013, pp. 120-150.

[18] Cfr., sobre ambos estes temas, o que se escreverá em J. Reis Novais, *A dignidade da pessoa humana*, III, Coimbra: Almedina, 2018.

I

DIGNIDADE E DIREITO ESTRANGEIRO

Significado y Alcance de la Apelación al Principio Constitucional de la Dignidad de la Persona en España

José Mª Porras Ramírez*

Índice: 1. La dignidad humana como recurso argumentativo polivalente y como principio constitucional sustantivo. **2.** La dignidad humana ¿fundamento de los derechos? **3.** La dignidad humana como instrumento para el pleno reconocimiento y garantía de los derechos de prestación y la creación de nuevos espacios de libertad. **4.** La dignidad humana como límite a los derechos reconocidos. **5.** Conclusiones.

1. La dignidad humana como recurso argumentativo polivalente y como principio constitucional sustantivo

De unos años a esta parte el recurso argumentativo al principio de la dignidad humana parece haber adquirido un uso común y reiterado, tanto en la legislación como en la jurisprudencia ordinaria y constitucional española. Y de ese modo se observa a pesar de la debilidad prescriptiva que muestra una expresión, lábil e indeterminada como pocas, asociada, hoy, inextricablemente, a los derechos fundamentales de la persona[1]. La misma hace referencia a un concepto filosófico, inicialmente ajeno al Dere-

* Catedrático de Derecho Constitucional de la Universidad de Granada.

[1] R. Chueca Rodríguez (dir.), *"Dignidad humana y derecho fundamental"*, Madrid, Centro de Estudios Políticos y Constitucionales, 2015, págs. 25 y ss.

cho, de originaria filiación cristiana[2], luego secularizado por el humanismo renacentista[3] e incorporado a la moral ilustrada[4], el cual alcanza relevancia universal merced a su asunción, a modo de reacción antitotalitaria, tras los horrores de la II Guerra Mundial, por parte del Derecho internacional humanitario[5], irradiándose a las nuevas Constituciones tras aquélla elaboradas. Aun así, a pesar de la excelencia ética que se atribuye a la misma, lo cierto es que no puede dejar de repararse en su carácter de referencia axiológica normativamente inconsistente, retórica, acomodaticia, muchas veces hueca o superflua[6], cuando no, sólo, ornamental, en tanto que manifestación de una categoría no objetivada, carente, en fin, de eficacia precisa y contrastada para el Derecho[7], tal y como demuestra la enfática declaración del Tribunal Constitucional, cuando en su STC 53/1985, de 11 de abril, proclama gravemente: *"La dignidad es un valor espiritual y moral, inherente a la*

[2] *Génesis*, 1: 27; *Evangelio de San Juan*, 3: 16; *Carta de San Pablo a los Romanos*, 12: 4-8; y del mismo a los *Corintios (I)*. 12: 18-21 y 25-26. En este sentido, ha de estarse a su elaboración dogmática contemporánea por parte de la *doctrina social de la Iglesia*, a partir de la *Encíclica Rerum Novarum*, de 1891, del papa León XIII.

[3] G. Pico della Mirandola, *"Oratio de hominis dignitate"*. (1486). (Trad. esp., Barcelona, PPU, 1988). Al respecto, cfr., el clásico comentario de E. Cassirer, *"Individuum und Kosmos in der Philosophie der Renaissance"*, (1927). (Trad. Esp., Buenos Aires, Emecé, 1975, págs.. 121 y ss). Más específicamente, ibídem, "Giovanni Pico della Mirandola: A Study in the History of Renaissance Ideas", en *Journal of the History of Ideas*, Vol. 3, nº 3, 1942, págs. 319-346. Vid., asimismo, como referencia muy notable, J. L. Vives, "Fabula de Homine" (1518), en *"Diálogos y otros escritos"*, edición crítica, anotada de J. F. Alcina, Barcelona, Planeta, 1988, págs. 153 y ss.

[4] I. Kant, *"Grundlegung zur Metaphysik der Sitten"*. (1785). (Trad. esp., Madrid, Tecnos, 1995, págs.. 67 y ss). Así, nuevamente, E. Cassirer, *"Philosophie der Aufklarung"* (1932). (Trad. esp., México, Fondo de Cultura Económica, 1993, págs 302 y ss.)

[5] *Preámbulo* de la *Declaración Universal de los Derechos Humanos*, proclamada por la Asamblea General de las Naciones Unidas, reunida en París, en su Resolución 217 A (III), de 10 de diciembre de 1948. Cfr., también, su art. 1, en el que se afirma: *"Todos los seres humanos nacen libres e iguales en dignidad y derechos y, dotados como están, de razón y conciencia, deben comportarse fraternalmente los unos con los otros"*. En relación a éste y a otros textos, cfr., I. Gutiérrez Gutiérrez, "Traducir derechos: la dignidad humana en el Derecho constitucional de la comunidad internacional", en *Anuario de la Facultad de Derecho de la Universidad Autónoma de Madrid*, nº 16, 2012, págs. 97 y ss.

[6] F. Rubio Llorente (dir.), *"Derechos fundamentales y principios constitucionales"*, Barcelona, Ariel, 1995, pág. VIII. También, Ibidem, "Principios y valores constitucionales", en VVAA, *"Estudios de Derecho Constitucional. Homenaje al Profesor Rodrigo Fernández Carvajal"*, Murcia, Universidad, Volumen I, 1997, págs. 645 y ss.

[7] R. Chueca Rodríguez, "La marginalidad jurídica de la dignidad humana", en op. cit., págs. 27 y ss.

persona, que se manifiesta en la autodeterminación consciente y responsable de la propia vida y que lleva consigo la pretensión al respeto por parte de los demás" (F.J. 8º).

De todos modos, a pesar de la fragilidad de que adolece, su aptitud potencial para fungir como elemento dinamizador y renovador del ordenamiento, al relacionarse con el pleno reconocimiento y garantía de derechos, hasta ahora, considerados incompletos y con la aparición o el "descubrimiento" de nuevos y emergentes espacios iusfundamentales, que requieren de eficaz protección, viene a revelar, también, su versatilidad. Mas eso no le resta un ápice de arriesgada incerteza, habida cuenta de que tan socorrida expresión, más allá de erigirse, con manifiesta impostura histórica, en fundamento genérico de cuantos derechos han sido específicamente asegurados, es, hoy, frecuentemente invocada por los operadores jurídicos, no sólo como apoyo, sustento o refuerzo argumental de las facultades jurídicas reconocidas por otros preceptos a sujetos que son titulares de los derechos; sino, también, como justificación añadida a la restricción de los mismos, empleada en aras de garantizar la salvaguardia de ciertos bienes jurídicos que se consideran amenazados. De ahí que el recurso a su condición de límite inconcreto nos enfrente al riesgo de distorsionar el sistema iusfundamental vigente. Todo ello nos convoca a la necesidad de determinar su contenido o significado propio y resolutorio, exigiendo su formalización preceptiva, "de manera compatible con lo que sea propio a la democracia constitucional"[8].

En este sentido, hemos de comenzar diciendo que la *dignidad de la persona*, expresada en el art. 10.1 de la Constitución española, donde se la considera, nada menos que *"fundamento del orden político y de la paz social"*, no ha de reputarse un mero *valor*, esto es, una meta, un fin u objetivo genérico que el Estado se propone alcanzar ("Staatsziel")[9], sin que nada le compela a ello o sancione por no hacerlo, dada la ausencia de genuina normatividad que informa la proclamación de un concepto deóntico de esa laya. Mas tampoco podemos reputarla expresiva de una *regla*, pues no prescribe actuación alguna, ni conlleva ninguna obligación jurídica concreta a satisfacer por los poderes públicos. Y, menos, aún, puede considerarse, al modo alemán,

[8] Jiménez Campo, J., "Artículo 10.1", en M. E. Casas Baamonde y M. Rodríguez-Piñero y Bravo-Ferrer (dirs.), *"Comentarios a la Constitución española en su XXX aniversario"*, Madrid, 2008, págs. 178 y ss.

[9] Determina, sin justificarlo, que el art. 10.1 CE, en el que se hace referencia a la dignidad humana, sólo expresa valores, la STC 34/2008, FJ 6º, entre otras.

un *derecho fundamental* autónomo, dado que la Constitución española, que, además, rehúsa a reputarla, como sí hace la Ley Fundamental de Bonn (art. 1.1), "intangible" ("unantastsbar")[10] e "irreformable", al no incluirla en ninguna "cláusula de eternidad" ("Ewigkeitsklausel") al efecto prevista, ha optado por no incorporarla al restrictivo catálogo de los mismos establecido en el Capítulo II de su Título I. Más bien, al referirse a ella en la norma que se erige en pórtico explicativo de dicho Título, la ha hecho trascender a aquéllos, al convertirla en una suerte de "principio constitucional superior a todos los derechos objetivos", tal y como la valoraba Dürig[11]. De ahí que aparezca como base o presupuesto de los mismos, los cuales, en tanto que "inherentes" a ella (art. 10.1 CE), no vienen sino a constituir su concreción o especificación en los diferentes ámbitos vitales. Así, recurriendo a la luminosa frase de H. Arendt, la dignidad de la persona vendría a expresar un matricial "derecho a tener derechos" ("Ein Recht auf Rechte")[12]

En suma, de este modo, viene a conceptuarse esencialmente a la dignidad humana como un *principio,* esto es, como una "pauta directiva de normación jurídica"[13], llamada a realizarse, a pesar del carácter genérico o abstracto que presenta su enunciado, proyectándose en regulaciones específicas a las que inspira y cuya interpretación y aplicación dirige y condiciona, asociadas a la garantía y realización de *"los derechos inviolables que le son inherentes"*. La jurisprudencia constitucional se ha hecho eco de esta conceptualización, certificando su carácter sustantivo, en tanto que expresión de un bien jurídico que ha de ser protegido y respetado, a fin de que *"el orden político"* y *"la paz social"* se encuentren objetiva y legítimamente fundamentados[14].

[10] "La dignidad de la persona es intangible. Todos los poderes del Estado están obligados a respetarla y protegerla" (art. 1.1 LFB).

[11] T. Maunz & G. Dürig (Hrsg*), "Grudgesetz Kommentar"*, Band 18 (Artikels 1-18), München, C.H. Beck, 1958, págs. 117 y ss.

[12] C. Enders, *"Die Menschenwürde in der Verfassungsordnung. Zur Dogmatik des Art. 1.1 GG"*, Tübingen, 1997, págs. 501 y ss. En la doctrina italiana, vid., S. Rodotà, *"Il diritto di avere diritti"*, Roma, Laterza, 2012, pássim. La famosa frase de Hannah Arendt aparece, debidamente contextualizada, en su extraordinaria obra "The origins of totalitarianism". (1951). (Trad. esp., Madrid, Taurus, 1974, pág. 221).

[13] K. Larenz, *"Methodenlehre der Rechtswisenshaft"* (1960). (Trad. esp. Barcelona, Ariel, 1980, pág. 465).

[14] Acerca del doble carácter de los derechos fundamentales, y, en particular, en relación a su dimensión objetiva e institucional, cfr, como referencia clásica, P. Häberle, *"Die Wesensgehaltsgarantie des Art. 19 Abs. 2 Grundgesetz"*, (1962). Heildelberg, C.F. Müller, 1993, 19. Auflage, págs. 104 y ss.

Así, dado su carácter de principio, la apelación a la dignidad de la persona impone orientaciones a seguir a los poderes públicos y a los sujetos particulares. Además, su fuerza irradiante se produce en toda dirección, afectando a cuantos sectores del Derecho aparecen referidos al mismo. Dicha condición llama a su especificación posterior, al entrañar un *mandato de optimización* y un *deber de protección*, que se proyecta, en general, sobre el ejercicio de todas las funciones constitucionales y, en particular, en lo que respecta a la aplicación e interpretación de las diferentes prescripciones jurídicas referidas a los derechos de la persona, que se ven, de esa manera, informadas y mediatizadas por el mismo[15].

Semejante principio determina así una concreta línea de desarrollo a seguir por el ordenamiento, que ha de girar en torno a la *idea básica* que expresa aquél, la cual apela a *la igual e irreductible predisposición que presenta toda persona o ser humano para ser reconocido como titular de derechos y deberes fundamentales*. De ese modo, el conjunto de normas ligadas a ese principio se dotan de homogeneidad, al venir el mismo a informarlas, estructurarlas y cohesionarlas, sirviendo de criterio orientador que permite la interpretación sistemática e integrada de las mismas, lo que contribuye a su delimitación y completa caracterización. Se pretende así que no haya contradicción entre ellas, pese a aspirar a la consecución de objetivos, en principio, diferentes. Las mismas se tornan así complementarias, al tiempo que pasan a limitarse recíprocamente. El principio de referencia muestra, de ese modo, una cualidad ordenadora, lo que permite evitar las posibles antinomias a las que, inevitablemente, conduciría que cualquiera de ellas fuera interpretada al margen de las demás; al tiempo que contribuye a trabarlas y relacionarlas, no sólo entre sí, sino, también, con el resto del ordenamiento constitucional, esto es, con los principios estructurales que vertebran a éste. Se ayuda así a expresar, al cabo, la idea de *unidad de la Constitución*[16], *que, en definitiva, no se entiende sino como un sistema de principios interrelacionados y complementarios.*[17]

[15] R. Alexy, *"Theorie der Grundrechte"* (1994, 2.Auflage). (Trad. esp. Madrid, Centro de Estudios Constitucionales, 2007, segunda edición, págs. 86 y ss.)

[16] K. Hesse, "Verfasungsinterpretation", en *"Grundzüge des Verfassungsrecht der Bundesrepublik Deutschland"*, Heildelberg, C. F. Müller, 19. Auflage, 1993, pág. 27.

[17] Acerca de la virtualidad relacional de los principios, cfr. J. Esser, *"Grundsatz und Norm in der richterlichen Fortbildung des Privatsrecht"* (1956). (Trad. esp., Barcelona, Bosch, 1961, págs.. 65 y ss.) También, K. Larenz, *"Methodenlehre..."*, op. cit., (Trad. esp., págs. 465-482).

En consecuencia, la referencia constitucional a la dignidad humana se lleva a cabo, en la Constitución española, a través de un principio, que es, a su vez, una derivación o concreción del modo en que se ha querido configurar, de manera genérica, el orden jurídico-político estatal, fundado en unos concretos valores (STC 24/1982). Tal principio expresa una determinada visión del mismo, por lo que se materializa en regulaciones normativas, generadoras de relaciones jurídicas objetivadas, que se ven, de ese modo, animadas o guiadas por la función directriz que dicho principio desempeña. El mismo impone así parámetros que determinan las orientaciones a seguir por el legislador y la jurisdicción, en tanto que aplicadores recurrentes del mismo[18].

En todo caso, la multifuncionalidad de este principio se revela en la apelación al mismo: 1) para fundamentar y cohesionar los derechos positivamente reconocidos en torno a una categoría estrechamente ligada a la idea de persona, asentada, hoy, firmemente, en la cultura occidental, orientando sus desarrollos considerados legítimos; 2) para contribuir, por medio de la misma, a la definición de nuevos intereses subjetivos, aun faltos de la debida garantía, vinculados a ámbitos iusfundamentales en proceso de reconocimiento o construcción, merecedores de tutela específica; y, asimismo, 3) para justificar, expresando una moral pública, los límites o restricciones que afectan al alcance de los derechos reconocidos.

A esas tres funciones a las que se asocia, hoy, el principio de la dignidad humana, y a las que se refieren frecuentemente el legislador y los tribunales de justicia, se hará sumaria referencia, seguidamente.

2. La dignidad humana ¿fundamento de los derechos?

El art. 10.1 de la Constitución española, inspirado directamente en los arts. 1 y 2 de la Ley Fundamental de Bonn[19], se sitúa al frente de su trascen-

[18] P. Häberle, *"Die Wesensgehaltsgarantie..."*, op. cit. págs. 106.

[19] En general, acerca de su conceptuación y alcance en el Derecho alemán, cfr., H. Dreier, "Artikel 1: Menschenwürde", en H. Dreier (Hrsg.), *"Grundgesetz Kommentar"*, Band I: Artikel 1-19, Tübingen, Mohr Sicbeck, 1996, págs. 90-163. Como se sabe, otro destacado eco de la influencia desplegada por la Constitución de Alemania se encuentra en el art. 1 de la Constitución de Portugal, en el que se proclama: "La República portuguesa es una República

dental Título Primero, denominado, "De los derechos y deberes fundamentales", a modo de cláusula explicativa del mismo. Así, dispone: *"La dignidad de la persona, los derechos inviolables que le son inherentes, el libre desarrollo de la personalidad, el respeto a la ley y a los derechos de los demás son el fundamento del orden político y de la paz social"*[20]. Como el Tribunal Constitucional ha expresado, en la ya referida STC 53/1985, alusiva a la despenalización parcial del aborto consentido, en su F.J. 11º, la dignidad es el "...*germen o núcleo de unos derechos que le son inherentes*". De acuerdo con esta concepción, firmemente arraigada, tales derechos no vendrían a ser otra cosa, por tanto, que la expresión jurídicamente objetivada o, si se prefiere, el desarrollo específico de ese principio. Conforme a esa idea, la dignidad humana aparece así como una suerte de categoría de Derecho natural, pre y suprapositiva, que se incorpora, aun así, a la Constitución, a fin de condicionar la actuación del poder constituyente en la determinación de los derechos de la persona que le son propios. Así, éstos no han de ser considerados más que realizaciones o explicitaciones de la misma, cuyo reconocimiento y garantía se efectúan en atención a las demandas y necesidades sociales del momento. De ahí que afirmar que su interpretación y aplicación hayan de llevarse a cabo conforme a la significación atribuida a dicho principio no deje de constituir una tautología o redundancia[21].

No obstante, insistir en el carácter ontológico y previo de la dignidad humana constituye una mixtificación de la realidad, ya que los diferentes derechos se han ido definiendo históricamente, en relación a situaciones particulares en las que se ponía de manifiesto la contradicción existente entre los intereses y objetivos que se planteaba alcanzar un amplio y activo colectivo humano, demandante de los mismos, y un orden político con-

soberana, *basada en la dignidad de la persona humana*". De este precepto ha desaparecido, tras su reforma, la pretensión marxista original, conforme a la cual se aspiraba a avanzar hasta la construcción de "una sociedad sin clases". Al respecto, vid. J. J. Gomes Canotilho, *"Direito Constitucional e Teoria da Constituição"*, Coimbra, Almedina, 2015, 7ª edição, págs. 221 y ss. En cualquier caso, la mayor parte de las Constituciones del Sur de Europa y de Iberoamérica recogen, asimismo, esta expresión de manera análoga.

[20] Cfr., J. Ruiz-Giménez Cortés, "Artículo 10. Derechos fundamentales de la persona", en O. Alzaga Villaamil (dir.), *"Comentarios a la Constitución española de 1978"*, Tomo II, Madrid, Edersa, 1997, págs. 48 y ss. También, A. Oehling de los Reyes, "El concepto constitucional de dignidad de la persona", en *Revista Española de Derecho Constitucional*, nº 91, 2011, págs. 140 y ss.

[21] F. J. Bastida Freijedo y otros, *"Teoría general de los derechos fundamentales en la Constitución española de 1978"*, Madrid, Tecnos, 2004, págs. 39 y ss.

trario o reacio a su admisión[22]. En consecuencia, la efectiva garantía constitucional de los derechos viene a representar la culminación exitosa de un, a veces, prolongado proceso de reconocimiento, atravesado por luchas y enfrentamientos no siempre pacíficos[23]. Por eso, convenida su historicidad, hemos de considerar falaz la argumentación que sostiene que los mismos se deducen o derivan de una consideración previa de la dignidad humana que, a modo de fundamento absoluto e indiscutido, actúa como presupuesto antropológico o razón de ser de los mismos. Más bien sucede al contrario: son los derechos los que jurídicamente conforman la dignidad, aunque se sostenga interesadamente lo opuesto[24].

Dicha reconstrucción filosófica, de recobrada inspiración iusnaturalista, encuentra explicación en el preciso contexto histórico-cultural que se suscita, en Occidente, tras la finalización de la II Guerra Mundial. En ese marco, la constatación de las aberraciones sistemática y masivamente cometidas, fundamentalmente, contra la vida y la integridad física y moral de las personas, durante el desarrollo de aquel conflicto armado, llevaron a promover un consenso acerca de la necesidad de refundar y relegitimar a la sociedad y el Estado, en torno a una renovada idea de la persona y de la consideración esencial, esto es, de la dignidad, de la que se hace merecedora la misma. Dicha categoría moral, estrechamente vinculada, tanto al humanismo cristiano, como al imperativo kantiano[25], se consideró *"cualidad consustancial inherente a la persona"* (STC 244/2007, de 10 de diciembre, FJ 2º), *"mínimum invulnerable que todo estatuto jurídico debe asegurar, de modo que sean unas u otras las limitaciones que se impongan en el disfrute de los derechos individuales, no conlleven menosprecio para la estima que, en cuanto ser humano, merece la persona"* (STC 120/1990, de 27 de junio, FJ 4º). Así, la misma pasó a situarse en la base del orden político (STC 113/1995, de 6 de julio, FJ 6º), mereciendo, de forma simultánea, el reconocimiento, siquiera en Alemania,

[22] M. García Pelayo, "Derecho Constitucional comparado" (1950), en *"Obras Completas (I)"*, Madrid, Centro de Estudios Constitucionales, 1991, pág. 352. También, ampliamente, N. Bobbio, *"L'Età dei Diritti"*, Torino, Einaudi, 1992, págs. 5-16

[23] P. Cruz Villalón, "Formación y desarrollo de los derechos fundamentales", en *Revista Española de Derecho Constitucional*, nº 25, 1989, págs. 35-62.

[24] Así, lúcidamente, M. A. Aparicio Pérez, "Ambigüedades normativas del concepto `dignidad de la persona´ en la Constitución española de 1978" en *Revista de Chapecó*, vol. 14, nº 3, 2013, págs. 9-28; en especial, pág 27.

[25] P. Ridola, *"Diritti di libertà e costituzionalismo"*, Torino, G. Giappichellli, 1997, págs. 14 y ss

de su intangibilidad y carácter imperecedero[26]. Por eso, se estimó lógico que se asociaran a aquélla, estableciendo una suerte de unidad inescindible, unos derechos que debían considerarse inextricablemente "inherentes" a la misma (STC 17/2013, de 31 de enero, FJ 2º)[27].

Pero más allá de rastrear su genealogía, la cuestión está en determinar *cuál es la conexión existente entre la dignidad humana y los derechos* que, conforme a lo dispuesto en la Constitución, la especifican o concretan directamente[28]. Así, la jurisprudencia constitucional se ha hecho eco de esa estrecha vinculación, particularmente, al aludir a los derechos fundamentales de los que son titulares, por igual, españoles y extranjeros[29]. A tal fin ha afirmado que existen *derechos que "pertenecen a la persona en cuanto tal, y no como ciudadano"*, dado que *"se trata de derechos que son imprescindibles para la garantía de la dignidad humana" y "no resulta posible un tratamiento desigual respecto a los españoles"* (SSTC 107/1984, de 23 de noviembre, FJ 3º, 99/1985, de 30 de septiembre, FJ 2º y 130/1995, de 11 de septiembre, FJ 2º). Por eso, en tales casos, el Tribunal Constitucional ha extendido su titularidad, también, a aquéllos, llegando a contradecir interpretaciones restrictivas promovidas, a esos efectos, por el legislador, en ejercicio de su libertad de configuración, ex art. 13.1 CE.

Naturalmente, no puede esperarse que sean considerados "derechos inherentes a la persona humana" todos los reconocidos en la Norma Fundamental, sino sólo aquéllos que, selectivamente, se consideran ligados estrechamente a aquélla, a juicio del supremo intérprete de la Constitución, el cual, supliendo la ausencia de una definición sobre el contenido de la dignidad humana, es quien los señala[30]. De ahí que haya estimado

[26] En relación al referente alemán, vid., I. Gutiérrez Gutiérrez, *"Dignidad de la persona y derechos fundamentales"*, Madrid, Marcial Pons, 2005, págs. 33 y ss.

[27] P. Häberle, "Die Menschenwürde als Grundlage der staatlichen Gemeinshaft", en J. Isensee y P. Kircchof (Hrsg.), *"Handbuch des Staatsrechts des Bundesrepublik Deutschland"* (1987), Heildelberg, C.F. Müller, 2. Auflage, 1995, Band I, págs. 4 y ss.

[28] A. Pascual Medrano, "La dignidad humana como principio jurídico del ordenamiento constitucional español", en R. Chueca Rodríguez (dir.), *"Dignidad humana y derecho fundamental"*, op. cit., págs. 295-333; en especial, págs. 307 y ss.

[29] A modo de síntesis, cfr. STC 17/2013, de 31 de enero, FJ 2º).

[30] Acerca de una práctica común a los Estados dotados de jurisdicción constitucional donde se vincula la dignidad humana a los derechos fundamentales, mas sin precisar el alcance constitucional preciso de aquélla, cfr., I. Gutiérrez Gutiérrez, *"Dignidad de la persona y derechos fundamentales"*, Madrid, Marcial Pons, 2005, págs. 33 y ss.

que no lo son, en principio, los de carácter político, al estar vinculados al estatus de ciudadanía, esto es, los derechos al sufragio, activo y pasivo, a menos que exista reciprocidad y lo contemplen los tratados o las leyes, según estipula el art. 13.2 CE. Por el contrario, los derechos que sí asisten a todos, sin distinción, por lo que cabe considerar comunes a todas las personas, en tanto que asociados a la dignidad humana, son, según el criterio del supremo intérprete de la Norma Fundamental: los derechos a la vida (STC 53/1985), a la integridad física y moral (STC 215/1994), la libertad ideológica (STC 55/1996), la libertad religiosa (STC 107/1984, FJ 3º), el derecho al honor (STC 49/2001), la intimidad, personal y familiar (STC 7/2014), y a la propia imagen (STC 81/2001), el derecho a la tutela judicial efectiva (STC 99/1985, FJ 2º) y el derecho instrumental a la asistencia jurídica gratuita (STC 95/2003, de 22 de mayo, FJ 3º). También, el derecho a la libertad y a la seguridad (STC 144/1990, de 26 de septiembre, FJ 5º), el derecho al secreto de las comunicaciones (STC 114/1984), a la inviolabilidad del domicilio (STC 139/1995), a la protección de datos personales (STC 292/2000), la libertad de expresión (STC 20/1990) y, naturalmente, el derecho a no ser discriminado por razón de nacimiento, raza, sexo, religión o cualquier otra condición o circunstancia personal o social (STC 137/2000, de 29 de mayo, FJ 1º)[31]. En todo caso, se ha considerado que tales derechos no forman parte de una lista cerrada y exhaustiva, al poder el legislador extender, legítimamente, dicho catálogo a otros de carácter no fundamental, incardinados en "principios rectores de la política social y económica" (Capítulo III del Título I de la Constitución).

Además, en relación a los mismos, el Tribunal Constitucional ha advertido contra la tentación del legislador de abusar de su libertad de configuración, regulándolos restrictivamente. De ahí que le haya prohibido modular o atemperar su contenido, negando su ejercicio cuando afecten a los extranjeros, cualquiera que sea el régimen de su estancia o residencia en España (STC 99/1985, de 30 de septiembre, FJ 2º), al insistir en que se está en presencia de *"derechos que pertenecen a la persona en cuanto tal, y no como ciudadano"*. Por eso, ha dispuesto que *"la dignidad ha de permanecer inalterada cualquiera que sea la situación en la que la persona se encuentre, constituyendo, en consecuencia, un mínimum invulnerable que todo estatuto jurídico*

[31] García Vázquez, S., *"El estatuto jurídico-constitucional del extranjero en España"*, Valencia, Tirant lo Blanch, 2007, págs. 45 y ss.

debe asegurar" (STC 120/1990, de 27 de junio, FJ 4º y STC 57/1994, de 28 de febrero, FJ 3º)[32].

En todo caso, el *grado de conexión de un concreto derecho con la dignidad* debe determinarse, a juicio del Tribunal Constitucional, *"a partir de su contenido y naturaleza, los cuales permiten precisar en qué medida es imprescindible para la dignidad de la persona, concebida como sujeto de un derecho, siguiendo para ello la Declaración Universal de los Derechos Humanos y los tratados y acuerdos internacionales a los que remite el art. 10.2 de la Constitución"*. Invocando este precepto ha estimado, asimismo, que los derechos de reunión, manifestación y asociación no pueden, tampoco, ser negados a los extranjeros por el legislador, alegando su carácter político, aunque simultáneamente se faculte a aquél, de forma un tanto contradictoria, para establecer "condicionamientos adicionales", debidamente justificados y proporcionales, con respecto a su ejercicio por parte de aquéllos[33].

En este sentido, la STC 236/2007, de 7 de noviembre, vino a declarar inconstitucionales y consecuentemente nulas las cuestionables limitaciones legislativas que sufrían los extranjeros que no habían obtenido autorización de estancia o residencia en España, a la hora de ejercitar, tanto las libertades de reunión y manifestación, como los derechos de asociación y de sindicación. Lo novedoso de esta sentencia consiste en la apelación al carácter, esta vez, excepcionalmente resolutorio y no meramente enfático, del principio de la dignidad humana, del que deduce, de forma independiente del carácter o naturaleza de tales derechos, el deber de extender la titularidad de los mismos, también, a las personas de nacionalidad no española. Asimismo, en atención a las exigencias que, a su juicio, se derivan de dicho principio, esa misma sentencia ordenó la supresión de las trabas

[32] C. Izquierdo Sans, "Artículo 13.1: Los derechos fundamentales de los extranjeros", en M.E. Casas Baamonde y M. Rodríguez-Piñero y Bravo Ferrer (dirs.), *"Comentarios a la Constitución española. XXX aniversario"*, Madrid Wolters Kluwer, 2008, págs. 228-237; en especial, págs. 233 y ss.

[33] Valoran el alcance de esta notable sentencia, con carácter general, C. Ortega Carballo, "Los derechos fundamentales de los extranjeros después de la STC 236/2007, de 7 de noviembre", en *Justicia Administrativa, Revista de Derecho Administrativo*, nº 40, 2008, págs. 5-30. Más en particular, en referencia a las limitaciones que la misma establece al legislador en el ejercicio de los derechos por los extranjeros, cfr., F. Balaguer Callejón, "El contenido esencial de los derechos constitucionales y el régimen jurídico de la inmigración. Un comentario a la STC 236/2007, de 7 de noviembre", en *Revista de Derecho Constitucional Europeo*, nº 10, 2008, págs. 481-505; en especial, pág. 502.

legislativas existentes en relación al ejercicio del derecho a la educación por parte de los extranjeros. A tal fin dispuso su reconocimiento universal ordenando facilitar el acceso de aquéllos a la enseñanza obligatoria y no obligatoria, con independencia de cuál fuera su régimen de estancia o residencia en España[34].

Así, lo que, a juicio del Tribunal Constitucional, resulta decisivo para saber si puede ser titular de un derecho constitucionalmente reconocido un extranjero con residencia irregular en España, es "*...el grado de conexión con la dignidad humana que mantiene un determinado derecho*". A este razonamiento cabe, sin embargo, objetar que, o bien tal grado de conexión o íntima vinculación existe siempre, atendiendo a la propia naturaleza o el carácter indiscriminado que muestra el reconocimiento constitucional del derecho; o cabe inferirlo recurriendo a un argumento circular, conforme al cual todo derecho relevante para el desenvolvimiento de la persona en su vida cotidiana ha de entenderse que posee siempre la capacidad de expresar lo que culturalmente se entiende como inherente a la dignidad humana[35].

También, la STC 91/2000, de 30 de marzo, en su FJ 14, alegó, de forma aparentemente autónoma, el principio de la dignidad humana para subrayar que un juez incurre en violación del mismo si accede, sin condiciones, a la extradición de una persona, cuyos derechos no están garantizados en el Estado reclamante. De ahí que el Tribunal Constitucional haya exigido a los miembros del Poder Judicial que contrasten, antes de conceder la extradición, si las autoridades del país requirente están en condiciones de garantizar, plenamente, los derechos de la persona reclamada, en atención a la garantía y salvaguardia universal de la dignidad de la persona (STC 181/2004, de 2 de noviembre). No obstante, en realidad, en este supuesto han sido las normas internacionales en la materia las que han sido aplicadas, por lo que la apelación a la dignidad de la persona no ha dejado de tener un carácter, más bien, retórico, viniendo, en todo caso, a reforzar la decisión previamente adoptada.

En suma, los derechos contenidos en la Sección 1ª del Capítulo II del Título I de la Constitución (art. 15-29), junto con el derecho/principio a la igualdad (art. 14), si bien con las salvedades que la Norma Fundamental

[34] F. Balaguer Callejón, "El contenido esencial de los derechos constitucionales y el régimen jurídico de la inmigración....", op. cit., págs. 492 y ss.

[35] Así, M.A. Aparicio Pérez, "Ambigüedades normativas del concepto `dignidad de la persona' en la Constitución española de 1978", op. cit., págs. 27-28.

establece, en referencia estricta a los supuestos en que la titularidad corresponde, en principio, sólo a "los españoles" (arts. 19: libertad de residencia y circulación; 23: derecho al sufragio; activo y pasivo; y 29: derecho de petición[36]), se atribuyen, en el ordenamiento jurídico español, a todas las personas, por lo que se sitúan en relación directa de reciprocidad, esto es, "de fundamentación y preservación", como señala J. Jiménez Campo, con el principio de la dignidad humana. Así, la jurisprudencia constitucional, recurriendo a expresiones análogas, o bien ha manifestado que tales derechos "derivan" del mismo (STC 207/1996, de 16 de diciembre, FJ 3º); o bien presentan una "íntima conexión" con aquél (STC 49/2001, de 26 de febrero, FJ 5º); o constituyen una "plasmación singular" suya (STC 281/2006, de 9 de octubre, FJ 3º). De ese modo, se considera que tales derechos fundamentales vendrían a ser "proyecciones de núcleos esenciales de la dignidad de la persona" (STC 194/1994, de 23 de junio, FJ 4º); al constituir su mera "traducción normativa" (STC 136/2006, de 8 de mayo, FJ 6º)[37].

Sin embargo, dicho esto, es menester cuestionar, con R. Chueca, la consistencia argumental de esas decisiones jurisprudenciales, preguntándonos si vincular los derechos a la dignidad humana, aporta, o no, un "plus" a la idea de autodeterminación individual característica de los derechos fundamentales. O dicho de otro modo, si tal vinculación, establecida como justificación de las decisiones de los tribunales, constituye un requisito o exigencia técnica incorporada a la noción de aquéllos, sin la cual queda amputada o devaluada su comprensión e interpretación[38]. Y, desde luego, no parece que así sea cuando la dignidad se emplea, como sucede en la mayoría de los casos, como argumento suplementario u "obiter dicta", mas no como "ratio decidendi". De ese modo ocurre cuando, a la hora de resolver un conflicto que afecta a uno o a varios derechos fundamentales, la interpretación ponderada de los mismos proporciona, por sí misma, la solución al litigio, en atención al propio carácter o naturaleza de tales derechos, sin que se necesite acudir al principio en cuestión, a no ser para reforzar argumentalmente la respuesta ya previamente alcanzada (STC 235/2007, de 7 de noviembre, FJ 6º).

Y es que no abundan los supuestos en que el principio de la dignidad humana ha sido empleado, por sí mismo, para determinar o completar el

[36] Con las salvedades que contempla el propio régimen jurídico de estos derechos.

[37] J. Jiménez Campo, "Artículo 10.1" op. cit., págs. 184-185.

[38] R. Chueca Rodríguez, "La marginalidad jurídica de la dignidad humana", op. cit., pág. 43.

alcance de un derecho fundamental, insistiendo en la condición asociada a aquél del mismo. Así ha sucedido, extraordinariamente, por ejemplo, para excluir, con carácter general, de la titularidad del derecho a la igualdad a las personas jurídico-públicas[39], en este caso, a las Universidades, a menos que les afecten desigualdades en la aplicación de la ley. Con ello ha venido a considerarse que tal derecho posee un componente vinculado a la dignidad humana, que impide su extensión a sujetos distintos de la persona física o jurídico-privada misma (STC 239/2001, de 18 de diciembre, FJ 3º). Otro ejemplo significativo es el que llevó al Tribunal Constitucional a apoyarse en el principio de la dignidad humana para, en este caso, extender la titularidad del derecho al honor a colectivos de personas, afirmando así en su paradigmática STC 214/1991, de 11 de noviembre, FJ 8º), que "el odio y el desprecio a todo un pueblo o etnia...son incompatibles con el respeto a la dignidad humana". [40]

No obstante, en realidad, tanto en éstos como en otros casos análogos, es el carácter o la naturaleza misma del derecho fundamental en cuestión el que ha determinado autónomamente la solución al litigio, por lo que el recurso a un principio, externo al Derecho y de contenido tan impreciso como el de la dignidad de la persona, sólo cabe considerarlo a los meros efectos de reforzar la legitimidad de la decisión adoptada. No en vano, hasta ahora, y esto es importante subrayarlo, nunca el Tribunal Constitucional ha anulado una norma legal basándose, autónoma y únicamente, en el principio de la dignidad humana[41].

3. La dignidad humana como instrumento para el pleno reconocimiento y garantía de los derechos de prestación y la creación de nuevos espacios de libertad

La apelación al principio de la dignidad de la persona no se agota invocando su supuesta condición de fundamento de los derechos; sino que,

[39] J. Mª Baño León, "La igualdad como derecho público subjetivo", en *Revista de Administración Pública*, nº 114, 1987, págs. 179-195.

[40] J.Mª Porras Ramirez, "El discurso del odio como límite a la libertad de expresión", en *Revista Direito Público*, nº 79, 2018.

[41] Insiste en este extremo, A. Pascual Medrano, "La dignidad humana como principio jurídico...", op. cit., págs. 322-326.

también se produce a fin de contribuir a la definición y el reconocimiento de otros, aun faltos de una eficaz y completa protección. Dicha invocación pretende, no sólo completar la caracterización y garantía de los llamados *derechos de prestación*, sino, también, alumbrar la creación o el descubrimiento de nuevos espacios iusfundamentales.

Así, en relación a los mencionados "derechos de prestación", inspirados en los principios de "igualdad material" y de "justicia distributiva" (art. 9.2 CE), en tanto que componentes esenciales de un Estado que se autocalifica como social y democrático de Derecho (art. 1.1 CE), cabe recordar que los mismos se orientan a la consecución de un orden social mínimamente justo, en el que se pretende hacer realidad el propósito constitucional, enunciado en el Preámbulo, de asegurar a todos una *"digna calidad de vida"*[42]. De ahí que el Estado se dote de las competencias e instrumentos necesarios para satisfacerlos, en beneficio especial de aquéllos que, inicialmente, no se encuentran en situación de acceder, por sí mismos, a los bienes y servicios que presuponen. Por tanto, el Estado habrá de intervenir adoptando cuantas medidas estime necesarias para asegurar, a los que las precisen o demanden, las "oportunidades de libertad", esto es, las condiciones necesarias de existencia digna que no pueden alcanzar por sí mismos[43].

Esto explica su complejidad estructural[44], que rehúye su caracterización unívoca como meros derechos de crédito, otorgantes de un título habilitante a su titular para exigir el cumplimiento de una prestación a quien resulte obligado a satisfacerla[45]. Más allá de esto, muestran una singular dependencia de la organización del Estado, que ha de materializarlos, creando estructuras organizativas complejas, al tiempo que abre cauces de participación a los sujetos y colectivos interesados. De ahí la notable

[42] J. L. Cascajo Castro, *"La tutela constitucional de los derechos sociales"*, Madrid, Centro de Estudios Constitucionales, 1988, págs. 57 y ss. J.L. Prieto Sanchís, "Los derechos sociales y el principio de igualdad sustancial", en *Revista del Centro de Estudios Constitucionales*, nº 22, 1995, págs. 9-57. También, J. Mª Porras Ramírez, "Caracterización y garantía de los derechos de prestación en el Estado constitucional", en F. Balaguer Callejón (coord.), *"Derecho Constitucional y Cultura. Estudios en homenaje a Peter Häberle"*, Madrid, Tecnos, 2004, págs. 659-673.

[43] E. Benda, "Der sozialen Rechtsstaat", en J. Isensee y P. Kirchhof (Hrsg.), *"Handbuch des Verfassungsrechts des Bundesrepublik Deutschland"*, Heildelberg, C. F. Müller, 1995, págs. 487-559; en especial, págs. 626 y ss

[44] M.A. Aparicio Pérez, "Sobre la estructura de los derechos en la Constitución española y otras acotaciones al respecto", en Ibídem (coord.), *"Derechos constitucionales y formas políticas"*, Barcelona, Cedecs, 2001, págs. 43-92; en especial, págs. 70 y ss.

[45] J.L. Cascajo Castro, *"La tutela constitucional de los derechos sociales"*, op. cit., págs. 67-68.

dualidad que muestran las normas que los expresan, desdobladas, por un lado, en la creación de ciertas posiciones jurídicas subjetivas de ventaja, con frecuencia determinadas de manera abstracta en favor de sus titulares, respecto, ya sea de los poderes públicos, ya de terceros; y, de otro, de garantías objetivas, de carácter institucional, que conllevan un aspecto ineludiblemente organizativo. Todo ello explica su naturaleza compuesta, subrayada por la inescindible relación que se afirma entre ambas dimensiones de los mismos[46].

Es así posible constatar cómo, en ocasiones, si bien las menos, las normas declarativas de los mismos reconocen facultades jurídicas subjetivas que permiten reclamar, de manera inmediata, intervenciones o prestaciones, suficientemente definidas e identificables, ya al Estado, ya, a instancias de éste, a los particulares[47]. De este modo ocurre, excepcionalmente, con derechos de vocación tan distinta como son, respectivamente, los que habilitan para requerir una asistencia letrada gratuita (art. 24.2 CE); o a exigir una enseñanza básica, obligatoria y sin costes (art. 27.4 CE). La plasmación de los mismos en normas constitucionales directamente vinculantes, de eficacia "erga omnes", al poseer los rasgos cualificadores característicos de los derechos fundamentales, supone dotarlos de la garantía de que su contenido esencial podrá ser aplicado, no sólo frente, sino, incluso, en ausencia del oportuno y, por lo demás, habitualmente necesario desarrollo legislativo.

Sin embargo, lo normal es que no suceda así, al existir una evidente dificultad estructural, revelada en la mayoría de las normas que contienen a estos derechos, para hacerlos valer por sí mismos, con carácter previo a toda intervención parlamentaria de ordenación. Su incompleción deliberada, su apertura manifiesta, implica que, ordinariamente, expresen un programa constitucional, "prima facie", de distribución de bienes y servicios, a veces muy rudimentario, que requiere una ineludible concreción, normalmente muy intensa, a cargo del legislador, que cuenta, a esos efectos, con un amplio margen de autodeterminación[48]. Así, en la práctica, sólo

[46] P. Häberle, "Grundrechte im Leistungsstaat" en *"Die Verfassung des Pluralismus. Studien zur Verfassungstheorie der offenen Gesellshaft"*, Regensburg, Athenäum, 1980, págs. 169 y ss.

[47] A. Baldassarre, voz "Diritti soziali", en *Enciclopedia Giuridica Treccani*, Vol XI, Roma, 1989, págs. 1-34; en especial, pág. 30.

[48] Constituyen, pues, en tanto que normas de principio, "mandatos de optimización". Acerca de esta caracterización normativa, vid., R. Alexy, *"Theorie der Grundrechte"*, (Trad. Esp., op. cit., págs. 483 y ss.).

a partir de sus regulaciones nacen pretensiones jurídicas bien determinadas e invocables ante los tribunales, como derechos subjetivos individuales, esto es, dando forma a auténticas "posiciones jurídicas prestacionales", en sentido estricto[49]. De ahí que quepa afirmar que es el legislador el máximo responsable de que los llamados derechos y principios rectores de carácter social, no considerados fundamentales, desplieguen toda su eficacia jurídica, merced a su desarrollo configurador. Eso explica su incardinación en expresos *"mandatos constitucionales"*, caracterizados por el hecho de que, en ellos, el fin o programa se sustrae a la plena libertad configuradora de los órganos políticos, siéndoles impuesto como algo que les vincula.[50].

Y es aquí donde debe buscarse el respaldo de un haz de técnicas de realización y protección que hagan posible la materialización sustancial de tales derechos, reduciendo el amplio poder o margen de apreciación con que cuenta el legislador. A esos efectos, los principios y expectativas de intervención o prestación que en ellos se fundan, han de incitar actuaciones legislativas y administrativas que permitan la realización de los intereses legítimos, constitucionalmente protegidos, que tales normas expresan. Pero si tales desarrollos traspasan los límites predeterminados en la Constitución, efectuando un despojo del "mínimo existente", dispuesto expresamente en la Norma Fundamental, cabrá promover la declaración de inconstitucionalidad tales normas, apelando al tenor literal de los mandatos que se contienen en la Constitución, combinados con la invocación del principio de dignidad humana[51]. Así, en ciertas ocasiones, el supremo intérprete de la Constitución, al considerar la adecuación a aquélla de la normas legales de carácter tributario, las relativas al embargo de los bienes, o a la fijación de baremos indemnizatorios, ha venido a limitar el alcance de las mismas, afirmando la *necesidad de preservar un mínimo material que asegure la subsistencia vital de las personas*, esto es, su derecho a percibir una *"renta mínima de supervivencia"*, la cual deberá garantizarse,

[49] Así, J. J. Gomes Canotilho, *"Direito Constitucional e Teoría da Constituçâo"*, Coimbra, Almedina, 1999, págs. 444-446.

[50] E. W. Böckenförde, "Die sozialen Grundrechte im Verfassungsgefüge" en *"Staat, Verfassung, Demokratie. Studien zur Verfassungstheorie und zum Verfassungsrecht"*, Frankfurt am Main, Suhrkamp, 1992, págs. 56 y ss.

[51] E. Cobreros Mendazona, "Reflexión general sobre la eficacia normativa de los principios constitucionales rectores de la política social y económica del Estado", en *Revista Vasca de Administración Pública*, nº 19, 1987, págs. 27-59; en especial, pág. 42.

incluso, al deudor, por los motivos indicados (SSTC 113/1989, de 22 de junio, FJ 3º, 16/1994, de 20 de enero, FJ 4º, 181/2000, de 29 de junio, FJ 9º y 19/2012, de 15 de febrero, FJ 4º) [52]. De ese modo, se propicia que la actuación jurisdiccional se desarrolle conforme a criterios de razonabilidad, fundados en una *interpretación conjunta y material de los principios de igualdad y de dignidad de la persona, en tanto que expresivos de un genérico "derecho a una vida digna"*. Y todo ello por constituir tales "principios", en palabras de J.J. Gomes Canotilho, "determinantes constitucionales heterónomos" que, al comprometer la acción del Estado y de los particulares, vinculan, limitándolos, tanto al legislador como al juez, según subraya la Constitución, en su art. 53.3, y reitera, al efecto, la jurisprudencia del Tribunal Constitucional (STC 14/1992)[53]

Así, es claro que cuando tales principios rectores de la política social y económica se contienen, ya en *"mandatos de legislar"*, entre los que cabe incluir a los autodenominados *"derechos"*, expresados en el Capítulo III del Título I de la Constitución, como los destinados a la protección de la salud (art. 43 CE), de acceso a la cultura (art. 44 CE); al disfrute de un medio ambiente adecuado para el desarrollo de la persona (art. 45 CE); o al goce de una vivienda digna (art. 47 CE); ya en *"normas de igualdad"*, que conllevan, asimismo, una imposición de legislar inexcusable, como la que se dispone en el art. 39 CE, referido al derecho a la igualdad de los hijos ante la ley, con independencia de su filiación, y de las madres, cualquiera que sea su estado civil; o ya en efectivas *"garantías institucionales"*, como la que busca asegurar, en el art. 41 CE, a través de un régimen público de Seguridad Social, que exista una asistencia y prestaciones sociales suficientes, ante situaciones de necesidad, especialmente en caso de desempleo; ha de entenderse que los mismos se erigen en canon o parámetro de validez de las normas legislativas que los desarrollan, las cuales cabe someter al control del Tribunal Constitucional.

Y en lo que a los órganos jurisdiccionales ordinarios se refiere, éstos llevarán a cabo los juicios de legalidad que se les susciten, de acuerdo con los desarrollos configuradores efectuados; elevando, en su caso, sus dudas

[52] M. A. Aparicio Pérez, "Ambigüedades normativas del concepto `dignidad de la persona´ en la Constitución española de 1978", op. cit., pág. 28.

[53] J.J. Gomes Canotilho, "Tomemos en serio los derechos económicos, sociales y culturales", en *Revista del Centro de Estudios Constitucionales*, nº 1, 1988, págs. 239-260; en especial, págs. 252-253.

al Tribunal Constitucional, cuando la ley que tengan que aplicar contradiga el contenido mínimo, constitucionalmente expresado, de esos derechos sociales[54], ligados, de tan estrecha forma, a las exigencias de justicia y solidaridad que los inspira, al tiempo que a la dignidad de la persona. Sin embargo, los particulares no podrán, a través del recurso de amparo constitucional, articular pretensión alguna de reconocimiento de uno de esos derechos, alegando directamente la Constitución. Lo veda expresamente el art. 53.2 de la misma, al no extender a ellos este cualificado medio de tutela extraordinaria[55]. No obstante, sí cabe su empleo excepcional, vinculando tales derechos sociales y principios rectores a los arts. 14 CE (igualdad) ó 24 CE (tutela judicial efectiva), siempre y cuando se supediten aquéllos a las peculiaridades del derecho fundamental en cuestión, cuya infracción se presupone que se habrá realizado por aplicación legal. Así, podrá el Tribunal Constitucional, en su caso, anular aquellos actos sin fuerza de ley que hubiesen dado lugar a la comisión de desigualdades, injustificadas e irrazonables, transgrediendo, al tiempo, un derecho de carácter social no fundamental, ligado al principio de dignidad de la persona; o hacer lo propio respecto de actos jurisdiccionales que afecten al derecho a la tutela judicial efectiva, imponiendo un determinado entendimiento de un precepto legal a partir de un derecho social considerado no fundamental[56].

B. Por otra parte, el principio de la dignidad humana también se vincula a la *creación o el descubrimiento de nuevos o emergentes espacios de libertad*, merecedores de la máxima protección jurídica. De ahí que, a menudo, se invoque a esos efectos, que no como fuente generadora de nuevos derechos. Y es que si se interpretara a modo de cláusula abierta, de la que los jueces pudieran derivar el reconocimiento de otros distintos a los efectiva y positivamente considerados como tales, estaríamos convalidando un proceso constituyente permanente, generador de inseguridad jurídica, además de lesivo de la propia normatividad constitucional[57].

[54] J. Jiménez Campo, *"Derechos fundamentales. Concepto y garantías"*, Madrid, Trotta, 1999, págs. 131-132.

[55] J. Jiménez Campo, *"Derechos fundamentales. Concepto y garantías"*, op. cit., págs. 123-125.

[56] Reconociendo la complejidad de estos supuestos, cfr., J. R. Cossío Díaz, *"Estado social y derechos de prestación"*, Madrid, Centro de Estudios Constitucionales, 1989, pág. 272.

[57] Advierte acerca de ese riesgo, A. Pascual Medrano, "La dignidad humana como principio jurídico...", op. cit. págs. 314 y ss.

Ciertamente, los cambios sociales y científicos acaecidos en las últimas décadas señalan la aparición de *nuevos escenarios de libertad, abiertos a la definición de derechos de nuevo cuño*[58]. Eso explica el recurso frecuente a la dignidad humana, a fin de reforzar la garantía de la igualdad, insistiendo, primordialmente, en la necesidad de luchar contra formas inéditas de discriminación, que suscitan una creciente toma de conciencia. Así sucede en relación a las características genéticas, a la orientación e identidad sexual, o a fin de contrarrestar los obstáculos que impiden la realización efectiva de la igualdad entre hombres y mujeres. Asimismo, también suele apelarse a la dignidad humana para justificar la conveniencia de regular las nuevas formas de matrimonio o la figura del consentimiento informado, en tanto que complemento del derecho a la integridad física o corporal. También, se alude recurrentemente a la misma a fin de promover la autonomía personal y la libre capacidad de decisión o disposición del individuo, explicando la importancia del llamado "testamento vital", la conveniencia de regular la eutanasia y de asegurar los cuidados paliativos integrales, garantizando la plena dignidad en el proceso de la muerte. Del mismo modo, sucede en relación con las distintas facetas o dimensiones del derecho a la autodeterminación informativa o "habeas data", como el "derecho al olvido", que aspiran a preservar aspectos sensibles concernientes a la intimidad personal. Y, también, la dignidad humana sale a colación a la hora de fundamentar los derechos de los pacientes y usuarios de la sanidad pública; cuando se busca la materialización del derecho de acceso a la vivienda o al trabajo, y en las ocasiones en las que se afirma la necesidad de asegurar una renta básica que garantice unas condiciones de vida dignas a todas las personas que, a tenor de sus circunstancias económicas, la precisen[59].

Pero más allá de lo indicado, no cabe reconocerle a dicho principio potencial creativo alguno, que exceda al mero propósito de cohesionar el sistema de derechos reconocido, vinculándolo así a una imagen del ser

[58] R. Chueca, Rodríguez, "La marginalidad jurídica de la dignidad humana", op. cit., pág. 21.

[59] En España, los Estatutos de Autonomía de segunda generación han sido particularmente propensos al empleo del principio de la dignidad humana para hacer posible, en relación a las competencias con que cuenta la respectiva Comunidad Autónoma, el reconocimiento y la garantía efectiva de nuevos derechos sociales. Con carácter general, cfr., F. Balaguer Callejón (dir.), *"Reformas estatutarias y declaraciones de derechos"*, Sevilla, Instituto Andaluz de Administración Pública, 2008, pássim.

humano, inserto socialmente, compatible con el modelo de Estado que establece la Constitución[60].

4. La dignidad humana como límite a los derechos reconocidos

Finalmente, hay que hacer referencia al hecho de que el principio de la dignidad humana se emplea, también, si bien, habitualmente, de forma auxiliar o complementaria, para prohibir el desarrollo de actividades o conductas contrarias a determinados estándares sociales, justificando así la protección de una *moral social o colectiva*. La dignidad de la persona viene, de ese modo, a reforzar ese "orden público protegido por la ley" que, tan a menudo, limita el alcance de los derechos y libertades. En esas situaciones, recurriendo a dicho principio, se quiere, a veces, suplir la ausencia de previsión legal de límites expresos, aplicables proporcionalmente al caso concreto. Cuando así sucede su utilización ha de considerarse espuria. Otra cosa es que, mediante dicha categoría, se quieran reforzar argumentos tendentes a la aplicación de límites efectivamente previstos.

Así, cabe observar situaciones en las que la dignidad de la persona es invocada, a veces polémicamente, como límite al libre desarrollo de la personalidad (art. 10.1 CE), en atención a la supuesta necesidad de garantizar unas exigencias mínimas que hagan posible la convivencia comunitaria. Dicha circunstancia afecta, en especial, negativamente, a las minorías, víctimas, en este sentido, de la anacrónica resurrección del significado antaño atribuido, en los diversos ordenamientos jurídicos occidentales, a la moral pública. Por medio de la misma, se pretende así habilitar a los poderes públicos a fin de que puedan restringir la autonomía personal y el consiguiente despliegue de ciertos derechos, de modo no siempre justificado[61].

En este sentido, ha de denunciarse la subsistencia de preceptos legales, reveladores de una concepción de la dignidad humana, garante de una particular moral social, hoy cuestionada. Así, cabe constatar cómo no hay discusión jurídica en torno al aborto, las posibles formas de disponer de la propia vida, como el suicidio y la eutanasia, o a la práctica de la libertad

[60] P. Häberle, *"Das Menschenbild im Verfassungsstaat"*, Berlin, Duncker & Humboldt, 1988, pássim.

[61] M.A. Presno Linera, "Dignidad humana y libre desarrollo de la personalidad", en R. Chueca Rodríguez (dir.), *"Dignidad humana y derecho fundamental"*, op. cit., págs. 361-393.

sexual, en lo que se refiere a la opción por el incesto voluntario o la prostitución voluntaria, entre otros temas a destacar, en la que no se invoque el principio de la dignidad humana con una intención claramente restrictiva de la libertad y autonomía personales.

Del mismo modo, las limitaciones que se quieren establecer a la libertad de expresión, criminalizando, por ejemplo, la ofensa a los sentimientos religiosos, no deja de suponer, a esos efectos, una manera subrepticia de perpetuar el delito de blasfemia, que cercena, a la postre, el desarrollo de aquel derecho fundamental, volviendo a convertir al Estado en brazo secular las confesiones. De igual forma, la prohibición del uso de un determinado vestuario, invocando, también, a esos efectos, el deber contraído por los poderes públicos de preservar la dignidad de la persona, amenaza el derecho fundamental a la propia imagen[62].

Ciertamente, la identidad cultural de las minorías ha de ser respetada, ya que vivimos, de manera creciente, en sociedades multiculturales y, por ende, multiéticas, en donde no cabe, por tanto, imponer concepciones de la moralidad pública asociadas a visiones ideológicas o confesionales parciales, antaño dominantes y aun puede que hegemónicas. Por tanto, ha de estimarse que el reconocimiento de las múltiples expresiones de la diversidad religioso-cultural no es contrario a la dignidad humana, a menos que ésta conlleve la pretensión de justificar salvedades en la interpretación y aplicación de los derechos fundamentales, que supongan una degradación de la consideración que ha de merecer toda persona, de conformidad con lo establecido estrictamente en la Constitución. En tales casos, si el propósito de los sujetos pertenecientes a esas minorías es obtener un trato diferenciado del común, que les autorice para desarrollar conductas o prácticas lesivas de los derechos a todos reconocidos, el legislador ha de mostrarse intransigente, afirmando la igualdad básica en el ejercicio de todos los derechos declarados, al tiempo que hace valer los límites expresos que encuentran éstos a la hora de realizarse, circunstancia a la que no debe escapar sujeto o colectivo alguno[63].

[62] M. A. Cabellos Espiérrez, "Libertad de expresión y libertad religiosa: situaciones de conflicto y criterios para su tratamiento", en *Anuario de Derecho Eclesiástico del Estado,* nº 33, 2017, págs. 257-297; B. Aláez Corral, "Neutralidad del Estado y símbolos religiosos en el espacio público", in *Anuario Español de Derecho Eclesiástico del Estado,* nº 3, 2017, págs. 217-256.

[63] J. Mª Porras Ramírez (coord.), *"Derecho de la libertad religiosa"*, Madrid, Tecnos, 2017, quinta edición, pág. 23.

Ha de optarse, por tanto, por un modelo de convivencia social que, si bien reconozca el pluralismo y el consiguiente derecho a la diversidad, lo que comporta la admisión de sus legítimas manifestaciones asociadas, entre las cuales puede encontrarse, en principio, la del libre uso de signos religiosos, como el velo islámico en espacios públicos; por el contrario, impide o prohíbe aquellas otras que supongan, al amparo del supuesto derecho en cuestión, la transgresión de libertades fundamentales o principios constitucionales, indiscriminadamente reconocidos, que son expresión de la dignidad humana que la Constitución reconoce. De ahí que se sancionen penalmente las mutilaciones genitales, los matrimonios forzados o la práctica de la poligamia, y se rechace o no reconozca el repudio y los matrimonios de menores de edad, a menos que los contrayentes se encuentren emancipados o cuenten con la autorización del juez competente[64].

Asimismo, ha de advertirse que, en el ámbito biojurídico, esto es, en relación al tratamiento que se ha de dar, entre otras, a las técnicas de reproducción asistida, a la investigación con embriones y células madre o a la clonación humana, proliferan ciertamente, las situaciones nuevas, que plantean, tanto posibilidades desconocidas de ejercicio de los derechos, como amenazas poco ha insospechadas, que se hacen merecedoras, en todo caso, de regulación jurídica. En tales esferas, el recurso a la dignidad humana se observa constante y reiterado, vinculándose, más que al individuo, al ser o a la especie humana, como categoría abstracta y objetiva. De ahí que la dignidad de la persona se erija en última barrera, ligada al principio de precaución. Por eso, en vez de asociarse a la garantía de la autonomía y libertad personales, manifieste, con más frecuencia, una connotación, a menudo, tuitiva, protectora, cuando no prohibitiva de actuaciones, conductas o prácticas, restringiendo así la libertad personal, en aras de preservar bienes supuestamente comunes, garantizados con carácter general. De ese modo, se pretende justificar la intervención pública, en detrimento de la elección individual. En tales supuestos, la dignidad humana se emplea, en suma, como límite a la libertad científica e investigadora, de modo no siempre razonado, ni justificado. Y todo ello

[64] J. Mª Porras Ramírez (coord.), *"Derecho de la libertad religiosa"*, op. cit., pág. 22. E.B. Marín de Espinosa Ceballos, Derecho Penal y diversidad religioso-cultural: los delitos de mutilación genital y matrimonio forzado", en *Anuario de Derecho Eclesiástico del Estado*, nº 33, 2017, págs. 299-316; J de seta misma autora, "Inmigración y poligamia: la inconsistencia del delito de bigamia", en *Cadernos de Política Criminal*, nº 121, 2017, págs. 71-99.

en aras de preservar "el natural devenir de la especie humana". Por eso, constatada la inconsistencia e indeterminación que acompaña al manejo ordinario de la misma, a fin de evitar que se convierta en barrera o freno a la investigación y, consiguientemente, al progreso científico, ha de abogarse por que se contraiga a *expresar la igual consideración que ha de merecer todo ser humano, vinculándose a un mandato efectivo de no discriminación*. Así, partiendo de ese presupuesto mínimo inexcusable, el ordenamiento jurídico habrá de concretar en su catálogo de derechos el modo lícito de tratar a todo ser humano[65].

5. Conclusiones

El empleo de una categoría moral, ajena al Derecho, como la de dignidad humana, se revela superflua cuando sólo sirve para que los operadores jurídicos la invoquen como mero refuerzo argumental de sus decisiones, más sin atribuirle eficacia resolutoria alguna. Aun así, la apelación a la dignidad humana puede ser de utilidad cuando contribuye al pleno reconocimiento de los denominados "derechos de prestación", habitualmente faltos de una garantía efectiva. O en las ocasiones en que ayuda a identificar o descubrir nuevos espacios de libertad. No obstante, su cara negativa aparece cuando se recurre a ella para restringir el alcance de los derechos, a fin de salvaguardar una particular moral social que se considera amenazada por el ejercicio de aquéllos. Esa condición de límite genérico, frecuentemente alegado, nos enfrenta al riesgo de distorsionar el sistema iusfundamental vigente. De ahí que urja de determinar su exacto alcance, que no es otro que proclamar la igual consideración que merece todo ser humano, vinculada a un mandato efectivo de no discriminación. Ir más allá resulta incompatible con el modelo de democracia constitucional trabajosamente conquistado.

[65] G. Arruego Rodríguez, "El recurso al concepto de dignidad humana en la argumentación biojurídica", en R. Chueca Rodríguez (dir.), *"Dignidad humana y derecho fundamental"*, op. cit., págs. 415-441

Dignidade da Pessoa Humana como Limite à Restrição de Direitos Fundamentais: Análise da Coerência da Aplicação do Conceito em Decisões do STF

MARCELA ROSA ABRAHÃO*

A dignidade humana como conceito jurídico ganhou maior importância no período pós-Segunda Guerra, momento que determinou sua previsão em documentos internacionais e nos textos constitucionais de grande parte dos países ocidentais. A ciência do direito passou, então, a ocupar-se da conceituação e da aplicação do preceito, trabalho que demanda o constante diálogo entre o estudo acadêmico e a prática dos tribunais, bem como a observação do uso do argumento no âmbito do direito comparado.[1] Tal esforço tem a finalidade de definir os contornos dogmáticos do princípio e conferir-lhe um sentido autônomo, que não possa ser extraído de outras normas constitucionais, de modo a preservar sua invocação apenas

* Doutoranda em Direito na Eberhard-Karls Universität Tübingen; Mestre em Direitos Fundamentais pela Faculdade de Direito da Universidade de Lisboa (2016); Especialista em Direitos Humanos pela Faculdade de Direito da Universidade de Coimbra (2010); Especialista em Direito Público pela Pontifícia Universidade Católica do Rio Grande do Sul (2010). E-mail: marcelaabrahao@yahoo.com.br

[1] Argumentando que o uso cauteloso do conceito da dignidade da pessoa humana pelo *BVerfG* decorre do fato de existir uma "relação de cooperação próxima e muito frutífera" entre os estudiosos do direito do estado e os juízes do Tribunal Constitucional, já que estes observam e interiorizam a forma como uma decisão é recebida pela doutrina, se é criticada ou aceita, bem como consultam o entendimento teórico de uma matéria para fundamentar as decisões: DIETER HÖMIG, Menschenwürdeschutz in der Rechtsprechung des Bundesverfassungsgerichts, in ROLF GRÖSCHNER/ OLIVER LEMBCKE (orgs.), *Das Dogma der Unantatsbarkeit,* Tübingen, 2009. pp. 50-52.

às situações de absoluta necessidade para a solução do caso concreto.[2] Ao contrário, o que se percebe em alguns cenários, especialmente na jurisprudência do Supremo Tribunal Federal brasileiro, é a utilização da dignidade humana como "panaceia de todos os males",[3] ou seja, o descuido com seus contornos normativos e a falta de definição precisa do seu âmbito de aplicação, prática que parte do pressuposto de que a fundamentação baseada no princípio desincumbe o órgão de superveniente justificação racional e serve como trunfo diante de eventuais contra-argumentos.

A íntima relação da ideia da dignidade, prevista na Constituição brasileira como princípio fundamental da República, com o conteúdo dos direitos fundamentais permite seu emprego como critério interpretativo do âmbito de proteção das normas jusfundamentais, inclusive servindo como fundamento para o surgimento de posições não previstas,[4] como

[2] Jorge Reis Novais, *A dignidade da pessoa humana*, I, Dignidade e direitos fundamentais, Coimbra, 2015, p. 78. Ademais, tal preocupação em conferir um sentido autônomo à norma da dignidade da pessoa humana é o que fundamenta a proposição desse conteúdo pelo autor em: Jorge Reis Novais, *A dignidade da pessoa humana*, II, Dignidade e inconstitucionalidade, Coimbra, 2016, pp. 95-142. Também sobre a intenção de definir suficientemente a dignidade humana, de forma que previna seu uso inflacionário, propondo um sentido de dignidade que significa a garantia da *integridade física e mental* do indivíduo: Paul Tiedemann, Vom inflationären Gebrauch der Menschenwürde in der Rechtsprechung des Bundesverfassungsgerichts, in *DÖV*, 2009, 15, pp. 612-613 (grifou-se). Expressando a preocupação de que diante da tentativa de definir o conteúdo normativo da dignidade humana, levando em conta sua relação íntima com os direitos fundamentais, muitas vezes, o resultado das discussões se limita apenas ao reconhecimento da existência e da importância de sua vinculação: Ingo Wolfgang Sarlet, Notas sobre a dignidade da pessoa humana na jurisprudência do Supremo Tribunal Federal, in Daniel Sarmento/ Ingo Wolfgang Sarlet (orgs.), *Direitos fundamentais no Supremo Tribunal Federal: Balanço e crítica*, Rio de Janeiro, 2011. pp. 37-38. Salientando, também, que a invocação da dignidade humana nas decisões do STF acabam por limitá-la a "mero reforço argumentativo de algum outro direito fundamental ou como ornamento retórico": Luís Roberto Barroso, *A dignidade da pessoa humana no direito constitucional contemporâneo: a construção de um conceito jurídico à luz da jurisprudência mundial*, Belo Horizonte, 2014. p. 115.

[3] Assim, a advertência encontrada no próprio entendimento do Tribunal, em que se pode identificar, além da invocação indiscriminada do princípio, também a ideia de reprovação ao uso sem propósito do conceito, tornando-o "um tropo oratório que tende à flacidez absoluta" (RE 363889/DF, Ministro Dias Toffoli, pp. 1-2; ARE 704520/SP, Ministro Gilmar Mendes, p. 13).

[4] Analisando a jurisprudência do STF e citando casos de extração de direitos não previstos no catálogo constitucional, com fundamento na dignidade da pessoa humana: ingo wolfgang sarlet, Notas, *cit.*, pp. 55-61.

limite à atuação do Estado interventiva em direitos fundamentais e, até mesmo, como fundamento para sua restrição.[5] A presente exposição tem como objeto a análise do sentido atribuído pelo STF ao conteúdo da dignidade quando perspectivada como limite de uma atuação restritiva de posição jusfundamental pelo Estado;[6] se a invocação do princípio possibilita a extração de um sentido autônomo, que não pode ser encontrado em outro direito ou princípio constitucional; e se é relevante para a decisão do caso concreto. A aferição leva em conta o contributo das diferentes perspectivas do significado atribuído à dignidade pela doutrina e pela jurisprudência de tribunais constitucionais,[7] bem como as considerações sobre o conteúdo da norma estabelecido a partir da violação ou positivamente, se aplicada com caráter absoluto ou relativo e, portanto, sujeito a ponderações.[8]

A opção por essa perspectiva do estudo do conceito de dignidade humana deu-se em razão da constatação de que grande parte das decisões relevantes e recentes sobre a matéria invocam o princípio como limite de ação do Estado.[9] São essas, por exemplo, a decisão sobre o aborto de feto anencefálico, sobre pesquisas em células-tronco embrionárias, sobre liberdade de expressão e sobre o uso de algemas por acusado de crime.

[5] Sobre as consequências extraídas da relação entre o conteúdo da dignidade e os direitos fundamentais: Jorge Reis Novais, *A dignidade,* I, pp. 67 e ss; Dieter Hömig, Menschenwürdeschutz, *cit.*, pp. 34-37, referindo-se a essa relação na jurisprudência do *BVerfG*.

[6] Conferindo importância à dignidade como limite às restrições, por todos: Jorge Reis Novais, *A dignidade,* I, pp. 179 e ss. As medidas estatais aferidas pelo STF com base no parâmetro da dignidade são intervenções restritivas concretas em direitos fundamentais, bem como leis restritivas gerais e abstratas de uma posição jusfundamental em sua dimensão negativa.

[7] Assim, por exemplo, no ponto 1.1 será analisada a aplicação, pelo STF, da fórmula objeto, noção de dignidade que é contributo da doutrina e jurisprudência alemãs.

[8] Nesse sentido, analisando as diferentes perspectivas e apresentando as discussões doutrinárias em torno desses aspectos, por todos: Jorge Reis Novais, *A dignidade,* II, pp 83-86, 143-199.

[9] É importante notar que a seleção dos casos abordados teve como finalidade apresentar situações recentes e significativas de aplicação do conceito de dignidade, sem que se intente esgotar o universo de questões relacionadas ao princípio, tampouco, sem que se tenha a pretensão de extrair um conteúdo consensualmente aceito, geral e abstrato da norma, que signifique o entendimento definitivo do STF (assim, referindo que a jurisprudência vem concretizando minimamente o conteúdo do princípio, sem que se possa falar em "uma definição genérica e abstrata consensualmente aceita" da dignidade humana no entendimento dos tribunais: Ingo Wolfgang Sarlet, Notas, *cit.*, pp. 39-40).

Passa-se, então, à análise de situações em que a restrição ou a intervenção fática em um direito fundamental é inconstitucional, por violar o parâmetro da dignidade humana, e à possibilidade, ao fazer esse estudo, de se chegar a um resultado previsível e de utilização para decisões futuras sobre a "tipificação de situações em que o comando normativo da dignidade da pessoa humana é violado".[10]

1. As diversas conotações atribuídas à dignidade humana quando invocada para aferir a constitucionalidade de atuação restritiva do Estado a direito fundamentais

Inicia-se a tentativa de solucionar os questionamentos anteriormente propostos a partir da análise dos argumentos utilizados em decisão do ano de 2015 referente à liberdade de expressão.[11] A dignidade humana aparece como argumento relevante para a análise no voto de três ministros, com o seguinte sentido: (1) como fundamento do direito fundamental à liberdade de expressão e de forma a consolidar sua prevalência sobre os direitos de personalidade envolvidos no caso, levando à conclusão de que toda a restrição em abstrato à liberdade de expressão é considerada censura e violadora do direito, sendo, portanto, inconstitucional. Os ministros que defendem tal posição perspectivam a constitucionalidade da norma pela ótica da existência de um conflito entre direitos fundamentais, manejando a dignidade como argumento que corrobora uma das posições colidentes. Estruturando os votos estão as ideias de que: *a)* um dos argumentos que justifica o lugar privilegiado atribuído pelo ordenamento jurídico à liberdade de expressão e de manifestação do pensamento é o fato de terem "um dos seus principais fundamentos (e objetivos) na dignidade da pessoa humana, naquilo que diz respeito à autonomia e ao livre desenvolvimento da personalidade do indivíduo";[12] *b)* esse papel de destaque da liberdade

[10] Jorge Reis Novais, *A dignidade*, II, p. 87.

[11] O caso versa a respeito de pedido da inconstitucionalidade da interpretação de artigos do Código Civil brasileiro que permite condicionar obras literárias ou audiovisuais ao consentimento da pessoa biografada (ADI 4815/DF), prevalecendo, na decisão, a ideia de inexigibilidade de autorização para a publicação de biografias em benefício da liberdade de expressão.

[12] ADI 4815, Ministra Cármen Lúcia, pp. 42-44, conceituação que faz com base nos estudos do autor Ingo Wolfgang Sarlet; Ministro Luís Roberto Barroso, pp. 7-8.

de expressão tem como consequência o reconhecimento de sua "prioridade *prima facie*" na colisão com outros direitos, inclusive com os direitos de personalidade, e a vedação de qualquer forma de censura prévia, como é o caso da exigência de autorização da pessoa biografada para obra que verse sobre sua vida.[13]

Ademais, a invocação da dignidade é feita de forma descompromissada, apenas mencionada como noção que justifica a proteção constitucional dos direitos à honra, à intimidade, à privacidade e à imagem, direitos que compõem o outro polo do conflito (2).[14] A dispensa de autorização para obras biográficas não leva ao sacrifício total de tais direitos, na medida em que são impostos, na norma constitucional que os prevê, mecanismos de responsabilidade *a posteriori* contra atuações de terceiros que os violem.[15] A dignidade é mencionada, nesse caso, apenas de forma acessória e sem pretensão de ser o argumento que decide o caso, já que os direitos de personalidade não prevalecem na ponderação procedida. [16]

A primeira questão que se coloca a respeito da fundamentação do acórdão é que a dignidade humana, no primeiro caso, é invocada como corroborando a liberdade de expressão, ou melhor, com o sentido identificado em sua integralidade ao conteúdo do direito fundamental. Tendo a norma da dignidade humana caráter absoluto e não podendo ser objeto de ponderações ou de restrições, serve como argumento de reforço à norma jusfundamental para que não possa haver restrições prévias ao direito. Tal pensamento pressupõe um âmbito de proteção amplo da norma da dignidade humana, ou seja, tudo aquilo que de alguma forma pode ser relacionado à dignidade humana é por ela protegido e,[17] uma vez que ela é identificada com a liberdade de expressão, tudo aquilo que toca esse

[13] ADI 4815, Ministra CÁRMEN LÚCIA, pp. 43-44, 51 e ss. e 119; Ministro LUÍS ROBERTO BARROSO, pp. 9-11.

[14] Assim, ADI 4815, Ministro GILMAR MENDES, p. 12; Ministra CÁRMEN LÚCIA, pp. 80, 96-98 e 119.

[15] ADI 4815, Ministra CÁRMEN LÚCIA, p. 119. Dispõe o texto constitucional, artigo 5º, inciso X, que é "assegurado o direito à indenização ao dano material ou moral decorrente de sua violação".

[16] Assim, por exemplo, a argumentação do ministro Luís Roberto Barroso no sentido de que a exigência de autorização "confere aos direitos de personalidade um peso desproporcional no processo ponderativo, que restringe excessivamente a liberdade de expressão e permite uma injustificável censura privada" (ADI 4815, Ministro LUÍS ROBERTO BARROSO, pp. 12 e 22).

[17] JORGE REIS NOVAIS, *A dignidade*, II, p. 71.

direito toca, também, a dignidade humana. O resultado é o princípio ser banalizado, sendo invocado sempre que se trate de uma restrição à liberdade de expressão,[18] que, por sua vez, ou sempre será inconstitucional, ou, se eventualmente se entender que o direito fundamental possa sofrer algum tipo de restrição prévia, mesmo que periférica, também a dignidade humana será afetada, o que enfraquece sua força normativa, pois deixará de ser absoluta.[19]

A verdade é que, se a maioria dos direitos fundamentais podem ser, de alguma forma, relacionados ao conteúdo da dignidade humana,[20]e mesmo que alguns direitos sejam mais intimamente ligados em seu significado à norma, como é o caso da liberdade de expressão, isso não quer dizer que todas as condutas inseridas no âmbito de proteção do direito sejam também expressões da dignidade e tampouco que toda violação do direito fundamental afete também a dignidade humana.[21]As normas de direitos fundamentais servem a proteção dos bens elencados nos catálogos constitucionais e são argumentos suficientes para sustentar a sua proteção na maioria dos casos de restrição.[22] A invocação da dignidade humana como reforço da norma jusfundamental tem razão de ser somente nos casos em que a *gravidade da situação* leve à conclusão de que a garantia conferida pelo direito fundamental "ou não é suficientemente apta ou não é adequada para fornecer a proteção qualificada exigida pela situação".[23] Se invocada como critério de aferição da constitucionalidade, a dignidade humana deveria levar ao questionamento de *se* a exigência de autorização prévia viola de tal forma a liberdade de expressão a ponto de necessitar do reforço da dignidade humana a fim de ser afastada. O que acontece no caso analisado, ao contrário, é sua aplicação retórica como reforço do direito fundamental, já que a decisão acaba por ser fundamentada na norma constitucional

[18] Jorge Reis Novais, *A dignidade,* II, 73-74.

[19] Jorge Reis Novais, *A dignidade,* II, pp. 74 e 82-84.

[20] Ingo Wolfgang Sarlet, Notas, *cit.*, p. 55.

[21] Jorge Reis Novais, *A dignidade,* I, pp. 73 e 80.

[22] Jorge Reis Novais, *A dignidade,* I, pp. 79 e 81-82; Paul Tiedemann, Vom inflationären, *cit.*, p. 613.

[23] Jorge Reis Novais, *A dignidade,* II, p. 67, o autor refere que situações que demandam o princípio da dignidade humana assim o fazem "por constituírem violações extremas da dimensão de humanidade intrínseca ou de interesses vitais das pessoas, e em que a força de resistência dos direitos fundamentais específicos ou não existe ou não se mostra suficiente ou adequada" (Jorge Reis Novais, *A dignidade,* II, p. 70).

que proíbe a censura, qual seja, o artigo 220, §2, da CF.[24] Com isso, o Tribunal eximiu-se de resolver o caso segundo a metodologia própria para a aferição das normas restritivas de direitos fundamentais, qual seja, o critério da proporcionalidade,[25] e de enfrentar a questão de se a autorização, caso excepcionalmente exigida para alguns casos e dependendo de certos pressupostos, não seria eventualmente aceita.

Ademais, a dignidade da pessoa humana também fundamenta os direitos de personalidade opostos à liberdade de expressão sem, entretanto, que tenha sido dimensionada essa relação e especificado o conteúdo de dignidade a eles correspondente.[26] O fato é que a consideração da dignidade ao lado dos direitos que sucumbem na colisão leva à ideia de que a norma da dignidade humana pode ser ponderada com outros bens ou direitos fundamentais, eventualmente não prevalecendo em todos os conflitos em que é invocada.[27] Ao contrário, entende-se pela vantagem em assumir a dignidade humana, valor supremo do ordenamento jurídico, como norma

[24] A argumentação da ministra Cármen Lúcia referente à proibição da censura é baseada só de forma genérica no princípio da dignidade humana, dando maior relevância ao fato de que a Constituição brasileira proíbe expressamente (artigo 220, §2, da CF) a sua restrição pelo Estado (assim, ADI 4815, Ministra CÁRMEN LÚCIA, pp. 51 e ss, em especial, pp. 54-55). Diversamente, o ministro Luís Roberto Barroso invoca diretamente a dignidade humana para sustentar a prevalência da liberdade de expressão em colisões com outros direitos, de que também decorre a suspeição de todas as formas de sua restrição, as quais são submetidas a um controle mais rigoroso, e a presunção de proibição da censura e a primazia das responsabilidades posteriores pelo eventual exercício abusivo da liberdade de expressão (ADI 4815, Ministro LUÍS ROBERTO BARROSO, pp. 9-10), embora, por fim, acabe também por invocar a norma constitucional (ADI 4815, Ministro LUÍS ROBERTO BARROSO, pp 11). A interpretação da norma permite configurar a liberdade de expressão como direito que não pode sofrer restrições prévias. A CF adotaria, então, nessa matéria, o regime de "responsabilização posterior, e não o de interdição prévia", ideia que é embasada no texto do artigo 5º, X. A dignidade humana acaba por representar, nos votos, reforço argumentativo de decisão que, segundo os ministros, já fora tomada pelo legislador constitucional.

[25] Importante referir que o ministro Luís Roberto Barroso elenca os riscos da exigência de autorização para a liberdade de expressão, o que parece sugerir um exame de proporcionalidade em sentido estrito, sem, entretanto, ponderar os direitos de personalidade na aferição (ADI 4815, Ministro LUÍS ROBERTO BARROSO, pp. 12-13).

[26] Não foi sequer valorada a especial proximidade dos direitos de personalidade com o conteúdo da dignidade (JORGE REIS NOVAIS, *A dignidade*, I, pp. 185-186; *Idem*, *A dignidade*, II, pp. 123-128).

[27] Assim, por todos, considerando a utilização do esquema de definição do âmbito de proteção e restrição da dogmática dos direitos fundamentais para a definição da violação da dignidade humana: THOMAS ELSEN/ KLARA SCHOBERT, Gedanken zur Abwägungsresistenz der

de imposição absoluta,[28] isto é, uma vez que se constate a sua violação,[29] a medida que a desrespeita é sempre inconstitucional, sem poder ser submetida à ponderação com outros valores do ordenamento jurídico.[30] Por outro lado, a argumentação nos votos é mais próxima da interpretação de que tais direitos de personalidade, que se apoiam na dignidade, ficariam resguardados pela consagração de garantias constitucionais de responsabilização *a posteriori*. Isso pode levar à conclusão de que a restrição causada pela dispensa de autorização aos direitos de personalidade não tocaria, assim, o seu conteúdo de dignidade.[31] Entende-se, entretanto, que a dignidade humana não deveria ter sido invocada para sustentar a posição dos direitos de personalidade, visto que o exame em questão seria o da legitimidade da afetação da liberdade de expressão decorrente da exigência de autorização para a publicação de biografias.

Decisão interessante para a análise do uso supérfluo e retórico da dignidade humana nos julgamentos do STF é a que tratou sobre a inconstitucionalidade da interpretação que permite inserir a conduta de interrupção

Menschenwürde – angestoßen durch das Urteil des Bundesverfassungsgerichts zur Verfassungsmäßigkeit der Sicherungsverwahrung, in *DVBl*, 2007, p. 286.

[28] Nesse sentido, sustentando que a preservação da garantia absoluta da dignidade humana, mesmo nos casos extremos, serve para resguardar um "resíduo absoluto de noção moral" no Direito, limite último que é intransponível e sem o qual os direitos fundamentais "não são nada": Jochen von Bernstorff, Der Streit um die Menschenwürde im Grund- und Menschenrechtsschutz : eine Verteidigung des Absoluten als Grenze und Auftrag, in *JZ*, 2013. p. 915.

[29] A ideia de dignidade humana absoluta e da impossibilidade de submetê-la a ponderações com outros bens jurídicos não afasta a necessidade de ponderações e avaliações das circunstâncias do caso concreto a fim de apurar a eventual violação da norma, ou seja, não é possível concluir por seu desrespeito sem a apreciação "do contexto e das intenções subjacentes, e sem ter em conta eventuais alternativas de acção para a realização do fim que se tinha em vista" (Jorge Reis Novais, *A dignidade*, II, pp. 158, 163 e 172 e ss; também na Alemanha, defendendo a ponderação das circunstâncias para aferição da violação da dignidade humana (ponderação "imanente à norma" da dignidade), que tem força absoluta, embora entenda que existe um "núcleo da dignidade" cuja violação, em razão da gravidade da atuação, pode ser concluída em abstrato: Matthias Herdegen, Kommentar zum Grundgesetz, in Franz Josef Wetz (org.), *Texte zur Menschenwürde*, Stuttgart, 2011, pp. 258-265. E, ainda, nesse sentido a análise da posição do *BVerfG* por: Dieter Hömig, Menschenwürdeschutz, *cit.*, p. 47).

[30] Jorge Reis Novais, *A dignidade*, II, pp. 151-153 e 157 e ss.

[31] A Constituição já se ocupa de prever a forma de preservação desses direitos pelas garantias de reparação (ADI 4815, Ministra Cármen Lúcia, p. 119; Ministro Gilmar Mendes, pp. 12-13).

da gravidez de feto anencefálico como conduta típica do crime de aborto prescrito no Código Penal (ADPF 54, julgada em 2012). A estrutura argumentativa que apareceu com mais frequência na fundamentação dos votos foi no sentido de que, embora a conduta de interrupção da gravidez seja *atípica*, por inexistir capacidade de vida extrauterina do feto anencéfalo,[32] a ponderação procedida entre seu direito à vida e o direito à autonomia e à saúde física e psíquica da mulher, resulta na preponderância desses últimos. Isso, porque a exigência de manutenção da gravidez pela gestante, diante da dúvida sobre a viabilidade da vida extrauterina, seria o mesmo que submetê-la à tortura e,[33] portanto, violaria a dignidade humana.[34]

A primeira questão a ser colocada é que, sendo a conduta da interrupção da gravidez atípica pela inexistência de capacidade de sobrevivência do feto depois do nascimento, não há que invocar a dignidade da gestante para afastar a configuração da interrupção da gravidez de feto anencefálico como crime.[35] Bastaria que os ministros propusessem o exame da proporcionalidade da lei, em que, inexistindo vida humana, a medida de criminalizar a conduta seria afastada já na aferição de sua *adequação*, em razão de carência de bem jurídico a ser protegido. Entretanto, uma vez que se aceite a *obrigatoriedade* de proteção jurídica de toda a vida biológica desde a concepção e, assim, sendo necessária a ponderação entre a vida do feto e o direito à saúde psíquica e física da mulher, seria acertada a invocação do argumento da dignidade humana para aferir a medida estatal de criminalizar a interrupção da gravidez.[36] Isso, porque a obrigação da manutenção

[32] ADPF 54, Ministro Marco Aurélio, pp. 23 e ss.; Ministro Joaquim Barbosa, pp. 5-6; Ministra Cármen Lúcia, pp. 37-38 e 45; Ministro Ayres Britto, pp. 7 e 13.

[33] ADPF 54, Ministro Marco Aurélio, p. 37; Ministro Ayres Britto, p. 12; e, por fim, o entendimento da ministra Cármen Lúcia de que obrigar a mulher a levar adiante a gravidez é correspondente à tortura (ADPF 54, Ministra Cármen Lúcia, pp. 11-12), embora sem mencionar a dignidade humana.

[34] ADPF 54, Ministro Marco Aurélio, p. 36; Ministro Joaquim Barbosa, p. 3; Ministra Cármen Lúcia, pp. 4-6 e 11-12.

[35] Aliás, é interessante observar que, embora a invocação da dignidade humana identificada como tortura tenha a pretensão de representar o argumento de trunfo no caso, é a atipicidade da conduta, por inexistência de vida, que resolve a questão no voto dos ministros.

[36] Assim parece ser a argumentação do ministro Marco Aurélio ao referir, embora considerando que inexiste direito à vida, que uma vez que se conceda tutela ao bem jurídico da vida intrauterina, esta deve ser menos intensa do que a dos fetos em geral. Assim, propõe a colisão entre a "preservação do feto anencéfalo" (vida predominantemente intrauterina) e o direito à saúde, à dignidade, à liberdade, à autonomia e à privacidade da mulher (ADPF 54,

da gravidez, levando em conta a absoluta inviabilidade de vida extrauterina do feto, compromete a autodeterminação, o direito de escolha e a saúde física e psíquica da gestante de forma tal que faz sentido a sua rejeição por violação da dignidade humana.[37]

A dignidade é argumento também para enquadrar a interrupção da gravidez de feto anencefálo no tipo penal que prevê o crime de aborto. Isso, porque o fato de o feto ter vida e fazer parte da espécie humana garante-lhe a dignidade humana, "apesar da deficiência ou mutilação".[38] As consequências da gravidez, para mãe, não são ameaçadoras da vida, tampouco o sofrimento e angústias referentes à situação são "causados

Ministro Marco Aurélio, p. 29), concluindo pela violação da dignidade humana, equiparada à tortura, pela medida de obrigar a mulher a manter a gravidez (ADPF 54, Ministro Marco Aurélio, p. 37).

[37] Assim, Luís Roberto Barroso qualifica a medida de obrigar a mulher a levar a gravidez adiante, nesse caso, como violação da dignidade humana na dimensão da *integridade física*, na medida em que "a gestante será obrigada a passar cerca de seis meses – o diagnóstico é feito no terceiro mês – sofrendo as transformações de seu corpo, preparando-se para chegada do filho que ela não vai ter". Além de infringir a dimensão da dignidade que protege a *integridade moral*, em razão de que "é impossível exagerar o sofrimento de uma pessoa que dorme e acorda, todos os dias, por 180 (cento e oitenta) dias, com a certeza de que o parto, para ela, não será uma celebração da vida, mas um aliado ritual de morte" (Luís Roberto Barroso, Pesquisas com células-tronco embrionárias e interrupção da gestação de fetos anencefálicos: vida, dignidade e direito de escolha, in Daniel Sarmento/ Ingo Wolfgang Sarlet, *Direitos fundamentais no Supremo Tribunal Federal, cit.*, p. 278). Na Alemanha, defendendo que a imposição de dever à mulher de gestar uma criança, por meio do direito penal, em qualquer caso, intervém, como nenhuma outra obrigação, de modo prolongado na esfera de personalidade da mulher, influenciando-a física e psicologicamente de tal forma que deve ser considerado inconstitucional pela violação do âmbito mais íntimo dos direitos de personalidade, aquele ligado à dignidade humana e o direito ao livre desenvolvimento da personalidade: Rolf Stürner, Die Unverfügbarkeit ungeborenen menschlichen Lebens und die menschliche Selbstbestimmung, in *JZ*, 15/16, 1990, pp. 720-721. Não concorda-se, entretanto, com a utilização da analogia da medida de constranger a gestante a levar adiante a gravidez com a sua submissão ao método da tortura, uma vez que a criminalização da conduta não tem, por óbvio, a intenção de provocar sofrimento à mãe com a finalidade de desestabilizá-la – que é o que torna a tortura tão desprezível. É por ser considerada a "forma mais brutal" de violação da dignidade humana (George Herbert, Folter und andere Würdeverletzungen – Absoluter oder relativer Schutz der Menschenwürde?, in *EuGRZ*, 7, 2014. p. 663), que a invocação da tortura pelos ministros tem a pretensão de ser argumento absoluto e a que não se pode contestar. Bastaria, nesse caso, a sustentação da violação da dignidade humana na dimensão representada pela proteção da integridade física e psíquica do ser humano, conforme referido.

[38] ADPF 54, Ministro Cezar Peluso, pp. 8-9.

injustamente por terceiros", estando, assim, preservada a sua dignidade.[39] Portanto, tendo a vida e a dignidade do feto valor jurídico equivalente às de uma pessoa nascida,[40] mesmo que sem possibilidade de sobrevivência fora do útero, a autonomia e a liberdade individual da gestante não podem prevalecer sobre a vida humana injustificadamente, pois se trataria de bens "manifestamente desproporcionais".[41] O aborto, que nesse caso é motivado unicamente por "sentimento, sempre transitório, de frustração e de insuportabilidade personalíssima de uma dor ainda que legítima" que é gerado pela condição da anencefalia,[42] feriria a dignidade humana do feto,[43] ao considerá-lo somente como "lixo" ou "coisa imprestável e incômoda" que deve ser eliminado para o alívio de sensação de incômodo da mãe.[44]

Tal fundamentação parte da ideia de equiparação da vida e da dignidade do feto ao de uma pessoa nascida, o que implica dizer que a violação da dignidade de um feto seria aferida de forma idêntica e teria o mesmo desvalor que a de uma pessoa humana.[45] Diversamente do que ocorre com as normas de direitos fundamentais, a dignidade humana é valor absoluto do ordenamento jurídico, sendo, portanto, inviolável. O caso é que, ao equiparar o aborto de feto anencéfalo ao crime de homicídio[46] e o entender como inconstitucional por ferir a dignidade humana, na medida em que a justificação seria ilegítima, pois a serviço dos sentimentos da gestante que não suporta levar adiante a gravidez, o ministro não consegue explicar o caso de exclusão da ilicitude de aborto resultante de estupro. Para o autor do voto, o aborto resultante de violência sexual só seria justificado em virtude de a gravidez resultar de ato de terceiro sem o consentimento da mulher e, portanto, o resultado ser indesejado por parte da mãe.[47] Ao contrário, a gestação de feto anencéfalo é primeiramente desejada e intencional.[48] O caso é que as situações podem ser equiparadas,

[39] ADPF 54, Ministro Cezar Peluso, p. 32.
[40] ADPF 54, Ministro Cezar Peluso, p. 10 e 12.
[41] ADPF 54, Ministro Cezar Peluso, p. 32.
[42] ADPF 54, Ministro Cezar Peluso, p. 32.
[43] ADPF 54, Ministro Cezar Peluso, p. 9.
[44] ADPF 54, Ministro Cezar Peluso, p. 9.
[45] ADPF 54, Ministro Cezar Peluso, pp. 18-22.
[46] ADPF 54, Ministro Cezar Peluso, pp. 18-22.
[47] ADPF 54, Ministro Cezar Peluso, pp. 34-35.
[48] ADPF 54, Ministro Cezar Peluso, pp. 34-35.

uma vez que a interrupção da gravidez advinda de estupro também serve a um sentimento de repulsa da gestante (denominado "aborto sentimental") e, então, a particularidade de ter sido provocada por ato de violência de terceiro sem o seu consentimento não muda o fato de se tratar da mesma colisão do direito à vida com a autodeterminação da gestante, que opta pela interrupção da gravidez. As circunstâncias que geraram a gravidez não têm relevância diante do bem jurídico *vida humana*, que não pode ser subtraída a não ser quando se tratar das situações de legítima defesa, de estado de necessidade, de ações militares ou de guerra. É inadmitida a possibilidade de *disponibilidade* desse bem jurídico pela gestante em nome de sua autonomia e liberdade por qualquer que seja o motivo que gere sua insatisfação, em razão, seguindo a posição do ministro, da evidente violação da dignidade humana.[49]

Por isso, considera-se mais coerente o tratamento da questão sob a perspectiva da dimensão objetiva do direito à vida, que é capaz de explicar o fundamento das exceções procedidas pelo legislador ordinário ao crime de aborto e justificar porque faria sentido a sua adaptação para a solução do caso em análise.[50] Assim, dir-se-ia que a vida humana, como valor constitucional protegido pela norma que dispõe sobre o direito fundamental, é protegida pelo Direito desde a concepção. O fato é que não sendo o feto pessoa humana a que é atribuída a titularidade de direitos fundamentais,[51] a proteção da vida intrauterina decorre da obrigação estatal de proteger a vida e a dignidade humana como valores objetivos,[52] fazendo sentido

[49] Partindo desse raciocínio, o pertinente questionamento de Dreier justamente sobre caso de aborto em razão de estupro: "qual a culpa do ser dotado de dignidade que está no útero da mulher se ele é produto de uma violência sexual?" (HORST DREIER, Menschenwürdegarantie und Schwangerschaftsabbruch, in *DÖV*, 1995, 24, p. 1040).

[50] A mudança de perspectiva do tratamento da questão do aborto e sua consideração sob a ótica dos deveres de proteção do Estado relacionados à dimensão objetiva da vida humana embrionária fora primeiramente desenvolvida pelo TC alemão ao tempo da 1º decisão sobre o aborto (*BVerfGE* 39,1), no ano de 1975, e reiterada na argumentação da 2ª decisão sobre a interrupção da gravidez, em 1993 (*BVerfGE* 88, 203).

[51] O fato de o embrião ser vida humana não lhe garante o direito fundamental à vida e dignidade humana como se pessoa nascida fosse, já que a norma que atribui a titularidade jusfundamental pressupõe não a vida humana, mas a "vida humana individual de cada titular do direito" (JÖRN IPSEN, Der „verfassungsrechtliche Status" des Embryos in vitro, in *JZ*, 2001, p. 996; *Idem*, Verfassungsrecht und Biotechnologie, in *DVBl*, 2004, p. 1385).

[52] O reconhecimento da dimensão objetiva dos direitos fundamentais significa que, para além de sua tradicional concepção enquanto direitos subjetivos contra o Estado, são considerados

dizer que a intensidade dessa proteção aumenta a medida que se aproxima do nascimento do feto.[53] Em qualquer caso, a medida da proteção da vida como valor objetivo não corresponde à atribuída ao direito subjetivo à vida da pessoa humana nascida, levando em conta que são consideradas legítimas restrições da vida humana intrauterina quando as circunstâncias apontam para a necessidade de realização de outros bens jusfundamentais, o que não justificaria, em Estado de Direito, o aniquilamento da vida de um ser humano nascido.[54] O contrário, ou seja, a atribuição de titularidade do direito à vida ao embrião humano e a sua consideração como pessoa, levaria à conclusão inevitável de que a prática da interrupção da gravidez deveria ser, em qualquer caso, proibida.[55] O fato de a grande parte das ponderações envolvendo a vida humana em sua dimensão objetiva não suscitarem a dúvida sobre a eventual violação da dignidade humana é justificado pela falta do elemento de "pessoalidade", que diminui o âmbito de situações protegidas pela dimensão objetiva do princípio e que pode, inclusive, levar à admissão de "acções que seriam consideradas violações da dignidade se subjetivadas numa pessoa".[56]

É fundamental, então, refletir sobre a questão de a aferição da constitucionalidade do aborto em geral implicar a sua apreciação conforme o critério da dignidade humana,[57] uma vez que tanto a atribuição de digni-

como decisões objetivas de valor que vinculam e *orientam "axiologicamente"* os três poderes (Jorge Reis Novais, *As restrições aos direitos fundamentais não expressamente autorizadas pela Constituição*, Coimbra, 2003, p. 68) Os efeitos que derivam de sua aceitação independem da subjetivação das posições jurídicas (assim, por todos: José Carlos Vieira de Andrade, *Os direitos fundamentais na Constituição Portuguesa de 1976*, 4ª ed., Coimbra, 2009, p. 109).

53 Horst Dreier, Stufungen des vorgeburtlichen Lebensschutzes, in *ZRP*, 2002, pp. 378 e ss.

54 Jörn Ipsen, Der „verfassungsrechtliche Status", *cit.*, pp. 994-995; *Idem*, Verfassungsrecht, *cit.*, p. 1383; Horst Dreier, Stufungen, *cit.*, pp. 377-378 e 381.

55 Horst Dreier, Menschenwürdegarantie, *cit.*, p. 1040; em sentido semelhante: Matthias Herdegen, Die Menschenwürde im Fluss des bioethischen Diskurses, in *JZ*, 2001, p. 775.

56 Vera Lúcia Raposo, *O direito à imortalidade: o exercício de direitos reprodutivos mediante técnicas de reprodução assistida e o estatuto jurídico do embrião in vitro*, Lisboa, 2014. p. 654.

57 É coerente o questionamento, uma vez que é sabido que nem toda a subtração da vida humana de *pessoas nascidas* implica a violação da dignidade humana (Jorge Reis Novais, *A dignidade*, I, pp. 151-152; Ulfrid Neumann, Die Tyrannei der Würde: Argumentationstheoretische Erwägung zum Menschenwürdeprinzip, in *ARSP*, 84, 1998, p. 159; Friedhelm Hufen, Erosion der Menschenwürde, in *JZ*, 7, 2004, p. 317; Horst Dreier, Menschenwürdegarantie, *cit.*, p. 1037).

dade ao nascituro é questão não consensual nas comunidades em geral,[58] como também não é consensual e evidente a possibilidade de violação da dimensão objetiva do valor em razão da interrupção da gravidez. Ao contrário, o que se tem é a dificuldade ou quase impossibilidade da formação de um consenso das opiniões da sociedade sobre o que significaria uma violação da dimensão objetiva da dignidade humana.[59] Por isso, somente as situações que, por desprezar ou ignorar patentemente a qualidade humana do embrião,[60] como é o caso de procedimentos que permitem a seleção de características físicas da criança a ser gerada ou da clonagem humana com finalidade reprodutiva, colocando evidentemente em questão premissas básicas éticas e constitucionais da nossa sociedade,[61] é que podem ser configuradas como violação da dimensão objetiva da dignidade humana. Ao contrário, havendo motivo legítimo, como é o caso do breve ou inexistente desfrute da vida pelo feto anencéfalo após o nascimento e a correspondente *irrazoabilidade* da imposição de manutenção de gravidez para a gestante em função dos danos psíquicos que a situação possa gerar,[62] deve

[58] Eric Hilgendorf, Scheinargumente in der Abtreibungsdiskussion – am Beispiel des Erlanger Schwangerschaftsfalls, in *NJW*, 12, 1996, p.760, que entende que uso do conceito sem a existência desse consenso pode servir para velar uma concepção moral ou valoração jurídico-política individual que deveriam ficar de fora desse tipo de discussão.

[59] Jorge Reis Novais, *A dignidade*, II, p. 89.

[60] Leva-se em conta a consideração do parâmetro do "respeito à *humanidade intrínseca*", que reprova as "lesões tão intoleráveis que sejam imediatamente reconhecíveis como atentatórias dos valores de humanidade comumente reconhecíveis", que, segundo Jorge Reis Novais, pode ser pensada como a forma de eventual aplicação do princípio da dignidade humana para a proteção da vida antes do nascimento (Jorge Reis Novais, *A dignidade*, II, pp. 91-92 e 102-105).

[61] Jörn Ipsen, Verfassungsrecht, *cit.*, p. 1384.

[62] Semelhante raciocínio encontrava-se na justificação da previsão do aborto embriopático no Código Penal alemão, que permitia a interrupção da gravidez até a 22ª semana, quando o feto portasse doença ou deficiência incurável, em razão de entender-se que a obrigação de manutenção da gravidez para a gestante seria um "peso irrazoável" (assim, por todos, Stephan Cramer, Embryopathische Indikation und pränatale Diagnostik, in *ZRP*, 1992, p.137). Susanne Gescher defende a inexistência de prazo para o aborto de feto anencéfalo, uma vez que a "irrazoabilidade" da gestação para a mulher seria "qualificada" pela *inexistência de chances de o feto sobreviver após o nascimento*, não havendo relação alguma com a sua condição de deficiência (Susanne Gescher, *Rechtsprobleme des Schwangerschaftsabbruchs bei Anenzephalen*, Frankfurt am Main, 1994, p. 149) (grifou-se). A determinação do prazo para a interrupção da gravidez, nesse caso, apenas provocaria "a prorrogação de uma existência meramente biológica", que pode resultar em dano psíquico muito mais grave daquele causado pela continuidade da gravidez de feto com deficiência (*Idem*, pp. 149-150). Convém salientar,

ser reconhecida a prevalência dos direitos fundamentais de liberdade e de autonomia da gestante sobre o valor objetivo da vida humana.[63]

O princípio da dignidade humana aparece como argumento referido nos votos dos ministros com diversas conotações na decisão ADI 3510/DF, do ano de 2008, em que foi julgada a constitucionalidade da norma que prevê o uso de células-tronco embrionárias em pesquisas científicas para fins terapêuticos.[64] A invocação do princípio é tanto no sentido de aferir a constitucionalidade da utilização de embriões *in vitro* pela pesquisa científica, como, ao contrário, para corroborar a liberdade científica por proporcionar resultados que possibilitam a existência digna dos indivíduos que não têm plenas condições de saúde.

Inicia-se a análise com a invocação da dignidade humana para corroborar a liberdade científica, no sentido de que possibilitar a pesquisa em embriões beneficiaria a recuperação da saúde daqueles que dependem de novos saberes para viver, tanto das pessoas diretamente interessadas como

ademais, que essa é a perspectiva correta da aferição de constitucionalidade da medida objeto da ação, qual seja, o uso da dignidade humana como limite à interpretação que permite o Estado considerar o aborto de feto anencéfalo como crime previsto no Código Penal. Conforme anteriormente referido, concorda-se com o uso do critério da dignidade humana para aferir a "irrazoabilidade" da medida de obrigar a mulher a manter a gravidez.

[63] Matthias Herdegen, Die Menschenwürde, *cit.*, pp.776- 777, Horst Dreier, Menschenwürdegarantie, *cit.*, p. 1040. Ao contrário, o ministro do voto analisado ignora o elemento essencial para a solução da questão, qual seja, o fato de a morte certa do feto não ser efeito direto da interrupção da gravidez, mas ser *inevitável* em razão da condição da anencefalia (semelhante raciocínio encontra-se no comentário de decisão sobre o abate de avião terrorista com passageiros a bordo em: Jorge Reis Novais, *A dignidade*, II, pp. 245 e ss, especialmente, pp. 249-250, 255 e ss, 278 e ss), e aplica, de forma subsuntiva, a fórmula que identifica a violação da dignidade humana ao tratamento do indivíduo como meio para atingir uma determinada finalidade (tal forma de verificação de violação da dignidade humana denomina-se "fórmula objeto" e será analisada no ponto 1.1 da exposição). Assim, a violação da dignidade humana tornar-se-ia evidente quando o feto é tratado como "lixo" ou "coisa" *meramente com a finalidade* de satisfazer o sentimento de frustração da gestante (ADPF 54, Ministro Cezar Peluso, p. 9). A não consideração das circunstâncias para a conclusão de uma "evidente" violação da dignidade humana pode encobrir, no fundo, a tentativa de imposição de "concepções ideológicas de um grupo, de uma confissão religiosa ou de uma moral particulares" ao resto da sociedade (Jorge Reis Novais, *A dignidade*, I, pp. 121 e ss e pp. 130-131; Eric Hilgendorf, Eric. Scheinargumente, *cit.*, p. 760; Thomas Elsen/ Klara Schobert, Gedanken, *cit.*, p. 286).

[64] O artigo 5º da Lei 11.105, que é objeto da ação de inconstitucionalidade, dispõe sobre a permissão de utilização de células-tronco embrionárias, obtidas de embriões humanos produzidos por fertilização *in vitro* e não utilizados no respectivo procedimento, para fins de pesquisa, impondo algumas condições para tanto.

dos indivíduos que futuramente necessitarão de seus resultados.[65] Estaria garantida, assim, a proteção da dignidade humana de todos os seres humanos que compõem a espécie.[66] Assim, abre-se a possibilidade às células-tronco embrionárias não utilizadas no processo de fertilização, cujo destino seria a remessa ao lixo que resultaria na sua indignidade, de contribuírem para a pesquisa e para a vida de outras pessoas, permitindo a sua "dignificação".[67]

Considera-se desnecessário o uso do argumento para corroborar o direito das pessoas que eventualmente se beneficiam ou virão a se beneficiar dos tratamentos gerados pelas pesquisas científicas, bastando aqui a menção do direito à saúde e a discriminação de resultados concretos obtidos exclusivamente com a pesquisa em células-tronco embrionárias.[68] Isso, porque não é evidente a forma como a pesquisa beneficia a dignidade humana das pessoas que dela necessitam e em que sentido a sua não realização eventualmente seria violadora da dignidade da humanidade; ao contrário, é mais fácil dimensionar, com base na justificação das próprias pesquisas, o ganho para a saúde dos indivíduos advindos da ciência.[69] Inclusive, é importante ressaltar ser justamente o argumento da dignidade da humanidade que é utilizado por alguma doutrina para impedir as manipulações genético-terapêuticas, embasado no fato de que a ciência alteraria a herança genética das gerações futuras, dimensionando-a a favor de um sujeito coletivo.[70]

[65] ADI 3510, Ministra CÁRMEN LÚCIA, pp. 12, 16-17 e 21; Ministro EROS GRAU, p.8; Ministro CEZAR PELUSO, p. 43; Ministro MARCO AURÉLIO, p. 11

[66] ADI 3510, Ministra CÁRMEN LÚCIA, pp. 20-21, 31 e 34-36.

[67] ADI 3510, Ministra CÁRMEN LÚCIA, pp. 21, 26 e 37.

[68] Em sentido semelhante, dimensionando do outro lado do conflito o dever do Estado de proteção de pacientes *concretos*, cujos resultados das pesquisas são "especialmente urgentes" e que sofrem de enfermidades até então incuráveis e graves, e já não considerando os ganhos das pesquisas para as gerações futuras: HANS-GEORG DEDERER, Verfassungskonkretisierung im Verfassungsneuland: das Stammzellgesetz, in *JZ*, 20, 2003, p. 989.

[69] Indo mais longe e afastando de todo o argumento dos benefícios da pesquisa para o ser humano, em razão de que a ciência "não tem a capacidade de resolver os males do mundo e as esperanças que desperta qualquer pesquisa científica (...) não passam disso, de esperanças ainda em estado difuso (...)", não servindo, portanto, como fundamento jurídico para legitimá-la: LEONARDO MARTINS/ BERNHARD SCHLINK, *Bioética à luz da liberdade científica: estudo de caso baseado na decisão do STF sobre a constitucionalidade da lei de biossegurança e no direito comparado alemão*, São Paulo, 2014, p. 177:

[70] ULFRID NEUMANN, Die Tyrannei, *cit.*, pp. 156-157; argumentando contra a proteção da espécie que limita a liberdade científica, uma vez que ela surge de uma "imagem do

Ademais, entende-se equívoco o argumento de que a pesquisa científica permite dar uma utilidade ao embrião ao fazê-los contribuir para a dignidade das pessoas, ato que lhe confere "dignificação". A dignidade da pessoa humana é atributo dos seres humanos simplesmente por o "serem",[71] o que difere da ideia de que ela pode ser concedida como uma qualidade, de forma a engrandecer o sujeito, por uma atuação "digna" ou um "comportamento exemplar".[72] Resta a dúvida de qual o sentido atribuído pelo ministro ao referir que a utilização do embrião o transformaria em um ser digno, já que o descarte acarretaria a sua "indignidade". Em uma decisão em que a dignidade humana é invocada com mais de um sentido para aferir a constitucionalidade das pesquisas científicas, não se considera útil e adequada tal aplicação figurativa da ideia de dignidade, meramente como forma de valorizar a utilização do embrião na pesquisa científica, considerando a confusão gerada por seu sentido.

Quando a dignidade humana é critério utilizado para aferir a legitimidade da intervenção da norma na vida do embrião *in vitro*, perspectiva que aqui interessa por colocar a dignidade humana como limite à atuação estatal, a discussão invoca questões relevantes no âmbito da bioética, quais sejam, qual o *nível* e *extensão* de proteção decorrente da norma da dignidade humana conferida ao embrião que encontra-se fora do útero materno, sendo ou não reconhecida a ele sua titularidade, e quais as *consequências* daí resultantes. Três são as posições, na decisão comentada, que discutem a eventual violação da dignidade humana pela pesquisa científica ao utilizar embriões humanos. Seja pelo fato de o embrião *in vitro* ser (1) "insuscetível de progressão reprodutiva" e, portanto, não ser titular dignidade humana que sirva de parâmetro para a constitucionalidade da lei; seja, ao contrário, por (2) ostentar algum grau de dignidade humana

homem" e de um conceito de "naturalidade" do processo de fertilização que resultam da ética subjetiva ou valorações do próprio julgador ou observador e que, ao contrário, a dignidade humana defende o ser humano de intervenções que coloquem em questão a capacidade de autodeterminação do atingido: Martin Nettesheim, Die Garantie der Menschenwürde zwischen metaphysischer Überhöhung und bloßem Abwägungstopos, in *AöR*, 130, 2005, pp. 109-110. Aliás, nesse contexto, é importante o questionamento do uso da dignidade humana como valor objetivo, já que há o risco do emprego do argumento como meio de limitar moral e juridicamente o direito ou o interesse de um indivíduo particular (Ulfrid Neumann, Die Tyrannei, *cit.*, p. 157; Jorge Reis Novais, *A dignidade*, I, pp. 97 e ss.).

[71] Jorge Reis Novais, *A dignidade*, I, p. 33.

[72] Jorge Reis Novais, *A dignidade*, I, p. 33.

que, entretanto, não é violada por levar-se em conta os requisitos estipulados para pesquisa, ou porque (3) a norma não permite que os embriões sejam tratados como objetos a serviço da pesquisa, respeitando a condição da *pessoa como um fim em si mesmo*, os três posicionamentos concluem pela constitucionalidade da norma em razão da não violação da dignidade humana. Embora considere-se que o resultado seja correto, o fato é que a argumentação encontrada nos votos ou não desenvolve suficientemente o pressuposto teórico do qual parte, ou limita a produção de efeitos da norma da dignidade humana somente aos casos em que é possível atribuir a uma pessoa a sua titularidade. Passa-se, então, à análise dessas posições.

No primeiro caso, a atribuição de alguma dignidade humana ao embrião depende da "potencialidade de algo para se tornar vida humana",[73] o que ocorre quando está no útero da mulher e, portanto, encontra-se em processo evolutivo para se tornar uma nova pessoa.[74] Ao contrário, no caso do embrião congelado *in vitro*, a condição de ele ser "insuscetível de progressão reprodutiva" por decorrer de uma concepção artificial que não necessariamente desencadeia uma gestação,[75] conjugado ao fato de não possuir terminações cerebrais,[76] priva-o de reconhecimento de dignidade humana e impossibilita que o juízo de inconstitucionalidade seja baseado na violação desse parâmetro. A questão, nesse caso, resume-se ao reconhecimento ou não do embrião *in vitro* como sujeito titular de dignidade humana, sendo essa a única forma de o princípio produzir efeitos protetivos que balizem a pesquisa científica.

Diversamente, as duas outras opiniões a serem comentadas utilizam a dignidade humana como critério para a análise da constitucionalidade da pesquisa científica, embora não fique clara a natureza e a extensão da proteção conferida pela norma aos embriões extrauterinos, o que gera dúvidas em torno da forma correta de proceder tal aferição. A primeira posição considera que os embriões congelados, embora não lhes seja reconhecido o direito à vida em razão da interrupção do processo que dá origem a um indivíduo e que depende da implantação no útero,[77] são "matéria-prima" que pode dar origem a outro ser humano[78] e ostentam um grau de dig-

[73] ADI 3510, Ministro Ayres Britto, p. 20.

[74] ADI 3510, Ministro Ayres Britto, pp. 17 e 28; Ministro Eros Grau, pp. 5-8.

[75] ADI 3510, Ministro Ayres Britto, pp. 25-26.

[76] ADI 3510, Ministro Ayres Britto, pp. 45-46.

[77] ADI 3510, Ministro Cezar Peluso, pp. 26 e 29-30; Ministra Ellen Gracie, p. 6.

[78] ADI 3510, Ministro Cezar Peluso, p. 41.

nidade humana que, entretanto, é menor do que aquele correspondente à vida das pessoas depois do nascimento.[79] Por não haver conflito entre bens constitucionais, já que inexiste direito à vida do embrião congelado, também não há a submissão da lei ao princípio da proporcionalidade.[80] Toda forma de manipulação ou descarte dos embriões excedentes deve, portanto, ter como baliza o princípio da dignidade humana,[81]que é o critério decisivo para a mensuração da constitucionalidade da lei. A lei analisada respeitaria o limite da dignidade humana, na medida em que prevê formas de cuidado com o manejo do material genético que são suficientes para proporcionar um "significativo grau de razoabilidade e cautela no tratamento normativo dado à matéria".[82] Além disso, se a ordem jurídica possibilita o descarte dos embriões, ato que não só os desrespeita, como também não beneficia de forma alguma a sociedade, certo é que o seu emprego para desenvolver terapias para a cura de doenças, sendo uma alternativa mais razoável que a destruição, é autorizado.[83] Assim, não é explicado o grau de dignidade humana atribuída aos embriões e porque o fato de haver a previsão de requisitos para a pesquisa não a violaria, julgando-se, ademais, duvidoso que a norma que prevê o direito à vida não reflita de alguma forma para a proteção do embrião in vitro, mesmo que ele não seja propriamente titular do direito.[84]

[79] ADI 3510, Ministro CEZAR PELUSO, p. 40.

[80] ADI 3510, Ministro CEZAR PELUSO, pp. 44-45, embora o ministro acabe por aplicar o teste da proporcionalidade de forma superficial (*Idem*, p. 44).

[81] ADI 3510, Ministro CEZAR PELUSO, p. 41

[82] ADI 3510, Ministra ELLEN GRACIE, pp. 5-6. São limites da pesquisa científica: (i) a proibição de comercialização dos embriões; (ii) a vedação de produção intencional para pesquisa; (iii) a necessidade de autorização dos comitês de ética e pesquisa para tanto, que exercem um controle sob as pesquisas e acompanham seu desenvolvimento; (iv) a tipificação como crime da engenharia genética em embrião humano e da clonagem humana; (v) a finalidade de promoção da dignidade daqueles cuja saúde depende do resultado das pesquisas; (vi) autorização exclusiva do uso dos embriões para fins terapêuticos (ADI 3510, Ministro CEZAR PELUSO, pp. 43-45)

[83] ADI 3510, Ministro CEZAR PELUSO, p. 42; Ministra ELLEN GRACIE, p. 6.

[84] Considera-se, entretanto, uma vez que se atribua dignidade humana ao embrião, acertada a análise dos requisitos impostos à pesquisa pela lei para a conclusão ou não de uma eventual violação ao critério, não sendo essa conclusão apenas evidente pela subsunção de uma fórmula abstrata ao fato de a pesquisa manipular ou instrumentalizar seres que são considerados vivos, opinião que já fora objeto de análise em nota n. 63).

O outro sentido atribuído à dignidade humana quando aplicada como parâmetro de constitucionalidade e limite à lei parte, conforme aqui se entende, da atribuição de sua titularidade ao embrião extrauterino. Isso, porque o voto analisado aplica a fórmula segundo a qual "a pessoa é um fim, nunca um meio" em razão de ser-lhe conferida dignidade.[85] A conclusão é de que a pesquisa científica em células-tronco embrionárias não trata o material como mero meio para atingir uma finalidade, mas, ao contrário, considera cada uma das células como insubstituível ao possibilitar que realizem o único fim que ainda lhes resta e beneficiar toda a humanidade, uma vez que seriam descartadas e não implantadas em um útero. [86]A consideração dos elementos da finalidade da pesquisa e do descarte das células-embrionárias excedentárias, quando não utilizadas para esse fim, levam à conclusão de que nem toda utilização da vida que vise uma finalidade é inconstitucional.

Em consonância com algumas ideias expressadas nos votos, entende-se que a melhor forma de perspectivar a aferição de constitucionalidade da manipulação científica do embrião é considerar, assim como justificado no caso do aborto de feto anencéfalo, que embora o embrião não tenha direito à vida, e tampouco cabe-lhe dignidade como se pessoa humana fosse, é certo que o ordenamento jurídico o concede alguma proteção pelo reconhecimento da existência de vida em sentido biológico desde a concepção.[87] Assim, é em razão de ser também vida humana, que decorre da dimensão objetiva do direito fundamental à vida a obrigação de o Estado proteger o embrião *in vitro*,[88] proteção que progride conforme o grau de desenvolvimento da vida e cuja intensidade não pode ser comparada àquela atribu-

[85] ADI 3510, Ministra Cármen Lúcia, p. 27.

[86] ADI 3510, Ministra Cármen Lúcia, p. 28. A grade questão a ser colocada aqui é a falta de clareza no voto sobre a que título é atribuída dignidade humana ao embrião in vitro, definição que é fundamental na medida em que não há reprovação da manipulação como objeto de algo que não tem proteção jusfundamental (Karsten Klopfer, *Verfassungsrechtliche Probleme der Forschung an humanen pluripotenten embryonalen Stammzellen und ihre Würdigung im Stammzellgesetz*, Tübingen, 2006, p. 76).

[87] Assim, por todos: Jörn Ipsen, Der „verfassungsrechtliche Status", *cit.*, p. 995. Refletindo também sobre a incapacidade do Direito dar respostas definitivas sobre a eventual atribuição de titularidade de direitos ao embrião e o exato momento que isso acontece e sugerindo que nesses casos o Estado deve assumir, tanto quanto possível, uma posição de neutralidade e fazer opções que restrinjam em menor medida as liberdades fundamentais: Karsten Klopfer, *Verfassungsrechtliche Probleme*, pp. 70-71.

[88] Jörn Ipsen, Der „verfassungsrechtliche Status", *cit.*, pp. 992 e ss.

ída à pessoa humana titular do respectivo direito fundamental.[89] Aceita-se, portanto, que sejam procedidas ponderações e impostas limitações à vida humana em sentido objetivo diante da necessidade de realização de outros direitos fundamentais, como a liberdade científica,[90] que jamais seriam permitidas caso se tratasse da vida de um ser humano nascido.[91] O conflito a ser resolvido no caso concreto é composto pela liberdade científica e o correspondente dever do Estado de não intervir em seu exercício e pela vida do embrião *in vitro* e o dever estatal de proteção diante da intervenção de terceiros. Levando a sério a dogmática dos direitos fundamentais, sabe-se que o legislador dispõe, no âmbito de realização dos deveres de ação do Estado, de um amplo âmbito de atuação e que a ele cabe a escolha da melhor forma de proteção do bem jurídico, sendo difícil que se possa exigir mais que a realização de um patamar "mínimo" do dever.[92] O exame de proporcionalidade da lei deve levar em conta elementos tais como a existência da previsão de condicionantes da pesquisa; bem como a sua finalidade; o fato de se tratarem de embriões excedentários em fase pré-nidativa, cuja proteção da vida pelo Estado é menos resistente do que se estivessem implantados no útero materno; que esses embriões são incapazes de sentir dor e que o destino alternativo à pesquisa seria a manutenção do estado de congelamento e seu descarte.[93] A utilização da dignidade humana na dimensão objetiva para a aferição de uma inconstitucionali-

[89] Horst Dreier, Stufungen, *cit.*, pp. 378 e ss.

[90] Bernhard Losch, Lebensschutz am Lebensbeginn: Verfassungsrechtliche Probleme des Embryonenschutzes, in *NJW*, 1992, p. 2930.

[91] Jörn Ipsen, Der „verfassungsrechtliche Status", *cit.*, pp. 994-995; Jörn Ipsen, Verfassungsrecht, *cit.*, p. 1383; Bernhard Losch, Lebensschutz, cit., p. 2931; Horst Dreier, Stufungen, *cit.*, pp. 377-378 e 381.

[92] A doutrina e jurisprudência constitucional utilizam a "*proibição de insuficiência*" como critério de mensuração da medida a ser realizada do dever de proteção pelo Estado, que acaba por ser identificada a um conteúdo mínimo impositivo ao legislador (assim, por todos: Claus-Wilhelm Canaris, Grundrechte und Privatrecht, in *AcP*, 184, 3, 1984, p. 22), sem que se possa obrigá-lo a tomar uma única medida, e que possibilita a identificação de uma inconstitucionalidade por omissão somente em "casos de violações por omissão mais grosseiras" (Jorge Silva Sampaio, *O dever de protecção policial de direitos, liberdades e garantias*, Coimbra, 2012, p. 155; para uma proposta de definição do instituto que atribui importância, para além do conteúdo mínimo, ao critério *razoabilidade da decisão:* Jorge Reis Novais, *Direitos Sociais: Teoria Jurídica dos Direitos Sociais enquanto Direitos Fundamentais,* Coimbra, 2010, pp. 220 e 307-311).

[93] Horst Dreier, Stufungen *cit.*, pp. 383. Assim, também fundamentaram os ministros Cezar Peluso e Ellen Gracie em seus votos a não violação da dignidade humana baseada em alguns critérios.

dade, conforme já fora concluído anteriormente, deve ser excepcional, estando sustentada em um "tendencial consenso" na delimitação de seu conteúdo.[94] Dir-se-ia, levando em conta a necessidade de formação de tal concordância entre os membros de uma comunidade, que podem ser identificadas como violações da dignidade humana protetiva das "formas de vida anteriores ao nascimento" as situações limite e consensualmente reprováveis de sua manipulação,[95] tais como a clonagem reprodutiva ou o uso da técnica do "Diagnóstico Genético Pré-Implantacional" para selecionar características físicas do feto.[96]

1.1. A utilização da "fórmula objeto"

Sob influência da doutrina e jurisprudência alemã, o STF adota também como critério a fórmula objeto como parâmetro para aferir a constitucionalidade de uma atuação do Estado por violação da dignidade. O sentido conferido ao critério é de que há violação da dignidade humana,

[94] Jorge Reis Novais, *A dignidade*, II, pp. 26-27 e 91-92.

[95] Assim, conforme já concluído, são essas situações em que se ignora ou despreza patentemente a qualidade humana do embrião, apenas com fundamento em um "mero capricho ou conveniência pessoal (Vera Lúcia Raposo, *O direito*, p. 546), e já não em uma necessidade.

[96] Tais manipulações colocam em questão premissas básicas éticas e constitucionais da nossa sociedade (Jörn Ipsen, Verfassungsrecht, *cit.*, p. 1384). Ao contrário, a dignidade humana na dimensão objetiva já não teria força para proibir pesquisas e utilização de células embrionárias para o desenvolvimento de tratamentos medicinais, *Idem*, p. 1385; em sentido semelhante: Ulfrid Neumann, Die Tyrannei, *cit.*, p. 161; Erich Fechner, Menschenwürde und generative Forschung und Technik, in *JZ*, 14, 1986, p. 659. Conforme já referido, o eventual efeito que se possa retirar da dimensão objetiva da dignidade humana decorre do reconhecimento de obrigação do Estado em proteger a humanidade de desenvolvimentos científicos que ponham em risco a "existência e inconfundibilidade" da espécie humana, que dispensa a existência de violação de um direito individual. A pesquisa científica em embriões, ao causar-lhes a morte, inviabiliza que eles se tornem seres humanos e que transmitam material humano modificado (Karsten Klopfer, *Verfassungsrechtliche Probleme*, pp. 59-60 e 77, embora o último argumento seja usado pelo autor para sustentar a legitimidade da técnica de clonagem terapêutica). Considerando, também, que o recurso ao argumento da dignidade humana deve se limitar às situações que signifiquem um prejuízo à "imagem do homem" ou para impedir medidas que intentem a "otimização" da espécie humana, sendo as normas de direitos fundamentais e o exame da proporcionalidade suficientes para a aferição da constitucionalidade das pesquisas científicas na maioria dos casos: Wolfgang Graf Vitzthum, Gentechnologie und Menschenwürdeargument, in *ZRP*, 1987, pp. 36-37.

sempre que "o ser humano concreto é denegrido a objeto, a mero meio, a grandeza fungível (...), a coisa"[97] para atingir uma finalidade. A aplicação da fórmula ao caso concreto não dispensa o juízo de ponderação das circunstâncias para que se discrimine quando a instrumentalização do ser humano, por sua gravidade, viola a dignidade humana.[98] Certo é que são reprovadas, com base no princípio, as medidas de instrumentalização que sejam "especialmente qualificadas",[99] o que significa dizer que consideram o ser humano *somente* como um meio, de forma a desvalorizá-lo como sujeito, desprezá-lo, humilhá-lo ou degradá-lo. [100] Para tanto, deve-se considerar que as medidas podem ser em si reprováveis por degradar o ser humano, bem como a intenção que origina a ação é que pode ter caráter desrespeitador,[101] além de haver posturas negligentes quanto à ocorrência de uma "coisificação desqualificadora".[102]

A análise das decisões mais recentes do STF permite concluir que a fórmula é reiteradamente invocada no âmbito das garantias processuais,

[97] O *BVerfG* e a literatura alemã inspiram-se na conceituação primeiramente conferida por: Günter Dürig, Der Grundrechtssatz von der Menschenwürde, in *AÖR*, 81, 1956, p. 127.

[98] Isso, porque há situações, decorrentes da vida em sociedade ou do próprio direito, em que a pessoa é tratada como meio e não significam violações à dignidade humana (*BVerfGE* 30, 1, in Michael Eichberger/ Dieter Grimm/ Paul Kirchhof (orgs.), *Entscheidungen des Bundesverfassungsgerichts – Studienauswahl*, I, 3 edição, Tübingen, 2007, p. 219; Jorge Reis Novais, *A dignidade*, II, pp. 115-116 e 119-120; Dieter Hömig, Menschenwürdeschutz, *cit.*, p. 41).

[99] Jorge Reis Novais, *A dignidade*, II, p. 261.

[100] Jorge Reis Novais, *A dignidade*, II, pp. 117 e 261; Dieter Hömig, Menschenwürdeschutz, *cit.*, p. 41; *BVerfGE* 30, 1, *cit.*, p. 219.

[101] Partindo do pressuposto de que a convivência social muitas vezes exige a sujeição das pessoas a outras e que o critério que indica a inconstitucionalidade da instrumentalização é o do "objetivo da conduta, isto é, a intenção de instrumentalizar ('coisificar') o outro": Ingo Wolfgang Sarlet, Notas, *cit.*, p. 50; Neumann, Ulfrid. Die Tyrannei, *cit.*, p. 161, opinião já anteriormente referida. É importante notar, entretanto, que também medidas que instrumentalizam o ser humano, embora tenham "boa intenção", podem ferir a dignidade (*BVerfGE* 30, 1, *cit.*, p. 227). Aliás, esse é um dos argumentos, junto ao fato de haver instrumentalizações na vida cotidiana que não violam a dignidade (conforme entendimento já anteriormente referido), que leva alguns autores a considerarem a fórmula sem serventia para identificar a violação da dignidade humana, uma vez que é um critério manipulável e suscetível de valorações subjetivas intencionalmente direcionadas à defesa de um ponto de vista (Horst Dreier, Artikel 1, in Horst Dreier (org.), *Grundgesetz-Kommentar*, I, 2 edição, Tübingen, 2004, p. 168; Sarah Tornow, *Art. 1 Abs. 1 GG als Grundrecht*, Frankfurt am Main, 2008. pp. 101-102).

[102] Jorge Reis Novais, *A dignidade*, II, p. 117.

como limite a uma intervenção concreta do Estado contra um particular. Passa-se, então, à análise da menção à fórmula objeto em decisões do STF, dando-se especial atenção à definição atribuída ao critério pelo Tribunal e à coerência de aplicação ao caso concreto, ou seja, se faz sentido o emprego do conceito na decisão e se é utilizada de forma que se considere correta para identificar uma violação da dignidade humana.

As primeiras decisões selecionadas para o exame são casos de menção da fórmula objeto em defesa das garantias processuais do direito de defesa, do contraditório e da ampla defesa e do direito ao silêncio, ou seja, tratam-se de situações de falta ou irregular intimação de defensor;[103] de falta de tempo do defensor nomeado para a análise do processo;[104] de indeterminação dos termos da denúncia[105]e de caso em que o indivíduo confessa o crime sem ser advertido da prerrogativa de se manter calado.[106] A conceituação da dignidade humana é feita de forma idêntica em todos os julgados, ou seja, é vedada a "utilização ou transformação do homem em objeto dos processos e ações estatais", o que é corroborado pela definição do autor alemão Günther Dürig sobre a matéria, ou seja, "que a submissão do homem a um processo judicial indefinido e sua degradação como objeto do processo estatal (...) fere o princípio da dignidade da pessoa humana",[107]o que demonstra a tentativa de firmar o entendimento do STF relacionado à matéria da violação de garantias processuais e sua equiparação à instrumentalização do sujeito.

[103] As decisões referem-se a três situações diferentes: 1) falta de intimação pessoal do defensor público para audiência (HC 89176-4/PR, ano de 2006); 2) intimação irregular do acusado, que foi feita por meio de edital sem terem sido esgotados os meios disponíveis para sua localização, e a consequente nomeação de defensor dativo (HC 88548-9/SP, julgada em 2008); 3) falta de intimação do defensor para a sessão de julgamento, mas intimação pessoal relativa à publicação do respectivo acórdão (HC 114544/SP, ano de 2013).

[104] HC 108527/PA, julgado em 2013; AP 616 QO/SC, julgada em 2013.

[105] Tratar-se-á, aqui, das decisões no âmbito do HC 86000-1/PE, julgado em 2006; do HC 113386/RS, julgado em 2013; do Inquérito 3752/DF, julgado em 2014; do HC 84768/PE, julgado em 2005 e do HC 85327/SP, julgado em 2006;

[106] RHC 122279/RJ, julgado em 2014.

[107] HC 89176-4/PR, Ministro Gilmar Mendes, p. 2; HC 88548-9/SP, Ministro Gilmar Mendes, p. 8; HC 114544/SP, Ministro Gilmar Mendes, p. 1; HC 108527/PA, Ministro Gilmar Mendes, p. 1; AP 616 QO/SC, Ministro Gilmar Mendes, p. 3; HC 914144/BH, Ministro Gilmar Mendes, p. 2; HC 86000-1/PE, Ministro Gilmar Mendes, p. 2; HC 113386/RS, Ministro Gilmar Mendes es, p. 2; Inquérito 3752/DF, Ministro Gilmar MendeS, p. 4; HC 84768/PE, Ministro Gilmar Mendes p. 7; HC 85327/SP, Ministro Gilmar Mendes, p. 7; RHC 122279/RJ, Ministro Gilmar Mendes p. 2.

A fórmula não é, entretanto, em nenhum dos casos, aplicada e aferida conforme as circunstâncias e nem há a explicação do que seria a conduta que torna o sujeito objeto, qual a finalidade do Estado e por quê a instrumentalização, nesses casos, tem uma conotação violadora da dignidade humana. Ademais, a solução da questão é baseada, também em todos os casos, em artigo do Código de Processo Penal que prevê a garantia violada pelo Estado.

Quanto às particularidades dos casos, quando se trata da falta de intimação de defensor para fase do processo ou de peça processual, a decisão de inconstitucionalidade da atuação do Estado é baseada na afirmação de que "constata-se, no caso concreto, que o constrangimento alegado é inegável",[108]ou seja, a violação à dignidade é comparada a um "constrangimento ilegal" ou a um "prejuízo" ao direito de defesa, sem que fique demonstrada a degradação do sujeito por meio da conduta do Estado.[109] Talvez porque tal adjetivação do dano ocasionado ao réu não pode ser comparada a uma situação humilhante e degradante, principalmente pelo fato de que a falta de intimação do advogado tem como consequência a atribuição, ao acusado, de defensor dativo. É interessante notar que há manifestação anterior do STF sobre o tema, em que foi decidido que a falta de intimação do procurador ocasiona "prejuízo à defesa", sendo, portanto, imperiosa, sem menção à dignidade humana.[110] Nesse sentido também é importante destacar a falta de um posicionamento coerente e utilização séria da fórmula

[108] HC 89176-4/PR, Ministro Gilmar Mendes, p. 2; HC 88548-9/SP, Ministro Gilmar Mendes es, p. 8, inclusive há a menção da violação do artigo 5º, Lei no. 1.060/1950 que prevê a prerrogativa da intimação pessoal.

[109] Ao contrário, no HC 114544/SP, terceiro caso aqui mencionado, embora o defensor público não tenha sido intimado para a sessão de julgamento do recurso, foi intimado da publicação da decisão e, ainda assim, invocou a nulidade somente após transcorridos três anos dessa data, motivo pelo qual teve seu pedido indeferido. Embora a fórmula objeto tenha sido citada (HC 114544, Ministro Gilmar Mendes, pp. 1-2), foi decidido que, levando em consideração que a defesa foi devidamente intimada da publicação do acórdão e permaneceu inerte, não apresentando inconformismo à época, e por inexistir "constrangimento ilegal a ser reparado", não haveria nulidade a ser declarada (*Idem*, pp. 3-5). É interessante notar que a falta de manifestação do defensor decorridos três anos da ciência da decisão, leva à conclusão de que o indivíduo deixa de configurar como mero meio para uma finalidade estatal e não é constatada a violação da dignidade.

[110] Assim, por exemplo, a argumentação no âmbito do HC 84747-1/SP, julgado em 2005, Ministro Gilmar Mendes, p. 2 e do HC 83847/PE, julgado em 2004, voto Ministro Joaquim Barbosa, p. 2.

em casos similares, o que leva à constatação do "abuso da noção de instrumentalização" nas decisões abordadas.[111].

Questiona-se, ademais, em que sentido é que situações como a falta de tempo para a análise dos fatos pelo defensor,[112] a inaptidão da denúncia em razão de conter "falhas" no seu conteúdo[113]e a negação ou negligência da advertência do direito do acusado de ficar calado[114] tornam o indivíduo mero objeto da prossecução penal, tratamento que é reprovado especialmente por ser qualificado como degradante ou humilhante do sujeito e,[115] ainda, qual a finalidade do Estado ao instrumentalizá-lo nesses casos.

Também no âmbito do excesso de prazo da prisão preventiva e da insuficiência de argumentos para manutenção da medida é a dignidade humana dimensionada segundo a proposição da fórmula objeto. A utilização da dignidade humana para obstar a prisão preventiva por excesso de tempo de detenção é feita de forma semelhante aos casos já mencionados,[116] com

[111] Jorge Reis Novais, *A dignidade,* II, p. 117.

[112] Cumpre referir que o prazo estabelecido no Código de Processo Penal para a avaliação dos autos é de dez dias, assim estabelecido no artigo 456, §2, do CPP, mas a complexidade da causa levou o defensor a pleitear mais tempo para o estudo do caso. A decisão fora baseada no fato de que o tempo estabelecido pela lei é insuficiente e a não concessão de maior prazo para a análise do processo prejudica a ampla defesa e a isonomia entre as partes.

[113] Assim, o adjetivo utilizado pelo próprio ministro no Inquérito 3752/DF, Ministro Gilmar Mendes, p. 6. Não se questiona o fato de a denúncia que não contém os elementos essenciais descritos de forma clara é inaceitável por não atender aos requisitos do artigo 41 do Código de Processo Penal, como foi argumentado em duas das decisões aqui mencionadas (Inquérito 3752/DF, Ministro Gilmar Mendes, p. 7; HC 86000-1/PE, Ministro Gilmar Mendes, p. 10; HC 85327/SP, Ministro Gilmar Mendes, p. 9).

[114] A decisão, nesse caso, é unicamente embasada no próprio direito fundamental de permanecer calado, disposto no artigo 5º, LXIII da CF e no 186 do Código de Processo Penal, e do direito à não autoincriminação (HC 914144/BH, Ministro Gilmar Mendes, pp. 2-10). A inexistência de advertência formal do depoente ao direito ao silêncio significa desrespeito às regras do interrogatório que seria, portanto, inválido (HC 914144/BH, Ministro Gilmar Mendes, p. 10)

[115] Além da necessidade de que o comportamento que instrumentaliza o indivíduo tenha uma conotação de desprezo, humilhação ou degradação do indivíduo, conforme já mencionado, é ainda importante levar em conta a diferença entre um tratamento "censurável como meio" e uma "utilização degradante, denegridora, incompatível com a natureza de sujeito própria da pessoa" (Jorge Reis Novais, *A dignidade,* II, p. 117).

[116] HC 92604-5/SP, Ministro Gilmar Mendes, p. 9; HC 91657-1/SP, Ministro Gilmar Mendes, p. 10; HC 91121-8/MS, Ministro Gilmar Mendes, p. 26. Quando se fala em excesso de prazo da manutenção do indivíduo sob custódia preventiva significa o transcurso de mais de 3 ou 4 anos desde a decretação da prisão preventiva, sem ter sido realizada sessão do

diferença de que é dada ênfase ao argumento de que "a perpetuação temporal de uma situação de indefinição jurídica quanto às possibilidades de tutela da liberdade de locomoção do paciente afeta a própria garantia constitucional de uma proteção judicial digna, eficaz e célere"[117] que, pode-se dizer, fundamenta a utilização da fórmula nesse caso em específico. Para além disso, não há explicação da conduta objetivante e o porquê da sua reprovabilidade, embora se possa concluir que a finalidade do Estado em manter o indivíduo sob custódia seria assegurar a ordem pública, a instrução criminal e a aplicação da lei penal,[118] e, em um dos casos em específico, garantir a entrega de pessoa extraditada ao Estado requerente.[119] A decisão de inconstitucionalidade da medida é baseada no fato de uma vez que haja motivo razoável para manter a prisão preventiva, ela ser aceita e até imposta, a falta de justificação e a indefinição do tempo de aprisionamento é que tornam a medida inconstitucional.[120]

Certo é que a prisão preventiva é meio legítimo em Estado de Direito, se corretamente empregada, para assegurar a ordem pública, respeitando os requisitos do artigo 312 do CPP. Portanto a aferição da possível violação da dignidade humana em razão do excesso de tempo da medida cautelar necessita da fundamentação do porquê e quando essa instrumentalização, que pode ser legítima, aparece com conotação que degrada e humilha o ser humano a ponto de justificar a invocação do argumento. O fato é que não é essa a realidade da argumentação dos votos analisados, que não conferem importância significativa ao princípio da dignidade humana, que fica perdido na argumentação, porquanto as decisões são proferidas apenas com base na constatação de que as circunstâncias dos casos apontam para a desnecessidade da prisão. Entende-se que o princípio da dignidade humana como fórmula objeto poderia, nesse caso, ser mais bem

Tribunal do Júri (HC 92604-5/SP, julgado em 2008; HC 91121-8/MS, julgado em 2007); a subsistência da prisão preventiva há quatro meses para fins de extradição, inexistindo sentença condenatória (HC 91657-1/SP, julgado em 2007).

[117] HC 92604-5/SP, Ministro Gilmar Mendes, p. 9; HC 91121-8/MS, Ministro Gilmar Mendes, p. 26.

[118] Assim, conforme o artigo 312 do Código de Processo Penal.

[119] HC 91657-1/SP.

[120] HC 92604-5/SP, Ministro Gilmar Mendes, p. 10; HC 91121-8/MS, Ministro Gilmar Mendes, pp. 28-29, nesse último caso, a conclusão é baseada na violação da garantia da duração razoável do processo, prevista no artigo 5º, LXXVIII, CF; HC 91657-1/SP, Ministro Gilmar Mendes, p. 16 e 18.

explicitado e ter serventia para a decisão. Isso, porque pode-se dizer aqui que o Estado se utiliza do sujeito, ao mantê-lo preso, para chegar a uma finalidade, seja assegurar a instrução criminal, manter a ordem pública ou garantir a extradição a país que a requeira. Embora sejam essas finalidades legítimas e aceitas pela ordem jurídica, o cerceamento da liberdade de locomoção e efeitos da prisão na vida do condenado para além do tempo necessário e razoável e, ainda, sem perspectiva de soltura,[121] torna a medida violadora da dignidade humana do acusado.

Também motivada na dimensão da dignidade humana em que "o homem não pode ser transformado em objeto dos processos estatais"[122] é a decisão sobre o uso de algemas em acusado de crime. A fórmula somente é mencionada como se o uso de algemas, caso não fundamentada sua necessidade diante das circunstâncias do caso, fosse de evidente situação de instrumentalização, de utilização do acusado como "coisa" do processo estatal. A decisão analisada originou a edição de súmula vinculante sobre o uso excepcional de algemas e é justamente fundamentada na dignidade e na integridade física e moral do preso.[123] Também aqui se entende que a aplicação fundamentada da fórmula faria sentido, em razão de a instrumentalização poder ter a finalidade de estigmatizar ou de criar uma desvantagem para o sujeito diante do julgamento perante um júri popular, ou mesmo, de "dar o exemplo"[124] para que outras pessoas não sigam

[121] Decisão interessante e que invoca o argumento da indeterminação temporária da prisão é a *BVerfGE* 45, 187, julgada pelo Tribunal Constitucional alemão. Nessa decisão ficou estabelecida a constitucionalidade da prisão perpétua e a preservação de um conteúdo "mínimo" da dignidade humana, conceituada como proibição de submeter o indivíduo "a um mero objeto do combate ao crime", que seria resguardada por meio da regulamentação da possibilidade de o sujeito algum dia voltar a gozar de sua liberdade (*BVerfGE* 45, 187 in MICHAEL EICHBERGER/ DIETER GRIMM/ PAUL KIRCHHOF (orgs.). *Entscheidungen, cit.*, pp. 449-450). A dignidade humana será violada se o condenado "tiver que desistir de qualquer esperança de reaver a sua liberdade" (*BVerfGE* 45, 187, *cit.*, p. 454). Assim, foi regulamentada uma possibilidade de suspensão de execução do resto da pena perpétua pelo legislador ordinário. Conclui-se que a objetivação do Estado, no caso da prisão perpétua, só é inconstitucional quando há indeterminação do tempo de aprisionamento, em que o acusado perde a esperaça de um dia voltar a viver em liberdade, argumento que também serve para afastar a situação de prisão cautelar de tempo indefinido aqui analisada.

[122] HC 91952/SP, julgado em 2008, Ministro GILMAR MENDES, pp. 1-2.

[123] HC 91952/SP, Ministro GILMAR MENDES, pp. 3-7.

[124] Assim, mencionando o caso de condenação de um indivíduo para servir de "exemplo" como clara violação da dignidade humana: JORGE REIS NOVAIS, *A dignidade*, II, p. 119.

o mesmo caminho, ficando clara a "indiferença ou o *desprezo* para com a pessoa".[125]

Conclusão

O conteúdo da dignidade quando perspectivada como limite de uma atuação do Estado apareceu, nos casos aqui comentados, tanto para corroborar um direito fundamental e com a intenção de fazê-lo prevalecer na colisão, assim como limite último que evidencia a inconstitucionalidade da atuação estatal. Assim, quando aparece como reforço de posição jusfundamental, nota-se a falta de contornos da relação entre o direito e a dignidade e a inexistência de fundamentação da necessidade do argumento,[126] o que não permite a extração de um conteúdo autônomo definido positivamente do princípio. Ademais, não raras vezes, a dignidade humana aparece em ambos os polos do conflito, o que reflete a falta de consenso sobre quando utilizar o argumento e sobre o seu significado quando envolvida em questões de expressão do pensamento, aborto ou liberdade científica, assim como a ausência de entendimento sobre quais comandos e exigências podem ser subtraídos da norma que a prevê.[127] Por fim, quando se está diante de um conflito entre dignidades, o que geralmente está em apreço é um conflito de direitos fundamentais que "aparenta" ser uma colisão entre duas situações que necessitam do apoio do valor, sendo este invocado, na realidade, de forma meramente retórica.[128] É necessário que se leve em conta que a maioria dos conflitos entre direitos fundamentais podem ser solucionados com base nas normas do catálogo constitucional que servem a proteção dos bens jurídicos essenciais, reservando-se o princípio da dignidade para situações excepcionais que demandem o reforço do argumento.[129]

[125] Jorge Reis Novais, *A dignidade,* II, p. 119 (grifos do autor).

[126] Assim, a conclusão sobre a liberdade de expressão e dos direitos de personalidade na ADI 4815/DF.

[127] Jorge Reis Novais, *A dignidade,* II, p. 177, o que, segundo o autor, acaba por tornar irrelevante a utilização do princípio como norma absoluta contra decisões do legislador.

[128] Jorge Reis Novais, *A dignidade,* II, pp. 184-185; Paul Tiedemann, Vom inflationären, *cit.*, p. 613.

[129] Jorge Reis Novais, *A dignidade,* II, pp. 65, 68-70; Paul Tiedemann, Vom inflationären, *cit.*, p. 613.

Como limite das restrições ou intervenções restritivas, dois conteúdos atribuídos de forma clara ao princípio foram identificados nas decisões aqui tratadas: (a) proibição à tortura, conceito que foi utilizado inapropriadamente para contextualizar a manutenção da gravidez de feto anencefálico contra a vontade da gestante; (b) violação da dignidade humana quando o sujeito é tratado como mero objeto de uma finalidade estatal (fórmula objeto). Ambas as perspectivas partem de uma definição negativa do conteúdo normativo da dignidade humana e o comando tem força absoluta. Entretanto, a concepção absoluta da dignidade humana pelo STF, ao contrário de proteger o conteúdo normativo do princípio, serve para estabelecer um resultado sem a necessidade de fundamentação superveniente, porque baseado em uma ideia de violação evidente do princípio. Somente em duas argumentações, que aferiam a possível violação da dignidade humana do embrião *in vitro* pelas pesquisas científicas, é que se pôde identificar que a conclusão pela não violação da dignidade humana fora embasada na ponderação das circunstâncias do caso.[130]

Quanto à aplicação da fórmula objeto, constata-se que embora a fórmula tenha a intenção de evitar o uso inflacionário da dignidade humana nas decisões judiciais, a análise dos casos em que é abordada aponta para o sentido contrário.[131] A invocação do critério aparece relacionada ao abuso, pelo Estado, de garantias processuais, sem que seja explicada a relação da fórmula com as circunstâncias do caso concreto e sem que se constate que a situação, pela gravidade, exija o reforço do argumento da dignidade humana. Ademais, no campo da bioética, viu-se tanto a conclusão de ilegitimidade do aborto de feto anencéfalo por significar a instrumentalização da vida humana a serviço de sentimentos da gestante, sem que tenham sido ponderados outros elementos do caso,[132] bem como a utilização da mesma fórmula para afastar a ilegitimidade da instrumentalização da vida do embrião *in vitro* pela pesquisa científica em razão da finalidade a que serve, o que implica na consideração de elementos circunstanciais.[133]

[130] Assim a argumentação presente nos votos dos ministros Cezar Peluso, Ellen Gracie e Cármen Lúcia na ADI 3510.

[131] Nesse sentido é também a conclusão, na Alemanha, de: SARAH TORNOW, *Art. 1 Abs. 1 GG*, p. 99.

[132] ADPF 54, Ministro CEZAR PELUSO, p. 9.

[133] ADI 3510, Ministra CÁRMEN LÚCIA, p. 28.

A análise aqui realizada leva a conclusão de que muitas vezes a dignidade humana é mencionada nos casos não como argumento para solucionar a questão, mas no sentido de "grito de guerra"[134] para concluir a discussão sem a necessidade de fundamentação racional complementar e sem que haja, na maioria das vezes, motivo para sua invocação, o que impede o estudo sério das questões que envolvem a dignidade a fim de evidenciar um conteúdo que sirva à aplicação em casos futuros semelhantes.

[134] MARTIN NETTESHEIM, Die Garantie, *cit.*, p. 85.

II

DIGNIDADE E DIREITOS SOCIAIS

A Dignidade da Pessoa Humana e o Direito à Saúde – Políticas Públicas e Ativismo Judicial

Catarina Santos Botelho*

Resumo: Se é verdade que a generalidade dos direitos fundamentais são projeções mais ou menos nítidas da dignidade da pessoa humana, também é verdade que o direito à saúde é um dos direitos fundamentais em que mais cristalinamente se descortina uma relação umbilical com o princípio da dignidade da pessoa humana. Num domínio onde não pode deixar de existir uma certa *insatisfação* na realização deste direito, a pergunta a fazer é a de saber se compete ao poder judicial a tutela dos direitos sociais perante a inércia ou deficiência da atividade político-legislativa. O ativismo judicial em matéria do direito à saúde será um exercício de paternalismo judicial ou uma genuína violação do princípio da separação de poderes?

I. Saúde e Dignidade

Nos nossos dias, podemos afirmar que dignidade da pessoa humana se entranhou no léxico normativo estadual e se apresenta como o "princípio geral comum a todas as nações civilizadas"[1], uma espécie de "sín-

* Professora Auxiliar na Escola do Porto da Faculdade de Direito da Universidade Católica Portuguesa; Membro do Conselho de Coordenação da ANESC (*Academic Network on the European Social Charter and Social Rights*) – Coordenadora da Delegação Portuguesa da ANESC; email: cbotelho@porto.ucp.pt

[1] Franck Moderne, La dignité de la personne comme principe constitutionnel dans les Constitutions portugaise et française, in *Perspectivas Constitucionais – Nos 20 anos da Constituição de 1976* (org. Jorge Miranda), Coimbra Editora, 1996, pp. 197-230, p. 198.

tese axiológica civilizacional[2]" ou de "ponto de Arquimedes do Estado constitucional"[3]. Com o andar dos tempos e na sequência do dilema axiológico que se assistiu no após Segunda-Guerra Mundial, o conceito de dignidade da pessoa humana – amiúde designado por "axioma antropológico" – ganhou uma especial relevância[4]. Mas não só isso: a catástrofe humanitária herdada pelas Guerras Mundiais potenciou a consagração constitucional de catálogos de direitos sociais basilares, sem os quais a dignidade básica do ser humano não estaria garantida[5].

Num contexto tão atribulado, a constitucionalização dos direitos sociais atesta uma responsabilidade do Estado relativamente à promoção da dignidade da pessoa humana[6]. Nesta esteira e de forma metafórica, há quem fale num "acréscimo de direitos sociais" (*social rights plus*), no sentido de

[2] Paulo Otero, *Instituições Políticas e Constitucionais*, I, Almedina, Coimbra, 2009, p. 561. No mesmo sentido, Luís Roberto Barroso, La Nueva interpretación constitucional y el papel de los principios en el derecho brasileño, *Teoría y Realidad Constitucional*, 14, 2004, pp. 177-212, p. 203.

[3] Görg Haverkate, *Verfassungslehre – Verfassung als Gegenseitigskeitsordnung*, C. H. Beck, München, 1992, p. 142.

[4] António M. Barbosa de Melo, *Democracia e Utopia: Reflexões*, Porto, 1980, pp. 17 ss., Antje von Ungern-Sternberg, Autonome und funktionale Grundrechtskonzeptionen – Unter besonderer Berücksichtigung der Rechtsprechung des Europäischen Gerichtshofs für Menschenrechte, in *Grundrechte und Grundfreiheiten im Mehrebensystem – Konkurrenzen un Interferenzen* (ed. Nele Matz-Lück e Mathias Hong), Max-Planck-Gesellschaft zur Förderung der Wissenschaften e. V., vol. 229, 2012, Springer, Heidelberg, pp. 69-108, p. 75, Catarina Santos Botelho, *A Tutela Directa dos Direitos Fundamentais – Avanços e Recuos na Dinâmica Garantística das Justiças Constitucional, Administrativa e Internacional*, Almedina, Coimbra, 2010, pp. 96-98, Giovanni Bognetti, The concept of human dignity in European and US constitutionalism, in *European and US Constitutionalism* (ed. Georg Nolte), Cambridge University Press, Nova Iorque, 2005, pp. 85-107, pp. 88-89, e Humberto Nogueira Alcalá, El constitucionalismo contemporáneo y los derechos económicos, sociales y culturales, *Estudios Constitucionales*, 1, 2003, pp. 135-177, p. 140.

[5] Jacques Fierens, La dignité humaine comme concept juridique, *Journal des tribunaux*, 121, nº 6064, 2002, pp. 577-582, p. 578, e J. J. Gomes Canotilho, O direito constitucional como ciência de direção – o núcleo essencial de prestações sociais ou a localização incerta da socialidade (contributo para a reabilitação da força normativa da «constituição social», in *Direitos Fundamentais Sociais* (coord. J. J. Gomes Canotilho, Marcus Orione Gonçalves Correia e Érica Paula Barcha Correia), Editora Saraiva, São Paulo, 2010, pp. 18 ss., p. 19.

[6] Mariella Saettone, El estado de derecho y los derechos económicos sociales y culturales de la persona humana, *Revista Instituto Interamericano de Derechos Humanos*, 40, 2004, pp. 133-154, p. 136, Paulo Otero, Direitos económicos e sociais na Constituição de 1976: 35 anos de evolução constitucional, in *Tribunal Constitucional – 35º Aniversário da Constituição de 1976*, vol. I,

estes direitos terem de ser sempre perspetivados numa estreita relação com outros direitos ou princípios fundantes, tais como a dignidade, a tutela jurisdicional ou a não discriminação[7].

Ainda que a *definição* do conceito de dignidade da pessoa humana, devido à sua natureza abstrata e polissémica, crie complexas dificuldades interpretativas, há quem sugira que se desenvolvam esforços doutrinários e normativos que estipulem uma espécie de "núcleo comum" do conceito de dignidade da pessoa humana[8]. Ora, se é verdade que esta indeterminação genética da dignidade da pessoa humana coloca entraves à sua plena exequibilidade, não deixa também de ser verdade que existe sempre um limiar mínimo de dignidade que deverá ser salvaguardado e que não se encontra na livre disposição do legislador[9]. Se pensarmos concretamente no direito à saúde, podemos então defender que, neste direito, existe um *quantum*, alicerçado na dignidade e implícito nos direitos à vida e à integridade física, não pode deixar de ser veiculado, independentemente das opções de políticas públicas dos Estados[10].

A tutela da dignidade assentará, por conseguinte, na justa repartição dos recursos disponíveis através de um "modelo de desenvolvimento económico e social", de tal modo que nenhum ser humano fique privado de bens e serviços fulcrais para a existência condigna em sociedade, tais como

Coimbra Editora, Coimbra, 2012, pp. 37-55, pp. 41-42, e Stephan Kirste, Das Fundament der Menschenrechte, *Der Staat*, 52 (1), 2013, pp. 119-140, pp. 137-140.

[7] Tamara K. Hervey, The «Right to Health» in European Union Law, in *Economic and Social Rights under the EU Charter of Fundamental Rights*, Hart Publishing, Oxford, 2003, pp. 193-222, p. 196.

[8] Christopher McCrudden, Human Dignity and Judicial Interpretation of Human Rights, *European Journal of International Law*, 19 (4), 2008, pp. 655-768, pp. 675-681. Nesta linha de pensamento, Paolo G. Carozza, Human Dignity and Judicial Interpretation of Human Rights: A Reply, *European Journal of International Law*, 19, (5), 2008, pp. 931-953, p. 937.

[9] Ana Paula de Barcellos, *A Eficácia Jurídica dos Princípios Constitucionais – O Princípio da Dignidade da Pessoa Humana*, Renovar, 2ª ed., 2008, pp. 250 e ss., e Luís Roberto Barroso, La Nueva interpretación, p. 208.

[10] Maria Margarida Acates Candeias, O direito à saúde no Direito Internacional dos direitos humanos e a escassez de recursos do Estado Social de Direito no séc. XXI: – Uma ponderação necessária?, *Revista Jurídica Luso Brasileira*, 1 (3) 2015, pp. 1119-1244, p. 1219. Sobre o tema das políticas públicas, em geral, cfr. Maria D'Oliveira Martins, *A despesa pública justa – Uma análise jurídico-constitucional do tema da Justiça na despesa pública*, Almedina, Coimbra, 2016.

a alimentação e vestuário, a saúde, a educação, a habitação, entre outras[11]. Segundo esta perspetiva, a dignidade do ser humano não significa tão-somente que este seja livre, porquanto essa liberdade apenas será real se assentar em condições materiais básicas de subsistência.

Como já escrevemos, "a tentativa de balizar o conceito de dignidade da pessoa humana no desconfortável perímetro de uma definição jurídica continua a levantar problemas e a gerar dissensos, atinentes não só ao seu fundamento histórico ou cultural, mas também e mais especificamente, à sua interação com a biologia e a medicina[12]. Estamos a referir-nos aos temas atuais da manipulação genética, da experimentação clínica e farmacológica sobre o homem ou sobre embriões, da colheita de órgãos e tecidos para enxertos e transplantações, do aborto e eutanásia, da vida indevida e do nascimento indevido, da procriação artificial, da maternidade de substituição, do prolongamento artificial da vida, entre tantos outros[13]. Estes temas levantam a questão de saber até que ponto se violam direitos e princípios basilares, tais como, respetivamente, a integridade física e a dignidade da pessoa humana"[14].

Em plena sintonia com tantos outros direitos fundamentais sociais, o direito à saúde é um direito bipolar de estrutura complexa, com momentos constitucionais de conteúdo determinado e com esferas de conteúdo que carecem ainda de concretização. O direito fundamental à vida apenas se pode conceber como direito a uma vida digna, pelo que, a proteção da saúde se interconexiona endogenamente com o direito à vida e com a dignidade[15]. Nestes termos, a tríade *vida-dignidade-saúde* é de tal forma estreita que a violação de um destes direitos acarretará, em maior

[11] Isabel Moreira, *A Solução dos Direitos, Liberdades e Garantias e dos Direitos Económicos, Sociais e Culturais na Constituição Portuguesa*, Almedina, Coimbra, 2007, pp. 124-148, em especial, p. 134, e Paulo Otero, *Instituições Políticas*, I, p. 343.

[12] Cfr. Franck Moderne, La dignité, p. 200.

[13] Para um estudo da procriação medicamente assistida, cfr. Tiago Duarte, *In Vitro Veritas? A Procriação Medicamente Assistida na Constituição e na Lei*, Almedina, Coimbra, 2003, em especial, pp. 34-48.

[14] Catarina Santos Botelho, *Os direitos sociais em tempos de crise – Ou revisitar as normas programáticas*, Almedina, Coimbra 2015, p. 109.

[15] Para Jorge Reis Novais, *Direitos Sociais – Teoria jurídica dos direitos sociais enquanto direitos fundamentais*, Coimbra Editora, Coimbra, 2010, p. 155, há diferenças na comparação do conteúdo constitucional do direito à integridade física com o direito à saúde, nas suas dimensões principais. Não obstante, consideradas as dimensões puramente negativas, descortina-se o mesmo conteúdo normativo.

ou menor medida, a violação do outro[16]. Em reforço desta ideia e na esteira da jurisprudência constitucional italiana, "a dignidade humana é um parâmetro inviolável contra necessidades organizacionais de serviços médicos, mesmo se o direito à saúde permanece um «direito financeiramente condicionado»"[17].

II. O direito à proteção à saúde num plano internacional e regional

O Preâmbulo da Organização Mundial da Saúde adiantou um conceito de saúde, definido como "um estado de completo bem-estar físico, mental, social e não consiste apenas na ausência de doença ou enfermidade". Antes de passarmos à análise jurídico-constitucional do direito à saúde, importa referir que Direito à saúde este se encontra previsto, em moldes mais ou menos concretizados, no nº 1 do artigo 25º da Declaração Universal dos Direitos do Homem (DUDH), no artigo 12º do Pacto Internacional dos Direitos Económicos, Sociais e Culturais (PIDESC), nos parágrafos 11 e 13 da Parte I e artigos 11º e 13º da Parte II da Carta Social Europeia (CSE), no artigo 35º da Carta dos Direitos Fundamentais da União Europeia (CDFUE), no artigo 24º da Convenção sobre os Direitos da Criança, no artigo 16º da Carta Africana dos Direitos do Homem e dos Povos e no Protocolo Adicional à Convenção Americana de Direitos Humanos em matéria de direitos económicos, sociais e culturais.

No seio do Conselho da Europa, é visível a preocupação crescente com a saúde pública. Assim, em 2013, levou a cabo um *"Model of a citizens' consultation platform on the right to the protection of health"*, supervisionado pelo Comité Europeu para a Coesão Social e que visa impulsionar a proteção da saúde e a "educação/alfabetização" no domínio da saúde (*health literacy*)[18].

[16] É esta a posição do Tribunal Constitucional Federal alemão, referida por Ingo Wolfgang Sarlet, *Dignidade da Pessoa Humana e Direitos Fundamentais na Constituição Federal de 1988*, Imprenta: Porto Alegre, Livraria do Advogado, 2015 p. 105.

[17] Decisão nº 509, de 2000 *apud* Monica Cappelletti, Healthcare Right and Principle of "Minimum Standards": The Interpretation of the Judiciary in a Comparative Perspective, in *General Principles of Law – The Role of the Judiciary, Ius Gentium: Comparative Perspectives on Law and Justice*, Springer, 2015, pp. 243-261, p. 248.

[18] http://www.coe.int/t/dg3/health/COE%20Model%20Health%20Consultation%20Platform-EN-Final%20(2).pdf

Em termos de Direito Constitucional Comparado, o direito à proteção da saúde encontra-se plasmado, por exemplo, no artigo 49º da Constituição colombiana, na secção 27º da Constituição sul-africana, nos artigos 196º a 200º da Constituição brasileira, no artigo 68º da Constituição polaca, no artigo 68º da Constituição sérvia, no artigo 32º da Constituição italiana, ou no artigo 43º da Constituição espanhola. Não obstante a sua multiplicação em vários textos constitucionais e diplomas internacionais, é bem sabido que a simples positivação não é sinónimo de efetividade dos direitos, nem – necessariamente – de transformações sociais de relevo[19].

No nº 1 do artigo 2º do PIDESC, os Estados Contratantes assumem o compromisso de "*adotar medidas* (...) até ao máximo dos recursos de que disponha, por *todos os meios adequados*, inclusive e em particular a adoção de medidas legislativas, para *atingir progressivamente* a plena efetividade dos direitos aqui reconhecidos" (sublinhado nosso)[20]. Desta redação normativa infere-se: "(*i*) o princípio de *responsabilização estadual*, assumindo os Estados o compromisso de adotar estas medidas[21]; (*ii*) *proibição de regressividade*, no sentido da reserva do possível, que obriga o Estado a tutelar os direitos sociais no máximo dos recursos disponíveis; (*iii*) e, a terminar, o princípio de *progressividade*, que visa atenuar a pressão sobre os Estados em garantir de imediato estes direitos, permitindo que este estádio ótimo de proteção seja atingido com peso e medida"[22]. O papel do legislador acaba, portanto, por ser indispensável para o cumprimento do normativo internacional[23].

[19] Octavio Luiz Motta Ferraz, The right to health in the Courts of Brazil: worsening health inequities?, *Health and Human Rights*, 11 (2), 2009, pp. 33-45.

[20] Portugal ratificou o PIDESC na Lei nº 45/78, de 11 de julho.

[21] Víctor Abramovich e Christian Courtis, *Los derechos sociales como derechos exigibles*, Trotta, Madrid, 2ª ed., 2004, pp. 79-80, entendem que o Estado deve começar logo a estabelecer uma meta e caminhar rapidamente nessa direção, devendo justificar tanto os desvios/retrocessos como a lentidão dos seus passos.

[22] Cfr. Manuela Baptista Lopes, Protecção dos Direitos Económicos e Sociais na Constituição e nos Tratados Internacionais – Relatório português, in *VIII Conferência Ibero-Americana de Justiça Constitucional*, Nicarágua, Julho de 2010, p. 7, Mirja A. Trilsch, *Die Justiziabilität wirtschaftlicher, sozialer und kultureller Rechte im innerstaatlichen Recht*, Springer, Heidelberg, 2012, pp. 23-29, e Miguel Carbonell, Los Derechos Sociales: Elementos para una lectura en clave normativa, in *Los Derechos Sociales en el Estado Constitucional* (coord. Javier Espinoza de los Monteros e Jorge Ordóñez), Tirant to blanch, Valença, 2013, pp. 199-231, p.221.

[23] Fons Coomans e Kofi Yakpo, A framework law on the right to food – An international and South African perspective, *African Human Rights Law Journal*, 4, 2004, pp. 17-33, p. 20.

Duas décadas após a adoção do PIDESC, foi criado o Comité das Nações Unidas para os Direitos Económicos, Sociais e Culturais, órgão de controlo não jurisdicional, que tem a missão de monitorizar a atuação dos Estados e a sua conformidade com o PIDESC[24]. O Comité é composto por dezoito membros, apresentados pelos Estados parte e eleitos pelo Conselho Económico e Social das Nações Unidas.

O Comité, na sua Observação Geral nº 14, fixou umas pautas interpretativas sobre as obrigações derivadas para os Estados da implementação do PIDESC, em especial do seu artigo 12º[25]. Começou por frisar que o direito à saúde é um "direito humano fundamental indispensável para o exercício de outros direitos humanos"[26]. De seguida, o Comité associou o direito à proteção da saúde com o direito à dignidade da pessoa humana, nos seguintes termos: "cada ser humano tem direito a beneficiar do mais elevado nível de saúde possível que lhe permita viver uma vida com dignidade"[27].

Seja como for, o Comité acautelou que o direito à saúde não pode entender-se como um direito a estar saudável, uma vez que o Estado não pode outorgar proteção contra todas as causas possíveis de ausência de saúde do ser humano. Nesta medida, é sabido que "as condições genéticas, a propensão individual a certas doenças, ou a adoção de estilos de vida não saudáveis ou arriscados desempenham um papel importante na saúde de cada um"[28].

Parece significativo, por outro lado, que a máxima da *reserva do possível* não possa funcionar como uma manobra escapatória para o Estado não efetivar os direitos sociais[29]. Nesta esteira, o Comité sublinhou que os Esta-

[24] Foi criado em 28.05.1985, pelo Conselho Económico e Social das Nações Unidas. Sobre o Comité, cfr. JEAN DHOMMEAUX, La contribuition du Comité des droits économiques, sociaux et culturels, *Annuaire Français de Droit International*, 1994, pp. 633 657, p. 633, e M. LANGFORD e JEFF KING, The United Nations Committee on Economic, Social and Cultural Rights, in *Social Rights Jurisprudence: Comparative and International Trends* (ed. M. Langford), Cambridge University Press, Nova Iorque, 2009, pp. 492-495.

[25] De 11 de agosto de 2000, E/C.12/2000/4, disponível em: https://documents-dds-ny.un.org/doc/UNDOC/GEN/G00/439/34/PDF/G0043934.pdf?OpenElement

[26] Par.1.

[27] Par. 2.

[28] Par. 9.

[29] Cfr. JOSÉ MELO ALEXANDRINO, *O Discurso dos Direitos, Coimbra Editora*, Coimbra, 2011, pp. 226-228, JUAN PEMÁN GAVÍN, Sobre el derecho constitucional a la protección de la salud,

dos não podem refugiar-se em justificações circunstanciais ou de recessão económica para recusarem a implementação efetiva dos direitos sociais[30]. Com efeito, a escassez de recursos por si só não é uma "razão admissível" para desrespeitar um determinado direito ou princípio jurídico[31]. Pelo contrário, o Comité advertiu que é justamente em tais condicionalidades que a proteção dos mais desfavorecidos se torna mais premente e que se torna imperativa uma correta e equilibrada utilização dos recursos disponíveis[32].

Ainda na mesma esfera, o Comité referiu-se a uma "obrigação de conteúdo mínimo" de assegurar a satisfação de, pelo menos, um nível mínimo essencial de cada um dos direitos"[33]. Torna-se, portanto, imperioso que os Estados parte cumpram as suas obrigações quanto à efetiva implementação dos direitos económicos, sociais e culturais veiculados pelo PIDESC.

Na hipótese de o Estado não conseguir cumprir nem os mínimos relativamente aos direitos sociais, o Comité entende que existirá uma presunção de culpa sobre o Estado, que deverá demonstrar cabalmente que "realizou todos os seus esforços para utilizar os recursos que estão à sua disposição num esforço para satisfazer, com caráter prioritário, essas obrigações mínimas"[34].

Perante um silêncio acerca de quais são os critérios objetivos que permitam aferir do cumprimento destes mínimos, se alguns autores entendem que esta hesitação do Comité apenas cria incerteza jurídica[35], outros destacam igualmente a inutilidade de uma mera positivação internacional

Revista Derecho y Salud, 16, 2008, pp. 29-62, p. 32, e MANUELA BAPTISTA LOPES, Protecção dos Direitos Económicos, p. 8.

[30] *Report on the fourth Session of CESCR*, UN, E/1990/23, E/C. 12/1990/3, p. 67, *apud* EVA M. K. HÄUβLING, *Soziale Grundrechte in der portugiesischen Verfassung von 1976 – Verfassung und soziale Wirklichkeit*, Beiträge zum ausländischen und vergleichenden öffentlichen Recht, 10, Nomos Verlagsgesellschaft, Baden-Baden, 1997, p. 65, nt. 5.

[31] JEFF KING, The Justiciability of Resource Allocation, *The Modern Law Review*, 70 (2), 2007, pp. 197-224.

[32] MATTHEW C. R. CRAVEN, *The International Covenant on Economic, Social and Cultural Rights – A perspective on its development*, Clarendon Press, Oxford, 1998, p. 139, e MIGUEL CARBONELL, Los Derechos Sociales, pp. 228-229.

[33] No seu Comentário Geral nº 3, de 14.02.1990.

[34] Observação Geral, nº 3, par. 10.

[35] MATTHEW C. R. CRAVEN, *The International Covenant on Economic, Social and Cultural Rights – A perspective on its development*, Clarendon Press, Oxford, 1998, p. 143, e MIGUEL CARBONELL, Los Derechos Sociales, p. 229.

dessa obrigação, defendendo que seria mais útil a adoção de um sistema de indicadores que pudesse servir de parâmetro[36].

III. A configuração constitucional do direito à proteção à saúde

Como é sabido, a nossa catalogação constitucional de direitos sociais é muitíssimo ampla e foi bem para além da listagem básica de direitos sociais[37]. O direito fundamental à saúde está contemplado, de forma expressa, no artigo 64º da Constituição portuguesa. O nº 1 do preceito mencionado dispõe que "todos têm direito à proteção da saúde e o dever de a proteger". O nº 2 indica como deverá ser realizado este direito à proteção da saúde, em especial "através de um serviço nacional de saúde universal e geral e, tendo em conta as condições económicas e sociais dos cidadãos, tendencialmente gratuito". O serviço nacional de saúde é, por conseguinte, uma "garantia institucional" do direito fundamental à proteção da saúde[38]. Já o nº 3, nas suas seis alíneas, elenca um conjunto de incumbências a cargo do Estado.

Chegados a este ponto, as três caraterísticas que deverão observar o serviço nacional de saúde serão: (*i*) a universalidade; (*ii*) a generalidade; (*iii*) e a tendencial gratuitidade. Esta tríade visa dar uma resposta à questão de saber quem tem acesso ao serviço nacional de saúde, temática que está umbilicalmente associada ao próprio princípio da dignidade da pessoa humana[39]. Todavia, o significado escorreito a atribuir a estas nomenclaturas não é tão transparente como possa, *prima facie*, parecer.

[36] Víctor Abramovich e Christian Courtis, *Los derechos sociales*, p. 91.

[37] Assim, Avi Ben Bassat e Momi Dahan, Social Rights in the Constitution and Practice, *Journal of Comparative Economics*, 36, 2008, pp. 103-119, p. 197, Jorge Reis Novais, *Direitos Sociais*, p. 374, Jörg Polakiewicz, Soziale Grundrechte and Staatszielbestimmungen in der Verfassungsordnung Italiens, Portugals und Spaniens, *Zeitschrift für ausländisches öffentliches Recht und Völkerrecht*, 1994, pp. 340-391, p. 347, Mónica Brito Vieira e Filipe Carreira da Silva, Getting Rights Right: Explaining social rights constitutionalization in revolutionary Portugal, *International Journal of Constitutional Law*, 11 (4), 2013, pp. 898-922, pp. 898-899, e Rui Medeiros, *Constitucionalismo de Matriz Lusófona*, Verbo, Lisboa, 2011, p. 40.

[38] Acórdão do Tribunal Constitucional nº 39/84, de 11 de abril de 1984, relator: Conselheiro Vital Moreira, par. 2.3.3.

[39] José de Faria Costa, Direito à proteção da saúde: a experiência do Provedor de Justiça, *Provedor de Justiça – 25 anos com o cidadão*, p. 8, disponível em: http://www.provedor-jus.pt/site/public/archive/doc/18_09_2015_Comunicacao_Direito_a_protecao_da_saude.pdf

O Tribunal Constitucional português entendeu que a *universalidade* "confere a todos o direito de recorrer ao serviço nacional de saúde, não impedindo naturalmente a existência e o recurso aos serviços particulares de saúde"[40]. A questão que se coloca é a de saber se na expressão "todos" se deverão incluir os nacionais portugueses e aqueles que residam legalmente em Portugal, ou se a interpretação deste inciso constitucional não deverá ser mais ampla e incluir igualmente o acesso ao nosso serviço nacional de saúde dos estrangeiros em situação irregular e dos apátridas que careçam urgentemente da prestação de cuidados básicos de saúde e que não possuam meios económicos suficientes para arcar com as despesas.

Obviamente que a resposta não poderá nunca ser a de pura e simplesmente não atender às necessidades urgentes de saúde destas pessoas, que, não sendo assistidas, poderão colocar em risco a sua integridade física ou até mesmo a sua vida[41]. Na nossa perspetiva, em homenagem ao princípio da dignidade da pessoa humana e ao princípio geral da equiparação dos estrangeiros e apátridas, nos termos do nº 1 do artigo 15º da Constituição, a resposta terá sempre de ser positiva[42].

Em Espanha, a reforma legislativa de 2012 alterou a Lei *General de Sanidad*, excluindo do serviço nacional de saúde as pessoas com rendas altas ou médias não derivadas do trabalho, ou seja, que tenham possibilidades económicas para se socorrerem de um seguro de saúde. Alguma doutrina criticou esta opção normativa, tida por fortemente demagógica, e que "rompe com a lógica de direito social universal a que deveria estar vinculado o direito à saúde", remetendo os direitos sociais a uma lógica de caridade e de beneficência[43]. Ora, segundo alguma doutrina, "a lógica dos direitos

[40] Acórdão do Tribunal Constitucional nº 731/95, de 14 de dezembro de 1995, relator: Conselheiro Alves Correia, par. 5.1.

[41] Assim, o Despacho nº 25360/2001, de 12 de dezembro, do Ministro da Saúde, que prevê a possibilidade de qualquer pessoa – ainda que esteja em situação irregular em Portugal – a receber assistência médica.

[42] Neste sentido, Rui Medeiros, Anotação ao artigo 64º, in Jorge Miranda e Rui Medeiros, *Constituição Portuguesa Anotada*, tomo I, 2ª ed., Wolkers Kluwer/ Coimbra Editora, Coimbra, 2010, pp. 1305-1322, pp. 1311-1312. No Brasil, com a mesma posição, Ingo Wolfgang Sarlet, Algumas considerações em torno do conteúdo, eficácia e efetividade do direito à saúde na Constituição de 1988, *Revista Eletrônica sobre a Reforma do Estado*, 11, 2007, pp. 1-17, p. 6.

[43] Carlos Lema Añón, La titularidad del derecho a la salud en España. ¿Hacia un cambio de modelo?, *Revista de Bioética y Derecho*, 31, 2014, pp. 3-16, p. 16.

sociais dever (...) uma lógica de desmercantilização", isto é, de deixar fora do jogo de mercado bens que possuam uma especial relevância[44].

A *generalidade* impõe, em primeiro lugar, "a necessidade de integração de todos os serviços e prestações de saúde", com o intuito de lhes garantir uma proteção abrangente[45]. Não obstante, o texto constitucional deixa em aberto o conteúdo constitucionalmente protegido da saúde, potenciando assim interpretações minimalistas (cuidados básicos) ou maximalistas (e que abranjam, por exemplo, a necessidade de alguém recorrer a cirurgias estéticas para resolver problemas de autoestima)[46].

Nestes termos, pergunta-se: a quem competirá esta escolha? Espera-se que o legislador ordinário defina as suas prioridades, dentro do marco constitucional e potenciando ao máximo os recursos financeiros disponíveis. Estamos, pois, no domínio de eleição das políticas públicas[47]. Os objetivos das políticas públicas sociais são precisamente a gestão de riscos sociais, a redistribuição de recursos e a promoção da inclusão social[48].

No que diz respeito à *gratuitidade*, a versão originária da Constituição estipulava a total gratuitidade dos serviços prestados no âmbito do serviço nacional de saúde. É importante mencionar que, mesmo neste cenário constitucional de total gratuitidade, o Tribunal Constitucional tinha sustentado que a introdução de taxas moderadoras no serviço nacional de saúde não era inconstitucional, porquanto estas tinham como objetivo racionalizar a procura de cuidados de saúde, desde que não fosse exigida aos utentes "uma contraprestação *destinada diretamente a transferir* (ainda que só parcialmente) para eles o custo da prestação em causa (...) e sub-

[44] IDEM, *ibidem*.

[45] Acórdão do Tribunal Constitucional nº 731/95, *cit.*, par. 5.1.

[46] Segundo LUÍS MENESES DO VALE, A Jurisprudência do Tribunal Constitucional sobre o acesso às prestações concretizadoras do direito à protecção da saúde: alguns momentos fundamentais, Jurisprudência Constitucional, 12, 2006, pp. 12-47, em especial, pp. 15 e 39-43, a Constituição deixa em aberto as modalidades de priorização e seleção relativamente ao *quantum*, à qualidade e à modalidade de acesso.

[47] VANICE REGINA LÍRIO DO VALLE, *Políticas Públicas, Direitos Fundamentais e Controle Judicial*, Editora Fórum, Belo Horizonte, 2ª ed., 2016, pp. 39-41, identifica as seguintes etapas do modelo sequencial de políticas públicas: "reconhecimento do problema, formação da agenda, formulação da política, escolha da alternativa estratégica, implementação da política e avaliação de resultados".

[48] NAZARÉ DA COSTA CABRAL, *A Teoria do Federalismo Financeiro*, Almedina, Coimbra, 2013, pp. 19-36.

verta, desse modo, o que poderá qualificar-se como conteúdo essencial mínimo de qualquer ideia de «gratuitidade»"[49].

Na segunda revisão constitucional, ocorrida a 1989, optou-se pela reformulação desta ideia e pela sua substituição pela expressão "tendencialmente gratuito". Como afirma RUI MEDEIROS, desta forma flexibilizou-se "a fórmula constitucional anterior" e alargou-se "a liberdade de conformação do legislador nessa matéria"[50]. Nesta esteira, alguma doutrina adianta mesmo que esta alteração constitucional daria cobertura a uma interpretação da liberdade de manobra do legislador no sentido de impor o pagamento dos serviços prestados a utentes com condições económicas tidas por suficientes[51].

Aparentemente em sentido contrário e no que respeita à introdução de taxas moderadoras, o Tribunal Constitucional manteve a sua jurisprudência anterior à revisão constitucional de 1989 e continua a sublinhar que o relevante será que "o legislador, ao estabelecer tais taxas, no âmbito da sua «liberdade constitutiva» para preencher aquele conceito, não subverta o conteúdo mínimo da gratuitidade, traduzido no direito de cada um de «acesso ao serviço nacional de saúde sem que tenha de pagar o preço da sua própria utilização», nem ponha em causa os princípios da «universalidade» e «generalidade» constitucionalmente fixados para o Serviço Nacional de Saúde"[52]. De facto, o que esta norma exclui "é um sistema de saúde de tipo contributivo, como sucede na segurança social"[53].

Para a supervisão da regularidade e eficiência dos estabelecimentos prestadores de cuidados de saúde, foi criada a entidade administrativa independente denominada Entidade Reguladora da Saúde[54]. Em acréscimo, a Lei nº 15/2014 desempenhou a importante tarefa de apresentar de forma clara e integrada os *direitos e deveres do utente* dos serviços de saúde,

[49] Acórdão do Tribunal Constitucional nº 330/89, de 11 de abril de 1989, relator: Conselheiro Cardoso da Costa, par. 7.

[50] RUI MEDEIROS, Anotação ao artigo 64º, p. 1314.

[51] SÉRVULO CORREIA, As relações jurídicas de prestação de cuidados pelas unidades de saúde do serviço nacional de saúde, *Direito da Saúde e Bioética*, 1996, p. 43.

[52] Acórdão do Tribunal Constitucional nº 731/95, de 14 de dezembro de 1995, relator: Conselheiro Alves Correia, par. 6.1.

[53] J. J. GOMES CANOTILHO e VITAL MOREIRA, *Constituição da República Portuguesa Anotada*, I, Coimbra Editora, Coimbra, 2007, p. 827.

[54] Através do Decreto-Lei nº 309/2003, de 10 de dezembro.

quer pertençam ou não ao serviço nacional de saúde[55]. De entre os direitos do utente dos serviços de saúde, plasmados no Capítulo II do diploma, destacamos: o direito de escolha dos serviços e prestadores de cuidados de saúde, o direito à prestação dos cuidados de saúde num prazo razoável, o direito à humanização dos cuidados de saúde, o direito à proteção dos dados pessoais e à reserva da vida privada, o direito ao sigilo sobre os dados pessoais, o direito à informação "acessível, objetiva, completa e inteligível" sobre o seu estado de saúde, e o direito à assistência espiritual e religiosa.

No seu Acórdão nº 731/95 e invocando jurisprudência anterior, o Tribunal Constitucional entendeu que o direito à protecção da saúde "não é (...) um dos «direitos, liberdades e garantias», previstos no Título II da Parte I da Constituição, nem um direito de natureza análoga a estes, para efeitos de sujeição ao mesmo regime jurídico, nos termos do disposto no artigo 17º da Lei Fundamental. É antes, um *direito social* típico e, enquanto tal, configura-se como um direito a acções ou prestações do Estado, de natureza jurídica (medidas legislativas), de carácter material (bens e serviços) e de índole financeira, necessárias à respectiva satisfação. Assim, ao contrário dos «direitos, liberdades e garantias», cujo âmbito e conteúdo são essencialmente determinados ao nível das opções constitucionais, e, por isso, são directamente aplicáveis, (cfr. o artigo 18º, nº 1, da Constituição), o direito à protecção da saúde, como direito social, está dependente de uma «interposição legislativa», isto é, de uma actividade mediadora e subsequente do legislador, com vista à criação dos pressupostos materiais indispensáveis ao seu exercício efectivo"[56].

Na nossa perspetiva, esta orientação jurisprudencial apenas poderá ser acolhida se entendermos os direitos fundamentais sociais como um todo. Isto porque, como grande parte dos direitos fundamentais sociais, o direito à proteção da saúde tem uma estrutura bipolar, porquanto, além de atribuir uma dimensão *negativa* – o direito subjetivo à não intromissão do Estado ou de terceiros no bem jurídico saúde – impõe igualmente uma vertente *positiva*, ou seja, um direito a prestações do Estado[57].

[55] De 21 de março.

[56] Acórdão do Tribunal Constitucional nº 731/95, de 14 de dezembro de 1995, relator: Conselheiro Alves Correia, par. 4.

[57] Neste sentido, o Acórdão do Tribunal Constitucional nº 423/08, de 4 de agosto de 2008, relator: Conselheira Ana Guerra Martins, par. 9. Na doutrina, cfr. Jorge Pereira da Silva, *Dever de Legislar e Protecção Jurisdicional contra Omissões Legislativas*, 2003, Universidade

A dimensão negativa do direito à proteção da saúde assumirá, nos termos do artigo 17º da Constituição, uma natureza análoga aos direitos, liberdades e garantias, pelo que gozará do regime destes direitos, em especial, a sua aplicabilidade direta (artigo 18º). Cumpre ressalvar, porém, que a dimensão positiva também poderá albergar, quanto a algumas prestações concretas do direito à proteção da saúde, espaços constitucionais que possuam determinabilidade e que, por conseguinte, possuam natureza análoga aos direitos, liberdades e garantias[58].

Quando analisamos o direito à saúde – e o mesmo acontece relativamente a tantos outros direitos fundamentais sociais – há uma intersecção entre a dimensão subjetiva e a dimensão objetiva da saúde como dever da sociedade e do Estado[59]. A este nível e acerca do dever fundamental de promoção da saúde, poderá perguntar-se em que medida deverá o Estado criar obrigações legais de *facere* e/ou de *non facere*? Na nossa perspetiva, caberá ao Estado a defesa da saúde em situações em que a negligência de uns possa colocar em perigo a saúde de outros (saúde pública). De entre os meios de defesa da saúde pública destaca-se o direito de ação popular, nos termos do nº 3 do artigo 52º da Constituição[60].

Seja como for, a legislação restritiva terá de respeitar os apertados requisitos constitucionais do artigo 18º da Constituição e equilibrar devidamente outros direitos fundamentais que possam ser prejudicados, em especial o direito à reserva da intimidade da vida privada, os princípios da liberdade e da igualdade[61]. Um tal modelo, logo se adivinhará, assenta na ponderação de vários direitos e princípios constitucionais, para a tomada

Católica Editora, Lisboa, p. 40, José Carlos Vieira de Andrade, *Os Direitos Fundamentais na Constituição Portuguesa de 1976*, 5ª ed., Almedina, Coimbra, 2012, p. 374, J. J. Gomes Canotilho e Vital Moreira, *Constituição*, p. 825, José Melo Alexandrino, *Direitos Fundamentais – Introdução Geral*, Principia, Estoril, 2ª ed., 2011, p. 50, e Rui Medeiros, Anotação ao artigo 64º, p. 1310.

[58] Rui Medeiros, Anotação ao artigo 64º, p. 1311.

[59] Ingo Wolfgang Sarlet, Algumas considerações, p. 8, Jorge Reis Novais, *Direitos Sociais*, pp. 61-63, e Têmis Limberger e Jânia Maria Lopes Saldanha, A judicialização da política pública e o direito à saúde: a construção de critérios judiciais e a contribuição do Supremo Tribunal Federal, *Espaço Jurídico*, 12 (2), 2011, pp. 283-302, p. 290.

[60] J. J. Gomes Canotilho e Vital Moreira, *Constituição*, p.826.

[61] Catarina Santos Botelho, Anotação ao artigo 80º – Direito à reserva sobre a intimidade da vida privada, in *Comentário ao Código Civil Anotado* (coord. Luís Carvalho Fernandes e José Brandão Proença), Universidade Católica Editora, 2014, pp. 198-201.

de opções quanto a tipos de assistência, seletividade, amplitude de cobertura e cuidados[62].

Não é novidade que o Tribunal Constitucional admitiu várias intromissões ao direito à reserva da vida privada e à integridade física e moral, tais como a não inconstitucionalidade dos testes de alcoolemia efetuados a condutores de veículos[63], a não inconstitucionalidade da obrigatoriedade de exame de sangue no âmbito de uma ação de investigação de paternidade[64], a não inconstitucionalidade de normas impositivas de exames ou testes clínicos obrigatórios[65], a admissibilidade de normas para a proteção dos cidadãos da exposição involuntária ao fumo do tabaco e medidas de redução da procura relacionadas com a dependência e a cessação do seu consumo[66], a não inconstitucionalidade do rastreio genético do embrião em procedimentos de procriação medicamente assistida[67].

Por sua vez, o Tribunal Europeu dos Direitos do Homem já considerou que a obrigação de vender anticoncetivos femininos, prescritos por receita médica, não violava a liberdade de consciência e de religião, pelo que o farmacêutico não poderia aqui invocar objeção de consciência[68].

IV. Proibição do retrocesso social relativamente ao direito à saúde

Chegados aqui, a pergunta naturalmente será esta: é admissível um retrocesso (*reformatio in pejus*) dos direitos a prestações derivados da lei? É particularmente pertinente num contexto de crise económico-financeira, saber se se poderão abolir ou diminuir, em maior ou menor medida,

[62] Vera Maria Nogueira, O direito à saúde – Polémicas atuais, *Intervenção Social*, 25/26, 2002, pp. 195-216, p. 196.

[63] Acórdão do Tribunal Constitucional nº 319/95, de 20 de junho de 1995, relator: Conselheiro Messias Bento.

[64] Acórdão do Tribunal Constitucional nº 616/98, de 21 de outubro de 1998, relator: Conselheiro Artur Maurício.

[65] Acórdão do Tribunal Constitucional nº 309/93, de 23 de abril de 1993, relator: Conselheiro Ribeiro Mendes, e nº 368/02, de 25 de setembro de 2002, relator: Conselheiro Artur Maurício.

[66] Acórdão do Tribunal Constitucional nº 423/08, de 4 de agosto de 2008, relator: Conselheira Ana Guerra Martins.

[67] Acórdão do Tribunal Constitucional nº101/09, de 3 de março de 2009, relator: Conselheiro Carlos Fernandes Cadilha.

[68] Acórdão *Pichon et Sajous c. França*, queixa nº 49853/99, de 2 de outubro de 2001,

prestações sociais tidas por fundamentais para o bem-estar social, em domínios como os da previdência, dos salários, da segurança ou da saúde[69]. O que fazer se, perante sérias dificuldades orçamentais, o Estado se torna num verdadeiro "Estado anorético, incapaz de assegurar a prestação universal de cuidados de saúde"[70]?

É evidente que a reserva do possível, que acompanha os direitos sociais, surge com especial evidência no domínio do direito à proteção da saúde. Talvez por isso esteja expressamente contemplada nº 5 da Base V, da Lei de Bases da Saúde a "liberdade de escolha no acesso à rede nacional de prestação de cuidados de saúde, com as limitações decorrentes dos recursos existentes e da organização dos serviços"[71].

Quanto à jurisprudência constitucional portuguesa sobre o retrocesso social, se o Tribunal, quiçá com alguma precipitação, começou por o acolher – no sobejamente conhecido Acórdão nº 39/84 (revogação da lei que instituiu o serviço nacional de saúde)[72] – acabou por matizar a sua posição[73], admitindo que a proibição do retrocesso apenas poderá funcionar "em casos-limite", em homenagem ao "princípio da alternância democrática"[74].

No Acórdão nº 39/84, o Tribunal Constitucional afirmou que "(a) partir do momento em que o Estado cumpre (total ou parcialmente) as tarefas constitucionalmente impostas para realizar um direito social, o respeito constitucional deste deixa de consistir (ou deixa de consistir apenas) numa obrigação *positiva*, para se transformar (ou passar também a ser) numa

[69] Catarina Santos Botelho, *Os Direitos sociais*, p. 37.

[70] João Carlos Loureiro, Direito à (proteção da) saúde, in *Estudos em Homenagem ao Professor Doutor Marcello Caetano*, I, Coimbra, 2006, p. 659.

[71] Lei nº 48/90, de 24 de agosto.

[72] De 11 de abril de 1984, relator: Cons. Vital Moreira. Este Acórdão foi objeto de uma declaração de voto (Cons. Joaquim Costa Aroso) e de dois votos de vencido (Cons. Cardoso da Costa e Messias Bento). Para um comentário, cfr. Vasco Pereira da Silva, Comentário ao Acórdão nº 39/84, *O Direito*, ano 106-119, 1974/1987, pp. 397-433.

[73] Veja-se, a propósito, os Acórdãos do TC nº 186/88, de 11 de agosto de 1988, relator: Cons. Cardoso da Costa, nº 731/95, de 27 de junho de 1995, relator: Cons. Ribeiro Mendes, nº 101/92, de 17 de março de 1992, relator: Cons. Monteiro Diniz; nº 148/94, nº 530/92, de 8 de fevereiro de 1994, relator: Cons. Guilherme da Fonseca, nº 509/2002, de 19 de dezembro 2002, relator: Cons. Luís Nunes de Almeida, e nº 590/2004, de 06 de outubro de 2004, relator: Cons. Artur Maurício.

[74] Par. 9, do Acórdão nº 509/2002, *cit.*

obrigação *negativa*. O Estado, que estava obrigado a *atuar* para dar satisfação ao direito social, passa a estar obrigado a *abster-se* de atentar contra a realização dada ao direito social"[75].

Como já escrevemos, "o Tribunal estava a preparar terreno para admitir uma progressão contínua de prestações sociais que se cristalizariam *in perpetuum* na nossa ordem jurídica"[76]. Por esta razão, esta leitura constitucional terá de cingir-se às hipóteses em que o direito em causa consagra uma *ordem de legislar*[77]. No Acórdão nº 352/91, o TC sublinhou que "o legislador não está, em regra, obrigado a manter as soluções jurídicas que alguma vez adotou. Notas constitutivas da função legislativa são justamente, entre outras, a *liberdade constitutiva* e a *auto-revisibilidade*"[78].

Seja como for, poder-se-á considerar que algumas normas ordinárias concretizadoras do direito fundamental à proteção da saúde possuem natureza jusfundamental, nos termos do artigo 16º, que postula o princípio da cláusula aberta, não reservando as jusfundamentalidade dos direitos ao mero facto de estarem plasmados na Constituição[79].

Podemos assim aferir que o próprio Tribunal não parece entender que o princípio da proibição do retrocesso tenha fundamento autónomo[80], optando por associá-lo, como fez no Acórdão nº 101/92, à violação do princípio da proteção da confiança[81], ou ao mínimo de existência condigna[82]. Quanto a nós, "o ponto fulcral da argumentação em torno do princípio da proibição do retrocesso social, ainda que parta de um raciocínio inte-

[75] Ponto 2.3.3. Ver também o Acórdão do TC, nº 509/2002, de 19 de dezembro de 2002, relator: Cons. Luís Nunes de Almeida, ponto 8.

[76] Catarina Santos Botelho, *Os Direitos sociais*, p. 443.

[77] Acórdão do TC, nº 474/02, de 19 de novembro de 2002, relator: Cons. Bravo Serra. Para esta leitura cfr. Fernando Alves Correia, A concretização dos direitos sociais pelo Tribunal Constitucional, *Revista de Legislação e Jurisprudência*, 137, 2008, pp. 355-359, pp. 356-357.

[78] De 4 de julho de 1991, relator: Cons. Messias Bento, par. 13.

[79] Jorge Miranda, Anotação ao artigo 16º, in *Constituição Portuguesa Anotada*, vol. I, pp. 289-301, e Rui Medeiros, Anotação ao artigo 64º, p. 1309.

[80] Esta orientação foi muito transparentemente seguida no Acórdão do TC nº 465/2001, *cit.*

[81] De 17 de março de 1992, relator: Cons. Monteiro Diniz, ponto 5, que se deixa transcrito: "não se pode, em bom rigor, falar em *retrocesso social* pois que a recorrente não viu diminuído ou afetado, com a edição do Decreto-Lei nº 328/81, qualquer *direito adquirido*, em termos de se gerar violação do *princípio da proteção da confiança e de segurança dos cidadãos no âmbito económico, social e cultural*".

[82] Catarina Santos Botelho, *Os Direitos sociais*, p. 444.

lectualmente elegante e que cria empatia social, olvida o funcionamento saudável de uma democracia"[83].

Não obstante e concretamente em relação à criação e manutenção de um serviço nacional de saúde, como componente do direito à proteção à saúde, constitucionalmente consagrado (artigo 64º, nº 2, alínea *a*)), o Tribunal Constitucional português teve já oportunidade de afirmar que se trata aí de uma "obrigação constitucional do Estado como meio de realização de um direito fundamental, e não uma vaga e abstrata linha de ação de natureza meramente programática"[84]. Já o Tribunal Constitucional italiano classificou o direito à saúde como um "direito constitucional condicionado" (*diritto costituzionale condizionato*), porquanto depende da reserva do possível e da atuação político-legislativa do legislador ordinário[85].

V. O direito à proteção da saúde integra o turismo de saúde e o direito fundamental à inovação terapêutica?

Ante omnia, importa clarificar que, relativamente à saúde pública, o Tratado de Lisboa estabelece que deverá ser sempre assegurado um "elevado nível de proteção da saúde" e que a ação da União Europeia "será complementar das políticas nacionais"[86]. A Carta dos Direitos Fundamentais da União Europeia, no seu artigo 35º, consagra um direito à saúde, no entanto este preceito acaba por não ser aplicado diretamente, mas em combinação com outros direitos e princípios fundamentais.

O *turismo de saúde* é uma realidade que pode dizer respeito a tratamentos de vanguarda que não existem no Estado da nacionalidade/residência ou, tão-simplesmente, a serviços de saúde específicos que não existam ou que não estejam a funcionar devidamente, por deficiências sistémicas e estruturais[87].

[83] Idem, p. 445. *Vide* igualmente Miguel Nogueira de Brito, Direitos e Deveres dos Utentes do Serviço Nacional de Saúde, *Revista da Faculdade de Direito da Universidade de Lisboa*, XLIX, 2008, pp. 101-115, p. 114.

[84] Acórdão do Tribunal Constitucional nº 221/2009, de 5 de maio de 2009, relator: Conselheiro Carlos Fernandes Cadilha, par. 3.

[85] Decisão nº 455 de 1990 *apud* Monica Cappelletti, Healthcare Right, p. 246.

[86] Artigo 168º do Tratado de Funcionamento da União Europeia.

[87] Monica Cappelletti, Healthcare Right, p. 258.

No que diz respeito ao acesso a cuidados de saúde transfronteiriços, a legislação nacional veio transpor legislação da União Europeia, que procede a um alargamento do direito à informação pelos doentes[88]. Quanto ao turismo europeu, o Tribunal de Justiça da União Europeia (TJUE) entende que a circulação de pacientes não se restringe aos trabalhadores.

Os cidadãos europeus não se poderão deslocar de um Estado para outro Estado para obter cuidados de saúde e depois exigir o reembolso dos montantes pagos. O procedimento a adotar será, outrossim, o de solicitar uma autorização prévia para aceder a tratamentos hospitalares num Estado que não o da residência. Seja como for, e feita esta reserva, uma eventual recusa de autorização deve basear-se em critérios objetivos, não-discriminatórios e que possam ser identificados previamente.

Ao nível da jurisprudência dos tribunais constitucionais europeus, cujos Estados possuem sistemas públicos de assistência sanitária relativamente bem estruturados e desenvolvidos – sobretudo se compararmos com situações dramáticas ao nível do acesso a medicamentos básicos ou à ausência de uma genuína profilaxia de doenças transmissíveis, tal como sucede em tantos Estados em vias de desenvolvimento – a questão do acesso à saúde tem sido colocada relativamente a aspetos que estão para além do núcleo essencial do direito à proteção da saúde[89].

Estando garantidos níveis básicos de saúde a todos os indivíduos, o direito à saúde pode alargar o seu amplo feixe de conteúdos e abranger já direitos dos pacientes relacionados, *v.g.*, com a sua privacidade, ou com a sua autonomia pessoal (liberdade, dignidade) acerca da sua saúde e da sua vida[90].

A ser assim, o controlo de constitucionalidade a cargo das jurisdições constitucionais estaria, pois, mais vocacionado para a invalidação de afetações do núcleo essencial do direito à proteção da saúde – nas quais se pode-

[88] Lei nº 52/2014, de 25 de agosto, que transpôs a Diretiva nº 2011/24/EU, do Parlamento Europeu e do Conselho, de 9 de março de 2011, e a Diretiva de Execução nº 2012/52/EU da Comissão, de 20 de dezembro de 2012. Sobre a Diretiva e o modo como esta acabou por atribuir uma maior margem de apreciação aos Estados-membros, cfr. HILKO MEYER, Current Legislation on Cross-border Healthcare in the European Union, in *The Globalization of Health Care*, Oxford University Press, Oxford, 2013, pp. 83-110, p. 87.

[89] JUAN PEMÁN GAVÍN, Sobre el derecho constitucional, p. 47.

[90] JOSEFA CANTERO MARTÍNEZ, La configuración legal y jurisprudencial del derecho constitucional a la protección de la salud, *Revista Vasca de Administración Pública*, 80, 2008, pp. 15-53, p. 17.

ria inserir, por exemplo, uma situação de regressão grave e não justificada dos níveis de proteção anteriormente conferidos – ou para a invalidação de situações que introduzam discriminação no acesso à saúde. Todas as outras temáticas para além desta deveriam ser entregues à livre apreciação do legislador democrático. Por isso, alguma doutrina adiantou mesmo que, na Europa Ocidental, o grande papel do direito à saúde "se situa mais na «blindagem» de uns níveis de proteção sanitária já alcançados do que na orientação positiva da ação dos poderes públicos"[91].

Estreitamente ligada ao turismo de saúde está a questão de saber se existirá um *direito fundamental à inovação terapêutica*, que se traduziria numa posição jurídica subjetiva que permitiria aos utentes do serviço nacional de saúde exigir do Estado que lhes seja ministrado um medicamento de última geração ou um determinado tratamento, que normalmente será de vanguarda e extremamente dispendioso. Por outras palavras, se um nacional português se submeter a uma terapia de vanguarda para o tratamento de uma doença oncológica no estrangeiro ou num estabelecimento hospitalar privado, terá direito ao reembolso dos gastos?

Segundo um estudo recente, cerca de 80% dos medicamentos produzidos a nível mundial têm como destinatários apenas 20% da população mundial, em especial a que reside na Europa, na América do Norte e no Japão[92]. Este direito fundamental levanta sérias reticências em Estados que estejam acometidos de problemas de controlo de despesa pública. No entanto, *prima facie*, parece-nos que, numa atual conjuntura de frenético desenvolvimento tecnológico e de aumento da esperança média de vida, mesmo os Estados mais desenvolvidos, não conseguirão cabalmente dar resposta a toda e qualquer solicitação na matéria dos medicamentos e de tratamentos médicos[93].

Estamos plenamente conscientes de que, no domínio da saúde, a análise custo-benefício se revela preocupante e de difícil valoração ética: se a dignidade do ser humano acompanha todos os momentos da sua vida, como se poderá justificar um maior investimento no tratamento de doenças curáveis do que em tratamentos (ainda que dispendiosos) destina-

[91] IDEM, p. 48.

[92] CARLOS MEDIANO, La salud ¿un derecho universal?, *Sociedad y Utopía – Revista de Ciencias Sociales*, 34, 2009, pp. 203-216, p. 209.

[93] TÊMIS LIMBERGER e JÂNIA MARIA LOPES SALDANHA, A judicialização, p. 288.

dos a prolongar a vida ou a aumentar a qualidade do fim da vida de um paciente que sofra de doença incurável?[94] Perante recursos limitados, como decidir?

A jurisdição ordinária suprema espanhola, numa tentativa de resposta, entendeu que "obter por sua própria decisão uma assistência conforme às técnicas mais avançadas não pode razoavelmente constituir o conteúdo da ação protetora de um sistema caraterizado pela limitação de meios e a sua proteção perante uma cobertura de vocação universal"[95]. Na hipótese em concreto, tratava-se de um procedimento médico que ainda não resultava socializado, ou seja, que não era extensível a todos os cidadãos mediante a sua inclusão na carteira comum de prestações, e que, por isso, não estava a "alcance de toda a população e dos serviços de segurança social"[96].

Com uma argumentação similar, um tribunal ordinário espanhol entendeu que, a aceitar-se o reembolso de qualquer despesa de saúde, se estaria a introduzir um fator de incontornável discriminação, na medida em que apenas os utentes com poder económico teriam disponibilidade financeira para poderem adiantar montantes pecuniários elevados e, posteriormente pedir a sua restituição[97].

Segundo uma opinião algo difundida, ideia seria a de que, ao se alocarem recursos financeiros do Estado para um fim que não foi acordado orçamentalmente, se modificaria a distribuição pré-definida de gastos do Estado[98]. Em contrapartida, alguma doutrina manifesta-se reticente em aceitar esta jurisprudência, por entender que o argumento da falta de socialização de alguns tratamentos ou medicamentos se pode dever não

[94] José de Faria Costa, Direito à proteção da saúde, pp. 9-10

[95] Acórdão do Tribunal Supremo, de 13 de outubro de 1994, *apud* Josefa Cantero Martínez, La configuración legal, p. 36.

[96] Idem, p. 38.

[97] *Sentencia de la Sala de lo Social del Tribunal Superior de Justicia de Extremadura*, de 27 de outubro de 1998, *apud* Idem, p. 39.

[98] F. Vieira e P. Zucchi, Distorções causadas pelas ações judiciais à política de medicamentos no Brasil, *Revista de Saúde Pública*, 41 (2), 2007, pp. 214-222. Não concordando inteiramente com esta argumentação, Ingo Wolfgang Sarlet, A titularidade simultaneamente individual e transindividual dos direitos sociais analisada à luz do exemplo do direito à proteção e promoção da saúde, in *Estudos em Homenagem ao Prof. Doutor J. L. Saldanha Sanches*, vol. I, Coimbra Editora, Coimbra, 2011, pp. 245-276, p. 267, lembra que, até certo ponto, poderá existir uma "realocação de recursos e mesmo dotações complementares, de tal sorte que a tutela judicial em favor de alguns não resulta necessariamente na ausência de proteção para outros".

somente a razões económicas, mas à pouca frequência com que estas situações ocorrem, mas à extrema raridade destas situações.

Situação diferente será, como veremos de seguida com o exemplo do Brasil, as hipóteses em o utente do serviço nacional de saúde requer que lhe seja ministrado um medicamento cuja utilização terapêutica não tenha sido oficialmente aprovada[99]. Nesta temática e num contexto europeu, as jurisdições constitucionais têm intervindo quando está em causa a violação de princípios jurídicos fundamentais, em especial o princípio da igualdade.

É interessante referir, a este propósito, uma situação que se verificou em Itália, em que alguns pacientes oncológicos em fase terminal foram selecionados para usufruírem gratuitamente de uma nova terapia. Os restantes pacientes não selecionados também poderiam ter acesso ao tratamento, mas pagando as despesas a este associadas. O Tribunal Constitucional italiano, em vez de enveredar pelo trilho da violação do direito à saúde, que resulta constitucionalmente consagrado, optou por vislumbrar aqui uma violação do princípio da igualdade[100].

VI. Uma jurisdicionalização do direito à saúde em nome da dignidade da pessoa humana? O caso do Brasil

Os principais desafios a uma efetiva implementação do direito à proteção da saúde devem-se, a nosso ver, com uma miríade de fatores que o condicionam. Por outro lado e como vimos, o direito à saúde acaba por ser uma espécie de feixe ou de conglomerado de direitos que derivam do conteúdo do direito fundamental à proteção da saúde constitucionalmente consagrado e que espelham numa complexidade de relações jurídicas a ele subjacentes[101].

Simplificando, podemos dizer que a mera positivação constitucional do direito à proteção da saúde pouco nos diz sobre a efetiva tutela deste

[99] Ver o Acórdão do Tribunal Constitucional Federal alemão, de 5 de março de 1997, que indeferiu uma queixa constitucional de uma decisão que negava o acesso a um medicamento para o tratamento do cancro denominado «Edelfosin», cuja utilização terapêutica não havia todavia sido reconhecida oficialmente de acordo com a legislação alemã sobre medicamentos.

[100] Acórdão nº 185/1998, de 26 de maio de 1998.

[101] Ian Pimentel Gameiro, O conteúdo constitucional do direito à proteção da saúde no Direito luso-brasileiro: subdireitos, *Derecom*, 19, 2015, pp. 117-135, p. 119.

direito. Poderá ter uma carga marcadamente retórica, que sirva mote ou de bandeira eleitoral, ou ir mais além e conseguir orientar as medidas legislativas adotadas neste âmbito[102].

Goste-se ou não, a realidade das coisas evidencia que a titularidade do direito à saúde, por um lado, e os recursos disponíveis, por outro, acabam por ser "duas faces de uma moeda irregular"[103]. De forma esquemática, a ideia das políticas públicas é a de que estas sejam reguladas pelo poder legislativo e executadas pelo Governo. As políticas públicas traduzem precisamente opções que acabam sempre por incluir determinadas pessoas e certos objetivos, deixando inevitavelmente de fora outras pessoas e outros objetivos[104]. As opções no domínio da saúde são sempre altamente escrutinadas nos meios de comunicação social e na opinião pública.

A crença na capacidade do Estado veicular, com uma extensão total e numa plenitude, todas as prestações que se poderiam retirar dos direitos fundamentais sociais é uma utopia. Como afirma Luís Roberto Barroso, "o orçamento apresenta-se, em regra, aquém da demanda social por efetivação de direitos, sejam individuais, sejam sociais"[105]. Perante recursos limitados e bens escassos, ter-se-á que, inevitavelmente, recorrer à ponderação[106].

A definição de políticas públicas pode resultar complexa e não dispensa de contributos vários, tais como a Economia da Saúde ou a Análise Eco-

[102] Juan Pemán Gavín, Sobre el derecho constitucional, p. 38.

[103] Frances H. Miller *apud* Maria Margarida Acates Candeias, O direito à saúde no Direito Internacional dos direitos humanos e a escassez de recursos do Estado Social de Direito no séc. XXI: – Uma ponderação necessária?, *Revista Jurídica Luso Brasileira*, 1 (3) 2015, pp. 1119-1244, p. 1143.

[104] Egon Bockmann Moreira e Rodrigo Luís Kanayama, A solvência absoluta do Estado vs. A reserva do possível, in *Estudos em Memória do Prof. Doutor J. L. Saldanha Sanches*, vol. I, Coimbra Editora, Coimbra, 2011, pp. 139-160, p. 157, e Vanice Regina Lírio do Valle, Mercantilização de direitos fundamentais e o potencial regressivo das decisões judiciais, in *V Congresso Brasileiro de Direito Processual, 2014, Salvador. Constituição, processo e cidadania*, Gomes & Oliveira Livraria & Editora, Brasília, 2014. p. 265-306, p. 277.

[105] "Da falta de efetividade à judicialização excessiva: direito à saúde, fornecimento gratuito de medicamentos e parâmetros para a atuação judicial", *Revista Jurídica UNIJUS*, 15, 2008, pp. 13-38, p. 28.

[106] João Carlos Loureiro, Direito à (proteção da) Saúde, in *Estudos em Homenagem ao Professor Doutor Marcello Caetano no Centenário da sua morte*, vol. I, Edição FDUL/Coimbra Editora, Coimbra, 2006, pp. 677, e Octavio Luiz Motta Ferraz, The right to health in the Courts of Brazil: worsening health inequities?, *Health and Human Rights*, 11 (2), 2009, p. 34.

nómica do Direito. O diálogo de ciências é, pois, inevitável[107]. Os estudos económicos na área da saúde visam essencialmente o objetivo de otimizar recursos finitos e escassos e racionalizá-los, de modo a obter os melhores resultados para o universo dos utentes do serviço nacional de saúde[108]. Basta pensarmos, por exemplo, nos planos de vacinação. Poderá ser discutível a introdução da vacina contra o HPV-Vírus do Papiloma Humano, que é bastante dispendiosa. No entanto, a médio-longo prazo, o Estado poupa em internamentos e em tratamentos direcionados a combater esta infeção.

A atual Constituição brasileira, de 1988, consagra um vasto elenco de direitos sociais, os quais desenvolve com altíssimo nível de detalhe[109]. Diferentemente do que sucede na Constituição portuguesa, os direitos sociais e os direitos de liberdade resultam consagrados no Título II, sem distinções, e a cláusula da aplicabilidade direta, no Brasil, estende-se a todos os direitos fundamentais, nos termos do artigo 5, § 1, da Constituição brasileira[110].

Este preceito dispõe que "as normas definidoras dos direitos e garantias fundamentais têm aplicação imediata", deixando claro que os direitos sociais não poderão ser encarados como "letra morta no texto da Constituição"[111]. Assim, a maioria da doutrina e da jurisprudência advoga a unidade dogmática entre todos os direitos fundamentais, que possuem idêntico valor e estão submetidos ao mesmo regime jurídico[112].

[107] Luciano Benetti Timm, Qual a maneira mais eficiente de prover direitos fundamentais: uma perspetiva de Direito e de Economia, *Direitos Fundamentais – Orçamento e reserva do possível*, Livraria do Advogado Editora, Porto Alegre, 2013, pp. 51-62, p. 57.

[108] Angélica Carlini, *Judicialização da Saúde Pública e Privada*, Livraria do Advogado Editora, Porto Alegre, 2014, p. 35.

[109] Em especial, nos artigos 5º, 6º, 8º, 11º, 205º e 214º.

[110] Ingo Wolfgang Sarlet, Breves notas sobre o regime jurídico-constitucional dos direitos sociais na condição de direitos fundamentais, com ênfase na «aplicabilidade imediata» das normas de direitos fundamentais e na sua articulação com o assim chamado mínimo existencial, *Estudos em Homenagem ao Prof. Doutor José Joaquim Gomes Canotilho* (org. Fernando Alves Correia, Jónatas E. M. Machado e João Carlos Loureiro) Coimbra Editora, Coimbra, 2012, vol. III, pp. 881-914, pp. 893-894, e Catarina Santos Botelho, *Os direitos sociais*, pp. 186-188.

[111] Manoel Gonçalves Ferreira Filho, *Direitos Humanos Fundamentais*, Editora Saraiva, São Paulo, 4ª ed., 2000, p. 38.

[112] Ingo Wolfgang Sarlet, Breves notas, p. 897, e Idem, Los derechos sociales, p. 43. Criticando, Vanice Regina Lírio do Valle, Controle judicial de políticas públicas, formulação de escolhas públicas e direito à moradia, *Revista de Direitos Fundamentais e Democracia*, 14, 2013, pp. 387-408, p. 391, entende que, "num campo em que a indeterminação

À semelhança da Constituição portuguesa, porém, as normas consagradoras de direitos fundamentais têm tipologias diversas, podendo ser de cariz precetivo ou programático[113]. Não obstante, uma parte considerável da doutrina brasileira, numa interpretação latíssima, entende que todas as normas de direitos sociais irradiam para as relações privadas e consagram genuínos direitos subjetivos a prestações[114].

Não se estranhará, por conseguinte, que o Brasil seja exemplo de forte ativismo judicial em matéria de direitos sociais, em especial os direitos à saúde, à educação, à assistência social, tutela ambiental, entre outros. Este é dos temas mais discutidos na doutrina brasileira, o que não é de surpreender, em especial quando se tenta compaginar uma economia em franco crescimento e uma Constituição concetualmente avançada com a dura realidade que aponta para cerca de trinta milhões de habitantes a viver abaixo da linha de pobreza[115].

Nos últimos dez anos, o Supremo Tribunal Federal brasileiro recebeu 3800 processos relacionados com o sistema universal de saúde. Em termos mais abrangente e abarcando todas as jurisdições brasileiras, estima-

no conteúdo dos direitos e a sua inerente interdependência é uma premissa, a asserção da aplicabilidade imediata está em contradição. Exige uma certeza e um grau absoluto no reino legal que é incompatível com a própria ideia da promoção de direitos fundamentais". A Autora vai mais longe e defende mesmo que "o modelo da aplicabilidade imediata não é um caso de sucesso entre os instrumentos constitucionais disponíveis – esta é a principal lição que a experiência brasileira pode oferecer" (p. 393).

[113] Contra a classificação como direitos subjetivos dos direitos sociais contidos em normas programáticas, cfr. CARLOS BLANCO DE MORAIS, Direitos sociais e controlo de inconstitucionalidade por omissão no ordenamento brasileiro: ativismo judicial momentâneo ou um novo paradigma?, in *Estudos em Homenagem ao Prof. Doutor José Joaquim Gomes Canotilho* (org. Fernando Alves Correia, Jónatas E. M. Machado e João Carlos Loureiro) Coimbra Editora, Coimbra, 2012, vol. III, pp. 579-613, pp. 602-603.

[114] ANA CRISTINA COSTA MEIRELES, *A eficácia dos direitos sociais*, Juspodivm, Salvador, 2008, pp. 467-468, e INGO WOLFGANG SARLET, Breves notas, p. 904. O último Autor considera que, em regra, o direito fundamental social deverá ser considerado "um direito originário a prestações" (p. 906).

[115] Cfr. ALBERT NOGUERA FERNÁNDEZ, *Los derechos sociales en las nuevas Constituciones latioamericanas*, Tirant to Blanch, Valença, 2010, pp. 70-95, ANDREAS J. KRELL, Controle judicial dos serviços públicos básicos na base dos direitos fundamentais sociais, in *Constituição Concretizada – Construindo pontes com o público e o privado* (org. Ingo Wolfgang Sarlet), Livraria do Advogado, Porto Alegre, 2000, pp. 25-60, p. 26, e JOSÉ MELO ALEXANDRINO, *A estruturação do sistema de direitos, liberdades e garantias na Constituição Portuguesa*, vol. I (Raízes e contexto), Almedina, Coimbra, 2006, pp. 45-46, nt. 68.

-se que a taxa de sucesso dos litigantes ronde os 90%, o que traz consigo incontornáveis questões relativas à judicialização das políticas públicas[116].

Perguntar-se-á: O que dizer de tanta litigância? Em boa verdade, tanto a podemos perspetivar como um exemplo do sucesso da positivação dos direitos sociais na Constituição e da sua efetividade, como podemos aqui vislumbrar uma prova do fracasso do Estado Social. Há quem tenha muitas reticências e mesmo algum ceticismo em considerar que o poder judicial possa ser erigido a uma espécie de "veículo para alterações sociais no domínio da saúde"[117].

As questões multiplicam-se: será o direito à saúde um genuíno direito subjetivo de amplo conteúdo, que abranja todo e qualquer tratamento médico, ainda que experimental ou de eficácia dúbia, independentemente dos custos associados? Poderá o poder judicial autorizar ou mesmo impor o fornecimento de medicamentos e tratamentos que não constam dos planos nacionais de saúde? Quais são, então, os limites do ativismo judicial? Será admissível um ativismo judicial para além das políticas públicas?

Por um lado, são vários os argumentos que militam *contra* uma alegada "epidemia de litigância"[118]:

i) Alguns autores entendem que o excessivo ativismo judicial, de cariz marcadamente retórico, apenas tem funcionado como "bloqueio – e não veículo da transformação social"[119].

ii) Em sintonia, uma tal jurisprudência apenas beneficia um grupo restrito de pessoas que possuem algumas possibilidades económicas para recorrerem à vida judicial, em detrimento da esmagadora maioria da população[120]. Nesta sede, alguns estudos demonstraram

[116] Leandro Molhano Ribeiro e Ivar Alberto Hartmann, Judicialization of the right to health and institutional changes in Brazil, *Revista de Investigações Constitucionais*, 3 (3), 2016, pp. 35-53, pp. 37-39.

[117] Octavio Luiz Motta Ferraz, The right to health in the Courts of Brazil: worsening health inequities?, *Health and Human Rights*, 11 (2), 2009, p. 34.

[118] Idem, p. 35.

[119] Vanice Regina Lírio do Valle, Controle judicial de políticas públicas, p. 391. Como etapas do mesmo discurso, Octavio Luiz Motta Ferraz, The right to health, p. 34.

[120] Angélica Carlini, *Judicialização*, p. 147, Cláudio Pereira de Souza Neto, A Justiciabilidade dos Direitos Sociais: Críticas e Parâmetros, in *Direitos Sociais Fundamentos, Judicialização e Direitos Sociais em Espécie*, Lumen Juris, Rio de Janeiro, 2010, pp. 533-534, e Marina Costa Ferreira, Direito à proteção da saúde pela via judicial: em busca de efetividade e equidade, *Revista de Estudos Jurídicos*, 15 (22), 2011, pp. 237-264, p. 239.

que uma percentagem significativa dos litigantes pertence à chamada "classe média" e não aquelas camadas sociais que mais careceriam de tutela[121]. Em resposta a esta crítica, alguns propõe uma melhoria no acesso ao Direito dos mais desfavorecidos[122], outros, com uma boa dose de humor, advertem que "os litigantes individuais (...) não constituem um bando de mal-intencionados egoístas dispostos a saquear (...) os cofres públicos"[123].

iii) Como já referimos acima, outros interpretam esta jurisprudência como o exercício de um paternalismo judicial "diante de uma sociedade infantilizada", com reminiscências de um governo de juízes[124].

iv) Por tais razões, começam a surgir vozes que alertam para o perigo de um "messianismo" ou "emotividade" do poder judicial, expressa em "decisões extravagantes ou emocionais"[125].

v) Esgrime-se ainda o argumento do risco de casuísmo e decisionismo, pois o conteúdo de uma decisão judicial que outorgue um direito fundamental social poderá não ser necessariamente replicada pelos restantes tribunais nacionais, ou sequer dentro do próprio tribunal *a quo*. Situação diferente seria, quiçá, uma tomada de posição do judiciário em sede das ações coletivas[126].

[121] Daniel M. Brinks e Varun Gauri, "A new policy landscape: Legalizing social and economic rights in the developing world", in *Courting Social Justice: Judicial enforcement of social and economic rights in the developing world*, Cambridge University Press, Cambridge, 2008, pp. 336-337, Lúcia Léa Guimarães Tavares, O fornecimento de medicamentos pelo Estado, *Revista de Direito da Procuradoria-Geral*, 55, 2002, pp. 109-110, e Luís Roberto Barroso, Da falta de efetividade à judicialização excessiva: direito à saúde, fornecimento gratuito de medicamentos e parâmetros para a atuação judicial, *Revista Jurídica UNIJUS*, 15, 2008, pp. 13-38, p. 30.

[122] Sobre o tema, em geral, Daniel Wei Liang Wang, *Poder Judiciário e participação democrática nas políticas públicas de saúde*, São Paulo, 2009, pp. 41-50.

[123] Ingo Wolfgang Sarlet, A titularidade, p. 269.

[124] Daniel Sarmento, O neoconstitucionalismo no Brasil: riscos e possibilidades, *Revista Brasileira de Estudos Constitucionais*, 3 (9), 2009, 6).

[125] Respetivamente, Ana Paula Barcellos, O Direito a prestações de saúde: complexidades, mínimo existencial e o valor das abordagens coletiva e abstrata, in *Direitos Sociais: Fundamentos, judicialização e direitos sociais em espécie* (coord. D. Sarmento e C. P. Souza Neto), Lumen Juris, Rio de Janeiro, 2010, pp. 803-826, pp. 824-825, e Luís Roberto Barroso, Da falta de efetividade, p. 11.

[126] Cfr. Florian Hoffman e Fernando Bentes, Accountability for social and economic rights in Brazil, in *Courting Social Justice: Judicial enforcement of social and economic rights in the*

vi) Nesta ordem de considerações, parece ser mais avisado que situações de exclusão social – que indiciam problemas estruturais – mereçam uma resposta global. Daí que, quando falamos de direitos fundamentais "não há atalhos".

vii) Fora dos cenários de colisões de direitos ou de violação do mínimo para uma existência condigna, a máxima judicial deverá ser "a marca da autocontenção"[127].

viii) Um argumento a que se atribui grande peso é o da violação da separação de poderes constitucionalmente estabelecida, estando o poder judicial a imiscuir-se em competências legislativas e executivas[128]. Contrariamente aos atos jurídico-públicos normativos, que possuem natureza geral e abstrata, as decisões judiciais são atos jurídico-públicos não normativos, vocacionados para a resolução de litígios concretos e não para uma configuração abstrata de um direito fundamental. Daí que ANA PAULA DE BARCELLOS distinga entre a "micro-justiça" do caso concreto e a "macro-justiça", que competirá, em larga medida à atuação da Administração Pública[129].

ix) Por último, também se invoca a ideia de "pandemónio administrativo", porquanto tais decisões casuísticas desorganizam a atividade administrativa, em prejuízo das políticas públicas de saúde em curso[130].

developing world, Cambridge University Press, Cambridge, 2008, pp. 100-145, p. 145, e TÊMIS LIMBERGER e JÂNIA MARIA LOPES SALDANHA, A judicialização, p. 288.

[127] LUÍS ROBERTO BARROSO, Da falta de efetividade, p. 26.

[128] TÊMIS LIMBERGER e JÂNIA MARIA LOPES SALDANHA, A judicialização, p. 284. Desvalorizando, até certo ponto, estas críticas e alertando para o facto de o voto não ser "o único signo legitimador do agir do poder", salientando que o "labor técnico e independente, associado à motivação das decisões e o caráter democrático da sua construção" também se possam "revelar igualmente aptos a conferir legitimidade a uma atuação jurisdicional que se exerce a título de *controle* desse mesmo atuar do poder político", cfr. VANICE REGINA LÍRIO DO VALLE, Políticas Públicas, p. 105.

[129] Constitucionalização das políticas públicas em matéria de direitos fundamentais: o controle político-social e o controle jurídico no espaço democrático, *Revista de direito do Estado*, 3, 2006, p. 32. No mesmo sentido, LUÍS ROBERTO BARROSO, Da falta de efetividade, pp. 30-31.

[130] CLÁUDIO PEREIRA DE SOUZA NETO, A Justiciabilidade, pp. 528-529, LUÍS ROBERTO BARROSO, Da falta de efetividade, p. 32, e OCTAVIO LUIZ MOTTA FERRAZ, "The right to health in the Courts of Brazil: worsening health inequities?", *Health and Human Rights*, 11 (2), 2009, p. 36. Em contraposição, INGO WOLFGANG SARLET, A titularidade, p. 271, argumenta

Em defesa de uma maior intervenção do poder judicial, salientamos os seguintes considerandos:

i) Numa leitura mais otimista, a intervenção do poder judicial, quer tenha sido ou não excessiva, teve o mérito de chamar a atenção para um grave problema de aplicabilidade dos direitos sociais[131].

ii) O funcionamento da regra maioritária acarreta "pontos cegos" (*blind-spots*), pelo que a autocontenção judicial não é sempre o caminho mais justo[132]. Estes "pontos cegos" – que podem existir tanto no momento da elaboração da legislação como no momento da sua aplicação – são identificáveis relativamente à "avaliação do impacto das escolhas efetuadas", quanto a "falhas na regulamentação concretizadora de direitos", ou mesmo na "acomodação" das políticas públicas[133].

iii) Em resposta à objeção de caráter institucional, referente à ausência de conhecimentos dos magistrados sobre questões económicas e sociais relevantes, sustenta-se que se pode contornar esta dificuldade a partir do "auxílio de órgãos ou assistências especializados, como núcleos de assessoria técnica"[134].

iv) Salienta-se também que a efetividade dos direitos sociais não depende apenas da atuação político-legislativa dos poderes legislativo e executivo, mas da interpretação ponderativa que deles fazem os juízes, em particular os juízes constitucionais[135].

Normalmente, quando as posições doutrinais se extremam, a pergunta a fazer é a de saber se não existirá um meio-termo?[136] Deverão as políticas públicas beneficiar de uma isenção de escrutínio judicial ou viverão numa

que é precisamente aqui que se deverá agir, tornando a via administrativa mais efetiva, para aliviar a via judicial.

131 MARINA COSTA FERREIRA, Direito à proteção da saúde pela via judicial: em busca de efetividade e equidade, *Revista de Estudos Jurídicos*, 15 (22), 2011, pp. 237-264, p. 255.

132 ROSALIND DIXON, Creating dialogue about socio-economic rights: strong v. weak-form judicial review revisited, *International Constitutional Law Review*, 5, 2007, pp.391-418.

133 MARINA COSTA FERREIRA, Direito à proteção da saúde, p. 249.

134 IDEM, p. 247.

135 MONICA CAPPELLETTI, Healthcare Right, p. 244.

136 ANA PAULA DE BARCELLOS, O direito a prestações der saúdc: complexidades, mínimo existencial e o valor das abordagens coletiva e abstrata, *Revista da Defensoria Pública*, 1 (1), 2008, p. 158.

espécie de limbo, no seu próprio mundo, no qual qualquer intervenção judicial será considerada uma intromissão?

De uma forma bastante transparente, alguma doutrina tem chamado atenção para o facto de o direito à saúde não poder ser reduzido ao "direito de igual acesso à falta"[137]. Com efeito, uma excessiva autocontenção neste domínio apenas conduzirá a um "quadro de nivelamento pela ausência de acesso"[138].

Um exemplo recente que ilustra esta preocupação foi a situação que se verificou, em Portugal, acerca de um novo medicamento para o tratamento da hepatite C (*Sofosbuvir*), muito dispendioso, mas que possuía um grau de sucesso muito elevado[139]. O problema era que, a ser admitido o tratamento de todos os infetados com hepatite C, cumprindo ao Estado o pagamento do valor que inicialmente o Laboratório *Gilead Sciences* propunha, isso representaria uma despesa de valor quase equivalente ao que o Orçamento de Estado prescreve para todos os medicamentos disponibilizados pelo sistema público de saúde.

Este medicamento fora aprovado pela Agência Europeia do Medicamento, em janeiro de 2014, mas não foi imediatamente aprovado e distribuído em Portugal. Após um período conturbado, em que os pacientes ameaçaram intentar uma ação de responsabilidade civil extracontratual contra o Estado, e em que alguns hospitais públicos ameaçaram intentar uma ação de providência cautelar contra o Laboratório *Gilead Sciences* por "abuso de posição dominante" e endereçar uma queixa à Autoridade da Concorrência, as negociações entre o Ministério da Saúde e o Laboratório *Gilead Sciences* surtiram efeito e chegou-se a um acordo. No tempo que intermediou o acordo final, o INFARMED (Autoridade Nacional do Medicamento e Produtos de Saúde) optou por conceder prioridade aos pacientes com maior risco, tentando negociar um preço inferior para os pacientes em situação clínica mais favorável[140].

137 INGO WOLFGANG SARLET, Discurso proferido na Audiência Pública da Saúde, no Supremo Tribunal Federal, 2009, p. 6 *apud* MARINA COSTA FERREIRA, Direito à proteção da saúde, p. 249.

138 IDEM, p. 253.

139 A taxa de sucesso do medicamento é aproximadamente de 90%.

140 O INFARMED é um instituto público integrado na administração indireta do Estado, dotado de autonomia administrativa, financeira e património próprio, que prossegue as atribuições do Ministério da Saúde. As suas competências visam "regular e supervisionar os sectores dos

Do outro lado do Atlântico, a litigância acerca do direito à saúde teve o seu início com os tratamentos do vírus HIV-SIDA, na década de 90 do século passado, ao que foram acrescendo outros processos apelando a tratamentos de diabetes, esclerose múltipla, doença de Parkinson e de Alzheimer, e Hepatite-C[141]. Curiosamente, no Brasil colocou-se o mesmo problema relativamente à dispensa do medicamento *Sofosbuvir*, tendo o Supremo Tribunal Federal brasileiro, em 9 de dezembro de 2014, invocando a "garantia do direito à vida" e o "direito social à saúde", perante "a impossibilidade financeira para, por conta própria, pagar pelo tratamento, busca-se o custeio de nova terapêutica não disponível na rede pública de saúde, tendo em vista que as disponíveis não proporcionaram a melhora do quadro clínico do interessado"[142].

Cumprirá ao poder legislativo criar todas as condições normativas para uma efetiva concretização do direito à saúde e ao poder executivo um real empenho nos difíceis equilíbrios de adequação orçamental. Num cenário de deficiência ou de insuficiência de políticas públicas de saúde, o poder judicial tem a missão de desemprenhar um importante papel de resolução de situações concretas e de incitação ao poder político-legislativo de tomar medidas normativas, de cariz geral e abstrato.

Importa não olvidar que, em boa verdade, as políticas públicas de saúde não conseguem prever todos os cenários de doença e de possibilidades de tratamento que deverão ser abrangidas, porquanto tantas vezes, o melhor tratamento para uma determinada situação clínica não pode ser replicado para outra pessoa, numa situação aparentemente semelhante. Por essa razão, a padronização excessiva de procedimentos e tratamentos pode culminar em exclusões de tratamentos e de pessoas[143].

Para terminar as nossas reflexões, concluímos da mesma forma como iniciamos: com perguntas. Na verdade, impõe-se perguntar: será legítimo continuar a invocar argumentos de índole financeira para negar aquilo

medicamentos, dispositivos médicos e produtos cosméticos e de higiene corporal, segundo os mais elevados padrões de proteção da saúde pública, e garantir o acesso dos profissionais da saúde e dos cidadãos a medicamentos, dispositivos médicos, produtos cosméticos e de higiene corporal, de qualidade, eficazes e seguros". *Vide* a informação disponível em: http://www.infarmed.pt/portal/page/portal/INFARMED

141 Octavio Luiz Motta Ferraz, The right to health, p. 36.

142 Disponível em: http://www.hepato.com/images/STF_Indefereimento_Recurso.pdf

143 Ingo Wolfgang Sarlet, A titularidade, p. 270.

que, no fundo, acaba por ser a negação do direito à vida e à dignidade da pessoa humana? Poderá o argumento da igualdade social, isto é, da igualdade no acesso a prestações do Estado, justificar a negação de pretensões individuais de saúde, devidamente justificadas?

Metaforicamente falando, parece-nos que a reserva do possível acaba por funcionar como uma *espécie de Adamastor* que impede, incessantemente, a passagem do Cabo da Boa Esperança. Não nos parece ser defensável uma negação do direito à saúde quando este acarrete danos irreparáveis, quer físicos, quer psíquicos, num ser humano dotado de dignidade. Nem tal deverá ser de surpreender: a vida humana sem dignidade não é vida, é mera existência[144]. A autodeterminação do ser humano está inexoravelmente conexionada com a sua plena dignidade[145].

Por isso, numa situação em que esteja em risco a vida de alguém, existe um direito subjetivo a uma prestação positiva por parte do Estado[146]. Tudo compulsado, concluímos que a dignidade da pessoa humana abarca uma dupla dimensão defensiva e prestacional[147]. A terminar, numa tal hipótese assiste-se, em termos dogmáticos, a uma *metamorfose* do direito fundamental social prestacional num direito fundamental subjetivo a uma determinada prestação[148].

[144] Daí as palavras repletas de sentido do Juiz Celso Mello, no Recurso Extraordinário nº 271.286 AgR-RS, de 2000: "entre proteger a inviolabilidade do direito à vida, que se qualifica como direito subjetivo inalienável assegurado pela própria Constituição (...) ou fazer prevalecer, contra essa prerrogativa fundamental, um interesse financeiro e secundário do Estado, entendo – uma vez configurado esse dilema – que razões de ordem ético-jurídica impõem ao julgador uma só e possível opção: o respeito indeclinável à vida". Decisão disponível em: http://www.stf.gov.br/

[145] JORGE MIRANDA, A dignidade da pessoa humana e os direitos fundamentais nas Constituições de Portugal e do Brasil, in *Liber Amicorum em Homenagem ao Prof. Doutor João Mota de Campos*, Coimbra Editora, Coimbra, 2013, pp. 503-520, e JORGE REIS NOVAIS, *A dignidade da pessoa humana*, vol. II, Almedina, Coimbra, 2016, p. 132.

[146] INGO WOLFGANG SARLET, Algumas considerações, p. 13.

[147] IDEM, Dignidade da pessoa humana e direitos fundamentais na Constituição brasileira de 1988 – Algumas notas, com destaque para a jurisprudência do Supremo Tribunal Federal, in *Estudos em Homenagem ao Prof. Doutor Jorge Miranda*, vol. I, Coimbra Editora, Coimbra, 2012, pp. 941-971, p. 951.

[148] No Brasil, aderindo a esta conclusão, IDEM, Dignidade da pessoa humana, p. 967.

Notas sobre Direito ao um Mínimo Existencial para uma Vida com Dignidade e os Direitos Fundamentais Sociais

Ingo Wolfgang Sarlet*

1. Introdução

O assim chamado direito (e garantia) a um mínimo existencial para uma vida digna tem sido presença constante no debate acadêmico e jurisdicional brasileiro, especialmente na sua articulação com os direitos fundamentais sociais. Todavia, é precisamente na esfera dos direitos fundamentais sociais (doravante chamados de direitos sociais) que se percebe, à vista dos desenvolvimentos na esfera doutrinária e jurisprudencial, o quanto o recurso à noção de um mínimo existencial, designadamente de um direito fundamental à sua proteção e promoção, tem sido realmente produtiva ou apresenta aspectos dignos de maior reflexão quanto à sua correta compreensão e manejo, inclusive como critério para balizar uma ponderação quando se cuida de assegurar, ou não, um direito subjetivo a prestações sociais em face de outros direitos fundamentais ou outros princípios e regras de matriz constitucional e legal, mas também em face dos limites fáticos postos pelo problema da escassez de recursos.

* Doutor e Pós-Doutor em Direito pela Universidade de Munique (Ludwig-Maximilians-Universität-München). Professor Titular da Faculdade de Direito e dos Programas de Mestrado e Doutorado em Direito e em Ciências Criminais da PUCRS. Professor da Escola Superior da Magistratura do RS (AJURIS), Desembargador do TJRS.

Muito embora se esteja a revisitar o tema, aproveitando boa parte de escritos anteriores de nossa lavra, o que se pretende no presente texto, é, além de uma atualização bibliográfica e jurisprudencial, discutir a relação do mínimo existencial, como exigência da proteção e promoção da dignidade da pessoa humana, com os direitos fundamentais sociais, com atenção particular para a atuação da Jurisdição Constitucional, representada pelo seu órgão máximo no Brasil, o Supremo Tribunal Federal (STF), mediante um olhar sobre a doutrina e jurisprudência constitucional da Alemanha e do respectivo Tribunal Constitucional Federal (TCF). Para tanto, não se intenta inventariar de modo exaustivo a jurisprudência de ambos os Tribunais, mas sim, à luz de alguns exemplos representativos extraídos do respectivo repertório decisório, examinar como o mínimo existencial, no contexto dos direitos sociais, tem sido aplicado pela Jurisdição Constitucional.

Nesse contexto, o que aqui se pretende é verificar se – mediante a análise de decisões de ambos os Tribunais referidos e de modo articulado com a doutrina sobre o tema – existem distorções relevantes no modo de compreensão e aplicação da noção de mínimo existencial e que possam, ou não, implicar críticas de ordem metodológica ou mesmo substancial, eventualmente ensejando até mesmo a objeção de uma intervenção inadequada ou mesmo excessiva (desproporcional) do Poder Judiciário na esfera legislativa ou administrativa. Ainda em sede introdutória, calha chamar a atenção para o fato de que, a exemplo de outros institutos e conceitos jurídicos, o mínimo existencial corresponde (ao menos na forma pela qual tem sido compreendido no Brasil) em grande medida a uma importação jurídica, mediante adesão, ainda que com variações importantes, à tradição constitucional alemã, o que também nos anima a investir numa análise pautada, ao menos em parte, pela (sumária) comparação entre as duas ordens jurídicas, de modo a demonstrar que, a despeito da forte identificação quanto ao conceito e conteúdo do mínimo existencial, o modo de aplicação do instituto pela Jurisdição Constitucional é significativamente distinto. Para tanto, há que, numa primeira fase, investir no conceito e conteúdo do assim designado mínimo existencial.

2. O Mínimo Existencial como Direito e Garantia Fundamental

A atual noção de um direito fundamental ao mínimo existencial, ou seja, de um direito a um conjunto de prestações estatais que assegure a cada um (a cada pessoa) uma vida condigna, arranca da idéia de que qualquer pessoa necessitada que não tenha condições de, por si só ou com o auxílio de sua família prover o seu sustento, tem direito ao auxílio por parte do Estado e da sociedade, de modo que o mínimo existencial, nessa perspectiva, guarda alguma relação (mas não se confunde integralmente) com a noção de caridade e do combate à pobreza, central para a doutrina social (ou questão social) que passou a se afirmar já ao longo do Século XIX[1], muito embora a assistência aos desamparados tenha constado na agenda da Igreja e de algumas políticas oficiais já há bem mais tempo[2]. Convém recordar, ainda, que já na fase inaugural do constitucionalismo moderno, com destaque para a experiência francesa revolucionária, assumiu certa relevância a discussão em torno do reconhecimento de um direito à subsistência, chegando mesmo a se falar em "direitos do homem pobre", na busca do rompimento com uma tradição marcada pela idéia de caridade, que ainda caracterizava os modos dominantes de intervenção social em matéria de pobreza, debate que acabou resultando na inserção, no texto da Constituição Francesa de 1793, de um direito dos necessitados aos socorros públicos, ainda que tal previsão tenha tido um caráter eminentemente simbólico[3].

De qualquer sorte, independentemente de como a noção de um direito à subsistência e/ou de um correspondente dever do Estado (já que nem sempre se reconheceu um direito subjetivo (exigível pela via judicial) do

[1] Cf., por todos, ARNAULD, Andreas von. "Das Existenzminimum", in: ARNAULD, Andreas von; MUSIL, Andreas (Ed.). *Strukturfragen des Sozialverfassungsrechts*, Tübingen: Mohr Siebeck, 2009, p. 253 e ss., apontando para o fato de que na Legislação da Prússia, em 1794, já havia a previsão da obrigação do Estado em cuidar da alimentação e atenção daqueles cidadãos que não conseguiam prover o seu próprio sustento ou mesmo por meio de outros particulares, com base em disposições legais especiais.

[2] V. também TORRES, Ricardo Lobo. *O Direito ao Mínimo Existencial*, Rio de Janeiro: Renovar, 2008, p. 3 e ss., e, por último, no âmbito da literatura brasileira dedicada especialmente ao tema, NETO, Eurico Bitencourt. *O Direito ao Mínimo para uma Existência Condigna*, Porto Alegre: Livraria do Advogado, 2010, p. 23 e ss.

[3] Sobre este debate, v., por todos, HERRERA, Carlos Miguel. *Les Droits Sociaux*, Paris: PUF, 2009, p. 39 e ss.

cidadão em face do Estado) evoluiu ao longo do tempo, tendo sido diversas as experiências em diferentes lugares, o fato é que cada vez mais se firmou o entendimento – inclusive em Estados constitucionais de forte coloração liberal – de que a pobreza e a exclusão social são assuntos de algum modo afetos ao Estado, ainda que por razões nem sempre compartilhadas por todos e em todos os lugares, visto que mesmo no plano da fundamentação filosófica, ou seja, da sua sinergia com alguma teoria de Justiça, são diversas as alternativas que se apresentam.[4] Mesmo na esfera terminológica nem sempre se verifica coincidência, pois ao passo que alguns (como também prevalece no Brasil) preferem utilizar a expressão mínimo existencial, outros falam em mínimos sociais, ou mesmo em um mínimo de subsistência ou um mínimo vital, embora nem sempre tais expressões sejam utilizadas como sinônimas, visto que podem estar associadas a conteúdos mais ou menos distintos, a despeito de alguns elementos em comum, como é o caso, em especial, o reconhecimento de um direito a prestações materiais por parte do Estado.

Sem prejuízo de sua previsão (ainda que com outro rótulo) no plano do direito internacional dos direitos humanos, como é o caso do artigo XXV da Declaração da ONU, de 1948, que atribui a todas as pessoas um direito a um nível de vida suficiente para assegurar a sua saúde, o seu bem-estar e o de sua família, a associação direta e explícita do assim chamado mínimo existencial com a dignidade da pessoa humana encontrou sua primeira afirmação textual, no plano, constitucional, na Constituição da República de Weimar, Alemanha, em 1919, cujo artigo 151 dispunha que a vida econômica deve corresponder aos ditames da Justiça e tem como objetivo assegurar a todos uma existência com dignidade, noção que foi incorporada à tradição constitucional brasileira desde 1934, igualmente no âmbito da ordem econômica e/ou social, de tal sorte que o artigo 170 da CF dispõe que "a ordem econômica, fundada na valorização do trabalho humano e na livre iniciativa, tem por fim assegurar a todos existência

[4] Cf., por exemplo, as teorizações de John Rawls e Michael Walzer colacionadas e comentadas por BARCELLOS, Ana Paula de. *A Eficácia Jurídica dos Princípios Constitucionais,* Rio de Janeiro: Renovar, 2002, p. 123 e ss. A respeito das diversas fundamentações de um direito ao mínimo existencial, v., por último, na doutrina brasileira, TORRES, Ricardo Lobo. *O Direito ao Mínimo Existencial,* op. cit., p. 13-34 e 54-81. Por último, explorando o tema nessa perspectiva, v. WEBER, Thadeu. *Ética e Filosofia do Direito. Autonomia e Dignidade da Pessoa Humana,* Petrópolis: Vozes, 2013, especialmente p. 205, a partir do pensamento de John Rawls.

digna, conforme os ditames da justiça social...". É preciso lembrar, contudo, que na condição de finalidade ou tarefa cometida ao Estado no âmbito dos princípios objetivos da ordem social e econômica, o mínimo existencial, ou seja, o dever de assegurar a todos uma vida com dignidade, não implicava necessariamente (aliás, como não implica ainda hoje a depender do caso), salvo na medida da legislação infraconstitucional (especialmente no campo da assistência social e da garantia de um salário mínimo, entre outras formas de manifestação), uma posição subjetiva imediatamente exigível pelo indivíduo. A elevação do mínimo existencial à condição de direito fundamental e sua articulação mais forte com a própria dignidade da pessoa humana e outros direitos fundamentais, teve sua primeira importante elaboração dogmática na Alemanha, onde, de resto, obteve também um relativamente precoce reconhecimento jurisprudencial, do qual se dará notícia na seqüência.

Com efeito, a despeito de não existirem, em regra, direitos sociais típicos, notadamente de cunho prestacional, expressamente positivados na Lei Fundamental da Alemanha (1949) – excepcionando-se a previsão da proteção da maternidade e dos filhos, bem como a imposição de uma atuação positiva do Estado no campo da compensação de desigualdades fáticas no que diz com a discriminação das mulheres e dos portadores de necessidades especiais (direitos e deveres que para muitos não são considerados propriamente direitos sociais) – a discussão em torno da garantia do mínimo indispensável para uma existência digna ocupou posição destacada não apenas nos trabalhos preparatórios no âmbito do processo constituinte, mas também após a entrada em vigor da Lei Fundamental de 1949, onde foi desenvolvida pela doutrina, mas também no âmbito da práxis legislativa, administrativa e jurisprudencial.

Na doutrina do Segundo Pós-Guerra, um dos primeiros a sustentar a possibilidade do reconhecimento de um direito subjetivo à garantia positiva dos recursos mínimos para uma existência digna foi o publicista Otto Bachof, que, já no início da década de 1950, considerou que o princípio da dignidade da pessoa humana (art. 1º, inc. I, da Lei Fundamental da Alemanha, na seqüência referida como LF) não reclama apenas a garantia da liberdade, mas também um mínimo de segurança social, já que, sem os recursos materiais para uma existência digna, a própria dignidade da pessoa humana ficaria sacrificada. Por esta razão, o direito à vida e integridade corporal (art. 2º, inc. II, da LF) não pode ser concebido meramente como proibição de destruição da existência, isto é, como direito de defesa, impondo, ao revés, também uma postura ativa no sentido de garantir a vida.[5] Cerca de um ano depois da paradigmática formulação de Bachof, o Tribunal Federal Administrativo da Alemanha (*Bundesverwaltungsgericht*), já no primeiro ano de sua existência, reconheceu um direito subjetivo do indivíduo carente a auxílio material por parte do Estado, argumentando, igualmente com base no postulado da dignidade da pessoa humana, direito geral de liberdade e direito à vida, que o indivíduo, na qualidade de pessoa autônoma e responsável, deve ser reconhecido como titular de direitos e obrigações, o que implica principalmente a manutenção de suas condições de existência.[6] Ressalte-se que apenas alguns anos depois o legislador acabou regulamentando – em nível infraconstitucional – um direito a prestações no âmbito da assistência social (art. 4º, inc. I, da Lei Federal sobre Assistência Social [*Bundessozialhilfegesetz*]).

Por fim, transcorridas cerca de duas décadas da referida decisão do Tribunal Administrativo Federal, também o Tribunal Constitucional Federal acabou por consagrar o reconhecimento de um direito fundamental à garantia das condições mínimas para uma existência digna. Da argumentação desenvolvida nesta primeira decisão, extrai-se o seguinte trecho: "certamente a assistência aos necessitados integra as obrigações essenciais de um Estado Social. [...] Isto inclui, necessariamente, a assistência social aos concidadãos, que, em virtude de sua precária condição física e mental, encontram-se limitados na sua vida social, não apresentando condições de prover a sua própria subsistência. A comunidade estatal deve assegurar-lhes pelo menos as condições mínimas para uma existência digna e envidar os esforços necessários para integrar estas pessoas na comunidade, fomentando seu acompanhamento e apoio na família ou por terceiros, bem como criando as indispensáveis instituições assistenciais".[7]

Em que pesem algumas modificações no que tange à fundamentação, bem quanto ao objeto da demanda, tal decisão veio a ser chancelada, em sua essência, em outros arestos da Corte Constitucional alemã, resultando

[5] Cf. Bachof, Otto. "Begriff und Wesen des sozialen Rechtsstaates", in: *Veröffentlichungen der Vereinigung der deutschen Staatsrechtslehrer*, nº 12, 1954, p. 42-3.

[6] Cf. *BVerwGE* (Coletânea oficial das decisões do Tribunal Administrativo Federal) nº 1, p. 159 (161 e ss.), decisão proferida em 24-06-1954.

[7] Cf. tradução livre de trecho extraído da decisão publicada em *BVerfGE* (Coletânea oficial das decisões do Tribunal Constitucional Federal) nº 40, p. 121 (133).

no reconhecimento definitivo do *status* constitucional da garantia estatal do mínimo existencial.[8] Além disso, a doutrina alemã entende que a garantia das condições mínimas para uma existência digna integra o conteúdo essencial do princípio do Estado Social de Direito, constituindo uma de suas principais tarefas e obrigações.[9] Nessa perspectiva, o que se afirma é que o indivíduo deve poder levar uma vida que corresponda às exigências do princípio da dignidade da pessoa humana, razão pela qual o direito à assistência social – considerado, pelo menos na Alemanha, a principal manifestação da garantia do mínimo existencial – alcança o caráter de uma ajuda para a autoajuda (*Hilfe zur Selbsthilfe*), não tendo por objeto o estabelecimento da dignidade em si mesma, mas a sua proteção e promoção.[10]

Desenvolvendo os aspectos já referidos, a doutrina (mas também a jurisprudência) constitucional da Alemanha passou a sustentar que – e, em princípio, as opiniões convergem neste sentido – a dignidade propriamente dita não é passível de quantificação, mas sim as necessidades individuais

[8] Para tanto, v. *BVerfGE* nº 78, p. 104, reiterada em BVerfGE nº 82, p. 60 e nº 87, lp. 53. Ressalte-se que nas duas últimas decisões, se tratou da problemática da justiça tributária, reconhecendo-se para o indivíduo e sua família a garantia de que a tributação não poderia incidir sobre os valores mínimos indispensáveis a uma existência digna. Cuidou-se, contudo, não propriamente de um direito a prestações, mas, sim, de limitar a ingerência estatal na esfera existencial, ressaltando-se aqui também uma dimensão defensiva do direito fundamental ao mínimo para uma existência digna. Note-se que o princípio da dignidade humana passa, sob este aspecto, a constituir limite material ao poder de tributar do Estado (sobre tal perspectiva, v., por todos, ÁVILA, Humberto. *Sistema Constitucional Tributário*, 3ª ed., São Paulo: Saraiva, 2008, p. 498 e ss.). No âmbito da jurisprudência mais recente do Tribunal Constitucional da Alemanha destaca-se especialmente a decisão proferida em 09.02.2010, que teve por objeto o exame da constitucionalidade de alentada reforma da legislação social, a polêmica Reforma Hartz-IV, com destaque para os valores pagos a título de seguro desemprego, igualmente afirmando o dever do Estado com a garantia do mínimo existencial e reconhecendo um direito subjetivo individual e indisponível correspondente. Para maiores detalhes, v. entre outros, as anotações ao julgamento de RIXEN, Stephan. Grundsicherung für Arbeitssuchende: Grundrecht auf Existenzminimum, in: *Sozialgerichtsbarkeit*, n. 04, 2010, p. 240 e ss.

[9] Nesse sentido, v. por todos, ZACHER, Hans-Friedrich. "Das soziale Staatsziel", *in: Isensee-Kirchhof (Org.). Handbuch des Staatsrechts der Bundesrepublik Deutschland (HBStR), vol. I*, Heidelberg, CF Muller, 1987, p. 1062 e ss.

[10] Esta a oportuna formulação de NEUMANN, Volker, "Menschenwürde und Existenzminimum", *in: Neue Zeitschrift für Verwaltungsrecht, 1995*, p. 425. Entre nós, trilhando perspectiva similar, excluindo a idéia de caridade e destacando que "o direito a um mínimo existencial corresponde ao direito à subsistência de que nos fala Pontes de Miranda", v. LEDUR, José Felipe. *Direitos Fundamentais Sociais, Efetivação no âmbito da democracia participativa*, Porto Alegre: Livraria do Advogado, 2009, p. 109 e ss.

que lhe são correlatas e que devem ser satisfeitas mediante prestações que são quantificáveis.[11] Por outro lado, a necessária fixação, portanto, do valor da prestação assistencial destinada à garantia das condições existenciais mínimas, em que pese sua viabilidade, é, além de condicionada espacial e temporalmente, dependente também do padrão socioeconômico vigente.[12] Não se pode, outrossim, negligenciar a circunstância de que o valor necessário para a garantia das condições mínimas de existência evidentemente estará sujeito a câmbios, não apenas no que diz com a esfera econômica e financeira, mas também no concernente às expectativas e necessidades do momento.[13]

De qualquer modo, tem-se como certo que da vinculação com a dignidade da pessoa humana resulta que a garantia efetiva de uma existência digna (vida com dignidade) abrange mais do que a garantia da mera sobrevivência física (que cobre o assim chamado mínimo vital e guarda relação direta com o direito à vida), situando-se, de resto, além do limite da pobreza absoluta. Sustenta-se, nesse sentido, que se uma vida sem alternativas não corresponde às exigências da dignidade humana, a vida humana não pode ser reduzida à mera existência.[14] Registre-se, neste contexto, a lição de Heinrich Scholler, para quem a dignidade da pessoa humana apenas estará assegurada "quando for possível uma existência que permita a plena fruição dos direitos fundamentais, de modo especial, quando seja possível o pleno desenvolvimento da personalidade".[15] Tal linha de fundamentação, em termos gerais, tem sido privilegiada também no direito constitucional

[11] Cf. novamente e por todos, NEUMANN, Volker. "Menschenwürde und Existenzminimum", op. cit., p. 428-9.

[12] Cf. STARCK, Christian. "Staatliche Organisation und Staatliche Finanzierung als Hilfen zur Grundrechtsverwirklichungen?", in: STARCK, Christian (Org). *Bundesverfassungsgericht und Grundgesetz, Festgabe aus Anla des 25 jëhrigen Bestehens des Bundesverfassungsrerichts, vol. II (BVerfG und GG II),* Tübingen: J. C. Mohr (Paul Siebeck), *1976*, p. 522, bem como, dentre tantos, NEUMANN, Volker. "Menschenwürde und Existenzminimum", op. cit., p. 428.

[13] Neste sentido, BREUER, Rüdiger. "Grundrechte als Anspruchsnormen", in: *Verwaltungsrecht zwischen Freiheit, Teilhabe und Bindung, Festgabe aus Anlass des 25 jährigen Bestehens des Bundesverwaltungsgerichts (FS für das BVerwG),* München: CH Beck, 1978, p. 97.

[14] Cf., por todos, NEUMANN, Volker. "Menschenwürde und Existenzminimum", op. cit., p. 428 e ss.

[15] Cf. SCHOLLER, Heinrich. "Die Störung des Urlaubsgenusses eines 'empfindsamen Menschen' durch einen Behinderten", *in: Juristenzeitung,* 1980, p. 676 ("wo ein Dasein möglich ist, welches sich grundrechtlich entfalten kann, insbesondere wo die Möglichkeit der Persönlichkeitsentfaltung besteht").

brasileiro, ressalvada especialmente alguma controvérsia em termos de uma fundamentação liberal ou social do mínimo existencial e em relação a problemas que envolvem a determinação do seu conteúdo, já que, não se há de olvidar, da fundamentação diversa do mínimo existencial podem resultar conseqüências jurídicas distintas, em que pese uma possível convergência no que diz com uma série de aspectos[16].

Ainda no contexto do debate jurídico-constitucional alemão, é possível constatar a existência (embora não uníssona na esfera doutrinária) de uma distinção importante no concernente ao conteúdo e alcance do próprio mínimo existencial, que tem sido desdobrado num assim designado mínimo fisiológico, que busca assegurar as necessidades de caráter existencial básico e que, de certo modo, representa o conteúdo essencial da garantia do mínimo existencial, e um assim designado mínimo existencial sociocultural, que, para além da proteção básica já referida, objetiva assegurar ao indivíduo um mínimo de inserção – em termos de tendencial igualdade – na vida social, política e cultural[17]. É nessa perspectiva que, no âmbito de sua justificação jurídico-constitucional – há quem diga que enquanto o conteúdo essencial do mínimo existencial encontra-se diretamente fundado no direito à vida e na dignidade da pessoa humana

[16] Para além das referidas contribuições de Ricardo Lobo Torres, Ana Paula de Barcellos e Eurico Bitencourt Neto (v. notas de rodapé nº 3 e 5, *supra*), v. SCAFF, Fernando F. "Reserva do Possível, Mínimo Existencial e Direitos Humanos", in: *Revista Interesse Público* ,vol.32, 2005, p. 213 e ss., (aderindo ao conceito e fundamento proposto por Ricardo Lobo Torres), bem como, LEAL, Rogério Gesta. *Condições e Possibilidades Eficaciais dos Direitos Fundamentais Sociais*, Porto Alegre: livraria do Advogado, 2009, p. 72 e ss, e CORDEIRO, Karine da Silva. *Direitos Fundamentais Sociais. Dignidade da Pessoa Humana e Mínimo Existencial – O Papel do Poder Judiciário*, Porto Alegre: Livraria do Advogado, 2012, p. 97 e ss. Associando o conceito e o conteúdo do direito ao mínimo existencial a uma teoria das necessidades básicas, mas afinada – em adesão à tradição alemã referida – com uma noção mais alargada e compatível com um mínimo existencial que, além da existência física, abarca uma dimensão sociocultural, v., no direito brasileiro, LEIVAS, Paulo Gilberto Cogo. *Teoria dos Direitos Fundamentais Sociais*, Porto Alegre: Livraria do Advogado, 2006, especialmente p. 123 e ss. Em sentido similar, v., por último, LEAL, Mônia Clarissa Hennig; BOLESINA, Iuri. "Mínimo existencial versus mínimo vital: uma análise dos limites e possibilidades de atuação do Poder Judiciário na sua garantia e no controle jurisdicional das políticas públicas", in: ALEXY, Robert; BAEZ, Narciso Leandro Xavier; SANDKÜHLER, Hans Jörg; HAHN, Paulo (Org.), Níveis de Efetivação dos Direitos Fundamentais Sociais: um dilema Brasil e Alemanha, Joaçaba: Editora UNOESC, 2013, p. 543 e ss.

[17] Neste sentido, v., em caráter ilustrativo, SORIA, José Martínez. "Das Recht auf Sicherung des Existenzminimums", in: *Juristenzeitung*, n. 13, 2005, especialmente p.647-48.

(abrangendo, por exemplo, prestações básicas em termos de alimentação, vestuário, abrigo, saúde ou os meios indispensáveis para a sua satisfação), o assim designado mínimo sociocultural encontra-se fundado no princípio do Estado Social e no princípio da igualdade no que diz com o seu conteúdo material[18].

Do exposto, em especial com base na síntese da experiência alemã, que, à evidência, em ternos de repercussão sobre o direito comparado, certamente é a mais relevante na perspectiva da dogmática jurídico-constitucional de um direito ao mínimo existencial, resultam já pelo menos duas constatações de relevo e que acabaram por influenciar significativamente os desenvolvimentos subseqüentes.

A primeira, diz com o próprio conteúdo do assim designado mínimo existencial, que não pode ser confundido com o que se tem chamado de mínimo vital ou um mínimo de sobrevivência, de vez que este último diz com a garantia da vida humana, sem necessariamente abranger as condições para uma sobrevivência física em condições dignas, portanto, de uma vida com certa qualidade[19]. Não deixar alguém sucumbir por falta de alimentação, abrigo ou prestações básicas de saúde certamente é o primeiro passo em termos da garantia de um mínimo existencial, mas não é – e muitas vezes não o é sequer de longe – o suficiente. Tal interpretação do conteúdo do mínimo existencial (conjunto de garantias materiais para uma vida condigna) é a que tem prevalecido não apenas na Alemanha, mas também na doutrina brasileira, assim como na jurisprudência constitucional comparada, notadamente no plano europeu, como dá, conta, em caráter ilustrativo, a recente contribuição do Tribunal Constitucional de Portugal na matéria, ao reconhecer tanto um direito negativo quanto um direito positivo a um mínimo de sobrevivência condigna, como algo que o Estado não apenas não pode subtrair ao indivíduo, mas também como algo que o Estado deve positivamente assegurar, mediante prestações de natureza material[20].

[18] Cf., também, Soria, José Martínez. "Das Recht auf Sicherung des Existenzminimums", op. cit., pp. 647-48.

[19] Esta a posição que sempre temos sustentado e que corresponde à concepção amplamente dominante na doutrina brasileira, reportando-me aqui, entre outros, aos autores e contribuições citados na nota nº 17, supra.

[20] Cf. a decisão proferida no Acórdão nº 509 de 2002 (versando sobre o rendimento social de inserção), bem como os comentários tecidos por Vieira de Andrade, José Carlos. *Os*

Aliás, a dupla dimensão negativa e positiva do direito ao mínimo existencial constitui característica que há de presidir toda a discussão em torno do tema, em especial na dimensão jurídico-constitucional aqui privilegiada[21].

De outra parte, em que pese certa convergência no que diz com uma fundamentação jurídico-constitucional a partir do direito à vida e do princípio da dignidade da pessoa humana, e tomando como exemplo o problema do conteúdo das prestações vinculadas ao mínimo existencial, verifica-se que a doutrina e a jurisprudência alemã partem – de um modo mais cauteloso – da premissa de que existem diversas maneiras de realizar esta obrigação, incumbindo ao legislador a função de dispor sobre a forma da prestação, seu montante, as condições para sua fruição, etc., podendo os tribunais decidir sobre este padrão existencial mínimo, nos casos de omissão ou desvio de finalidade por parte dos órgãos legiferantes.[22] Relevante, todavia, é a constatação de que a liberdade de conformação do legislador encontra seu limite no momento em que o padrão mínimo para assegurar as condições materiais indispensáveis a uma existência digna não for respeitado, isto é, quando o legislador se mantiver aquém desta fronteira.[23] Tal orientação, de resto, é que aparentemente tem prevalecido na doutrina e jurisprudência supranacional e nacional (constitucional) Europeia,[24] e,

Direitos Fundamentais na Constituição Portuguesa de 1976, 3ª ed., Coimbra: Almedina, 2004, p. 403 e ss., Medeiros, Rui. Anotações ao art. 63 da Constituição da República Portuguesa, in: Miranda, Jorge; Medeiros, Rui. *Constituição Portuguesa Anotada*, tomo I, Coimbra: Coimbra Editora, 2005, pp. 639-40, Novais, Jorge Reis. *Direitos Sociais. Teoria Jurídica dos Direitos Sociais enquanto Direitos Fundamentais*, Coimbra: Coimbra Editora – Wolters Kluwer, 2010, p. 189 e ss.

21 Cf., nesse sentido, também Botelho, Catarina Santos. *Os Direitos Sociais em Tempos de Crise*, Coimbra: Almedina, 2015, p. 335, que fala de um direito do "tipo híbrido".

22 Esta a posição de Breuer, Rüdiger. Op. Cit., p. 97, assim como, mais recentemente, Moreira, Isabel. *A solução dos Direitos, Liberdades e Garantias e dos Direitos Econômicos, Sociais e Culturais*. Coimbra: Almedina, 2007, p. 143 e ss. Também o Tribunal Federal Constitucional atribui ao legislador a competência precípua de dispor sobre o conteúdo da prestação. Neste sentido, v. *BVerfGE* 40, 121 (133) e 87, 153 (170-1). Por último, v., no mesmo sentido, a decisão de 09.02.2010.

23 Cf. o já referido *leading case* do Tribunal Constitucional Federal (*BVerfGE* 40, 121 [133]).

24 Ainda que não se trate do reconhecimento de um direito a prestações propriamente dito, o Tribunal Constitucional Espanhol, na Sentença nº 113/1989, entendeu que "Es incompatible con la dignidad de la persona el que la efectividad de los derechos patrimoniales se leve al extremo de sacrificar el mínimo vital del deudor, privándole de los medios indispensables para la realización de sus fines personales. Se justifica así, junto a otras consideraciones,

de algum modo, parece ter sido assumida como substancialmente correta também por expressiva doutrina e jurisprudência sul-americana, como dão conta importantes contribuições oriundas da Argentina[25] e da Colômbia[26]. Para o caso brasileiro, basta, por ora, lembrar o crescente número de publicações e de decisões jurisdicionais sobre o tema. No plano judicial, o destaque, dado o enfoque do presente texto, fica com o STF, que tem produzido muitas decisões aplicando a noção de um mínimo existencial a vários tipos de situações envolvendo diversos direitos fundamentais[27].

É preciso frisar, por outro lado, que, também no que diz com o conteúdo do assim designado mínimo existencial existe uma gama variada de posicionamentos no que diz com as possibilidades e limites da atuação do Poder Judiciário nesta seara, de tal sorte que tal temática aqui não será

la inembargabilidad de bienes y derechos como límite del derecho a la ejecución de las sentencias firmes." (*in*: LLORENTE, Francisco Rubio (Org.). *Derechos Fundamentales y Principios Constitucionales (Doctrina Jurisprudencial)*, Barcelona: Ed. Ariel, 1995, p. 73). Já admitindo um direito às prestações vinculadas ao mínimo existencial, v. a já citada decisão do Tribunal Constitucional de Portugal, na esteira de jurisprudência anterior, ainda que em princípio tímida e partindo da primazia da concretização pelos órgãos legiferantes.

25 V. especialmente COURTIS, Christian; ABRAMOVICH, Victor. *Los derechos sociales como derechos exigibles*, Madrid: Trotta, 2003, apresentando e comentando um expressivo elenco de casos envolvendo os direitos sociais e o mínimo existencial não limitado à experiência da Argentina.

26 Inventariando e comentando a jurisprudência constitucional da Colômbia, v. ARANGO, Rodolfo; LEMAITRE, Julieta (Dir.). *Jurisprudência constitucional sobre el derecho al mínimo vital*, in: Estudos Ocasionales CIJUS, Bogotá: Ediciones Uniandes, 2002.

27 V. aqui, entre outras (portanto, em caráter meramente ilustrativo) a decisão relatada pelo Ministro Celso de Mello (Agravo Regimental no RE nº 271.286-8/RS, publicada no DJU em 24.11.2000), onde restou consignado – igualmente em hipótese que versava sobre o fornecimento de medicamentos pelo estado (no caso, paciente portador de HIV) que a saúde é direito público subjetivo não podendo ser reduzido à "promessa constitucional inconseqüente". Entre muitos outros julgados que poderiam ser colacionados, v. a paradigmática decisão monocrática do STF proferida na ADPF nº 45, igualmente da lavra do Ministro Celso de Mello, afirmando – embora não tenha havido julgamento do mérito – a dimensão política da jurisdição constitucional e a possibilidade de controle judicial de políticas públicas quando se cuidar especialmente da implementação da garantia do mínimo existencial. Mais recentemente, v. a STA 241/RJ, Rel. Min. Gilmar Mendes, julgada em 10.10.08 (direito à educação, sufragada por decisões posteriores) e STA 175/CE, Rel. Min. Gilmar Mendes, julgada em 17.03.10 (direito à saúde), bem como, pela sua relevância, as decisões sobre o benefício de assistência social (LOAS), julgadas em 18.04.2013 (RE 567.985 – Mato Grosso, Relator Min. Marco Aurélio, Relator do Acórdão, Ministro Gilmar Mendes) e em 18.04.2013 (Reclamação 4.374 – Pernambuco, Relator Ministro Gilmar Mendes).

especificamente examinada. De outra parte, mesmo que não se possa adentrar em detalhes, firma-se posição no sentido de que o objeto e conteúdo do mínimo existencial, compreendido também como direito e garantia fundamental, haverá de guardar sintonia com uma compreensão constitucionalmente adequada do direito à vida e da dignidade da pessoa humana como princípio constitucional fundamental. Nesse sentido, remete-se à noção de que a dignidade da pessoa humana somente estará assegurada – em termos de condições básicas a serem garantidas pelo Estado e pela sociedade – onde a todos e a qualquer um estiver assegurada nem mais nem menos do que uma vida saudável[28]. Assim, a despeito de se endossar uma fundamentação do mínimo existencial no direito à vida e na dignidade da pessoa humana, há que encarar com certa reserva (pelo menos nos termos em que foi formulada) a distinção acima referida entre um mínimo existencial fisiológico e um mínimo sociocultural, notadamente pelo fato de que uma eventual limitação do núcleo essencial do direito ao mínimo existencial a um mínimo fisiológico, no sentido de uma garantia apenas das condições materiais mínimas que impedem seja colocada em risco a própria sobrevivência do indivíduo, poderá servir de pretexto para a redução do mínimo existencial precisamente a um mínimo meramente "vital" (de garantia da mera sobrevivência física), embora não se possa negar a possível relevância da distinção quando se trata de assegurar – com alguma racionalidade e capacidade de universalização – esferas de proteção do mínimo existencial, tal qual ocorre com outros direitos fundamentais.

De outra parte, até mesmo a diferença entre o conteúdo do direito à vida e da dignidade da pessoa humana, que, a despeito dos importantes pontos de contato, não se confundem[29], poderá vir a ser negligenciada. Convém destacar, ainda nesta quadra, que a dignidade implica uma dimensão sociocultural e que é igualmente considerada como carente de respeito e promoção pelos órgãos estatais,[30] razão pela qual, prestações básicas em

[28] Cfr. SARLET, Ingo Wolfgang, *"Dignidade da Pessoa Humana,..."*, op. cit., pp. 59-60.

[29] Sobre esta temática, remetemos igualmente ao nosso "Dignidade...," p. 88-89, assim como, de modo especial, ao ensaio de KLOEPFER, Michael. "Vida e dignidade da pessoa humana", in: SARLET, Ingo Wolfgang (Org.). *Dimensões da Dignidade. Ensaios de Filosofia do Direito e Direito Constitucional*, Porto Alegre: Livraria do Advogado, 2005, p. 153 e ss.

[30] V. por todos HÄBERLE, Peter. "A Dignidade humana como fundamento da comunidade estatal", in: SARLET, Ingo Wolfgang (Org.). *Dimensões da Dignidade. Ensaios de Filosofia do Direito e Direito Constitucional*, op. cit., especialmente p. 116 e ss.

matéria de direitos e deveres culturais (notadamente no caso da educação fundamental e destinada a assegurar uma efetiva possibilidade de integração social, econômica, cultural e política ao indivíduo), mas também o acesso a alguma forma de lazer, estariam sempre incluídas no assim chamado mínimo existencial, o que também corresponde, em termos gerais, ao entendimento consolidado na esfera da doutrina brasileira sobre o tema, tal como já sinalizado.

Dito isso, o que importa, nesta quadra, é a percepção – consagrada na evolução jurídico-constitucional alemã e em diversos outros lugares – de que o direito a um mínimo existencial independe de expressa previsão no texto constitucional para poder ser reconhecido, visto que decorrente já da proteção da vida e da dignidade da pessoa humana. No caso do Brasil, onde também não houve uma previsão constitucional expressa consagrando um direito geral à garantia do mínimo existencial, os próprios direitos sociais específicos (como a assistência social, a saúde, a moradia, a previdência social, o salário mínimo dos trabalhadores, entre outros) acabaram por abarcar algumas das dimensões do mínimo existencial, muito embora não possam e não devam ser (os direitos sociais) reduzidos pura e simplesmente a concretizações e garantias do mínimo existencial, como, de resto, já anunciado. Mas é precisamente o caso de países como o Brasil (o mesmo se verifica em outros Estados Constitucionais que asseguram um conjunto de direitos fundamentais sociais no plano constitucional) que revelam o quanto a relação entre o mínimo existencial e os direitos fundamentais nem sempre é clara e o quanto tal relação apresenta aspectos carentes de maior reflexão, a começar pela própria necessidade de se recorrer à noção de mínimo existencial quando o leque de direitos sociais cobre todas as suas possíveis manifestações.

A exemplo do que ocorre com a dignidade da pessoa humana, que não pode ser pura e simplesmente manejada como categoria substitutiva dos direitos fundamentais em espécie, também o mínimo existencial, mesmo quando se cuida de uma ordem constitucional que consagra um conjunto de direitos sociais, não pode (ou, pelo menos, não deve) ser considerado como inteiramente fungível no que diz com sua relação com os direitos sociais, de modo a guardar uma parcial e sempre relativa autonomia, que lhe é assegurada precisamente pela sua conexão com a dignidade da pessoa humana. Qual o grau possível de autonomia (no sentido de um objeto e âmbito de proteção próprio) de um direito ao mínimo existencial na CF de 1988, que contempla todos os direitos sociais que usualmente são de algum modo relacionados ao mínimo existencial (há que considerar que nem todas as constituições que consagram direitos sociais o fazem com tanta amplitude como a nossa) é ponto que poderia merecer maior atenção, embora não seja aqui o momento próprio.

Tanto do ponto de vista teórico, quanto de uma perspectiva prática, a relação entre o mínimo existencial e os diversos direitos sociais tem sido marcada por uma doutrina e jurisprudência que em boa medida dão suporte à tese de que o mínimo existencial – compreendido como todo o conjunto de prestações materiais indispensáveis para assegurar a cada pessoa uma vida condigna representa o núcleo essencial dos direitos fundamentais sociais, núcleo este blindado contra toda e qualquer intervenção por parte do Estado e da sociedade[31]. Tal entendimento, conquanto possa ter a (aparente) virtude de auxiliar na definição do conteúdo essencial dos direitos sociais, notadamente quanto ao recorte dos aspectos subtraídos a intervenções restritivas dos órgãos estatais e mesmo vinculativas dos particulares, não evita a perda de autonomia dos direitos fundamentais sociais, pois se o núcleo essencial dos direitos e o mínimo existencial se confundem em toda a sua extensão, então a própria fundamentalidade dos direitos sociais estaria reduzida ao seu conteúdo em mínimo existencial, o que, aliás, encontra adesão por parte de importante doutrina, que, inclusive, chega, em alguns casos, a adotar tal critério como fator de distinção entre os direitos fundamentais e os demais direitos sociais, que, naquilo que vão além do mínimo existencial[32], não seriam sequer direitos fundamentais, posição esta que seguimos refutando, sem que, contudo, aqui se possa avançar na questão. Apenas para registrar o nosso ponto de vista, direitos fundamentais (o que se aplica também aos direitos sociais) são todos aqueles como tais consagrados na CF, dotados regime-jurídico especial e reforçado que lhes foi também atribuído pela ordem constitucional.

[31] Cf., por exemplo, seguindo esta linha argumentativa, MARTINS, Patrícia do Couto V. A. "A Proibição do Retrocesso Social como Fenômeno Jurídico", in: GARCIA, Emerson. (Coord.). *A Efetividade dos Direitos Sociais*, Rio de Janeiro: Lumen Juris, 2004, p. 412 e ss., referindo-se, todavia, à noção de necessidades básicas como núcleo essencial dos direitos sociais (noção esta similar a de um mínimo existencial), núcleo este blindado contra medidas de cunho retrocessivo.

[32] Esta, por exemplo, a posição advogada por TORRES, Ricardo Lobo. *O Direito ao Mínimo Existencial*. Rio de Janeiro: Renovar, 2009, p. 40-3; 53-4.

É nessa perspectiva que (o que se registra para espancar qualquer dúvida a respeito) comungamos do entendimento de que todos os direitos fundamentais possuem um núcleo essencial, núcleo este que, por outro lado, não se confunde com seu conteúdo em dignidade da pessoa humana (ou, no caso dos direitos sociais, com o mínimo existencial), embora em maior ou menor medida, a depender do direito em causa, um conteúdo em dignidade humana e/ou uma conexão com o mínimo existencial se faça presente, do que não apenas podem, como devem, ser extraídas conseqüências para a proteção e promoção dos direitos fundamentais[33].

No caso da CF, diferentemente da Alemanha, onde inexistem direitos sociais típicos no catálogo constitucional, os direitos sociais não apenas foram consagrados como direitos fundamentais, quanto o foram de forma generosa em termos quantitativos (basta uma mirada sobre o amplo de direitos sociais (saúde, educação, moradia, alimentação, previdência, assistência social, trabalho, proteção da criança e do adolescente, do idoso, da maternidade), o caráter subsidiário da garantia do mínimo existencial (na condição de direito autônomo) é de ser sublinhado[34]. Por outro lado, desde que não se incorra na tentação (já que os argumentos nesse sentido são sedutores) de chancelar a identificação total entre o núcleo essencial dos direitos sociais e o mínimo existencial, a noção de um mínimo existencial, tal como já demonstra também a evolução doutrinária e jurisprudencial brasileira, opera como relevante critério material (embora não exclusivo) para a interpretação do conteúdo dos direitos sociais, bem como para a decisão (que em muitos casos envolve um juízo de ponderação) a respeito do quanto em prestações sociais deve ser assegurado mesmo contra as opções do legislador e do administrador, mas também no âmbito da revisão de decisões judiciais nessa seara. Por outro lado, precisamente no âmbito de tal processo decisório (que envolve o controle das opções legislativas e administrativas) não se deve perder de vista a circunstância de que, *quando for o caso*, o que se poderia designar de um "conteúdo existencial" não é o mesmo em cada direito social (educação, moradia, assistência social, lazer,

[33] Trilhando o mesmo caminho, ou seja, adotando a tese da distinção entre o mínimo existencial e o núcleo essencial dos direitos fundamentais (inclusive sociais), v. , por último, Leal, Mônia Clarissa Hennig; Bolesina, Iuri. "Mínimo Existencial versus Mínimo Vital...", op. cit., p. 547 e ss.

[34] Cf., em sentido similar, para o caso de Portugal, Novais, Jorge Reis. *Direitos Sociais*, op. cit., p. 197-99.

etc.) não dispensando, portanto, a necessária contextualização em cada oportunidade que se pretender extrair alguma conseqüência jurídica concreta em termos de proteção negativa ou positiva dos direitos sociais e do seu conteúdo essencial, seja ele, ou não, diretamente vinculado a alguma exigência concreta da dignidade da pessoa humana.

Esta linha de entendimento, como se depreende de uma série de julgados, parece estar sendo privilegiada pelo STF, muito embora nem sempre este se tenha posicionado com clareza sobre a relação entre o núcleo essencial dos direitos sociais e o mínimo existencial, especialmente quanto ao fato de se tratar, ou não, de categorias fungíveis. De qualquer modo, impende sublinhar que no que diz com a orientação adotada pelo STF, os direitos sociais e o mínimo existencial exigem sejam consideradas as peculiaridades do caso de cada pessoa, visto que se cuida de direitos que assumem uma dimensão individual e coletiva, que não se exclui reciprocamente, cabendo ao poder público assegurar, pena de violação da proibição de proteção insuficiente, pelo menos as prestações sociais que dizem respeito ao mínimo existencial[35].

Ainda sobre a relação entre o mínimo existencial e os direitos sociais, convém lembrar que mesmo tendo sido expressamente previstos no texto constitucional, os direitos sociais, a despeito de sua direta aplicabilidade na condição de normas de direitos fundamentais (no sentido de que os órgãos judiciais podem aplicar tais normas ainda que não tenham sido objeto de regulamentação legislativa), dependem em grande medida de uma concretização pelo legislador e pela administração pública, portanto, de uma teia complexa e dinâmica de atos legislativos, atos normativos do poder executivo, de políticas públicas, etc. A determinação do núcleo essencial dos direitos sociais implica a consideração de tal normativa que, na esfera infraconstitucional, dá conteúdo e vida aos direitos sociais, mas também aos demais direitos fundamentais, ainda mais quando o texto constitucional nada ou pouco diz sobre o conteúdo do direito, como se verifica no caso dos direitos à moradia, alimentação e lazer, pois no caso dos direitos à saúde, educação, previdência e assistência social, assim como no caso da proteção do trabalhador, a própria CF apresenta algumas diretrizes que vinculam positiva e negativamente os atores estatais.

[35] Cf., paradigmaticamente, na decisão proferida na STA 175, Rel. Min. Gilmar Mendes, julgada em 17.03.2010.

No âmbito de uma proibição de retrocesso, por exemplo, o que em geral está em causa não é a supressão do direito do texto constitucional, mas a redução ou supressão (de alguma maneira) de prestações sociais já disponibilizadas na esfera das políticas públicas, que, portanto, não podem ser artificialmente excluídas do processo de decisão judicial e das considerações sobre o quanto integram, ou não, o conteúdo essencial do direito. Não é à toa que autores do porte de um Gomes Canotilho de há muito sustentam que o núcleo essencial legislativamente concretizado de um direito social constitucionalmente consagrado opera como verdadeiro direito de defesa contra a sua supressão ou restrição arbitrária e desproporcional, ainda mais quando inexistem outros meios para assegurar tal conteúdo essencial[36].

Situando-nos, ainda, na esfera da compreensão da fundamentação jurídico-constitucional e do conteúdo de um direito (garantia) ao mínimo existencial, importa sublinhar a impossibilidade de se estabelecer, de forma apriorística e acima de tudo de modo taxativo, um elenco dos elementos nucleares do mínimo existencial, no sentido de um rol fechado de posições subjetivas (direitos subjetivos) negativos e positivos correspondentes ao mínimo existencial, o que evidentemente não afasta a possibilidade de se inventariar todo um conjunto de conquistas já sedimentadas e que, em princípio e sem excluírem outras possibilidades, servem como uma espécie de roteiro a guiar o intérprete e de modo geral os órgãos vinculados à concretização dessa garantia do mínimo existencial,[37] lembrando que no caso brasileiro os direitos sociais, ainda mais considerando a inserção dos direitos à moradia e à alimentação, em termos gerais cobrem os aspectos usualmente reconduzidos a um mínimo existencial, o que, mais uma vez, comprova que a noção de mínimo existencial exige um tratamento diferenciado de lugar para lugar, especialmente quando se trata de ordens constitucionais com ou sem direitos fundamentais sociais.

Tudo somado, além da – no nosso sentir – inadequação de uma identificação apriorística do mínimo existencial com o assim chamado núcleo

[36] Cf. CANOTILHO, José Joaquim Gomes. *Direito Constitucional e Teoria da Constituição.* 7ª ed. Coimbra: Almedina, 2003, p. 339-40.

[37] É precisamente neste sentido que compreendemos a proposta de Barcellos, Ana Paula, op. cit., p. 247 e ss., ao incluir no mínimo existencial a garantia da educação fundamental, da saúde básica, da assistência aos desamparados e do acesso à justiça, pena de fecharmos de modo constitucionalmente ilegítimo (ou, pelo menos, problemático) o acesso à satisfação de necessidades essenciais, mas que não estejam propriamente vinculadas (pelo menos, não de forma direta) às demandas colacionadas pela autora.

essencial dos direitos fundamentais, a própria indeterminação da noção de mínimo existencial e sua dependência de uma concretização em primeira linha legislativa e sempre de modo contextualizado aponta, na esteira do que sustenta Jorge Reis Novais, ao menos em termos gerais, para a adoção do que designa de uma teoria relativa nessa esfera, de acordo com um modelo pautado pela ponderação e proporcionalidade[38].

Por derradeiro, precisamente para o efeito do próximo segmento, quando em causa o modo de compreensão e aplicação da noção e do correlato direito a um mínimo existencial pela jurisdição constitucional, calha novamente colacionar a preocupação de Jorge Reis Novais, que, embora reconheça ser o mínimo existencial (mormente abarcando o assim chamado mínimo existencial sociocultural) assegurado do ponto de vista dos direitos fundamentais, não nega a dificuldade em assegurar a sua plena exigibilidade pela via judiciária, por conta justamente de um conteúdo não suficientemente determinado no plano constitucional[39], o que, por sua vez, não tem impedido uma atuação proativa dos Tribunais, ainda que bastante diferenciada, mas serve de relevante argumento para a avaliação crítica das possibilidades e limites de um controle jurisdicional na base de um direito ao mínimo existencial, o que será objeto da nossa atenção logo na sequência.

3. O Mínimo Existencial no Âmbito da Jurisdiçâo Constitucional Brasileira e Alemã – Algumas Notas Comparativas

À vista de todo o exposto e buscando identificar algumas conexões entre os diversos segmentos da presente contribuiçao, notadamente para o efeito de enfatizar o vínculo entre direitos fundamentais, mínimo existencial e justiça constitucional, resulta evidente que o reconhecimento de um direito (garantia) ao mínimo existencial, seja numa perspectiva mais restrita (mais próxima ou equivalente a um mínimo vital ou mínimo fisiológico), seja na dimensão mais ampla, de um mínimo existencial que também cobre a inserção social e a participação na vida política e cultural (precisamente o entendimento aqui adotado e que corresponde à concep-

[38] Cf. Novais, Jorge Reis. *Direitos Sociais*, op. cit., p. 199-205.

[39] Cf. Novais, Jorge Reis. *Direitos Sociais*, op. cit., p. 190 e ss. (especialmente p. 195-97).

ção consagrada na jurisprudência do Tribunal Constitucional Federal da Alemanha e ao que tudo indica na doutrina e jurisprudência brasileira), constitui ao mesmo tempo condição para a democracia (ainda mais na esfera de um Estado Social de Direito) e limite desta mesma democracia.

Ao operar, especialmente no âmbito de atuação da assim chamada jurisdição constitucional, como limite ao legislador, implicando inclusive a possibilidade de declaração da inconstitucionalidade material de ato legislativo (como, de resto, de qualquer ato do poder público), a garantia do mínimo existencial se integra, no contexto do Estado Constitucional, ao conjunto do que já se designou de "trunfos" contra a maioria[40], pois se trata de algo subtraído – em alguma medida – à livre disposição dos poderes constituídos, inclusive ao legislador democraticamente legitimado.

Por outro lado, também no que diz com o mínimo existencial, é perceptível que procedimentalismo e substantivismo não são necessariamente inconciliáveis[41], muito antes pelo contrário, podem operar de modo a se

[40] Nesse sentido, na esteira das já consideradas clássicas observações de DWORKIN, Ronald (v na obra tomando a sério os direitos, Taking Rights Seriously), v. , no âmbito da doutrina alemã, ALEXY, Robert. *Teoria dos Direitos Fundamentais.* 5ª. Ed. Tradução de Virgílio Afonso da Silva. São Paulo: Malheiros Editores, 2008, quando aborda a formação da vontade estatal e, em síntese, aponta conexão e tensão entre direitos fundamentais e princípio democrático (p. 498-99), e, na literatura em língua portuguesa, inclusive com particular referência aos direitos sociais, NOVAIS, Jorge Reis, *Direitos Sociais,* op. cit., p. 319 e ss.

[41] Na literatura nacional, explorando as diversas facetas da problemática, inclusive da legitimidade da jurisdição constitucional, v. dentre tantos, os excelentes estudos de SAMPAIO, José Adércio Leite. *A Constituição Reinventada pela Jurisdição Constitucional.* Belo Horizonte: Del Rey, 2002; CRUZ, Álvaro Ricardo de Souza. *Jurisdição Constitucional Democrática.* Belo Horizonte: Del Rey, 2004 (do mesmo autor, v., ainda H*ermenêutica Jurídica e (m) Debate. O Constitucionalismo Brasileiro entre a Teoria do Discurso e a Ontologia Existen*cial, Belo Horizonte: Editora Fórum, 2007), STRECK, Lenio Luiz. *Jurisdição Constitucional e Hermenêutica*, 2ª ed., Rio de Janeiro: Forense, 2006 (do mesmo autor v. *Verdade e Consenso, 4*ª ed., São Paulo: Saraiva, bem como *Jurisdição Constitucional e Decisão Jurídica*, 3ª ed., São Paulo: RT, 2013; CATTONI, Marcelo *(coord.). Jurisdição e Hermenêutica Constitucional,* Belo Horizonte: Mandamentos Editora, 2004, com destaque para as contribuições do próprio Marcelo Cattoni e de Menelick de Carvalho Neto; SAAVEDRA, Giovani Agostini. *Jurisdição e Democracia. Uma análise a partir das teorias de Jürgen Habermas, Ronald Dworkin e Robert Alexy*, Porto Alegre: Livraria do Advogado, 2006; MENDES, Conrado Hübner. *Controle de Constitucionalidade e Dem*ocracia, Rio de Janeiro: Elsevier Editora, 2008; TAVARES, André Ramos (Coord.). *Justiça Constitucional e Democracia na América Latina*, Belo Horizonte: Editora Fórum, 2008. FELLET, André Luiz Fernandes; DE PAULA, Daniel Giotti; NOVELINO, Marcelo (Org.), As novas faces do ativismos judicial, Salvador: Edutora JusPODIVM, 2013.

reforçarem reciprocamente, assegurando assim uma espécie de concordância prática (Hesse) entre as exigências do princípio democrático e a garantia e promoção dos direitos fundamentais sociais, especialmente quando em causa as condições materiais mínimas para uma vida condigna.

Um exemplo digno de atenção, extraído da experiência dinâmica da jurisdição constitucional, é o da já referida decisão do Tribunal Constitucional Federal da Alemanha (09.02.2010), onde, a despeito de retomada a noção de que toda e qualquer pessoa é titular de um direito (subjetivo) às condições materiais mínimas para que possa fruir de uma vida com dignidade, merece ser sublinhada a manifestação do Tribunal no sentido de que ao legislador é deferida uma margem considerável de ação na definição da natureza das prestações estatais que servem ao mínimo existencial, mas também dos critérios para tal definição. Por outro lado, tal liberdade de conformação encontra seus limites precisamente na própria garantia do mínimo existencial, de tal sorte que nesta mesma decisão o Tribunal Constitucional veio a declarar a inconstitucionalidade parcial da legislação submetida ao seu crivo. Entre as diretrizes estabelecidas pelo Tribunal, está a de que para a definição do conteúdo das prestações exigíveis por parte do cidadão, o legislador está obrigado a avaliar de modo responsável e transparente, mediante um procedimento controlável e baseado em dados confiáveis e critérios de cálculo claros, a extensão concreta das prestações vinculadas ao mínimo existencial.

A deferência para com o legislador (e, portanto, para com o órgão legitimado pela via da representação popular), todavia não acaba por aí. Com efeito, reiterando decisões anteriores, o Tribunal – mediante exercício do assim chamado *judicial self restraint*[42], acabou não pronunciando a nulidade dos dispositivos legais tidos por ofensivos ao mínimo existencial constitucionalmente garantido e exigido, mas assinou prazo ao legislador para que ele próprio, no âmbito do processo político e democrático, venha a providenciar nos ajustes necessários, corrigindo sua própria obra e adequando-a aos parâmetros constitucionais. É claro que também a tradição alemã, ainda que sejam poucos os casos concretos onde se utilizou do expediente do apelo ao legislador, igualmente demonstra a seriedade com a qual a decisão do Tribunal Constitucional é recebida pelos órgãos legislativos (sem

[42] Sobre o tema, v., entre nós, especialmente MELLO, Cláudio Ari. *Democracia Constitucional e Direitos Fundamentais*. Porto Alegre: Livraria do Advogado, 2004.

prejuízo de fortes críticas), de tal sorte que em todos os casos o legislador – embora lançando mão da sua liberdade de conformação – correspondeu aos apelos e revisou suas opções anteriores, ou mesmo, nos casos de omissão, editou a regulamentação exigida pelo Tribunal Constitucional. Aliás, também aqui a trajetória inicial (acima descrita, inclusive com menção às decisões judiciais superiores) do reconhecimento da garantia do mínimo existencial já se manifestara fecunda, visto que foi precisamente a falta de previsão legislativa de uma prestação estatal destinada a assegurar uma vida condigna a quem não dispõe de recursos próprios, que motivou fosse acessada a jurisdição constitucional, designadamente para impulsionar o legislador a inserir tais prestações na codificação social alemã.

Tal linha de ação, mediante a qual a Corte Constitucional não fulmina (pelo menos num primeiro momento) de nulidade o regramento legislativo, não é desconhecida no Brasil e já foi utilizada em algumas ocasiões. Destaca-se, nesse contexto, especialmente pelo fato de se tratar de decisão que envolveu a noção de mínimo existencial (razão de sua referência e do paralelo com a decisão alemã), a recente decisão do STF sobre o benefício de assistência social e a forma de sua regulação pela LOAS (Lei Orgânica da Assistência Social). Sem que se vá adentrar o mérito propriamente dito da questão, que já vem ocupando doutrina e jurisprudência há muito tempo (lembre-se que o STF havia declarado a constitucionalidade do dispositivo legal impugnado[43]), o que aqui se pretende sublinhar é que também nesse caso o STF, reconhecendo a inadequação constitucional dos critérios legais – por violação também e especialmente da garantia de um mínimo existencial – acabou não aplicando a sanção da nulidade. Com efeito – fazendo inclusive referência expressa ao julgado do Tribunal Constitucional Federal Alemão de 09.02.2010 (Hartz IV) – o STF, por maioria, reconheceu a existência de um processo gradual inconstitucionalização do § 3º do artigo 20 da Lei nº 8.742/93 (LOAS), desembocando, na decisão ora referida, na declaração de inconstitucionalidade do dispositivo legal, sem, contudo, pronunciar de imediato a sua nulidade, porém mantendo-o em vigor até 31.12.2014, de modo a permitir – num prazo razoável – ao Poder Legislativo (e também ao Poder Executivo, no âmbito de seu poder regulamentar e das respectivas políticas públicas de assistência social) a

[43] V. julgamento da ADI 1.232, Relator Ministro Ilmar Galvão, Relator para o Acórdão Ministro Nelson Jobim, DJ de 01.06.2001.

adoção das medidas necessárias ao ajuste da situação tida como contrária à Constituição Federal[44].

A despeito da manutenção, em caráter substancial e como regra praticada pelo Tribunal alemão e pelo STF, das premissas acima colacionadas, merece referência, pela sua estreita vinculação com o tema e levando em conta a diversa postura adotada pela Corte, a mais recente decisão do Tribunal Constitucional Federal da Alemanha envolvendo o mínimo existencial. Nesse caso, julgado em 18.07.12, o Tribunal, para além de reafirmar em termos gerais o que já foi objeto de referência logo acima, designadamente quanto ao conceito e conteúdo do mínimo existencial, também declarou a incompatibilidade com a Lei Fundamental (no caso, com o direito e garantia ao mínimo existencial e com a dignidade da pessoa humana), da legislação que, desde 1993, não atualizou o valor do benefício assistencial em espécie alcançado a estrangeiros que estão solicitando asilo na Alemanha, ordenando ao Legislador que, em caráter praticamente imediato, corrigisse tal estado de coisas. Mas o Tribunal – e aqui reside a novidade da decisão – foi além, elaborando regra de transição e determinando que, enquanto não efetivada a alteração legal, fosse pago, a título de prestação social, valor previsto e calculado de acordo com critérios legais já existentes no código de proteção social, aplicáveis à hipótese em caráter precário.

Tal decisão, embora no caso alemão se trate de uma prestação social e no brasileiro do exercício de um direito de liberdade, guarda forte relação com a técnica decisória utilizada pelo STF quando da alteração de sua posição sobre o direito de greve dos servidores públicos, proferida em sede de Mandado de Injunção, ocasião na qual a Suprema Corte brasileira, à míngua de legislação específica, tal como previsto na CF, determinou fosse aplicada (sem prejuízo de ajustes promovidos caso a caso pelo Poder Judiciário, de modo a proteger interesses e direitos conflitantes) a legislação em vigor para a greve na esfera da iniciativa privada.

Se ambas as decisões (do Tribunal Constitucional Federal e do STF) podem ser enquadradas como representando um elevado grau de intervenção judicial na esfera de atuação do Poder Legislativo, reconduzidas, portanto, ao que se designa de uma "postura ativista", o mesmo não ocorre – como já sumariamente demonstrado, nos outros dois casos, julgados

[44] Cf. Reclamação 4.374 – Pernambuco, Relator Ministro Gilmar Mendes, julgada em 18.04.2013.

pelos mesmos Tribunais (Hartz IV e LOAS), os quais já demonstram a existência de um caminho alternativo menos "invasivo", se é que é legítimo considerar as decisões referidas como efetivamente invasivas (em termos de relação entre os órgãos estatais), pois a Jurisdição Constitucional operou em face de um quadro – respeitadas as diferenças entre os casos e suas respectivas circunstâncias! – de manifesta e longa omissão legislativa e à vista dos graves problemas dai decorrentes. Em todas as situações, ademais, os respectivos Tribunais não deixaram de frisar que a tarefa de estabelecer em caráter definitivo o valor da prestação (caso alemão) ou a regulação do exercício da greve dos servidores públicos (caso brasileiro) – e mesmo os ajustes dos critérios estabelecidos pela LOAS – é do Poder Legislativo, cabendo à Jurisdição Constitucional um papel eminentemente corretivo e indutivo.

O quanto tal caminho se revela produtivo para o caso brasileiro, seja no que diz com a definição do mínimo existencial (abarcando a definição de seu conteúdo e das respectivas conseqüências jurídicas) seja quanto ao modo de atuação da Jurisdição Constitucional nessa seara, ainda está longe de ser satisfatoriamente equacionado. A prática decisória dos tribunais brasileiros, especialmente, para o que nos interessa de perto neste texto, no âmbito do STF, revela que se trata de tema em fase de expansão qualitativa e quantitativa, mas que exige uma especial consideração do modelo constitucional brasileiro e do respectivo contexto social, econômico e político, além da construção de uma dogmática constitucionalmente adequada e que esteja em harmonia com os demais direitos fundamentais. Aliás, é precisamente nessa seara que os desafios são particularmente prementes, pois, consoante já referido, sem prejuízo de seu relevante papel para a compreensão e efetivação dos direitos fundamentais sociais, o mínimo existencial não deveria pura e simplesmente assumir lugar de tais direitos.

Por outro lado, um rápido olhar sobre o direito comparado – com destaque para o caso da Alemanha – revela que nem sempre (o que por si só não é necessariamente negativo ou mesmo positivo) os órgãos da jurisdição constitucional brasileira são sensíveis aos limites da própria noção de mínimo existencial na nossa própria ordem constitucional. Igualmente não muito bem digerida e manejada entre nós, pelo menos em diversos casos, é a idéia de que o mínimo existencial encontra-se sempre subtraído à disposição dos poderes constituídos e que a definição de seu conteúdo em definitivo é tarefa cometida à Jurisdição Constitucional.

Ainda que a situação no Brasil seja diferente, nunca é demais relembrar que, na Alemanha, a própria definição do conteúdo do mínimo existencial é deferida em regra e em primeiríssima linha ao legislador, que, além do mais, deve estabelecer critérios claros, universais e isonômicos, embora simultaneamente deva (como ficou bem assentado na relativamente recente decisão do Tribunal Constitucional Federal da Alemanha, acima referida) a legislação preservar as circunstâncias pessoas de cada indivíduo titular do direito, pois diferentes as necessidades de cada um. Salvo em casos excepcionais, também é verdade que o Tribunal Constitucional da Alemanha não substituiu as opções do legislador pela sua própria, o que se verifica mesmo no caso da atualização do valor do benefício pago aos requerentes de asilo, onde foi aplicado critério previsto na legislação, em caráter provisório, tendo sido apelado ao legislador para a edição de nova lei para o efeito de fixar o valor corrigido do benefício.

Se o caminho trilhado pela justiça constitucional brasileira, designadamente pelo STF, é mais ou menos correto do que o revela a experiência estrangeira aqui rapidamente apresentada, não está aqui em causa (até mesmo consideradas as diferentes realidades e diversas tradições jurídicas e políticas), mas sim, que a maior correção (ou não) do modo pelo qual se intervém nas decisões legislativas e administrativas com base na noção do mínimo existencial, deveria ser cada vez mais objeto de detida reflexão e aperfeiçoamento. De qualquer sorte, mais do que esgrimir uma bandeira a favor ou contra o "ativismo judicial", é preciso, à vista do contexto brasileiro (na dimensão jurídica-constitucional, política, econômica e social) encontrar um caminho adequado e equilibrado de interação entre os órgãos estatais, visto que a busca da efetividade da ordem constitucional é tarefa cometida a todos.

III

DIGNIDADE E FAMÍLIA

Brave New World: Human Dignity and the Welfare State Within the Tensions Between the Right to Family and the Child's Best Interest

Inês Ferreira Leite*

> "Just as children are absolutely dependent on their parents for sustenance, so in all hut the most primitive communities, are parents, especially their mothers, dependent on a greater society for economic provision. If a community values its children it must cherish their parents"[1].

Resumo: Este artigo é uma reflexão sobre o superior interesse da criança e os direitos fundamentais a constituir família e à privacidade da família à luz do princípio da dignidade da pessoa humana. As tensões entre os interesses conflituantes são exacerbadas quando o risco para a criança decorre essencialmente do contexto de pobreza e exclusão social da família biológica. O artigo analisa ainda as respostas das autoridades nacionais e o tipo de intervenção estatal perante famílias pobres e desorganizadas num contexto de austeridade e constrição financeira do Estado Social, notando um conflito persistente entre a necessidade de preservar os vínculos emocionais nas famílias e a necessidade de garantir o superior interesse da criança.

* Professor of Criminal Law at University of Lisbon's School of Law, Investigator at IDPCC/CIDPCC, inesfleite@fd.ul.pt, Alameda da Universidade, Cidade Universitária, 1649-014 Lisboa.

[1] John Bowlby, *Maternal care and mental health*, World Health Organization Monograph, 2, 1951, p. 84.

1. Introduction: Social beliefs and the child's best interest

When I was 13 years old, I read a book that challenged my preconceived notions of children's welfare and their best interest. The book was written by Aili Konttinen, a Finnish author, and has the English tittle of *Kirsti Comes Home: The Story of a Finnish Girl*[2]. The story takes place mainly in Finland, a few years after the 2nd World War, and the narrative is centered on a child's perspective. Kirsti, the youngest daughter of a poor family of Finland, was sent to Sweden when the war grew closer to her home to be taken care of by a childless rich couple. Kirsti was 2 years old when she left her birth family and remained with her foster parents for four years. When the war ends and, a few months later, she is to be returned, Kirsti has no clear memories of her mother, father or several brothers and she doesn´t even speak Finnish. In her mind, the Swedish couple stands for the only parents she has ever known. However, across the Gulf of Bothnia, the birth mother and father eagerly miss the lost daughter and, with their many other sons, are holding on to the fading memory of Kirsti. In the lavish Swedish mansion, Kirsti had a room full of toys, private chefs, private tutors and so much more. Back in Finland, Kirsti shares a room and must help her mother and siblings with the house chores. In her birth family, Kirsti will share a small house and many burdens. She will also share new affections and the common gold of family and self-improvement as the country rebuilds after the war.

As a teenager, while reading this book, I struggled with the author's perspective that going back to Finland might be a briefly painful process but that, on the long run, being with her birth family was, indeed, Kirsti's best interest. By the end of the book, though, I had grown alongside Kirsti and had understood why going back to Finland was the best decision. Or so I thought.

In 2006, a real Portuguese case questioned, again, my beliefs concerning the child's best interest. In 2002, a baby girl only a few months old was abandoned by her Brazilian mother and given to a well-off childless couple to be raised, since her father had rejected the paternity and shown no particular will to take the child in. However, a few years later, in 2004,

[2] First published in 1946. Portuguese edition of 1965, with the tittle "Não nos deixes, Anni", translated by João Braga and published by Portugália.

the father obtained legal guardianship of the child and a court order was issued against the couple to deliver the minor to her birth father. The foster parents refused and went into hiding[3]. The case reached the media and became a national point of contention. The child was known as Esmeralda (Emerald). Most of the media and public opinion stood with the foster parents, arguing that the father had neglected the minor, at first by denying his paternity and, later, by taking too long to reclaim the child.

Once again, I struggled. Effectively, the birth father had no contact with the child for many years, even though not entirely for lack of trying. In Esmeralda's perspective, the foster couple were the only parents she had ever known. The conflict was worsened by the fact that the court order was to be immediately executed – there was no transitional period – and because the foster parents refused handling the child and remained in hiding until 2008. No doubt the father had a fundamental right to exercise is parental rights and to initiate an emotional bond with his daughter. No doubt I can also understand the suffering of the foster parents. But my main concerned was always the welfare of Esmeralda. What bothered me the most about this case was how the child was "handled" and considered – by the courts, by her birth father, and by her foster parents – as someone's property[4]. In the end, Esmeralda was handed to her birth father and there remains, hopefully, and despite the media attention, in a healthy emotional state.

In 2009, another similar case sparked great media attention. A Russian woman, mother of a little girl (Alexandra), handed the child of 17 months to a Portuguese couple to be taken care of in late 2005. In the next two

[3] The foster father was convicted of child abduction in 2007 by the Judicial Court of Tomar. The decision can be consulted in https://www.verbojuridico.net/jurisp/1instancia/circulotomar_sequestromenor.pdf. The conviction was made final by the Supreme Court in 10/01/2008. This decision can be consulted in http://www.dgsi.pt/jstj.nsf/954f0ce6ad9dd8b980256b5f003fa814/5694dd5a9db5ffd0802573cc0044a3e6?OpenDocument. The Constitutional Court was also called to decide on this case regarding the right to appeal the judicial decision that conferred legal guardianship of the child to the biological father. It was decided that denying the right to appeal was contrary to the fundamental right of access to justice (article 20º, no 1 of the Portuguese Constitution). The decision can be consulted in http://w3b.tribunalconstitucional.pt/tc/acordaos/20070052.html.

[4] With the same criticism and concern when commenting on this case, Sottomayor, A representação da infância nos Tribunais e a ideologia patriarchal, (online) available at http://repositorio.ucp.pt.

years, the biological mother kept in touch with the child but the visitations were viewed as prejudicial to the child. The mother kept an errant life, had no job and was suspected of alcohol abuse. Also, the child made a few complaints of emotional distress and physical violence concerning the visitations with the birth mother. Consequently, in 2007 Social Security services granted a provisional guardianship to the couple (*medida de promoção e proteção de confiança a pessoa idónea*) and all visitations with the birth mother were henceforth supervised. Previously, in 2006, an expulsion order was issued against the birth mother. The order was then suspended pending the child's guardianship process. However, in 2008, the expulsion of the mother was confirmed to be executed and our Appeals Court refused to grant legal guardianship to the Portuguese couple[5]. In 2009, mother and child were returned to Russia, where they remain. At the time, the child had very little contact with the mother and spoke only Portuguese.

The appeal court admitted that the mother was lacking, but that the State's interference in the privacy of the family is only justified in extreme cases of neglect, violence or abandonment. Because the birth mother had her parents in Russia willing to take her and the child in – and another child of 14 years in Russia already living with the grandparents – the Court concluded that the birth family should keep the child. In the Court's opinion, poverty and correlated difficulties in caring for a child should not result in the loss of the biological attachments, since it is the State's duty and responsibility to provide financial relief to such families. This was not, however, the media and public opinion's stake on the case. Maybe even more than with the Esmeralda case, the Portuguese public opinion sided almost unconditionally with the foster mother for which was not immaterial the fact that the birth mother was an alien, unmarried woman with a history of alcohol abuse. The return to Russia was closely scrutinized by the Portuguese media – there were Portuguese journalists for the first time in the small Russian village of Pretchistoe, where mother and child went to live in – and there was some follow up of the case for a few months, due to the constant suspicion that the minor would be at risk of neglect. However, and up until the latest news, through a media update

[5] By the Tribunal da Relação de Guimarães, in 24/04/2008. The decision can be consulted in http://www.dgsi.pt/jtrg.nsf/0/3f15b684ad7384368025744a004f8834?OpenDocument.

of 2014, it seems the child adapted quickly to her new surrounding: Alexandra learned Russian very quickly (had forgotten all the Portuguese), is well-adjusted (as one can be on an extreme impoverished family while being taken care of by an unemotional mother that persists with her alcohol abuse) and did not express any vehement desire to return to Portugal.

These two real cases – in many things similar to Kirsti's fictional story – challenged the Portuguese society's – and mine – notion of child's best interest and brought into our midst the new concept of affective family (*família de afetos* or *família afectiva*). Despite the strong public perception on what these children's best interest would be, the Portuguese courts kept the stronghold of the biological ties. The cases also remind us that children are more resilient than we give them credit for and that in very young ages they can adapt fairly quickly to new parental backgrounds and domestic relations. Which, then, should be the decisive perspective on such cases (that is, of course, when both families can offer a positive growing environment for the child)? The validity of legal parentage? The existing emotional bonds between the child and the foster parents? Or none of the above? If we choose to approach these cases from the child's perspective, which burden should prevail? The burden of being removed from the existing emotional bonds with a *de facto* family or the burden of being deprived from forming new bonds with a birth family? If the courts sided with *de facto* families and opt to sustain the validity of existing emotional ties in detriment of the biological relations, would biological parents be less inclined to hand their children to foster caregivers, even if temporarily? Would such jurisprudence have an unintended result of placing children at risk? How do our courts should weight poverty and lack of housing conditions when assessing the child's best interest within a conflict between the birth family and *de facto* foster families?

Surely, I do not expect to find global or definitive answers to all these questions since the aim of this article is foremost to discuss the premises of child neglect as grounds to remove the child from the biological family, particularly when the neglect of the child is a side effect of poverty and social exclusion. These cases stand, however, as symbols of how the Portuguese public opinion and our courts understand the strength of the biological ties in contrast to how the same ties are perceived when the biological family unwillingly fails to provide a safe environment for the child. In such cases, our courts are ever more willing – even if in a precipitated and unthoughtful manner – to cut the biological ties. The next real case that is the subject of this article and was judged by the European Court of Human Rights (ECHR) perfectly represents the conflict between the child's best interest to maintain an emotional bond with the birth family and the social idealizations of what is a child's best interest: a well-off family constituted of married mother and father, with 2 or 3 children maximum, good housing conditions, and a stable environment.

2. *L'affaire Soares de Melo c. Portugal*[6]: The circumstances of the case decided by the ECHR

Liliana Sallete Soares de Melo, a women of Cape Verdean nationality, born in 1977 and resident in Portugal for many years, had, in 2007, six children: S., a daughter, born in 1993, E., a daughter, born in 1995, I., a daughter, born in 2001, M., a son, born in 2004, Y., a son, born in 2005, and I.R., a son, born in 2006. In 2005, the situation of the family had been brought to notice towards the Child Protection Services, the CPCJR (*Comissão de Proteção de Crianças e Jovens em Risco*). The main grounds for the signalization rested on the fact that the mother was unemployed and that the father, being polygamous, was frequently absent from the family home. In 2007, the CPCJR made an agreement of protection of the children (*acordo de promoção e proteção*) with the mother and father allowing the mother to keep legal guardianship of the children if she would find a job and properly provide for the children, making sure the children would attend school and have adequate health care (some of the children were not vaccinated)[7]. The agreement was homologated by the family court.

[6] Application no. 72850/14, available at http://hudoc.echr.coe.int.

[7] The clauses of the agreement were as follows (in French, as that was the only language used by the ECHR): "1. La mère conservera la garde des mineurs E., I., M., Y. et I.R. Elle devra s'occuper d'eux, assurer leur subsistance et veiller à leur éducation, leur formation, leur santé et tous autres intérêts; 2. La mère devra notamment: *a)* veiller à l'assiduité et à la ponctualité des enfants à l'école; *b)* garantir l'hygiène et l'organisation au sein de l'habitation; *c)* assurer les consultations médicales de routine ou d'urgence; *d)* assurer que les enfants M., Y. et I.R. fréquentent des structures pour enfant; *e)* (...) rechercher une activité professionnelle rémunérée afin de garantir son autonomie financière. Elle devra présenter auprès des entités en charge de l'accompagnement de cette mesure une preuve à ce sujet. 3. Le père devra veiller à ce que la mère respecte les engagements susmentionnés. 4. Le père continuera à contribuer

On the 22nd of May, 2007, social services visited the family noting that the house was dirty and that water and electricity had been discontinued due to lack of payment. On the 31st of May, another signalization of the family was made because the minor I. (of 6 years old) had been absent from school. I. was by then charged with the care of her siblings. On the same day, a child protection order was filed in the family court concerning all of Liliana's children. The grounds of the claim rested on the fact that the mother lacked the material (economical) conditions to provide for the children, which were neglected. On the 21st of December, the Court issued a provisional measure of family support (*medida de apoio junto dos pais*). The measure implied the cooperation between the family and social services including financial support for the children and was implemented during 2008. In September of 2008, another visit from the social services noted that the housing conditions were still precarious and a social worker was designated to teach the Liliana the basic care for her home and children. On the 29th of June, 2009, a hearing was held at the family court and a new agreement was reached[8]. The new agreement maintained the previous clauses but added a few conditions – regularization of mother and father to benefit from financial aid, employment for the mother, registry of the children and school attendance, *et alia* – of which the most important was the obligation imposed on the mother to consent to sterilization.

On September 9th, the minor E., of 13 years old, was institutionalized to a young women's temporary shelter where she gave birth to a child.

financièrement au paiement des frais des structures pour enfants et aux besoins primaires des enfants. 5. (...) les parents consentent à coopérer et à collaborer avec les travailleurs sociaux, en acceptant leurs orientations, recommandations, suggestions et propositions visant au maintien des conditions de vie, du confort, du bien-être et de la défense des intérêts des mineurs."

[8] The clauses of the agreement were as follows: "1. [Les parents devront] inscrire le mineur I.R. dans un établissement pour enfants à la prochaine rentrée scolaire. 2. Le père devra commencer une activité professionnelle rémunérée et régulariser sa situation auprès de la sécurité sociale. 3. La mère devra prouver qu'elle est suivie à l'hôpital Fernando Fonseca en vue d'une stérilisation par ligature des trompes. 4. Les époux devront prouver qu'ils s'occupent effectivement de leur régularisation dans le pays. 5. Les parents devront fournir les documents requis pour l'étude d'une possibilité d'aide financière. 6. Les parents devront présenter une personne de leur réseau familial et/ou social pouvant constituer un appui effectif pour la famille; cette personne devra ensuite comparaître devant l'équipe et/ou le tribunal afin d'être coresponsabilité."

The child was later deceased on December 15th. The minor S., at the time of 16 years of age, had been estranged with the family for some time, but on October of 2009 returned to the family home, giving birth to a child on December 31st. At the same time, the agreement was reviewed to conclusion being noticed that many of the clauses were unfulfilled: some of the children were not registered, the parents were still illegal and had no social security benefits, some of the children were not vaccinated and did not attend daycare, the mother was still unemployed and had failed to submit to the sterilization medical procedure. A court order of March 3rd of 2010 prorogated the measure of support and a social worker was allocated to the family for sex weeks to provide guidance. The social worker visited the family four times a week teaching the mother on how to care for the children and helped the family to find a different apartment.

On October 23rd, a report was presented to court by the social services concluding that many of the obligations imposed on the mother were still unfulfilled. A hearing is held in court on 23rd of September, but the parents fail to appear. Another hearing was held at the 26th of October, but only S. appears, stating that the overall family conditions had improved. In late 2010 and during 2011, more reports are presented at court by the social services noting the persistent failure of the family to comply with the following obligations: some of the children were still not vaccinated, some of the children did not regularly attend school, the mother was still unemployed and had refused to be sterilized. In fact, and between 2006 and 2011, Liliana had given birth to four children: on 18th of September 2008, L. and M.S., a boy and a girl (twins); on 13th of November 2009, A., a boy; and on 25th of November 2011, R., a girl. At some time in 2011, the Public Prosecution promotes before the court the implementation of several measures of protection of the children by removing them from the mother. A hearing is held at court on the 26th of January 2012 to which the parents fail to appear. Another hearing is held on the 16th of May 2012, with the presence of the mother, where she pleas the court not to remove her children. A final decision is made on the 25th of May 2012 ordering a measure of protection and support to the minor E. regarding her life autonomy (*medida de apoio para a autonomia de vida*), since she is at the time 17 years old; a measure of protection through institutionalization of the minor I., at the time, 11 years old (*medida de acolhimento institucional de longa duração*); and a measure of protection towards the other seven minors

(M., Y., I.R., L., M.S., A. and R.) through the institutionalization towards adoption (*medida de confiança a pessoa selecionada para a adoção ou a instituição com vista a futura adoção*)[9].

The grounds for the decision were, in summary, the following[10]: the father is totally absent and the mother is incapable of performing adequa-

[9] As per article 1978º, no 1, *d)*: "1. Aux fins d'une adoption, le tribunal peut placer le mineur chez un couple, chez une personne seule ou dans une institution lorsque les liens affectifs propres à la filiation n'existent pas ou se trouvent sérieusement compromis pour les raisons suivantes : (...) *d)* lorsque les parents, par action ou omission, ou du fait d'une incapacité évidente due à une maladie mentale, mettent en grave danger la sécurité, la santé, la formation, l'éducation ou le développement du mineur; (...). 2. Dans le cadre de l'examen des situations prévues au paragraphe précédent, le tribunal doit prendre en considération en priorité les droits et les intérêts du mineur." In Portuguese: "1 – O tribunal, no âmbito de um processo de promoção e proteção, pode confiar a criança com vista a futura adoção quando não existam ou se encontrem seriamente comprometidos os vínculos afetivos próprios da filiação, pela verificação objetiva de qualquer das seguintes situações: *a)* Se a criança for filha de pais incógnitos ou falecidos; *b)* Se tiver havido consentimento prévio para a adoção; *c)* Se os pais tiverem abandonado a criança; *d)* Se os pais, por ação ou omissão, mesmo que por manifesta incapacidade devida a razões de doença mental, puserem em perigo grave a segurança, a saúde, a formação, a educação ou o desenvolvimento da criança."

[10] "(...) il ressort des faits considérés comme établis que le père est totalement absent et que la mère est incapable d'exercer sa fonction de mère ce dont témoignent le manque d'hygiène, de nourriture, de soins de santé et de supervision, l'utilisation de vêtements non appropriés aux saisons de l'année, la négligence à inscrire certains des enfants dans un établissement d'accueil pour enfants, l'absence d'accompagnement scolaire de ces derniers et l'absence de suivi d'un planning familial adéquat. En particulier, il faut noter que la mère n'a pas enregistré sa fille I. au registre de l'état civil. Cela a pour conséquence que [l'enfant] n'a pas d'existence juridique et qu'il ne peut bénéficier de subventions sociales (...). En ce qui concerne le manque d'hygiène, il a été prouvé que les enfants étaient sales, [qu'ils souffraient d']un manque d'hygiène corporelle et de vêtements, que le jardin d'enfants avait permis que Y. et I.R. se douchent dans l'établissement, que les camarades de I. refusaient de s'asseoir à côté d'elle en raison de son odeur désagréable et que les enfants dormaient sur des matelas souillés d'urine (...). Pour ce qui est du manque d'hygiène de l'appartement où vivaient les enfants, il est ressorti des diverses visites effectuées au domicile qu'il était sale, que les enfants dormaient tous dans la même pièce, que la chambre restante servait à entasser des vêtements et d'autres produits et que parfois l'eau et l'électricité étaient coupées (...). Quant au manque de soins de santé aux enfants, il faut d'abord relever l'absence de suivi médical des grossesses, et l'absence des consultations médicales nécessaires et des vaccinations obligatoires (...). Concernant le manque de supervision, il apparaît que la mère laisse à nu les fils électriques sortant des prises de courant, que les fenêtres sont accessibles aux enfants, que les grossesses de S. et de E. sont survenues alors qu'elles avaient 16 et 13 ans, queI., qui a 10 ans, reste seule avec les autres enfants pour s'occuper d'eux dans l'appartement dont la porte est fermée à clé (...). La mère devra prouver qu'elle est suivie à l'hôpital Fernando Fonseca en vue d'une stérilisation

tely her motherly duties, which is demonstrated by the fact that she fails to supervise the children's educational activities; the children lack in hygiene (the house was dirty, there were dirty mattresses and the children were noticed in school for lack of clean clothes); one child is still not registered; the family lacks housing conditions (all the children slept in one room and the other room was used as storage of clothes and other essentials) and the home is not child proof; the mother failed to comply with the sterilization procedure (four more children were born after 2007). Furthermore, to facilitate the prospective adoptions, both parents were prohibited of any contact with the children[11]. On June 8th, the decision was executed and the children were removed for the minors Y., I.R., L., M.S., A. and R (respectively, of 6, 5, 3, 3 and 2 years and of seven months of age). The minor M., of 8 years old, was not removed because he was not at home when the court order was executed.

The parents lodged an appeal claiming that most of the obligations were in the meanwhile complied with and that the grounds for the remo-

par ligature des trompes (...). La requérante avait dit s'être inscrite à l'hôpital en vue d'une stérilisation par ligature des trompes, mais l'hôpital avait démenti cette information. La requérante persistait dans son refus d'une stérilisation par ligature des trompes (...). Pour finir, quant à l'absence d'un planning familial adéquat, il est important de relever que, contrairement à l'engagement pris le 25 juin 2009 dans le cadre de l'accord de protection, la mère ne s'est pas soumise à la stérilisation par ligature des trompes et que, depuis l'accord initial jusqu'à ce jour, quatre autres enfants sont nés (...). Certes, la mère a demandé au cours de l'audience que les enfants ne lui soient pas retirés parce qu'elle ne les maltraitait pas, qu'elle avait de la tendresse pour eux et qu'ils étaient toute sa vie, ce qui témoigne d'une certaine affection pour eux. Toutefois, le dossier ne comporte aucun indice qui donnerait à penser qu'elle-même ou le père des enfants sont en mesure d'apporter une réponse satisfaisante en termes de disponibilité, d'engagement et de collaboration pour accomplir la fonction de parent. (...). En outre, au moins depuis l'année 2007, le quotidien des enfants est assuré davantage grâce à l'aide de tiers (banque alimentaire, vêtements donnés par des personnes privées et des institutions) que par les parents qui ne recherchent pas sérieusement des moyens de subsistance pour eux et pour leurs enfants. Du fait de leur situation irrégulière, les parents des mineurs ne bénéficient même pas du revenu social d'insertion."

[11] In accordance with article 1978-A of the Civil Code: "Effet (...) de la mesure (...) de placement chez une personne sélectionnée pour l'adoption ou dans une institution en vue de l'adoption : Une fois (...) que la mesure de promotion et de protection avec placement chez une personne sélectionnée pour l'adoption ou dans une institution en vue de l'adoption a été ordonnée, les parents sont déchus de leur autorité parentale." The Portuguese version: "Efeitos da medida de promoção e proteção de confiança com vista a futura adoção: Decretada a medida de promoção e proteção de confiança com vista a futura adoção, ficam os pais inibidos do exercício das responsabilidades parentais."

val of the children were based solely on lack of financial conditions to provide for the children. Several appeals and new claims were then made by the parents, including to the Appeals Court, the Supreme Court all to no avail. The parents also lodge an appeal before the Constitutional Court, which was pending at the time of the ECHR's decision. Later, on the 4th of April 2016, the Constitutional Court concluded that had been a violation of the right to access to court (article 20º, no 1 of the Portuguese Constitution) arising from the fact that the parents did not have to be assisted by a lawyer during the proceedings towards the removal of the child in view of adoption. In the meanwhile, and because of the decision of the ECHR in this case and others against Portugal[12], the Portuguese law was altered on September 8th 2015, now stating that the parents must be assisted by a lawyer in such proceedings if there is a risk of the removal of the child in view of adoption[13].

The applicant Liliana first brought the case before the ECHR in November 19th of 2014, requesting the Court to issue a right of visitation of the institutionalized children, based on article 39 of the European Convention on Human Rights (EHRC, or just Convention). Such claim was deferred and complied by the national courts, hence the visitations were resumed on March 15th of 2015. The complaint before the ECHR alleged that the placement of her children in an institution towards adoption breached article 8 of the Convention and that the procedures followed were in violation of article 6 of the Convention. The applicant also relied on article 13 of the Convention, which was the basis for the ECHR's recommendation to the national courts that the visitations should be resumed.

On the merits, the applicant alleged that the removal of the children in view of adoption was a disproportionate interference with the right protected by article 8 of the Convention (right to respect for her private and

[12] *Case of Assunção Chaves c. Portugal*, application no 61226/08, judgment on merits of 31/01/2012 holding, by four votes to three, that there had been a violation of article 6 regarding the right to access to court within the proceedings concerning the removal of the child immediately after birth and placement of the child in an institution towards adoption; and *Case of Pontes c. Portugal*, application no 19554/09, judgment on merits of 24/09/2012 holding unanimously that there had been a violation of article 8 regarding the prohibition of contacts between the parents and the child and holding, by five votes to two, that there had been a violation of article 8 regarding the institutionalization of the child in view of adoption.

[13] Act no 142/2015 of September 8th.

family life) since the children were not at risk of any physical or psychological violence. The applicant claimed that the only reason for the removal of the children relied on the lack of financial support and that the State had failed to adequately provide such support for the children (§§77-78). She claimed as well that the inclusion of the condition of sterilization was against her Muslim faith and that the only reason she had accepted that condition was due to her fragile emotional state and fear of losing the children. Furthermore, the applicant believed that the decision of removal was made in retaliation of her persistent refusal to be sterilized (§79). Additionally, the applicant alleged that there was a breach of her right to effectively take part in the proceedings both because she was not assisted by a lawyer and had faced several constraints relating to notifications and access to information (§81).

On the merits, the Court held that there had been a breach of article 8 regarding the institutionalization of the children in view of adoption, that there had been a breach of article 8 regarding the institutionalization of the children in view of adoption based on the refusal of the mother to be sterilized, that there had been a breach of article 8 regarding the prohibition of contacts between the mother and the children, and that there had been a breach of article 8 regarding the limited access and participation of the applicant during the proceedings. The Court noted, as usual in such cases, that the mutual enjoyment by parent and child of each other's company constitutes a fundamental element of family life, that domestic measures hindering such enjoyment amount to an interference with the right protected by article 8 of the Convention, and that any such interference constitutes a violation of this article unless it is "in accordance with the law", pursues an aim or aims that are legitimate under paragraph 2 and can be regarded as "necessary in a democratic society". In determining whether the measures were "necessary in a democratic society", the Court considered whether, in the light of the case as a whole, the reasons adduced to justify these measures were relevant and sufficient (§88-89). The Court also noted that the fact that a child could be placed in a more beneficial environment for his or her upbringing will not on its own justify a compulsory measure of removal from the care of the biological parents; there must exist other circumstances pointing to the "necessity" for such an interference with the parents' right under Article 8 of the Convention to enjoy a family life with their child. It is the Court's understanding of article 8 that although its essential object is to protect the individual against arbitrary action by the public authorities, there may in addition be positive obligations inherent in an effective "respect" for family life. Thus, where the existence of a family tie has been established, the State must in principle act in a manner calculated to enable that tie to be developed and take measures that will enable parent and child to be reunited (§89)[14].

In accessing the necessity of the measures, the ECHR seeks to find a fair balance between the competing interests at stake – those of the child, of the two parents, and of public order – within the margin of appreciation afforded to States in such matters. However, particular importance should be attached to the best interests of the child, which, depending on their nature and seriousness, may override those of the parents. The Court noted also that in cases of this type the child's interest must come before all other considerations. However, when properly analyzed, that interest is seen to comprise of two limbs. On the one hand, the interest clearly entails ensuring that the child develops in a sound environment and that under no circumstances can a parent be entitled under Article 8 to have measures taken that would harm the child's health and development. On the other hand, it is clear that it is equally in the child's interest for her or his ties with the biological family to be maintained, except in cases where the family has proved particularly unfit, since severing those ties means cutting a child off from its roots. It follows that the interest of the child dictates that family ties may only be severed in very exceptional circumstances and that everything must be done to preserve personal relations and, if and when appropriate, to "rebuild" the family (§§91-92).

On the particulars of the case, the Court concluded that the main cause of neglect appointed by the State resulted on the lack of material and

[14] Closely quoting the *Case of Kutzner v. Germany*, application no 46544/99, judgement on merits on 26/02/2002. There is a wide all-encompassing case-law of the ECHR on article 8 of the Convention and the best interest of the child. Additionally to the Portuguese cases already referred (13), see also, amongst others, *case of Olsson v. Sweden*, application no 10465/83, decision of 13/03/1987; *case of Gnahore v. France*, application no 40031/9, decision of 19/09/2000; *case of K. and T. v. Finland*, application no 25702/94, decision of 12/07/2001; *case of P., C. and S. v. the United Kingdom*, application no 56547/00, decision of 16/072002; *case of Sahin v. Germany*, application no 30943/96, decision of 08/07/2003; *case of Couillard Maugery v. France*, application no 64796/01, decision of 01/07/2004; *case of Kříž v. The Czech Republic*, application no 26634/03, decision of 09/01/2007; *case of Maumousseau and Washington v. France*, application no 39388/05, decision of 06/12/2007.

economic conditions to adequately provide for the children (§104). The Court concluded that the national authorities had had ample knowledge of the precarious conditions of the family yet failed to assist the family on overcoming such conditions, providing financial help or housing allocation. The national authorities had instead a passive posture towards the family relying almost solely on the family's initiative to overcome extreme poverty. Most importantly, the Court emphasized that even when the adoption course is justified due to lack of basic material conditions for childcare, this motive alone is never considered as a sufficient ground. Other additional grounds for the definite removal of the child must be brought to the case, be them mental health issues, violence or sexual abuse (§§107-108).

Regarding the sterilization of the applicant, the Court recalled that the very essence of the Convention is respect for human dignity and human freedom. In the sphere of medical assistance, the imposition of medical treatment without the consent of a mentally competent adult patient would interfere with the applicant's right to physical integrity and impinge on the rights protected under article 8 of the Convention (§109). The Court noted that sterilization constitutes a major interference with a person's reproductive health status. As it concerns one of the essential bodily functions of human beings, it bears on manifold aspects of the individual's personal integrity including her physical and mental well-being and emotional, spiritual and family life. It may only be legitimately performed at the request of the person concerned. Despite the applicant's initial consent, it was stated that she had effectively refused such medical intervention. The Court also considered that the national social services could have counselled the applicant with other alternative less invasive methods of contraception. Therefore, the applicant's refusal could not in any context be perceived as grounds for the removal of the children or even as a pre-condition to maintain legal guardianship of a child (§§110-111).

3. Brave New World: from real dystopias to utopian nightmares

The *affaire Soares de Melo* poses two main questions concerning childcare, human dignity, the right to family privacy and the grounds or limits for State's interference: *a)* How far can the State reach when assessing which is the best environment for a child?; *b)* How do we balance the child's best interest in view of the protection of the biological ties and the limitations of the State's welfare provisions? Traditionally, these questions had relatively simple solutions. As the ECHR noted, a child can only be removed from the biological family if he or she is at immediate risk and that happens when there is a risk of emotional or physical violence, sexual abuse, or grave neglect from absent, indifferent or mentally impaired parents. Of course, neither biological ties nor the fundamental right to family privacy entitle a parent to cause harm to the child's health and development.

However, the concept of child welfare is nowadays not limited to good housing conditions, appropriate feeding, clothing and educational needs satisfaction and deliverance from physical, emotional or sexual abuse. There is a growing social pressing perception that children are at risk even when their basis needs are satisfied if their family is lacking on other aspects. There is also a growing contrast between a middle-class (or ideal) approach of a child's basic needs – a room of one's own, toys, educational books, playdates, parent or surrogate constant supervision, adequate socialization and schooling – and the reality of impoverish families.

Even if, ideally, poverty should never stand as grounds for child removal from the biological parents[15], it is often correlated with child neglect or insufficient care or protection. In the World Health Organization's (WHO) Guide of 2006 on the prevention of child maltreatment[16], within the com-

[15] Poverty alone accounted for 22% of children institutionalization in Portugal, shows a study of 2000, Crianças e Jovens que Vivem em Lar. Caracterização Sociográfica e Percursos de Vida, Instituto Para o Desenvolvimento Social, 2000, p. 47 (available at http://www.cnpcjr.pt). The same study noted that 57% of the institutionalized children were subjected to hunger and 20% had been, at some point, homeless. The anual report of 2015 – *CASA 2015 – Relatório de Caracterização Anual da Situação de Acolhimento das Crianças e Jovens* (CASA/2015), published June 2016, data compiled by the Portuguese Social Security Services, available at http://www.seg-social.pt/documents/10152/14725795/Relat%C3%B3rio_CASA_2015/f3e06877-ad73-48e4-8395-75b33fedcae0 – confirms this assessment (pgs. 27-28). In 60% of the cases, the child is removed to an institution on grounds of lack of parental supervision or abandonment (exclusively or as part of multifactor problem). In 30% of the cases, the grounds include neglect in health or education care.

[16] *Preventing child maltreatment: a guide to taking action and generating evidence,* World Health Organization and International Society for Prevention of Child Abuse and Neglect, 2006, pgs. 10-11, available at http://www.who.int/violence_injury_prevention/publications/violence/child_maltreatment/en.

munity and social risks of child maltreatment, the following are appointed: lack of or inadequate housing; lack of services to support families and institutions and to meet specialized needs; high levels of unemployment; poverty; and social, economic, health and education policies that lead to poor living standards, or to socioeconomic inequality or instability. Several studies analyze the correlations between poverty and child maltreatment being at first thought that the high rates of signalization, reports and cases amongst poorer families was mostly the result of the greater visibility and State's welfare dependency of poor families and/or class bias. Despite the relevancy of these factors – there is indeed an overreporting of maltreatment within poor families because of their greater dependency of social welfare[17] and potential class or racial bias[18] – there is cause to believe that poverty is, indeed, strongly connected with the risk of child maltreatment. Recent studies note that when we analyze child well-being indicators not susceptible to bias, as child mortality, or later juvenile antisocial or criminal behavior[19], the correlation between poverty and child maltreatment remains. Lack of financial conditions or housing conditions are obvious factors in child neglect. However, there are other less obvious factors, for instance, poor families have higher rates of substance abuse and mental health problems; poverty creates stress on caregivers (stress is strongly connected with poorer parental skills and child maltreatment) and many other multilevel risk factors that may disproportionately affect lower income families[20].

On the other hand, we are now more aware of the impact of even mild manifestations of child emotional neglect on later adult personality disorders, overall mental health and, most importantly, antisocial or criminal

[17] Noting the phenomena in Portugal, Sottomayor, O poder paternal como cuidado parental e os direitos da criança, *Cuidar da justiça de crianças e jovens: a função dos juízes sociais. Actas do encontro*, Almedina, 2003, pgs. 54-55.

[18] A very recent study performed in Spain showed that there is a risk of bias if the appropriate tools and training are not at place for social workers, Arruabarrena/de Paúl/Indias/García, Racial/ethnic and socio-economic biases in child maltreatment severity assessment in Spanish child protection services caseworkers, *Child & Family Social Work*, 2016 (online), at http://onlinelibrary.wiley.com.

[19] See, for instance, Drake/Jonson-Reid, Poverty and Child Maltreatment, *Handbook of Child Maltreatment*, Korbin/Krugman, Springer Netherlands, 2014, pgs. 134-135.

[20] Drake/Jonson-Reid, pgs. 137 and 139-140.

violent behavior[21]. In fact, the WHO's Guide of 2006 begins with a long statement concerning the widely-investigated correlations between child abuse or emotional neglect and the subnormal developing of the child's brain or the prevalence of serious personality disorders[22]. The development of the theory of mind and mentalization studies in connection with childhood trauma and adult personality disorders have brought new light into the long-term impact of child maltreatment and neglect. The attachment theory, mostly developed by BOWLBY[23], identifies and explains the universal human need to form close affectional bonds. FONAGY describes it as "a normative theory of how the 'attachment system' functions in all humans. (...) a special type of social relationship, paradigmatically between infant and caregiver, involving an affective bond. (...) it may also be seen as the context within which the human infant learns to regulate emotion"[24]. In one of his earliest works, commissioned by WHO, BOWLBY states that that to grow up mentally healthy, "the infant and young child should experience a warm, intimate, and continuous relationship with his mother (or permanent mother substitute) in which both find satisfaction and enjoyment"[25].

More recent investigations conducted by FONAGY, TARGET and others, seek to understand the correlations and causalities between secure and insecure attachments, childhood trauma and neglect with later adult per-

[21] A relevant study with institutionalized children was made in Portugal and showed a much higher rate of aggressive behavior in children exposed to maltreatment, neglect or abandonment. These children also show higher levels of insecure attachment, PINHEL/TORRES/MAIA, Crianças institucionalizadas e crianças em meio familiar de vida: Representações de vinculação e problemas de comportamento associado, *Análise Psicológica*, 4, XXVII, 2009, pgs. 509-521, available at www.scielo.org.

[22] *WHO's Guide/2006*, p. 8.

[23] BOWLBY has several works on the subject, including, as most important: Attachment, *Attachment and loss, Loss* 1, 1969, New York, Basic Books. Extent research was also conducted autonomously by AINSWORTH, for instance in Object relations, dependency, and attachment: A theoretical review of the infant mother relationship, *Child Development*, 40, 1968, pgs. 969-1025. For a detailed analysis of the development of the attachment theories, see BRETHERTON, The Origins of Attachment Theory: John Bowlby And Mary Ainsworth, *Developmental Psychology*, 28, 1992, pgs. 759-775.

[24] Attachment, the Development of the Self, and Its Pathology in Personality Disorders, *Treatment of Personality Disorders*, Springer US, 1999, p. 53.

[25] 1951, p. 13.

sonality disorders[26]. Studies referred by FONAGY[27] point to several factors when it comes to lack of mentalization: genetic background, which influences both the parents and the child's predisposition to secure attachment and mentalization; the availability of a reflective caregiver, which increases the likelihood of the child's secure attachment which, in turn, facilitates the development of theory of mind; the childhood experiences of the parents, which are in turn related to the parents availability to mirroring and regulating emotions; the child's capacity to develop representations of the mental states, emotional and cognitive (metacognition), which organize his/her behavior toward the caregiver (uniqueness of the child). They also show a strong relation between childhood trauma and personality disorders[28] and increased ratings in criminal convicts[29]. Regardless if we accept the psychological explanations for such phenomena – indeed, higher crime rates in children exposed to violent behavior and social exclusion may alternatively be explained with the above-mentioned class bias and greater visibility or even from a behaviorist approach, crime being henceforth a learned behavior[30] – the fact remains that there is a strong correlation between exposure to maltreatment and future criminal behavior[31].

[26] FONAGY/TARGET, Attachment and reflective function: Their role in self-organization, *Development and Psychopathology*, February 1997 (online), DOI: 10.1017/S0954579497001399, available at https://www.researchgate.net/publication/13781713; FONAGY/M. STEELE/H. STEELE/MORAN/HIGGITT, THE Capacity for Understanding Mental States: The Reflective Self in Parent and Child and Its Significance for Security of Attachment, *Infant Mental Health Journal*, 12, no. 3, 1991, pgs. 201-218; DEBBANÉ/SALAMINIOS/ LUYTEN/BADOUD/ ARMANDO/TOZZI/FONAGY/BRENT, Attachment, Neurobiology, and Mentalizing along the Psychosis Continuum, *Frontiers in Human Neuroscience*, September 2016 (online), DOI: 10.3389/fnhum.2016.00406, available at https://www.researchgate.net/publication/305773040;

[27] 1999, pgs. 54-65.

[28] DEBBANÉ/SALAMINIOS/ LUYTEN/BADOUD/ARMANDO/TOZZI/FONAGY/BRENT/2016, pgs. 2 through to 12. The Portuguese study made with institutionalized children showed higher rates of insecure attachment and aggressive behavior, PINHEL/TORRES/MAIA/2009, pgs. 513-521.

[29] FONAGY/1999, pgs. 62-63.

[30] Stemming from the differential association theory developed by EDWIN H. SUTHERLAND (see SUTHERLAND, Differential Association, *Classics of Criminology*, 3ª Ed., Waveland Press, 2004, pgs. 299-301). See, for a critical approach, JEFFERY, Criminal Behavior and Learning Theory, *The Journal of Criminal Law, Criminology, and Police Science*, 56, no. 3, 1965, pgs. 294-300 (online), available at www.jstor.org.

[31] See, recently, CURRIE/TEKIN, Understanding the Cycle Childhood Maltreatment and Future Crime, *The Journal of Human Resources*, 47, 2, 2012, pgs. 509-549;

Such notions are behind the commonly used expression "cycle of violence" and reflect the perception that the cycles of poverty are sometimes also a fertile ground for the cycle of violence. Traditional views on guilt and criminal responsibility state that an average adult that had access to an average socialization – and is not suffering from an extreme pathology which deprives him from understanding his actions and/or from having a bare minimum control over his actions – is criminally responsible[32]. The role of the concept of individual guilt is therefore negative: the court has the burden of making sure that such a state – of extreme pathology – was not determinant of the fact. The court does not have, however, the burden of demonstrating that the defendant was indeed capable of a conscious thought of himself and others prior and concomitantly to the decision-making process. The theory of mind now states that such a process is decisive. The correlation of attachment (to and from the caregiver) and metacognitive abilities has proven a proficuous explanation of personality disorders and criminal behavior. Criminal behavior may, indeed, arise from a severe lack of mentalization, that is, from the inability to perceive and interpret other's behavior (a complex sum of acting, thoughts and emotions) due to inadequate attachment which, in turn, causes the inability to understand (rationalize) one's own behavior (acting, thoughts and emotions). This inability closes the gateway to empathy, perceived as an important mechanism of "good behavior" towards others. Traditionally, we believe that one is solely responsible for one's own actions. Attachment theories bring us great focus on the cause-effect of the caregiver's behavior on the future adult's behavior. If, indeed, there is a cycle of violence – if, with all these studies and better understanding of brain development and emotional control we come to conclude that there is a predictable or demonstrable pathway to criminal behavior[33] – are these children really free from their parent's sin? That is to say, can we maintain the standard perspective of ascription of criminal guilt and responsibility as the result of one person's choice or decision?

32 Fernando Palma, *O Princípio da Desculpa em Direito Penal*, Almedina, 2005. In Portugal, that is the dominant perspective on guilt, Dias, *Direito Penal. Parte Geral*, I, 2ª Ed., Coimbra Editora, 2007.

33 Considering determinism as the possibility of determining a probable path in human behavior considering the multiple and complex factors that influence behavior, Teixeira, Determinism of human behavior: an hypothesis on social and individual behavior as a universal complex system, *Antropologia Portuguesa*, 24/25, 2007/2008, pgs. 149-163 (online), available at http://www.uc.pt/en/cia/publica/AP24-25/AP_artigos/AP24.25.09_Teixeira.pdf.

However, the criminal system cannot withstand such a strain on the general grounds for guilt ascription. Findings as the above-mentioned cause a moral and pragmatic dilemma: even if, morally, we understand that there is a shared responsibility – poverty; the social system of inequalities and exclusion; the State's failure to prevent and remedy child maltreatment; the families' inabilities to provide safe emotional upbringing of the child; and the unique personality of each child, all contribute in unknown quantities to criminal violent behavior –, pragmatically, general prevention aims and the necessity of social control demand punishment[34]. We should then, on an immediate perspective, focus on prevention as we can fairly predict that the prevention of child-maltreatment constitutes an effective mechanism of crime prevention. Of course, prevention is best obtained by early intervention[35]. And that means early signalization – as early as pregnancy – of families with a history of substance abuse, mental health problems, incarceration, previous maltreatment interventions, or just at greater risk due to poverty or social exclusion[36]. Naturally, this approach constitutes a threat to family privacy and may endanger the formation of emotional bonds with the biological families[37]. Which, in its turn, bring us to another moral and pragmatic dilemma: how far can the State reach con-

[34] Particularly sceptic of the general prevention theories as adequate deterrence mechanisms are the conclusions of HIRSCH/ROBERTS, bases on three studies – Criminal Deterrence Research at the Beginning of the Twenty-first century (NAGIN, *Crime and Justice*, 1998), Criminal Deterrence and Sentence Severity, (*Criminal Deterrence and Sentence Severity*, alia, 1999); and Sentence Severity and Crime: Accepting the Null Hypothesis, (DOOB/WEBSTER, *Crime and Justice*, 2003) – and compiled in Legislating Sentencing Principles: the Provisions of the Criminal Justice Act 2003 Relating to Sentencing Purposes and the Role of Previous Convictions, *The Criminal law Review*, 2004, pgs. 639 a 652.

[35] FONAGY, Prevention, the Appropriate Target of Infant Psychotherapy, *Infant Mental Health Journal*, June 1998 (online), DOI: 10.1002/(SICI)1097-0355(199822)19:23.0.CO;2-O, available at https://www.researchgate.net/publication/255582149.

[36] *WHO's Guide/2006*, pgs. 34 through 41.

[37] See the ECHR judgment on the *case of P., C. and S. v. the United Kingdom*, application no 56547/00, of 16th of July, 2002. The mother P. had a previous signalization of Munchhausen syndrome by proxy in the United States, concerning an older child. Later, in the U.K., P. become pregnant of a child from a relation with a medical worker, C.. The mother's history was noticed by the hospital and the situation was handled by child protection services. Even with slightly contradictory assessments, the child was removed from the parents immediately after birth and adopted outside the biological family. The ECHR concluded that there had been of violation of article 8 of the Convention.

cerning child maltreatment prevention keeping in mind the fundamental right to family and family privacy and the financial limitations of welfare?

This is the dilemma faced by social services and courts when assessing the child's best interest in the context of biological families under the stress of poverty and social exclusion that show signs of disorganization and neglect. For the ECHR, in the *affaire Soares de Melo*, the dilemma has a clear solution: biological ties must be preserved as much as possible and poverty rests on the State's welfare to remediate[38]. In theory, this is the best solution. Nevertheless, welfare has strict budget constraints, particularly on a country like Portugal immersed in a deficit crisis and austerity politics[39]. The scarcity of economic resources is on the back of the mind of policy makers, social workers and judges. Understanding how these actors have been resolving the dilemma is therefore crucial to assess the system's capacity to preserve the fundamental right to family on an austerity mentality and still contribute to the prevention of child maltreatment. In other words, how is the system interpreting the "child's best interest" condition on a economic scarcity context?

Firstly, it must be noted that the more we know about the long-term impacts of child neglect, even mild emotional manifestations of neglect, the more it will become paramount to assure that every child can benefit from a safe and emotionally healthy environment. As it stands for now, poverty, substance abuse or mental health issues are just the more visible risk factors regarding child neglect[40]. However, as noted by WHO, *the*

[38] In Portugal, in 2000, in 42% of the cases where the child was placed in an institution, no other previous measured had been applied to try to preserve the biological family ties, Crianças e Jovens que Vivem em Lar/2000, p. 58.

[39] This context and related concerns are mentioned in the WHO – Committee on the Rights of the Child's *Concluding observations on the third and fourth periodic reports of Portugal* of 31st of January of 2014: "While welcoming the wide range of social support programs for families, including the Social Emergency Program, the Committee is concerned that many families, in particular, those in situations of poverty, lack appropriate assistance in the performance of their child-rearing responsibilities, notably financial support and accessible early childhood education and care for young children. The Committee is particularly concerned at the situation of children in families affected by the current economic crisis, who are in need of affirmative social measures, in particular, single parent families, families with two or more children, families with children with disabilities, and families living in persistent poverty", p. 11, available at www.ohchr.org.

[40] The same conclusion can be found in this Brasilian study Siqueira/Dell'Aglio, Crianças e Adolescentes Institucionalizados: Desempenho Escolar, Satisfação de Vida e Rede

parents of neglected children are not necessarily poor, they may equally be financially well-off[41]. Because poverty and social exclusion are more liable to cause alertness from the authorities and result in child signalization, even milder and subtler manifestations of neglect are thus associated. It is very possible indeed[42], that emotional neglect or emotional and physical milder violence have a relevant role in childcare amongst families of higher income as well. The absence of the same *ratio* of cases of later juvenile criminal behavior[43] is not a solid otherwise indicator. In fact, criminal behavior is autonomously correlated to poverty regardless of previous childhood trauma[44]. Also, if we think of minor offenses or non-violent offenses, the same overreporting or class bias applies to the criminal justice if the offender fits the profile of poverty and/or social exclusion. To be considered as well is the role of the child's resilience[45] to emotional neglect and the child's later access to therapy or even meaningful affective relationships[46] A child brought up in wealth, even if victim of emotional neglect or abuse, is more likely to compensate such environment with extended family, in school or amongst peers. This child is also more likely to later seek counseling or professional help. Because this child is less likely to underperform academically, struggle to obtain basic goods during childhood or adolescence and, later, to struggle to find a fairly waged job, it is not surprising that we find lower rates of criminal behavior[47].

de Apoio Social (Institutionalized Children and Adolescents: Academic Achievement, Life Satisfaction and Social Support Network), *Psicologia: Teoria e Pesquisa*, 26, no. 3, 2000, pgs 407-415, available at www.scielo.org.

[41] *WHO's Guide/2006*, p. 10.

[42] Sottomayor/2003, p. 55.

[43] Studies referred by Fonagy/1999, pgs. 62 e ss.

[44] See for instance, on that matter, Merton, Social Structure and Anomie, *Classics of Criminology*, 3ª Ed., Waveland Press, 2004, pgs. 241-250; and Hirschi, A Control Theory of Delinquency, *Classics of Criminology*, 3ª Ed., Waveland Press, 2004, pgs. 321-32.

[45] Demonstrating the importance of the child's unique resilience in preventing personality disorders, Cordovil/Crujo/Vilariça/Caldeira da Silva, Resiliência em Crianças e Adolescentes Institucionalizados, *Acta Médica Portuguesa*, 24, 2, 2011, 413-418, available at http://repositorio.chlc.min-saude.pt/bitstream/10400.17/1401/1/Acta%20Med%20Port%20 2011_24_413.pdf.

[46] Fonagy/1999, p. 61.

[47] Or, as noted in Widom's paper presented at the Second National Conference on Violence convened by the Australian Institute of Criminology and held in Canberra, in June 1993, higher rates of criminal violent behavior in maltreated children exposed to other risk factors,

At any case, as we grow increasingly more demanding towards childcare and personal wellbeing, the concept of child neglect or maltreatment becomes overreaching. The WHO's concept of maltreatment includes "all forms of physical and/or emotional ill-treatment, sexual abuse, neglect or negligent treatment or commercial or other exploitation, resulting in actual or potential harm to the child's health, survival, development or dignity in the context of a relationship of responsibility, trust or power"[48]. This definition is roughly in line with the Portuguese criminal provisions[49]: physical and emotional maltreatment, corporal punishment, sexual abuse, cruelty, inhumane treatment, excessive burdens or dangerous activities imposed on children, all are punishable by our law. However, milder manifestations of neglect (failure to provide schooling or academic supervision, lack of overall supervision) and the mere emotional neglect (lack of an affective bond with the child), and all negligent behavior fall outside the scope of the criminal provisions. Because criminal punishment is at stake, a restrictive concept of child maltreatment is generally (and adequately) sustained in our criminal courts. One of the most important points of contention between the criminal and the civil concepts of child maltreatment lies on the classification of domestic violence against one of the parents (usually, in Portugal, against the mother) as, also, an offence against the child. Domestic violence exposure is not in itself a crime in Portugal, but it is a factor of childcare risk and grounds for State intervention, since it is has been linked to a wide set of negative outcomes, including low self-esteem, social withdrawal, depression and anxiety, aggression, violence, and delinquency[50]. However, if domestic violence is not regarded as a public crime – as it is in Portugal since 2007 – the absence of reporting from the primary victim (usually the mother) may effectively prevent any timely or efficient intervention to protect the child. Even so, the silence of the primary victim out of fear or inability to react or even out of the very reasonable fear of losing the child may have the same result nowadays.

such as poverty or discrimination, *The Cycle Of Violence*, 1993 (online), available at http://www.aic.gov.au/conferences/ncv2.

[48] *WHO's Guide/2006*, p. 9.

[49] Articles 152º and 152º-A of the Portuguese Criminal Code.

[50] Moylan/T. I. Herrenkohl/Sousa/Tajima/R. C. Herrenkohl/Russo, The Effects of Child Abuse and Exposure to Domestic Violence on Adolescent Internalizing and Externalizing Behavior Problems, *Journal of Family Violence*, 25, 1, 2010, pgs. 53–63, online (doi:10.1007/s10896-009-9269-9), available at www.ncbi.nlm.nih.gov.

A much wider concept of child maltreatment has been accepted in the civil courts. For instance, in 2008, Porto's Appeals Court concluded[51] that: "Child maltreatment is not limited to physical violence or starvation. It includes the failure to protect the child against weather, from abandonment and from the lack of contacts with father and mother, not working, being convicted for drug possession, substance abuse or lying, pretending the child is part of the household to obtain more social welfare, when the grandmother is in reality caring for the child, or even just not being there when the child goes to bed or driving the child to day care in the morning". Of course, if such concept was to be accepted, all unemployed or overworked parents would be at risk of seeing their children forcedly removed from their household. The real *rationale* of this decision is more complex. The parents had an history of drug abuse and had lost contact with the child for almost two years. They were trying to rebuilt their lives, since the mother was again pregnant, but still far for the minimal standards of child adequate care. Their house lacked running water and electricity, the mother was unemployed, and the father may still be consuming drugs occasionally. In the meanwhile, the child showed signs of secure attachment with the grandmother and there were no reasons to believe that the child's best interests lied with the parents. Also, since the grandmother had her own financial resources to provide for the child, a solution towards the parents would imply an additional financial strain on the State. But because the court needed, by law, to demonstrate that there had been some form of maltreatment – and could not just allege poverty, social exclusion or general disorganization – the concept was widened. I have very little doubts that the child's best interest was not to be raised by those parents and that the grandmother was better suited to provide for the child, since the parents were still allowed for regular visitations. What worries me is that the widening of the concept of maltreatment – operated under the pressure to guarantee the child's best interest when confronted with the unknown and highly doubtful capacity of the biological parents to provide, even if the State's welfare worked at its best – may have unintended prejudicial effects in cases where there are positive emotional bonds with the biological family[52].

[51] Acórdão do Tribunal da Relação do Porto of 26-06-2008, process no 0833981, available at www.dgsi.pt.

[52] Expressing the same concerns, Sottomayor/2003, p. 55. Our courts are not completely unware of such risk. In 2007, an Appeal Court, in a case very similar to the *affaire Soares de Melo*,

In 1932, ALDOUS HUXLEY gave us his *Brave New World*, inspired by the criticism towards Stalinism, the industrial processes of mass production (Fordism), the Freudian perspectives on child psychology and the new discoveries on social conditioning[53]. *Brave New World* show us a benevolent dictatorship, an efficient, totalitarian welfare-state where there is no war, poverty or crime. This state of affairs was accomplished by social conditioning sustained by a model of breeding and educating children described by the author as *Hatchering*, where every child is artificially "produced" and then raised by the State according with the best interests of the State and the genetic predisposing qualities of each child[54]. We if look at the current trends in the case-law concerning child maltreatment from the HUXLEY perspective, we can foresee a proximity to what the visionary predicted. Acknowledging the correlations between child neglect or maltreatment and criminal behavior (or even mental health) or understanding that preventing child maltreatment is paramount towards a better functioning, more peaceful and overall healthy society is not in itself a bad thing. But what if, constrained by the perception that what the State's welfare needs

the Court concluded that removal of the children in view of adoption was a disproportionate measure following a line of reasoning very close, being prior, to the ECHR's perspective (Acórdão do Tribunal da Relação de Guimarães de 06/12/2007, process no 2145/071, available at www.dgsi.pt). In 2010, another Appeal Court considered disproportionate the measure of removal of the child to an institution in view of adoption on the grounds that the house lacked adequate conditions for a child (Acórdão do Tribunal da Relação de Lisboa de 06/12/2007, process no 2145/071, available at www.dgsi.pt). This case will be further scrutinized below.

[53] RAMESH, A New Historicist Approach to Aldous Huxley's Brave New World, *Journal of Literature, Culture and Media Studies*, IV, 7, 2012, pgs. 29-40.

[54] A similar benevolent autocratic State, albeit described as a highly sophisticated and technologically advanced anarchy, was created by H. G. WELLS in his "Men Like Gods", first published in 1923. Utopia is a parallel planet of Earth in another dimension brought into knowledge of a few earthlings by mere chance. The earthlings find themselves in Utopia by accident in a time socially distant from Earth by a few thousand years. WELLS' suggestion in the book is that Utopia, the ideal society where there is no crime, no wars, none of the oppressive institutions of even today's societies and no private property, represents a possibility for Earth in the distant future. To obtain such a peaceful and harmonic society, the Utopians prioritized education and childcare, teaching every child with love, tolerance and openness. Children thus taught became enlightened adults with no violent tendencies, deprived of greed or excess of selfishness. By the sum of generations brought up to perfection together with genetic selection and population control, Utopia was eventually built. It is thought that HUXLEY's book was somewhat of a criticism of WELLS' Utopia. In any case, the books share an implicit understanding: how we treat children today will determine our common future.

to support the biological families constitutes an impossible or excessive burden on the taxer payers, the system is tending to an overreaching in the State's intervention and selected and disproportioned child removal from their biological families? If we, as a society, choose to break the cycle of poverty and violence by cutting the biological ties and systemic removal of children to institutions[55], instead of seriously tackling poverty and providing welfare and parenting education to the families, are we not becoming benevolent authoritarians?

Privileging a concept of the child's best interest based on the maintenance of the biological ties even when we know beforehand that the biological family falls short of the ideal goals of child care – not just due to poverty but because there is a context of mild neglect, a high risk of insecure attachment, episodes of abuse, exposure to domestic violence, low expectations on academic results, exposure to substance abuse, etcetera – may be the very real dystopia we are failing to avoid. Particularly, because we also know beforehand that the State's welfare lacks the ability to efficiently prevent such risks and/or to adequately provide for families in poverty or social exclusion. Attachment studies give us the notion that much of the pathways of these children amount to chronicles of a fate foretold. The State's apathy is not, therefore, an option compatible with the human dignity principle or the protection of the child's best interest. But the extreme alternative is also terrifying. It is the utopian nightmare foreseen by Huxley: a society of constant vigilance and supervision where at the mildest risk the children are removed to be cared for by the State. There is no dignity in child maltreatment. But there is also no dignity in being removed from the biological families when there is the possibility of positive emotional bonds.

[55] On the same note, Sottomayor/2003, p. 55; Assis, A reforma do direito dos menores: do modelo de protecção ao modelo educativo, *Cuidar da justiça de crianças e jovens: a função dos juízes sociais. Actas do encontro,* Almedina, 2003, pgs. 142-143. Such systemic removal is also mentioned in the WHO's *Concluding observations* of 2014, which included the following concerns: "(a) The low number of foster families and family based placements of children, and the still widespread use of institutionalization, in particular, among younger children; (b) The lack of data on institutions and group homes, as well as the lack of systematic monitoring of the situation of children in alternative care; (c) The insufficient administrative and technical support as well as resources to ensure the effective functioning of the alternative care system, which is worsening in the context of the current crisis (...)", p. 11.

4. If the children are our future, what future have we for children?

The underlying rationale of the national authorities in the *affaire Soares de Melo* relied on a fairly obvious assumption: if one cannot afford a child, one should not have a child. That is the middle-class perspective. But how does this *rationale* stand in view of the fundamental right to form a family? The Portuguese Constitution states on article 36 that "everyone has the right to form a family and to marry under conditions of full equality" (no 1) and that "children may not be separated from their parents, save when the latter do not fulfil their fundamental duties towards them, and then always by judicial decision" (no 6). Article 9 of the Portuguese Constitution also indicates, as fundamental tasks of the State, the following: "d) to promote the people's well-being and quality of life and real equality between the Portuguese, as well as the effective implementation of economic, social, cultural and environmental rights by means of the transformation and modernization of economic and social structures". Such legal framework painfully contrasts with the reality of the *affaire Soares de Melo*. Liliana had, in 2007, four children under the age of 5. Still, she was expected to find a job and, in the meanwhile, alone, make sure that all the children were going to school or childcare. In 2011, Liliana had 8 children under the age of 10 years old, four of them under the age of 3 years old. Still, she was expected, all alone, to find a job and make sure that all the children were going to doctor's appointments, school or childcare. With four children, still in diapers, she was expected, all alone, and while maintaining a job, to make sure that the hygiene conditions of the house and children were pristine. How was she supposed to take 7 children to school or daycare when she had 3 infants still in the nursing stage? The State's requirements were unfair or impossible demands for Liliana. This mother could not really work to afford – in time and money – the appropriate care for 10 children. There was a gross underassessment of this family's needs. For instance, the fact that all the small children were sleeping in the same room, and all the material for the children were in another room might have been a rational allocation of resources and management of the children. Still, that was perceived by the social services as neglect or disorganization. In reality, social services should have concluded that Liliana was to remain at home, given proper housing and overall help to care for the children. That, of course, entailed costs for the State...

There is another hidden *rationale* from the national authorities in the *affaire Soares de Melo* that I must address: the idealization of adoption as the best solution for any child being brought up in poverty and at risk of neglect. To do so, I must recall a case decided by the Lisbon's Appeal Court in 2007[56]. An infant child of only three months was removed to an institution because the house lack conditions, was dirty and the child had diaper allergies. The first signalization of the child was made at one month old by the medical staff following a consult in the hospital's emergency room (the child was taken there by the mother due to allergies). The medical staff noted that the skin allergy was made worse by lack of the child's hygiene and arranged for a series of consultations (five), all complied by the mother. A visitation was made by the health center where it was noted that the house lacked conditions (was an annex), had some accumulated dirt, old furniture, and that the child was sleeping with the mother in an old dirty couch. With these grounds, a process was filed to promote the protection of the child through parental support and surveillance (*medida de apoio junto dos seus progenitores*). A follow up visitation was made but since the mother wasn't at home, the social workers made their report based solely on an exterior assessment of the house. Based on this report, the three months' old infant was removed from the parents and placed in an institution, even though the child was being breastfed.

The child was placed in an institution outside of the parent's residency – against the general recommendations[57] – which meant that for the visitations the parents had to travel some distance in 8 different means of public transportation with time loss (six hours) and relevant costs. Even so, the mother made 5 visitations – of the seven allowed by the institution – and the father only one, since he was working during week days and weekend visitations were not allowed. Visitations were allowed only one per month and lasted a maximum of one hour per visitation. At first, the child showed a positive emotional bond with the mother, but as the time went by and visitations became scarce (on the last two months of the first removal period, amounting to a total of 8 visitations of the 26 allowed for the entire period of institutionalization), the emotional bond was weakened. Nevertheless,

[56] Decision of 06/12/2007, process no 2145/071.

[57] In the CASA/2015 study is noted that 16,5% of institutionalized children are dislocated from their families, p. 40.

the institution's social report was favorable to the return of the child to the parents. However, the institution's psychologist's assessment noted the weakening of the emotional bond and recommended the course of adoption. On that note, the court issued that the child should be adopted. The Appeal Court considered the measure of removal of the child to an institution in view of adoption disproportionate and gave the case great scrutiny.

The Court concluded that the grounds for the first removal of the child were unfounded and exaggerated. From the Court's perspective, the removal was motivated by the negative previous history of the mother. The mother had had 4 previous children, 3 of them removed, one to an institution (where she remained) and two others to the adoption course. One other child had died shortly after birth for unknown causes. The mother had indeed a complex history, since she had been a victim of domestic violence from her biological family and from several of the children's fathers, including this child's father (the father occasionally drunk and became aggressive). The social services suggested that she would attend a parent's skills program, but that never happened because no such program was available at the region and, at some time, the social worker assigned to the case prioritized finding a job for the mother (the mother had been unemployed for long but had found a job at the time of the child's removal). The Appeal Court annulled the removal of the child considering that the such measure was not a result of an effective risk concerning the child's health and security. The Court concluded that the deterioration of the emotional bond was due to the unfair institutionalization of the child and posed the following question: "is it acceptable to request of the parents to maintain regular visitations to the institution knowing that the child grows comprehensibly emotionally distant?". An even more compelling question was made by the Court's argumentation: "is it morally acceptable that, after an unjustified removal of a child to an institution far from the parents' home, the State still argues that there was a progressive deterioration of the emotional bonds between the parents and the child as grounds for the adoption course?" Obviously, the answers are no and no.

Notwithstanding, there was other relevant data: the parents received financial help to the visitations and still failed many of the stipulated dates; the father suffered from chronic abuse of alcohol and refused to enroll in an alcohol abuse program or to be tested for substance and alcohol abuse; the parents were enrolled in a parental skills program but were renitent to understand the importance of the orientation; there were registered episodes of domestic violence from the father against the mother. These facts, that were underappreciated by the Appeal Court's decision, were paramount to one of the judges (the only woman in the collegium of three judges). In her dissenting opinion, the judge gave a fair assessment of the referred circumstances, concluding that "regardless of the difficulties concerning any prognosis, these circumstances consubstantiate a context of neglect that could easily escalate into physical maltreatment of the child; it will also be extremely difficult for the mother to overcome the child's prospective rejection caused by the estrangement, since the child currently does not identify the mother as such, situation that will inevitably lead to abandonment or aggression. Furthermore, considering that the child does not see the couple as their parents, is a healthy child of a young age with a normative development considering her age, she is an ideal candidate for adoption, a course that she deserves".

This is an extremely difficult case. The child was not in an ideal child-care environment. Notwithstanding, the child should not have been taken from the parents, since there were positive emotional bonds with the mother that were irreversibly severed. Instead, prevention strategies should have been implemented, including the counseling of the mother regarding her victimization from domestic violence. When a scenario of domestic violence is identified, the mother (frequently the victim), particularly if she has small children, must be offered the option of shelter and financial aid to become autonomous from the father of the children or current companion. Furthermore, because emotional dependency is a key factor on the cycle of domestic abuse, the mother should have been immediately offered individual psychological counseling. Parental counseling in domestic violence is not appropriate, since the victim will not benefit from the sessions, being still subdued by fear of the aggressor. The State failed this mother on many aspects. It failed her as a child – she had been a persistent victim of domestic violence – and failed her systematically as a young mother. Throughout this woman's life the State's response was late and unfair: we have failed you and now we come to remove your children, repeatedly until you give up on having them. This case also exposed the double victimization of women in the context of domestic violence: they are victims of domestic violence and, many times due to lack of effective support from social services, they become victims of child removal.

The dissenting opinion is self-explanatory. The family is seriously lacking and there is an unneglectable risk of child maltreatment (even if just from the exposure to domestic violence). Therefore, the idealization of adoption as the best solution for the child becomes the only thinkable line of reasoning. However, adoption means many times just indefinite institutionalization, since only about 10% of these children will effectively be adopted[58]. To better understand the institutionalization scenario, we must take a look at the data available to characterize institutionalized children in Portugal. In 2015, there were 8.600 institutionalized children, of which 74% were already in an institution prior to 2015[59]. Even though there has been a relevant decrease of institutionalized children – from 12.245 in 2006 to 8.600 in 2015 – such decrease is not a result of a substantial change in child protection strategies, since the same number of children (around 2000) are institutionalized every year[60], but just the result of a greater number of exiting children. 39% of the institutionalized children did not benefit from any measure of family aid or support prior to the removal, while 62% of all institutionalized children remain in the institution for a prolonged time and only 3,5% were with foster parents[61]. Only 3,8% of these children were in the adoption course, but the number increases to 40,5% for children between 0 and 5 years old[62].

So, even if, ideally, the child's best interest would be an adoptive family – according with the idealization of the "perfect" middle-class family – for most of the institutionalized children an institution will be their only "familiar" reality. And, sadly, there are no guarantees that institutionalizing the child is the better solution. Institutionalized children show high levels of insecure attachment even after some time at the institution[63].

[58] CASA/2015, pgs. 52-56.

[59] CASA/2015, p. 8. This number represents 0.4% of the total of Portuguese residents between 0-19 years old (2.031.905), according with the official data available at http://www.pordata.pt.

[60] CASA/2015, p. 9.

[61] CASA/2015, pgs. 31-32 and 34.

[62] CASA/2015, pgs. 38 and 47.

[63] Pinhel/Torres/Maia/2009, pgs. 513-521. This study included children from poor families, some of them still with their families (having daily support from the institution) and some institutionalized. The institutionalized children showed higher rates of insecure attachment. More recently, an overall study performed with institutionalized children between 12 and 30 months with prolonged institutionalization concluded the same: these children show insecure attachment and syntoms of personalitiy disorders, *Comportamentos perturbados*

Also, institutionalized children many times have a negative perception of their new environment and will continue to lack positive emotional attachments or relations, since the staff is overburden, scarce, transient or emotional distant, and sometimes lack the qualifications to assist these children[64]. Furthermore, institutionalized children face an additional risk of exposure to sexual abuse and other forms of maltreatment, even within the institution[65]. To lessen this reality, priority must be given to a full and immediate assessment of the child's familiar prospects. That is, as soon as any child is institutionalized, a full and in depth assessment of the possibility of returning the child to the biological family must be initiated. The goal of the authorities must be to quickly decide if the child is to be eventually reunited with the biological family – through an effective support of the family, material and financial, and parental training – or – when the parents are unwilling and/or persistently or definitively uncappable of providing for the child and there is no extended family willing to provide for the child – to begin the adoption course, including efforts to obtain consent from the already estranged biological parents, if possible. The *limbo* state of most children in institutions is both prejudicial to the child's best interests and to the biological families, even if the child is eventually reu-

de vinculação de tipo inibido e de tipo indiscriminado em crianças institucionalizadas: comparação multi-nível com perturbações do espectro do autismo e com o síndrome de Williams, Fundação para a Ciência e a Tecnologia (PTDC/PSI-PCL/101506/2008). Yet in another study comprised of only precociously institutionalized infants showed similar results concerning changes in sensory processing. These children showed greater difficulties in hearing and language, active and passive postural control, visual skills and manipulative and cognitive competencies, DIAS, *Processamento sensorial e áreas de desenvolvimento em crianças institucionalizadas num Centro de Acolhimento Temporário*, ESSA – DTO – Dissertações, 2015, pgs. 11-25, available at http://comum.rcaap.pt.

[64] Several Portuguese studies conclude thus, but I will point your attention to the collection of essays on the matter, organized by the Portuguese Judiciary Studies Center, *Intervenção em sede de Promoção e Proteção de Crianças e Jovens*, CEJ, 2015, pgs. 121-291, available at http://www.cej.mj.pt.

[65] More than 4% of all sexual crimes against children happen within an institution, according to the Relatório Annual de Segurança Interna (RASI/2015), 2015, p. 43, available at www.portugal.gov.pt/media/18859123/20160331-rasi-2015.pdf. In 2015, APAV – Associação Portuguesa de Apoio à Vítima noted that 6% of all the crimes against children (reported directly to APAV) occurred that year happened in an institution, *Crianças e Jovens Vítimas de Crime e de Violência* [2013-2015], APAV, 2015, p. 11, available at http://www.apav.pt/apav_v3/images/pdf/Estatisticas_APAV_Criancas_Jovens_Vitimas_Crime_Violencia_2013-2015.pdf.

nited, since the estrangement already severed existent emotional bonds and makes it harder to reinstate such bonds.

It is evident that the children in the *affaire Soares de Melo* were not in an ideal childcare environment. The two older girls were faced with precocious motherhood, one at 13 and another at 16 years of age. The 13-year-old child's infant barely survived for a few months. The older children were excessively burden with house chores and care for the siblings. None of the children had adequate parent supervision or support. They all faced extreme poverty. One of the children went frequently to school so dirty that the other daycare children refused to stand by him. Quite possibly, the perception that the adequate support of these families would entail disproportionate financial costs for the State was a deciding factor throughout the administrative and judicial processes. However, the costs of child neglect or children's institutionalization are, on the long term, even greater[66]. It is also likely that, on both cases, moreover in the *affaire Soares de Melo*, those children would eventually have the bare minimum (as they eventually did). The applicant Liliana found a decent house, the children were going to school, even if not always or with great academic results, had minimally adequate clothing, feeding and medical care.

But is the bare minimum the most we can hope for these children? Can we, as a society, suffer passively that a child is being brought up on a domestic violence scenario? Can we pretend that poor nutrition, emotional or educational neglect and all that comes with poverty and social exclusion in disorganized families are just aspects of ordinary life, irrelevant for social equality and justice? Can we value such scenarios as unavoidable or unchangeable life stories for unaccountable children? Are we then justified in systemic removal of such children to a life of institutionalization with a distant and not at all assured hope of adoption? And how is poverty a family's own fault[67]? Can we systematically punish poorer fami-

[66] See, for instance, Fang/Brown/Florence/Mercy, The Economic Burden of Child Maltreatment in the United States And Implications for Prevention, Child abuse & neglect, 36, 2, 2012, pgs. 156-165 (online – doi:10.1016/j.chiabu.2011.10.006.doi:10.1016/j.chiabu.2011.10.006), available at www.ncbi.nlm.nih.gov.

[67] Poverty alone accounted for 22% of children institutionalization in a study of 2000, Crianças e Jovens que Vivem em Lar. Caracterização Sociográfica e Percursos de Vida, Instituto Para o Desenvolvimento Social, 2000, p. 47, available at www.cnpcjr.pt. The same study noted that 57% of the institutionalized children were subjected to hunger and 20% had been, at some point, homeless.

lies by severing their biological ties and breaking strong emotional bonds even if we justify it with the child's best interest?

There is one solution to most of these apparently unfathomable conflicts and it is called welfare State. The principle of human dignity in the light of one's fundamental right to form a family does not support a case approach based on the notion that a family should abstain from having children if they lack the financial resources to do so. It also does not support a case approach based on the systemic removal of children to institutions (or even foster care). And finally, it cannot support the withdrawal of the State's responsibility in the child and family's welfare. These conflicts can only be well resolved – in the light of the fundamental right to family, family privacy and the human dignity principle – if the priority on prevention and child protection relies on effective welfare intervention. The State's priority must be prevention through financial and material support to families struggling with poverty, particularly in cases of monoparental families or families with many children. Of course, such priority entails costs, both on human resources and financial. These costs cannot be perceived as excessive or futile. The costs of child maltreatment are far greater, both financially and in terms of mental health, security and quality of life. Prioritizing the investment on prevention through effective support towards families struggling with poverty and social exclusion means that we, as a society, choose to spend now and save more, much more, later. It means that we choose to break the poverty and violence cycles by giving back the resources needed by such families to overcome their dire contexts instead of just removing some of the potentially affected children to institutions (in some cases to a successful adoption) and hope for the best regarding the unknown many other children facing the same risks. It also means that we are choosing to save the greater cost of systemic poverty based discrimination and the negation of the dignity of families and children struggling with poverty.

Prestação de Cuidados de Saúde e a Idade para Consentir

Cláudia Monge*

Sumário: ***1.*** *Introdução: consentimento para a prestação de cuidados de saúde;* ***2.*** *Da capacidade para prestar consentimento; dos menores em especial;* ***3.*** *Arrimo quanto ao consentimento na prestação de cuidados de saúde a menores; propostas de solução;* ***4.*** *Proteção dos menores.*

1. Introdução: consentimento para a prestação de cuidados de saúde

O consentimento prévio e esclarecido é, no âmbito da prestação de cuidados de saúde, uma decorrência lógica e aplicação do direito fundamental à integridade moral, constitucionalmente consagrado no artigo 25º da Constituição da República Portuguesa (de ora em diante, também Constituição ou CRP).

O consentimento é expressão da vontade e realização do princípio bioético da autonomia. É a autonomia dos pacientes «que faz do consentimento a pedra de toque do Direito Biomédico»[1].

* Professora Auxiliar da Faculdade de Direito da Universidade de Lisboa, Faculdade de Direito da Universidade de Lisboa, Alameda da Universidade – Cidade Universitária 1649-014 Lisboa – Portugal, claudiamonge@fd.ulisboa.pt; Advogada.

[1] Cf. João Carlos Simões Gonçalves Loureiro, *Metáfora do Vegetal ou Metáfora do Pessoal?, Cadernos de Bio-ética*, 8, Dezembro 1994, página 39.

A autonomia e (na compreensão do seu conceito) a liberdade, a vontade e o esclarecimento são paradigmas do Direito e expressão da dignidade da pessoa humana[2].

O ponto de partida é, pois, a «invocação jurídica do princípio constitucional da dignidade» tida aqui «enquanto argumento de reforço da liberdade, da autonomia e do bem-estar individuais, portanto, a *dignidade ao lado dos direitos fundamentais*»[3] e não «enquanto argumento jurídico orientado para o impedimento ou para a inviabilização de decisões individuais ou autónomas tomadas naqueles domínios [entenda-se nos «domínios das ciências da vida, da bioética, da biomedicina e da biotecnologia»] pelos particulares interessados»[4], os pacientes.

Para efeitos da prestação de cuidados de saúde, a pessoa é chamada a decidir, de forma livre e esclarecida, sobre as intervenções a realizar sobre o seu próprio corpo.

A previsão legal e a aplicação prática da matéria do consentimento para a realização de intervenção ou tratamento médico são desenvolvimento e exercício do direito fundamental e de personalidade à integridade moral e têm, assim, reconhecimento, diretamente, no artigo 25º da Constituição da República Portuguesa. Afastamo-nos, assim, do entendimento que nega a distinção entre integridade física e integridade moral.

Denominemos *integridade moral, integridade psíquica* ou *inviolabilidade moral,* há um bem jurídico, autónomo da integridade física, a proteger.

O Direito Penal nacional, na matriz do Direito Penal austríaco, considera claramente a existência de dois bens jurídicos distintos (e assim consagra dois tipos penais distintos) e que têm uma intervenção que tem a saúde como elemento do tipo – a integridade física protegida pelo tipo penal previsto no artigo 150º do Código Penal de *intervenções ou tratamentos médico-cirúrgicos* e a integridade moral ou liberdade protegida pelo tipo penal consagrado no artigo 156º do Código Penal de *intervenções ou tratamentos médico-cirúrgicos arbitrários.* Uma intervenção no corpo não consentida, mesmo que na prossecução de uma finalidade médica e realizada

[2] Cf. Cláudia Monge, *O direito fundamental à proteção da saúde e o conteúdo da prestação pública,* Tese de doutoramento na área de especialização de Ciências Jurídico-Políticas, Faculdade de Direito da Universidade de Lisboa, 2014, página 402.

[3] Cf. Jorge Reis Novais, *A dignidade da pessoa humana, Volume I, Dignidade e Direitos Fundamentais,* Coimbra, 2015, página 10.

[4] *Ibid,* página 11.

por profissional qualificado, e fora das exceções previstas no artigo 156º, nº 2, constitui um ilícito penal – há um bem jurídico, autónomo, a defender. Mesmo que a intervenção não consentida não constitua uma agressão física ou um dano no corpo, ela merece a censura do Direito, por contrariar a autonomia e a liberdade, expressões da personalidade.

Nos termos do artigo 5º (*Regra geral*), que inicia o Capítulo II – *Consentimento* da Convenção sobre os Direitos do Homem e da Biomedicina[5]: *Qualquer intervenção no domínio da saúde só pode ser efectuada após ter sido prestado pela pessoa em causa o seu consentimento livre e esclarecido. Esta pessoa deve receber previamente a informação adequada quanto ao objectivo e à natureza da intervenção, bem como às suas consequências e riscos. A pessoa em questão pode, em qualquer momento, revogar livremente o seu consentimento.* Este preceito de Direito Internacional, vigente no ordenamento jurídico português, estabelece os normativos essenciais que caraterizam o consentimento no âmbito do Direito da Saúde: o consentimento é necessário a qualquer intervenção ou tratamento no domínio da saúde; o consentimento tem de ser esclarecido, precedido da informação adequada; o consentimento tem de ser atual, sendo livremente revogável a todo o tempo[6].

O direito do utente a receber ou recusar a prestação de cuidados de saúde que lhe é proposta está consagrado na alínea *b)* do nº 1 da Base XIV da Lei de Bases da Saúde, aprovada pela Lei nº 48/90, de 24 de agosto, e alterada pela Lei nº 27/2002, de 8 de novembro. O artigo 3º da Lei nº 15/2014, de 21 de março, em matéria de direitos e deveres dos utentes, veio expressamente prever, no seu nº 1, que *o consentimento ou a recusa da prestação dos cuidados de saúde devem ser declarados de forma livre e esclarecida,*

[5] A Convenção para a Proteção dos Direitos do Homem e da Dignidade do Ser Humano face às aplicações da Biologia e da Medicina, do Conselho da Europa, aberta a assinatura em 4 de abril de 1997. A Convenção veio a ser aprovada pela Resolução da Assembleia da República nº 1/2001, de 3 de janeiro de 2001, e ratificada por Decreto do Presidente da Assembleia da República nº 1/2001, de 3 de janeiro de 2001. A Convenção está assim em vigor no ordenamento jurídico português, em conformidade com o artigo 8º da Constituição, e contém importantes normas jurídicas, em matéria de Direito da Saúde, aplicáveis no ordenamento jurídico português.

[6] Code de la Santé Publique, que, vigente no ordenamento jurídico francês, tem sido uma referência na construção e no estudo do Direito da Saúde, determina na alínea 3 do seu artigo L.1111-4, de acordo com a lei de 4 de março de 2002, em conformidade com o artigo 5º da Convenção e em sentido próximo do seu texto, que: «-Qu'aucun acte médical ni aucun traitement ne peuvent être pratiqué sans le consentement libre et éclairé de la personne; – Et que ce consentement peut être retire à tout moment».

salvo disposição especial de lei, declarando, assim, os princípios do consentimento livre e esclarecido e ditando que, em conformidade com o disposto no artigo 18º da CRP, a restrição deste direito fundamental apenas pode ser operada por lei, devendo ser salvaguardados os demais requisitos para a constitucionalidade dessa restrição ao abrigo do referido artigo 18º e nos termos estritos em que, em sede de conflito normativo, se admite a derrotabilidade de normas de direitos fundamentais. O nº 2 do artigo 3º da referida Lei nº 15/2014 reproduz a regra já vigente nos termos do artigo 5º da Convenção sobre os Direitos do Homem e da Biomedicina, ao prever que o *utente dos serviços de saúde pode, em qualquer momento da prestação dos cuidados de saúde, revogar o consentimento.*

O consentimento para uma intervenção ou tratamento médico para ser válido deve ser prévio, livre e esclarecido. Pode, aliás, ser entendido que um consentimento para ser livre tem de ser necessariamente esclarecido.

Atualmente os nossos tribunais reconhecem já que a violação do consentimento informado constitui facto ilícito autónomo gerador de responsabilidade civil[7]. Nesse sentido o Acórdão do Supremo Tribunal de Justiça, de 2 de junho de 2015 (Processo 1263/06.3TVPRT.P1.S1)[8] que invoca que «O consentimento do paciente é um dos requisitos da licitude da atividade médica (artigos 5º da CEDHBioMed e 3º, nº 2 da Carta dos Direitos Fundamentais da União Europeia) e tem que ser livre e esclarecido para gozar de eficácia: se o consentimento não existe ou é ineficaz, a atuação do médico será ilícita por violação do direito à autodeterminação e correm por sua conta todos os danos derivados da intervenção não autorizada»[9].

[7] Cf. André Gonçalo Dias Pereira, *A consagração do direito ao consentimento informado na jurisprudência portuguesa recente,* in *Direito da Saúde, Estudos em homenagem ao Prof. Doutor Guilherme de Oliveira, Volume 3 Segurança do Paciente e Consentimento Informado,* (coord. André Dias Pereira, João Loureiro e Carla Barbosa), Coimbra, 2016, página 166. No sentido ainda do dano específico da falta de consentimento, *vide* em especial, miguel assis raimundo, *Consentimento informado e responsabilidade,* in *Responsabilidade na Prestação de Cuidados de Saúde, Jornadas de Reflexão,* e-book Instituto de Ciências Jurídico-Políticas da Faculdade de Direito da Universidade de Lisboa, (coord. Carla Amado Gomes, Miguel Assis Raimundo e Cláudia Monge), 2014, páginas 73 a 95, em especial página 92 e 93.

[8] Disponível em http://www.dgsi.pt/jstj.nsf/954f0ce6ad9dd8b980256b5f003fa814/13c2cea356c7279080257e590036948b?OpenDocument&Highlight=0,consentimento,informado,lipoaspira%C3%A7%C3%A3o

[9] Cf. André Gonçalo Dias Pereira, *A consagração do direito ao consentimento informado na jurisprudência portuguesa recente, cit.,* página 167, que destaca a importância deste Acórdão.

Por efeito do «enraizamento da chamada doutrina do consentimento informado» (...) verifica-se na expressão empregue no Acórdão do Supremo Tribunal de Justiça, de 15 de outubro de 2009 (Processo 08B1800), «uma tomada de consciência colectiva sobre a necessidade de elevar o estatuto do paciente, tendo-se este tornando finalmente um parceiro visível, afirmativo, livre e consciente, no contexto de prestação de cuidados de saúde, perspectivando-se para o paciente, uma real majoração da sua autonomia»[10].

Como qualquer expressão da vontade, o consentimento pressupõe, pois, dois elementos essenciais: esclarecimento e liberdade[11].

Na verdade, o consentimento no quadro de prestação de cuidados de saúde materializa-se nas seguintes afirmações essenciais: o consentimento tem de ser prévio, prévio à prestação do cuidado, tratamento ou intervenção, e tem de ser informado, ou seja, a prestação de consentimento tem de ser precedida do cumprimento do dever de informação pelo profissional de saúde; o consentimento, para que seja validamente considerado como expressão da vontade, deve ser livre e esclarecido. O esclarecimento é condição de liberdade. A ignorância obvia a liberdade do agir. O paciente só poderá validamente decidir com liberdade e o exercício da liberdade pressupõe conhecimento[12].

[10] Disponível em http://www.dgsi.pt/jstj.nsf/954f0ce6ad9dd8b980256b5f003fa814/5e9af97caf3a393e802576540059562З?OpenDocument&Highlight=0,%C3%A1lvaro,rodrigues, consentimento

[11] *Vide, v.g., Consentimento Informado – Relatório Final,* Entidade Reguladora da Saúde, maio de 2009, disponível em http://www.ers.pt/uploads/writer_file/document/73/Estudo-CI.pdf que descreve, a páginas 3, que: «O conceito de consentimento informado é composto por dois componentes fundamentais: *a)* Compreensão; *b)* Livre consentimento. Conjuntamente, estes dois conceitos, quando assumidos pelo doente, são a garantia de que qualquer decisão assenta nos pressupostos de auto-responsabilização e liberdade de escolha».

[12] No entanto, se o paciente manifestar que não pretende receber informação, a sua vontade tem de ser respeitada. Nesse sentido, André Gonçalo Dias Pereira, *Direitos dos Pacientes e Responsabilidade Médica*, Coimbra, 2015, página 515, quando destaca: «O paciente pode renunciar à informação. (...) Temos, assim, a afirmação do *direito a não saber,* como dimensão do princípio da autonomia da pessoa, e que se encontra expressamente previsto no art. 10º, nº 3, CDHBio». No mesmo sentido estabelece o nº 3 do artigo 25º do Código Deontológico da Ordem dos Médicos aprovado pelo Regulamento nº 707/2016, de 20 de maio de 2016, publicado no Diário da República, 2ª série, nº 139, 21 de julho de 2016, que estabelece que: *A informação não pode ser imposta ao doente, pelo que não deve ser prestada se este não a desejar.* No entanto, salvaguarde-se que: «O consentimento em branco, ou seja, em que o paciente não quer conhecer as circunstâncias do diagnóstico ou tratamento, nem decidir sobre as possíveis alternativas, é admissível, mas impõe ao médico um especial dever de confirmação da vontade

Assim, é reconhecido o dever de informação, que incide sobre o profissional de saúde respetivo, como instrumental do consentimento prévio, livre e esclarecido. Este é um dever legal e contratual. O princípio fundamental que sustenta a existência deste dever e do correspondente direito é o mesmo que preside à cominação de sanção civil, através de desvalores jurídicos, dos vícios da vontade – a autonomia, a liberdade, o esclarecimento.

Determina o artigo 5º da Convenção sobre os Direitos do Homem e da Biomedicina a «pessoa deve receber previamente a informação adequada quanto ao objetivo e à natureza da intervenção, bem como às suas consequências e riscos», estabelecendo-se dessa forma a referida instrumentalidade da informação face ao consentimento. Têm os utentes, como descreve a alínea *e)* do nº 1 da Base XIV da Lei de Bases da Saúde, o *direito a ser informados sobre a sua situação, as alternativas possíveis de tratamento e a evolução do seu estado.*

O dever de informação, prévio ao dever de obtenção de um consentimento esclarecido, corresponde ao «esclarecimento de autodeterminação» na expressão de Ulsenheimer, abrangendo quer o «esclarecimento diagnóstico» quer o «esclarecimento sobre o risco»[13]. Destes se distingue o «esclarecimento terapêutico» ou «esclarecimento garantia» – neste está em primeiro plano, não a realização da autonomia do paciente, mas sim a garantia ou continuidade de cuidados, a prestação pelo médico de conselhos, instruções ou recomendações com vista à recuperação do paciente[14]. O «esclarecimento de autodeterminação» é instrumental do consentimento livre e esclarecido. O «esclarecimento terapêutico» constitui dever acessório da proteção da segurança, da vida, da saúde ou da integridade física do paciente.

do paciente em face de cada novo ato médico ou conjunto autónomo de atos médicos, para além da documentação da renúncia ao esclarecimento» (Paulo Pinto de Albuquerque, *Comentário do Código Penal à luz da Constituição da República e da Convenção Europeia dos Direitos do Homem*, 3ª ed., Lisboa, 2015, página 618; cf. ainda João Vaz Rodrigues, *Consentimento Informado para o acto médico no ordenamento jurídico português*, Coimbra, 2001, a páginas 353, a propósito da «apreciação da validade de um consentimento prestado "em branco"», que entende ser «de aceitar este exercício de liberdade, após insistência em informar, quando o paciente, confrontado com o exercício do seu direito de escolha persista e consigne a sua opção, ou esta seja testemunhada, e reiteradamente, para cada acto médico com alguma autonomia que, eventualmente, se venha a processar»).

[13] Cf. Klaus Ulsenheimer, *Arztstrafrecht in der Praxis*, 4. ed, Heidelberg, 2008, página 101.

[14] Ibid.

A informação deve permitir ao paciente apreciar a relação benefício--risco quanto à intervenção[15].

O direito à integridade moral dos pacientes tem assim como contra face o cumprimento do dever de informação e esclarecimento pelos profissionais de saúde e o dever de obtenção do consentimento em momento prévio à prestação do cuidado, tratamento ou intervenção.

Nos termos do artigo 157º (*Dever de esclarecimento*) do Código Penal resulta claro como requisito de eficácia do consentimento nas intervenções médico-cirúrgicas o esclarecimento do doente (*o consentimento só é eficaz quando o paciente tiver sido devidamente esclarecido), sobre o diagnóstico e a índole, alcance, envergadura e possíveis consequências da intervenção ou do tratamento, salvo se isso implicar a comunicação de circunstâncias que, a serem conhecidas pelo paciente, poriam em perigo a sua vida ou seriam suscetíveis de lhe causar grave dano à saúde, física ou psíquica*[16].

Em suma, sem consentimento do paciente, nos termos constantes dos artigos 156º e 157º do Código Penal, não subsiste o direito de exercer medicina. Como descreve Cavaleiro Ferreira, «o exercício do direito é que é condicionado pelo consentimento do paciente (assentimento), sua pre-

[15] Cf. Marie-Laure Moquet-Anger, *Droit Hospitalier*, 4e éd., Paris, 2016, página 374.

[16] A ressalva deve ser entendida de acordo com o denominado "privilégio terapêutico". A parte final do artigo 157º do Código Penal é, assim, uma cláusula de salvaguarda, um «nítido *favor vitae vel salutis*, perfeitamente consentâneo com a dignidade da pessoa humana» como explica Álvaro da Cunha Gomes Rodrigues, *A Negligência Médica Hospitalar na Perspectiva Jurídico-Penal, Estudo sobre a Responsabilidade criminal médico-hospitalar*, Coimbra, 2013, página 43. O que o legislador procura acautelar é a «própria vida do indivíduo, sem o que não fará sentido, sequer, falar em direito à autodeterminação do paciente» (*Ibid*). Importa ainda considerar o R.4127-35 do Code de la Santé Publique francês que prevê expressamente que «Un pronostic fatal ne doit être révélé qu'avec circonspection, mais les proches doivent en être prévenus, sauf exception ou si le malade a préalablement interdit cette révélation ou désigné les tiers auxquels elle doit être faite». À luz da formulação do artigo 157º do Código Penal, deve ser entendido que «[d]iante de uma situação de perigo para a vida ou de grave dano para a saúde física ou psíquica do doente, decorrente do cumprimento do dever de esclarecimento, o médico pode restringir o âmbito das informações transmitidas ao doente ou mesmo omitir essas informações» (cf. Paulo Pinto de Albuquerque, *Comentário do Código Penal à luz da Constituição da República e da Convenção Europeia dos Direitos do Homem, cit.*, página 619). Por fim refira-se, seguindo Ulsenheimer, que quando vida e saúde do paciente estão colocados seriamente em risco pela comunicação de um diagnóstico grave e estiver eminente um "prejuízo de saúde não reparável" o esclarecimento de diagnóstico pode ser limitado ou completamente omitido por ponderações terapêuticas (cf. Klaus Ulsenheimer, *Arztstrafrecht in der Praxis, cit.*, página 104).

sunção (ou dispensa) nos termos dos arts. 158º e 159º (actualmente, artigos 156º e 157º), ou, o que é o mesmo, a falta de anuência é fundamento da ilicitude do facto, circunstância essencial do facto ilícito»[17]. Os artigos 156º e 157º do Código Penal são preceitos legais que, no quadro nacional e de ordem interna, constituem regulações cientificamente avançadas em matéria de consentimento. O tipo penal previsto no artigo 156º coloca a questão do consentimento em sede própria – a da integridade moral, a da autonomia e da liberdade. O bem jurídico violado é o da integridade moral. No artigo 156º, cuja fonte, enquanto tipo especial, é o § 110º (*Eigenmächtige Heilbehandlung*) do StGB austríaco, o bem jurídico protegido é a liberdade de decisão da pessoa submetida a intervenção ou tratamento médico-cirúrgico[18/19].

A falta do consentimento é elemento do tipo – com consentimento, livre e esclarecido, para a intervenção ou tratamento médico-cirúrgico não se verifica o tipo penal do artigo 156º[20]. Entendemos que, nos termos do artigo 156º do Código Penal, o consentimento não é causa de justificação

[17] Cf. Manuel Cavaleiro de Ferreira, Lições de Direito Penal, Parte Geral, I – A Lei Penal e a Teoria do Crime no Código Penal de 1982, II – Penas e Medidas de Segurança, 2010 (Parte Geral I, reimpressão da 4ª edição de Setembro de 1992; II, reimpressão da edição de Janeiro de 1989), páginas 256 e 257.

[18] Cf. Paulo Pinto de Albuquerque, *Comentário do Código Penal à luz da Constituição da República e da Convenção Europeia dos Direitos do Homem, cit.*, página 614.

[19] A propósito do § 110 do Código Penal austríaco, também ele no «capítulo reservado aos atentados à liberdade», *vide* Manuel da Costa Andrade, *Consentimento e acordo em Direito Penal (contributo para a fundamentação de um paradigma dualista)*, Coimbra, 1991, páginas 449 e 450. O Ilustre Professor destaca, como nota que distingue «o direito português das soluções perfilhadas pelo Código Penal austríaco», a «congruência e implicação entre as duas incriminações sediadas em capítulos diferentes», referindo-se aos artigos 150º e 156º, naturalmente. Aderimos ao paradigma dualista e não monista de consentimento por considerarmos a integridade física a integridade moral como bens fundamentais distintos.

[20] Como explica Paulo Pinto de Albuquerque, «o tipo objetivo consiste na intervenção ou tratamento por médico ou por outra pessoa legalmente autorizada com finalidade terapêutica, não consentida pelo sujeito passivo da intervenção» e, nos termos deste preceito do Código Penal, «o consentimento é um verdadeiro acordo, na medida em que exclui logo a tipicidade» (*Comentário do Código Penal à luz da Constituição da República e da Convenção Europeia dos Direitos do Homem, cit.*, página 615). Como sumaria o Ilustre Professor, a propósito da anotação ao artigo 38º: «A lei penal consagra o modelo dualista do consentimento, isto é, o consentimento pode relevar logo ao nível da tipicidade, como causa de exclusão da tipicidade, ou pode relevar ao nível da ilicitude, como causa de justificação. Neste caso, designa-se por consentimento em sentido estrito, naquele caso designa-se por acordo» (ibid., página 263).

mas antes, e desde logo, elemento negativo do tipo penal. Verificando-se que foi prestado o consentimento, válido porquanto livre e esclarecido, não há ilícito penal, logo não carece de fundamento o apelo à causa de justificação do artigo 38º do Código Penal. No tipo penal previsto no artigo 156º o bem jurídico protegido é a liberdade, o direito subjetivo à integridade moral, a autodeterminação sobre o seu próprio corpo[21], e o consentimento opera como «acordo»[22]. Ora, «o acordo (*Einverständnis*) é causa de exclusão da tipicidade nos crimes em que a ação contra a vontade do lesado é elemento do tipo objetivo do crime e a autodeterminação da vontade do titular do direito é o próprio e único objeto de proteção da norma penal, pois a ação não é *in se* socialmente desvaliosa» [23]. Na expressão de OHLY, a

[21] Cf. CLÁUDIA MONGE, "Contributo para o estudo do Direito da Saúde: a prestação de cuidados de saúde" (Tese de Mestrado em Ciências Jurídico-Políticas, Faculdade de Direito da Universidade de Lisboa 2002), página 240.

[22] *Vide* nota 20.

[23] Cf. PAULO PINTO DE ALBUQUERQUE, *Comentário do Código Penal à luz da Constituição da República e da Convenção Europeia dos Direitos do Homem, cit.*, página 263. Acrescenta o Autor, com relevância para a matéria em apreço: «o acordo não está sujeito à cláusula dos "bons costumes", nem ao limite da idade do portador do bem jurídico» (ibid, página 264). Recorda-se que o consentimento enquanto causa de justificação exige, nos termos do nº 1 do artigo 38º do Código Penal, que os interesses jurídicos sejam livremente disponíveis e que o facto não ofenda os bons costumes. Assim, o consentimento do artigo 38º «só é eficaz se os bens jurídicos individuais forem também livremente disponíveis pelo seu titular. Indisponíveis são os bens jurídicos supra-individuais (como sucede na generalidade dos crimes de perigo abstracto) e o bem jurídico da vida e outros direitos de personalidade elementares (...)» (ibid., página 195). Quanto à responsabilidade e em sentido contrário, *vide* ANDRÉ GONÇALO DIAS PEREIRA, *Direitos dos Pacientes e Responsabilidade Médica, cit.*, página 447, que entende de aplicar o regime do artigo 342º, nº 2, do Código Civil ao consentimento do paciente como operando como causa de exclusão da ilicitude. Apesar de não perfilharmos esse entendimento, atenta a distinção entre consentimento acordo e consentimento causa de exclusão da ilicitude, reconhecemos o efeito prático de vantagem na perspetiva dos direitos dos pacientes invocado pelo Ilustre Professor através da aplicação do regime do ónus da prova estabelecido no artigo 342º nº 2, do CC. Essa vantagem é alcançada, porém, também pela defesa de dever específico e de que a sua violação gera a aplicação do regime da responsabilidade contratual, com a consequente inversão do ónus da prova nos termos do artigo 799º do Código Civil. Seguindo o entendimento de FIGUEIREDO DIAS e SINDE MONTEIRO, o doente não é em relação à entidade hospitalar, nem, acrescentamos, em relação ao médico prestador do cuidado de saúde, «um estranho a quem apenas compita o genérico direito a não ver violada a sua integridade física ou moral; é alguém que tem positivamente direito a um certo número (e qualidade de cuidados)» (cf. JORGE FIGUEIREDO DIAS e JORGE SINDE MONTEIRO, *Responsabilidade Médica em Portugal*, in *Boletim do Ministério da Justiça, nº 332, 1984*, páginas 48 e 49).

ação consentida não é agressão à esfera de liberdade protegida através do direito subjetivo. O consentimento é antes, sim, exercício do direito subjetivo[24]. O consentimento por referência ao direito pessoal à integridade moral corresponde a uma manifestação «dos poderes de uso e de fruição dos bens de personalidade por parte do seu titular»[25].

No artigo 156º, «trata-se, concretamente, de um caso de acordo-que-‑exclui-a-tipicidade»[26], de consentimento «acordo» (*Einverständnis*) e não de consentimento (*Einwilligung*) enquanto causa de justificação[27]. No artigo 156º do Código Penal, é a própria autodeterminação, é a própria integridade moral enquanto bem da pessoa, o bem jurídico protegido, pelo que não há conflito a dirimir. A conduta que se insere na previsão do artigo 156º parte de uma situação fáctica de que não há uma conduta desvaliosa, designadamente não há um crime de ofensa à integridade física, pois são as pessoas indicadas no artigo 150º (o médico ou outra pessoa legalmente autorizada) e para as finalidades descritas no artigo 150º (prevenir, diagnosticar, debelar ou minorar a doença, sofrimento, lesão ou fadiga corporal), ou seja, a qualificação e habilitação do agente para intervir e a finalidade terapêutica, elementos de atipicidade do crime do artigo 150º do Código Penal, estão preenchidos.

O consentimento exige, pois, liberdade e esclarecimento.

O consentimento é uma declaração de vontade. São, por isso, aplicáveis as normas jurídicas que regulam a declaração de vontade, como seja o artigo 217º do Código Civil; como serão aplicáveis os preceitos dedicados à falta e vícios da vontade e terá incidência a dogmática que se tem desenvol-

[24] Cf. Ansgar Ohly, *"Volenti non fit iniuria" Die Einwilligung im Privaterecht*, Jus Privatum, Beiträge zum Privatrecht, Tübingen, 2002, página 197

[25] Cf. Rabindranath V. A. Capelo de Sousa, *O Direito Geral de Personalidade*, Coimbra, 1995, página 397. Lembrando o Autor, salienta-se ainda que: «é curial que da natureza do bem global da personalidade humana decorram faculdades ou competências de acção (*Handlungsbefugnisse*) e de omissão (*Unterlassungsbefugnisse*), estruturantes ou dinamizadoras dessa personalidade». Ora, a declaração de consentimento ou de dissentimento são manifestação dinâmica do exercício do direito de personalidade à integridade moral.

[26] Cf. Manuel da Costa Andrade, *Anotação ao artigo 150º in Comentário Conimbricense do Código Penal, Parte Especial, Tomo I, artigos 131º a 201º*, dirigido por Jorge Figueiredo Dias, Coimbra, 2012, página 601.

[27] Na expressão de Mafalda Francisco Matos, in *O problema da (ir)relevância do consentimento dos menores em sede de cuidados médicos terapêuticos, Uma perspectiva jurídico-penal,* Coimbra, 2013, página 41, «o acordo livre e esclarecido, não vem representar uma sacrificar do bem jurídico protegido mas, *a contrario*, a sua realização».

vido a propósito dos artigos 240º e seguintes do Código Civil e em torno dos vícios que afetam a formação da vontade. A vontade como manifestação da autonomia e exercício do direito à integridade moral pode não existir (e, nesse caso, esta matéria beneficia da temática dos vícios que traduzem falta de vontade), ou existir mas ter sido deficientemente formada, por falta de liberdade, ou por falta de esclarecimento ou por falta de ambos.

Enquanto exercício de um direito fundamental que tutela um bem de personalidade, a integridade moral, o consentimento deve ser pessoal e livremente exercido. Assim se impõe a regra de que é o sujeito, titular do bem de personalidade, que deve decidir sobre uma intervenção sobre o seu corpo. Como enuncia André Gonçalo Dias Pereira, «dada a natureza pessoalíssima do bem jurídico em jogo, de que apenas o paciente é titular, é naturalmente este quem tem o direito de consentir na intervenção médica, sempre e quando a sua capacidade de julgamento e discernimento o permita», assim, «o exercício do direito à autodeterminação nos cuidados de saúde» «deve ser regido pelo princípio da autonomia» [28]. Se o paciente é «competente para prestar o consentimento», é ele e «em princípio, só ele» que o deve prestar[29].

Assim, salvo situações de restrição à capacidade de exercício e do seu suprimento nos termos que resultem do quadro normativo vigente, o consentimento deve ser prestado pelo próprio paciente.

Atento o enquadramento descrito, analisemos, pois, em especial da prestação de cuidados de saúde quando o destinatário dos cuidados é um menor, sem perder de vista que a autonomia é expressão da dignidade da pessoa humana e valor intrínseco da sua pessoa, e que, como salienta Jorge Miranda, «a dignidade não pressupõe capacidade (psicológica) de autodeterminação e dela não estão privadas as crianças, as quais beneficiam de protecção da sociedade e do Estado (art. 69º) (leia-se da Constituição da República Portuguesa de 1976), nem os portadores de anomalia psíquica art. 27º, nº 3, alínea *h)*» (leia-se, igualmente, da Constituição)[30].

[28] Cf. André Gonçalo Dias Pereira, *O Consentimento Informado na relação médico-paciente*, Estudo de Direito Civil, Coimbra, 2004, página 206.

[29] Cf. Figueiredo Dias e Jorge Sinde Monteiro, *Responsabilidade Médica em Portugal, cit.*, página 71.

[30] Cf. Jorge Miranda, *A dignidade da pessoa humana e a unidade valorativa do sistema de direitos fundamentais*, in *Estudos em Homenagem ao Prof. Doutor Martim de Albuquerque, Volume I*, Lisboa, 2010, página 945.

Os menores, bem como os maiores incapazes, possuem, obviamente, num Estado de Direito democrático e regido pelo princípio da dignidade da pessoa humana e por valores que pautam uma sociedade justa, personalidade jurídica e capacidade jurídica e beneficiam do reconhecimento e tutela dos direitos de personalidade. A menoridade e outras situações fáticas que determinam uma menor capacidade natural ditam antes a necessidade de maior proteção pelo Direito e consagração legal de instrumentos jurídicos que salvaguardem uma tutela acrescida com vista a uma efetiva proteção e a uma igualdade real, em dignidade e em direitos[31].

2. Da capacidade para prestar consentimento; dos menores em especial

Quando analisamos da prestação de cuidados de saúde no caso em que o destinatário dos cuidados é um menor, o problema a dirimir é desde logo o de saber se a capacidade exigida para a expressão da vontade para uma intervenção ou tratamento médico corresponde à capacidade civil. Darão o Direito Civil e o Direito da Saúde a mesma resposta neste domínio? Temos observado que a evolução deste último (na nossa perspetiva ramo autónomo do Direito[32]) nem sempre tem acompanhado as premissas do Direito Civil. Haverá neste âmbito coincidência ou afastamento?

Todavia, a questão por confronto com o Direito Civil tem de ser colocada com rigor, pois dos artigos 122º e 123º do Código Civil não resulta uma incapacidade genérica de exercício antes dos dezoito anos[33]. Para

[31] Cf. CLÁUDIA MONGE, *O direito fundamental à proteção da saúde e o conteúdo da prestação pública, cit.*, página 461.

[32] Cf. CLÁUDIA MONGE, "Contributo para o estudo do Direito da Saúde: a prestação de cuidados de saúde" (Tese de Mestrado em Ciências Jurídico-Políticas, Faculdade de Direito da Universidade de Lisboa 2002). *Vide* em especial, a propósito do Direito da Saúde como ramo do Direito autónomo, páginas 91 a 94.

[33] Veja-se ainda, como salienta ROSA MARTINS, *Menoridade, (In)capacidade e cuidado parental*, Coimbra, 2008, página 15, que: «A qualificação pela lei de um sujeito como menor ou maior de idade tem a sua razão de ser na natureza do processo e amadurecimento paulatino do ser humano. Na verdade, o estádio de desenvolvimento do ser humano está intimamente ligado à idade cronológica do sujeito. E as distintas consequências que a lei assinala à menoridade e à maioridade só não podem qualificar-se de discriminatórias e lesivas do princípio da igualdade na medida em que decorram da base antropológica referida, que o respeito da natureza e da dignidade humanas pressupõem».

compreender a especificidade de obedecer ao dever legal, contratual e deontológico de assegurar o consentimento prévio do paciente quando o paciente é um menor à luz da lei civil, entendemos ser de partir dos quadros concetuais e legais do estudo das pessoas singulares e da distinção entre personalidade, capacidade jurídica e capacidade de exercício.

O titular do direito fundamental, do bem jurídico de personalidade, do direito subjetivo de personalidade, do direito à integridade moral, é o menor. O menor – sujeito sobre que recai a intervenção ou tratamento médico-cirúrgico, independentemente do modelo ou natureza da prestação de cuidados de saúde – é o destinatário do cumprimento do dever legal e contratual do médico. São do menor os bens jurídicos a proteger e o cumprimento da relação obrigacional complexa de cuidados só será cabal e adequadamente satisfeito se essa situação jurídica passiva de obtenção de um consentimento prévio e esclarecido for observada com a tutela dos direitos do menor e forem cumpridos esses deveres acessórios ou as prestações que têm como destinatário de proteção o menor.

O consentimento necessário e esclarecido dá lugar a uma situação jurídica ativa autónoma, distinta da obrigação principal, sem que deixe de estar naturalisticamente conexa com a obrigação principal de tratamento ou de cuidados de saúde. Se o destinatário da execução da obrigação principal, a prestação de cuidados de saúde, é o menor, o exercício das demais situações jurídicas passivas e as correlativas situações ativas também devem ter por referência e destinatário de proteção legal e contratual o menor. Isto significa que não se trata de um problema de personalidade jurídica – o menor tem indiscutivelmente personalidade jurídica, como é evidente, enquanto pessoa e ser humano; não é um problema de titularidade, sujeito da situação jurídica ativa que resulta da norma de direitos fundamentais constante do artigo 25º, nº 1, da Constituição, o direito fundamental à integridade moral, o titular do direito de personalidade que faz discorrer o dever específico de obtenção do consentimento prévio, livre e esclarecido, que tem natureza legal e natureza contratual, é o menor, o interesse a proteger é o do menor; não é um problema de capacidade jurídica, o menor não só é suscetível de ser titular de direitos e obrigações, como é o titular do direito fundamental e de personalidade tutelado, é sim e apenas uma questão de capacidade de exercício, o mesmo é dizer: é preciso analisar se o menor tem capacidade, para, por si, pessoal e livremente, exercer o direito fundamental à integridade moral, o direito subjetivo de personalidade à integridade moral, e decidir, livre e autonomamente, sobre o seu estado de saúde ou se, ao invés, há uma restrição à capacidade de exercício em razão da sua menoridade e o exercício do seu direito tem de ser realizado através de um seu representante.

É emblemática a forma clara com que Walter Osswald coloca a questão da idade para consentir, que aqui parafraseamos: «É óbvio que uma criança de pouca idade se não encontra em condições de optar, mas até quando se verificará tal incapacidade? Até aos 18 anos (ou até à emancipação), momento em que se torna maior?»[34].

Por outro lado, salvaguarda-se que capacidade ou competência autónoma para decidir não se confundem com participação ou envolvimento no processo de decisão. Walter Osswald salienta que «hoje reconhece-se que um adolescente ou uma criança de 10-12 anos é já capaz de colaborar no processo de decisão e que, não deve, de todo, ser tomado como participante passivo em todo o processo: deve ser informado e escutado, a sua opinião conta, embora não possa ser decisória»[35].

Neste sentido dispõe o artigo 6º, nº 2, da CDHB, que: *Sempre que, nos termos da lei, um menor careça de capacidade para consentir numa intervenção, esta não poderá ser efectuada sem a autorização do seu representante, de uma autoridade ou de uma pessoa ou instância designada pela lei. A opinião do menor é tomada em consideração como um factor cada vez mais determinante, em função da sua idade e do seu grau de maturidade.*

Em traços gerais e sumários, este preceito remete para os Estados signatários a determinação de qual a idade de capacidade para consentir e fixa que, quando o menor careça de capacidade (o mesmo é admitir e não excluir que a idade para consentir possa não coincidir com a maioridade), o instrumento é o do suprimento dessa incapacidade, através de representante, autoridade ou pessoa ou instância designada pela lei.

E são, de facto, díspares as soluções adotadas nos diferentes países quanto ao consentimento para a prestação de cuidados de saúde realizada a menores.

Em geral, dois critérios materiais se prefiguram como possíveis: *i)* um que atenda a uma idade, normativamente fixada, que pode ou não coinci-

[34] Cf. Walter Osswald, *Limites do consentimento informado*, in *Estudos de Direito da Bioética, Vol. III*, Coimbra, 2009, página 155.
[35] *Ibid.*

dir com a maioridade civil; *ii)* um outro que ordene que se considere em concreto a maturidade e discernimento do menor[36], sendo certo ainda que o primeiro, quando estabeleça para efeitos de consentimento para a prestação de cuidados de saúde uma idade inferior à maioridade civil, pode entabular como cláusula de salvaguarda que esteja verificada em concreto a maturidade e discernimento do menor.

A nossa lei não regula expressamente a idade juridicamente relevante para o acordo para a prestação de cuidados de saúde[37]. Podia tê-lo feito recentemente na Lei nº 15/2014, de 21 de março (que veio consolidar a legislação em matéria de direitos e deveres do utente dos serviços de saúde, como assim na mesma declarado), mas então limitou-se o legislador a estabelecer no artigo 11º, sob a epígrafe *Menores e incapazes*, que «A lei deve prever as condições em que os representantes legais dos menores e incapazes podem exercer os direitos que lhes cabem, designadamente o de recusarem assistência, com observância dos princípios constitucionais», quando

[36] Nesse sentido GERALDO ROCHA RIBEIRO quando, no seu importante trabalho sobre a resposta à pergunta quem decide pelos menores, conclui que «a afirmação da maioridade para prestar consentimento para actos médicos não depende de critérios rígidos, nem se pode bastar com o recurso à idade» e que «será em função de cada caso que se determinará o grau de reconhecimento de autodeterminação ao menor ou a necessidade de protecção e legitimação da intervenção dos pais ou do Estado», sendo certo que «em qualquer dos casos, porém, o menor é um sujeito de plenos direitos que têm em última instância o direito a participar e a ser informado do processo de decisão sobre a sua vida e integridade pessoal» (cf. GERALDO ROCHA RIBEIRO, *Quem decide pelos menores? Algumas notas sobre o regime jurídico do consentimento informado para actos médicos*, in *Lex Medicinae, Revista Portuguesa de Direito da Saúde, Ano 7, nº 14 – Julho a Dezembro 2010*, página 138). *Vide* com especial interesse também MAFALDA FRANCISCO MATOS, in *O problema da (ir)relevância do consentimento dos menores em sede de cuidados médicos terapêuticos, Uma perspectiva jurídico-penal, cit.*, página 134, quando conclui que «a autodeterminação dos menores não se encontra directamente relacionada com a idade que o menor detém» e defende que «o chamado *teste de aferição de capacidade*» «venha a ser adoptado legalmente, como ferramenta integradora no novo número proposto para o artigo 156º».

[37] Codificações civis regularam no seu âmbito diretamente essa matéria, como o Código Civil da Catalunha que determina expresamente que: «Las personas mayores de dieciséis años y las menores que tengan una madurez intelectual y emocional suficiente para comprender el alcance de la intervención en su salud deben dar el consentimiento por sí mismas, salvo en los casos en que la legislación de ámbito sanitario establece otra cosa». Também o BGB (*Bürgerliches Gesetzbuch*), com as alterações introduzidas pela Lei nº 12/2009 (*Das Patientenverfügungsgesetz*), trouxe a matéria do consentimento para a prestação de cuidados de saúde para o âmago da codificação civil. Em países da União Europeia como a Bélgica e os Países Baixos a idade juridicamente relevante é mesmo inferior a 16 anos.

podia, assim, através de Lei, em obediência ao artigo 165º, nº 1, alínea *b)*, da Constituição da República, fazê-lo[38].

O nº 3 da Base XIV da Lei de Bases da Saúde que dispõe que «Relativamente a menores e incapazes, a lei deve prever as condições em que os seus representantes legais podem exercer os direitos que lhes cabem, designadamente o de recusarem a assistência, com observância dos princípios constitucionalmente definidos», está, pois, assim, ainda por regular[39].

Devia o legislador nacional fazê-lo, regulando expressa e inequivocamente essa matéria, e quanto à questão em análise estabelecer qual o critério material a adotar para a relevância do consentimento prestado pelo menor.

Assim importa estabelecer tanto mais que, sem prejuízo do citado nº 2 do artigo 6º da Convenção dos Direitos do Homem e da Biomedicina vigente no ordenamento jurídico português, no Direito Português não há uma articulação legalmente estabelecida entre as disposições no domínio de diplomas legais que têm a prestação de cuidados de saúde como objeto e os regimes de restrições à capacidade de exercício consagrados no Código Civil, assim como há soluções distintas entre si mesmo no domínio de matérias que têm a saúde como objeto.

Se é certo que a maioridade civil é adquirida aos dezoito anos, nos termos do artigo 122º do Código Civil, também é importante não olvidar que a menoridade não é uma incapacidade geral e que dita antes apenas

[38] O Projeto de Lei nº 788/X apresentado pelo Grupo Parlamentar do Partido Socialista à Assembleia da República (disponível no Diário da Assembleia da República, II série A, nº 124/X/4, de 28.05.2009, e cuja iniciativa legislativa caducou em 14.10.2009, com a mudança da legislatura, após eleições), relativo aos Direito dos doentes à informação e ao consentimento informado regulava expressamente, no seu artigo 13º, dedicado à *Representação de crianças e jovens*, que: *1. As crianças e jovens são representadas pelos seus representantes legais. 2. No âmbito da presente lei, a partir dos doze anos, o jovem deve ser informado, na medida das suas capacidades de entendimento, e a sua opinião deve ser tomada em consideração como um factor cada vez mais determinante, em função da sua idade e do seu grau de maturidade. 3. Sem embargo do que está previsto em legislação especial, o jovem com idade igual ou superior a dezasseis anos, que possua capacidade de entendimento do sentido e alcance da sua decisão, tem o direito de consentir ou de recusar a intervenção médica, desde que esta não implique risco elevado de incapacidade grave ou de morte. 4. Nos casos previstos na parte final do número anterior, a autorização é prestada pelos representantes legais, salvo o exercício do direito de veto pelo jovem.*

[39] Nesse sentido e no sentido de que o referido Projeto de Lei nº 788/X visava colmatar essas lacunas, André Gonçalo Dias Pereira, *Direitos dos Pacientes e Responsabilidade Médica, cit.*, página 191.

restrições à capacidade de exercício e que há relevantes domínios da vida pessoal e patrimonial dos sujeitos para os quais o legislador nacional estabeleceu como juridicamente relevante uma idade inferior à da capacidade civil.

Desde logo no artigo 127º do Código Civil (de ora em diante também CC), que releva sobretudo no domínio patrimonial, é estabelecido que o menor pode validamente celebrar: atos de administração ou de disposição de bens que o maior de 16 anos haja adquirido por seu trabalho; negócios jurídicos da vida corrente que, estando ao alcance da sua capacidade natural, só impliquem despesas ou disposições de bens de pequena importância; negócios jurídicos relativos à profissão, arte ou ofício que o menor tenha sido autorizado a exercer, ou os praticados no exercício dessa profissão, arte ou ofício.

Também com relevo patrimonial estabelece o artigo 70º do Código do Trabalho, na sua atual redação, e sob a epígrafe *Capacidade do menor para celebrar contrato de trabalho e receber a retribuição*, que é *válido o contrato de trabalho celebrado por menor que tenha completado 16 anos de idade e tenha concluído a escolaridade obrigatória ou esteja matriculado e a frequentar o nível secundário de educação, salvo oposição escrita dos seus representantes legais.*

Tem ainda o menor capacidade para ser representante desde que possa entender e querer o negócio atenta a sua natureza, nos termos do artigo 263º do Código Civil, presume-se civilmente responsável a partir dos sete anos, nos termos do artigo 488º, nº 2, do CC, tem capacidade para adquirir a posse, nos termos do artigo 1266º do CC, tem capacidade para adquirir por usucapião, de acordo com o artigo 1281º do CC.

Tem ainda, com importantes efeitos pessoais (e patrimoniais), capacidade para contrair casamento a partir dos 16 anos, nos termos do artigo 1601º, alínea *a)*, do CC, *a contrario*, e capacidade para perfilhar, também a partir dos 16 anos, nos termos do artigo 1850º, nº 1, do CC. Tem ainda a capacidade para decidir quanto à sua educação religiosa, a partir dos 16 anos, como decorre *a contrario sensu* do artigo 1886º do CC e expressamente do nº 1 do artigo 11º da Lei da Liberdade Religiosa, aprovada pela Lei nº 16/2001, de 22 de junho, na redação vigente.

Em matéria de lei penal, importa destacar que, nos termos do artigo 19º (*Inimputabilidade em razão da idade*), os menores de 16 anos são inimputáveis, sendo aos jovens entre os 16 e os 21 anos aplicadas normas fixadas em legislação especial, conforme ordena o artigo 9º do Código Penal. Deste modo, ainda que sujeitos a um regime especial, os maiores de 16 anos são imputáveis penalmente[40].

Também o artigo 38º (Consentimento), entre as causas que excluem a ilicitude, regula, nos termos do seu nº 3, que o consentimento só é eficaz se for prestado por quem tiver mais de 16 anos e possuir o discernimento necessário para avaliar o seu sentido e alcance no momento em que o presta. Como descreve PAULO PINTO DE ALBUQUERQUE, em anotação ao artigo 38º do Código Penal: «A capacidade para consentir não se afere pelas regras do direito civil, sendo apenas exigível que quem consente tenha a maturidade e o discernimento suficientes para avaliar o significado do consentimento e o sentido da ação típica»[41].

Já ficou traçada a distinção entre consentimento como causa de justificação da ilicitude – nos termos previstos no artigo 38º do Código Penal – e acordo enquanto causa de exclusão da tipicidade – como sucede nalguns crimes em especial em que a vontade do lesado é elemento do tipo objetivo do crime e essa vontade é o único bem jurídico a proteger no objeto de proteção do tipo penal, como se verifica no tipo do artigo 156º. É estranha a consideração de chegarmos a um resultado interpretativo que dite que o consentimento prestado por um menor, com 17 anos, para uma intervenção sobre o corpo por uma pessoa não qualificada ou para uma finalidade que não uma das descritas no artigo 150º, justifica a ilicitude da ofensa à integridade física simples (artigo 143º), por aplicação do artigo 38º, ou seja, esse consentimento é válido para o efeito de afastar a responsabilidade pelo crime de ofensas corporais, mas a expressão da vontade enquanto acordo, expressa livre e esclarecidamente por esse mesmo menor, para uma pessoa qualificada e com vista à prossecução de uma das finalidades beneméritas previstas no artigo 150º não afasta o tipo penal do artigo 156º[42].

Assim, não obstante a distinção que ficou traçada quanto ao «consentimento» do artigo 38º e o «consentimento» como elemento objetivo do artigo 156º, a idade de 16 anos estabelecida no nº 3 do artigo 38º é, sem

[40] Não se desconsidera com esta afirmação que a idade penalmente relevante para efeitos de imputabilidade é também, em si controvertida.

[41] Cf. PAULO PINTO DE ALBUQUERQUE, *Comentário do Código Penal à luz da Constituição da República e da Convenção Europeia dos Direitos do Homem, cit.*, página 266.

[42] Seguimos e assim sustentámos em *O direito fundamental à proteção da saúde e o conteúdo da prestação pública,* Tese de doutoramento na área de especialização de Ciências Jurídico-Políticas, *cit.*, página 471.

dúvida, um argumento para afirmar que a idade relevante também para efeitos do artigo 156º devem ser os 16 anos, desde que a vontade seja uma vontade séria, livre e esclarecida e que o menor revele discernimento para avaliar o sentido e alcance do consentimento que presta[43]. Deste modo, afastamos a aplicação direta do artigo 38º, nº 3, do Código Penal, mas reconhecemos que esta disposição é um elemento essencial na determinação da idade juridicamente relevante para efeitos de manifestação de vontade do paciente[44].

Assim, como é estranha a conclusão de que com 16 anos o menor pode casar, pode perfilhar, responde penalmente pelas suas condutas, ... mas não pode decidir sobre o seu estado de saúde.

Também em disposições que relevam no domínio da saúde, o legislador, na ponderação abstrata em presença, estabeleceu uma idade inferior

[43] Ibid.

[44] No sentido da aplicação direta do artigo 38º, nº 3, do Código Penal, *vide* Ana Amorim, *O consentimento informado de menores: reflexões críticas sobre a lei actual*, in *Lex Medicinae, Revista Portuguesa de Direito da Saúde, Ano 8, nº 15 – Janeiro a Junho* 2011, página 114, e em sentido crítico: «O artigo 38º do Código Penal Português estabelece os 16 anos como idade limite para que um jovem seja capaz de prestar o seu consentimento informado. Mas, não será a lei demasiado limitativa ao proibir que um menor de 14 anos preste o seu consentimento, tendo em conta o actual estádio de desenvolvimento da nossa sociedade? Não deveria uma criança de 14 anos, com o discernimento necessário para avaliar o sentido de alcance daquela decisão e com o apoio tanto dos pais como dos médicos envolvidos, poder prestar um consentimento válido aos olhos da lei? Tendo o consentimento natureza pessoalíssima, não estaremos a limitar e prejudicar o desenvolvimento da autonomia de um paciente menor, ao atribuirmos o poder de decisão e disposição sobre o corpo aos seus representantes legais?».
A este propósito *vide* ainda Rosa Cândido Martins, *A criança, o adolescente e o acto médico. O problema do consentimento*, in *Comemorações dos 35 anos do Código Civil e dos 25 anos da reforma de 1977, Volume I Direito da Família e das Sucessões*, Coimbra, 2004, página 828 – quando, perante a pergunta assaz pertinente que coloca e que se impõe «Consagra a ordem jurídica portuguesa uma "maioridade antecipada" quanto ao acesso aos cuidados médicos?», responde no sentido de que: «No plano do direito civil, não existe nenhuma norma que reconheça plena capacidade de decisão aos menores em matéria de tratamentos e intervenções médico-cirúrgicas. Todavia, a resposta já não é idêntica no que respeita à lei penal» e invoca a idade então constante do artigo 38º, nº 3, do Código Penal, entendendo que assim se consagra «uma "maioridade especial" em matéria de intervenções médicas», sustentado que «tal "maioridade" especial" deve considerar-se, por referência ao princípio da unidade do sistema jurídico, válida nos restantes planos do sistema» (ibid.). Entende, por fim, a Autora que «A criança e o adolescente conquistaram já um estatuto de cidadania incontornável, não só perante a Sociedade e o Estado, mas dentro da Família, como julgo poder verificar-se em matéria de cuidados de saúde» (ibid.).

aos dezoito anos. Assim, de acordo com o disposto no nº 5 do artigo 142º do Código Penal, com a redação que lhe foi dada pela Lei nº 16/2007, de 17 de abril, em matéria de interrupção voluntária da gravidez, a idade juridicamente relevante para prestar o consentimento a que se refere o preceito são os 16 anos. Também a Lei nº 120/99, de 11 de agosto (que veio reforçar as garantias do direito à saúde reprodutiva), no seu artigo 5º (*atendimento dos jovens*), prevê que os jovens, abrangendo portanto também menores de 18 anos, podem ser atendidos em qualquer consulta de planeamento familiar, ainda que em centro de saúde ou serviço hospitalar que não seja da área da sua residência, o que se traduz na possibilidade de decisão do menor de 18 anos quanto à toma de medicamentos.

Também em matéria de acompanhamento em internamento hospitalar, o legislador admite, nos termos do artigo 19º, nº 2, da Lei nº 15/2014, que pode ser a criança com idade superior a 16 anos a designar, manifestando assim a sua vontade, a pessoa acompanhante, podendo mesmo prescindir do acompanhante.

Já por seu turno o regime legal das *diretivas antecipadas de vontade*[45], aprovado pela Lei nº 25/2012, de 16 de julho, exige, na alínea *a)* do seu artigo 4º, como requisito de capacidade que o outorgante de um documento de diretivas antecipadas de vontade seja maior de idade.

São ainda de notar, também em matéria relevante quanto à expressão da vontade e no domínio da saúde, regimes especiais. Assim, com um regime especial – cumulando a vontade expressa pelos representantes legais dos menores com a anuência destes quando tenham capacidade de entendimento e de manifestação de vontade –, estabelece o regime legal da colheita e transplante de órgãos e tecidos de origem humana, aprovado pela Lei nº 12/93, de 22 de abril, alterada pela Lei nº 22/2007, de 29 de junho, pela Lei nº 12/2009, de 26 de março, e pelo Decreto-Lei nº 168/2015, de 21 de agosto, em sede do seu artigo 8º *Consentimento,* quanto à colheita em vida, e com relevo para a questão em apreço, que: (...) *3 – Tratando-se de dadores menores, o consentimento deve ser prestado pelos pais, desde que não inibidos do exercício do poder paternal, ou, em caso de inibição ou falta de ambos, pelo tribunal. 4 – A dádiva e colheita de órgãos, tecidos e células de menores com capacidade de entendimento e de manifestação de vontade carecem também da concordância destes*[46].

[45] Cf. Cláudia Monge, *Das Diretivas Antecipadas de Vontade,* Lisboa, 2014.

[46] Já quanto à colheita em cadáveres, dispõe o artigo 10º (*Potenciais dadores*) da mesma Lei, no seu nº 3 que *A indisponibilidade para a dádiva dos menores e dos incapazes é manifestada, para efeitos*

Outro caso especial, e que igualmente se justifica atenta a natureza da intervenção, é o adotado pela Lei de investigação clínica, aprovada pela Lei nº 21/2014, de 16 de abril, alterada pela Lei nº 73/2015, de 27 de julho, que estabelece no seu artigo 7º (*Participantes menores*) o requisito cumulativo para realização de estudo clínico em menores de obtenção do *consentimento informado do menor com idade igual ou superior a 16 anos e do seu representante legal ou, no caso de o menor ter idade inferior à referida, do seu representante legal, o qual deve refletir a vontade presumível do menor, podendo, em ambos os casos, o consentimento ser revogado a todo o tempo, sem prejuízo para o menor*[47].

3. Arrimo quanto ao consentimento na prestação de cuidados de saúde a menores; propostas de solução

Face ao panorama assim traçado, e sendo clara a conclusão de que, em Portugal, a idade para juridicamente consentir para a prestação de cuidados de saúde não é versada em regra expressa e clara, importa reconhecer com Vera Lúcia Raposo que o «consentimento para atos médicos praticados em menor suscita problemas controversos, nomeadamente devido a uma incongruência legal»[48], pois «[s]egundo o actual art. 38º/3 do CP o consentimento, como causa de justificação jurídico-criminal, pode ser prestado por quem tiver mais de dezasseis anos,», ao passo que «a maioridade civil se adquire, segundo os arts. 122º e 123º do CC, aos dezoito anos» [49].

Assim, não obstante, entendermos como sustentável, à luz do artigo 9º do Código Civil concluir que as «diferentes normas vigentes no ordenamento jurídico português, conduzem (...) à afirmação de que a idade para prestar consentimento para a intervenção ou tratamento médico com fim de prevenir, diagnosticar, debelar ou minorar doença, sofrimento, lesão

de registo, pelos respectivos representantes legais e pode também ser expressa pelos menores com capacidade de entendimento e manifestação de vontade.

[47] De acordo com o ponto v) do nº 1 do artigo 17º da Convenção sobre os Direitos do Homem e da Biomedicina, em matéria de *proteção das pessoas que careçam de capacidade para consentir numa investigação*, é estabelecido como requisito, adicional à autorização prestada pelo representante legal, que a *pessoa em causa não tenha manifestado a sua oposição.*

[48] Cf. Vera Lúcia Raposo, *Do ato médico ao problema jurídico, Breves notas sobre o acolhimento da responsabilidade médica civil e criminal na jurisprudência nacional,* Coimbra, 2013, página 175.

[49] Ibid.

ou fadiga corporal, ou perturbação mental, deve ser considerada como os 16 anos»[50] e de se sustentar, assim, «uma idade inferior à idade de maioridade civil»[51], concordamos com a conclusão de que «não existe um critério legalmente exato quanto à idade do consentimento para atos médicos»[52].

Assim, se é possível concluir que o «consentimento pode ser prestado por qualquer pessoa maior de 16 anos e capaz» e que o «consentimento é prestado pelo representante legal no caso de menor de 16 anos ou pessoa incapaz»[53], entendemos, porém, que, por razões de paz (reconhecendo a delicadeza da matéria) e segurança jurídicas, deve haver lugar a intervenção legislativa que estabeleça critério geral, «para as intervenções ou tratamentos médicos em geral, e expresse que a idade relevante para expressão da vontade de receber intervenção ou tratamento médico com fim de prevenir, diagnosticar, debelar ou minorar doença, sofrimento, lesão ou fadiga corporal, ou perturbação mental, são os 16 anos» [54] desde que o menor revele em concreto discernimento e maturidade e, claro, como em qualquer outra situação de consentimento, mesmo relativamente a adultos capazes, não esteja em situação de incapacidade.

A solução geral não deve afastar regimes especiais, como os invocados em matéria de transplantação com dadores vivos e de investigação clínica que, pela sua natureza, e sensibilidade ou gravidade dos efeitos ou potenciais efeitos, justificam um regime mais exigente.

Propomos ainda que se estabeleça que a regra geral da idade de 16 anos idade como idade juridicamente relevante para consentir quanto à prestação de cuidados de saúde seja afastada quando da manifestação de dis-

[50] Cf. Cláudia Monge, *O direito fundamental à proteção da saúde e o conteúdo da prestação pública,* Tese de doutoramento na área de especialização de Ciências Jurídico-Políticas, *cit.*, página 490.

[51] Ibid.

[52] Cf. Vera Lúcia Raposo, *Do ato médico ao problema jurídico, Breves notas sobre o acolhimento da responsabilidade médica civil e criminal na jurisprudência nacional, cit.*, página 175. Concordamos igualmente com a Ilustre Professora quando refere que «Tratando-se de menores de dezasseis anos a resposta é mais simples, pois a titularidade do consentimento pertence claramente aos pais, ainda que o menor deva ser ouvido, aumentando a influência da sua opinião consoante a respetiva idade e maturidade» e conclui que «O intervalo temporal mais delicado desenha-se entre os dezasseis e os dezoito anos» (Ibid.).

[53] Cf. Paulo Pinto de Albuquerque, *Comentário do Código Penal à luz da Constituição da República e da Convenção Europeia dos Direitos do Homem, cit.*, página 615, em anotação ao artigo 156º do Código Penal.

[54] Cf. Cláudia Monge, *O direito fundamental à proteção da saúde e o conteúdo da prestação pública,* Tese de doutoramento na área de especialização de Ciências Jurídico-Políticas, *cit.*, página 490.

sentimento resulte a morte ou dano irreparável para a integridade física. Nesse sentido, entende-se como adequado ser de ponderar uma solução materialmente similar à constante o nº 4 do artigo 70º do Código do Trabalho, no sentido de que os representantes legais podem declarar a oposição ou revogar a autorização proferida pelo menor de dezoito e maior de 16 anos. Assim, a idade relevante para efeitos de tratamento ou intervenções médicos seriam os 16 anos, e «se, porém, a decisão do menor de 18 e maior de 16 fosse contrária à proteção da sua vida ou de modo grave à sua integridade física, os pais poderiam revogar a decisão do menor; o prazo de revogação teria de ser fixado e a revogação exercida de modo tal que salvaguardasse efetivamente os bens do menor»[55].

Assim, propomos intervenção legislativa, em regulamentação do nº 3 da Base XIV da Lei de Bases da Saúde, em falta.

Não obstante a interpretação que possa ser feita, de acordo com um elemento sistemático de interpretação das normas, atento o sistema no seu todo, (mas também teleológico e de ponderação prática das normas de direitos fundamentais em presença), quanto à idade hoje vigente, reconhecemos que a conclusão quanto à idade juridicamente relevante para consentir não é unívoca[56], termos em que a intervenção legislativa neste domínio deve ser tida como adequada[57].

[55] Ibid.

[56] Veja-se que, de acordo com o nº 3 do artigo 21º do Código Deontológico da Ordem dos Médicos, aprovado, conforme *supra* referido pelo Regulamento nº 707/2016, de 20 de maio de 2016, *A opinião dos menores deve ser tomada em consideração, de acordo com a sua maturidade, mas o médico não fica desobrigado de obter o consentimento aos representantes legais daqueles e de ponderar eventuais interesses contrapostos*, sem prejuízo, estabelece o nº 4 do mesmo artigo, de se ditar que *A atuação dos médicos deve ter sempre como finalidade a defesa dos melhores interesses dos doentes, e em especial dos doentes incapazes de comunicarem a sua vontade*. Atente-se no exposto por Vera Lúcia Raposo, quando afirma, referindo-se ao intervalo temporal de mais de 16 anos e menos de 18, que «Não existe uma solução isenta de dúvidas para estes casos» e que, sendo impossível o consenso entre o menor e os seus representantes, «há que procurar uma resposta nas normas deontológicas», invocando o preceito do anterior Código Deontológico da Ordem dos Médicos correspondente ao atual artigo 21º, nº 3, que «determina que a opinião dos menores seja tomada em consideração de acordo com a sua maturidade (...), mas ao mesmo tempo não desobriga o médico de pedir o consentimento aos representantes legais daqueles e interpretando a expressão "menores" no sentido corrente de pessoa com idade inferior a dezoito anos», para concluir que «mais avisado (...) parece que em última instância sejam os representantes a decidir, a não ser que a decisão constitua nítido prejuízo para o menor» e que «esta é a solução mais conforme ao atual ordenamento jurídico» (Cf. *Do ato médico ao problema*

Em qualquer caso, e mesmo nos casos em que legislativamente se conclua que os menores não têm capacidade para consentir, importa não perder de vista que, nos termos do artigo 6º, nº 2, da Convenção sobre os Direitos do Homem e da Biomedicina, a *opinião do menor é tomada em consideração como um fator cada vez mais determinante, em função da sua idade e do seu grau de maturidade* e que, de acordo com o artigo 12º, nº 1, da Convenção sobre os Direitos das Crianças [58], Portugal, enquanto Estado Parte, está adstrito a garantir *à criança com capacidade de discernimento o direito de exprimir livremente a sua opinião sobre as questões que lhe respeitem, sendo devidamente tomadas em consideração as opiniões da criança, de acordo com a sua idade e maturidade*, e que «se a lei impõe aos pais o dever de velar pela saúde do filho, prevendo respostas no caso de violação ou impossibilidade de cumprimento de tal dever, isto não significa que próprio filho não tenha nada a dizer» [59] e que «o filho sujeito às responsabilidades parentais não deixa de ser titular de direitos de personalidade, como os que se referem à integridade física, à autodeterminação e à privacidade», pois, estão os pais «obrigados a respeitar o filho (artigo 1874º, nº 1, do Código Civil) e, de acordo com a maturidade deste, eles devem ter em conta a sua opinião e reconhecer-lhe autonomia na organização da própria vida (artigo 1878º, nº 2, do Código Civil)».

4. Proteção dos menores

Na falta de capacidade para consentir, cabe aos representantes legais a expressão da vontade, devendo a mesma ser ditada pela proteção do interesse do menor.

jurídico, Breves notas sobre o acolhimento da responsabilidade médica civil e criminal na jurisprudência nacional, cit., páginas 175 e 176).

[57] No sentido de que «*de iure condendo* deveria o legislador esclarecer que a idade a partir da qual se podem decidir questões médicas será a idade de dezasseis anos, exceto quando o menor não possua o entendimento e discernimento necessário para este tipo de decisões», *vide* Vera Lúcia Raposo, *Do ato médico ao problema jurídico, Breves notas sobre o acolhimento da responsabilidade médica civil e criminal na jurisprudência nacional, cit.*, página 176.

[58] Adotada pela Assembleia Geral nas Nações Unidas em 20 de novembro de 1989 e aprovada pela Resolução da Assembleia da República nº 20/90, de 12 de setembro, ratificada através do Decreto do Presidente da República nº 49/90, de 12 de setembro de 1990, tendo entrado em vigor na ordem jurídica portuguesa a 21 de outubro de 1990.

[59] Cf. Jorge Duarte Pinheiro, *Cuidado parental, saúde da criança e segredo médico*, in *Estudos de Direito da Família e das Crianças*, Lisboa, 2015, página 380.

Considerando que a dignidade da pessoa humana, enquanto norma de direitos fundamentais, norma princípio constitucional, dita que «o Estado está não apenas obrigado a respeitar, mas também a proteger e a promover», incluindo «a proteção contra riscos ou contras ameaças provindas de outros particulares»[60], os meios do Estado podem (e devem) ser postos de tal proteção[61]. *In casu*, quando os pais do menor manifestam uma posição de dissentimento que põe em risco ou ameaça contra a vida, a integridade física ou a saúde e corresponde a uma conduta em incumprimento do dever fundamental de manutenção dos filhos, pode, mediante decisão judicial, ser afastado o exercício das responsabilidades parentais, atento o quadro jurídico-constitucional estabelecido nos nºs 5 e 6 do artigo 36º da Constituição.

Assim, se a atuação ou omissão daqueles a quem está acometido o exercício das responsabilidades parentais e que são *prima facie* os seus representantes legais em suprimento da sua incapacidade, nos termos dos artigos 122º e 124º do Código Civil, constitui violação da obrigação legal do dever de velar pela saúde dos filhos, que integra o conteúdo das responsabilidades parentais, nos termos do nº 1 do artigo 1878º do Código Civil, pode esse exercício ser afastado, em conformidade com o preceituado no artigo 1918º (*Perigo para a segurança, saúde, formação moral e educação do filho*) do Código Civil, pelo tribunal, a requerimento do Ministério Público, de qualquer parente do menor ou de pessoa a cuja guarda ele esteja confiado, de facto ou de direito, confiá-lo ao estabelecimento de saúde que presta a assistência ao menor, que determinará uma atuação em benefício do menor, da sua vida, da sua saúde ou integridade física[62].

[60] Cf. Jorge Reis Novais, *A dignidade da pessoa humana, Volume I, Dignidade e Direitos Fundamentais, ob. cit.*, página 18.

[61] Sobre a proteção das crianças, *vide*, em especial, José Melo Alexandrino, *Os Direitos das crianças, Linhas para uma construção unitária*, in *O Discurso dos Direitos*, Coimbra, 2011, páginas 51 a 88.

[62] Cf. ainda a Lei de Proteção de Crianças e Jovens em Perigo, aprovada pela Lei nº 147/99, de 1 de setembro, alterada pela Lei nº 31/2003, de 22 de agosto, e pela Lei nº 142/2015, de 8 de setembro, que determina, no seu artigo 3º, a intervenção para promoção dos direitos e proteção da criança e do jovem em perigo tem lugar quando os pais, o representante legal ou quem tenha a guarda de facto ponham em perigo a saúde da própria criança ou do jovem a que aqueles não se oponham de modo adequado a removê-lo, intervenção esta que incumbe às entidades com competência em matéria de infância e juventude, às comissões de proteção de crianças e jovens e aos tribunais, nos termos do artigo 6º da mesma Lei.

A intervenção de autoridade judiciária pode ser determinante para a «manutenção» ou subsistência do próprio menor, quando deve ser entendido que a norma de direitos fundamentais constante do artigo 69º, nº 1, da Constituição, estabelece um operador deôntico de imposição[63] ao Estado na proteção das crianças.

Deve ser entendido que o nº 5 do artigo 36º da Constituição estabelece não uma mas duas normas de direitos fundamentais: uma que dita que os pais têm o direito à manutenção de educação e manutenção dos filhos; e outra que dita que os pais têm o dever dessa educação e manutenção e que institui os filhos como titulares de situações jurídicas de vantagem, direitos a algo, que os pais ficam adstritos a prestar. A regra da primeira das normas do artigo 36º, nº 5, que é igualmente protegida e promovida nos termos do artigo 68º, nº 1, que impõe à sociedade e ao Estado a proteção dos pais e das mães e reconhece o papel insubstituível destes na realização dos filhos[64], apenas pode ser *derrotada* quando, perante um conflito com outra norma de direitos fundamentais, paradigmaticamente, a que impõe aos pais o dever fundamental de proteção em benefício dos filhos, esta prevalece, e considerando, como o faz, na ponderação desses direitos e deveres, o nº 6 do artigo 36º da Constituição, que o direito dos pais a manter os filhos deve ser afastado, mediante decisão judicial, quando estes não cumprem os seus deveres fundamentais para com eles. Caberá ao tribunal a decisão de ponderação, sendo este um caso de restrição de um direito fundamental dos pais em benefício dos filhos, cabendo ao tribunal a ponderação em concreto à face autorização normativa de restrição constante do nº 6 do artigo 36º da Constituição.

Claro que subjacente a esse conflito estarão outros conflitos de normas de direitos fundamentais, como os que têm correspondido aos casos práticos com maior incidência (e igualmente mais mediáticos), de colisão entre a liberdade religiosa dos pais, tutelada no artigo 41º da Constituição, e o direito à vida, à saúde e à integridade física do filho, constitucionalmente protegidos nos artigos 24º, 64º e 25º da Constituição.

[63] Cf. David Duarte, *A norma de legalidade procedimental administrativa, A teoria da norma e a criação de normas de decisão na discricionariedade decisória*, Coimbra, 2006.

[64] *Vide* em especial na articulação das normas do artigo 36º, do artigo 69º e do artigo 68º da Constituição, Jorge Miranda/Rui Medeiros, *Constituição Portuguesa Anotada, Tomo I*, 2ª ed., Coimbra, 2010, página 707.

Parece elementar considerar, na ponderação prática de todos os interesses jusfundamentais em presença, que não pode ser dada a mesma ponderação em caso de conflito e tutela à autonomia, na expressão da liberdade religiosa ou de qualquer outro fundamento de expressão da autonomia e liberdade como vetor da integridade moral nos termos do artigo 25º da Constituição, quando o bem vida, saúde ou integridade física não pertence ao mesmo sujeito que expressa essa vontade como quando é dada quando o titular de todos os bens fundamentais em contenda é o mesmo sujeito de direito.

Ora, uma decisão de dissentimento prestada pelos pais, enquanto representantes legais do menor, não pode ser entendida juridicamente nos mesmos termos que uma decisão prestada pelo adulto, maior e capaz, de forma livre e esclarecida, sobre si próprio, «simplesmente porque não são permitidos exercícios de autodeterminação sobre bens alheios»[65] e, desde logo, porquanto no caso dos menores «não coincide o titular do bem jurídico ameaçado (vida ou integridade física) com o titular da capacidade para consentir na intervenção, que é o representante legal do incapaz»[66]. Como bem afirma Maria Paula Ribeiro de Faria, «um conflito de contornos delimitados e que merece da nossa lei uma resposta relativamente clara no caso de adultos (em que por uma banda, se perfilam a autonomia e a liberdade de consciência individuais, e, por outra, a vida ou a integridade física do titular dessa mesma autonomia) assume proporções claramente distintas quando se trata de menores, sujeitos ainda ao poder paternal, e em relação aos quais não se pode falar ainda de um espaço autónomo de decisão»[67] – e o "poder" não é "poder", são responsabilidades parentais, funcionalmente dirigidas ao interesse superior da criança[68], que constitui «uma pauta obrigatória na resolução de casos concretos»[69].

[65] Cf. Maria Paula Ribeiro de Faria, *A «lei do sangue» – ou o conflito entre o respeito pela autonomia da pessoa e a defesa da vida e da integridade física, Direito e Justiça, Volume XII, 1998, Tomo I*, página 266.

[66] Ibid, página 267.

[67] Ibid.

[68] Atente-se ainda no artigo 21º (*Doentes incapazes de dar o consentimento*) do Código Deontológico da Ordem dos Médicos, já citado, que dita, nos seus nºs 5 a 7, que: 5 – *Para os efeitos do presente artigo entende-se como melhor interesse do doente a decisão que este tomaria de forma livre e esclarecida se para tal tivesse capacidade.* 6 – *A informação fornecida pelos representantes legais, familiares ou pessoas das relações próximas é relevante para o esclarecimento da vontade dos doentes.*

Resulta do artigo 36º da Constituição e do artigo 1878º [70] do CC que «onde o interesse do menor deixar de existir, deixa de existir também legitimidade para o exercício do poder paternal»[71].

Assim, «[s]e o legal representante recusar o consentimento a um tratamento médico-cirúrgico indicado e indispensável para salvar a vida do menor ou incapaz ou debelar doença grave, o tribunal pode suprir a recusa de consentimento do legal representante, Se o tratamento não puder ser adiado, o médico pode intervir (artigo 8º da CDHB...)»[72].

No processo de desenvolvimento da sua personalidade, o menor deve ser protegido e respeitado enquanto sujeito titular de direitos fundamentais e apoiado o processo da sua autonomia individual. O interesse do menor e a sua proteção são a força motriz, limite e fundamento das responsabilidades parentais. Respeitar o menor é também ouvi-lo sobre a sua própria saúde, âmago da sua vida, lembrando que, se num primeiro momento caminham seguindo os nossos passos, devem vir a caminhar ao nosso lado. No caminho há que manter, fazer bem subsistir em saúde, formação e educação.

Há que ouvir, respeitar, cuidar e proteger.

7 – *Cabe ao médico ponderar, em cada caso, a necessidade de requerer ao tribunal o suprimento judicial de consentimento do doente.*
Com relevo como solução de proteção, refira-se ainda que o Code de santé publique, estabelece, no seu artigo 1111-4, que: *Le consentement du mineur ou du majeur sous tutelle doit être systématiquement recherché s'il est apte à exprimer sa volonté et à participer à la décision. Dans le cas où le refus d'un traitement par la personne titulaire de l'autorité parentale ou par le tuteur risque d'entraîner des conséquences graves pour la santé du mineur ou du majeur sous tutelle, le médecin délivre les soins indispensables.*

[69] Cf. José Melo Alexandrino, *Os Direitos das crianças, Linhas para uma construção unitária*, in *O Discurso dos Direitos*, Coimbra, 2011, página 87; estamos perante uma «norma impositiva, que ordena ao juiz e à administração (e até aos pais) que, na tomada de uma decisão que respeite ao menor, *não deixem nunca de recorrer* (mas sempre dentro dos limites do Direito aplicável e das circunstâncias do caso) *à ponderação* do(s) interesse(s) superior(es) do menor – ou seja, do(s) interesse(s) conexo(s) com os bens prioritários da criança (a vida, a integridade, a liberdade), no contexto dos bens e interesses relevantes no caso» (página 88).

[70] Cf. artigo 1878º, nº 1: *Compete aos pais, no interesse dos filhos,* ***velar pela segurança e saúde destes,*** *prover ao seu sustento, dirigir a sua educação, representá-los, ainda que nascituros, e administrar os seus bens* (negrito nosso).

[71] Cf. Maria Paula Ribeiro de Faria, *A «lei do sangue» – ou o conflito entre o respeito pela autonomia da pessoa e a defesa da vida e da integridade física, cit.*, página 268.

[72] Cf. Paulo Pinto de Albuquerque, *Comentário do Código Penal à luz da Constituição da República e da Convenção Europeia dos Direitos do Homem, cit.*, página 615.

A Igualdade como Concretização da Dignidade? Considerações a Propósito do Acórdão nº 346/2015 do Tribunal Constitucional

Luísa Neto*

Sumário: 1. A "igual" dignidade: os termos do Acórdão pretexto; **2.** A eventual desigualdade na efectivação autodeterminada da dignidade; **3.** A aferição (subjectiva) da dignidade como critério unificador valorativo dos direitos fundamentais; **4.** Dignidade, igualdade e família: (ir)relevância da existência de projecto parental?; **5.** A autodeterminação parental: a valoração probatória da recusa de cooperação em acção de investigação de paternidade; **6.** De volta à dignidade: o sujeito de direito como "legislador" de/para si mesmo

1. A "igual" dignidade: os termos do Acórdão pretexto

Tradicionalmente ligada à concretização da dignidade, pretendemos aqui abordar a questão da igualdade nos termos novos em que apareceu tratada no Acórdão nº 346/2015 do Tribunal Constitucional (Processo nº 85/15, 2ª Secção, de que foi relator o Conselheiro João Cura Mariano, pesquisável em www.tribunalconstitucional.pt).

A propalada igualdade entre homens e mulheres (e igualdade de oportunidades em termos de *gender mainstreaming*) pretende neutralizar e/ou ultrapassar as barreiras – visíveis e invisíveis – que existem ou poderão

* Prof. Associada da Faculdade de Direito da Universidade do Porto, membro dos CIJE e CENCIFOR (lneto@direito.up.pt)

surgir no acesso de mulheres e homens, em condições de igualdade, à participação económica, política e social, podendo ainda ser considerada como forma institucionalmente estatuída e organizada em ordem a garantir que a vivência social tem neutralidade de género (significando que não influi de modo diferencial, negativa ou positivamente na igualdade entre homens e mulheres). Aliás, entendida em termos correctos, mais do que uma verdadeira igualdade de géneros, seria antes porventura conveniente adoptar a expressão 'equidade entre géneros', assim se realçando uma forma de justiça no tratamento entre homens e mulheres.

Esta igualdade – ou, nos termos sugeridos, 'equidade' – de tratamento entre mulheres e homens é um princípio fundamental dos ordenamentos jurídicos hodiernos, sendo por conseguinte uma componente de pleno direito da cidadania e mesmo um real critério da democracia, como reiteradamente tem proclamado o Conselho da Europa.

Específicos direitos de igualdade com implicações em sede de igualdade de género encontram-se entre nós previstos nos artigos 64º (Saúde), 67º (Família), ou 68º (Paternidade e maternidade) da Constituição portuguesa (doravante CRP). Mas para além do enquadramento constitucional deve ser especialmente referida a amplitude da eficácia revigorativa da Lei Fundamental e do esforço de conformação dos ordenamentos ordinários sectoriais. Assim, e no sector da família, o Decreto-Lei nº 496/77, de 25 de Novembro, introduziu no Código Civil português (doravante CC) profundas modificações – sendo as áreas mais afectadas, evolutivamente, as da direcção da família e estatuto dos cônjuges – com o objectivo, entre outros, de reconhecer à mulher casada a plena igualdade legal com o marido, como aplicação de um princípio mais geral de não discriminação em função do sexo[1].

Ora, em matéria em que se imbrica de forma clara o princípio da igualdade com o da dignidade, no Acórdão *sub judice*, o Recorrente solicitou junto do Tribunal Constitucional (doravante TC) a fiscalização da constitucionalidade dos *artigos 202º e seguintes da OTM, 1864º e seguintes do Código Civil e 1869º e seguintes do Código Civil, na interpretação de que é possível proceder à averiguação oficiosa e/ou reconhecimento judicial da paternidade contra a*

[1] Não obstante se defender genericamente hoje a preferência, *hoc sensu*, pela expressão 'género' em detrimento de 'sexo', é esta última a utilizada no nº 2 do artigo 13º da Constituição.

vontade do pretenso progenitor[2]. O ora Recorrente havia sido Réu em acção comum declarativa que correra no Tribunal Judicial da Comarca de Cascais, em que era peticionado que fosse reconhecido que A. era seu filho. Esta acção de reconhecimento judicial da paternidade, que pode ser intentada pelo filho ou, oficiosamente, pelo Ministério Público, resulta de determinação legal que se aplica fora do âmbito da presunção e, naturalmente, quando não exista intenção de perfilhação[3], como melhor se explicará *infra*. A referida acção foi julgada procedente por sentença de 4 de Novembro de 2013 e confirmada, após recurso, por acórdão proferido em 12 de Novembro de 2014 pelo Tribunal da Relação de Lisboa.

O ora Recorrente centrou a argumentação na suposta violação do nº2 do artigo 13º da Constituição da República Portuguesa. De facto, sustentava [(c), (j) e (k) das Alegações apresentadas] que "[A] identidade de interesses, a semelhança das situações, entre o direito da mulher à determinação

[2] Ainda que o direito da família se centre em um princípio de coincidência entre os vínculos jurídicos e biológicos de filiação, os desenvolvimentos científicos têm exigido uma redefinição do princípio da verdade biológica, mormente se em confronto com a preocupação de tutela da 'verdade sociológica ou afectiva' e da 'paz familiar' (com aplicação cuidada dos institutos da possibilidade de impugnação da maternidade estabelecida, da possibilidade de impugnação da paternidade presumida do marido da mãe e da impugnação da perfilhação que não corresponda à verdade, todos *ex vi* do CC).

[3] A jurisprudência admitiu também entre nós a determinação da paternidade através da exclusividade das relações sexuais. Assim, o Assento do Supremo Tribunal de Justiça nº 4/83 de 21 de Junho publicado no Diário da Republica I Série, de 27 de Agosto de 1983 veio determinar que o autor, no caso de não conseguir provar nenhuma das presunções legalmente oferecidas, deveria demonstrar a exclusividade das relações sexuais entre o pretenso pai e a mãe do investigante. No entanto, o avanço da técnica e da ciência levou a que Acórdão do Supremo Tribunal de Justiça de 15 de Março de 2005 tenha vindo determinar que "*[O] Assento de 21-6-1983 deve ser interpretado restritivamente no sentido de que a exclusividade de relações sexuais entre o Réu e a mãe do menor durante o período legal de concepção deste só é exigível quando não for possível fazer a prova directa do vínculo biológico, por meios laboratoriais. A fiabilidade decorrente do cada vez maior grau de segurança e de certeza científica dos exames laboratoriais sobrelevam a demais prova na busca pelo julgador, através da sua livre convicção, da chamada verdade judiciária*". Por outro lado, a Lei nº 21/98, de 12 de Maio, veio acrescentar ao CC a alínea *e)* do nº 1 do artigo 1871º, estabelecendo uma nova circunstância em que se pode presumir a paternidade, quando se prove que entre o pretenso pai e a mãe existiram relações sexuais no período legal de concepção, mas não exigindo a exclusividade de relações sexuais entre o réu e a mãe, como determinava o Assento de 1983 e apenas pressupondo cópula completa entre os dois, durante o período legal de concepção. Sobre o assunto veja-se Sara da Silva Correia, *A integridade física e a recolha de vestígios biológicos*, dissertação de Mestrado em Direito (menção de Ciências Jurídico-Políticas) apresentada à Faculdade de Direito da Universidade do Porto, Julho de 2013, p. 35.

do momento adequado para exercer a maternidade (ou não, ou mesmo nunca) e o aqui discutido direito do homem a determinar o momento adequado para exercer a paternidade (ou não, ou mesmo nunca), implicará que todo o argumentário aplicado à situação da mulher aquando dos referendos efectuados em Portugal em torno da I.V.G. e aquando da subsequente decisão do legislador de a despenalizar (...) seja aplicável agora, de modo semelhante, ao homem".

Invocava ainda [(h) das Alegações apresentadas] a lição do Acórdão nº 401/2011 do Tribunal Constitucional que teria "decidido que o direito a conhecer a paternidade biológica (ou direito ao conhecimento das origens genéticas) e o de estabelecer o respectivo vínculo jurídico, não são valores absolutos, tendo de ser compatibilizado com outros, como o da reserva da vida privada." E, em termos sistemáticos, para justificar a possível não coincidência entre os vínculos jurídicos e biológicos de filiação, alegava [(i) das Alegações apresentadas] a relativização do vínculo genético nos casos do nº3 do artigo 1839º do Código Civil, que não permite a impugnação da paternidade com fundamento em inseminação artificial ao cônjuge que nela consentiu[4], do nº2 do artigo 10º da Lei nº 32/2006, de 26 de Julho, que determina os dadores não podem ser havidos como progenitores da criança que vai nascer e do artigo 21º da mesma Lei, segundo o qual o dador de sémen não pode ser havido como pai da criança que vier a nascer, não lhe cabendo quaisquer poderes ou deveres em relação a ela[5].

Entendia assim o Recorrente que o estabelecimento de um vínculo jurídico de paternidade contra a vontade do pretenso pai não pode ser admitida *vis à vis* o princípio da igualdade constitucionalmente determinado. O Tribunal Constitucional decidiu no entanto não julgar inconsti-

[4] Está aqui em causa a discussão *de iure condendo* sobre as implicações da falta do consentimento do cônjuge no caso de uma inseminação heteróloga e sobre as restrições à impugnação da perfilhação e a possibilidade de impugnação da paternidade pelo marido mesmo na hipótese de inseminação artificial heteróloga consentida.

[5] Aliás, a Lei nº 32/2006, que regula a Procriação Medicamente Assistida vem no nº 2 do artigo 15º estabelecer que o indivíduo pode receber informações sobre o seu mapa genético, de forma a poder detetar, por exemplo, determinadas doenças genéticas, estando assim salvaguardado o direito à identidade genética, que não se relaciona com o conhecimento do progenitor. Também o nº3 do mesmo preceito legal prevê que o Conselho Nacional de Procriação Medicamente Assistida informe o indivíduo quando se verifique a situação de existir um impedimento legal a um casamento, por ex., casar com o irmão ou pai biológico. O Conselho apenas o informa acerca da possível impossibilidade não identificando o dador.

tucionais as normas invocadas, e consequentemente julgar improcedente o recurso interposto.

2. A eventual desigualdade na efectivação autodeterminada da dignidade

Argumentava o Recorrente que deve ser assegurado ao pai biológico o direito a rejeitar a suposta paternidade como decorrência do livre desenvolvimento da sua personalidade e da reserva da sua vida privada e familiar, tal como se permite que a mulher possa proceder à interrupção voluntária da gravidez até às dez semanas, em nome do seu direito à autodeterminação, sob pena de se verificar uma desigualdade de tratamento, baseada no género.[6]

É certo que o Acórdão lembra, na senda de Guilherme de Oliveira (*Critério jurídico da paternidade*, Almedina, Coimbra, 1998, pp. 97 e ss.), que "[A] preocupação com o direito da autodeterminação parental do homem e os problemas do reconhecimento forçado da paternidade não é nova na longa e atribulada história do estabelecimento jurídico da paternidade".

Mas não obstante uma reconhecida e inevitável desigualdade fáctica e biológica entre homens e mulheres – que resulta de, em princípio, e desconsiderando para este efeito as situações de procriação medicamente assistida com maternidade de substituição, a gestação se desenvolver no corpo da mãe -, não parece no entanto que o caso *sub judice* possa qualificar-se como relevante para efeitos do binómio igualdade/dignidade a que alude Reis Novais[7] quando determina que "há violação da dignidade

[6] Esta posição segue a tese defendida por Jorge Martins Ribeiro, *O Direito do Homem a Rejeitar a Paternidade de Filho Nascido contra a sua Vontade, A igualdade na decisão de procriar*, FDUC, Centro de Direito da Família, nº 28, Coimbra Editora, Coimbra, 2013, obra que resultou de trabalho desenvolvido no âmbito do mestrado do autor em Direitos Humanos. A análise pressupõe o entendimento do princípio da igualdade de género, tal como entendido no ordenamento jurídico português e nos instrumentos internacionais de direitos humanos, bem como na jurisprudência do Tribunal Europeu dos Direitos do Homem, entendendo o autor que o direito ao livre desenvolvimento da personalidade e à reserva da intimidade da vida privada e familiar abrange tanto o direito de procriar como o de o não o fazer. O trabalho critica a justeza da imposição de uma parentalidade não desejada a partir da verdade biológica.

[7] Jorge Reis Novais, *A dignidade da pessoa humana*, Volume II – Dignidade e inconstitucionalidade, Almedina, Coimbra, 2015, p. 132.

humana quando a pessoa é humilhada ou é estigmatizada como ser pretensamente inferior". Nem parece que a referida diferença possa arvorar-se em negação de idêntica dignidade social – *equal concern* – ou que corresponda a "discriminação estigmatizante em função da natureza da pessoa, das suas escolhas constitucionalmente protegidas ou de critérios arbitrários"[8] e/ou a situação de estigmatização.[9]

Poderá eventualmente tratar-se de situação – também tipificada por Reis Novais – de invocação da dignidade da pessoa humana *contra* os direitos fundamentais (*hoc casu*, de eventuais direitos ao conhecimento da paternidade biológica e do estabelecimento do respectivo vínculo jurídico do filho gerado)[10]. De facto, se a igualdade motivou a possibilidade de reconhecimento de idênticos direitos a filhos nascidos na constância do casamento ou fora dele[11], não se deixou – desde a Lei do 12 do Brumário do ano 11 (2 de Novembro de 1793), como lembra o Acórdão – de limitar a possibilidade de investigação da paternidade às situações em que se verificasse situação de posse de estado: "[S]e a bandeira da igualdade tinha promovido uma mitigada equiparação dos filhos naturais aos legítimos, a defesa da liberdade exigia o respeito pela vontade individual", o que Guilherme de Oliveira faz radicar na natureza eminentemente livre do acto de perfilhação[12], como tal reconhecida desde logo no nosso Código Civil de 1867 cujo artigo 130º decretou como regra a proibição das acções de investigação da paternidade ilegítima.

E ainda que o Código Civil de 1966 – 'sem alteração do paradigma proibitivo', como lembra o relatório do Acórdão -,tenha alargado o campo prático das causas excepcionais de admissibilidade da acção de investigação da

[8] *Idem*, p. 133 e p. 136 sobre as obrigações positivas do Estado nos casos de situação de alienação identitária, devassa e humilhação e incapacitação.

[9] *Ibidem*, p.140.

[10] Jorge Reis Novais, *A dignidade da pessoa humana*, Volume I – Dignidade e DF, Almedina, Coimbra, 2015, p. 47 sobre o sentido da recepção constitucional da dignidade e em especial pp. 97 e ss sobre a invocação da dignidade da pessoa humana contra os direitos fundamentais. Sobre a dilucidação do direito ao conhecimento das origens genéticas, e ainda que em termos que não se acompanham totalmente, veja-se Rafael Luís Vale e Reis, *O Direito ao conhecimento das origens genéticas*, Colecção Direito Biomédico, nº 12, Coimbra Editora, Coimbra, 2008.

[11] Este princípio é expressamente afirmado no nº 4 do artigo 36º da CRP.

[12] Guilherme de Oliveira, *Curso de direito da família*, vol. II, Tomo I, Coimbra Editora, Coimbra, 2006, pp. 205-206.

paternidade, a livre investigação da paternidade só ganharia foro inequívoco como decorrência da revisão civil operada em 1977 em decorrência da previsão constitucional de 1976 quer do direito fundamental à identidade pessoal (nº1 do artigo 26º da Constituição), quer do direito fundamental de constituir família (nº1 do artigo 36º da Constituição).

Ora, sobre a acepção de identidade pessoal para este efeito, confira-se o Acórdão nº 401/11 deste Tribunal, que distingue uma perspectiva estática e uma perspectiva dinâmica (sendo que esta última poderá sem dúvida precipitar-se também na previsão, desde 1997, do direito ao livre desenvolvimento da personalidade[13]) e que fundou o direito à identidade pessoal no estabelecimento jurídico dos vínculos da filiação, assim pressupondo que o direito à identidade pessoal também compreende o direito ao estabelecimento jurídico da maternidade e da paternidade, v.g. para efeitos do nº1 do artigo 36º da CRP. Esta imbricação implica, referia o Acórdão nº 401/11 do TC, remover obstáculos "*desrazoáveis a que alguém que biologicamente é filho possa aceder ao estatuto jurídico correspondente*": é esta a envolvente principiológica da acção de investigação de paternidade prevista no artigo 1865º e no artigo 1869º do CC. E é esta configuração que, nos termos da lei e sem prejuízo de uma tarefa de harmonização dos interesses em oposição (ou mesmo da sua restrição, v.g. artigos 1987º do CC, nº 2 do artigo 10º e artigo 21º da Lei nº 32/2006, de 26 de Julho, ou o estabelecimento de prazos de prescrição no artigo 1817º do Código Civil), supõe necessariamente uma situação de sujeição do progenitor, que parece pois ver *ope legis* restringido o reconhecimento da autodeterminação parental neste domínio.

O Recorrente pretendeu defender "que as razões que justificaram que o nosso ordenamento jurídico reconheça a autodeterminação parental da mulher, quando se permite que esta opte pela interrupção voluntária da gravidez até à décima semana – cfr. Lei nº 16/2007, de 17 de Abril – valem também para a autodeterminação parental do homem, constituindo uma discriminação, em razão do sexo, não permitir que este também tenha liberdade de determinar se quer ou não exercer a paternidade", relevando pois tal violação para efeitos de alegação de incumprimento do nº 2 do artigo 13º da CRP.

[13] Sobre este passo veja-se a referência feita pelo Conselheiro Rui Moura Ramos no seu voto de vencido no Acórdão do Tribunal Constitucional nº 75/2010.

O Acórdão nº 346/2015 rebateu tal entendimento, afirmando ao invés que "a constelação de interesses e valores em jogo na definição da licitude penal do ato de interrupção voluntária da gravidez por parte da mulher é substancialmente diversa daquela que preside aos termos da participação do homem no estabelecimento do vínculo jurídico da paternidade de criança já nascida", atendendo aos valores em presença ponderados pelo legislador, que no primeiro caso acolhe a protecção reflexa da vida intrauterina como uma 'unidade' da mulher e do nascituro.[14]

De facto, tem de reconhecer-se que a mulher grávida tem uma participação mais intensa no projecto de filiação – o que lhe deve dar um direito prevalecente, em caso de conflito com a vontade do homem, defende Guilherme de Oliveira.[15] A decisão de interromper a gravidez – que é '*a decisão das decisões*' – pode levar o conflito ao seu máximo de intensidade, e também aqui terá de prevalecer a vontade da mulher, sob pena de reconhecermos ao homem um poder de coagir a mulher ao facto da gravidez, o que pareceria inadmissível.

Aliás, e como também lembra o Relatório do Acórdão, este argumento de (des)igualdade havia já sido esgrimido no também já referido Acórdão nº 75/10, em sede de apreciação da constitucionalidade da solução introduzida pela Lei nº 16/2007, de 17 de Abril, com fundamento na omissão da exigência de participação do progenitor masculino no processo de formação da decisão sobre a interrupção da gravidez. E o referido Acórdão de 2010 concluiu – nos termos reproduzidos no Acórdão de 2015 *sub judice* – pela já aludida *"natureza das coisas" (...) condicionada pela realidade biológica da gestação humana"*, que corresponderia pois a justificação para um tratamento diferenciado dos progenitores na decisão de prosseguimento da gravidez nas primeiras dez semanas, ainda que não correspondesse a libertação do dever de assumir a paternidade do filho que entretanto nasceu. Este passo não é no entanto suficientemente clarificado no Acórdão de 2010, já que ao ler-se "[T]al solução não só não é exigida pelo princípio da

[14] Vejam-se os termos do Acórdão nº 75/10, acessível em www.tribunalconstitucional.pt.

[15] Guilherme de Oliveira, *Implicações jurídicas do conhecimento do genoma*, Revista de Legislação e Jurisprudência, nºs 3861, 1996, pp. 361 SS, em esp. p. 362. No sentido de que a decisão da mulher basta e de que talvez seja mesmo ofensivo procurar o consentimento do marido, Michael Powers, *Medical Negligence*, London and Edinburgh, Butterworths, 1990, p. 709. Veja-se ainda Jeffrey Botkin, *Prenatal Screening: professional standards and the limits of parental choice*, in "Obstetrics and Gynecology", 1990, 75, nº5, p. 879

igualdade, o qual tem como pressuposto a qualificação das situações em comparação como iguais, como seria ela própria geradora de desigualdade e redundaria num sacrifício injustificado do direito fundamental de uma pessoa já nascida ver estabelecido o vínculo jurídico da paternidade", pode de alguma forma considerar-se como apresentando, sem prejuízo de mais considerações, uma *contradictio in terminis*.

3. A aferição (subjectiva) da dignidade como critério unificador valorativo dos direitos fundamentais

Impõe-se um ponto de ordem: a dignidade está na base de todos os direitos e é uma unidade de sentido axiológica e cultural que se verte numa unidade de sentido jurídica. A ordem constitucional dos direitos fundamentais é pois uma ordem pluralista e aberta e por isso não hierárquica. Mas tal constatação implica um específico método jurídico de interpretação como assinalam Savigny e Forsthoff. Ora, no que diz respeito à dimensão constitucional positiva, a CRP não cria, antes reconhece direitos, dado que a dignidade do homem não é abstracção mas resulta do consenso social e da consciência jurídica (constituinte da comunidade), de um processo de socialização, de interdependência e solidariedade. Se o direito subjectivo pode ser visto como fórmula condensada de poder/disponibilidade, liberdade/vontade, e exigibilidade/efectividade, o direito como categoria jurídica pode ser apreciado na sua dimensão objectiva, de condensação de valores e fins da ordem juridicamente estrutural.

A Declaração dos Direitos do Homem e do Cidadão – como se sabe ainda em vigor, e que proclamava em 1789, logo no seu artigo 1º, que os homens nascem e são livres e iguais em direitos – projectou-se nas constituições portuguesas, mormente nas Constituições liberais, e em especial nos artigos 1º e 9º da Constituição de 1822, na Carta de 1826, no nº 2 do artigo 3º da Constituição de 1838.[16] Como se sabe, também o Código Civil de Seabra explicitava no seu artigo 1º que só o homem é susceptível de direitos e obrigações; nisto consiste a sua capacidade jurídica ou a sua

[16] Rui Álvaro Figueiredo Ribeiro, *Influência da declaração francesa dos direitos do homem e do cidadão (1789) sobre as constituições portuguesas*, BMJ, Gabinete de Documentação e direito comparado, Vol. 37/38, 1989, pp. 130 a 132.

personalidade. Esta fórmula era pobre e confusa, enquanto o artigo 7º previa ser a lei civil igual para todos, e não fazendo distinção de pessoas, nem de sexo, salvo nos casos em que fossem especialmente declarados. Na senda desta linha jusnaturalista e liberal, o Código de 1867 consagrava um dos seus títulos aos direitos originários, que entendia derivarem da própria natureza do homem e nos quais incluia os direitos de existência, de liberdade, de associação, de apropriação e de defesa.

Neste sentido – e como tem discutido a doutrina -, a natureza última dos direitos, liberdades e garantias poderá ancorar-se em critérios do radical subjectivo, da natureza defensiva e negativa, da determinação ou determinabilidade constitucional do conteúdo, e/ou da densidade subjectiva autónoma. O seu conteúdo fundamental é determinado logo a nível jurídico-constitucional, e são dotados de aplicabilidade directa, não obstante poder caber ao legislador ordinário a tarefa de assegurar a sua efectividade e a concordância prática com outros bens ou direitos constitucionalmente protegidos, olhando-se aqui às restrições precisamente como formas de resolver estas colisões ou conflitos. Não se exclui, nesta posição – bem pelo contrário – o apelo ao direito natural, o apelo ao valor e à dignidade da pessoa humana, a direitos derivados da natureza do homem ou da natureza do direito. Mas esse apelo não basta para dilucidar a problemática constitucional dos direitos fundamentais, porquanto o âmbito destes direitos vai muito para além da fundamentação própria do direito natural.[17] Quer no século XIX, quer sobretudo no século XX, os direitos tidos como fundamentais são tão latos e numerosos que não poderiam entroncar directamente todos na natureza e na dignidade da pessoa.[18]

Aliás, e segundo VIEIRA DE ANDRADE[19], a Constituição deve ser interpretada no sentido de consagrar o princípio da liberdade como regra das relações entre indivíduos iguais "pressuposta a garantia absoluta do

[17] Neste sentido, avisadamente, JORGE MIRANDA, *Manual de Direito Constitucional*, Tomo IV, Direitos fundamentais, Coimbra Editora, Coimbra, 3ª edição, 2000, p. 10.

[18] Refere acertadamente JORGE MIRANDA, *Manual de Direito Constitucional*, Coimbra Editora, Coimbra, Tomo I, 1996, p. 189, e tomo IV, 3ª edição, 2000, pp. 58 e ss e exemplificativamente pp. 77 a 115.

[19] JOSÉ CARLOS VIEIRA DE ANDRADE, *Os direitos fundamentais nas relações entre particulares*, Documentação e Direito Comparado, Separata do BMJ, nº 5, 1981, pp. 233 e ss. Veja-se ainda, passim, BENEDITA MACCRORIE, *A Vinculação dos Particulares aos Direitos Fundamentais*, Almedina, Coimbra, 2005.

mínimo de dignidade e aceite (...) a possibilidade de o legislador ou o juiz comprimirem a liberdade individual para a prevenção ou repressão de situações de injustiça a que o abuso da liberdade por vezes conduz e que são intoleráveis para o sentimento jurídico geral."

Ora, nas alegações do Réu que motivaram o Acórdão de 2015 ora *sub judice*, lia-se que a alínea *d)* do nº 2 do artigo 67º, da CRP, dispõe que a protecção da família se faz no quadro do respeito da liberdade individual e da organização das estruturas jurídicas e técnicas que permitam o exercício de uma maternidade e paternidade conscientes, e que "os interesses (ou critério de determinação da igualdade relativa) subjacentes à vontade de não procriar são substancialmente iguais para mulheres e homens" [(d) das Alegações apresentadas], o que conduziria à asserção de que "[(l) das Alegações apresentadas] Não só a mulher é livre de não ter um filho que o homem quer, como também é livre de o ter quando o homem não o quer".

Haveria pois, no entendimento do (primeiramente) Réu, (depois) Recorrente para o TC, de fazer aplicar ao homem, após o nascimento [(n) das Alegações apresentadas], um direito à autodeterminação negativa em sede de procriação, excluindo a averiguação oficiosa e/ou reconhecimento judicial da paternidade contra a vontade do pretenso progenitor.

4. Dignidade, igualdade e família: (ir)relevância da existência de projecto parental?

A questão da (in)existência de projecto /e/ou, mesmo, intenção parental, impõe lembrar que o termo 'família'[20] resulta do latim *famulus*, que significa 'escravo doméstico', mas ancora-se também no termo utilizado na Roma Antiga para designar um novo grupo social que surgiu entre as tribos latinas, ou na percepção da estrutura familiar patriarcal em que um vasto leque de pessoas se encontrava sob a autoridade do mesmo chefe. Na Idade Média a expressão passou a abranger vínculos matrimoniais, for-

[20] Segue-se aqui *passim* LUÍSA NETO, *Novos direitos*, Editorial UP, Porto, 2010, no capítulo VI – *O Direito e as novas famílias*. Sobre o tema específico, sugere-se a leitura de PEREIRA COELHO e GUILHERME OLIVEIRA, *Curso de Direito da Família*, Vol. I, Introdução, Direito matrimonial, Coimbra Editora, Coimbra, 4ª Edição, 2008, pp. 31-40 e 99 -110 e 143-15 e Volume II – Direito da Filiação – Tomo I, 2006. Veja-se ainda, *passim, História da família* / direcção de André Burguière *et al*, 1ª ed, Terramar, Lisboa, 1996-1999.

mando novas famílias, de que faziam também parte a descendência gerada que, assim, tinha duas famílias, a paterna e a materna.

Por outro lado, a cultura ocidental tradicional define família como um grupo de pessoas de mesmo sangue, ou unidas legalmente (como no casamento e na adopção), apesar de muitos etnólogos argumentam que a noção de 'sangue' como elemento de unificação familiar deve ser entendida metaforicamente, dado que em muitas sociedades e culturas não-ocidentais a família é definida através de outros elementos. Já a identificação da família com a noção de casamento entre um homem e uma mulher advém da influência judaico-cristã, partindo da concepção de que o exercício da sexualidade deveria ser restrito aos laços do matrimónio, com nítido interesse social na possibilidade procriativa.

No entanto, em termos gerais, pode dizer-se que a palavra 'família' era utilizada no século XX como abrangendo fundamentalmente os tipos da família nuclear tradicional (pais e filhos) ou da família alargada com várias gerações, assim se agrupando – na senda proposta por LÉVI-STRAUSS[21] – como relações pessoais em família a aliança (casal), a filiação (pais e filhos) e a consanguinidade (irmãos). De facto, era este o contexto para o desempenho dos chamados estatutos dos membros da família, que de acordo com a classificação de NYE se podem verter em *'socialização da criança', 'cuidados às crianças', 'suporte familiar', 'encarregados dos assuntos domésticos', 'manutenção das relações familiares'*, ou intuito sexual, terapêutico, ou recreativo[22].

Em Portugal, a matéria familiar tem o seu enquadramento constitucional no artigo 36º da Constituição da República Portuguesa, subordinado à epígrafe *Família, casamento e filiação*[23]. Aí se prevê:

1. *Todos têm o direito de constituir família e de contrair casamento em condições de plena igualdade*[24].
2. *A lei regula os requisitos e os efeitos do casamento e da sua dissolução, por morte ou divórcio, independentemente da forma de celebração.*

[21] CLAUDE LÉVI-STRAUSS, *As estruturas elementares do parentesco*, Vozes/EDUSP, Petrópolis/São Paulo, 1976.

[22] F. I. NYE, *Role Structure and Analysis of the family*, Sage, Beverly Hills, CA, 1976.

[23] Para maior desenvolvimento, JORGE MIRANDA e RUI MEDEIROS, *Constituição Portuguesa Anotada*, I, Anotações aos artigos 26º, 36º e 67º, Coimbra Editora, Coimbra, 2005.

[24] Diga-se, já agora, que os artigos 16º da Declaração Universal dos Direitos do Homem e 12º da Convenção Europeia dos Direitos do Homem, ao estabelecerem o direito de casar e de constituir família, invertem os termos deste nº 1 do artigo 36º da Constituição.

3. *Os cônjuges têm iguais direitos e deveres quanto à capacidade civil e política e à manutenção e educação dos filhos.*
4. *Os filhos nascidos fora do casamento não podem, por esse motivo, ser objecto de qualquer discriminação e a lei ou as repartições oficiais não podem usar designações discriminatórias relativas à filiação.*
5. *Os pais têm o direito e o dever de educação e manutenção dos filhos.*
6. *Os filhos não podem ser separados dos pais, salvo quando estes não cumpram os seus deveres fundamentais para com eles e sempre mediante decisão judicial.*
7. *A adopção é regulada e protegida nos termos da lei, a qual deve estabelecer formas céleres para a respectiva tramitação.*

Decomposta esta previsão normativa encontramos claramente na primeira parte do nº1 do artigo 36º a referência ao direito a 'constituir família' – expressão aqui utilizada em sentido mais abrangente do que o sentido anglo-saxónico e correspondente à linguagem popular em Portugal do 'direito de procriar'. Ou seja, o nº1 do artigo 36º claramente distingue a celebração do casamento da constituição de família – que pode ter outras fontes para além do casamento – , assim como distingue a constituição de família da procriação. Ou seja, em termos que ficaram claros no Acórdão do Tribunal Constitucional nº 411/2003, a família não é apenas produto do casamento.

Por outro lado, se o artigo 36º da Constituição surge como repositório das posições jurídicas subjectivas em matéria de família, o enquadramento constitucional da questão é ainda completado pela redacção do artigo 67º, que vem desta feita olhar para a família numa perspectiva de garantia institucional – aliás, em sede sistemática de direitos sociais. Aí se determina que a família, "como elemento fundamental da sociedade, tem direito à protecção da sociedade e do Estado e à efectivação de todas as condições que permitam a realização pessoal dos seus membros", incumbindo ao Estado, para a respectiva protecção:

a) *Promover a independência social e económica dos agregados familiares;*
b) *Promover a criação e garantir o acesso a uma rede nacional de creches e de outros equipamentos sociais de apoio à família, bem como uma política de terceira idade;*
c) *Cooperar com os pais na educação dos filhos;*

d) *Garantir, no respeito da liberdade individual, o direito ao planeamento familiar, promovendo a informação e o acesso aos métodos e aos meios que o assegurem, e organizar as estruturas jurídicas e técnicas que permitam o exercício de uma maternidade e paternidade conscientes;*
e) *Regulamentar a procriação assistida, em termos que salvaguardem a dignidade da pessoa humana;*
f) *Regular os impostos e os benefícios sociais, de harmonia com os encargos familiares;*
g) *Definir, ouvidas as associações representativas das famílias, e executar uma política de família com carácter global e integrado;*
h) *Promover, através da concertação das várias políticas sectoriais, a conciliação da actividade profissional com a vida familiar.*

E saliente-se que esta protecção garantida pelo artigo 67º – apesar de não beneficiar da força jurídica e vinculatividade que decorre do artigo 18º para os direitos, liberdades e garantias, e portanto para o artigo 36º *supra* citado, que beneficia de tal natureza – compreende não só a família conjugal, como a natural e a adoptiva.

A Constituição vem ainda referir-se nominalmente à protecção da paternidade e da maternidade no artigo 68º, justificando-se aliás a referência autonomizada pelo que ficou dito *supra* quanto ao facto de o nº1 do artigo 36º distinguir a celebração do casamento da constituição de família e do direito de procriar. Neste sentido, os casos da paternidade e maternidade são encarados como 'valores sociais eminentes', e o ordenamento jurídico-constitucional reconhece aos pais e às mães, sejam ou não unidos pelo matrimónio, um direito à protecção da sociedade e do Estado na realização da sua acção em relação aos filhos, nomeadamente quanto à educação destes, garantindo-lhes a realização profissional e a participação na vida cívica do país. Na esteira destes princípios, o artigo 69º atribui às crianças um direito à protecção da sociedade e do Estado, com vista ao seu desenvolvimento integral.

É pois claro que em termos jurídicos o conceito de família se radica numa pura noção à qual não corresponde – ou pode não corresponder – qualquer realidade social, como salienta Pereira Coelho[25]. É aliás sintomático também que a nossa Lei Fundamental não adopte uma definição

[25] Pereira Coelho e Guilherme de Oliveira, ob.cit..

constitucional de 'família'. Apesar disso, a expressão é referida por diversas vezes nas leis portuguesas sobre adopção, maternidade, segurança social e educação. Questão diversa é a da previsão das fontes das relações jurídicas familiares a que alude o artigo 1576º do nosso CC, e que inclui o casamento – artigo 1577º do Código Civil – e o parentesco – 1578º CC –, para além das referências à afinidade e à adopção.

Não pode no entanto deixar de se entender que o conceito assim – ao menos tacitamente – utilizado está em vias de revisão. De facto, ainda que se mantenha a asserção segundo a qual a família constitui 'uma célula fundamental e um valor alienável da sociedade', tem-se sucessivamente procedido ao reconhecimento da diversidade das situações familiares, o que implica o estudo e acompanhamento das mudanças em curso na família e a definição de tipologias de intervenção adequadas. Mesmo as Nações Unidas deram já expressão à necessidade de rever o conceito tradicional de família de que partem os principais dispositivos legais destinados a proteger as crianças, idosos e outros carentes de cuidados especiais, ao considerar a necessidade de partir de um conceito lato de família para enquadrar o "direito de habitação adequada" no ponto 6 do Comentário Geral nº 4 (de 13de Dezembro de 1991) ao Pacto Internacional sobre Direitos Económicos, Sociais e Culturais (artigo 11º). Também em 1994 (a propósito do Ano da Família), as Nações Unidas entendiam por família: duas ou mais pessoas que partilham recursos e responsabilidades por decisões, compartilham valores e finalidades e têm um compromisso umas com as outras de um tipo duradouro, *independentemente de laços legais, de sangue, adopção ou casamento* [realce nosso].

Provavelmente, nesta matéria como noutras, as linhas de evolução que se encontram hodiernamente são expressão do brocardo *ubi societas, ibi jus*. É em tal contexto que devem ser discutidas as linhas de dinamismo e diversificação das estruturas familiares nas sociedades contemporâneas, em que se acentua a crise da família ou, ao menos, formas diferentes de viver a família.[26] Assim, a 'família' como instituição – com o inelutável carácter de perenidade – deve abrir-se, precisamente para se não anular, à família contemporânea: multidimensional, plurilocal, multigeracional, transgressora das imposições do género, exigente do ponto de vista afectivo, e gerando laços que estão longe de se poderem reduzir a uma determinação

[26] Veja-se por todos, CHIARA SARACENO, *Sociologia da Família*, Estampa, Lisboa, 1997.

fixa ou conjunto de determinações. Ao conjunto destas alterações – v-g. de perda de força (politica, económica, educativa) se referem alguns autores como estando em causa uma *desfuncionalização* da família, que no entanto reforçou a sua intimidade, e permitiu que se revelassem as *funções essenciais e irredutíveis* do grupo familiar: *gratificação afectiva*, e *socialização* como transmissão da cultura como conjunto de normas e valores.

Uma segunda tendência perspectiva a família como espaço privado, de exercício da liberdade própria de cada um dos seus membros, na prossecução da sua felicidade pessoal, livremente valorada[27]. Neste sentido a família deixa de ser ou, mais precisamente, deixa de poder ser utilizada, como um instrumento da ordem pública. O espaço familiar é um espaço privado. Todas estas realidades são, nalguma medida, *families we choose* na terminologia de KATH WESTON.[28] E é também nalguma medida neste sentido que refere o Acórdão *sub judice* não poder o Direito garantir os afectos no contexto das relações familiares. Aliás, a intersecção entre a família, o divórcio, e a parentalidade implica uma redefinição das próprias definições de 'parentesco', acabando por se descobrir e dar visibilidade – até eventualmente jurídica – a novas relações pessoais entre a criança e terceiros (padrastos, madrastas).

No seu conceito tradicional ou recomposto, a família vê-se hoje ainda confrontada com a necessidade de dar resposta a novas questões que resultam da procriação medicamente assistida e que subvertem os brocardos *Mater semper certa est* e *Mãe há só uma*[29]. É verdade que a família de sangue já não era a única admissível – mormente em virtude da adopção – mas a procriação medicamente assistida surge como uma ameaça à biparentalidade. Para além de famílias unilineares – como as resultantes de adopção, da legitimação unilateral por autoridade de justiça, do estabelecimento unilateral da filiação natural –, surgem-nos agora famílias unilineares e sem reciprocidade. De facto, os avanços científicos processam-se em duas direcções quase opostas. Por um lado, é desvendado o mistério da paternidade: através do código génico pode-se hoje na quase totalidade dos casos

[27] ANTHONY GIDDENS, *La transformación de la intimidad*, Cátedra, Madrid, 1995.

[28] KATH WESTON, *Families we choose,* Columbia University Press, New York, 1ª edição, 1991 (edição em paperback de 1997).

[29] Estava a maternidade melhor defendida que a paternidade, se se atendesse sempre ao critério de que 'a mãe é a que põe no mundo o fruto das suas entranhas', como soía dizer-se, ao passo que a paternidade necessita de se socorrer da lei.

demonstrar a proveniência biológica e onde assentava na dúvida, o Direito passa a defrontar-se com uma certeza; mas por outro lado, as certezas jurídicas sobre a dependência entre sexualidade e reprodução são arrasadas.[30]

Acresce que as diferentes consequências dos processos homólogos e heterólogos impuseram uma necessidade de regulação normativa que veio de alguma forma a ser prosseguida pela Lei nº 32/2006 e em especial quanto à determinação da paternidade pelo seu artigo 20º. No caso dos processos homólogos e no que tange à presunção de paternidade, os problemas que o nexo de filiação em relação ao marido da mãe suscita são fundamentalmente dois, quais sejam os de saber se vigora ainda a presunção de paternidade e qual a relevância do consentimento do marido. O nº3 do artigo 1839º do CC – que é aplicável tanto a um caso de inseminação artificial homóloga ou heteróloga, lembre-se – exclui a impugnação da paternidade com fundamento em inseminação artificial ao cônjuge que nela consentiu. Mas até que ponto será relevante a prestação do consentimento pelo marido? É que, recorde-se, a inseminação medicamente assistida, mesmo com esperma do marido, foi durante muito tempo considerada como injúria grave, causa de divórcio.[31] Aliás, segundo certos autores, a inseminação medicamente assistida, com esperma de terceiro, deveria ser equiparada a um autêntico adultério, cuja ilicitude não seria excluída mesmo pelo consentimento do marido.

Que acontecerá, por exemplo, se o marido consentiu na inseminação artificial da mulher e contesta depois a paternidade? Já no que diz respeito aos filhos nascidos após o termo de coabitação, a derivação biológica pode ser efectivamente provada: prioridade da derivação genética: embora sem apoio na presunção, o filho acabará por ser imputado àquele casamento.

[30] Sobre esta matéria, veja-se, por todos, de Guilherme de Oliveira, *Estabelecimento da Filiação*, Almedina, Coimbra, 2003, 7ª Reimpressão e *Critério Jurídico da Paternidade*, Colecção teses, Almedina, Coimbra, 1998.

[31] Em termos histórico, bastará assinalar uma decisão do Tribunal de Bordéus de 1883, Trib. Civi. Bordeaux, 27 août 1883, Rev. Hist. Méd, Fev. 1, pp. 37 que qualificava a inseminação artificial de "*moyens artificiels que réprouve la moral naturelle et qui pourraient même, en cas d'abus, créer um véritable danger social; il importe à la dignité du marige que des semblables procédés ne soient pas transposés du domainc dc la sciencc à celui de la pratique*" e uma outra, do tribunal de apelação de Lyon de 1956 onde se afirmava que a inseminação artificial "*constitue um precedé condamnable, humiliant, de nature excessive et injurieuse justifiant un divorece aux torts de l'épuse en ceci, même si le mari avait consenti.*

Em geral, quanto aos processos heterólogos, podem levantar-se mais questões, resultantes da dação de gâmetas. Se a ligação biológica fosse o elemento necessário e suficiente da filiação, o dador seria o pai. Mas, a ser assim, alguém que é completamente estranho àquele projecto de paternidade poderia obter, v.g., o reconhecimento da paternidade, o poder paternal ou beneficiar de expectativas sucessórias. Ao invés, o estabelecimento da derivação biológica só tem o efeito de constituir impedimento do casamento (pois esse se funda na mera derivação biológica e não no relacionamento sexual) mas não o de determinar o vínculo de paternidade. Ou seja, a filiação jurídica continua a assentar sempre na biológica, embora possa ficar toldada pelo jogo das presunções.[32]

Ora, a questão que aqui releva para o que nos interessa é outra. Se a evolução científica torna praticamente sempre certa a derivação do pai, o *quid* que aqui se discute é o de saber se há forma – não excludente da consideração da dignidade da pessoa humana – de afastar tal certeza por decorrência do direito a autodeterminação do pai (ainda que eventualmente biologicamente certo). Não se trata aqui de discutir a concorrência ambígua e/ou conflito de posições quanto à pessoa que deve ocupar a posição de mãe: a mãe social, a mãe biológica, a mãe portadora. Se a cópula deixou de ser indispensável para a reprodução, e se não há forma legalmente reconhecida de excluir a filiação por determinação da paternidade ainda que não querida, talvez se deva dizer que o único elemento caracterizador da filiação é (ainda) a derivação biológica, ainda que no caso da dação de gâmetas como acto pessoal de procriação, a mera derivação biológica não caracterize por si só, um vínculo de filiação.

[32] Algo que parece ter escapado ainda à análise da maioria dos autores, é o facto de a admissibilidade das mães de gestação poder ser um imperativo constitucional que decorra do princípio da igualdade. Ou seja, se se admite a inseminação heteróloga, em casos em que o homem tem problemas de infertilidade, não será de admitir o 'contrato de aluguer' nos casos em que a dificuldade reprodutiva decorre da mulher? Por outro lado, repare-se ainda que o contrato de gestação pode nada ter a ver com a utilização de novas técnicas de reprodução, como tem salientado no seu ensino Guilherme de Oliveira, em termos com os quais concordamos.

5. A autodeterminação parental: a valoração probatória da recusa de cooperação em acção de investigação de paternidade

Sabemos que no caso *sub judice* vertido no Acórdão nº 346/2015, se não aplica para efeitos de determinação da filiação, a presunção de paternidade do artigo1826º do CC (*pater is est quem nuptiae demonstrant*). Não se aplica ainda a situação de reconhecimento voluntário (perfilhação), declaração de vontade pela qual alguém reconhece a paternidade de outrem nascido ou concebido fora do casamento, sendo de salientar a necessária natureza pessoal (artigo 1849º do CC), livre (artigo 1860º do CC) e sem aposição de cláusulas acessórias (artigo 1852º/1 do CC).

Ora, fora dessas condições, e no caso de registo civil omisso quanto à paternidade (artigos 1864º. e 1865º. do CC), a forma de determinação será sempre a do reconhecimento judicial em resultado de acção de averiguação oficiosa da paternidade, ainda que possa esta claudicar por improcedência por falta de provas[33].

De facto, desde 1967 que o ordenamento jurídico português (alicerçado no direito da criança a conhecer a sua identidade e ascendência biológica) impõe a obrigatoriedade de o Estado, perante o registo de um recém-nascido sem identificação do pai, desencadear uma acção oficiosa de paternidade, mesmo se contra a vontade dos progenitores. No que a este modo de estabelecimento da paternidade tange, o facto natural da paternidade pode ser demonstrado:

i) por via indirecta, por intermédio do recurso pelo autor a alguma das presunções legais de paternidade (por força do que estipula o

[33] O nº 2 do artigo 1796º do CC, sob a epígrafe 'Estabelecimento da filiação', prevê que "[A] paternidade presume-se em relação ao marido da mãe e, nos casos de filiação fora do casamento, estabelece-se pelo reconhecimento". Questão lateral, ainda que para este efeito irrelevante, mas com implicações no que tange a considerações sistemáticas de conformidade com a letra da lei constitucional, é a da questão (geral) de saber se o decurso do tempo deve repercutir-se (com eficácia extintiva) no regime jurídico do estabelecimento da filiação, *id est* fundamentando a fixação de prazos para a propositura da acção de investigação da paternidade. Estes prazos eram previstos até 2006 no nº 1 do artigo 1817º do CC que foi objecto de declaração de inconstitucionalidade com força obrigatória geral através do Acórdão do Tribunal Constitucional nº 23/2006. Na sua sequência, a Lei nº 14/2009, de 1 de Abril, veio alterar o referido artigo 1817º. Sobre o tema veja-se Guilherme de Oliveira, *Caducidade das Acções de Investigação*, in Comemorações dos 35 anos do Código Civil e dos 25 anos da Reforma de 1977, Vol.I, "Direito da família e das Sucessões", Coimbra Editora, Coimbra, 2004, pp. 51 e ss.

artigo 1871º) desde que não sejam ilididas pelo réu, com criação de dúvidas sérias sobre a paternidade do investigado;

ii) directamente, através dos exames de sangue e quaisquer outros métodos cientificamente comprovados, conforme estipula expressamente o artigo 1801ºdo CC, o que será feito com recurso à prova pericial.

No que tange a esta prova pericial, os testes de ADN vieram possibilitar a alteração do paradigma da investigação da paternidade assente no princípio da exclusão, substituindo-o pela aplicação do brocardo *pater is est quem sanguis demonstrat.* [34] Ora, a recusa de cooperação em acção de investigação de paternidade[35] v.g. com o argumento de devassa injustificada do direito à reserva da vida privada e/ou, de lesão do direito à integridade física, tem sido objecto de profusa jurisprudência. Elencam-se alguns dos respectivos traços caracterizadores, por bem sintetizarem as linhas do argumentário em causa[36] e afastarem, *hoc casu*, a invocação de um genérico direito à autodeterminação parental:

a) Acórdão do Tribunal da Relação de Coimbra de 12 de Dezembro de 2006:
"I – As testemunhas relatam factos e situações das quais se aperceberam sensorialmente, projectando a realidade por elas apercebida à percepção de terceiros. II–Os comportamentos das pessoas são em si mesmos significativos e abrem-se, por isso, à interpretação pelos outros, relativamente ao significado que encerram. III–Um comportamento persistente de recusa a exames médico-legais permite ao tribunal interpretá-lo à luz dos motivos de recusa invoca-

[34] Stela Neves Barbas, *Direito do Genoma Humano*, Almedina, Coimbra, 2007, pp. 531- 533.

[35] Já no que respeita ao estabelecimento da maternidade, pode ser este obtido através de menção da maternidade ou, no caso de registo omisso, por declaração de maternidade ou reconhecimento Judicial da maternidade. O CC prevê ainda os factos impeditivos da acção de averiguação oficiosa da maternidade (tal como os que impedem a averiguação oficiosa da paternidade), decorrentes, no essencial, de existência de parentesco ou afinidade entre progenitores e/ou do decurso de tempo sobre a data de nascimento.

[36] Vejam-se os Acórdão do Supremo Tribunal de Justiça de 11 de Janeiro de 2011 e de 16 de Outubro de 2012; o Acórdão do Tribunal da Relação do Porto de 19 de Junho de 2012; o Acórdão do Tribunal da Relação do Porto de 15 de Março de 2012 e o Acórdão do Tribunal da Relação de Guimarães de 27 de Novembro de 2012, todos disponíveis em www.dgsi.pt.

dos, o que se reconduz aos poderes do juiz relativos à valoração da prova (...)";

b) Acórdão do Tribunal da Relação de Lisboa de 9 de Junho de 2005: "1 – No confronto do interesse, simultaneamente público e particular, de determinação da paternidade de um indivíduo com o interesse, meramente particular do investigado, de não ser submetido a um acto médico de colheita de sangue, deve ser considerada não justificada a recusa do investigado em submeter-se a esse exame. 2-A admitir-se a legitimidade dessa recusa, e estando em causa um meio tão directo de prova do vínculo biológico da paternidade, não repugna a ideia de fazer funcionar aqui a regra da inversão do ónus da prova, nos termos do artº344ºn.2doC.Civil."

De facto, a verificação da inversão do ónus da prova devido à inviabilização culposa da prova do facto a que a parte contrária está onerada resulta da aplicação do nº 2 do artigo 344º do CC que determina que "[H]á também inversão do ónus da prova, quando a parte contrária tiver culposamente tornado impossível a prova ao onerado, sem prejuízo das sanções que a lei de processo mande especialmente aplicar à desobediência ou às falsas declarações"[37].

Mas a aplicação judicial desta regra presuntiva processualmente determinada, não pode deixar de se considerar como contrária ao reconhecimento e vindicação de um direito à autodeterminação parental, nos termos que o Recorrente pretendia ver reconhecidos pelo TC no Acórdão nº 346/2015. De facto, não pode deixar de se entender que a aplicação de uma regra de presunção nos casos *sub judice* é, em si, limitadora dos direi-

[37] Veja-se Carlos Lopes do Rego, *O ónus da prova nas acções de investigação de paternidade: prova directa e indirecta do vínculo da filiação*, in Comemorações dos 35 anos do Código Civil e dos 25 Anos da Reforma de 1977,vol.I, Coimbra Editora, Coimbra, 2004, pp.781e ss. Também de acordo com o Acórdão do STJ de 23 de Fevereiro de 2012, " [*s*]*endo ilegítima a recusa de submissão do investigado a exame hematológico e não podendo o tribunal usar meios coercitivos para a sua realização, haverá lugar, para além de multa, à inversão do ónus da prova*". Mas a cominação destas sanções, caso se considere – o que apenas para benefício de discurso se admite – ilegítima a recusa de participação, não pode legitimar outro tipo de considerações. De facto, a aplicação *hoc casu* de sanções v.g. pecuniárias não é estranha a qualquer outra situação geral de não colaboração com a justiça, como justamente lembrou Maria Isabel Costa, *O estabelecimento da filiação. A investigação forense e a prova judicial da filiação biológica*, Intervenção proferida no INMLCF, em 13 de Abril de 2000.

tos em causa, de modo que ferem inevitavelmente a dignidade da pessoa humana. Ou seja, parece-nos não estar justificada esta restrição do direito à integridade física e ao direito à reserva de vida privada. Ainda que possa considerar-se fundamental para salvaguardar outro direito constitucionalmente consagrado como os direitos à integridade moral, à identidade pessoal, à identidade genética e ao desenvolvimento da personalidade (todos previstos nos artigos 25º e 26º da CRP) e o direito a constituir família (previsto no nº1 do artigo 36º da CRP), parece-nos que a melhor jurisprudência – Acórdão do Tribunal Constitucional n°616/98, Acórdão do S.T.J., de 11 de Janeiro de 2001[38] e, mais recentemente Acórdão do Supremo Tribunal de Justiça de 24 de Maio de 2012[39] – impede a realização coactiva de testes de paternidade[40], precisamente por lesão do direito à integridade – física e moral – e do direito ao livre desenvolvimento das respectivas per-

[38] Sobre este Acórdão, veja-se a Revista do Ministério Público, n°85, p.159.

[39] Neste Acórdão se pode ler: "(...)Estamos em crer que a recusa de cooperação não pode ser acompanhada da defesa de uma "execução específica" do dever de cooperação, porquanto o cooperar nestas situações importa o fornecimento de produtos biológicos, o que impede a realização coactiva, em espécie, da prestação devida.(...) indefere-se a pretensão da autora de realização coerciva do exame pericial por parte dos réus relapsos. No mesmo sentido, Acórdão do STJ de 13 de Outubro de 1992, Acórdão do STJ de 4 de Outubro de 1994, Acórdão do Tribunal da Relação de Lisboa de 20 de Maio de 1997, Acórdão do Tribunal da Relação do Porto de 25 de Fevereiro de 2002, Acórdão do Tribunal da Relação do Porto de 4 de Março de 2002, Acórdão do Tribunal da Relação de Coimbra de 12 de Dezembro de 2006. Na doutrina, leia-se PAULA COSTA E SILVA, *A realização coerciva de testes de ADN em acções de estabelecimento da filiação*, in Estudos de Direito de Bioética, Associação Portuguesa de Direito Intelectual, Almedina, Coimbra, 2005. Sobre a eventualidade de recurso a participantes que partilhem o material genético com o putativo pai biológico ou os casos em que este não esteja em condições psíquicas ou físicas de participar na perícia, Sara da Silva Correia, ob.cit., pp. 42/43.

[40] Contrariamente, vejam-se:

i) Acórdão do Tribunal da Relação do Porto de 15 de Novembro de 1999

"I – A intervenção física para colheita de sangue, destinada constituir prova de paternidade em acção judicial, não constitui violação desadequada, desnecessária e desproporcionada da integridade física. II – O pretenso pai que após notificação judicial se recusa, sem justificação, a comparecer em instituição oficial para exame hematológico com vista à averiguação da paternidade que lhe é imputada, pode ser punido com multa e compulsivamente conduzido para extracção de sangue";

ii) Acórdão do Tribunal da Relação de Lisboa de 8 de Junho de 2000

"I – Decorre do disposto nos artigos 519 nº1 do CPC e 1801 do CC que nada há que, do ponto de vista legal, impeça a submissão do pretenso pai à recolha de sangue, para efeito de exame hematológico. II – A recusa a esse exame é ilegítima pois que o mesmo não viola a intimidade da vida privada e familiar, nem é causa de dano grave à honra e consideração da própria pessoa,

sonalidades. Não se ignora que alguns autores identificam aqui uma lesão não relevante da integridade física[41] ou que outros não concluem pela não afectação do núcleo essencial do direito à integridade física, quando em ponderação com outros bens em conflito, como resulta, por exemplo da lição do Acórdão do TRL de 27 de Maio de 1999: "[*a*] *norma contida no art. 25º da CRP vale como garantia geral de integridade física mas não significa que proíba a exigência de comportamentos ou sujeições que revistam carácter rotineiro na vida da generalidade das pessoas e que em determinadas circunstâncias assumem interesse social*".

Mas a este propósito, não podemos deixar de atentar no disposto na alínea *a)* do n.º 3 do actual artigo 417º do Código de Processo Civil (artigo 519º na versão anterior à Lei nº 41/2013, de 26 de Junho), de onde resulta claramente que a recusa é legítima se a obediência importar violação da integridade física ou moral das pessoas".

Também em julgamento de 19 de Abril de 2016 (processo 1 BvR 3309/13), o Tribunal Constitucional Alemão analisou os direitos de um

face ao princípio de direito fundamental do conhecimento e reconhecimento da paternidade (artigos 25 nº1 e 26 nº1 da CRP)";
iii) Acórdão do Tribunal da Relação de Guimarães de 27 de Novembro de 2002
"I – Em acção de investigação de paternidade não pode alguém ser obrigado a submeter-se a exame que importe ofensa à integridade física, nomeadamente a exame hematológico, que pressupõe a aplicação de uma picada para colheita de sangue. II – Porém, se no despacho o Sr. Juiz ordenou a notificação do Réu para "...comparecer no IML...sob custódia, se necessário, a fim de se submeter a colheita de amostras biológicas", no qual, por conseguinte, em parte alguma, se impõe que as amostras biológicas a colher sejam constituídas por sangue, cuja colheita haja de implicar a aplicação de uma picada e, assim, uma ofensa à integridade física do Réu, ainda que não acentuadamente gravosa, o Réu tem de acatá-lo. III – Na verdade, esses exames podem ser realizados através da análise, por exemplo, da saliva ou de um simples cabelo, que não importa qualquer ofensa à integridade física, pelo que o despacho em crise não viola os artigos 519º,nº3 do CPC e 25º, nº1,da Constituição".

[41] Como é o caso de Helena Moniz, *Os problemas jurídico-penais da criação de uma base de dados genéticos para fins criminais*, Revista Portuguesa de Ciência Criminal, nº 12, Coimbra Editora, Coimbra, 2002, p.250. No entendimento desta autora, "*a recolha de amostras do corpo do delinquente constitui um comportamento que integra o tipo legal de crime de violação da integridade física, a não ser que ocorra uma exclusão de ilicitude como o consentimento, devendo para tanto ser cumpridos os seus requisitos* (art.38º do CP*), maxime, um consentimento livre e esclarecido*". No mesmo sentido, Sónia Fidalgo, *Determinação do Perfil Genético como Meio de Prova em Processo Penal*, Revista Portuguesa de Ciência Criminal, ano 16, nº1, Coimbra Editora, Coimbra, 2006, pp.122 ss. Também é este o sentido acolhido por Sara da Silva Correia, *A integridade física e a recolha de vestígios biológicos*, dissertação de Mestrado em Direito (menção de Ciências Jurídico-Políticas) apresentada à Faculdade de Direito da Universidade do Porto, Julho de 2013, p. 39

putativo pai biológico, esclarecendo que o direito ao conhecimento das respectivas origens – que fez derivar de um direito geral de personalidade (*allgemeines Persönlichkeitsrecht*) – não é absoluto e deve ser compatibilizado com outros direitos fundamentais eventualmente conflituantes. A este propósito, analisou os modos de determinação da paternidade, dizendo expressamente que se a paternidade for determinada contra a vontade do putativo pai biológico, muitos outros titulares de direitos poderão ser afectados (v.g., os direitos do putativo pai biológico e da mãe ao respeito da vida privada; os direitos à identidade e intimidade genética do putativo pai biológico, o direito à estabilidade da vida familiar enquanto juridicamente estabelecida). Partindo deste pressuposto, aquele Tribunal veio reconhecer a margem de apreciação do legislador no que tange a não sancionar a recusa de participação em testes de paternidade.

Na verdade, parece que os direitos fundamentais em questão revelam-se como um limite inultrapassável à coerção ao cumprimento. Assim, e atendendo aos princípios da ponderação casuística ou da concordância prática, e fazendo aplicar as três vertentes do princípio da proporcionalidade, parece-nos[42] que deverá prevalecer o direito do pretenso pai à sua integridade física, cedendo o direito do pretenso filho.

Por outro lado, parece absolutamente injustificável que em matéria deste tipo – em que a recusa se funda precisamente na vindicação de direitos fundamentais – as implicações probatórias da recusa dos réus na realização do exame pericial possam corresponder a inversão do ónus da prova sendo consideradas quase como confissão[43] e/ou mesmo sejam livremente apreciadas pelo juiz de julgamento.[44]

Como relembra Rivero, também neste domínio a expressão *vida privada* passou da linguagem corrente para a linguagem jurídica e hoje impõe a ligação com a liberdade corporal que se define como exclusão de toda a

[42] Aqui ao invés de Sara da Silva Correia, ob.cit., p. 44.

[43] *Vide* Acórdão do STJ de 13 de Outubro de 1992; Acórdão do STJ de 04 de Outubro de 1994; Acórdão do Tribunal de Relação de Lisboa de 20 de Maio de 1997; Acórdão do Tribunal de Relação do Porto de 25 de Fevereiro de 2002; Acórdão do Tribunal da Relação do Porto de 4 de Março de 2002, Acórdão do Tribunal da Relação de Coimbra de 12 de Dezembro de 2006 e Acórdão do Tribunal da Relação de Guimarães de 17 de Abril de 2008: "[*a*] *recusa da realização do exame por parte do investigando é livremente apreciada pelo tribunal e só opera a inversão do ónus probatório se for injustificada e tornar impossível a prova ao investigante*". Neste último sentido, Sara da Silva Correia, ob.cit., p.42.

[44] No mesmo sentido, Sara da Silva Correia, ob.cit., p.41

intervenção não consentida de um terceiro na vida física do indivíduo[45]. Aqui, como noutros domínios, é a possibilidade de escolha que define a liberdade. Ora, as disposições que o direito adopta para proteger essa vida privada. E a liberdade corporal da pessoa exclui toda a intervenção não consentida de um terceiro na sua vida física.

Ora, se algumas modificações não eram previsíveis, sistemas conservadores tornaram-se radicalmente novos, parece de esperar que o "biologismo da moda perdure", como já previa GUILHERME DE OLIVEIRA[46] que precisamente vem alertando para a tutela alternativa de valores sociologistas, em especial no que respeita à disciplina da impugnação da paternidade do marido na hipótese de inseminação artificial heteróloga consentida, às restrições à impugnação da perfilhação e à necessidade de consentimento de um progenitor para o estabelecimento do vínculo que se pretenda constituir.

6. De volta à dignidade: o sujeito de direito como "legislador" de/para si mesmo

Não existem dúvidas de que igualdade do estatuto – mormente jurídico, mas também social – reconhecido a homens e mulheres é reclamada pela Constituição e deve ser concretizada pelo legislador ordinário. Ao invés, a assunção da igualdade de género como fundamento de genérica discriminação positiva deve ser combatida, antes se procurando um melhor aproveitamento do que são as competências de qualquer um, na sua individualidade e sensibilidade únicas.

Mas enganam-se os que entendem que é esse o nó górdio da questão constitucional envolvida no Acórdão *sub judice*. Não o é, decerto, como certeiramente apontou declaração de voto do Conselheiro Pedro Machete, em termos que por facilidade se transcrevem:

[45] Veja-se LUÍSA NETO, *O direito fundamental à disposição sobre o próprio corpo*, Coimbra Editora, Coimbra, 2004, parte III.1. *passim*.

[46] Duras são as palavras de MILLÁN PUELLES, *Positivismo jurídico y dignidad humana*, in Nuestro tempo, 390 (1986), p. 77 – para quem justifica estas condutas amparando-se em que vão calando num sector da sociedade: "esse simples adorar os factos e deixar-se levar só pelo que está na moda, como a vela que crê que é livre porque pode mover-se em qualquer direcção, sendo assim que só se move no sentido em que o vento mais sopra. Isso não é liberdade mas veleidade, próprio das velas, isso é falta de categoria humana".

Votei a decisão ***exclusivamente*** *[realce nosso] por considerar que a norma sindicada não viola o princípio da igualdade, inexistindo portanto uma discriminação negativa do homem em razão do sexo.*

Na verdade, as situações do homem e da mulher, quanto ao estabelecimento da filiação biológica nos casos em que uma pessoa com pai ou mãe desconhecido pode ser seu filho ou filha (tertium comparationis), são iguais; como igual é o tratamento jurídico dispensado a essas mesmas situações: é possível proceder ao reconhecimento judicial de tal filiação – a paternidade ou maternidade biológica – contra a vontade do possível progenitor. Tal resulta em relação ao pretenso pai, dos artigos 1865º, nº 5, e 1869º do Código Civil, e, em relação à pretensa mãe, dos artigos 1808º, nº 4, e 1814º do mesmo diploma.

O estabelecimento do critério de comparação relevante – o estabelecimento da filiação biológica nos casos em que esta é desconhecida – é determinado pela ratio do tratamento jurídico concretamente em causa: o direito fundamental à identidade pessoal (do filho ou filha que desconhece a identidade de um ou de ambos os seus progenitores) e o direito fundamental de constituir família (v. respectivamente, os artigos 26º, nº 1, e 36º, nº 1, ambos da Constituição), correspondendo aos possíveis progenitores uma posição jurídica passiva. A situação fáctica e valorativa conexa à interrupção voluntária da gravidez – em que se confrontam, pelo menos, o direito à vida e à protecção da vida intrauterina e o direito à autodeterminação da mãe – não é comparável.

Não quis o Tribunal Constitucional – o que podia fazer, como decorre da lei processual constitucional – abrir caixa de Pandora, julgando – ou sequer discutindo – a inconstitucionalidade em resultado de violação de norma diversa da que foi pelo Recorrente indicada[47]. Mas os termos da discussão parecem claros, seja qual for – ressalve-se, porque não nos interessa neste momento tal discussão – a solução final que se propugne.

[47] Benedita MacCrorie, em *O recurso ao princípio da dignidade da pessoa humana na jurisprudência do Tribunal Constitucional*, in Estudos em Comemoração do Décimo Aniversário da Licenciatura em Direito da Universidade do Minho, Almedina, Coimbra, 2004, questiona a legitimidade do Tribunal para "eleger, sem mais, um modelo pré-determinado de homem a seguir, que veicule as concepções ideológicas dominantes da sociedade, quando não estão já em causa interesses públicos relevantes ou direitos fundamentais de terceiros, o que poderá conduzir a uma ética substantiva; por outro lado, não nos parece útil a utilização da "fórmula do objecto" como critério de interpretação do princípio da dignidade, uma vez que esta é, tal como o próprio conceito de dignidade, uma fórmula vazia e que, consequentemente, também obriga a um juízo de valor moral da parte do julgador

A historicidade influencia a própria representação do sujeito de direito.[48] Parece ter-se "ultrapassado" o conceito de pessoa (ou de personalidade) jurídica, enveredando-se por uma subjectividade (concreta e histórica) não abstracta. O ser humano é, pois, o soberano, o legislador de si mesmo, visionado por NIETZSCHE, em *O Alegre Saber*[49], e densificado por PICO DELLA MIRANDOLA. O objecto tutelado por tal direito geral de personalidade[50] compreende uma "cláusula geral, a personalidade humana, juridicamente tutelada. O que, embora insira no direito geral de personalidade elementos de indefinição e de incerteza preliminares próprios das cláusulas gerais – que nos sistemas jurisprudenciais demasiado positivo-formais lhe cerceiam muita da sua eficácia prática -, todavia permite, em sistemas jurisprudenciais valorativos, conferir ao direito geral de personalidade maleabilidade e versatilidade de aplicação a situações novas e complexas".[51]

As teorias que tentam justificar a autoridade do legislador por referência à autoridade primeira de um contrato de sujeição ou ato de consentimento, foram reforçadas por uma premissa correcta: a de que todos os membros da comunidade têm direito a igual tratamento e respeito. Mas como articular as (pré)tensões radicalmente incorporadas em tal princípio? Como cristalizar, neste contexto, o critério de escolha social que visa a sociedade 'bem-ordenada', corolário do 'acordo' constitucional institucionalizador da liberdade, da igualdade e da dignidade? A liberdade reclama uma dignidade autonomamente valorada a que acresce a ponderação sobreposta com a do princípio da proporcionalidade e respectivos testes de verificação. Eis a razão radical do fundamento último do direito geral de personalidade, ou dos direitos de personalidade, em que a pessoa é, simultaneamente, o objecto e o sujeito de direitos que exigem a protecção do seu desenvolvimento, da sua maturação, bem como da sua autenticidade enquanto digno centro de decisão.

[48] DIOGO LEITE DE CAMPOS, *O Direito e os Direitos de personalidade,* ROA, Ano 53/II, 1993, Abril/Junho, pps. 215 e 216 quanto à legitimação da subjectividade, e p. 217 quanto à absolutização do sujeito.

[49] DIOGO LEITE DE CAMPOS, *Os direitos de personalidade, Categoria em reapreciação,* BMJ, nº 403, Fevereiro de 1991, pp 5 a 16, p. 13.

[50] RABINDRANATH CAPELO DE SOUSA, *O direito geral de personalidade,* Coimbra Editora, Coimbra, 1995, pp. 93 a 100.

[51] KARL LARENZ, *Metodologia da Ciência do Direito,* FCG, Lisboa, 1978, (Edição original de 1969), tradução de José de Sousa e Brito e José António Veloso, pp. 151 e ss.

IV

DIGNIDADE E PROCRIAÇÃO

O Princípio da Dignidade da Pessoa Humana e a Procriação Medicamente Assistida: Comentário ao Acórdão nº 101/2009 do Tribunal Constitucional

Benedita Mac Crorie*

1. Introdução

No Acórdão nº 101/2009, de 03 de Março, o Tribunal Constitucional (doravante TC), a pedido de um grupo de Deputados à Assembleia da República, foi chamado a apreciar a ilegalidade e a inconstitucionalidade da Lei nº 32/2006, de 26 de Julho, que regulamenta a procriação medicamente assistida na ordem jurídica portuguesa.

O Acórdão é bastante extenso e os fundamentos do pedido foram diversos, mas, neste comentário, vamos deixar de parte as questões atinentes à ilegalidade do diploma (que aliás o Tribunal optou por não conhecer) e aos parâmetros normativos a serem utilizados por parte do TC. Por outro lado, vamos concentrar-nos nas questões de inconstitucionalidade material (desconsiderando os vícios formais) e, ainda que haja nessa sede vários pontos que justificariam uma análise mais profunda, vamos dedicar-nos especificamente ao estudo do princípio da dignidade da pessoa humana e ao modo como este foi invocado e aplicado ao longo do Acórdão. Este princípio é particularmente relevante em matéria de procriação medicamente assistida (doravante PMA), uma vez que, nos termos da alínea *e)* do artigo 67º da Constituição da República portuguesa (doravante CRP),

* Professora Auxiliar da Escola de Direito da Universidade do Minho, membro do JusGov (bcrorie@direito.uminho.pt).

incumbe ao Estado "regulamentar a procriação assistida, em termos que salvaguardem a dignidade da pessoa humana".

Para a análise que vamos fazer, entendemos fazer sentido partir do voto de vencido da Senhora Conselheira Maria Lúcia Amaral, no qual dissentiu da orientação seguida pela maioria "quanto ao conteúdo que se entendeu dever conferir ao princípio da *salvaguarda da dignidade da pessoa humana*", chamando a atenção para as debilidades da decisão maioritária quanto à aplicação do princípio enquanto parâmetro de controlo de constitucionalidade do diploma[1]. Pela sua relevância, as críticas aí expendidas servirão de mote para o nosso comentário.

[1] Transcreve-se de seguida o texto do voto de vencido da Conselheira Maria Lúcia Amaral no referido Acórdão: "1. Dissenti da orientação seguida, por larga maioria, pelo Tribunal quanto a três pontos fundamentais. Primeiro, quanto ao conteúdo que se entendeu dever conferir ao princípio da *salvaguarda da dignidade da pessoa humana*, a que se refere a alínea *e)* do nº 2 do artigo 67º da Constituição; depois, quanto à interpretação que se fez do âmbito de protecção da norma contida no nº 1 do seu artigo 24º; finalmente, quanto ao juízo, a que se chegou, de não inconstitucionalidade das normas da Lei nº 32/2006 respeitantes à *investigação com recurso a embriões* (nºs 2 a 5 do artigo 9º).
2. A emissão, por parte do legislador ordinário, de um regime disciplinador das técnicas de procriação medicamente assistida corresponde ao cumprimento da imposição constitucional de regulação que decorre do artigo 67º, nº 2, alínea *e)* da Constituição. Como se diz no Acórdão, desta *ordem de regulação* decorrem duas consequências essenciais. Antes do mais, com ela, a Constituição resolveu desde logo o problema genérico da admissibilidade, face aos seus parâmetros, das técnicas (ou da específica regulação legislativa das técnicas) de PMA; mas, para além disso, deixou claro o legislador constituinte que assim se não «reconhec[ia] um direito a toda e qualquer procriação possível segundo o estado actual da técnica, excluindo, à partida, as formas de procriação assistida lesivas da dignidade da pessoa humana».
A determinação do que seja a «lesão da dignidade da pessoa humana» aparece assim como um elemento integrante da correcta compreensão da ordem constitucional de regulação. Posto que tal ordem foi dada tendo em conta a imposição de um *vínculo* específico ao legislador, a delimitação do seu âmbito (e, logo, em sentido inverso, a delimitação do âmbito do livre espaço de conformação legislativa) não pode ser feita se se não atribuir um certo sentido substancial – por mínimo que seja – à expressão *salvaguarda da dignidade* (...) *humana*. Porém, e a meu ver, a argumentação do Tribunal foi construída a partir da ausência (e não da *necessária presença)* deste sentido substancial.
Com efeito, disse-se a este respeito, apenas, que a dignidade da pessoa humana, enquanto «base» da República e, portanto, enquanto critério de legitimidade do poder político (artigo 1º da CRP), detinha uma «dimensão objectiva», não podendo por isso fundamentar ela própria posições jurídicas subjectivas; e que, assim sendo, valeria enquanto instrumento útil para a concretização e delimitação do conteúdo de direitos fundamentais, conferindo ao «sistema» da Parte I da Constituição unidade de sentido, de valor e de concordância prática.

Determinou-se portanto o *alcance prescritivo do princípio,* nada se dizendo, porém, quanto ao conteúdo da própria prescrição.

É compreensível que se seja prudente e parcimonioso quanto à densificação do conteúdo de um princípio que, como este, tem em si implicada uma fortíssima carga axiológica (porventura, e daí o seu alcance fundante, a mais forte carga axiológica no sistema dos princípios constitucionais); mas uma coisa é o ser-se prudente e outra o ser-se silente. Entendo que, ao optar pelo silêncio – e ao fazê-lo num domínio em que a Constituição, pela sua própria redacção literal, lhe exigia outro caminho – o Tribunal teceu uma argumentação que deixou na penumbra a resolução de duas questões essenciais.

Primeira, a questão de saber *de que modo* pode a dignidade da pessoa humana ser «utilizada» na concretização e delimitação do conteúdo de direitos fundamentais. A regulação legislativa das técnicas de PMA atinge direitos – convocados ao longo de todo o *iter* argumentativo do Acórdão – que precisam de ser entre si sopesados e ponderados. Admitindo que o sentido da ordem de regulação contida no artigo 67º da Constituição se esgotava nisso mesmo – em conferir ao princípio [da [dignidade] o alcance de instrumento interpretativo auxiliar da ponderação a fazer entre *outros* direitos ou princípios – a verdade é que ainda assim o princípio só se tornaria operativo se se soubesse *de que modo* poderia ele contribuir para a «concretização» e «delimitação» do conteúdo de outras normas jusfundamentais. Perante o silêncio do Tribunal quanto a um qualquer sentido substancial que lhe pudesse vir a ser atribuído, esta questão do «modo» ficou por resolver, com prejuízo, em meu entendimento, da clareza dos métodos de interpretação e de ponderação usados no juízo colectivo.

Mas, para além de não ter ficado esclarecido que contornos objectivos deteria o princípio, ficou ainda por esclarecer qual o exacto *âmbito da sua aplicação subjectiva.* A certo passo diz o Acórdão que a «salvaguarda da dignidade da pessoa humana» se refere, com o alcance prescritivo que lhe fora conferido, às *pessoas* intervenientes nos processos de PMA, bem como às *pessoas* nascidas na sequência da aplicação das correspondentes técnicas. Mas noutros passos parece ter-se tido em conta, igualmente, a «dignidade» do embrião, invocando-se ela como elemento de ponderação face a outros direitos mobilizáveis para o caso. A invocação seria a meu ver compreensível se se tivesse pelo menos referido a mais antiga e consensual definição de «dignidade» – a decorrente da chamada «fórmula do objecto» de Dürig, aliás já referida pelo Tribunal noutros casos, e que se confunde, em resumo necessariamente grosseiro, com a proibição de *instrumentalização* de matriz kantiana. No entanto, e como nada se disse nesse sentido, ficou por esclarecer-se, por que motivo e com que alcance, estaria o embrião (para além das pessoas) também incluído no *âmbito de aplicação subjectiva* da cláusula da «dignidade».

A isto acresce, nas razões da minha dissensão, tudo quanto o Tribunal disse a respeito do âmbito de protecção da norma contida no nº 1 do artigo 24º da CRP.

3. É mais que sabido, e sobre o assunto me não vou alongar, que as normas constitucionais que consagram direitos fundamentais não têm apenas dimensões subjectivas. Não se limitam à previsão de estruturas subjectivas que integrem *direitos* susceptíveis de ser invocados pelos seus titulares perante o Estado ou perante a comunidade; para além disso, exprimem elas a decisão constituinte de proteger *objectivamente* certos bens jurídicos enquanto componentes estruturais básicas de toda a ordem infraconstitucional, de tal modo que, perante tais bens – *e ainda que não exista uma pretensão subjectiva da parte de quem quer que seja* – esteja obrigado o legislador ordinário a *certos* deveres de protecção. Se assim é quanto a quaisquer normas jus-

fundamentais, também o é quanto à norma contida no nº 1 do artigo 24º: o *conceito constitucional de vida* que aí se alberga não tem que ser recortado em função da existência incontestada de um qualquer radical subjectivo que lhe sirva de suporte.

Apesar de reconhecer que o embrião, ainda que não implantado, é susceptível de potenciar a existência de uma vida humana, entendeu o Tribunal que em relação a ele se não poderia aplicar a garantia da protecção da vida humana, enquanto bem juridicamente protegido, precisamente por se tratar de uma «existência» ainda não implantada. Significa isto que o Tribunal definiu o *conceito constitucional de vida* – esse mesmo que, como vimos, tem antes do mais uma implicação *objectiva* – da seguinte forma restritiva: a fronteira que separa a vida e a não-vida (e, consequentemente, a fronteira que separa o «território» em que deve existir alguma protecção dada pelo Estado e pelo Direito do «território» da desprotecção) é a diferente localização, intra ou extra-uterina, do embrião.

Divergi deste entendimento. Reconheço sem esforço, e sem por isso conceder razão a indemonstradas teorias dos valores, que entre «vida potencial» e «vida actual» existe uma inquestionável gradação *valorativa;* mas tal não justifica que a vida potencial extra-uterina seja tida, para efeitos da determinação do correspondente conceito constitucional e do âmbito objectivo de protecção da norma contida no artigo 24º da Constituição, como *algo* que se situa aquém da protecção, constitucionalmente fundada e por isso mesmo *devida,* do Estado e do Direito. Antes do mais, porque uma tal concepção restringe sem qualquer fundamento as possibilidades conformadoras do Bio-Direito, ou Direito da Bio-ética, como também é chamado.

Com efeito, se se entende que tudo o que se passa entre a criação do embrião e a sua implantação no útero é *constitucionalmente irrelevante* – pois se não tem arrimo na protecção objectiva do bem jurídico vida, em que outro lugar do sistema constitucional pode o processo ganhar relevância? –, então, entender-se-á também que as decisões centrais relativas ao surgimento da vida, e à resolução dos conflitos de interesses que delas possam emergir, deverão ser reguladas *apenas, e livremente,* pelo legislador ordinário que, num espaço vazio de constitucionalidade, não contará com mais nada para além de si próprio para poder acompanhar e ordenar a ciência e a técnica. Como a regulação de tais decisões, e a resolução dos conflitos que delas possam emergir, são temas que se inscrevem num dos núcleos centrais da «preocupações» do Direito da Bio-ética, a definição dada pelo Tribunal ao *conceito constitucional de vida* acaba por limitar as possibilidades conformadoras deste ramo do Direito, que se vê privado, neste ponto e sem qualquer fundamento, do arrimo conferido pelo Direito Constitucional.

É a nossa auto-representação enquanto espécie que, na Bio-ética, está em jogo. Entendeu o Tribunal que fora dela (fora dessa autorepresentação) podia ficar o embrião não implantado. Não consegui entender por quê, e não consegui dar-lhe razão.

4. Divergi, finalmente, do juízo a que o Tribunal chegou quanto às normas contidas no artigo 9º, nºs 2 a 5, da Lei nº 32/2006, relativas à *investigação com recurso a embriões.*

Diz o nº 1 do referido artigo – em réplica, aliás, do que determina o nº 2 do artigo 18º da Convenção de Oviedo – que «[é] proibida a criação de embriões através de PMA com o objectivo deliberado da sua utilização na investigação científica.»

Para quem entenda que todos os embriões (incluindo os não implantados) são objecto da protecção conferida pelo nº 1 do artigo 24º da CRP, por não poderem situar-se fora do *conceito constitucional de vida,* o dito do nº 1 do artigo 9º da Lei não corresponde (não *pode* corresponder) a uma escolha livre do legislador. E assim é não apenas por se encontrar o Estado português vinculado a uma obrigação internacional, assumida convencionalmente; assim é antes do mais por imperativo constitucional, que obriga o Estado, desde logo através do legislador, a proteger o bem «vida» de uma *instrumentalização* que o degrade à *condição de objecto, de mero meio para a obtenção de um fim ou de medida substituível.* Que o «fim» seja a liberdade de investigação científica (artigo 42º da CRP), ou a realização do direito à saúde (artigo 64º) não justifica, por si só, a utilização de quaisquer meios. A «dignidade» a que se refere o artigo 67º, nº 2, alínea *e)* da Constituição ostenta aqui o seu verdadeiro âmbito subjectivo de aplicação: as técnicas de PMA não devem ser usadas para a criação de embriões com o intuito deliberado de os submeter a projectos de investigação científica porque tal implicaria uma «instrumentalização» contrária ao disposto nos artigos 24º, nº 1; 67º, nº 2, alínea *e)* e 1º da Constituição. Assim sendo, impõe-se averiguar se o *sistema* decorrente da Lei nº 32/2006 cumpre, de modo suficiente, esta proibição constitucional. Por outras palavras, impõe-se saber se, desse sistema, resulta para o embrião uma protecção adequada face à sua possível, ou eventual, criação para fins de investigação.

Ora, o sistema legal é aqui percorrido por duas decisões fundamentais, que, como o Acórdão reconhece, não são comuns em direito comparado.

A primeira é a que resulta do artigo 24º da Lei. Aqui, e como refere o Acórdão, não se seguiu o critério, frequente noutras ordens jurídicas, do limite numérico para a determinação do número de embriões a criar na fertilização *in vitro*. O que a lei diz, neste domínio, é que «apenas deve haver lugar para a criação de embriões em número considerado necessário para o êxito do processo, de acordo com a boa prática clínica». Não se discute o acerto da escolha portuguesa neste ponto. Certo é que, ao abandonar-se a técnica comum em direito comparado (a das indicações numéricas), e ao substituir-se tal técnica por uma cláusula geral, preenchida pelas boas práticas clínicas (número considerado necessário para o êxito do processo), se abre legitimamente espaço para a indagação da protecção que a lei confere aos chamados embriões excedentários, supra-numerários ou que não tiverem que ser transferidos para o útero materno. Diz o nº 1 do do artigo 25º que o seu destino é a criopreservação. Mas são justamente estes os embriões que, quando «não tiverem a possibilidade de ser envolvidos num projecto parental» (artigo 25º, nº 5) poderão ser utilizados para fins de investigação científica (para além dos que sejam «inviáveis», nos termos e pelas razões previstas nas alíneas *b)* e *c)* do nº 4 do artigo 9º).

A solução contida no artigo 24º da lei proporciona, pois, uma natural indagação quanto ao destino dos embriões não-transferidos. E proporciona-a, exactamente, nos termos seguintes. Sabendo-se que a solução legal comportará, naturalmente, um *risco de acréscimo* de embriões excedentários – e, consequentemente, um *igual risco de acréscimo* daqueles embriões que, não tendo a possibilidade de ser envolvidos num projecto parental, poderão ser utilizados em projectos de investigação científica –, natural seria que o legislador assumisse tal risco, transportando-o para um maior estreitamente do regime da admissibilidade de projectos de experimentação e de investigação. Maior, pelo menos, em relação aos *paradigmas dominantes* noutras ordens jurídicas, próximas da nossa. No entanto, a verdade é que não foi isso que sucedeu. Basta comparar, por exemplo, o artigo 9º da Lei nº 32/2006 com o artigo 15º da Lei espanhola, ou com o artigo L-1215-5 do *Code de Santé Publique* francês (para não falar, ainda a título de exemplo, das leis alemã, italiana ou norueguesa), para assim concluir. Não vou entrar na descrição de cada um destes regimes. O que me parece certo é que o regime português se

A primeira razão do dissentimento foi fundamentalmente a seguinte: na medida em que a alínea *e)* do nº 2 do artigo 67º faz apelo ao princípio da dignidade da pessoa no modo como o legislador venha a regulamentar esta matéria, tal significa que este tem necessariamente de optar por soluções que não lesem o princípio. Ora para se poder avaliar se as opções do legislador estão em conformidade com as exigências constitucionais, torna-se necessário "atribuir um certo sentido substancial – por mínimo que seja – à expressão *salvaguarda da dignidade* (...) *humana.*" No entanto, para Maria Lúcia Amaral, "a argumentação do Tribunal foi construída a partir da ausência (e não da *necessária presença)* deste sentido substancial". Ainda que o TC tenha definido o "alcance prescritivo do princípio", ao afirmar que deve servir "enquanto instrumento útil para a concretização e delimitação do conteúdo de direitos fundamentais, conferindo ao «sistema» da Parte I da Constituição unidade de sentido, de valor e de concordância prática", na verdade não determinou o "conteúdo da própria prescrição". Tendo em conta a dificuldade inerente à densificação do princípio da dignidade, que "tem em si implicada uma fortíssima carga axiológica", é normal que o TC seja cauteloso na determinação do seu conteúdo, "mas uma coisa é o ser-se prudente e outra o ser-se silente".

Em segundo lugar, considera também que não resulta claro da argumentação do Tribunal se apenas as pessoas nascidas são detentoras de dignidade ou se também o embrião o será. Nas suas palavras, "ficou ainda por esclarecer qual o exacto *âmbito da sua aplicação subjectiva.* A certo passo diz o Acórdão que a «salvaguarda da dignidade da pessoa humana» se refere, com o alcance prescritivo que lhe fora conferido, às *pessoas* intervenientes nos processos de PMA, bem como às *pessoas* nascidas na sequência da apli-

destaca por, ao contrário dos outros, *conter apenas um limite substancial aos projectos de investigação sobre embriões* – para além de limites procedimentais, como o consentimento informado dos potenciais pais e a apreciação e decisão por parte do Conselho Nacional de Procriação medicamente assistida. O limite substancial é o que vem referido no nº 3 do artigo 9º da Lei: que «seja razoável esperar que daí [do projecto] possa resultar benefício para a humanidade». A questão que se coloca é portanto a de saber se um sistema legislativo que, quanto às questões que acabámos de analisar, repousa estruturalmente sobre *duas cláusulas gerais* –, a saber: (i) criar-se-ão tantos embriões quanto os necessários para o êxito do processo; (ii) serão admissíveis os projectos de experimentação sobre embriões, desde que seja razoável esperar que deles resulte benefício para a humanidade – confere aos embriões a protecção adequada (e constitucionalmente imposta) contra uma *instrumentalização para fins de experimentação.* É negativa a minha convicção final, e por isso, também aqui, dissenti da decisão maioritária."

cação das correspondentes técnicas. Mas noutros passos parece ter-se tido em conta, igualmente, a «dignidade» do embrião, invocando-se ela como elemento de ponderação face a outros direitos mobilizáveis para o caso."

Perante isto, Maria Lúcia Amaral entende que ficaram por responder duas questões fundamentais: a primeira, a "de saber *de que modo*" pode a dignidade da pessoa humana servir de "instrumento interpretativo auxiliar da ponderação a fazer entre *outros* direitos ou princípios"; a segunda prende-se com a determinação do "âmbito da sua aplicação subjectiva". Vamos, neste comentário, procurar desenvolver cada uma delas, tendo em conta o que foi dito pelo próprio Tribunal na decisão do caso.

2. A dignidade enquanto "instrumento interpretativo auxiliar da ponderação a fazer entre outros direitos ou princípios"

O Tribunal Constitucional, na sua jurisprudência, tem atribuído funções diferenciadas ao princípio da dignidade da pessoa humana, sendo que uma delas é a de este servir enquanto critério de interpretação e como instrumento metódico de resolução de conflitos de direitos[2]. Parece ser precisamente com esse objectivo que o Tribunal se serve do princípio no Acórdão em análise, até porque a Constituição da República Portuguesa (doravante CRP) assim o impõe expressamente, através do nº 2 do artigo 67º. Mas para que o princípio da dignidade da pessoa humana possa cumprir esse papel, para sabermos "*de que modo*" pode a dignidade da pessoa humana servir de "instrumento interpretativo auxiliar da ponderação a fazer entre *outros* direitos ou princípios", torna-se efectivamente necessário concretizá-lo, densificá-lo.

Para essa densificação, Maria Lúcia Amaral defende que o Tribunal deveria ter recorrido à fórmula do objecto, já utilizada em jurisprudência anterior. Nas suas palavras, "a invocação seria (...) compreensível se se tivesse pelo menos referido a mais antiga e consensual definição de «dignidade» – a decorrente da chamada «fórmula do objecto» de Dürig, aliás já

[2] Ver sobre esta questão, Benedita Mac Crorie, O recurso ao princípio da dignidade da pessoa humana na jurisprudência do Tribunal Constitucional, in *Estudos em Comemoração do Décimo Aniversário da Licenciatura em Direito da Universidade do Minho*, Coimbra, 2004, pp. 163 ss; também Jorge Reis Novais, *A Dignidade da Pessoa Humana*, I (Dignidade e Direitos Fundamentais), Coimbra 2015, pp. 28 ss.

referida pelo Tribunal noutros casos e que se confunde, em resumo necessariamente grosseiro, com a proibição de *instrumentalização* de matriz kantiana". Vamos então, em seguida, ver em que termos pode esta fórmula ser útil para a concretização do princípio.

2.1. A fórmula do objecto

O TC, seguindo a jurisprudência do Tribunal Constitucional Federal Alemão, recorreu já, de facto, algumas vezes à fórmula do objecto para densificar o conceito de dignidade[3]. Como refere Maria Lúcia Amaral, esta fórmula tem a sua origem na doutrina alemã, com Günter Dürig[4], e inspira-se na filosofia moral de Kant. Dürig procura definir a dignidade partindo da sua violação, que acontecerá nas situações em que a pessoa é reduzida à condição de objecto ou de um simples meio[5].

Temos, no entanto, dúvidas sobre se a invocação, por parte do TC, da fórmula do objecto seria, neste caso, sem mais, suficiente para que a partir daí se pudesse operar com o princípio da dignidade enquanto instrumento auxiliar da ponderação a fazer entre os diferentes direitos que conflituam na matéria em análise, uma vez que a adopção desta fórmula não é isenta de críticas[6], pelo menos nos termos em que tem sido utilizada.

[3] Benedita Mac Crorie, O recurso ao princípio da dignidade da pessoa humana na jurisprudência do Tribunal Constitucional, *cit.*, pp. 171 ss; também Benedita Mac Crorie, *Os limites da renúncia a direitos fundamentais nas relações entre particulares*, Coimbra, 2013, p 229. O TC invocou a fórmula do objecto por exemplo nos Acórdãos nº 426/91, nº 89/00 e nº 144/04. Maria Lúcia Amaral, O princípio da dignidade da pessoa humana na jurisprudência constitucional, *Jurisprudência Constitucional*, nº 13, 2007, p. 5, entende que embora o Tribunal "pareça ter aderido, em certos casos contados", à fórmula do objecto, "a verdade é que na maioria das decisões tem evitado fixar um sentido para a expressão constitucional".

[4] Paul Tiedemann, *Was ist Menschenwürde? Eine Einführung*, Darmstadt, 2006, pp. 43 e 44, considera, no entanto, que esta fórmula já havia sido utilizada em diferentes publicações anteriores ao escrito de Dürig, que data de 1956. A novidade que traz este último Autor é o facto de deixar de a utilizar "no contexto de um conceito de dignidade enquanto autonomia" e passar a utilizá-la num "contexto de dignidade enquanto heteronomia".

[5] Ver Günter Dürig, Der Grundrechtsatz von der Menschenwürde, *Archiv des öffentlichen Rechts*, 2, 1956, pp. 125, 152 e 153.

[6] Benedita Mac Crorie, O recurso ao princípio da dignidade da pessoa humana na jurisprudência do Tribunal Constitucional, *cit.*, pp. 171 – 173; Benedita Mac Crorie, *Os limites da renúncia a direitos fundamentais nas relações entre particulares, cit.*, pp. 230 ss.; Josef

Por um lado, a fórmula do objecto é suficientemente aberta para poder ser usada tanto num contexto de autonomia como de heteronomia[7] e, tanto na doutrina como em decisões judiciais, tem muitas vezes servido de veículo para o estabelecimento de restrições à liberdade ao invés de servir como fundamento dessa mesma liberdade. No domínio da bioética a utilização do princípio com esse objectivo é particularmente notória, tendo inclusivamente suscitado posições que propõem o seu afastamento[8], ou

ISENSEE, Menschenwürde: die sekuläre Gesellschaft auf der Suche nach dem Absoluten, *Archiv des öffentlichen Rechts*, 131, 2006, p. 185, considera que apenas com a fórmula do objecto "não se torna o princípio da dignidade operacional". Podemos ver ainda uma crítica à fórmula do objecto em JOSÉ JOAQUIM GOMES CANOTILHO – JÓNATAS MACHADO, *Reality Shows e Liberdade de Programação*, Coimbra, 2003, p. 48.

[7] PAUL TIEDEMANN, *Was ist Menschenwürde? Eine Einführung*, *cit.*, p. 45. Sobre a dupla função do conceito de dignidade implícito na fórmula do objecto, enquanto argumento para ampliar e argumento para restringir a liberdade individual, ver NUNO MANUEL PINTO OLIVEIRA, O princípio da dignidade da pessoa humana e a regulação jurídica da bioética, *Lex Medicinae*, 15, 2011, p. 30. Essa ambivalência do princípio da dignidade está também patente na distinção estabelecida entre uma "noção liberal-individualista" e uma "noção paternalista" de dignidade. Nesse sentido, ver DAVID FELDMAN, Human Dignity as a Legal Value – Part II, *Public Law*, 2000, p. 75. GIORGIO RESTA, La disponibilitá dei diritti fondamentali e i limiti della dignità (Note a margine della Carta dei Diritti), *Rivista di Diritto Civile*, 6, 2002, p. 833, estabelece uma distinção similar entre um "modelo processual/subjectivo" e um "modelo substancial/objectivo" de dignidade. Considerando que existem duas abordagens colidentes do conceito: a dignidade enquanto "atribuição de poder" e a dignidade enquanto "constrangimento", ver ainda STÉPHANIE HENNETTE-VAUCHEZ, When Ambivalent Principles Prevail. Leads for Explaining Western Legal Orders' Infatuation with the Human Dignity Principle, *EUI Working Paper Law*, 2007/37, http://cadmus.eui.eu/bitstream/handle/1814/7664/LAW-2007-37.pdf?sequence=1&isAllowed=y, p. 3. Finalmente, PAOLO G. CAROZZA, Human dignity in Constitutional Adjudication, in TOM GINSBURG – ROSALIND DIXON (coord.), *Research Handbook in Comparative Constitutional Law*, Cheltenham, 2011, pp. 460 ss, distingue entre "dignidade enquanto liberdade" e "dignidade enquanto constrangimento".

[8] É o caso de RUTH MACKLIN, cujo editorial "Dignity is a useless concept", publicado no *British Medical Journal*, nº 327, 2003, pp. 1419 ss, suscitou um debate aceso sobre a utilidade do princípio, ainda que nos pareça que a perspectiva da Autora na prática não se traduz verdadeiramente num afastamento do conceito, mas antes numa tentativa de limitar o seu conteúdo, no sentido em que entende que a dignidade não deve significar mais do que o respeito pelas pessoas e pela sua autonomia. Considerando que se poderia entender que no artigo em causa a Autora propõe uma explicação da dignidade, sendo que a explicação não torna o conceito irrelevante, ver PETER SCHABER, Menschenwürde: ein für die Medizinethik irrelevanter Begriff?, *Ethik in der Medizin*, 24, 2012, p. 300. Entre nós colocando também a questão de saber se o princípio da dignidade não deve ser abandonado, devendo procurar-se as razões mais profundas que justificam restrições da liberdade, ver NUNO MANUEL PINTO OLIVEIRA, O princípio da dignidade da pessoa humana e a regulação jurídica da bioética, *cit.*, p. 33.

pelo menos uma sua utilização mais "contida"[9], sob pena de servir como o argumento que se utiliza quando não se têm outras razões para justificar proibições[10]. Verifica-se, de facto (e não apenas neste domínio), uma tendência para um "uso inflacionado" da dignidade[11].

Pensamos que é, antes do mais, fundamental ter presente que a dignidade se deve identificar com a autonomia ética da pessoa[12] e que o reconhecimento dessa autonomia ética se deve traduzir na possibilidade de ser a própria pessoa, pelo menos em grande medida, a definir quando está ou não a ser instrumentalizada[13], o que efectivamente nem sempre tem acontecido. Em virtude disso, é fundamental, na determinação da violação da dignidade, o facto de o próprio estar ou não de acordo com essa violação.

[9] JORGE REIS NOVAIS, *A Dignidade da Pessoa Humana*, II (Dignidade e Inconstitucionalidade), Coimbra, 2016, p. 65 ss., referindo-se a uma aplicação contida do princípio em geral e não apenas em questões relacionadas com a bioética.

[10] Sobre a utilização do princípio como um argumento *knock out* ou um *conversation stopper*, o que significa que a partir do momento em que se invoca uma violação da dignidade deixa de ser necessário dar mais explicações, ver HANS JÖRG SANDKÜHLER, Menschenwürde und die Transformation moralischer Rechte in positives Recht, in HANS JÖRG SANDKÜHLER, (org.), *Menschenwürde. Philosophische, theologische und juristische Analysen*, Frankfurt am Main, 2007, p. 62 e também ARMIN G. WILDFEUER, Menschenwürde – Leerformel oder unverzichtbarer Gedanke?, in MANFRED NICHT – ARMIN G. WILDFEUER, *Person, Menschenwürde – Menschenrechte im Disput*, Münster, 2002, p. 29.

[11] PEDRO SERNA, La dignidad humana en la Constitución Europea, *Persona y Derecho*, 52, 2005, pp. 41 e 42. Sobre o "uso inflacionado" do princípio da dignidade, ver também PAUL TIEDEMANN, Vom inflationären Gebrauch der Menschenwürde in der Rechtsprechung des Bundesverfassungsgerichts, *Die öffentliche Verwaltung*, nº 15, 2009, pp. 606 ss. Também alertando para o facto de "o uso inflacionado desta expressão" conduzir "a uma certa desvalorização argumentativa", ver JOÃO LOUREIRO, "O direito à identidade genética do ser humano", in *Portugal-Brasil Ano 2000*, Coimbra, 1999, pp. 278 e 279.

[12] JOÃO LOUREIRO, O direito à identidade genética do ser humano, *cit.*, p. 279; JOÃO LOUREIRO, Os genes do nosso (des)contentamento, *Boletim da Faculdade de Direito*, nº 77, 2001, p. 186; JORGE REIS NOVAIS, *A Dignidade da Pessoa Humana*, II, *cit.*, 2016, p. 114.

[13] Considerando que "se o sentido essencial da definição da dignidade da pessoa se centra na impossibilidade de a pessoa ser tratada como mero objecto, então tal terá, como consequência lógica, que na sua plena assunção como sujeito é ao indivíduo que cabe, primacialmente, a configuração e a densificação do conteúdo preciso da dignidade", ver JORGE REIS NOVAIS, *Os Princípios Constitucionais Estruturantes da República Portuguesa*, *cit.*, p. 58. MICHAEL KÖHNE, Abstrakte Menschenwürde, *Gewerbearchiv*, nº 7, 2004, p. 287, defende que a imposição de um determinado conteúdo da dignidade por terceiros significa obrigar o indivíduo a respeitar uma determinada concepção da dignidade que este não partilha, o que implica "convertê-lo em mero objecto da valoração acerca do que é ou não digno".

Por outro lado, muitas vezes as pessoas são objecto de medidas estatais sem que dessa forma seja posta em causa a sua dignidade[14]. O próprio Tribunal Constitucional Federal alemão, que aderiu inicialmente à fórmula do objecto, em virtude das críticas que lhe foram sendo tecidas reconheceu que esta não constitui uma "fórmula mágica" e que apenas pode apontar uma direcção para a busca de lesões da dignidade[15]. Este Tribunal passou a entender que tratar a pessoa como um objecto não envolve automaticamente uma violação da dignidade, sendo necessário que se verifique uma determinada intenção, ou seja, que o comportamento em análise seja "manifestação de desprezo pela pessoa"[16]. A crítica apontada a esta perspectiva foi a de que poderá haver situações em que se verifica uma violação da dignidade mesmo quando não exista qualquer intencionalidade[17].

Jorge Reis Novais, apesar de considerar que esta fórmula é por vezes utilizada de forma indevida, entende que é útil para a concretização do princípio da dignidade, ainda que concorde que o seu "conteúdo normativo" é insuficiente. Assim, para o Autor (seguindo a linha do Tribunal Constitucional Federal alemão, mas pretendendo fazer face às críticas que lhe foram apontadas) só haverá violação da dignidade quando, na instrumen-

[14] Jorge Reis Novais, *Os Princípios Constitucionais Estruturantes da República Portuguesa, cit.*, p. 57.

[15] Dieter Hömig, Die Menschenwürdegarantie des Grundgesetzes in der Rechtsprechung der Bundesrepublik Deutschland, *Europäische Grundrechte-Zeitschrift*, nº 34, 2007, p. 637.

[16] Ver Ingo Von Münch, Die Würde des Menschen im Deutschen Verfassungsrecht, in Jörn Ipsen – Edzard Schmidt-Jortzig, *Recht – Staat – Gemeinwohl, Festschrift für Dietrich Rauschning*, München, 2001, p. 33; Dieter Hömig, Die Menschenwürdegarantie des Grundgesetzes in der Rechtsprechung der Bundesrepublik Deutschland", *cit.*, p. 633; Walter Schmitt Glaeser, Big Brother is watching you – Menschenwürde bei RTL 2, *ZRP*, 9, 2000, p. 397.

[17] Horst Dreier (org.), *Grundgesetz. Kommentar*, I, 2ª ed., Tübingen, 2004, p. 168, considera que a tentativa do Tribunal Constitucional Federal Alemão de precisar esta fórmula "através da referência à ideia de estar em causa a qualidade de sujeito da pessoa ou do desprezo arbitrário da sua dignidade esquece que também um desprezo não arbitrário da dignidade se pode traduzir em lesão desta. Assim, não pode ser decisiva a questão de saber se há uma intenção de quem lesa, uma vez que poderá haver lesões da dignidade mesmo com boas intenções". Ralf Poscher, Menschenwürde und Kernbereichschutz. Von den Gefahren einer Verräumlichung des Grundrechtsdenken, *JZ*, 6, 2009, pp. 269 ss, considera, pelo contrário, que "o princípio da dignidade não protege uma determinada substância ou um determinado espaço, seja ele físico ou ideal, mas antes uma relação". Esta garante "o cuidado com que o Estado deve tratar os seus cidadãos em virtude da sua dignidade". Assim, só haverá uma lesão da dignidade nos casos em que o Estado aja arbitrariamente.

talização em causa, esteja "decisivamente presente um elemento de coisificação, desvalorização, desprezo, humilhação ou, em geral, de degradação da pessoa", o que pode resultar da intencionalidade de quem instrumentaliza ou do próprio contexto do caso. Nessa medida, poderá ter lugar uma violação da dignidade mesmo quando não se verifique uma intencionalidade específica. A apreciação da "intenção subjacente" e do "significado social de uma acção" é, por isso, essencial para avaliar se a instrumentalização é ou não atentatória da dignidade.[18]

Entendida neste sentido, e apenas neste sentido, pensamos que a fórmula do objecto pode ser útil para a identificação das situações em que se verifica uma violação do princípio da dignidade. A consideração de todas estas circunstâncias não significa, no entanto, que este princípio seja relativo e sujeito a ponderação. O princípio em si mesmo é absoluto, no sentido em que não pode ceder perante outros direitos ou bens jurídicos que possam com ele conflituar[19], mas a determinação da sua violação não pode deixar de ter em conta as circunstâncias concretas do caso[20]. Tal significa que, ao avaliar se uma determinada norma viola o princípio da dignidade,

[18] JORGE REIS NOVAIS, *A Dignidade da Pessoa Humana*, II, *cit.*, pp. 112 ss. Considerando que o que está vedado pela fórmula do objecto não é usar o outro como meio, mas usá-lo simplesmente (unicamente) como meio, ver VERA LÚCIA RAPOSO, *O Direito à imortalidade*, Coimbra, 2014, p. 329.

[19] Falando em vinculatividade jurídica absoluta do comando constitucional da dignidade da pessoa humana, ver JORGE REIS NOVAIS, *A Dignidade da Pessoa Humana*, II, *cit.*, pp. 157 ss. Não estamos, por isso, de acordo com JOSÉ DE MELO ALEXANDRINO, Perfil constitucional da dignidade da pessoa humana: um esboço traçado a partir de uma variedade de concepções, in ANTÓNIO MENEZES CORDEIRO – PEDRO PAIS DE VASCONCELOS – PAULO COSTA E SILVA, *Estudos em Honra do Professor Doutor José de Oliveira Ascensão*, I, Coimbra, 2008, p. 511, quando considera que a dignidade da pessoa humana, enquanto princípio, "é relativizável, uma vez que a respectiva norma tem de conviver com os efeitos de outras normas de garantia".

[20] KARL-EBERHARD HAIN, Konkretisierung der Menschenwürde durch Abwägung?, *Der Staat*, 45, 2006, pp. 191, 192, 200 e 205. Este Autor considera que "é questionável que o núcleo da dignidade deva ser determinado de uma forma puramente objectiva, ou seja, sem se ter em consideração a finalidade da actuação que põe em causa a dignidade da pessoa humana". Ver também KARL-EBERHARD HAIN, Menschenwürde als Rechtsprinzip, in HANS JÖRG SANDKÜHLER (org.), *Menschenwürde. Philosophische, theologische und juristische Analysen*, Frankfurt am Main, 2007, pp. 93 ss. Considerando que, ainda que "se tenha a dignidade como bem jurídico absoluto, o que é absoluto (...) encontra-se de certa forma em aberto e (...) irá depender da vontade do intérprete e de uma construção de sentido cultural e socialmente vinculada", ver INGO WOLFGANG SARLET, *Dignidade da Pessoa Humana e Direitos Fundamentais na Constituição Federal de 1988*, 4ª ed., Porto Alegre, 2006, pp. 134 e 135.

não se poderá vir a concluir que o princípio teve de ceder perante outro direito ou bem jurídico que a ele se contrapõe e se considera preponderante. A dignidade não é ponderável, ainda que a determinação da sua violação não possa ser imune a juízos de ponderação[21].

2.2. A argumentação do Tribunal

Vamos então, agora, olhar para as questões com que o Tribunal Constitucional se deparou a propósito desta lei que vem regular a PMA, para ver em que medida é que o que dissemos pode ser relevante para o controlo de constitucionalidade levado a cabo pelo Tribunal.

Em termos de inconstitucionalidade material, as questões colocadas ao TC foram as seguintes: *a)* a admissibilidade da utilização das técnicas de PMA em caso de risco de transmissão de doenças de origem não genética ou infecciosa; *b)* a inexistência de um limite etário para os beneficiários; *c)* a possibilidade de recurso a técnicas de PMA para tratamento de doença de terceiro; *d)* a utilização de embriões em investigação científica; *e)* a admissibilidade da procriação heteróloga; *f)* a regra do anonimato dos dadores; *g)* o regime de filiação na reprodução heteróloga; *h)* a inexistência de limites à criação de embriões; *i)* o diagnóstico genético pré-implantatório; *j)* a não punição da clonagem reprodutiva e admissibilidade da técnica de transferência de núcleo; e *l)* a não punição da maternidade de substituição a título gratuito. Não as trataremos todas, uma vez que nos vamos ater às questões em que o Tribunal se refere ao princípio da dignidade da pessoa humana enquanto parâmetro de controlo da constitucionalidade.

O Tribunal refutou a violação deste princípio, em primeiro lugar no que se refere à questão *c)*, isto é, quanto à admissibilidade do recurso às técnicas de PMA para tratamento de doença grave de terceiro. O dilema com que o TC aqui se confrontou foi o de saber se é legítima a criação dos vulgarmente designados "bebés-medicamento", isto é, a utilização de técnicas de PMA, nomeadamente do diagnóstico genético pré-implantação,

[21] Benedita Mac Crorie, *Os limites da renúncia a direitos fundamentais nas relações entre particulares*, cit., pp. 243 ss. Sobre esta questão ver, mais desenvolvidamente, Jorge Reis Novais, *A Dignidade da Pessoa Humana*, II, *cit.*, pp. 144 ss. Para a questão em análise é particularmente relevante a p. 153, sobre o uso partidarizado do princípio da dignidade nos domínios da bioética e da biotecnologia como valor absoluto.

para obter um grupo HLA (*human leukocyte antigen*) compatível para efeitos de tratamento de doença grave de outra pessoa, normalmente um irmão.

Nas palavras do Tribunal, "a questão de constitucionalidade que poderá colocar-se, tendo em conta a perspectiva utilitarista que decorre do preceito legal, é a de saber se uma tal solução não constituirá uma ofensa ao princípio da dignidade da pessoa humana, no ponto em que o embrião, ainda que não implantado, é susceptível de potenciar a existência de uma vida humana."

Deixaremos para já de parte o problema de saber se e em que termos deve o embrião ser protegido pelo princípio da dignidade, que é a segunda questão que Maria Lúcia Amaral entendeu que não ficou resolvida no Acórdão e à qual nos dedicaremos mais à frente. Vamos, num primeiro momento, ver como é que o Tribunal aplicou o princípio para chegar à conclusão de que a solução legal não é inconstitucional.

Na resposta a esta questão, o TC não refere explicitamente como interpreta o princípio da dignidade da pessoa humana, mas, ainda que não fale expressamente na fórmula do objecto, refere, na sua resposta, a "alegada instrumentalização do embrião", já que no pedido de fiscalização efectuado pelos deputados se alega que este diploma admite a "criação de embriões-medicamento, instrumentalizando o embrião humano". Assim, parece que esta fórmula, pelo menos implicitamente, está na base do pedido de fiscalização da constitucionalidade feito. Ora tal é ilustrativo da crítica que lhe fizemos, quando invocada sem mais. De facto, quando se utiliza o diagnóstico genético pré-implantação de modo a fazer com que a criança a nascer seja de um grupo HLA compatível com o de outra pessoa, sendo que o novo ser é gerado precisamente com o objectivo de salvar um terceiro, é inegável que este está a ser utilizado como um meio, como um instrumento, para a prossecução de outros fins. Se é assim, seguindo esta fórmula deveríamos considerar que se verifica uma violação do princípio da dignidade, argumentação utilizada pelos próprios requerentes[22].

[22] Considerando que "quando a Constituição erige a dignidade da pessoa humana como limite inultrapassável do recurso à procriação medicamente assistida (...), é no mínimo discutível que se possam criar seres que *ab initio* não são um fim em si mesmos", ver JORGE MIRANDA – RUI MEDEIROS, *Constituição Portuguesa Anotada*, I, 2ª ed., Coimbra, 2010, p. 524; também JOÃO LOUREIRO, *Transplantações: um olhar constitucional*, Coimbra, 1995, p. 71 considera estas situações como "um exemplo paradigmático do fenómeno da instrumentalização, da recusa da máxima kantiana das pessoas como fins em si mesmos".

A decisão do Tribunal não foi, no entanto, neste sentido. Na análise que fez da solução legal, o TC, ainda que não o referindo explicitamente, acabou por atender ao "significado social da acção", fazendo uma ponderação entre os diferentes direitos em jogo e considerando o fim visado, isto é, a protecção da saúde de um terceiro em perigo de vida.

Nas palavras do Tribunal: "Dentro do regime jurídico definido pela lei, a alegada «instrumentalização» do embrião mostra-se assim justificada pela prevalência de outros valores constitucionalmente tutelados, também eles de natureza eminentemente pessoal, o que desde logo exclui que o controlo genético do embrião possa ser considerado como lesivo do princípio da dignidade da pessoa humana. (...) Pode concluir-se, nestes termos, que a solução normativa que se contém na Lei se enquadra num critério de ponderação e harmonização com outros valores constitucionalmente protegidos, sem pôr em causa, de forma evidente, a dignidade das pessoas directamente envolvidas, e assegura, desse modo, em atenção aos objectivos que se pretende atingir, uma protecção adequada do embrião."

Estamos de acordo com o resultado a que chegou o Tribunal na ponderação que fez entre os diferentes direitos constitucionalmente protegidos e na conclusão a que chegou quanto à inexistência de uma violação do princípio da dignidade da pessoa humana[23]. Ainda assim, pensamos que se justifica a crítica feita por Maria Lúcia Amaral no que se refere à deficiente concretização do princípio pelo Tribunal, não resultando claro qual o conteúdo que lhe foi atribuído nessa ponderação.

Para além disso, também não é completamente evidente se o Tribunal aplica o princípio da dignidade como princípio absoluto ou se, pelo contrário, o considera passível de cedência perante outros direitos ou bens jurídicos em conflito. Ainda que pareça decorrer da fundamentação da decisão que não está em causa qualquer cedência do princípio, mas antes a consideração das circunstâncias do caso concreto na determinação da sua violação – quando o TC afirma que a instrumentalização do embrião neste caso não se traduz em violação da dignidade – o mesmo não resulta tão evidente da seguinte passagem: "A possível lesão da tutela reflexa da

[23] Sobre o "abuso que se nota na utilização do conceito pretensamente *kantiano* de *instrumentalização* para condenar qualquer actuação na biomedicina tendente à criação de um novo ser humano por meios não exclusivamente naturais", ver Jorge Reis Novais, *A Dignidade da Pessoa Humana*, II, *cit.*, pp. 120 ss.

dignidade humana que o rastreio genético do embrião pode representar, neste condicionalismo, tem, por conseguinte, como contraponto a realização do direito à protecção da saúde em relação a um terceiro que se encontra em perigo de vida".

Se, no caso, o Tribunal colocou em confronto o princípio da dignidade e o direito à saúde, a ponderação que levou a cabo conduziu à cedência da dignidade, pondo em causa o carácter absoluto do princípio, o que é "incompatível com a norma constitucional que eleva a dignidade da pessoa humana a base em que assenta a República"[24]. A argumentação do TC parece remeter para juízos de ponderação que implicam uma relativização inadmissível do princípio.

Finalmente, parece ainda haver, na decisão em análise, uma referência à fórmula do objecto a propósito da questão *l)*, relativa à inconstitucionalidade da não punição da maternidade de substituição a título gratuito (ainda que a lei claramente proíba este tipo de negócios, independentemente de serem onerosos ou gratuitos), quando o Tribunal estabelece que " (...) é necessário ter em conta que a maternidade de substituição gratuita tende a ser vista como menos censurável, por revelar altruísmo e solidariedade da mãe gestadora em relação à mulher infértil, e por não haver, da parte desta, um desrespeito pela dignidade da mãe gestadora, por não ocorrer aqui nenhuma tentativa de instrumentalização de uma pessoa economicamente carenciada, por meio da fixação de um «preço», como sucede nas situações de maternidade de substituição onerosa".

Estamos, mais uma vez, de acordo com a conclusão a que o Tribunal chegou ao considerar que a não criminalização desta conduta não viola o princípio da dignidade e quanto ao facto de, na sua argumentação, ter tido em conta a "intenção subjacente" de quem instrumentaliza. No entanto, desta afirmação parece retirar-se que, na perspectiva do TC, a maternidade ou gestação de substituição onerosa envolve uma instrumentalização que se traduzirá necessariamente em violação do princípio da dignidade da pessoa humana, o que não nos parece, sem mais, evidente, ainda que possa haver circunstâncias em que tal aconteça, questão que não iremos, no entanto, desenvolver nesta sede[25].

[24] Jorge Reis Novais, *A Dignidade da Pessoa Humana*, Vol. II, *cit.*, p. 158.

[25] Considerando que a maternidade de substituição a título oneroso não implica qualquer violação do princípio da dignidade da pessoa humana, ver Vera Lúcia Raposo, Quando a cegonha chega por contrato, *Boletim da Ordem dos Advogados*, 88, 2012, p. 27.

3. A determinação do "âmbito de aplicação subjectiva" do princípio da dignidade da pessoa humana

A determinação do "âmbito de aplicação subjectiva" do princípio da dignidade da pessoa humana é também fundamental nesta decisão, uma vez que faz apenas sentido analisar as soluções adoptadas pelo legislador ordinário na perspectiva do princípio da dignidade se se considerar que o embrião beneficia, pelo menos em alguma medida, da protecção conferida por este princípio.

Da leitura do Acórdão não retiramos uma resposta completamente conclusiva, uma vez que, tal como chama a atenção Maria Lúcia Amaral, o Tribunal parece, num primeiro momento, limitar a protecção conferida pelo princípio a pessoas já nascidas, mas, ao longo da sua argumentação, acaba por se referir também à dignidade do embrião. Mas, mesmo admitindo que o TC reconhece dignidade ao embrião, não é muito clara a posição que assume ao estabelecer uma distinção entre embriões não implantados que virão a integrar um projecto parental e os que não o farão, servindo apenas para efeitos de investigação.

Senão vejamos: a propósito da questão *c)*, isto é, quanto à admissibilidade do recurso às técnicas de PMA para tratamento de doença grave de terceiro, o TC considerou que: "(a) questão de constitucionalidade que poderá colocar-se, tendo em conta a perspectiva utilitarista que decorre do preceito legal, é a de saber se uma tal solução não constituirá uma ofensa ao princípio da dignidade da pessoa humana, no ponto em que o embrião, ainda que não implantado, é susceptível de potenciar a existência de uma vida humana". Este excerto parece indiciar que o TC estende a protecção conferida pelo princípio ao embrião não implantado, independentemente de este vir ou não a sê-lo.

Contudo, a propósito da questão *d)*, relativa à possibilidade de utilização de embriões em investigação científica, o TC entendeu que será "apenas de considerar a protecção do embrião na perspectiva da dignidade da pessoa humana na estrita medida em que o embrião poderia dar origem a uma vida humana se fosse viável e viesse a ser utilizado num projecto parental." Contrariamente ao que vimos atrás, parece decorrer daqui que o Tribunal considera que a dignidade apenas protege o embrião se este puder dar origem a uma vida humana, isto é, se for viável e vier a ser utilizado num projecto parental.

Finalmente, um pouco mais à frente o Tribunal conclui dizendo que "a lei confere, pois, aos embriões que possam ser utilizados em investigação científica um destino condizente com a sua potencial dignidade humana[26]". Estando o tribunal nesta parte a referir-se aos embriões destinados a experimentação, necessariamente está a referir-se a embriões que não integrarão nenhum projecto parental, pelo que parece que afinal a dignidade também será, na sua perspectiva, extensível a estes.

Independentemente de qual seja por fim a posição adoptada pelo Tribunal quanto a esta questão, pensamos que a distinção entre embriões que serão implantados e aqueles que não o serão não deve ser critério para definir quais gozam e quais estão excluídos da protecção decorrente do princípio da dignidade. Até porque, se o Tribunal considerar que os embriões que não serão implantados não devem beneficiar dessa protecção, nada parece impedir a criação de embriões destinados especificamente à investigação, já que, na sua perspectiva (como veremos), estes não gozam também da protecção decorrente do direito à vida ou de outros direitos fundamentais.

Por outro lado, a questão controvertida de saber se o embrião é detentor de dignidade é, segundo Jorge Reis Novais, "muitas vezes configurável (...) em termos da controvérsia sobre saber se o embrião é ou não pessoa humana". No entanto, entende que mais do que procurar uma resposta para essa questão, o que fundamentalmente releva é tentar perceber se o Estado tem deveres de protecção em relação ao embrião, que deveres são esses e se são equiparáveis aos que tem em relação a pessoas já nascidas[27], o que procuraremos aferir em seguida.

No que se refere à existência de deveres de protecção da vida (ou de outros direitos fundamentais) em relação ao embrião, o Tribunal, quanto à questão *c)*, isto é, quanto à admissibilidade do recurso às técnicas de PMA para tratamento de doença grave de terceiro, considerou que "importa notar que o método de procriação medicamente assistida, neste condicionalismo, incide sobre embriões ainda não implantados, em relação aos quais se não pode aplicar a garantia de protecção da vida humana, enquanto bem constitucionalmente protegido, ou de qualquer dos demais direitos pessoais

[26] Esta argumentação é extensível à questão analisada na alínea *i)* referente à admissibilidade do diagnóstico genético pré-implantação, uma vez que, nessa parte, o TC remete para as conclusões a que chegou a propósito da investigação com embriões.

[27] Jorge Reis Novais, *A Dignidade da Pessoa Humana*, II, *cit.*, p. 90, também nota 67.

que se encontram associados, como o direito à integridade física ou o direito à identidade pessoal e genética. E justamente porque não ocorreu ainda a transferência para o útero materno, o embrião submetido a técnicas de PMA, para os efeitos previstos no nº 3 do artigo 7º, nem tão pouco beneficia da protecção correspondente à tutela da vida intra-uterina, que, aliás, segundo a jurisprudência constitucional, assenta, ela própria, numa ponderação gradualista que deverá atender às diferentes fases do desenvolvimento do nascituro (...)".

Depois, também a propósito da questão *d)*, relativa à possibilidade de utilização de embriões em investigação científica, o TC defendeu que: "(r)elevam aqui, porém, todas as considerações anteriormente expendidas a propósito da solução normativa consubstanciada no artigo 7º, nº 3, em que igualmente estava em causa a possibilidade de pesquisa genética em embriões, neste caso, para efeito de tratamento de doença grave de terceiro (...). O ponto essencial, como aí se explanou, é que a investigação científica nos termos previstos no artigo 9º incide sobre embriões não implantados no útero materno e relativamente aos quais se não colocam questões de constitucionalidade relacionadas com o direito à vida ou os direitos de personalidade (...)".

Finalmente, também a propósito da questão *h)*, relativa à não criação de embriões excedentários, o TC defendeu que "o parâmetro de constitucionalidade que está implicado na criação de embriões excedentários em resultado da aplicação de uma técnica de PMA, é o princípio da dignidade da pessoa humana, tendo em consideração que se trata de embriões não implantados no útero materno a que se não pode atribuir um grau de protecção correspondente à tutela da vida humana ou da vida intra-uterina."

Tal significa que o Tribunal considerou que o dever de proteger a vida, que decorre do artigo 24º da Constituição, abarca ainda a vida intra-uterina (reafirmando o que já havia dito, na sua jurisprudência relativa ao aborto, quanto ao facto de essa protecção não ser sempre a mesma nos diversos estádios de desenvolvimento do embrião e o dever se tornar mais intenso à medida que este se aproxima do nascimento) mas exclui a vida extra-uterina, isto é, o embrião não implantado. A posição assumida pelo Tribunal é, portanto, a de que o direito à vida e os outros direitos de personalidade não serão aplicáveis ao embrião, nem sequer na sua dimensão objectiva, pelo que dessas disposições não retira qualquer dever de protecção para o Estado, ainda que não exclua que o princípio da dignidade o possa ser (nos termos pouco claros que analisámos atrás). Nas palavras de Maria Lúcia Amaral "(...) o Tribunal definiu o *conceito constitucional de vida* – esse mesmo que, como vimos, tem antes do mais uma implicação *objectiva* – da seguinte forma restritiva: a fronteira que separa a vida e a não-vida (e, consequentemente, a fronteira que separa o «território» em que deve existir alguma protecção dada pelo Estado e pelo Direito do «território» da desprotecção) é a diferente localização, intra ou extra-uterina, do embrião."

Ora independentemente da questão de saber se a personalidade jurídica deve ser apenas atribuída às pessoas já nascidas ou se deverá ser alargada a embriões *in utero*[28], ou até a embriões não implantados[29], pensamos que o Estado tem o dever de proteger todo e qualquer embrião[30]. Mesmo que não se lhes reconheça personalidade jurídica, pensamos que os embriões devem ser protegidos pelo direito à vida na sua dimensão objectiva, não devendo a sua implantação ser o critério decisivo para poderem beneficiar dessa protecção. Decorre da consagração constitucional do direito à vida um dever de protecção do Estado que, a nosso ver, inclui quer o embrião implantado, quer o embrião não implantado[31], pelo que não parece fazer

[28] Sobre esta questão e defendendo esse alargamento ver, mais desenvolvidamente, NUNO MANUEL PINTO OLIVEIRA, Em tema do aborto: Crítica da distinção categorial entre a vida humana nascida e a vida humana (ainda) não nascida, in PATRÍCIA JERÓNIMO (org.), *Temas de Investigação em Direitos Humanos para o Século XXI, Edição Comemorativa do 10º Aniversário do Mestrado em Direitos Humanos da Universidade do Minho,* Braga, 2016, pp. 289 ss;

[29] DIOGO LEITE DE CAMPOS – STELA BARBAS, O início da pessoa humana e da pessoa jurídica, *Revista da Ordem dos Advogados,* 61, 2001, p. 1268, defendem que "a vida humana a pessoa humana e a personalidade jurídica começam com a concepção."

[30] Entendendo que "apesar de existirem várias tentativas para definir o momento exacto em que presenciamos uma nova pessoa humana todas demonstram insuficiências e contradições obrigando, de momento, a integrar o embrião humano na comunidade moral humana, ver RUI NUNES, *GeneÉtica*, Coimbra, 2013, p. 74. Sobre as "várias posições que têm sido defendidas acerca do início da pessoa humana", ver MARGARIDA SILVESTRE, Embriões criopreservados – que destino? In JOÃO LOUREIRO – ANDRÉ DIAS PEREIRA – CARLA BARBOSA, *Direito da Saúde. Estudos em homenagem ao Prof. Doutor Guilherme de Oliveira,* IV (Genética e Procriação Medicamente Assistida), Coimbra, 2016, pp. 146 e 147.

[31] Considerando que "(e)nquanto bem ou valor constitucionalmente protegido, o conceito constitucional de vida humana abrange não apenas a vida das pessoas, mas também *a vida pré-natal*, ainda não investida num pessoa, a vida intra-uterina (independentemente do momento em que se entenda que esta tem início) e a vida do embrião fertilizado", ver JOSÉ JOAQUIM GOMES CANOTILHO – VITAL MOREIRA, *Constituição da República Portuguesa Anotada,* 4ª ed., Coimbra, 2007, p. 449. Também JORGE MIRANDA – RUI MEDEIROS, *Constituição Portuguesa Anotada,* I, *cit.* p. 514, consideram que "(a) Constituição afirma que "a vida humana é inviolável"

sentido a posição assumida pelo Tribunal quando estabelece que o direito à vida e outros direitos de personalidade não lhes serão extensíveis. Seguimos, portanto, a posição defendida por Maria Lúcia Amaral quando, no seu voto de vencido, defende que todos os embriões, mesmo os não implantados, devem caber no "*conceito constitucional de vida.*"

Se é assim, importa averiguar em que situações pode o Estado estar a incumprir esse dever de proteger o embrião, ou seja, quando é que nos encontramos abaixo do limiar mínimo exigido pelo princípio da proibição do défice de protecção. Se considerarmos, como consideramos, que haverá violação deste princípio quando se viola o conteúdo essencial do direito (ainda que se possa entender que não há uma coincidência absoluta entre os dois conceitos[32]), tal significa que é através do princípio da dignidade que fazemos essa avaliação[33].

Seguimos, portanto, a teoria absoluta na determinação do conteúdo essencial dos direitos fundamentais, uma vez que entendemos que esse conteúdo se reconduz ao conteúdo de dignidade ínsito em cada um deles[34].

sem fazer menção do estádio de desenvolvimento em que essa mesma vida se encontra e, naturalmente, sem exigir personalidade jurídica.

[32] Jorge Reis Novais, *A Dignidade da Pessoa Humana*, I, *cit.*, p. 187, associa o princípio da dignidade com o princípio da proibição do défice. Considerando que o princípio da protecção do défice pode assegurar mais protecção do que a garantida pelo conteúdo essencial do direito, ver Jorge Pereira da Silva, *Deveres do Estado de Protecção de Direitos Fundamentais*, Lisboa, 2015, pp. 608 ss. O conteúdo essencial, na sua perspectiva, constitui também o núcleo do princípio da proibição por defeito, mas "se o dever de protecção for particularmente intenso, se existirem instrumentos de protecção com eficácia comprovada e não particularmente exigentes do ponto de vista dos recursos necessários, e se os efeitos restritivos em posições jurídicas contrapostas não forem muito intensos", a proibição do défice será mais exigente que a protecção do conteúdo essencial.

[33] Não estamos, por isso, de acordo com a posição defendida pela Senhora Conselheira Maria João Antunes, que parece pretender arredar completamente o princípio da dignidade da pessoa humana da discussão, ainda que, como vimos, tenhamos dúvidas quanto ao modo como o Tribunal o aplicou. Nas suas palavras: "(...) não acompanho a parte da fundamentação que apela ao "princípio da dignidade da pessoa humana, no ponto em que o embrião, ainda que não implantado, é susceptível de potenciar a existência de uma vida humana"; à «potencial dignidade humana» dos «embriões que possam ser utilizados em investigação científica»; ao «princípio da dignidade da pessoa humana, tendo em consideração que se trata de embriões não implantados no útero materno a que se não pode atribuir um grau de protecção correspondente à tutela da vida humana ou da vida intra-uterina»; e à «dignidade da pessoa humana»."

[34] Considerando que o limite absoluto do nº 3 do artigo 18º é a dignidade da pessoa humana, ver José Carlos Vieira de Andrade, *Os direitos fundamentais na Constituição Portuguesa de*

O que, a nosso ver, não significa que o princípio da dignidade esteja a ser necessariamente violado quando nada resta do direito, uma vez que também aqui se têm de considerar as circunstâncias concretas do caso quando procedemos a essa avaliação. Partindo desta ideia, é talvez possível superar a distinção estabelecida entre a teoria objectiva e a teoria subjectiva na determinação do conteúdo essencial dos direitos, deixando de ser necessário dizer que o conteúdo essencial se tem de entender como referido ao preceito constitucional e não a cada uma das posições jurídicas subjectivas individuais, para justificar as situações em que o direito é totalmente afectado[35]. De facto, a distinção entre a teoria subjectiva e a teoria objectiva surge, precisamente, da constatação de que é por vezes inevitável o sacrifício completo de um direito fundamental em certas circunstâncias, não podendo, por isso, a garantia do conteúdo essencial significar que é ilegítima toda a restrição que possa atingir o conteúdo essencial de cada um dos direitos subjectivos individuais.

Se admitirmos que, atendendo às circunstâncias do caso, poderá não se verificar uma violação do princípio da dignidade mesmo quando nada sobra do direito, tal significa que o Estado não incorrerá necessariamente em défice de protecção e não haverá violação do conteúdo essencial do direito em todas as situações que envolvam o sacrifício completo da vida do embrião[36]. Nessa avaliação é necessário ter em conta as circunstâncias em que tem lugar esse sacrifício, sendo também relevante, na ponderação a fazer entre os diferentes direitos que possam conflituar, atender à fase de desenvolvimento do embrião.

1976, 5ª ed., Coimbra, 2012, p.284. Defendendo que "a ideia de conteúdo essencial é invocável tanto na dimensão negativa como na dimensão positiva dos direitos", e considerando que a determinação desse conteúdo deve fazer-se através do princípio da dignidade da pessoa humana, seguindo a teoria absoluta, ver JORGE REIS NOVAIS, *A dignidade da pessoa humana*, II, *cit.*, pp. 34 e 35, também nota 3.

[35] Para a teoria subjectiva o conteúdo essencial refere-se ao conteúdo essencial de cada direito subjectivo individualmente considerado e a teoria objectiva entende que essa garantia é dirigida "não ao direito mas ao preceito constitucional (...) enquanto norma de valor e garantia". Nesse sentido, ver JOSÉ CARLOS VIEIRA DE ANDRADE, *Os Direitos Fundamentais na Constituição Portuguesa de 1976*, *cit.*, pp. 284 e 285.

[36] VERA LÚCIA RAPOSO, *O Direito à imortalidade*, *cit.*, p. 656, considera que nem todos os actos que destruam o embrião são contrários ao princípio da dignidade. Segundo a Autora, "(t)al sucederá quando se trate de um acto gratuito, baseado exclusivamente no capricho individual, mas não, quando mediante ponderação de bens, se conclua que não há outra solução senão a destruição do embrião".

Assim, na nossa perspectiva o embrião deve beneficiar da protecção conferida pelas normas de direitos fundamentais constitucionalmente previstas, sendo o princípio da dignidade chamado enquanto parâmetro de constitucionalidade na medida em que é através deste princípio que se afere o desrespeito pelo conteúdo essencial dos direitos em causa.

Regressando novamente à decisão do TC, e partindo de tudo o que dissemos, estaria claramente a ser violado o dever de protecção da vida que impende sobre o legislador se se permitisse a criação de embriões especificamente para efeitos de investigação[37], o que, aliás, a lei expressamente proíbe. A fórmula do objecto pode ser útil para a determinação dessa violação, desde que utilizada nos termos referidos *supra*.

No seu voto de vencido, Maria Lúcia Amaral considera que "as técnicas de PMA não devem ser usadas para a criação de embriões com o intuito deliberado de os submeter a projectos de investigação científica porque tal implicaria uma «instrumentalização» contrária ao disposto nos artigos 24º, nº 1; 67º, nº 2, alínea *e)* e 1º da Constituição."

Mais duvidosa será a resposta a outra questão colocada ao Tribunal, que se relaciona com a anterior e que foi analisada na alínea *h)*, dizendo respeito à não criação de embriões excedentários. Neste ponto o Tribunal foi ainda chamado a avaliar se a regulação desta matéria confere uma protecção devida aos embriões, pelo facto de a lei não estabelecer um limite numérico à sua criação, limitando-se a dizer que poderão ser criados os embriões necessários para o êxito do processo, de acordo com a boa prática clínica e os princípios do consentimento informado e por prever apenas como limite à investigação que seja razoável esperar que daí possa resultar benefício para a humanidade. Mais uma vez nas palavras de Maria Lúcia Amaral, "(a) questão que se coloca é portanto a de saber se um sistema legislativo que, quanto às questões que acabámos de analisar, repousa estruturalmente sobre *duas cláusulas gerais* –, a saber: (i) criar-se-ão tantos embriões quanto os necessários para o êxito do processo; (ii) serão admissíveis os projectos de experimentação sobre embriões, desde que seja razoável esperar que deles resulte benefício para a humanidade – confere aos

[37] Vera Lúcia Raposo, *O Direito à imortalidade, cit.*, p. 657, considera legítimo o uso de embriões para investigação, "desde que realizado dentro dos parâmetros legal e internacionalmente institucionalizados, nomeadamente, a proibição de criação de embriões exclusivamente para tal finalidade."

embriões a protecção adequada (e constitucionalmente imposta) contra uma *instrumentalização para fins de experimentação*".

O Tribunal entendeu que "nada permite concluir que o sistema legal pretenda potenciar a criação livre de embriões ou deixe de assegurar uma protecção adequada para os embriões que não possam ser implantados." Parece-nos, no entanto, que ainda que o sistema legal não pretenda potenciar a criação livre de embriões, a verdade é que, tal como está configurado, poderá implicar uma violação do princípio da proibição do défice de protecção, na medida em que não acautela devidamente a criação abusiva de embriões tendo em vista a sua utilização para investigação. Ainda que a margem do legislador seja maior na concretização de deveres de protecção, há um limiar mínimo abaixo do qual não poderá ir e esse limiar está aqui a ser ultrapassado. Parece-nos ter sido também essa a posição defendida por Maria Lúcia Amaral na sua declaração de voto.

4. Conclusão

Apesar da centralidade reconhecida ao princípio da dignidade da pessoa humana pelo TC, particularmente em matéria de procriação medicamente assistida, já que, como tivemos oportunidade de ver, por imposição da alínea *e)* do artigo 67º da CRP, incumbe ao Estado "regulamentar a procriação assistida, em termos que salvaguardem a dignidade da pessoa humana", a sua deficiente concretização por parte do Tribunal continua a ser passível de críticas.

Para que o princípio da dignidade, enquanto princípio jurídico, possa cumprir as múltiplas funções que lhe têm sido atribuídas, de entre as quais, servir enquanto "instrumento interpretativo auxiliar da ponderação a fazer entre outros direitos ou princípios", ou ainda para determinarmos o seu "âmbito de aplicação subjectiva", torna-se inevitável que o TC vá mais além na definição do seu conteúdo. O modo pouco claro como o Tribunal tem vindo a aplicar este princípio na sua jurisprudência tem conduzido a decisões pouco consistentes na sua fundamentação, como nos parece ser o caso daquela que acabámos de analisar.

Dignidade Humana e Igualdade: Considerações a propósito do Acórdão do Tribunal Constitucional nº 101/2009

Miguel Nogueira de Brito*

Sumário: 1. Introdução; 2. O Acórdão nº 101/2009; 3. A dignidade humana na encruzilhada; 4. Uma proposta de densificação jurídico-constitucional do conceito; 5. Dignidade e igualdade na procriação artificial.

1. Introdução

Através do seu Acórdão nº 101/2009, o Tribunal Constitucional pronunciou-se sobre a conformidade constitucional de várias normas da Lei nº 32/2006, de 26 de julho, que regula a utilização de técnicas de procriação medicamente assistida. E fê-lo, naturalmente, tomando como referência o artigo 67º, nº 2, alínea *e)*, da Constituição, nos termos do qual «*incumbe ao Estado regulamentar a procriação assistida em termos que salvaguardem a dignidade da pessoa humana*». Como afirma o Tribunal Constitucional, «*a Constituição erige a dignidade da pessoa humana ao estatuto de referência primeira em matéria de procriação medicamente assistida e é em função desse princípio e dos direitos fundamentais em que ele se pode concretizar que se deverá aferir a validade das soluções normativas consignadas na Lei nº 32/2006*».

Não é claro, apesar desta proclamação solene, qual seja o conteúdo do conceito de dignidade humana de que parte o Tribunal Constitucional.

* Professor da Faculdade de Direito de Lisboa.

Tal como afirmado pela Conselheira Maria Lúcia Amaral, na declaração de voto que apôs ao mencionado acórdão, determinou-se «*o alcance prescritivo do princípio, nada se dizendo, porém, quanto ao conteúdo da própria prescrição*».

E, de facto, o Tribunal afirmou que «*ao basear a República na "dignidade da pessoa humana", a Constituição atribui a este princípio uma dimensão objetiva*». Assim, o princípio da dignidade da pessoa humana não surge «*como um específico direito fundamental que poderia servir de base à invocação de posições jurídicas subjetivas*». Ao mesmo tempo, estamos perante «*um princípio jurídico que poderá ser utilizado na concretização e na delimitação do conteúdo de direitos fundamentais constitucionalmente consagrados ou na revelação de direitos fundamentais não escritos*». Todavia, nada se diz no Acórdão nº 101/009 sobre qual o conteúdo do conceito de dignidade humana, considerado na sua dimensão objetiva; para além disso, nada se diz também sobre o papel que a dignidade humana desempenha na avaliação das medidas restritivas dos direitos fundamentais em cuja concretização ou revelação poderá ser utilizado. O presente escrito pretende, pois, contribuir para superar esta ambivalência da argumentação desenvolvida pelo Tribunal Constitucional na sua única decisão, até à data, nas importantes matérias da genética e bioética.

2. O Acórdão nº 101/2009: a dignidade humana como elemento adjuvante numa argumentação de direitos fundamentais?

O Acórdão nº 101/2009 ilustra loquazmente uma mudança de paradigma na compreensão jurídico-constitucional do conceito de dignidade humana: ao invocar o conceito, o Tribunal, apesar de lhe reconhecer uma «*dimensão objetiva*», não o faz enquanto princípio de direito objetivo, mas como norma de direitos fundamentais. É, em última análise, nessa mudança de paradigma que deve ser inscrita a indefinição do Tribunal quanto ao conteúdo prescritivo da dignidade humana.

Assim, a dignidade humana surge mencionada, antes de mais, a propósito da discussão da **ausência de fixação de um limite máximo de idade dos beneficiários da procriação medicamente assistida**. Depois de reafirmar, a este propósito, o princípio da dignidade humana, o Tribunal afirma que «*os beneficiários devem ser previamente informados sobre as implicações médicas, sociais e jurídicas prováveis dos tratamentos propostos, e tam-*

bém, para efeito de prestarem o seu consentimento livre e esclarecido, sobre todos os benefícios e riscos conhecidos resultantes da utilização das técnicas de PMA». Ora, este estado de coisas «*leva naturalmente à ponderação, quer por parte dos profissionais de saúde envolvidos, quer por parte das pessoas diretamente interessadas, de todos os riscos significativos quer para a saúde da mãe e do filho quer para o ulterior desenvolvimento da personalidade da criança, em função da idade de quem pretende submeter-se a qualquer desses métodos de procriação medicamente assistida*».

Seguidamente, o Tribunal avalia a legitimidade constitucional do recurso às técnicas de PMA no âmbito do **tratamento de doença grave de terceiro**, mesmo quando não ocorra uma situação infertilidade, segundo previsto nos artigos 4º, nº 2, e 7º, nº 3, da Lei nº 32/2006, de 26 de julho. A este propósito entende que «*a possível lesão da tutela reflexa da dignidade humana que o rastreio genético do embrião pode representar, neste condicionalismo, tem, por conseguinte, como contraponto a realização do direito à proteção da saúde em relação a um terceiro que se encontra em perigo de vida e, nesses termos, a solução legislativa corresponde, em última análise, ao cumprimento por parte do Estado do direito à proteção da saúde na sua vertente positiva, enquanto destinada a assegurar a adoção de medidas que visem a prevenção e o tratamento de doenças (artigo 64º, nº 1, da Constituição)*».

Em terceiro lugar, quando discute a legitimidade constitucional da **investigação científica com recurso a embriões**, admitida pelo artigo 9º da Lei nº 32/2006, o Tribunal afirma que a mesma «*incide sobre embriões não implantados no útero materno e relativamente aos quais se não colocam questões de constitucionalidade relacionadas com o direito à vida ou os direitos de personalidade, sendo apenas de considerar a proteção do embrião na perspetiva da dignidade da pessoa humana na estrita medida em que o embrião poderia dar origem a uma vida humana se fosse viável e viesse a ser utilizado num projeto parental*». Ao afirmar que é «*apenas de considerar*» a proteção do embrião na perspetiva da dignidade humana, por não estar em causa o direito à vida, ou os direitos de personalidade, o Tribunal parece subordinar a proteção da «*nua*» dignidade à proteção de direitos fundamentais que possam estar envolvidos.

O Tribunal salienta que «*só poderão ser aplicados na investigação os embriões, criados para fins de procriação medicamente assistida, que não tenha sido possível enquadrar num projeto parental, ou por não terem sido utilizados pelo casal e este não ter autorizado a sua doação nos termos dos artigos 10º e 25º, nº 5, ou por se terem tornado inviáveis (em virtude de o seu estado não permitir a transferência ou a criopreservação com vista à procriação), ou ainda por serem portadores de ano-*

malia genética grave [artigo 9º, nº 4, alíneas a) a c)]». Por outro lado, o Tribunal nota ainda que a investigação com recurso a embriões só é lícita para qualquer das finalidades mencionadas no nº 2 do artigo 9º, isto é, a prevenção, diagnóstico ou terapia de embriões, o aperfeiçoamento das técnicas de PMA, a constituição de bancos de células estaminais para programas de transplantação ou com quaisquer outras finalidades terapêuticas, e, como determina o nº 3, desde que seja razoável esperar que daí possa resultar benefício para a humanidade. Neste contexto, estando proibida a criação de embriões com o objetivo deliberado de os utilizar em investigação, só podendo ser utilizados em tal âmbito aqueles que não possam ser destinados para fins de procriação, e considerando ainda a subordinação da investigação aos critérios e objetivos previstos no artigo 9º, nºs 2 e 3, o Tribunal entende que «*a lei confere, pois, aos embriões que possam ser utilizados em investigação científica um destino condizente com a sua potencial dignidade humana*».

Idêntica postura se confirma com a aceitação da clonagem terapêutica não reprodutiva, cuja admissão considera estar implícita no artigo 9º, nº 4, alínea *d)*, da Lei nº 32/2006, enquanto instrumento de realização do dever constitucional de proteção da saúde e forma de efetivação da liberdade científica.

No que diz respeito à **criação de embriões excedentários**, regulada no artigo 24º da Lei nº 32/2006, o Tribunal parte do pressuposto de que «*não é possível garantir, à partida, uma total correspondência entre o número de embriões criados e o número de embriões transferidos para o útero, sendo sempre de admitir a existência de embriões "que, por circunstâncias ou razões imponderáveis", são "excluídos do seu projeto parental originário"*». Neste contexto, «*a ocorrência de embriões excedentários surge como uma inevitabilidade, que só poderia ser prevenida através da proibição em geral da fertilização* in vitro, *o que não deixaria de constituir um injustificável retrocesso no desenvolvimento da biomedicina e que seria incompatível com a referência valorativa que decorre do artigo 67º, nº 2, alínea e), da Constituição*». Seguidamente, o Tribunal reconhece que o parâmetro de constitucionalidade implicado na criação de embriões excedentários em resultado da aplicação de uma técnica de procriação medicamente assistida é o princípio da dignidade humana, «*tendo em consideração que se trata de embriões não implantados no útero materno a que se não pode atribuir um grau de proteção correspondente à tutela da vida humana ou da vida intrauterina*».

Simplesmente, o Tribunal considera, naquela que é porventura a passagem mais reveladora sobre o entendimento professado em relação ao conteúdo do princípio da dignidade, que «...*a admissibilidade constitucional da procriação medicamente assistida, por força da autorização concedida ao legislador ordinário para a sua regulamentação em termos que "salvaguardem a dignidade da pessoa humana" [artigo 67º, nº 2, alínea e)], tem implícita a ideia de que é possível conciliar, no quadro jurídico-constitucional, esse com outros valores constitucionalmente tutelados, como seja o direito de constituir família previsto no artigo 36º, nº 1, da Constituição, o qual se insere num espaço de autonomia pessoal que igualmente releva do princípio da dignidade da pessoa humana*».

Deste modo, a dignidade da pessoa humana não estaria apenas subjacente à proteção do embrião, mas também ao direito de constituir família, sendo que este último protege a autonomia pessoal, tal como o princípio da dignidade humana.

A isto acresce que, segundo o Tribunal, a lei «*regula o destino a dar aos embriões não implantados com o respeito que é devido à sua potencial natureza humana, determinando que os embriões que não tiverem de ser transferidos devam ser criopreservados, para serem utilizados num novo processo de transferência embrionária pelos próprios beneficiários ou por um outro casal a quem sejam doados, e só os embriões que, por virtude da sua caracterização morfológica, se tornem inviáveis, ou que, de outro modo, não tenham possibilidade de ser envolvidos num projeto parental, é que poderão ser utilizados em investigação científica*».

Finalmente, no que diz respeito especificamente ao **diagnóstico genético pré-implantação (DGPI)**, o Tribunal afirma que implicando a mesma a seleção de embriões, pode estar em causa uma seleção positiva, em que se escolhem embriões com determinadas características genéticas, para serem implantados no útero materno, quando esteja em causa a necessidade de obter grupo HLA (*human leukocyte antigen*) compatível para efeitos de tratamento de doença grave de terceiro, como decorre do disposto no artigo 7º, nº 3, da Lei nº 32/2006. É igualmente possível o recurso à técnica de DGPI no âmbito de uma seleção negativa de embriões, caso em que se excluem da implantação no útero os embriões portadores de anomalia grave, como decorre do artigo 28º, nº 1, do mesmo diploma.

A constitucionalidade da seleção positiva de embriões através do DGPI estaria já implícita, segundo o Tribunal, na argumentação desenvolvida a propósito da conformidade constitucional do recurso à procriação médica assistida para tratamento de doença grave de terceiro. Não existe em tais casos «*qualquer viabilidade de prática de eugenismo, uma vez que o objetivo é exclusivamente terapêutico*».

Quanto ao recurso ao DGPI no âmbito da seleção negativa de embriões, o Tribunal começa por notar que o mesmo «*previne o abortamento precoce e evita o nascimento de pessoas com problemas graves de saúde*». Por outro lado, «*apesar de esta técnica poder pôr em risco ou implicar a destruição de embriões, ela não levanta em si mesma riscos para a saúde futura do nascituro*». No entender do Tribunal, a razão fundamental que se pode invocar contra a utilização do DGPI no âmbito da seleção negativa de embriões para a prevenção de doença genética «*é o facto de implicar a destruição de embriões e de potenciar formas de eugenismo que possam considerar-se contrárias à dignidade da pessoa humana [artigos 1º e 67º, nº 2, alínea e)]*». O Tribunal considerou ainda que seria possível qualificar o DGPI como uma alternativa ao aborto terapêutico e, além disso, não permitindo a lei a seleção de embriões em função de características não médicas, valeria aqui «*a diferença ética de grau que existe entre um inadmissível utilitarismo positivo e um tolerável utilitarismo negativo – o que não é admissível para aumentar a felicidade de terceiros, pode sê-lo para minorar o sofrimento de cada um; quer dizer, o DGPI não é admissível para escolher características subjetivamente consideradas desejáveis pelos pais, mas é legítimo para prevenir uma doença grave (e, portanto, objetivamente indesejável) do nascituro (defendendo a validade jurídica do utilitarismo negativo*».

Uma análise, ainda que preliminar, da argumentação do Tribunal no Acórdão nº 101/2009 permite colocar a questão de saber se a invocação do princípio da dignidade da pessoa humana, não será, afinal, dispensável, dada «*a menor precisão que é reconhecida ao princípio*», como afirmou o mesmo Tribunal no Acórdão nº 141/2015, embora a propósito de matéria diferente (as condições de atribuição do rendimento social de inserção a cidadãos portugueses). Com efeito, aquilo que de mais preciso o Tribunal chega a afirmar sobre o conteúdo do princípio da dignidade humana diz respeito à sua alegada conexão com «*o espaço de autonomia pessoal*», que o mesmo princípio visaria proteger. Dir-se-ia que a dignidade surge na argumentação do Tribunal não como uma categoria constitucional *a se*, mas antes como uma categoria que funciona apenas como parte de outras, mais propriamente como elemento de previsão de direitos fundamentais determinados. Diga-se, todavia, em abono deste entendimento, que a relativa falência da dignidade humana como conceito constitucional faz parte, em certa medida, do espírito do tempo, um pouco à semelhança do modo como o triunfo dos direitos humanos no discurso político e jurídico internacional esconde uma profunda crise no que toca aos meios de os efetivar[1].

3. A dignidade humana na encruzilhada

A feição mais conspícua da argumentação do Tribunal no Acórdão nº 101/2009 consiste em encarar o conceito jurídico-constitucional de dignidade como um conceito permeável à ponderação. A este propósito, importa em especial atentar no modo como a argumentação do Tribunal parece inscrever-se numa mudança de paradigma da dignidade humana, nos termos da qual esta deixa de ser encarada como um valor ético objetivo e absoluto e fundamento de um direito específico que prevalece sempre no confronto com outros direitos ou valores constitucionais, e passa a ser tratada como uma norma de direitos fundamentais, isto é, já não enquanto direito à dignidade humana, mas como aspeto de uma combinação com outros direitos fundamentais, ou mesmo enquanto base de novos direitos fundamentais. Neste caso, a dignidade tende a ser apresentada como um conceito cujo objeto admite diferenciações e pode ser submetido a ponderação no confronto com outros direitos e valores constitucionais, abandonando-se assim a velha «*fórmula do objeto*», nos termos da qual se excluía qualquer tratamento do ser humano como mero instrumento.

A mudança de paradigma apontada foi já suficientemente analisada pelos constitucionalistas[2], mas o que interessa aqui salientar é a circunstância de essa mudança não ter posto termo, de forma conclusiva ao menos, à ideia de um carácter absoluto, definitivo ou categórico, da dignidade

[1] Cf., por exemplo, ERIC A. POSNER, *The Twilight of Human Rights Law*, Oxford, 2014, STEPEHN HOPGOOD, *The Endtimes of Human Rights*, Ithaca e Londres, 2013.

[2] Cf. as perspetivas opostas de ERNST-WOLFGANG BÖCKENFÖRDE, Die Würde des Menschen war unantastbar. Zur Neukommentierung der Menschenwürdegarantie des Grundgesetzes, in idem *Recht, Staat, Freiheit. Studien zur Rechtsphilosophie, Staatstheorie und Verfassungsgeschichte*, Frankfurt am Main, 2006, pp. 379 ss.; MATTHIAS HERDEGEN, Deutungen der Menschenwürde im Staatsrecht, GERD BRUDERMÜLLER / KURT SEELMANN (orgs.), Menschenwürde. Begründung, Konturen, Geschichte, Würzburg, 2008, pp. 57 e ss.; sobre o assunto, cf. ainda, MIGUEL NOGUEIRA DE BRITO, O Conceito Constitucional de Dignidade Humana entre o Absoluto e a Ponderação: O Caso da Reprodução Humana, in AA. VV., *Estudos em Homenagem ao Prof. Doutor José Joaquim Gomes Canotilho*, Vol. III, Coimbra, 2012, pp. 165 e ss.

humana. A resistência do carácter absoluto da dignidade humana, para lá da mudança de paradigma mencionada, verifica-se na posição de todos aqueles autores que, reconhecendo, com efeitos sobretudos retóricos, a força absoluta da dignidade humana, afirmam também a sua aplicação em termos relativos, ou com valor *prima facie*. Como é isto possível?

Uma primeira proposta de conciliação entre o carácter absoluto da dignidade humana e a relativização da sua aplicação consiste na distinção entre considerar a dignidade humana como regra ou como princípio, revestindo a primeira um carácter absoluto (através da aplicação segundo o modelo do «*ou tudo ou nada*») de que o segundo é desprovido[3]. Outro modo de formular esta mesma proposta consiste em distinguir entre casos em que a dignidade funciona como a imposição ou proibição categóricas de uma determinada conduta e os casos em que a dignidade está na base de um direito fundamental[4]. A proposta em causa não se afigura satisfatória, na medida em que se limita a descrever uma diferenciação entre dimensões da dignidade humana (assim, quando se diz que a dignidade humana envolve a proibição da tortura poderia ter-se em mente uma regra, enquanto a norma que exclui a eutanásia com fundamento na dignidade humana teria carácter de princípio), sem verdadeiramente avançar com um fundamento para essa diferenciação.

Uma segunda proposta consiste em distinguir o absolutismo da dignidade humana na universalidade e na particularidade, afirmando-o no primeiro caso e negando-o no segundo. Assim, a dignidade valeria em termos absolutos como princípio base da ordem constitucional, devendo ser entendida nesse plano como o princípio da subjetividade jurídica da pessoa, ou como «*direito a ter direitos*». Para lá desse plano, não existiria, todavia, um princípio da dignidade como norma jurídica diretamente exequível, mas apenas enquanto fundação dos diferentes direitos fundamentais[5].

[3] Cf. ROBERT ALEXY, *Theorie der Grundrechte*, s. l., 1994, pp. 94-97; NILS TEIFKE, *Das Prinzip Menschenwürde*, Tübingen, 2011, pp. 155-157; MARTIN BOROWSKI, *Grundrechte als Prinzipien*, 2ª ed., Baden-Baden, 2007, p. 281.

[4] Cf. MATTHIAS HERDEGEN, Die Garantie der Menschenwürde: absolut und doch differenziert?, in ROLF GRÖSCHNER e OLIVER W. LEMBCKE (orgs.), *Das Dogma der Unantastbarkeit. Eine Auseinandersetzung mit dem Absolutheitansprusch der Würde*, Tübingen, 2009, pp. 100 e ss.

[5] Cf. CHRISTOPH ENDERS, Die Menschenwürde in der Verfassungsordnung. Zur Dogmatik des art. 1 GG, Tübingen, 1997, pp. 501 e ss.; IDEM, Die normative Unantastbarkeit der Menschenwürde, in ROLF GRÖSCHNER e OLIVER W. LEMBCKE (orgs.), *Das Dogma der*

A exclusão do apelo direto à dignidade da pessoa humana na decisão de casos concretos é certamente contrária ao sentido da jurisprudência de todos, ou quase, os tribunais constitucionais. Além disso, é contrária ao próprio sentido normativo útil do conceito.

Uma terceira proposta consiste em apresentar a dignidade humana como critério ou parâmetro, mas não como objeto, de ponderação entre valores constitucionais. Neste entendimento, a dignidade consiste num trunfo, por assim dizer, de um dos objetos da ponderação[6]. Por outras palavras, a dignidade humana não está sujeita a uma reserva de ponderação, mas antes é critério decisivo dessa mesma ponderação. Deste modo, se na ponderação destinada a determinar qual de dois direitos constitucionais deve prevalecer – a liberdade de imprensa ou a reserva de intimidade, o direito de propriedade ou o direito à habitação, por exemplo – for possível mobilizar a favor de um deles a dignidade da pessoa humana, será esse o direito definitivo[7]. Simplesmente, este modo de ver, para além de não nos dizer nada sobre o efeito direto do princípio da dignidade humana, apenas poderá ser mobilizado na defesa de um valor absoluto da dignidade humana se envolver a aceitação de que esta não é verdadeiramente critério de ponderação, mas antes fator inibidor da ponderação.

Uma quarta tentativa de conciliar o carácter absoluto e a aplicação relativa da dignidade consiste em articular a identificação de situações-tipo, qualificáveis como violações dos comandos que se extraem do conteúdo normativo da dignidade humana, com a abertura na configuração em concreto de tais tipos. Apurada a existência de uma situação-tipo qualificável como violadora da dignidade humana, a mesma não poderia ser tolerada em circunstância alguma; simplesmente, o apuramento da existência de

Unantastbarkeit, p. 92; IDEM, A Right to Have Rights – The German Constitutional Concept of Human Dignity, in *NUJS Law Review*, 253, 3, 2010, p. 255. Importa, desde logo, salientar que Enders não estabelece qualquer relação explícita entre aquilo que designa como «*o direito a ter direitos*» e a expressão idêntica usada e celebrizada por HANNAH ARENDT, *The Origins of Totalitarianism*, Nova Iorque, 2004, pp. 376-377; cf., no entanto, CHRISTOPH MENKE, Dignity as the Right to Have Rights: Human Dignity in Hannah Arendt, MARCUS DÜWELL *et al.*, *The Cambridge Handbook of Human Dignity*, Cambridge, 2014, p. 338, nota 8.

[6] Cf. CLAUS DIETER CLASSEN, Die Menschenwürde ist – und bleibt – unantastbar, *Die öffentliche Verwaltung*, 2009, p. 694.

[7] Deixo aqui de lado a questão de saber como resolver aqueles casos em que ambos os direitos podem invocar uma base na dignidade humana.

uma tal situação-tipo não poderia deixar de assentar num processo aberto a avaliações retiradas do caso concreto.

Assim, para dar um exemplo, uma das situações-tipo em que ocorre a violação da dignidade humana consiste na degradação, que ocorre quando «*alguém é substancialmente coisificado de forma denegridora ou é degradado, em situações relevantes da sua vida, à condição de mero objeto ou instrumento de realização de fins que lhe são estranhos*»[8]. Isto não significa, todavia, que se deva reconduzir a tal situação-tipo o chamado diagnóstico pré-implantação, através do qual se selecionam, «*de entre os embriões gerados em procriação clinicamente auxiliada, um embrião que permita o nascimento de dador compatível de medula, em ordem a permitir, sem prejuízo para o dador, salvar a vida a um irmão gravemente doente*». A resposta quanto à questão de saber se ocorre aqui uma instrumentalização degradante, ou antes justificada, implica que se conheça o contexto, que se ponderem razões e alternativas, não podendo simplesmente basear-se «*na ideia de proibição absoluta de qualquer tipo de instrumentalização de uma pessoa e configurar o caso como constituindo, sempre e em quaisquer circunstâncias, uma violação ostensiva da dignidade*»[9]. Desde logo, caberia a este propósito reconhecer que «*os comandos normativos decorrentes da consagração constitucional do princípio da dignidade da pessoa humana apresentam, por definição, um pronunciado potencial evolutivo*»[10].

A verdade, porém, é que esta conceção, professando embora a recusa de «*um relativismo axiologicamente indiferenciador e indulgente*»[11], acaba por não encontrar para a dignidade humana um fundamento normativo suficientemente sólido, ao contrário do que sucede com as conceções morais ou religiosas absolutas que rejeita e ainda que estas não possam ser aceites como base pública de um Estado constitucional. O conceito de dignidade humana será de escassa relevância se estiver dependente da evolução dos tempos, em vez de pretender orientar normativamente essa mesma evolução.

Cabe ainda destacar uma última, e especialmente relevante para os propósitos deste escrito, relação entre o carácter absoluto da dignidade humana e a sua sujeição a ponderação. Trata-se da distinção entre diver-

[8] Cf. Jorge Reis Novais, *A Dignidade da Pessoa Humana*, Vol. II – Dignidade e Inconstitucionalidade, Coimbra, 2016, p. 139.

[9] Cf. Jorge Reis Novais, *A Dignidade da Pessoa Humana*, Vol. II, p. 175.

[10] Cf. Jorge Reis Novais, *A Dignidade da Pessoa Humana*, Vol. II, p. 180.

[11] Cf. Jorge Reis Novais, *A Dignidade da Pessoa Humana*, Vol. II, p. 179.

sos conceitos de dignidade humana segundo o seu âmbito de aplicação. A este propósito, Dieter Birnbacher distingue entre um primeiro, e mais forte, conceito que abrange todos os seres humanos nascidos com vida; um segundo âmbito de aplicação, e mais fraco do ponto de vista normativo, abrange «*todos os seres humanos que integram a mesma espécie biológica, incluindo os cadáveres humanos e os embriões humanos desde o óvulo fertilizado*»; finalmente, o terceiro âmbito de aplicação do conceito de dignidade humana reporta-se à espécie humana como um todo[12].

Uma primeira consequência desta distinção consistiria no seguinte: apenas seriam de caracterizar como direitos as pretensões relativas ao primeiro conceito de dignidade humana, pois apenas aí nos confrontamos com indivíduos suscetíveis de serem titulares de direitos; no terceiro conceito, pelo contrário, somente seria possível falar, quando muito, de deveres «*em vista*» da espécie humana considerada como um todo. Já quanto ao segundo conceito de dignidade, seria discutível se pode falar-se, em tal caso, de direitos de «*pacientes morais*» (*moral patients*) em face dos «*agentes morais*» (*moral agents*), ou apenas de deveres «*em vista*» (por oposição a «*deveres em face*») dos cadáveres e dos embriões. Segundo Birnbacher, «*o cadáver não é ele próprio sujeito de direitos morais, mas apenas o morto, cujos "despojos mortais" temos perante nós. O mesmo vale por analogia para os deveres em relação aos embriões vivos, mas sem capacidade sensorial*»[13].

A segunda consequência que o autor retira da sua distinção entre diferentes conceitos de dignidade humana prende-se precisamente com o caráter absoluto, ou meramente relativo, das posições jurídicas fundadas em tais conceitos. Os titulares da dignidade em sentido forte teriam os seguintes direitos insuscetíveis de ponderação: *(i)* o direito de não ser sujeito a tratamentos depreciativos ou humilhantes; *(ii)* o direito a um mínimo de liberdade de atuação e decisão; *(iii)* o direito a proteção em caso de necessidade não culposa; *(iv)* o direito a um mínimo de qualidade de vida; *(v)* o direito de não ser instrumentalizado na prossecução de fins alheios sem consentimento e em situações especialmente graves. Estes direitos teriam uma prioridade absoluta no confronto com outros direitos ou deveres, ou,

[12] Cf. DIETER BIRNBACHER, Instrumentalisierung und Menschenwürde. Philosophische Anmerkungen zur Debatte um Embryonen- und Stammzellforschung, *Jahrbuch der Heinrich-Heine-Universität Düsseldorf 2001*, p. 246.

[13] Cf. DIETER BIRNBACHER, Instrumentalisierung und Menschenwürde. Philosophische Anmerkungen zur Debatte um Embryonen- und Stammzellforschung, p. 246.

melhor dito, *«uma prioridade quase absoluta, na medida em que podem sempre conflituar entre si»*[14], isto é, na medida em que podem existir conflitos entre cada um dos direitos acima mencionados com algum dos demais. Enquanto os direitos inerentes ao primeiro conceito de dignidade não são suscetíveis de ponderação, com a ressalva que acaba de ser mencionada, os deveres decorrentes do segundo conceito de dignidade são ponderáveis em face de outros direitos e deveres. Esta ponderabilidade do segundo conceito de dignidade decorreria do facto de que a vida por nascer merece, em todos os sistemas jurídicos, menos respeito que a vida já nascida[15]. Finalmente, o terceiro conceito de dignidade teria quando muito um papel subordinado no debate da bioética, sendo incerta a sua força normativa. Assim, por exemplo, quando se rejeita a clonagem reprodutiva parece estar em causa a proteção da espécie, mas não é claro em que medida a dignidade individual do clonado possa ser comprometida apenas com base no modo especial da sua geração[16].

A construção de Dieter Birnbacher concede demasiado no que toca ao carácter absoluto dos cinco tipos de direitos morais que considera inerentes a todos os seres humanos (que, aliás, não constituem o objeto imediato da sua investigação), para se mostrar porventura demasiado restritiva na relativização dos conceitos de dignidade humana reportados aos seres que integram a espécie humana, sem que se possam considerar como indivíduos, e à própria espécie humana em si mesma. Com efeito, não é claro em que sentido se possa afirmar a existência de um direito absoluto a um mínimo de liberdade negativa como parte do conceito de dignidade, enquanto realidade distinta de concretos direitos de liberdade, como o direito ao livre desenvolvimento de personalidade. Do mesmo modo, não é também claro que faça sentido falar de um direito absoluto a um mínimo existencial fundado unicamente na dignidade humana, em vez de um direito a um mínimo existencial que se baseia na dignidade humana articulada com um outro direito social. Por outro lado, no extremo oposto, a ideia de que a clonagem não afeta a dignidade individual está porventura

[14] Cf. Dieter Birnbacher, Instrumentalisierung und Menschenwürde. Philosophische Anmerkungen zur Debatte um Embryonen- und Stammzellforschung, p. 248.

[15] Cf. Dieter Birnbacher, Instrumentalisierung und Menschenwürde. Philosophische Anmerkungen zur Debatte um Embryonen- und Stammzellforschung, p. 250.

[16] Cf. Dieter Birnbacher, Instrumentalisierung und Menschenwürde. Philosophische Anmerkungen zur Debatte um Embryonen- und Stammzellforschung, pp. 252-253.

demasiado presa a uma visão estática do conceito de dignidade, aspeto que retomarei mais adiante.

Ao criticar as teses que antecedem não pretendo excluir a possibilidade de uma articulação entre a dignidade humana e determinados direitos fundamentais, ou ainda a possibilidade de a dignidade humana estar na origem de novos direitos fundamentais, e mesmo que, em tais âmbitos, possa haver lugar à ponderação. Simplesmente em tal caso já não é a dignidade humana, em si mesma, que está em questão, mas apenas a dignidade enquanto parte ou base de um determinado direito fundamental. O que pretendo é, pois, questionar se através desta redução do conceito de dignidade humana a elemento ancilar de outras categorias, liquidando a força absoluta que tradicionalmente se lhe reconhecia no confronto com outros valores constitucionais, se esgota a sua função no edifício constitucional. Por outras palavras, o que pretendo é afirmar o valor próprio da dignidade humana como conceito constitucional.

4. Uma proposta de densificação jurídico-constitucional do conceito de dignidade humana

Para superar a encruzilhada sem desalojar a dignidade humana da sua posição fundacional do constitucionalismo existe uma só via: manter a estrutura que caracteriza a mobilização do conceito de dignidade da pessoa humana a partir da «*fórmula do objeto*» e, ao mesmo tempo, desligar tal conceito de uma conceção ética determinada, de inspiração kantiana e raízes cristãs, ou outras. Isto significa, na prática, aproveitar da construção dogmática da «*fórmula do objeto*» a proposta de determinação do conteúdo da dignidade humana a partir das ações ofensivas da mesma[17] e rejeitar tudo o mais, por ser incompatível com o pluralismo das sociedades atuais, caraterizadas por um dissenso estrutural sobre todas as grandes questões éticas. Mas como substituir tudo o que assim se rejeitou? Isto é, como preencher o vazio deixado pela rejeição da simplicidade com que a ideia de instrumentalização – apesar de centrada em conceções metafísicas e religiosas da pessoa, de inspiração kantiana, cristã, ou outra, que se

[17] Cf. Miguel Nogueira de Brito, O Conceito Constitucional de Dignidade Humana entre o Absoluto e a Ponderação: O Caso da Reprodução Humana, p. 166.

encontram no centro da *«fórmula do objeto»* – nos permitia condenar certas condutas enquanto violadoras da dignidade humana?

Repare-se que quando aqui falo em rejeitar as conceções metafísicas e religiosas acima mencionadas não pretendo advogar que essas conceções estão necessariamente ultrapassadas enquanto tais e devem ser substituídas por outras. Pretendo, mais limitadamente, sustentar que as mesmas são inadequadas como base de um argumento de ordem jurídico-constitucional sobre a dignidade humana[18].

Neste contexto, talvez a resposta às questões acima enunciadas seja mais simples do que à partida se poderia supor: existe violação da dignidade humana sempre que alguém é tratado por outrem como um inferior. Poderia, desde logo, objetar-se a tal modo de pensar a dignidade humana que o mesmo acaba por não efetuar qualquer distinção entre este conceito e a ideia de igualdade. Simplesmente, embora seja verdade que assim se exprime a existência de uma íntima conexão entre a dignidade e a

[18] Para uma perspetiva diferente, assumindo um sentido não-secularista da ideia de dignidade humana no sentido de igual dignidade dos seres humanos, cf. Luís Pereira Coutinho, Human Dignity as a Background Idea, in Winfried Brugger / Stephan Kirste (orgs.), *Human Dignity as a Foundation of Law*, Stuttgart, 2013, esp. pp. 112-113. A perspetiva desenvolvida por L. Pereira Coutinho pressupõe *(i)* a distinção entre a igualdade como objetivo político e económico e a igualdade como um pressuposto da filosofia política e moral, bem como *(ii)* a aceitação de que é impossível encontrar uma fundação segura para este pressuposto fora da religião. Embora as *«bases da igualdade»* (segundo a designação de John Rawls, *Uma Teoria da Justiça*, tradução de Carlos Pinto Correia, Lisboa, 1993, p. 382) sejam um tema surpreendentemente pouco discutido, a discussão da rejeição de um fundamento secular da ideia de igual dignidade exigiria desenvolvimentos que aqui não posso levar a cabo (sobre o assunto cf., no entanto, para além das citadas reflexões de Rawls e certamente marcadas por estas, Jeremy Waldron, *One Another's Equals: The Basis of Human Equality*, Cambridge, Massachusetts, 2017, pp. 175 e ss.; idem, Basic Equality, *New York University School of Law – Public Law & Legal Theory Research Paper Series – Working Paper no. 08-61*, Ian Carter, Respect and the Basis of Equality, *Ethics*, Vol. 121, No. 3, April 2011, pp. 538-571). Diferente, ainda, é a posição de Jeremy Waldron, para quem não cabe apresentar qualquer desculpa pela defesa, mesmo em contextos públicos, de um fundamento religioso para a dignidade humana e as bases da igualdade (cf. *One Another's Equals: The Basis of Human Equality*, cit., pp. 213-214). Repare-se que não está necessariamente em causa dizer que é impossível encontrar um fundamento para a dignidade humana fora da religião, mas que o fundamento encontrado numa base religiosa não deve dar azo a qualquer autocensura por parte dos seus defensores. O argumento de Waldron não diferencia adequadamente um contexto público geral de discussão (isto é, uma discussão na opinião pública, na academia, ou em geral na sociedade civil) e um contexto público institucional, como o que ocorre quando se discute num tribunal constitucional ou num parlamento.

igualdade[19], não é menos verdade que não está em causa mais um âmbito indiferenciado de aplicação do princípio de igualdade. Muito pelo contrário, a igualdade aqui em causa é a que se estabelece, ou pode vir a estabelecer-se, entre seres humanos, por um lado, e, por outro lado, a sua afirmação é tão essencial a essa condição humana comum que não se mostra suscetível de ser afastada sequer pelo próprio consentimento dos envolvidos[20]. De acordo com a perspetiva aqui em análise, a dignidade significa o reconhecimento do «*valor inerente dos seres humanos; nessa medida, violar a dignidade implica transmitir a mensagem de que alguns têm menos valor do que outros*»[21].

O ponto de partida da aproximação entre dignidade e igualdade é-nos dado pela seguinte observação de Denise Réaume: «*a dignidade reporta-se a uma qualidade de algum modo inefável que atribuímos igualmente a todos os seres humanos em virtude da qual lhes conferimos um tipo especial de valor. Pode dizer-se que isto envolve uma espécie de "nivelação por cima", elevando as pessoas comuns a um estatuto moral previamente apenas desfrutado pela aristocracia*»[22]. A observação que acaba de ser transcrita aponta, na realidade, para uma conexão profunda entre as ideias de igualdade e elevação que foi exposta por Tocqueville (embora tendo sempre presente a possibilidade do seu contrário, como resulta da citação a seguir) nos seguintes termos: «*Existe uma paixão viril e legítima pela igualdade que excita os homens a quererem ser todos fortes e estimados. Esta paixão tende a elevar os pequenos ao nível dos grandes; mas encontra-se também no coração humano um gosto depravado pela igualdade, que leva os fracos a querer atrair os fortes para o seu nível e que reduz os homens a preferir a igualdade na servidão à desigualdade na liberdade*»[23].

A mesma conexão entre igualdade e elevação foi explorada por James Q. Whitman ao comparar o direito da execução das penas e o direito da

[19] Segundo JEREMY Waldron, os termos «*igualdade*» e «*dignidade*», não sendo sinónimos, «*agrupam-se para formar um poderoso corpo de princípios*»: cf. *One Another's Equals: The Basis of Human Equality*, cit., p. 3.

[20] Sobre a relação entre dignidade e igualdade são especialmente iluminantes as considerações de ANNE PHILLIPS, *The Politics of the Human*, Cambridge, 2015, pp. 80 e ss., e ainda de DENISE G. RÉAUME, Discrimination and Dignity, *Louisiana Law Review*, vol. 63, n. 3, Spring 2003, pp. 645 ss.

[21] Cf. DENISE G. RÉAUME, Discrimination and Dignity, p. 672. Reconhecendo também a conexão íntima entre dignidade e igualdade, cf., a partir de perspetivas muito diversas, LUÍS PEREIRA COUTINHO, Human Dignity as a Background Idea, pp. 112 e ss.; JORGE REIS NOVAIS, *A Dignidade da Pessoa Humana*, Vol. II, p. 171.

[22] Cf. DENISE G. RÉAUME, Discrimination and Dignity, p. 674.

[23] Cf. ALEXIS DE TOCQUEVILLE, *De la Démocratie en Amérique*, s. l., 1961, pp. 52-53.

privacidade nos Estados Unidos da América e na Europa. No caso da execução das penas nos países europeus terá sido a tradição de um tratamento mais favorável atribuído aos prisioneiros de estatuto elevado a permitir a difusão de um tratamento mais digno dos prisioneiros em geral, a partir da Revolução Francesa, com a progressiva exclusão das penas infamantes e cruéis. Pelo contrário, a inexistência nos Estados Unidos de uma diferenciação entre prisioneiros segundo o seu estatuto social terá conduzido a que o país mais igualitário seja também aquele que mais severamente trata a sua população prisional[24]. Uma diferença semelhante seria patente no regime jurídico da privacidade: enquanto o direito continental encara a reserva da vida privada como a proteção do respeito e dignidade pessoal, para os americanos o direito de privacidade é essencialmente encarado como um direito de defesa perante as intrusões do Estado, em particular na casa de cada um[25].

O significado destas duas manifestações da dignidade no âmbito da «*revolução da nivelação por cima*»[26] na formação do direito continental não consiste simplesmente em apontar vestígios inevitáveis da evolução histórica de cada país na formação do seu direito. Do mesmo modo, não parece ser suficiente rejeitar esses vestígios como resíduos de uma compreensão aristocrática do humano[27]. Pelo contrário, o que está em causa é precisamente a ideia de que a «*dignidade humana envolve universalizar, em vez de superar, as conotações de estatuto, categoria e nobreza que a "dignidade" tradicionalmente transmitia*». Simplesmente, essas «*conotações*» passaram a concentrar-se na rejeição de maus-tratos sobre quaisquer seres humanos[28].

O aspeto essencial da «*revolução da nivelação por cima*» a que historicamente surge associado o surgimento da dignidade humana no direito continental é, todavia, outro. Trata-se de mostrar que não é necessário partir da identificação de supostas propriedades humanas para afirmar a igual-

[24] Cf. James Q. Whitman, *Harsh Justice: Criminal Punishment and the Widening Divide between America and Europe*, Oxford, 2003, pp. 84 e ss.

[25] Cf. James Q. Whitman, The Two Western Cultures of Privacy: Dignity Versus Liberty, *The Yale Law Journal*, Vol. 113, 2004, p. 1161.

[26] Cf. James Q. Whitman, The Two Western Cultures of Privacy: Dignity Versus Liberty, p. 1169.

[27] Como parece admitir Anne Phillips, *The Politics of the Human*, p. 93.

[28] Cf. Jeremy Waldron, *Dignity, Rank, and Rights*, org. de Meir Dan-Cohen, Oxford, 2012, pp. 67 e 69.

dade. Pelo contrário, a igualdade é afirmada no processo de universalização de estatutos anteriormente exclusivos de determinados grupos sociais com base na ideia de dignidade que a estes seria inerente.

A este propósito é muito relevante a análise do pensamento de Hannah Arendt levada a cabo por Anne Phillips, centrada no modo como aquela reverte a relação entre ser humano e ser igual. Nos termos desta reversão, não seriamos humanos por podermos provar esta qualidade por referência à nossa alma, racionalidade ou capacidade de ação. Pelo contrário, tornamo-nos iguais através das nossas ações e decisões[29]. Com efeito, nas palavas de Hannah Arendt, «*a igualdade, em contraste com tudo o que se relaciona com a mera existência, não nos é dada, mas resulta da organização humana (...). Não nascemos iguais; tornamo-nos iguais como membros de um grupo por força da nossa decisão de nos garantirmos direitos reciprocamente iguais*»[30]. No mesmo sentido, afirma Arendt que a igualdade central para a esfera pública «*é necessariamente uma igualdade de desiguais que necessitam de ser "igualados" em certos aspetos e para propósitos específicos*»[31].

Ainda que Anne Phillips critique a restrição feita por Arendt desta visão construtiva da igualdade ao domínio da política, não deixa de reconhecer a importância do seu pensamento enquanto «*abordagem da igualdade como algo que estabelecemos quando nos tratamos como iguais. A igualdade não é algo que precisamos de justificar por referência a uma humanidade comum. Levando este aspeto mais além do que a própria Arendt pretendia, a igualdade é algo que trazemos à existência no momento em que a reclamamos*»[32]. E, de facto, um dos aspetos mais salientes no pensamento de Hannah Arendt consiste precisamente em considerar a igualdade como decorrente de uma decisão da comunidade política; não algo que seja inerente à natureza humana, mas algo que é produto do esforço humano[33].

Com base, designadamente, no pensamento não fundacionalista de Hannah Arendt, Phillips desenvolve uma conceção da igualdade que a

[29] Cf. Anne Phillips, *The Politics of the Human*, pp. 62-63.

[30] Cf. Hannah Arendt, *O Sistema Totalitário*, traduzido do inglês por Roberto Raposo, revisão de Manuel J. Palmeirim, Lisboa, 1978, p. 387.

[31] Cf. Hannah Arendt, *The Human Condition*, Chicago, 1958, p. 215.

[32] Cf. Anne Phillips, *The Politics of the Human*, p. 69.

[33] Cf. Jeremy Waldron, "Arendt on the Foundations of Equality", in Seyla Benhabib, Roy T. Tsao e Peter Verovsek (orgs.), *Politics in Dark Times: Encounters with Hannah Arendt*, Nova Iorque, 2010, pp. 17-18.

leva a criticar o próprio conceito de dignidade. Assim, depois de mencionar as reflexões de James Whitman, atrás referidas, sobre o modo como no direito continental os presos não devem ser tratados como pertencendo a um diferente e mais baixo estatuto do que o de todas as demais pessoas, pergunta: «*Porque não dizer apenas igualdade? A dignidade é muitas vezes apenas um outro modo de descrever aquilo que é tratar os outros como iguais. Quando assim não sucede – quando se transforma em noções problematicamente substantivas sobre o que é ser humano – transforma-se em algo que faríamos melhor em evitar*»[34].

Quando discutimos o conteúdo da dignidade humana surge, pois, a questão: porque não dizer apenas igualdade? É, sem dúvida, imperioso evitar basear a noção de dignidade humana em noções substantivas e cristalizadas do que é ser humano, mas isso não significa que ao evitar tais noções se tenha de evitar também a própria noção de dignidade. Importa, com efeito, como habitualmente se diz, não despejar a criança com a água do banho. Ora, não o fazer consiste aqui precisamente em conceber a dignidade como o igual valor de todo o ser humano, sendo, todavia, essa igualdade não compreendida como um dado da nossa natureza – como algo que temos enquanto seres dotados de uma alma, de razão, da vulnerabilidade à dor, ou outra qualidade –, mas como algo que se afirma através de um compromisso com o valor da igualdade. Nas palavras da própria Anne Phillips, «*a igualdade é algo que afirmamos e com que nos comprometemos, mais do que algo que encontramos. Não há aqui uma estrutura argumentativa da forma "Eu sou X, daí Y". Não existe simplesmente um espaço entre o momento de afirmarmos a nossa humanidade e o momento de afirmarmos a nossa igualdade*»[35]. Esta igualdade do humano é a dignidade.

Neste contexto, a dignidade humana consiste em pensar o humano em todas as suas diferenças, em alternativa àquelas que Phillips designa como as compreensões do humano «*substantiva*» ou «*carregada de conteúdo*», por um lado, e, por outro, «*abstrata*» ou «*desprovida de conteúdo*». No primeiro caso, o ser humano é encarado à luz de uma característica comum, tida como essencial, seja a capacidade para formular uma conceção do bem, a empatia, a vulnerabilidade à dor, a capacidade para o planeamento consciente ou, como pretendia Hannah Arendt, a capacidade para a ação política. A identificação da humanidade comum com base nestas carac-

[34] Cf. ANNE PHILLIPS, *The Politics of the Human*, p. 103.
[35] Cf. ANNE PHILLIPS, *The Politics of the Human*, pp. 103-104.

terísticas torna-se problemática em relação a grupos de pessoas que não são capazes de as exibir, desde os recém-nascidos, as crianças pequenas, os que sofrem de deficiências cognitivas profundas, ou os que se encontram em coma[36]. No segundo caso, o humano é destituído de todas as suas particularidades, incluindo a sua ligação a um corpo, com exceção daqueles elementos universais que supostamente constituem a essência humana, como o livre arbítrio, a razão e a alma. O problema aqui é que «*a ideia de que podemos separar do nosso eu nuclear – a humanidade que partilhamos – das características contingentes que fazem de nós aquilo que somos, representa essas "contingências" como tendo um significado menor, ou mesmo algo de que nos devemos sentir levemente envergonhados*»[37]. Entre essas contingências incluem-se o género, a etnia ou a religião. Por outras palavras, o problema com estas compreensões é o de continuarem «*a sancionar aspetos derivados das características e experiências de alguns humanos, mas não todos. Ou então encorajam-nos a ver as diferenças como um problema e põem-nas de lado*»[38].

A dignidade humana não radica, pois, em quaisquer qualidades especiais reportadas a um determinado estádio de desenvolvimento, capacidades ou necessidades especiais. Está simplesmente em causa a atribuição a todos os humanos de um especial valor, que radica na sua pertença a uma comunidade de seres capazes de cooperar. Simplesmente, essa comunidade é, em razão de características biológicas e culturais, constituída não só por adultos, mas também por indivíduos em vias de o serem, ou até que deixaram de o ser[39]. A dignidade como igualdade envolve, pois, uma especial atenção à dimensão temporal em que vivem os seres humanos. Sobre este substrato humano, em certa medida naturalístico, a ideia de dignidade humana como igualdade surge, simultaneamente, como um compromisso e uma pretensão: um compromisso em estabelecer a mútua igualdade dos humanos através da comunidade política e uma pretensão de a afirmar contra qualquer forma de comunidade que a negue[40].

[36] Cf. Anne Phillips, *The Politics of the Human*, pp. 28, 40.

[37] Cf. Anne Phillips, *The Politics of the Human*, p. 36.

[38] Cf. Anne Phillips, *The Politics of the Human*, pp. 42, 78-79.

[39] Cf. Ernst Tugendhat, *Conférences sur l'Éthique*, tradução do original alemão de Marie-Noëlle Ryan, Paris, 1998, p. 199; Jeremy Waldron, *One Another's Equals: The Basis of Human Quality*, cit., pp. 250-251.

[40] Cf. Anne Phillips, *The Politics of the Human*, p. 78.

Nessa medida, o conceito de dignidade humana envolve: *(i)* um igualitarismo estrito; *(ii)* um carácter binário, no sentido em que não admite gradações, podendo apenas dizer-se que se tem ou não, tal como sucede com a personalidade[41]; *(iii)* uma determinação essencialmente negativa do respetivo conteúdo, efetuada a partir das ações ofensivas do mesmo.

A aproximação entre os conceitos de dignidade e de igualdade tem o efeito de também aproximar dogmaticamente o princípio da dignidade humana do princípio da igualdade: a violação da dignidade é sempre uma violação da igualdade de efeito equivalente àquela que afirmamos estar presente na violação da igualdade no caso das designadas «*categorias suspeitas*», enumeradas no artigo 13º, nº 2, da Constituição. Na verdade, é até possível entender estas últimas como concretização da violação do igual valor dos seres humanos. A intíma conexão entre dignidade e igualdade é atestada pelo artigo II, secção 4, da Constituição do Estado de Montana, segundo a qual «*A dignidade do ser humano é inviolável. A ninguém será negada a igual proteção das leis. O Estado, ou qualquer pessoa, empresa, corporação ou instituição, não discriminará contra qualquer pessoa no exercício dos seus direitos civis ou políticos com base na raça, cor, sexo, cultura, condição ou origem social, ou ideias religiosas ou políticas*»(cf. Vicki Jackson, Constitutional Dialogue and Human dignity: States and Transnational Discourse, *Montana Law Review*, vol. 65, 2004, pp. 21 e ss.).

Chegados a este ponto, cabe, por um lado, avaliar em que medida a dignidade como igual valor do humano se adequa às consequências que é possível extrair do carácter absoluto da dignidade constitucional; por outro lado, cabe apurar se o faz com vantagem em relação à tradicional conceção da «*fórmula do objeto*».

[41] Cf. Dieter Birnbacher, Instrumentalisierung und Menschenwürde. Philosophische Anmerkungen zur Debatte um Embryonen- und Stammzellforschung, p. 245. Em relação ao carácter binário, Anne Phillips argumenta, em termos semelhantes, que a igualdade que representa no centro da noção de humano não admite gradações, não havendo em relação à mesma «*como escapar do dilema da fronteira: estamos dentro ou fora*» (cf. Anne Phillips, *The Politics of the Human*, p. 131). Segundo Dieter Birnbacher, *ob. e loc. cit.*, a dignidade humana envolveria ainda um especismo (termo usado pelo autor sem envolver a ideia de discriminação arbitrária contra outras espécies, que muitas vezes lhe anda associado), na medida em que a dignidade é algo que apenas existe em relação a todos os membros da espécie *Homo sapiens*. É precisamente esta radicação do conceito de dignidade numa determinada característica particular que se procura evitar no texto, pela dificuldade em lhe atribuir um sentido moral.

Começando pelo primeiro dos dois aspetos que acabam de ser mencionados, importa atentar na análise de Dieter Grimm quando identifica três consequências que resultam logicamente do carácter absoluto da dignidade humana. A primeira consequência consiste em não ser possível existir mais do que um direito, ou princípio objetivo, ao qual possa ser atribuído carácter absoluto no âmbito de uma determinada constituição. Apenas nessa hipótese é possível conceber «*um direito que trunfa sempre*»[42]. E, de facto, não existe outro valor constitucional, para além da dignidade, ao qual se reconheça força definitiva no confronto com outros valores constitucionalmente protegidos. A segunda consequência «*é a de que a dignidade, se compreendida como um direito absoluto não pode ter um âmbito alargado*»[43]. Na verdade, a relativização do conceito de dignidade humana decorre da sua articulação com outros direitos fundamentais e, nessa medida, do alargamento do respetivo âmbito de aplicação. Finalmente, uma terceira consequência do carácter absoluto ou definitivo da dignidade humana consiste em esta «*poder apenas proteger uma pessoa contra um tratamento que é contrário à sua dignidade*», já não podendo «*proteger atividades de uma pessoa*». O raciocínio de Dieter Grimm parece ser aqui o de que se a dignidade enquanto direito absoluto protegesse atividades, seria impossível prevenir ou ressarcir o dano provocado por tais atividades, pois isso implicaria limitar o exercício do direito, que assim deixaria de revestir carácter absoluto. Por essa razão, entende o autor que «*a proteção das atividades de uma pessoa é assim deixada a direitos mais concretos que são, todavia, sujeitos a limitação e ponderação*»[44]. Pode assim dizer-se que a delimitação da indignidade é prévia à dignidade[45], ou que é mais óbvia e evidente a delimitação dos casos de negação da dignidade humana do que a completa especificação desta última.

Esta última observação é importante na medida em que ilustra de modo particularmente claro um dos mais aspetos mais marcantes da estrutura

[42] Cf. DIETER GRIMM, Dignity in a Legal Context: Dignity as an Absolute Right, in CHRISTOPHER MCCRUDDEN (org.), *Understanding Human Dignity*, Oxford, 2014, p. 388.

[43] Cf. DIETER GRIMM, Dignity in a Legal Context: Dignity as an Absolute Right, p. 389.

[44] Cf. DIETER GRIMM, Dignity in a Legal Context: Dignity as an Absolute Right, pp. 390-391.

[45] Afirmando algo semelhante em relação à igualdade, cf. ANDREA SANGIOVANNI, Himanity without Dignity: Moral Equality, Respect, and Human Rights, Cambridge, Massachusetts, 2017, p. 103: «*Our commitment to moral equality therefore is both grounded in and constituted by our rejection of inequality. (...) inequality is prior to equality*».

dogmática subjacente à compreensão da dignidade segundo a «*fórmula do objeto*» e que mais a aproximam da ideia da dignidade como igualdade: trata-se da determinação do conteúdo da dignidade humana a partir das ações ofensivas da mesma. Tais ações encontram-se, de resto, razoavelmente tipificadas, desde a tortura, a subjugação da vontade através de drogas ou hipnose, a submissão a tratamentos médicos para fins de investigação, a eliminação da intimidade privada, a escravatura e a servidão, a negação da possibilidade de acesso aos meios indispensáveis para o sustento da vida[46]. Só tem sentido falar de um conceito jurídico-constitucional absoluto de dignidade humana para proibir determinadas ações, não para proteger ações determinadas de uma pessoa.

O segundo aspeto atrás mencionado consiste em avaliar se a reconstrução do conceito de dignidade humana como igualdade do valor humano apresenta vantagens significativas em relação à tradicional «*fórmula do objeto*». A demonstração disso mesmo é especialmente revelante para a análise do Acórdão nº 101/2009, uma vez que a principal crítica que se pode dirigir à «*fórmula do objeto*» consiste, a meu ver, na excessiva identificação da dignidade humana com uma conceção substantiva, de origem religiosa ou metafísica, sobre a qualidade do humano.

Um exemplo do que acaba de ser dito encontra-se nas considerações desenvolvidas por Susan Shell visando explorar as potencialidades do conceito kantiano de dignidade humana para a bioética. Para Kant, como é sabido, a autonomia é «*o fundamento da dignidade da natureza humana e de toda a natureza racional*»[47]. A posição de Kant sobre o conceito de dignidade parece restringir esta última, nos quadros de uma moral transcendental, aos seres humanos que são capazes de exercer uma atividade racional[48]. Esta restrição torna o conceito de dignidade humana irrelevante na avaliação da legitimidade da investigação em células estaminais embrionárias[49].

[46] Cf. Bodo Pieroth / Bernhard Schlink, *Grundrechte Staatsrech II*, 28ª ed., Heidelberg, 2012, p. 87.

[47] Cf. Kant, *Fundamentação da Metafísica dos Costumes*, traduzida do alemão por Paulo Quintela, Coimbra, 1960, p. 78 (*Ak.* 4, 436). Sobre o conceito de dignidade em Kant, cf. Michael Rosen, *Dignity: Its History and Meaning*, Cambridge, Massachusetts, 2012, pp. 19-31, 80-90, 142-156.

[48] Cf. Michael Rosen, *Dignity: Its History and Meaning*, p. 93.

[49] Entendidas como as células indiferenciadas que geram os diversos tipos celulares que constituem um organismo humano adulto e suscetíveis de por um processo de divisão contínua, durante longos períodos de tempo: cf. Conselho Nacional de Ética para as Ciências

Susan Shell, procurando reagir contra o que entende ser o dualismo excessivamente rígido estabelecido por Kant entre a pessoa e o seu corpo[50], desenvolve a noção kantiana de humanidade como racionalidade corporificada. Neste contexto, distingue entre a permissibilidade de usar o material genético de uma pessoa para efeitos de investigação científica e a permissibilidade de destruir ou danificar o embrião para esses mesmos efeitos. Quanto à primeira questão, a posição que parece defender é a de que «*o uso das faculdades de cada um não deveria contradizer flagrantemente a sua função orgânica natural, exceto nos casos em que esteja envolvido um fim mais elevado (como o desejo de ajudar os outros)*». Assim, «*a extração de material genético – para propósitos de possibilitar a fertilidade ou fazer avançar a investigação médica – parece ser aceitável à luz do pensamento de Kant*»[51]. Quanto à segunda (e mais complexa) questão, a visão de Susan Shell é a de que «*a teleologia moral pragmaticamente informada de Kant sugere uma abordagem intercalada do desenvolvimento humano que evita os extremos de atribuir ao embrião um estatuto humano pleno, por um lado, e nenhum estatuto moral, por outro*».

A autora acaba por situar no estado de blastocisto[52] a quebra decisiva no desenvolvimento humano. Antes disso, com efeito, o embrião não seria ainda um «*ser humano plenamente individuado*». Pragmaticamente falando, o momento a partir do qual a divisão do embrião deixa de ser possível representaria o começo de uma fase nova e qualitativamente diferente no desenvolvimento humano. Ainda assim, e mesmo que reconheça ser difícil considerar o blastocisto como inteiramente humano, em termos filosóficos e até de senso comum, admite estar aqui em causa algo que «*deve ser considerado como propositadamente dirigido para um desenvolvimento humano pleno. Não se trata de uma mera "coleção de células" que se possa lesar ou dispor por moti-*

da Vida, *Relatório sobre Investigação em Células Estaminais*, novembro de 2005, p. 5, disponível em http://www.cnecv.pt/admin/files/data/docs/1273054467_P047_RelatorioCE_VersaoFinal.pdf, último acesso em 8 de abril de 2017.

[50] Cf. SUSAN M. SHELL, Kant's Concept of Human Dignity as a Resource for Bioethics, President's Council on Bioethics, *Human Dignity and Bioethics*, Washington, 2008, p. 338.

[51] Cf. SUSAN M. SHELL, Kant's Concept of Human Dignity as a Resource for Bioethics, pp. 345-346.

[52] O estado de blastocisto é a massa celular interna que se desenvolve nos embriões gerados por fecundação de um óvulo por um espermatozoide, o que decorre entre o 5º e o 9º dias após a fecundação, e em que o embrião possui entre 150 e 200 células: Conselho Nacional de Ética para as Ciências da Vida, *Relatório sobre Investigação em Células Estaminais*, novembro de 2005, p. 10.

vos triviais». Deste modo, seria permitido o uso destas células por razões de saúde, mas não para efeitos de produtos cosméticos, por exemplo[53].

A alternativa kantiana à exclusão da dignidade de todos aqueles estádios do desenvolvimento humano relativamente aos quais não é possível falar de autonomia parece ser a de considerar a humanidade, e logo a dignidade, uma matéria de devir e não de ser, em termos que em última análise não são facilmente reconduzíveis ao pensamento de Kant, como a própria Susan Shell reconhece[54]. O resultado de um tal tipo de análise visa superar uma excessiva rigidez kantiana na compreensão dos sujeitos morais, mas expõe-se a objeções que não são, por sua vez, fáceis de superar.

A principal dessas objeções prende-se com a natureza essencialmente controversa dos argumentos assentes na potencialidade do desenvolvimento humano. Com efeito, poderá sempre contra-argumentar-se que, à luz de tais argumentos, a posição do feto não senciente é equivalente à dos seres humanos potenciais ainda não concebidos[55]. Para além disso, é questionável que em relação a um potencial não realizado tenha sentido falar de um dever de respeito[56].

Em alternativa, a compreensão da dignidade como igual valor do humano leva-nos a encarar os problemas colocados pela investigação em embriões e pelas técnicas de procriação medicamente assistida, não tanto como possibilidades abertas pela engenharia genética de invadir o núcleo de autonomia de uma futura pessoa[57], ou de algo que está destinado a sê-lo, mas precisamente na rejeição da introdução de novos campos de desigualdade, no caso entre aqueles com acesso aos melhores genes e aqueles destinados a permanecer «*presos no molde "meramente humano"*»[58].

A igualdade que aqui tenho em vista deve ser entendida em várias dimensões, tendo em comum o facto de envolverem uma consideração

[53] Cf. SUSAN M. SHELL, Kant's Concept of Human Dignity as a Resource for Bioethics, pp. 346-347.

[54] Cf. SUSAN M. SHELL, Kant's Concept of Human Dignity as a Resource for Bioethics, p. 346.

[55] Cf. PETER SINGER, The Concept of Moral Standing, in A. CAPLAN e D. CALLAHAN, *Ethics in Hard Times*, Nova Iorque, 1981, p. 43.

[56] Cf. JEREMY WALDRON, *One Another's Equals: The Basis of Human Equality*, cit., p. 250.

[57] Como argumenta HABERMAS, *O Futuro da Natureza Humana. A Caminho de uma Eugenia Liberal*, Coimbra, 2006, p. 73; para uma crítica deste entendimento, cf. MIGUEL NOGUEIRA DE BRITO, O Conceito Constitucional de Dignidade Humana entre o Absoluto e a Ponderação: O Caso da Reprodução Humana, p. 173

[58] Cf. ANNE PHILLIPS, *The Politics of the Human*, p. 121.

dinâmica, e não meramente estática, deste princípio. Antes de mais, a dimensão económica, na medida em que sejam quais forem os objetivos da investigação científica em embriões e das técnicas de procriação artificial o seu desenvolvimento irá certamente agravar a condição de todos aqueles que não tem acesso aos seus resultados. Nessa medida, a procriação artificial surge certamente como mais um fator a considerar no domínio da justiça social.

A dimensão económica não é, todavia, a única que está em causa quando se entende a dignidade como igual valor do humano. Na realidade, mesmo pressupondo a possibilidade de resolver o problema económico do acesso aos benefícios da genética humana, deixar-se-ia de fora uma outra dimensão de igualdade também importante. A desigualdade aqui em vista não seria apenas a desigualdade entre os que têm recursos e os que não os têm; seria ainda a desigualdade entre aqueles cujos genes foram objeto de algum melhoramento e aqueles que não tiveram, ou mesmo não quiseram ter, tal possibilidade. Ora, as presentes desigualdades de recursos materiais não são, apesar de tudo (ou não têm de ser), inteiramente autoperpetuantes, como sucederia com as desigualdades decorrentes de melhoramentos genéticos[59]. Trata-se, de resto, de uma desigualdade não apenas considerada num determinado momento temporal, mas na própria dinâmica de renovação das gerações. São aqui diretamente relevantes as considerações anteriormente tecidas, com base no pensamento de Hannah Arendt e Anne Phillips, sobre a opção de construir uma comunidade política assente, ou não, na igualdade dos seus membros como um valor essencial.

Aliás, este último aspeto permite-nos compreender ainda uma terceira dimensão de desigualdade aqui envolvida. Sabe-se hoje que um grande número de países promove o recurso a técnicas de procriação artificial, como o DGPI, tendo em vista a determinação do sexo da criança a nascer[60]. A genética pode, certamente, ser encarada como arma de um poder político que atue fora dos limites do direito, mas também como arma em mão de poderes privados globais que não são responsáveis perante nenhuma comunidade política. Estas três dimensões, económica, pessoal e política

[59] Cf. Charles Rubin, *Eclipse of Man: Human Extinction and the Meaning of Progress*, Nova Iorque e Londres, 2014, p. 127.

[60] Cf. Monique Canto-Sperber / René Frydman, *Naissance et Liberté: La Procréation. Quelles Limites?*, Paris, 2008, p. 122.

da igualdade no âmbito da bioética conduzem certamente a excluir, com base na violação da dignidade humana, qualquer tipo de investigação científica sobre os embriões humanos que não vise detetar e tratar uma patologia claramente identificável como tal.

5. Dignidade humana e igualdade na procriação artificial

As considerações anteriores visaram esclarecer o fundamento do conceito jurídico-constitucional da dignidade humana, sustentando a sua natureza de princípio objetivo e objeto de um direito a um tratamento de acordo com a dignidade humana reconhecido a todas as pessoas. Em que medida pode esta natureza, revelada na aproximação entre os conceitos constitucionais de dignidade humana e de igualdade, ser útil na avaliação da argumentação desenvolvida pelo Tribunal no seu Acórdão nº 101/2009?

A este respeito, as questões mais problemáticas são, sem dúvida, as respeitantes à investigação científica com recurso a embriões e à criação de embriões excedentários. As considerações anteriores levam-me agora a salientar dois aspetos essenciais: por um lado, a ideia de que a abertura mostrada pelo Tribunal em matéria de investigação científica sobre embriões e de criação de embriões excedentários radica, em última análise, na falta de uma posição clara na sua argumentação quanto ao conteúdo do conceito de dignidade humana; por outro lado, a ideia de que essa mesma abertura contraria a ideia de dignidade como valor igual do humano que aqui procurei desenvolver.

Começando por este último aspeto, cabe antes de mais recordar a posição do Tribunal sobre as mencionadas questões. Em síntese, o Tribunal entendeu, no Acórdão nº 101/2009, ser constitucionalmente legítimo que a fertilização *in vitro* dê lugar à criação dos embriões em número considerado necessário para o êxito do processo, sem limitação. Para além disso, considerou igualmente legítima a utilização em experimentação científica dos embriões cujo destino alternativo seria a destruição, uma vez que tem de estar afastada a possibilidade de os envolver num projeto parental, devendo em tal caso a experimentação ser apenas admissível para finalidades terapêuticas, de prevenção ou diagnóstico em termos de poder contribuir para o progresso do conhecimento científico, com probabilidade até de se vir a obter um benefício para a espécie humana.

Embora limite a investigação científica a finalidades terapêuticas, o Tribunal faz depender estas, em última análise, da medida em que possam contribuir para o benefício da humanidade, em vez de exigir que a investigação científica sirva o propósito de tratar uma patologia claramente identificada. Este relativo cheque em branco à investigação científica sobre embriões mostra-se suscetível de pôr em causa o conceito constitucional de dignidade, desde logo na compreensão do mesmo que aqui se defendeu[61].

Aquilo que verdadeiramente importa mencionar, todavia, prende-se com as implicações da ausência de uma opção clara, na argumentação desenvolvida pelo Tribunal, sobre o conteúdo da dignidade humana como princípio constitucional, independentemente de esse conteúdo ser conformado nos termos da proposta que aqui procurei expor. O risco que aqui se corre é efetivamente, regressando ao voto de vencido da Conselheira Maria Lúcia Amaral, o de que «*as decisões centrais relativas ao surgimento da vida, e à resolução dos conflitos de interesses que delas possam emergir, deverão ser reguladas apenas, e livremente, pelo legislador ordinário que, num espaço vazio de constitucionalidade, não contará com mais nada para além de si próprio para poder acompanhar e ordenar a ciência e a técnica*»[62]. Na medida em que o Tribunal Constitucional não forneça indicações claras sobre o conteúdo do conceito de dignidade, muito dificilmente o legislador o virá a fazer. Mais grave do que tenha dito sobre o conceito de dignidade humana é, pois, aquilo que não disse.

Lisboa, dezembro de 2017

[61] A consideração da dimensão dinâmica atrás mencionada é dificultada pelo entendimento do Tribunal de que a igualdade não opera diacronicamente: cf., a este propósito, o Acórdão nº 407/2010.

[62] Cf. a declaração de voto da Conselheira MARIA LÚCIA AMARAL no Acórdão nº 101/2009.

V

DIGNIDADE E MORTE

"(...) the Appellant's Mind and her Forceful Clarity «is All that Marie has left»". Sobre a Dignidade, a Autonomia e a Moral a propósito do Caso *Fleming* v. *Ireland*

PEDRO MONIZ LOPES*

"(...) and if one is to express the great inevitable defeat that awaits us all, it must be done within the strict confines of dignity and beauty."[1]

1. *"In conclusion, for the reasons given, the Court would dismiss the appeal of the appellant in this very tragic case"*[2]

Em Abril de 2013, o *Supreme Court* da República da Irlanda tinha perante si a obrigação de decidir um recurso apresentado por Marie Fleming, paciente diagnosticada com esclerose múltipla em fase terminal, com um quadro clínico de sofrimento extremo e comprovadamente incapaz de, pelos seus próprios meios, terminar a própria vida[3]. A pretensão de Marie

* Professor Auxiliar da Faculdade de Direito da Universidade de Lisboa. Investigador Principal do CIDP – Centro de Investigação de Direito Público.

[1] LEONARD COHEN, *Discurso de aceitação do prémio «Príncipe das Astúrias»* (Oviedo, 21/11/2011).

[2] Acórdão do *Supreme Court of Ireland*, de 29/04/2013, [2013] IESC 19, Appeal No. 019/2013, para. 166.

[3] Como resulta dos *findings*, os factos relevantes do caso eram, em síntese, os seguintes: *(i)* Marie Fleming tinha 59 anos e vivia com o seu parceiro, Tom Curran, tendo dois filhos de anterior casamento; *(ii)* em 1986, aos 32 anos, experienciou o primeiro episódio de esclerose múltipla, tendo o diagnóstico sido realizado em 1989; *(iii)* a esclerose múltipla é uma doença inflamatória auto-imune, causadora de défices neurológicos que seguem um padrão recidivante; a generalidade dos pacientes sofre inicialmente défices neurológicos de curso prazo e, para

alguns, a doença evolui para deterioração neurológica progressiva e eventualmente morte; apesar de existir medicação que pode modificar o progresso da doença nas fases iniciais, não existem medicamentos que tratem as fases avançadas e não existe cura; *(iv)* na escala EDSS (*Expanded Disability Status Scale*), usada para descrever o progresso da esclerose múltipla, Marie Fleming foi descrita por um especialista (Prof. Tubridy) como *8.5*, o que significa que a pessoa se encontra confinada à cama na maioria do dia, apenas com algum uso efectivo dos braços e algumas funções de autonomia; Marie Fleming entendia, porém, que a sua condição se havia deteriorado desde o diagnóstico realizado e se encontrava, no momento da interposição do recurso, na melhor das hipóteses, no ponto *9* e possivelmente *9.5* na escala de EDSS (*i.e.*, dificuldade em falar e engolir); o único ponto seguinte é o *10*, representativo de morte; *(v)* Marie Fleming demonstrou não ter controlo de cadeira de rodas elétrica, não ter controlo da função urinária e necessitar de auxílio para ser alimentada, vestida, para a higiene básica e, também, para ser reposicionada na cadeira de rodas; também demonstrou experienciar frequentemente episódios de sufocamento – quer quando ingeria líquidos, quer quando não os ingeria – os quais eram, para a própria, assustadores e angustiantes, deixando-a em estado de verdadeira exaustão; a perda eventual da capacidade de engolir deixava a paciente em risco de aspiração, tornando-a dependente de equipamento médico para efeitos de nutrição; Marie Fleming também demonstrou sofrer frequentemente de dor severa, descrita como *"por vezes quase insuportável"*, decorrente de causas várias (alguma dor era neurológica e outra era causada pelo progressivo enfraquecimento dos músculos e de espasmos); as zonas do corpo nas quais Marie Fleming experienciava dor extrema eram a cabeça, olhos, têmporas, pescoço, costas, braços, mãos, ancas e pernas; a paciente alegou que tomava a máxima dosagem de analgésicos possível e que qualquer acréscimo medicamentoso a colocaria em estado comatoso ou diminuiria, ainda mais, a sua qualidade de vida; a medicação diária de Marie Fleming não tratava a sua condição, limitando-se a controlar, dentro do possível, os sintomas; implicava, contudo, efeitos secundários como boca seca, palpitações cardíacas, sonolência e náuseas; *(vi)* a doença não tinha, todavia, afectado as funções cognitivas da paciente; Marie Fleming foi descrita por um especialista (Dr. O'Farrell) como mantendo a sua capacidade de querer e entender; foi igualmente informada de que inexistia qualquer doença do foro psicológico que afectasse – ou viesse, com probabilidade, a afectar no futuro – a sua capacidade decisória; segundo o especialista, a mente da paciente e a sua clarividência convincente "*é tudo o que resta a Marie*"; *(vii)* ainda que Marie Fleming tivesse considerado viajar para a Suíça, cinco anos antes do início do processo, para procurar os serviços de auxílio ao suicídio oferecidos pela clínica *Dignitas*, a paciente adiou a decisão devido ao desejo do seu parceiro e à localização da clínica; afirmava, agora, peremptoriamente que poria termo à própria vida se tivesse condições físicas para tal e que se arrependia de não o ter feito antes de perder o uso dos seus braços; afirmava, também, que vivia então com pouca ou nenhuma dignidade, aterrorizada pelo pensamento de ainda poder persistir meses sem capacidade de comunicar, em dor e isolamento, com plena consciência ou, em alternativa, fortemente sedada ao ponto da inconsciência.

Resultou ainda da prova produzida pela Recorrente o seguinte: Marie Fleming teve sete distintos cuidadores e debateu-se, diariamente, com a miríade de problemas acima descritos. Este estado de coisas deixou-a com a sensação, por si descrita, de "*total perda de dignidade*". Teve sempre grande dificuldade em manter a cabeça levantada e teve dores constantes nos ombros, ancas e articulações. A paciente sentiu – tendo perfeita noção disso – que a sua condição

Fleming, previamente apresentada perante o *High Court* e aí indeferida, era a de obter uma *order* nos termos da qual se reconhecesse não dever recair responsabilidade criminal sobre quem a assistisse, nas condições em que se encontrava, a cometer suicídio. Em particular peticionava a formulação de um juízo de inconstitucionalidade da *section 2 (2)* do *Criminal Law (Suicide) Act 1993*, nos termos do qual preenche um ilícito criminal, punível até 14 anos de prisão, qualquer conduta particular subsumida à acção genérica "*auxiliar, encorajar, aconselhar ou praticar actos tendentes ao suicídio ou tentativa de suicídio de terceiros*"[4/5]. O fundamento da inconstitucionalidade

se deteriorava progressivamente mas que a medicação para alívio da dor se encontrava na dosagem máxima possível (qualquer acréscimo causaria um estado comatoso). Marie Fleming tomava diariamente, à data da interposição do recurso, 22 tipos de medicamentos distintos; o seu desejo e pedido ao Tribunal era que a ajudasse a ter uma "*morte digna nos braços do seu parceiro e com os seus filhos presentes*". Todavia, não pretendia a Recorrente que, para tal, o seu parceiro ou os seus filhos pudessem ser criminalmente acusados. O seu parceiro Tom Curran, apesar de disposto a ajudá-la, apenas o faria se essa acção fosse "*legal*". Marie Fleming afirmou também que não pretendia morrer de modo idêntico a outros pacientes de esclerose múltipla (de fome e sede, na fase final de tratamento). Acreditava que, com assistência, podia auto-administrar gás através de uma máscara facial. Em alternativa, se para tal contasse com ajuda médica, uma cânula poderia ser colocada no seu braço, viabilizando uma injecção letal. Afirmou perante o Tribunal de Primeira Instância (*High Court*) ter-se confrontado com todos e quaisquer medos que pudesse ter tido da morte no passado e que se encontrava pacificada com o mundo. Afirmou, também, ter organizado o próprio funeral, de modo a incluir um caixão de vime e acompanhamento musical de *jazz*. Mais afirmou nada ter a esconder e que, no caso de se entender ser necessário que uma pessoa independente validasse os passos necessários para o seu desejo, nada teria a opor. Reafirmou que cuidados paliativos não eram, para si, uma opção aceitável. Doses em massa de analgésicos poderiam aliviar os sintomas mas, na sua visão, deixá-la-iam num estado comatoso que a própria simplesmente não desejava.

[4] No original "*aid, abet, counsel, or procure the suicide or attempted suicide of another*". O citado pedido da Recorrente também compreendia a emissão de uma *order* declarando que a citada disposição legal contrariava a obrigação do Estado nos termos da Convenção Europeia dos Direitos do Homem. Inicialmente, Marie Fleming pretendia, perante o *High Court*, também a emissão de uma *order* dirigida ao *Director of Public Prossecutions*, em período razoável a definir pelo Tribunal, intimando-o a aprovar directrizes definitórias dos factores a ter em conta na decisão, nos termos da *section 2 (4)* do *Criminal Law (Suicide) Act 1993*, sobre acusar ou permitir a acusação de qualquer sujeito que eventualmente assistisse a recorrente em por fim à sua própria vida. Tendo-lhe sido negada, também, esta pretensão em primeira instância, não viria, ao contrário da anteriormente descrita, a subsistir em recurso.

[5] Muito embora os distintos termos em que se formula no direito irlandês, o pedido de juízo de inconstitucionalidade assemelhava-se ao que comummente se designa uma inconstitucionalidade parcial qualitativa. Por outras palavras, a Recorrente peticionava um juízo de inconstitucionalidade, a formular pelo *Supreme Court*, da disposição legal citada

invocado prendia-se com o disposto no artigo 40.3 da Constituição irlandesa de 1937, nos termos do qual *"o Estado garante, pelas suas leis, respeitar e (...) defender e fazer prevalecer os direitos pessoais dos cidadãos (...) o Estado deverá, em particular, pelas suas leis proteger na melhor medida possível* [os cidadãos] *de ataques injustos e, no caso de injustiças realizadas, fazer prevalecer a vida, os direitos de personalidade, bom nome e propriedade de qualquer cidadão"*[6].

Nas *written submissions* perante o *Supreme Court,* Marie *Fleming deixou claro que "nenhuma parte da sua acção poderia ser interpretada como uma pretensão de legalização da eutanásia ou qualquer forma de declaração de legalidade a respeito de uma pessoa matar outra"*[7]. A Recorrente expressou, entre outros argumentos, que a Constituição irlandesa e a Convenção Europeia dos Direitos do Homem conferiam autonomia aos sujeitos a respeito das suas escolhas fundamentais de vida (as *"core life choices"*) e que o seu direito à integridade corporal também aí se compreendia. Sustentou que a *"liberdade"* de um sujeito em decidir terminar a própria vida *já existia* no caso de um adulto, capaz de querer e entender, em fase terminal de doença, que experiencia dor que o próprio percepciona como *"insuportável"*, como parte de um direito fundamental à autonomia, integridade física e autodeterminação, na medida em que essa pessoa *"pode escolher morrer"*[8]. Frustar essa decisão legítima e

quando interpretada como aplicável a um caso do género do seu (*i.e.*, um paciente terminal, num quadro clínico extremo e com capacidade de querer e entender, em risco de perda de sentidos e isolamento consciente, disposto a por termo à própria vida sem as condições físicas necessárias para tal e, portanto, necessitado de auxílio externo para o efeito). Sobre este tipo de sentenças, entre outros, cfr. P. Moniz Lopes, *Sobre as sentenças de inconstitucionalidade parcial qualitativa: enunciados constitucionais de preferencia,* in C. Blanco de Morais (Coord.), *As sentenças intermédias da justiça constitucional,* Lisboa, AAFDL, 2009, pp. 477-577.

[6] No original *"the State guarantees in its laws to respect, and...to defend and vindicate the personal rights of the citizen' and that the State shall, in particular, by its laws protect as best it may from unjust attack and, in the case of injustice done, vindicate the life, person, good name and property rights of every citizen"*. O verbo *"vindicate"* é aqui traduzido por *"fazer prevalecer"*, entendendo-se que o literal *"vindicar"* não atende ao seu específico sentido na língua portuguesa.

[7] Fleming v Ireland [2013], IESC 19, para. 23.

[8] Fleming v Ireland [2013], IESC 19, para. 109. Refira-se que, em 29 de Novembro de 2001, a *House of Lords* rejeitou a pretensão de Diane Pretty (que sofria de uma doença degenerativa incurável denominada *"motor neuron disease"*) no sentido de obter uma *order* segundo a qual o *Director of Public Prosecutions* lhe desse, bem como ao marido, prévia garantia de que este último não seria acusado nos termos da *section 2(1) of the Suicide Act 1961,* no caso de a assistir no cometimento de suicídio, algures num futuro não muito distante, quando a própria lhe comunicasse inequivocamente a vontade de morrer mas se encontrasse, em virtude das suas condições físicas, incapaz de o realizar sem a assistência de terceiros. O Tribunal Europeu dos

racional equivalia, na visão sustentada pela Recorrente, a frustrar um exercício importante de independência e autodeterminação. Nessa medida, a *section 2 (2)* do Criminal Law (Suicide) Act 1993 seria *"desproporcional"* se não fosse interpretada como acomodando esta limitada excepção[9].

A Recorrente pretendia, portanto, ser colocada nas mesmas circunstâncias fácticas, para efeitos da realização da conduta de por termo à própria vida, que qualquer sujeito não gravemente debilitado e fisicamente limitado. Nessa medida, o argumento da proibição de discriminação, implicada no artigo 40.1 da Constituição irlandesa, foi igualmente invocado face à *neutralidade generalizadora* – *i.e.*, a insusceptibilidade de acomodar as ditas *excepções implícitas* – do disposto na citada disposição legal[10]. Em suma, os argumentos de Marie Fleming orientavam-se, em exclusivo, à sustentação da tese segundo a qual pessoas que experienciam dor severa por causa de doença degenerativa terminal, perfeitamente capazes de expressar os seus desejos, não deverem ser impedidas, por disposições legais de direito penal (ou por proibições primárias pressupostas por aquelas) de receber assistência de outrem, tendo por fim terminar a sua própria vida.

Direitos do Homem confirmou que a proibição *sem excepções* da realização de assistência ao suicídio, mesmo a ponto de impedir indirectamente uma pessoa nas condições de Diane Pretty de cometer suicídio, era *compatível* com as obrigações do Reino Unido para com Diane Pretty nos termos previstos na Convenção Europeia do Direitos do Homem (*"A própria essência da Convenção é o respeito pela dignidade e liberdades humanas. Sem que tal, sob qualquer perspectiva, negue o princípio da santidade da vida protegido pela Convenção (...) A recorrente encontra-se legalmente proibida de exercer a sua escolha de evitar o que ela própria considera um final de vida indigno e angustiante. O Tribunal não está em condições de excluir que tal constitua uma interferência no seu direito à reserva da vida privada, tal como garantido pelo artigo 8 (1) da Convenção"*). Sobre esta decisão, admitindo que a atribuição de um âmbito de protecção superior à autonomia pessoal no âmbito da CEDH, estendendo-o à *"escolha de morrer"* e associado aos efeitos particularmente onerosos do direito interno britânico sobre pessoas como Diane Pretty, carecidos de *"justificação particular e separada"*, poderia levar a uma decisão distinta, cfr. A. Pedain, *The Human Rights Dimension of the Diane Pretty Case*, in *The Cambridge Law Journal*, 62 (1), 2003, 181-206. Note-se que o caso Pretty v. United Kingdom, (Application No. 2346/02) é citado, entre outros, em Fleming v Ireland [2013], IESC 19, paras. 144 ss.

[9] Fleming v Ireland [2013], IESC 19, para. 23.

[10] Fleming v Ireland [2013], IESC 19, para. 24. O suicídio foi descriminalizado na República da Irlanda em 1993, pelo para. 2(1) do citado *Act of 1993* (*"Suicide shall cease to be a crime"*). O próprio *Supreme Court* alude, nas páginas iniciais da decisão, às centenas de anos em que o suicídio fora considerado crime – considerado *"auto-homicídio"* – com penas severas aplicadas, não ao próprio (por motivos óbvios) mas aquando das suas cerimónias fúnebres ou a respeito das suas propriedades.

O *Supreme Court* rejeitou a pretensão de Marie Fleming. Não o fez sem antes expressar que *"nenhuma parte desta decisão pode ser entendida como implicando necessariamente que o Estado não tenha a possibilidade de, na hipótese de os Oireachtas* [órgão legislativo da República da Irlanda] *se terem por satisfeitos com medidas com cautelas apropriadas, legislar a respeito de casos como o da Recorrente"*[11]. O Tribunal entendeu, então, que os factos do caso diziam respeito à *"identificação de direitos e deveres correlativos"*. Caracterizou a pretensão de Marie Fleming como sustentada na invocação de que o seu *"direito constitucional à vida"* implicava um *"direito constitucional a cometer suicídio, a determinar o tempo e método da própria morte e ter assistência no exercício desse direito"*[12]. Contrapôs que o *"direito cujo âmbito se estenda a colocar termo à vida deve (...) necessariamente estender-se a um direito a ter a sua vida terminada por outrem, em caso de total incapacidade"*, pelo que *"o conceito de autonomia que se estenda não apenas a uma faculdade* («entitlement»)*, mas a um direito forte* («positive right») *a terminar a vida e ter assistência para esse efeito, implicaria necessariamente uma área de decisão muito extensa a respeito da conduta, a qual, pelo menos* prima facie, *ultrapassa a regulação estatal"*[13]. Concluiu, então, que este direito que a Recorrente invoca implicaria *"deveres correlativos a impender sobre o Estado no sentido de o defender e fazer prevalecer"*. Esses deveres *"mais do que a consequência lógica do direito* [à vida, na vertente do seu exercício negativo]", seriam *"a sua própria antítese"*.[14] Por conseguinte, o *Supreme Court* sustentou que *"não existe direito constitucional* [fundamental] *que o Estado, incluindo os Tribunais, deva proteger e fazer prevalecer, quer a cometer suicídio, quer a assistir outrem no acto de por termo à vida daquele no momento por si escolhido"*[15].

2. *"(...) the appellant laid the foundation of her case on the express right to life (...). However, that right to life does not import a right to die"*[16]

O caso *Fleming v. Ireland* abre espaço a inúmeras discussões, de variados tipos, naturalmente inabarcáveis neste contexto. Desde logo, a maté-

[11] Fleming v Ireland [2013], IESC 19, para. 108.
[12] Fleming v Ireland [2013], IESC 19, paras. 102, 115.
[13] Fleming v Ireland [2013], IESC 19, para. 113.
[14] Fleming v Ireland [2013], IESC 19, para. 113.
[15] Fleming v Ireland [2013], IESC 19, para. 114.
[16] Fleming v Ireland [2013], IESC 19, para. 104.

ria em causa suscita complexos problemas de discricionariedade judicial, epistémica e probatória. A esse aspecto associa-se, também, o facto de o particular direito fundamental invocado encerrar especificidades em matéria de renúncia.

Estar vivo é um estado de coisas que se inicia *pari passu* com a susceptibilidade de ser titular de direitos e deveres, algo que *permanece* até terminar com a insusceptibilidade de o ser. É duvidoso que ao estado de coisas *estar vivo* se possa associar a conduta *viver.* Naturalmente que várias condutas humanas são condição necessária de *viver.* A omissão de outras – atentatórias contra a própria vida – também. Todavia, do ponto de vista da filosofia da acção, não é claro que *viver* possa ser qualificado como uma conduta (*e.g.* que opere de um modo *ça va de soi* desde o momento em que se ganha vida)[17]. Ainda que seja matéria teoricamente relevante, dado que se costuma entender que todas as normas compreendem necessariamente *acções hipotéticas* reguladas e *estados de coisas que as contextualizam*, não é assunto que agora se desenvolva. O ponto é que, de modo distinto do que ocorre na tradicional divisão a respeito da generalidade dos direitos fundamentais, no direito à vida não parece caber separação entre renúncia ao exercício e à titularidade[18]. Qualquer renúncia ao exercício da faculdade compreendida naquele direito compreende *ipso facto* a renúncia à titularidade, dado que a primeira leva implicada a impossibilidade de ser titular de direitos *tout court*[19].

[17] Pese os desentendimentos interpretativos profundos conhecidos a este respeito, em particular a respeito do *início de vida*. Retoma-se adiante a questão sobre outros conceitos (incluindo "dignidade"). Distintamente, sustentando um conceito constitucional unívoco de vida, deduzido do conceito constitucional de pessoa humana (*"pessoa humana é todo o ser humano, desde a concepção"*), ambos respeitantes à Constituição portuguesa, cfr. P. Otero, *Instituições Políticas e Constitucionais,* vol. I, 2ª reimp. de 2007, Coimbra, 2016, p. 550. Uma visão particularmente distinta pode ser vista em R. Dworkin, *Life's Dominion – An Argument about Abortion, Euthanasia and Individual Freedom,* New York, 1993, pp. 11 ss.

[18] Sobre as distinções entre renúncia a exercício e renúncia a titularidade de direitos fundamentais, em geral, cfr. J. Reis Novais, *A Renúncia a Direitos Fundamentais* in *Perspectivas Constitucionais – Nos 20 Anos da Constituição de 1976,* vol I, Coimbra, 1996, p. 277. Sustentando que a diferenciação se mantém relevante, Idem, *Direitos fundamentais: Trunfos contra a maioria*, Coimbra, 2006, p. 231.

[19] Não é líquido que seja concebível que um sujeito renuncie *ex voluntate* a uma posição jurídica conferida por uma norma (autoexcluindo-se do seu âmbito de aplicação) sem que outra norma (de idêntica hierarquia), explícita ou implícita, o permita (*i.e.,* uma norma que

A relevância da vontade, em matéria de suicídio assistido, traz, nessa medida, associadas delicadas análises sob o ponto de vista da avaliação do foro psicológico, por peritos – dentro do espaço de liberdade avaliativa do Tribunal – tendo em vista a comprovação de uma vontade livre e esclarecida por parte do sujeito que manifesta inquestionável vontade de terminar a sua vida. Os problemas adensam-se, aliás, quando se agrupam as categorias de casos – para utilizar a taxonomia de Dworkin – em *(i) conscious and competent, (ii) unconscious* e *(iii) conscious but incompetent* [20/21]. Não se entrará, também, especificamente nas ramificações daqui decorrentes. Como se viu, a dimensão epistémica e probatória não jogou um papel fundamental na decisão do *Supreme Court*, suficientemente convencido da vontade livre e esclarecida de Marie Fleming (*conscious and competent*) em por termo à vida. Não estava em causa a liberdade ou o esclarecimento na manifestação da vontade em por termo à própria vida, mas a *relevância normativa dessa vontade* no contexto da pretensão formulada judicialmente. É questionável, porém, que – tal como interpretado pelo *Supreme Court* – a Recorrente houvesse pedido, sequer, o reconhecimento judicial do "*direito a cometer suicídio*".

preveja a relevância normativa dessa mesma *vontade hipotética*). Agradeço a David Duarte ter-me chamado a atenção para este aspecto.

[20] Cfr. R. Dworkin, *Life's Dominion*, cit., pp. 183 ss, 186 ss., 189 ss. Com a crítica de que a dignidade não pode assentar na autonomia, sob pena de não se predicar essa propriedade a incapazes (*e.g.*, pacientes com patologias do foro mental ou outros), cfr. L. Pereira Coutinho, *Human Dignity as Background Idea* in S. Kirste (ed.), *Human Dignity and the Foundation of Law*, Stuttgart, 2013, p. 111. A relevância da vontade hipotética de um sujeito inconsciente (*e.g.*, num estado profundo e irreversível de coma), suficientemente demonstrada através de presunções judiciais, não deixou, porém, de ter sido suporte, em alguns casos, do reconhecimento judicial do direito a morrer. Veja-se, entre outros, os descritos em R. Dworkin, *Life's Dominion*, cit., p. 193 (caso *Nancy Cruzan*, decidido por um *lower Missouri Court*) e V. Villa *Deep Interpretative Disagreements and Theory of Legal Interpretation*, cit., pp. 89 ss. (caso *Eluana Englaro*, decidido pela *Corte di Cassazione*). Voltar-se-á *infra* à crítica do conceito de dignidade como autonomia por, alegadamente, deixar de fora a situação dos designados incapazes.

[21] Corresponde este, aliás, um dos mais problemáticos pontos a respeito da legislação sobre a eutanásia. A aferição da vontade livre e esclarecida implica necessariamente alguém que a afira (um avaliador psiquiatra ou psicólogo), o que, por sua vez, determina que o *circuito da vontade* não seja simples de fechar sem que, *pari passu*, se abra espaço à susceptibilidade de responsabilização do avaliador encarregado de determinar o estado mental necessário à formulação daquela vontade (*i.e.*, como livre e esclarecida).

2.1. *"(...) no part of the appellant's case amounts to a claim for the legalisation of euthanasia or for any form of declaration that it would be lawful for any person to kill another"*[22]

Marie Fleming sustentava que o seu "direito" a viver compreendia logicamente, na dimensão de exercício negativo, o "direito" a por termo à própria vida[23]. O *Supreme Court* entendeu, por sua vez, que o sistema normativo relevante não compreendia o "direito" a por termo à própria vida [*"não existe direito (...) que o Estado, incluindo os Tribunais, deva proteger e fazer prevalecer (...) a cometer suicídio (...)"*][24]. Estava em causa uma discordância a respeito do estatuto deôntico da conduta Ø.

O uso ambíguo da expressão "direito" no discurso jurídico é um dos tópicos mais relevantes em matéria de posições jurídicas[25]. A referência ambivalente a essa expressão trespassa grande parte dos textos respeitantes à matéria em apreço, incluindo os de filosofia moral[26]. Sem entrar nas especificidades dos quadros *hohfeldianos* (incluindo as suas versões melhoradas), pode dizer-se que existem, pelo menos, três sentidos possíveis da expressão "direito" no discurso jurídico. Em primeiro lugar, o "direito" corresponde à relação estabelecida entre os beneficiários reflexos de uma obrigação (*i.e.*, norma impositiva) que impende sobre terceiros a respeito da realização da conduta Ø e esses terceiros (*i.e.*, *direito dos beneficiários em relação a terceiros obrigados*). Em segundo lugar, o "direito" corresponde à faculdade compreendida norma permissiva (dita *permissão forte*) em benefício de uma categoria de destinatários, a respeito da realização da conduta

[22] Fleming v Ireland [2013], IESC 19, para. 23.

[23] Fleming v Ireland [2013], IESC 19, para. 109.

[24] Fleming v Ireland [2013], IESC 19, para. 114.

[25] A temática foi tornada célebre por W. H. HOHFELD em *Fundamental Legal Conceptions as Applied in Judicial Reasoning*, in Yale L. J., 1917, nº 26, pp. 710 e ss. Para um entendimento distinto do quadro *hohfeldiano*, precisamente tendo o caso *Fleming v Ireland* como pano de fundo, cfr. L. DUARTE D' ALMEIDA, *Fundamental Legal Concepts: The Hohfeldian Framework*, Philosophy Compass 11/10, 2016, pp. 554-569.

[26] Basta pensar na polémica a respeito de saber se *"atribuir um direito jurídico ao suicídio assistido nessas circunstâncias limitadas [e.g., de dor extrema terminal] vale os riscos reais associados a oferecer este* direito *a toda a gente (...)"*. Cfr. J. GENTZLER, *What is a death with dignity?* in *Journal of Medicine and Philosophy,* 2003, Vol. 28, No. 4, pp. 461–487. Cfr., também, J.M. ARRAS, *Physician-assisted suicide: a tragic view,* in M. BATTIN / R. RHODES / A. SILVERS (Eds.), *Physician-assisted suicide: expanding the debate,* New York: Routledge, pp. 279–300.

Ø, e na relação estabelecida entre os destinatários dessa norma e todos os demais. Por último, o "direito" corresponde à interpretação que determinados sujeitos podem, ou não, fazer da inexistência, no sistema relevante, de norma impositiva ou proibitiva da conduta Ø. Neste último caso, está em causa a interpretação da inexistência de imposição ou proibição a respeito da conduta Ø como uma norma permissiva (dita *permissão fraca*)[27].

O "direito" ancorado na relação estabelecida entre o beneficiário reflexo de uma obrigação impendente sobre terceiros e esses mesmos terceiros (dito *direito-pretensão*, no original *"claim-right"*) traz, naturalmente, associado um dever correlativo dos referidos terceiros (*i.e.*, os *destinatários directos* da norma). Por exemplo, a existência do direito ao subsídio de desemprego, em determinadas condições, implica correlativamente a existência do dever estatal (dirigido a um destinatário ou a uma categoria de destinatários) de prestação do referido subsídio naquelas condições. Não é logicamente concebível afirmar com verdade a proposição acerca da existência daquele direito-pretensão num dado sistema jurídico sem afirmar a verdade da proposição acerca da existência do dever correlativo e vice-versa.

Distintamente, o "direito" resultante da relação estabelecida entre o destinatário de uma *permissão forte* (*e.g.*, uma norma que permita a liberdade de criação artística) e todos os demais traduz, para terceiros, uma proibição de interferência na realização da conduta permitida (dita *liberdade*, no original *"privilege"* ou *"liberty"*), dado que é estabelecido um *perímetro de protecção* que faculta ao destinatário a realização da referida conduta *"expressar-se artisticamente"* (*i.e.*, *prima facie*, sem prejuízo de potenciais conflitos normativos)[28].

Por último, o "direito" ancorado numa *permissão fraca* não parece trazer associado qualquer dever correlativo. Quando se afirma que uma categoria de sujeitos tem o "direito" a vestir uma camisola azul às quartas-feiras

[27] Sobre a distinção entre permissões fortes e fracas, entre outros, cfr. G. H. von Wright, *Norm and Action*, New York: The Humanities Press, 1963, p. 86; P. E. Navarro / J. L. Rodríguez, *Deontic Logic and Legal Systems*, Cambridge Introductions to Philosophy of Law, p. 165 ss. Sustentou-se a força *gradual* das permissões em P. Moniz Lopes, *Implicazioni derivanti dalla Genericità nella (In)consistenza e nella (In)completezza dei Sistemi Giuridici* (em curso de publicação). Não se entrará aqui, porém, nessa específica questão.

[28] Sobre a discussão acerca deste perímetro de protecção, cfr. A. Spena, *The Strange Case of the Protective Perimeter: Liberties and Claims to Non-Interference* in *L&P* 31 (2012), pp. 161–184. Criticamente, aludindo à posição de H.L.A. Hart, cfr. L. Duarte D' Almeida, *Fundamental Legal Concepts: The Hohfeldian Framework*, cit., p. 557, Nota 9.

(supondo-se que a conduta não é regulada no sistema jurídico relevante), usualmente pretende-se afirmar que inexiste norma proibitiva nos termos da qual aquela categoria de sujeitos *não pode* realizar aquela conduta. O sujeito é *livre* de realizar a conduta mas essa liberdade, por si só, não traduz qualquer dever de abstenção de interferência associado, que impenda sobre terceiros – excepto se o sistema relevante compreender norma específica a esse respeito – nem *ex definitione* qualquer perímetro de protecção[29].

As normas permissivas são relevantes para os destinatários do sistema normativo. Servem, nomeadamente, para: *(i)* cancelar uma proibição, *(ii)* exceptuar uma proibição, *(iii)* aclarar que um determinado caso não está compreendido numa proibição ou *(iv)* introduzir indirectamente uma proibição[30]. Como todas as normas, as normas permissivas podem ou não existir num dado sistema normativo. Não existindo em razão da sua expressa positivação no sistema, podem ainda existir, em determinados casos, em razão de inferências lógicas (*e.g.*, com base na inferência *a contrario*). Sucede que, como se sabe, a inferência lógica de *todas* as permissões a partir de normas proibitivas, em sistemas normativos que não sejam fechados por normas de clausura, é uma ficção. É logicamente inconsistente o dito *princípio da permissão* sustentado pelo primeiro Kelsen, nos termos do qual a inexistência de norma proibitiva sobre a conduta Ø equivale necessariamente à *permissão forte* da realização da conduta Ø[31].

No "trilema de Bulygin", se o princípio "para todo e qualquer sistema normativo é necessariamente verdadeiro o enunciado que estipula que tudo o que não está proibido, está permitido" for uma norma jurídica, então a sua existência é contingente (*i.e.*, nenhuma norma é *necessária*, dado que

[29] Expressamente neste sentido, apesar de a questão ainda ser, hoje em dia, relativamente obscura, L. Duarte d' Almeida, *Fundamental Legal Concepts: The Hohfeldian Framework*, cit., pp. 556-557 e Nota 8. A analogia utilizada respeita à posição relativa de dois pugilistas num combate de boxe. Cada um dos pugilistas tem a *liberdade* de atingir o outro, no quadro das regras do jogo, mas nenhum tem um *direito-pretensão* a não ser atingido (ou sequer um *perímetro de protecção* decorrente de uma norma permissiva expressa) porque nenhum dos dois tem o *dever* de não atingir o outro.

[30] Cfr. J. R. Manero, *Algunas Concepciones del Derecho y sus Lagunas*, in *Lagunas en el Derecho*, F. Atria/E. Bulygin/J.J. Moreso/P. Navarro/J.L. Rodriguez/J.R. Manero (Eds.), Marcial Pons, Madrid, p. 119.

[31] Não existe, portanto, uma clausura necessária dos sistemas normativos, ao contrário do também sustentado por Raz (na dita *Lei de Raz*) em J. Raz, *The Authority of Law*, Oxford, 2ª ed., 2009, p. 53-77, em especial pp. 70-77.

o direito é produto de um *acto humano*). O princípio corresponde à própria norma enunciada e não a uma descrição da mesma e, consequentemente, pressupõe a sua existência e validade *num dado sistema normativo* (ou sub-sistema), algo que é empiricamente verificável[32]. Todavia, se o dito princípio corresponde a uma proposição normativa relativa a uma *permissão no sentido fraco* (*não proibido*), então deste resulta uma verdade analítica, todavia trivial. "O que não está proibido não está proibido", pelo que a inexistência de proibição da conduta Ø significa, por aplicação do princípio da identidade, isso mesmo e nada mais. Por último, se o princípio corresponde a uma proposição normativa relativa a uma *permissão no sentido forte* (*positivamente permitido*), então é também contingente, dado que da ausência de uma norma proibitiva não se infere logicamente a existência de uma norma permissiva[33].

Os termos relativamente pacíficos em que se nega o princípio da permissão não resolvem, contudo, as consequências normativas associadas ao *silêncio* a respeito do estatuto deôntico uma dada conduta Ø. Relembre-se que Marie Fleming invocava a *liberdade* de escolher morrer, muito embora o sistema relevante não compreendesse norma específica a esse respeito. Está em causa a aferição das propriedades pragmáticas do acto de *omitir a produção de enunciados*. Soeteman entende que, da perspectiva do emissor (autoridade normativa), o silêncio não tem sempre idêntico valor. Ou a autoridade normativa não proibiu a conduta Ø porque a categoria de casos não foi sequer considerada (*silêncio fraco*) ou não proibiu a conduta Ø porque, tendo considerado a categoria de casos, optou por não a regular explicitamente (*silêncio forte*)[34]. O problema é, já se sabe, o de saber quando é esse o caso, que implica uma especulação, por parte do destinatário, acerca de a autoridade ter ou não considerado uma categoria de

[32] É o que ocorre a respeito da norma *nulla poena sine lege* na generalidade dos subsistemas de direito penal ocidental, na sua compreensão como *tudo o que não está penalmente proibido, está penalmente permitido*. Sobre os vários sentidos da norma *nulla poena sine lege*, cfr. A. SOETEMAN, *On Legal Gaps*, in E. GARZÓN VALDÉS/W. KRAWIETZ/G. H. VON WRIGHT/R. ZIMMERLING (Eds.), *Normative Systems in Legal and Moral Theory, Festschrift for Carlos E. Alchourrón and Eugenio Bulygin*, Duncker & Humblot, p. 328.

[33] Cfr. E. BULYGIN, *Sobre la Equivalencia Pragmática entre Permiso y no Prohibición* in Dx, Cuadernos de Filosofía del Derecho, 33, 2010, pp. 284 ss.

[34] A força da permissão depende, na visão de Soeteman, sempre da avaliação da hipotética consideração da conduta hipotética pela autoridade normativa (o que é, à falta de elementos empíricos, de demonstração complexa).

casos (excepto, naturalmente, quando haja evidência empírica nesse sentido). É o que, virando-se para a perspectiva dos receptores (destinatários), algo vagamente e sem desenvolver, Soeteman qualifica como *interpretar o sistema normativo*[35].

De um lado, pode afirmar-se que a inexistência de norma proibitiva ou impositiva apenas traduz uma permissão *fraca* enquanto *status deôntico* indefinido da conduta Ø. É o argumento de Bulygin, segundo o qual não há implicação entre a verdade da proposição "todas as condutas estão proibidas ou não proibidas" e a verdade da proposição "todas as condutas estão reguladas pelo direito". Para o efeito, Bulygin afirma que aceitar a verdade da proposição "todas as coisas são azuis ou não azuis" não implica a verdade da proposição "todas as coisas não azuis têm cor"; consequentemente, a verdade da proposição "todas as condutas são proibidas ou não proibidas" não implica a verdade da proposição "todos as condutas não proibidas são reguladas" (caso em que seriam permitidas). O termo "não azul", como o termo "não proibido", são *termos indefinidos*[36]. O sistema normativo é *contingentemente* completo e, em casos de indefinição, é empiricamente verificável a sua incompletude. À inexistência de proibição corresponde uma permissão fraca. A esta, por sua vez, não corresponde necessariamente uma *liberdade* dado que *não proibido realizar a conduta Ø* significa apenas que aquela não é proibida (*i.e.*, caberá ao Juiz decidir discricionariamente).

Do outro, pode entender-se que, sob o ponto de vista pragmático (*i.e.*, do *uso* no discurso jurídico), a inexistência de norma proibitiva ou impositiva equivale à afirmação de uma *permissão fraca* à qual corresponda uma *liberdade*. É um facto que a permissão não cumpre expressamente a sua função de aclarar que um determinado caso não está compreendido numa proibição. Todavia, sustenta-se a equivalência pragmática, da perspectiva dos receptores (destinatários de normas), entre não proibições e permissões. Por consequência, para efeitos da regulação da conduta Ø, torna-se irrelevante se aquela é objecto de uma permissão forte (*i.e.*, expressamente permitida pelo sistema normativo) ou fraca (*i.e.*, não proibida pelo sistema normativo). Ambas, ao contrário das normas sob modalização obrigató-

[35] *"Se os enunciados de um sistema normativo são silenciosos a respeito de alguma conduta, tal não significa necessariamente que o sistema normativo seja, ele próprio, silencioso"*. A. SOETEMAN, *On Legal Gaps*, cit., p. 327.

[36] Cfr. E. BULYGIN, *Sobre la Equivalencia Pragmática entre Permiso y no Prohibición*, cit., 289.

ria, nada impõem e nada proíbem. Nesta perspectiva, a carência de estatuto deôntico a respeito de uma conduta, por referência a um sistema normativo, não é apenas um caso de indefinição normativa. Dela resulta que nenhuma norma do sistema normativo seja violada com a acção ou omissão de realização da conduta, conservando o sujeito destinatário, em qualquer dos casos, a disponibilidade da mesma[37]. É aquilo a que, *ex definitione,* corresponde uma *liberdade*[38]. Na contingência da inexistência de uma norma de clausura do sistema normativo (*e.g.*, uma norma que cubra a conduta mais genérica hipotizável ou uma proibição excepcional da qual decorra a permissão geral *forte*), a não regulação pelo sistema normativo da conduta Ø equivalerá, nesta visão, pragmaticamente à permissão pelo sistema normativo[39]. Não se nega que o sistema normativo seja *contingentemente* completo. Simplesmente, os sujeitos destinatários tendem a interpretá-lo como completo[40].

[37] Com este argumento, J. R. MANERO sustenta a falta de simetria das condições de justificação da procedência ou improcedência de acções judiciais. Para que a procedência da acção esteja justificada é necessário que, em relação com a conduta do Réu seja *aplicável uma norma que tenha sido violada*. Para que a improcedência da acção esteja justificada, não é necessário que a conduta do Réu constitua um caso de cumprimento (sob normas de obrigação) ou de faculdade (sob normas de permissão): é também suficiente que se trate de uma conduta não regulada. Cfr. J. R. MANERO, *Algunas Concepciones del Derecho y sus Lagunas,* cit., pp. 118ss.

[38] L. DUARTE D'ALMEIDA, *Fundamental Legal Concepts: The Hohfeldian Framework*, cit., p. 556.

[39] RADBRUCH entendia que a ausência de direito (*ein rechtsleerer Raum*) é impossível: quando um sistema normativo é silencioso a respeito de uma conduta, regula negativamente, *negando consequências jurídicas*. G. RADBRUCH, *Rechtsphilosophie,* 6ª Ed., Stuttgart, 1963, p. 298.

[40] Não é desrazoável aceitar que há um diferente impacto no receptor (sujeito1) no caso do enunciado "Ø não está proibido" e no receptor (sujeito2) no caso do enunciado "x não é azul". Situacionalmente, o sujeito1 há de planear realizar Ø, ou estar minimamente interessado em, com uma parcela de informação, saber se pode fazer Ø, por forma a empreender numa alteração de um determinado estado de coisas (numa perspectiva interna) ou, tratando-se de uma descrição, saber se todos os x podem fazer Ø, por forma a empreenderem numa alteração de um determinado estado de coisas (numa perspectiva externa). Já o sujeito2 pode estar interessado em cores mas, simultaneamente, não querer, com essa informação, empreender nada num determinado estado de coisas (*i.e.*, alterá-lo). Em particular na perspectiva interna, o sujeito1 está potencialmente sujeito a uma «pressão normativa» (ou à descrição da mesma) porque "obrigatório Ø" e "proibido Ø" não estão, à partida, fora de questão. Procurando uma resposta à questão do estatuto deôntico de Ø, o sujeito1 sabe à partida que, a existir, aquela será necessariamente "permitido Ø", "proibido Ø" ou "imposto Ø": há, efectivamente, uma pergunta implicada num caso. O sujeito2 não está necessariamente sujeito a pressão alguma: aferir da cor de x não contribui necessariamente para influenciar a sua conduta. E

2.2. *"(...) a freedom to end one's life does exist in the case of a competent terminally ill adult who is enduring suffering that they find to be unbearable"*[41]

Regresse-se, à luz daqueles pressupostos, ao caso *Fleming v Ireland*. Tendo em conta os dados normativos explicitamente elencados na decisão – mas *não os implícitos* na sua prolação, a que se volta adiante – o *"direito"* a por termo à vida corresponderia tão somente a uma *"liberdade"* (permissão fraca). Não correspondia a um direito-pretensão associado a um dever de terceiros, nem a um perímetro de protecção decorrente de norma permissiva expressa. Marie Fleming não se encontrava, segundo o direito aplicável, sob nenhum dever jurídico de não cometer (ou tentar cometer) suicídio, muito embora inexistisse, no sistema normativo relevante, qualquer norma que expressamente permitisse a realização dessa conduta. Dito de outro modo, Marie Fleming não se encontrava, à luz do direito aplicável, sob a obrigação jurídica de estar viva (*i.e.,* nem da obrigação de realizar condutas para esse efeito, nem da obrigação de se abster de comportamentos atentatórios desse estado). Entendia, aliás, que o seu direito-pretensão a estar viva era compatível com a sua *liberdade* de morrer. A premissa referida é, porém e como se viu, questionada pelo Tribunal mesmo na parte qualificada como *"direito ao suicídio"* (*i.e.,* desconsiderando agora a questão de qualquer *dever de assistência àquele fim* por terceiros). Note-se a disjunção em "*o Tribunal conclui que* [no sistema jurídico irlandês] *não há direito fundamental a cometer suicídio* ou *à prática de actos para a determinação do fim da vida de cada um num momento à escolha deste*"[42].

É particularmente interessante que o Tribunal analise a posição jurídica implicada naquele "direito" a partir do *tipo* de direito em causa (*i.e.,* o direito à vida), por oposição à sua estrutura normativa. Com isto faz confluir dois aspectos analiticamente distintos: de um lado, o *(i)* operador deôntico de uma norma (*in casu* o permissivo, sendo incontornável que aqueles *direitos* não se reportam, quanto ao seu titular, a obrigações

saberá, a partir de "x é não azul" que, a ter uma cor, há uma multiplicidade de possibilidades. A vinculação situacional contribui para que o sujeitol possa interpretar a inexistência de norma que proíba Ø como uma norma que permite Ø, dado o silêncio acerca de consequências jurídicas, da perspectiva do sistema normativo, para a realização/omissão de Ø.

[41] Fleming v Ireland [2013], IESC 19, para. 24.

[42] Fleming v Ireland [2013], IESC 19, paras 113 e 137.

ou proibições); do outro, o *(ii)* conteúdo da própria norma (*i.e.*, aquilo que se *pode* ou *deve* ou *não pode* fazer à luz de uma norma). Assim, refere o Tribunal – salientando-se, de novo, a disjunção – que *"ainda que possa ser dito que é da essência de certos tipos de direitos, tal como o* direito de associação, *que logicamente incluem o* direito de desassociação, *esse raciocínio não pode ser aplicado a todos os direitos garantidos pela Constituição. Em particular,* a protecção do direito à vida não pode necessária ou logicamente compreender um direito, a respeitar e fazer prevalecer pelo Estado, a pôr termo à vida ou a ter outrem a terminá-la"[43].

É certo que o Tribunal afirma que se procedeu, em 1993, à descriminalização do suicídio na República da Irlanda. Tal implica a desassociação de uma sanção secundária à violação primária de uma norma impositiva ou proibitiva. A descriminalização, como se sabe, não é condição suficiente da permissão, fraca ou forte, de uma conduta. Sucede que, em momento algum da decisão, é expresso de modo explícito qualquer regra ou princípio vigentes que sejam primariamente proibitivos do acto de por termo à própria vida (ou primariamente *impositivos* de viver), com o efeito de amputar uma das alternativas configuradas pela norma estruturalmente permissiva que o Tribunal qualifica como "*direito à vida*". É opaca a justificação subjacente à alteração do sentido ordenatório estrutural *permissivo* da norma (o *direito-pretensão a estar vivo,* compatível com a *liberdade de por termo à vida*) para um sentido *impositivo* [o *dever* (obrigação) *de estar vivo,* incompatível com a *liberdade de por termo à vida*] em razão do próprio conteúdo da norma[44]. Menos claro é, ainda, o motivo de tal ser, como o *Supreme Court* refere, uma questão de "*lógica*".

[43] Fleming v Ireland [2013], IESC 19, paras 113 e 137. Não se entra na discussão sobre o que seja a *essência* de um direito, sob o ponto de vista metafísico. À luz desse *essencialismo*, será, porém, trivial dizer-se que o *Supreme Court* tem uma pressuposição do Direito como algo vinculado *a priori* (por padrões supra-positivos) e, portanto, não constituindo (totalmente) produto da acção humana.

[44] Como parece claro, a acção regulada (o *norm-content*) nada tem que ver com o operador deôntico da norma (o *norm-character*). Assim, cfr. G.H. Von Wright, *Norm and Action*, cit., pp. 71-72. Se um *direito* tem um comportamento distinto de outro *direito,* certamente terá de resultar da projecção, *in casu,* de uma norma terceira. O raciocínio do Tribunal parece entimemático.

2.3. *"As there is no right to commit suicide so issues, such as discrimination, do not arise"*[45]

É questionável que a pretensão de Marie Fleming se reportasse ao reconhecimento judicial de um "*direito (...) à assistência no exercício daquele direito* [que o *Supreme Court* qualifica como "direito-pretensão" de por termo à sua vida]", ao qual pudesse, hipoteticamente, corresponder um *correlativo dever* (de assistência) que impendesse sobre o Estado ou terceiros. O ponto agora aludido é básico na *ratio decidendi*, dado que:

i) toda a argumentação judicial se dirige à proibição normativa pressuposta, em *disjunção cumulativa* do tipo "*nem, nem*", da prática do suicídio *ou* da assistência a tal finalidade (*i.e.*, o não reconhecimento da *liberdade* de por termo à própria vida);

ii) o direito ao suicídio (agravadamente qualificado como "direito-pretensão" pelo *Supreme Court*) implicaria nas circunstâncias fácticas de incapacidade física em que Marie Fleming se encontrava, *ex definitione*, uma obrigação estadual de assistir no suicídio de outrem e;

iii) é esse último dever correlativo – no fundo a regulação normativa da qual logicamente o hipotético direito-pretensão resultaria – que, pela sua desmesurada extensão, ultrapassa um determinado padrão normativo subjacente, não expressamente identificado pelo Tribunal, assim cancelando qualquer hipótese do reconhecimento da *liberdade* de por termo à própria vida que lhe é lógica e, do ponto de vista da análise, cronologicamente prévia.

Note-se que o *Supreme Court* entendeu que "*quando se considera que o reconhecimento de tais direitos* [aqui qualificados como "direitos-pretensão"] *implica deveres correlativos da parte do Estado e outros no sentido de defender e fazer prevalecer esse direito (e que deve necessariamente restringir a liberdade de acção* [*"freedom of action"*] *desses sujeitos), torna-se claro que* o direito invocado pela recorrente iria longe demais"[46]. Deduz-se, portanto, que o direito ao suicídio, invocado pela Recorrente a título de *liberdade*, é negado por causa de, neste particular caso em que é qualificado pelo Tribunal como um *direito-pretensão*, ser a derivação lógica que pressupõe um correlativo dever esta-

[45] Fleming v Ireland [2013], IESC 19, para. 138.
[46] Fleming v Ireland [2013], IESC 19, para. 113.

dual de prestar assistência àquele fim. É, todavia, tudo menos claro que a pretensão de Marie Fleming assentasse no reconhecimento de um dever correlativo ao direito ao suicídio assistido.

É certo que certos direitos correspondem a permissões protegidas. O *Supreme Court* alude, aliás, frequentemente à "*protecção*" constitucional do direito à vida. A protecção de uma permissão, dirigida a uma categoria de destinatários, decorre da proibição, dirigida aos demais sujeitos, de interferir com a conduta permitida[47]. Também a permissão implicada no direito à vida – como qualquer permissão forte, aliás – é uma permissão protegida. Ao direito-pretensão a estar vivo corresponde um dever correlativo e dirigido de abstenção de condutas atentatórias contra aquele estado de coisas. Mas não parece ser idêntico o caso a respeito da *liberdade de estar vivo*, nos termos anteriormente conceptualizados. Esta liberdade não parece, por si só e *ex definitione*, trazer associado qualquer dever específico, dirigido a terceiros (quer de prestação, quer de não interferência)[48]. O dever correlativo resultará sempre da caracterização do *direito a estar vivo* como direito-pretensão (correlativo, por exemplo, da obrigação de terceiros de *manter vivo* o sujeito)[49].

Neste plano inicial da análise da decisão, fica então por detectar a razão pela qual a permissão se transforma, simplesmente porque se trata do específico estado de coisas *estar vivo*, de um estatuto de *protegido* da interferência de terceiros para um estatuto *protector* da interferência do próprio (*i.e.*, se meios físicos tivesse para o efeito). Não se pode afirmar, aliás, que a relativa confluência, em razão do conteúdo da norma, de renúncia a titularidade e do exercício do direito, tenha algo a ver com o assunto. Nem pode, por si só, sustentar a alteração inopinada do operador deôntico permissivo [a *permissão constitucional (protegida) a respeito do estado de coisas "estar vivo"*] em impositivo [a *obrigação constitucional (protectora) a respeito do estado de coisas "estar vivo"*]. Trata-se simplesmente de um *non sequitur*.

[47] Sobre o conceito de *permissão protegida*, cfr. E. Bulygin, *Sobre la Equivalencia Pragmática entre Permiso y no Prohibición*, cit., p. 295; J. C. Bayón, *Sobre el Principio de Prohibición y las Condiciones de Verdad de las Proposiciones Normativas*, in *Problemas Lógicos en la Teoria y Práctica del Derecho*, Madrid, 2009, p. 69.

[48] Assim, apesar de a questão se encontrar sob debate, naturalmente, L. Duarte D' Almeida, *Fundamental Legal Concepts: The Hohfeldian Framework*, cit., pp. 556-557.

[49] Regressar-se-á *infra* a este tópico, a propósito do caso *Nancy Cruzan* e a interpretação realizada pelo Tribunal do Missouri. Sobre a questão da obrigação de *manter vivo* o sujeito, cfr. R. Dworkin, *Life's Dominion*, cit., p. 13.

Sucede que, como já se aflorou, a pretensão de Marie Fleming prendia-se, não com o reconhecimento de um *direito-pretensão* ao suicídio assistido (que não vai implicado na *liberdade* de por termo à própria vida invocada pela Recorrente), mas com o reconhecimento de que *inexistia constitucionalmente um dever de não assistir outros, em determinadas condições (extremas), no cometimento de suicídio.* Tal equivaleria a afirmar que, em certas condições – nomeadamente nas circunstâncias fácticas em que Marie Fleming se encontrava –, terceiros deveriam, à luz do sistema normativo relevante, ter a *liberdade* de o fazer (ou não fazer)[50]. Neste pressuposto, é rebatível o raciocínio judicial nos termos do qual resultaria um conflito entre, de um lado, o direito a por termo à sua própria vida em condições fácticas tais que não permitissem a autonomia para o efeito (qualificado como direito-pretensão, e tendo como correlativo um dever de assistência de terceiros) e, do outro, uma restrição da liberdade de acção dos sujeitos obrigados pelo dever correlativo (aqui, com *liberdade* de prestar assistência a esse fim)[51]. É que, em bom rigor, a qualificação do direito a estar vivo como um direito-pretensão ou como uma liberdade não pode resultar – algo que subjaz ao raciocínio judicial – de aspectos estritamente fácticos, como as condições de incapacidade física de Marie Fleming (*i.e.*, associando-se a *liberdade* de escolher morrer ao dever de assistir a esse fim, do qual aquela é, naquelas condições, um correlativo). Deve resultar sim, de um lado, da expressa previsão dessa liberdade, ou falta dela, em norma permissiva no sistema relevante (algo que é *distinto* e *prévio* às implicações lógicas dos correlativos) e, do outro, da justificação externa, ou falta dela, na sustentação da equivalência pragmática entre não obrigação de estar vivo e permissão (fraca) de por termo à própria vida[52].

[50] Neste preciso sentido, sustentando que o argumento do *Supreme Court* – de que a pretensão de Marie Fleming implicava "*deveres correlativos para o Estado e terceiros para defender e fazer prevalecer o seu suposto «direito a cometer suicídio»* – desaparece, na medida em que se entenda (como o autor), que as liberdades, ao contrário dos direitos-pretensão, não implicam deveres correlativos que impendam sobre o Estado ou qualquer sujeito, cfr. L. Duarte D' Almeida, *Fundamental Legal Concepts: The Hohfeldian Framework*, cit., p. 564.

[51] O argumento do Tribunal pode ver-se em Fleming v Ireland [2013], IESC 19, para. 113.

[52] Sobre a distinção entre *justificação interna*, na qual a verdade de conclusões válidas é inferida a partir da verdade de premissas tidas por válidas e *justificação externa*, relacionada com a adequada selecção das premissas, nomeadamente sob um determinado critério de solidez, cfr. J. Wróblewski, *Legal Decision and its Justification*, in LA, 1971, pp. 409 ss.

Seria inconsistente entender-se que:

i) todos os cidadãos irlandeses têm um direito-pretensão a estarem vivos (*i.e.*, do qual decorre uma proibição generalizada de atentar contra a vida), compatível com a *liberdade* (*permissão fraca*) de por termo à própria vida e que;

ii) Marie Fleming e todos os cidadãos irlandeses em idêntica situação de incapacidade física, se *prima facie* poderiam ter idêntico direito-pretensão a estarem vivos, compatível com a *liberdade* (*permissão fraca*) de por termo à própria vida, afinal, *all things considered* não a chegam a ter dado que a referida liberdade com a qual aquele é compatível gera, *in casu*, deveres correlativos que *"mais do que a consequência lógica do direito"* (direito-pretensão) seria *"a sua própria antítese"*[53].

É neste ponto que a argumentação da discriminação invocada por Marie Fleming, a respeito de *liberdades para outros que não se verificam para si*, cobra pleno sentido. A qualificação da conduta Ø como uma *liberdade* não depende de o destinatário ter ou não condições fácticas para a realizar, podendo perder ou ganhar essa *liberdade* consoante a sua aptidão física para realizar a conduta *livre*. O *Supreme Court*, porém, mantém a coerência a coberto da opacidade do termo "direito". Afirma que, no ordenamento constitucional irlandês, *"não há* [em nenhum caso] *direito fundamental a cometer suicídio (...)"* (*i.e.*, não há também *liberdade*), nomeadamente por causa da *"essência"* deste direito"[54]. Escusado será dizer que daqui resulta, em linha recta, que o acto de por termo à própria vida, muito embora descriminalizado, opera, em todos os casos, num cenário de proibição normativa. Cometê-lo (ou tentar cometê-lo) é violar (ou tentar violar) o direito aplicável concretizado nessa proibição.

[53] Fleming v Ireland [2013], IESC 19, para. 113.

[54] Fleming v Ireland [2013], IESC 19, paras 113 e 137. A posição contrasta, como se viu, com a de Marie Fleming, que sustenta que o "direito a viver" compreende o "direito a morrer" (neste caso, a expressão é claramente utilizada como *liberdade*). Fleming v Ireland [2013], IESC 19, para. 109.

3. *"Within that context however the appellant invokes constitutional values of autonomy, self-determination and dignity. (...) insofar as the Constitution (...) embodies the values of autonomy and dignity (...) do not extend to a right of assisted suicide"*[55]

Independentemente das clarificações lógico-conceptuais que eventualmente pudessem ter levado a um distinto desfecho decisório – ou à queda da *ratio decidendi* –, o caso *Marie Fleming* é o pano de fundo para os desentendimentos profundos acerca de distintas concepções de dignidade, jurídica e moral. Estes desentendimentos verificam-se tanto a respeito da relevância da *autonomia* do sujeito no espaço constitucional, como a respeito da admissibilidade de incorporação de excepções em normas jurídicas (e morais), ligadas aos chamados *cancelling facts*[56]. Como resulta do texto da decisão, Marie Fleming invocou, em suporte da sua pretensão – o reconhecimento de *inexistência de um dever constitucional de não assistir outros* no cometimento de suicídio –, "*valores constitucionais de autonomia, autodeterminação e* dignidade". Entre tantas outras alusões, apenas considerando o texto da decisão, podem ver-se as seguintes referências: "*a recorrente afirma que agora vive com* pouca ou nenhuma dignidade"; *(...) deixou-a com a sensação de* total indignidade"; "*o seu desejo e pedido ao Tribunal é no sentido de a ajudar a ter uma morte pacífica e* digna *nos braços do seu parceiro e com os seus filhos presentes*"[57].

O *Supreme Court* aceitou que a questão de saber se os referidos valores encontram expressão nos direitos garantidos pela Constituição e providenciam protecção constitucional a respeito da realização de determinados actos depende de "*uma consideração cuidadosa do texto constitucional e* dos valores protegidos *na positivação dos direitos garantidos*"[58]. Questionando-se, a dado passo, sobre se o direito constitucionalmente garantido à vida,

[55] Fleming v Ireland [2013], IESC 19, para. 114.

[56] Sobre os *cancelling facts,* cfr. J. Raz, *Practical Reason and Norms,* 3ª ed. Oxford 1999, pp. 187. Raz sustenta que determinados casos estão "*«simplesmente» fora do alcance das regras se as principais razões que apoiam a regra não são aplicáveis a tais casos. Nessa situação, os casos jurídicos encontram-se numa situação de excepção à regra quando algumas das principais razões em prol da regra são aplicáveis a eles, mas o "compromisso ínsito na regra" considera que prevalecem outras considerações em conflito*". Cfr. Idem, *op. cit.,* p. 187. Um exemplo ilustrativo é a ameaça à vida diante da regra "*não mentirás*" e da excepção introduzida "*podes mentir se a tua vida correr perigo*".

[57] Fleming v Ireland [2013], IESC 19, paras. 16 e 17.

[58] Fleming v Ireland [2013], IESC 19, para. 110.

quer por si só, quer em conjunção com a garantia de protecção da pessoa humana, "*implica, como corolário, o direito de qualquer cidadão por termo à sua vida e ter assistência para tal fim*", o *Supreme Court* admitiu que "*ao nível do raciocínio abstracto é, naturalmente, possível argumentar que se um cidadão tem um direito fundamental à vida, tal direito deve compreender abandoná-la ou pôr--lhe termo*"[59]. Aceitou também que "*é possível construir um argumento libertário nos termos do qual o Estado não deve interferir com as decisões de um cidadão a respeito da sua própria vida, incluindo a decisão de lhe por termo*". Contudo, a admissibilidade de tal argumento rapidamente é afastada por "*não ser possível discernir suporte para tal teoria nos artigos da Constituição, sem a onerar com uma* filosofia e valores *não detectáveis a partir daquela*"[60].

Muito para além dos nexos lógicos entre posições jurídicas em que o *Supreme Court* se envolve, é aquele o ponto essencial da *ratio decidendi*. Dali segue o Tribunal para entender que "*não pode propriamente ser dito que tal direito* [ao cometimento de suicídio *e* ao auxílio a tal fim], *com essa extensão, seja fundamental para a localização personalista da pessoa humana no contexto da ordem social delineada pela Constituição*" e que "*uma vez que não existe um direito a cometer suicídio, então (...)* valores como a dignidade, *a igualdade ou qualquer outro princípio constitucional* não se aplicam à situação e pretensão *da recorrente como acima referido*"[61].

3.1. *"(...) it is not possible to discern support for such a theory in the provisions of the Constitution, without imposing upon it a philosophy and values not detectable from it"*[62]

Em tese, as sociedades ocidentais devem caracterizar-se por um pluralismo ético e político, assente num compromisso para com a tolerância a respeito de distintas visões ideológicas, filosóficas e religiosas. Devem, portanto, ser geralmente admitidas distintas mundividências pelos sujeitos integrantes – atitude inata a uma razoável renúncia a um critério dogmático e objectivo de verdade –, conquanto o respectivo *endorsement* não

[59] Fleming v Ireland [2013], IESC 19, para. 113.
[60] Fleming v Ireland [2013], IESC 19, para. 111.
[61] Fleming v Ireland [2013], IESC 19, para. 138.
[62] Fleming v Ireland [2013], IESC 19, para. 113.

comprometa a própria subsistência da tolerância. Geralmente, a abertura ao pluralismo é tida por circunscrita tão-somente pelo que se designa o perímetro de *comprehensive reasonable conceptions*[63].

A prática demonstra, sob a óptica de um certo realismo, que nem sempre a dimensão teórica salientada vinga. O que possam ser *comprehensive reasonable conceptions* é, desde logo, em si objecto de dissenso[64]. Por outro lado, se a enunciação de padrões morais ou jurídicos (em particular, ao nível constitucional) se pode compreender no contexto do aludido pluralismo, as decisões concretas tendem a demonstrar, em determinados casos, uma certa permeabilidade às preferências e concepções professadas por quem efectivamente disponha de poder (ou influência do poder) para o efeito. A limitação desse exercício de poder, por pautas normativas de conduta, mais ou menos abertas, torna-se permeável, então, *(i)* à emissão de juízos opinativos sob a capa de proposições científicas (muitas vezes ao abrigo de argumentos de autoridade política, filosófica ou académica, num processo de tentativa de "credibilização científica" de opiniões), *(ii)* à substituição de juízos jurídicos por juízos estritamente morais, frequentes vezes do próprio decisor ou do grupo em que se insere e *(iii)* ao intuicionismo decisório, assente em pré-compreensões do próprio, nas ditas decisões *da direita para a esquerda* ou *afirmações do consequente*, às quais se segue a construção justificativa *ex post* da decisão que se pretende adoptar (também ela refém da habilidade da retórica persuasiva de quem decide perante um auditório universal)[65].

[63] Cfr. J. Rawls, *Political Liberalism: with a new Introduction and the "Reply to Habermas"*, New York, 1993, p. xix; V. Villa, *Deep Interpretative Disagreements and Theory of Legal Interpretation*, cit., p. 99; J. Reis Novais, *A Dignidade da Pessoa Humana*, II – *Dignidade e Inconstitucionalidade*, Coimbra, 2016, pp. 75 ss. Sobre o paradoxo da tolerância, por vezes mais repetido do que praticado, cfr. K. Popper, *The Open Society and Its Enemies, volume 1, The Spell of Plato*, London, Routledge, 1945, p. 226. "*Tolerância ilimitada levará ao desaparecimento da tolerância. Se formos ilimitadamente tolerantes mesmo com aqueles que são intolerantes e se não estivermos preparados para defender uma sociedade tolerante contra os ataques ferozes dos intolerantes, então os tolerantes serão destruídos e com eles também a própria tolerância*".

[64] Muito em particular, como bem se compreende, para quem sustente o que possam ser *unreasonable conceptions* à luz de um determinado padrão de *reasonability*.

[65] É um caso em que, na realidade, não há sequer espaço para desacordos entre quem expressa a sua concepção com base em pré-compreensões que apenas vinculam o próprio e quem expressa concepções distintas radicalmente distintas. Não existe um acordo prévio pressuposto de um desacordo posterior. "*The dissenting interpreters talk past each other*". Cfr. V. Villa, *Deep Interpretative Disagreements and Theory of Legal Interpretation*, cit., p. 108.

Aceitando-se os postulados popperianos básicos, deve entender-se que, se se produzirem afirmações puramente ideológicas a respeito de problemas complexos, então aquelas não podem ser falsificáveis; não sendo falsificáveis, não podem ser científicas; não sendo científicas, o que é perfeitamente legítimo, não *devem* ser veiculadas como tal[66]. O breve diagnóstico traçado não é particularmente original e não deixará de gozar, também ele – especula-se –, de ampla adesão de todos os que sustentem, de um lado ou de outro, particulares visões antagónicas do mundo e da sociedade.

No epicentro do debate nas sociedades ocidentais e de matriz análoga, no qual essas visões se inserem, encontra-se o conceito de Dignidade da Pessoa Humana (DPH). O que a DPH significa (a *intensão* do conceito) ou aquilo a que se reporta (o âmbito de denotação ou *extensão* conceptual) é altamente controverso. Numa versão discursiva menos *hard*, a DPH é frequentemente aludida, no âmbito de discursos metafóricos, como sustentáculo, pilar, eixo, trave mestra ou centro solar de sistemas normativos jurídicos ou morais. A centralidade da DPH nos sistemas normativos jurídicos e morais de matriz ocidental não está em causa. Todavia, nem sempre se trata de metáforas que auxiliem a clarificação do discurso.

Para quem compreenda todo o discurso normativo (*i.e.* o moral, o jurídico ou outro) como simultaneamente *rule-based* e *rule-guided*, expurgado de entimemas e não opaco, a DPH torna-se um terreno de natural desconforto[67]. À discussão sobre a sua estrutura normativa de suporte acresce a sua ambivalência. Não se trata apenas de ser invocada a propósito de isto ou aquilo: a DPH tanto é tanto invocada para sustentar *isto e não-isto* como *aquilo e não-aquilo*. São os casos que instanciam as normas. Por conseguinte, o *esticar* da DPH a uma pluralidade não tematicamente sobreposta de casos, ou sequer substancialmente relacionados, dilui a própria DPH como argumento. Facilita-se a invocação da DPH para a resolução de problemas concretos, morais ou jurídicos (a flexibilização faz com que sirva para *quase tudo*) e, *pari passu*, facilita-se a descaracterização do sentido do conceito (a flexibilização faz com que sirva para *quase nada*). A DPH torna-se, por vezes

[66] São, simplesmente, "*inventing right and wrong*", para fazer uso de uma feliz expressão de J. L. Mackie colhida em R. Guastini, *Juristenrecht. Inventando Derechos, Obligaciones y Poderes* in J. F. Béltran / J.J. Moreso / D. Papayannis (eds.) *Nuetralidad y Teoria del Derecho*, Madrid, 2012, pp. 207 ss., em especial, p. 220.

[67] Sobre o *rule-based* e *rule-guided reasoning*, cfr. F. Schauer, *Playing by the Rules: a Philosophical Examination of Rule-based Decision-making in Law and in Life*, Oxford, 1991, pp. 42 e ss.

fruto de um infortúnio bem-intencionado do seu uso, pura e simplesmente uma *helping hand* para a ocasião[68]. É um estatuto particularmente pobre para um conceito tão central de sistemas normativos, jurídicos ou morais.

No contexto do discurso do direito e da moral, a compreensão da DPH apenas se torna pertinente a respeito da norma da DPH (tratando-se de um princípio, o PDPH)[69]. O conceito surge referenciado num particular enunciado normativo – explícito ou implícito – e serve o propósito, numa relação meio→fim, de resolver casos jurídicos ou morais. A DPH opera, portanto, no contexto da razão prática (*i.e.*, respeita ao que fazer). Evidentemente, esta precisão apenas arreda da discussão excessivos excursos puramente filosóficos acerca da DPH, pouco auxiliando a determinação do seu significado ou sentido ordenatório[70]. A respeito do significado da DPH, é necessária a razão teórica e especulativa (*i.e.*, qual das teorias seguir).

[68] E uma *helping hand* particularmente útil, especialmente quando entendida (o que não se subscreve, como já deverá ter ficado claro) como um *conversation stopper*. Assim, citando a expressão atribuída a KEENAN, cfr. J. REIS NOVAIS, *A Dignidade da Pessoa Humana*, I, – *Dignidade e Direitos Fundamentais*, Coimbra, 2015, p. 21.

[69] Cfr. J. REIS NOVAIS, *A Dignidade da Pessoa Humana*, I, cit., pp. 17 ss. Distintamente, aludindo ao conceito de DPH como *moral framework*, enquanto sistema de significados no âmbito do qual as normas cobram sentido, cfr. L. PEREIRA COUTINHO, *Human Dignity as Background Idea*, cit., p. 106. Sobre a DPH como *"fórmula narrativa abstracta"*, cfr. J. MELO ALEXANDRINO, *A Estruturação do Sistema de Direitos, Liberdades e Garantias na Constituição Portuguesa*, II, Coimbra, 2006, p. 90.

[70] Como a norma da igualdade sem critério adequado de comparação previamente seleccionado – e externamente justificado –, o PDPH surge como argumento normativo de ambos os lados de uma contenda. Para além do caso *Fleming v. Ireland*, onde isso sucede, um outro exemplo – colhido em V. VILLA, *Deep Interpretative Disagreements and Theory of Legal Interpretation*, cit., pp. 102-103 – é do caso *Englaro*. Eluana Englaro ficou em coma profundo e irreversível, em suporte vital artificial, na sequência de um acidente automóvel. Os seus pais recorreram a tribunal peticionando a interrupção de todos os tratamentos, alegando que a sua filha nunca aceitaria uma tal situação, precisamente devido à concepção que tinha de dignidade da vida (sobre este aspecto e a relevância probatória implicada, cfr. R. DWORKIN, *Life's Dominion*, cit., p. 187). O que é interessante notar é a contraposição entre a decisão do *Corte di Appello* de Milão e a decisão da Cassazione. A primeira rejeitou a pretensão dos pais de Eluana Englaro, baseada na interpretação segundo a qual o direito à vida (vida considerada como bem primário) deve ser, em qualquer caso, garantida (artigo 2º da Constituição Italiana), *independentemente da qualidade e dignidade da vida, quando percepcionada do ponto de vista do sujeito envolvido* (artigos 13º e 32º da Constituição Italiana). Distintamente, a *Cassazione* (Cass. Sez, I, Civile, sentenza n. 21748, 16-10-2007) sustentou que o princípio da auto-determinação (incluindo a liberdade de um sujeito de definir o que fazer acerca da sua própria vida) poderia prevalecer, em determinados casos extremos, sobre o direito à vida.

É uma evidência empírica que a DPH é objecto de *desacordos interpretativos profundos*[71]. Não sendo já empiricamente confirmável, parecerá uma teoria aceitável, à luz dos postulados de tolerância acima referidos, que esses desacordos são *prima facie (i)* genuínos, *(ii)* insusceptíveis de erro interpretativo e *(iii)* inescapáveis. São desacordos *prima facie (i)* genuínos porque, pese o relativo cepticismo acima expresso a respeito do espaço aberto à emissão de preferências subjectivas, existe, dentro das *comprehensive reasonable conceptions,* uma margem considerável de consenso conceptual e instâncias paradigmáticas da DPH a partir das quais surgem os desacordos e o debate se abre (*i.e.,* a abertura inclusiva do conceito não implica necessariamente uma *fórmula vazia,* existindo um *overlapping consensus* sobre o que se está a discutir)[72]. São desacordos *prima facie (ii)* insusceptíveis de erro interpretativo – fora de um hipotético erro manifesto, nas ditas *unreasonable conceptions* – porque se traduzem em interpretações divergentes, mas igualmente legítimas dos conceitos, para além do âmbito da (*i.e.,* num plano que transcende *a)* tolerabilidade semântica e cultural. Por último, são desacordos *prima facie (iii)* inescapáveis porque a respeito destes se torna *a priori* infrutífero – excepto no tal plano finalisticamente predeterminado, fechado e alegadamente objectivo, ou no âmbito de sistemas normativos que compreendam normas definitórias que resolvam o problema, mas abrindo outros – encontrar uma *única resposta correcta.*

[71] Neste preciso sentido, referindo-se a interpretações alternativas relativas a conceitos como "pessoa humana", "dignidade", "autonomia pessoal", "vida" e "saúde", cfr. V. Villa, *Deep Interpretative Disagreements and Theory of Legal Interpretation,* pp. 89 ss.; no sentido da impossibilidade de objectivação da DPH, cfr. P. Varonesi, *La Dignidad Humana: una Idea aparentemente Clara* in R. Chueca (Ed.), *Dignidad Humana y Derecho Fundamental,* Madrid, pp. 140 ss.

[72] Numa sociedade pluralista, há que existir o mínimo de acordo sobre o que se está a falar, para que, posteriormente, se possa discordar; dito de outro modo, um *prior agreement* é condição necessária do *subsequent disagreement.* Se as concepções são radicalmente opostas, não há debate. Assim também, partindo destes pressupostos de desentendimento, cfr. L. Pereira Coutinho, *Human Dignity as Background Idea,* cit., p. 105.

3.1.1. *"Having regard to the purposive Christian ethos of the Constitution, particularly as set out in the preamble ('to promote the common good, with due observance of Prudence, Justice and Charity, so that the dignity and freedom of the individual may be assured) (...)"*[73]

É interessante notar que o desacordo a respeito da DPH não se estende apenas à intensão ou à extensão do conceito, nem tão-somente à sua interpretação sob o ponto de visto estritamente semântico ou sintático[74]. Quando considerada a versão normativa do PDPH, várias concepções surgem a este respeito, suscitando questões totalmente diversas como a discussão sobre *aquilo a que se aplica* o PDPH ou o sentido ordenatório (modo deôntico) implicado nessa regulação normativa. Geralmente é precisamente a ambivalência do sentido ordenatório do PDPH que se contrapõe em demandas judiciais.

O PDPH pode ser entendido, sem pretensões de exaustividade, *(i)* em primeiro lugar, como direito fundamental à própria dignidade. Aqui, abre-se, uma vez mais, à ambivalência do *(ia) direito-pretensão* à DPH, correlativo de deveres de terceiros de *garantir* a DPH, e da *(ib) liberdade* na definição da DPH. Desdobra-se ainda, neste contexto, em consequências de matrizes liberais e comunitárias de delimitação do conteúdo (*acções compreendidas* naquele "direito")[75]. Em segundo lugar, o PDPH pode ser entendido *(ii)* como princípio constitucional, gerador de obrigações estaduais correlativas dos direitos-pretensões, identificados em *(ia)*, de assegurar um estado de coisas consonante com uma pressuposição mínima de DPH[76]. Em terceiro lugar, o PDPH pode ser compreendido como *(iii)* norma reguladora do *modo de exercício* de direitos fundamentais. Neste caso, poderá surgir

[73] Fleming v Ireland [2013], IESC 19, para. 111.

[74] Quanto a estes desacordos, relativos a outro tipo de considerações pragmáticas (onde se pode incluir o sentido ordenatório *permissivo* ou *impositivo* de uma norma), G. Battista Ratti, *El Gobierno de las Normas,* Madrid, 2013, pp. 234.

[75] A visão liberal tende a caracterizar o PDPH sob uma *redundância de dupla protecção,* também coberta pelo direito ao livre desenvolvimento da personalidade (em sistemas normativos que o tenham positivado, naturalmente). Apontando críticas a esta "redundância" do PDPH, cfr. J. Reis Novais, *A Dignidade da Pessoa Humana,* I, cit., pp. 85 ss. Porém, sobre o reforço indirecto de razões por outras razões (as razões de segunda ordem) e as *reason to act for a reason* (que podem diluir o argumento da redundância entre livre desenvolvimento da personalidade e DPH), no contexto da razão prática, J. Raz, *The Authority of Law,* Oxford, 2ª ed., 2009, pp. 17-18.

[76] Veja-se, a este respeito, o Ac. TC nº 509/2002 sobre o "rendimento social de inserção".

como *(iiia) permissão* (forte ou fraca) de determinação pelo próprio titular do modo de exercício desses direitos fundamentais num estado de coisas tal que o próprio titular qualifique como digno (*e.g.*, o direito ou liberdade de exercer a liberdade artística *de determinado modo*, o direito ou liberdade de exercer o desenvolvimento da personalidade *de determinado modo, etc.*) ou *(iiib)* como uma *obrigação* desse titular – melhor dito, um *ónus* – a respeito de um específico modo de exercício de direitos fundamentais[77/78].

Aplicando esta síntese, necessariamente incompleta, ao caso *Fleming v. Ireland*, torna-se claro que Marie Fleming sustentava a visão da DPH como *modo de exercício permissivo* da sua *liberdade de morrer*, à qual se associava o pedido de reconhecimento estatal, pelos tribunais, da *inexistência de um dever de terceiros no sentido de não prestar assistência ao seu suicídio* (*i.e.*, uma *liberdade de a assistir*), nas condições fácticas trágicas em que se encontrava. Pedia tal reconhecimento para *(i)* garantir que futuramente não seria aplicada sanção penal a quem exercesse aquela *liberdade* (não proibida) e, consequentemente, não sancionável e *(ii)* de forma a que ela própria pudesse exercer a *liberdade* de modo idêntico aos que não se encontravam na sua situação fáctica. O *Supreme Court*, por sua vez, sem prejuízo das ambivalências conceptuais já aludidas, sustentava a visão da DPH como uma espécie de *ónus*, ancorado numa específica concepção da pessoa humana e num

[77] Cenário em que o titular apenas pode exercer os direitos fundamentais previstos na Constituição conquanto esse exercício se adeque a um arquétipo, externo e objectivado, de DPH que lhe é pressuposto. Este último, quando levado ao extremo, corresponde ao que tradicionalmente se designa uma *dignidade passiva*, na qual o sujeito não é envolvido em qualquer dimensão criativa da sua dignidade, que se apresenta como produto *integrado* na pessoa, qual propriedade humana biológica que não pode ser dada, criada ou perdida. Nesta visão extrema da dignidade passiva, o *direito* à dignidade não é concedido pelo Estado nem criado pelo titular mas "existe" *"independentemente do sexo, raça e nacionalidade, bem como de modo de vida. Cada ser humano foi provido (ausgestattet) com aquele... a Dignidade relaciona-se com a própria subsistência humana (Mensch-Sein). Ninguém pode tirar este direito à Dignidade. O direito é titulado não apenas pelos honestos mas também pelos ditadores, pederastas ou outros indivíduos associais... mesmo a vida não nascida, mortalmente doente, no corpo da mãe, é dotada desta dignidade natural e inevitável"*. Cfr. H. P. Richter, *Juristische Grundkurse*, Band 20, 2007, citado a partir de A. Vaišvila, *Human Dignity and the right to Dignity in terms of Legal Personalism (from Conception of Static Dignity to Conception of Dynamic Dignity* in *Jurisprudencija*, 2009, 3, 117, p. 112.

[78] Avaliando o PDPH como limite constitucional de direitos fundamentais, em particular ao livre desenvolvimento da personalidade, cfr. M. A. Presno Linera, *Dignidad Humana y Libre Desarrollo de la Personalidad* in R. Chueca (Ed.), *Dignidad Humana y Derecho Fundamental*, Madrid, pp. 376 ss.

particular entendimento da expressão "direito à vida". Nessa visão, aquele "*implica que um cidadão viva como componente humano vital na ordem social, política e moral positivada pela Constituição*", assente num *ethos* Cristão, enquanto filosofia subjacente (e prévia) à própria Constituição. O que interessa discutir é, portanto, a admissibilidade de retirar um único conceito de dignidade a partir de um texto constitucional, algo que – uma vez mais fora do cognitivismo metaético – leva à discussão do *âmbito do contexto relevante* para levar a cabo esta tarefa.

Nos modernos estados constitucionais do pós-guerra, a ambiguidade na positivação de conceitos a respeito dos quais exista um *desacordo interpretativo profundo* – em particular a DPH – é tida, não como uma ambiguidade *acidental,* mas como uma ambiguidade *intencional.* Esta resulta de um acordo de inserção e não definição, um *self-restraint* regulativo como conclusão em linha recta, dado o conteúdo moral implicado, de premissas de pluralismo e tolerância[79]. Necessariamente, a determinação do seu âmbito tem de se estender a uma rede suficientemente ampla de circunstâncias e sujeitos dentro do Estado, não se restringindo a uma comunidade delimitada e a uma mundividência por esta partilhada (*i.e.*, a um *grupo*)[80].

Ao contrário de outros conceitos normativos básicos, a DPH tem, mesmo quando compreendida no estrito âmbito do discurso jurídico, uma inegável *ressonância moral*[81]. As raízes históricas do conceito demonstram-no e

[79] Assim, R. Chueca, *La Marginalidad Jurídica de la Dignidad Humana* in R. Chueca (ed.), *Dignidad Humana y Derecho Fundamental,* Madrid, 2015, pp. 29 ss. Este conceito é igualmente abordado em C. Sunstein, *Legal Reasoning and Political Conflict,* Oxford, 1998, pp. 58-59.

[80] A argumento da *ratio legis* assenta, como se sabe – aceite-se ou não a sua relevância, o que é assunto distinto – em pura metafísica. Citando, neste contexto, as violentas críticas de G. Tarello a respeito do manuseamento da *ratio legis* como modo de apropriação das *indefinidas reais intenções dos titulares de órgãos legislativos* (ou constituintes), nomeadamente para minimizar o significado literal das palavras ou as intenções inquestionavelmente expressas nos trabalhos preparatórios, cfr. G. Ratti, *El Gobierno de las Normas,* Madrid, 2013, p. 31, Nota 24. À falta daqueles ou de outros suportes empíricos, também o argumento da *mens legis* – especialmente quando aplicado a câmaras representativas plurais, as mais das vezes também sujeitas a compromissos na aprovação de determinadas disposições (como as relativas à DPH) – pode efectivamente servir como um dos mais hábeis e predeterminados argumentos para a sabotagem do direito aplicável: a troca da ciência jurídica pela política dos juristas. Neste preciso sentido, cfr. R. Guastini, *Juristenrecht. Inventando Derechos, Obligaciones y Poderes*, cit., pp. 207 ss., em especial, pp. 220-221.

[81] O que se afirma não se confunde com a discussão sobre a validade do argumento do *toque do Rei Midas,* nos termos do qual qualquer inclusão conceptual no discurso jurídico leva *ipso*

nem o mais rigoroso positivismo exclusivo o nega[82]. Atente-se nas insuspeitas palavras, noutro contexto, de um positivista exclusivo: "*se os sujeitos têm um direito à liberdade de expressão, então o direito jurídico à liberdade de expressão constitui um adequado ou parcial* reconhecimento daquele direito prévio – *chame-se-lhe um direito moral – à liberdade de expressão (...) por exemplo, entendo que o* reconhecimento *é constituído pelo facto de que* o direito jurídico tem o mesmo, ou praticamente o mesmo, conteúdo do direito moral, *independentemente de ter sido adoptado pelo direito com o fim de dar efeito jurídico à moral*"[83].

Admitindo que o PDPH se reporta ao *modo de exercício* de direitos fundamentais, isto significará que, dependendo dos sistemas normativos em que se move, a DPH tanto poderá surgir como conceito moral (DPH_{mor}) ou jurídico (DPH_{jur}). Na versão normativa, tal redunda, sem grande surpresa, nas normas moral ($PDPH_{mor}$) e jurídica ($PDPH_{jur}$). Assim, se no $sistema_{jur}$, não existe uma definição de DPH_{jur} – dado o pluralismo ético que subjaz ao desentendimento genuíno, insusceptível de erro interpretativo e inescapável da DPH – o mais razoável é sustentar que o conteúdo de DPH_{jur} se reconduz ao conteúdo de DPH_{mor} e, consequentemente, ao $PDPH_{mor}$ como critério decisório. Esta é, aliás, realisticamente a conclusão que transparece de muitas decisões que têm o $PDPH_{jur}$ como *ratio decidendi.*

A alusão à dimensão moral e ética da DPH – contrariamente ao que, por vezes, se afirma – não resolve qualquer dos problemas (ou virtudes) acima detectados a respeito dos desentendimentos sobre a DPH_{jur}. Por um lado, a associação necessária entre DPH_{jur} e direito natural, com a correlativa depreciação da compreensão positivista do direito, nas suas múltiplas variantes, há muito perdeu a razão de ser[84]. Por outro, a não univocidade do conceito em pouco resulta reduzida pela simples invocação da sua matriz

facto a uma juridificação do conceito. Sobre este, cfr. H. Kelsen, *General Theory of Law and State*, Cambridge: Massachusetts, Harvard University Press, 1949, p. 61.

[82] Cfr., por exemplo, J. Raz, *Human Rights in the New World Order, Transnational Legal Theory*, 1, 2010, pp. 31–47. Deve ter-se presente, o que nem sempre sucede, que tal teoria do direito se restringe à necessidade ou desnecessidade da moral para a *identificação do direito* (*i.e.*, o que *é* e o que *não é* direito), questão distinta do respectivo *conteúdo do direito* (*i.e.*, que *conteúdo* tem ou pode ter o direito).

[83] J. Raz, *Human Rights in the New World Order,* cit., p. 34

[84] Uma boa explicação das falácias associadas a essa depreciação pejorativa pode ver-se em A. Ross, *Validity and the Conflict between Legal Positivism and Natural Law,* in S. L. Paulson & B. L. Paulson (eds.), *Normativity and Norms: Critical Perspectives on Kelsenian Themes*, Oxford, 1998, pp. 147 e ss.

moral. Grande parte dos problemas associados ao significado e propósito da DPH_{jur} também se detectam – escondê-lo seria simplesmente escamotear a questão – na DPH_{mor}[85].

Sustentar que a DPH_{jur} resulta de um reconhecimento de uma prévia DPH_{mor} implica a correlativa sustentação do conteúdo dessa mesma DPH_{mor}, em si uma *questão de facto*, não um simples produto da razão. A recondução da DPH_{jur} à DPH_{mor} não tem, evidentemente, o condão de a tornar unívoca e inequívoca. Em todas as variantes de ambiguidade que encerra, o conceito de DPH transcende os desacordos a respeito de interpretações e decisões concretas. Insere-se no contexto de perspectivas ético-políticas tidas como pontos de referência contextuais, o que traduz a ideia que inexiste um significado neutral para a DPH.

Entre as várias perspectivas concebíveis, conflituam, em particular, duas. De um lado, a *(i) perspectiva liberal-individual*, conotada com o pluralismo político, secularismo e relativismo metaético, assente *prima facie* na vontade e auto-determinação do sujeito. Do outro, a *(ii) perspectiva comunitário-religiosa*, esta última conotada com um arquétipo exterior e prévio de dignidade – no que ao caso respeita, com a *santidade da vida*, enquanto dádiva divina e indisponível – e com o objectivismo meta-ético ou, pelo menos, com a contextualização necessariamente não secularista do conceito[86]. Quando, no caso *Fleming v Ireland*, o *Supreme Court* refere *"não ser possível discernir suporte para tal teoria* [libertária] *nos artigos da Constituição, sem a onerar com uma* filosofia e valores *não detectáveis a partir daquela"*, não é irrelevante notar que, páginas atrás, alude expressamente – invocando o precedente *Norris v The Attorney General* [1984] IR 36 – ao *ethos* teleológico Cristão da Constituição Irlandesa de 1937, especificamente definido no preâmbulo [*promover o bem comum, com devida observância da* Prudência, Justiça e Caridade, para que a dignidade *e a liberdade dos cidadãos* possam

[85] É certo que os sintomas de dispersão denotativas da DPH surgem agravados no discurso jurídico. Mas esse sintoma não é fruto de qualquer compreensão distinta do PDPH nesse âmbito, mas sim da pluralidade de casos (sem equivalente no contexto moral) para os quais aquele é convocado. Assim, a compreensão infra-estrutural do $PDPH_{jur}$ – ou, na metáfora solar, *irradiante* – desprovida da definição consensual (pelo menos até ao limite do possível) da sua operatividade, sentido e conteúdo convocam o princípio a depor em temáticas extremamente heterogéneas (incluindo a respeito da audiência dos interessados num procedimento administrativo). Uma recensão é, no presente contexto, desnecessária.

[86] Cfr. V. VILLA, *Deep Interpretative Disagreements and Theory of Legal Interpretation*, cit., p. 110.

ser asseguradas *(...)*][87]. Trata-se de expressões que, não constituindo (obviamente) património exclusivo de uma particular mundividência Cristã, comportam uma carga conotativa e contextual apreciável[88]. Não é também irrelevante que se tenha referido que *"o direito à vida que o Estado está obrigado a fazer prevalecer* ("*vindicate*"*)* é um direito que implica que um cidadão viva como componente humano vital *na ordem social, política e* moral *positivada pela Constituição*", para além de referências várias a *"complexas (...) considerações (...) e morais"* implicadas na questão sob juízo[89]. São precisamente estas pressuposições teóricas, fortemente ligadas à concepção comunitário-religiosa da DPH, as subjacentes à consideração do acto de por termo à própria vida como carecendo de uma permissão forte e não se bastando com uma liberdade associada à não proibição da conduta, em conjunção com a obrigação normativa de corrigir desigualdades fácticas de alguns, como Marie Fleming, face àqueles que dessa liberdade possam, querendo ou não, gozar[90].

Se, como é pacífico, cabe aos *competence-holders*, em última instância, a definição em concreto de conceitos sujeitos a desentendimentos profundos, como a DPH, é da mais elementar importância que o preenchimento do conceito atenda, mais do que a mundividências professadas, ao *contexto*: quem decide (ou quem *influencia* os decisores) deverá fazê-lo na estrita pressuposição de atender à relevância contextual da interpretação pragmaticamente orientada da DPH – uma interpretação aberta ao *estado de coisas circundante* –, nunca imbuído do ânimo de disseminar uma particular visão professada da verdade[91]. Como refere Aarnio, na análise de um caso difícil, deve alcançar-se uma solução tal e uma justificação tal que a

[87] Fleming v Ireland [2013], IESC 19, para. 111. *Prudência, Justiça* e *Caridade* são, por seu turno, também conceitos sujeitos a desentendimentos interpretativos igualmente profundos.

[88] A contextualização não-secularista dada no acórdão filia-se, nessa medida, na tese sustentada em L. Pereira Coutinho, *Human Dignity as Background Idea,* cit., pp. 111 ss.

[89] Fleming v Ireland [2013], IESC 19, para. 113.

[90] Nada do que se afirma implica, naturalmente, que uma visão tal como a adoptada pelo *Supreme Court* seja aquela professada pela generalidade da comunidade Cristã. Não parece, todavia, falso afirmar que será a visão de uma parte relevante daquela comunidade.

[91] Quanto à competência dos tribunais para a determinação do sentido destes conceitos, cfr. P. Otero, *Instituições Políticas e Constitucionais,* cit., pp. 559-560; V. Villa, *Deep Interpretative Disagreements and Theory of Legal Interpretation,* cit., p. 100.

maioria dos seres racionalmente pensantes da comunidade jurídica possa aceitar essa solução e essa justificação[92].

3.1.2. *"(...) the legislation in question called for a careful assessment of competing and complex social and moral considerations. (...) The Court approaches the challenge to the constitutionality of s. 2(2) of the Act of 1993 in the light of these considerations"*[93]

A associação da DPH_{jur} à DPH_{mor} e desta última à filosofia kantiana, tão frequentemente invocada a respeito do $PDPH_{jur}$ – na pressuposição do Homem como *fim em si mesmo*, com capacidade de autodeterminação de fins – tem subjacente a actual necessidade de auto-justificação. Desde logo, se a aceitação da máxima do Homem como fim em si mesmo é praticamente consensual no discurso actual dos direitos fundamentais, a muito propalada *fórmula do objecto* – enquanto veículo de proibição da redução do homem à condição de *meio para um fim* –, não o é, pelo menos não de modo unívoco, em todos os casos[94].

Ainda que muitos proponentes da eutanásia, em determinadas circunstâncias de sofrimento extremo, apelem à autonomia kantiana como dignidade – e, correlativamente, muitos antagonistas combatam essa concepção nesse mesmo pressuposto –, é duvidoso que a concepção de Kant trouxesse um distinto resultado ao caso *Fleming v. Ireland*[95]. Kant entende

[92] A expressão é de A. Aarnio, *La Tesis de la Única Respuesta Correcta y el Principio Regulativo del Razionamento Jurídico*, in Dx, 1990, nº 8, pp. 23 e ss. Naturalmente, a afirmação não será aceitável para quem se filie no cognitivismo e objectivismo metaético do género *"only one is right and the others are mistaken"*, em sustento de uma verdade e correcção universais e acontextuais acerca de um conceito. Procurando um *right meaning* de DPH, todavia dentro de uma contextualização pragmaticamente orientada (não secularista) da DPH, cfr. L. Pereira Coutinho, *Human Dignity as Background Idea*, cit. pp. 108 ss.

[93] Fleming v Ireland [2013], IESC 19, para. 96.

[94] Se a fórmula cobra sentido em casos como o do abate do avião tomado por terroristas (cfr. J. Reis Novais, *A Dignidade da Pessoa Humana*, II, cit., pp. 242 ss.), basta pensar na relativa admissibilidade de práticas supostamente contrárias a uma certa DPH_{jur}, redutoras do homem à condição de *meio para fim* ou objecto (casos de *dwarf-tossing*, BDSM ou outros). Quando ao *dwarf-tossing* e aos problemas que suscita, cfr. Idem, *op. cit.*, pp. 111 e ss., em particular, p. 113.

[95] Ligando a inspiração kantiana – mas não necessariamente a filosofia kantiana em si – ao *"right to die"*, L. Pereira Coutinho, *Human Dignity as Background Idea*, cit., pp. 109

que *"se alguém se destrói a si próprio de modo a escapar de uma situação difícil, então está a fazer uso da sua pessoa apenas como um meio para manter uma condição tolerável até ao fim da sua vida. No entanto, um ser humano não é uma coisa e, portanto, não pode ser usado simplesmente como um meio. Em consequência, não posso dispor de um ser humano, na minha própria pessoa, mutilando-o, causando--lhe danos ou matando-o"*[96]. Por termo à própria vida – seja em que condição trágica for – equivale sempre a tratar alguém (o próprio), não como algo com *absoluto valor,* mas como um mero meio para um fim de valor limitado (*qualquer* que seja o desejo que se pretenda no fim da vida). Algo de idêntico sucede na assistência ao suicídio de alguém que, naquelas condições, expresse deliberada e firmemente o desejo de morrer [97].

Compreender a DPH como uma *background idea* poderá, em abstracto, não aportar nada de qualitativamente novo a respeito deste conceito controverso. Dificilmente qualquer conceito é compreensível fora do seu enquadramento contextual cultural, semântico, moral, epistémico ou estético[98]. Já compreender a DPH como *uma particular background idea* certamente aportará, dado que veicula um particular feixe de obrigações, proibições (e também permissões) ancorados nessa mesma pressuposição. Tratar-se--á, no fundo, de uma teoria que redunda, no discurso jurídico, invariavelmente na criação camuflada de normas implícitas, nomeadamente aquelas derivadas de supostas exigências de sentido conceptual. Isto, porém, é tão-somente uma consequência do *Juristenrecht* que, sob a capa científica do *discurso sobre o direito,* se transforma em modo de produção implícito de permissões, proibições e imposições a partir da conjunção de normas expressas e assunções teóricas *ou apenas destes últimas* [*i.e.,* torna-se o próprio *discurso do direito* ou a (tentativa de) criação de direito em si][99]

A ressonância moral da DPH, aliada à sua compreensão historicista – não na dimensão histórico-explicativa, mas na dimensão dogmática (por vezes, no verdadeiro sentido de *dogma*) – exponencia, não somente a associação

[96] Cfr. I. KANT, *Groundwork for the Metaphysics of Morals,* Edited and Translated by A. W. WOOD, Contributors: J. SCHNEEWIND, M. BARON, S. KAGAN, A. W. WOOD, London, 2002, 4:429; J. GENTZLER, *What is a Death With Dignity?,* cit., pp. 462-463.

[97] Assim, ainda que deixando em aberto a questão de a dignidade kantiana ser, ou não, um *apoio* à proibição da eutanásia em determinadas circunstâncias, cfr. J. GENTZLER, *What is a Death With Dignity?,* cit., pp. 463, nota 7.

[98] Cfr. V. VILLA, *Deep Interpretative Disagreements and Theory of Legal Interpretation,* cit., p. 110.

[99] Veja-se R. GUASTINI, *Juristenrecht. Inventando Derechos, Obligaciones y Poderes,* cit., p. 217 ss.

da DPH_{mor} a *uma particular moral*, mas fundamentalmente a *uma particular concepção da Moral* (como sistema de normas). A Moral é usualmente reconduzida a um sistema de imperativos categóricos (IC) ou, pelo menos, de imperativos derivados de supremos IC. Há, porém, que considerar também a recondução da Moral a um sistema de imperativos hipotéticos (IH)[100].

Dentro da primeira concepção, o IC é absoluto, fonte de todas as normas morais: um princípio supremo de moralidade, objectivo, racionalmente necessário e incondicional – logo, sujeito à *inexistência de excepções* – ao qual todos se devem submeter independente de qualquer desejo ou vontade contrária[101]. O IC aplica-se a todas as condutas e estados de coisas de qualquer género, simplesmente em virtude de os destinatários terem *vontade racional* e essa vontade se conformar, em si, com a razão como máxima da vontade. Aplica-se, também, de modo inescapável, independentemente de qualquer estado ou desejos dos destinatários e essa aplicação incondicional não se sujeita à definição prévia pelos destinatários de quaisquer fins. Já os IH são comandos de racionalidade prática emitidos sob a forma condicional. Enquanto IH, os comandos morais não poderão, *ex definitione*, ser comandos absolutos. Acomodam excepções racionalmente justificáveis. Aplicam-se quando, em adição à vontade racional do agente, um determinado *fim* tiver sido *a priori* desejado por aquele. Como refere Kant, o IH apenas diz que *uma acção é* (moralmente) *boa para um determinado fim*[102].

Na simplicidade explicativa das fórmulas canónicas, enquanto os IC se expressam em enunciados com a forma "*deves* (incondicionalmente) *fazer*

[100] A distinção entre IC e IH na filosofia kantiana distingue-se na seguinte passagem: "*[T]odos os imperativos comandam ou hipoteticamente ou categoricamente. Os primeiros apresentam a necessidade prática de uma acção possível como meio de alcançar outra coisa que o agente deseje (ou que o agente possa eventualmente desejar). O imperativo categórico será aquele que apresenta a acção como objectivamente necessária em si mesma, sem referência a qualquer outro fim (...) Se a acção é boa apenas como meio para outra coisa, o imperativo é hipotético; mas se é pensada como boa em si mesma, e portanto como necessária no contexto de uma vontade que por si mesma se conforma com a razão como máxima desta vontade, então o imperativo é categórico*". Cfr. I. KANT, *Groundwork for the Metaphysics of Morals*, cit., 4:415

[101] "*Age apenas de acordo com aquela máxima através da qual possas simultaneamente desejar que se traduza numa lei universal*" (I. KANT, *Groundwork for the Metaphysics of Morals*, cit., 4:421). Sobre o conceito de DPH como decorrente da própria natureza do homem enquanto ser racional, cfr. P. OTERO, *Instituições Políticas e Constitucionais*, cit., pp. 552-553.

[102] Quando o fim definido pelo destinatário for, em si mesmo, contingente, denomina-se um IH problemático; distintamente, quando esse fim é algo que decorre de uma necessidade natural (em Kant, o desejo de *prosseguir a felicidade do próprio*), o IH diz-se assertórico. Cfr. I. KANT, *Groundwork for the Metaphysics of Morals*, cit., 4:415.

q", os IH expressam-se sob a forma de *"se queres p, então deves fazer q"*. Para salientar a *vontade* subjacente do destinatário, o IH pode ainda expressar-se na forma *"porque queres p, então deves fazer q"*. O IH determina o que deve ser feito (ou pode ser feito) no caso de os destinatários *quererem* prosseguir um determinado *fim* por si definido: *q* significa um meio de moralmente obter *p*, precisamente o fim desejado pelo destinatário. Naturalmente, o IH não se verifica em qualquer comando com a estrutura *se/então*. Para o efeito de o IH se aplicar, o *fim* determinado pelo destinatário tem de derivar da sua *vontade*, não simplesmente de um estado de coisas emocional ou cognitivo não verdadeiramente desejado ou resultante de pressões externas ou da percepção dessas pressões. Há, portanto, que traçar uma diferença qualitativa essencial entre empreender activamente numa escolha relativa a um *fim* e simplesmente estar sob um determinado estado de coisas (*actively engage*)[103]. Trata-se, no caso em apreço, precisamente do problema epistémico e probatório já *supra* aludido[104].

Não parece ser a dimensão normativa dos juízos morais que lhes confere a tão aludida auto-justificação normativa (*automatic reason-giving force*) enquanto IC[105]. Como sustenta Philippa Foot, sob o estrito ponto de vista

[103] Assim, referindo que comandos condicionais do tipo *"se estás triste, toca uma música"* não consubstanciam IH na medida em que não compreendem uma *vontade* ou um *fim* definido pelo destinatário cfr. R. Johnson / A. Cureton, *Kant's Moral Philosophy* in The Stanford Encyclopedia of Philosophy (Spring 2017 Edition), E. Zalta (ed.), forthcoming URL = https://plato.stanford.edu/archives/spr2017/entries/kant-moral/.

[104] O que conduz a uma outra variante do mesmo problema, também suscitado por R. Dworkin (*Life's Dominion*, cit., p. 190). Um paciente terminal – cujos cuidados médicos possam ser economicamente onerosos ou cuja situação possa, especialmente *na sua visão*, impactar na qualidade de vida de familiares ou amigos – poderá facilmente sentir-se culpado devido aos encargos ou à atenção requerida (e até preferir que nunca a questão da liberdade de por termo à vida lhe seja colocada, a ele ou a outros, ou sequer ser informado que *tem* essa liberdade de escolher). A especial pressão emocional sentida numa tal situação deve ser tida em conta de tal forma que, com essa consideração, se possa evitar, em qualquer circunstância, que um enquadramento normativo – ou mesmo um precedente judicial – a respeito da relevância da vontade de por termo à própria vida, por uns, potencie manifestações de vontade não verdadeiramente desejadas. O que pudesse ser uma definição normativa dessas garantias (aliás, expressamente aludidas em Fleming v Ireland [2013], IESC 19, para. 108) está fora do escopo do presente artigo.

[105] Naturalmente que os seguidores da Moral como sistema de IC não apontam a distinção entre IC e IH com base na formulação enunciativa "deves fazer Ø" (enunciação categórica) ou "[se x] então deves fazer Ø" (enunciação hipotética): trata-se de algo muito mais relevante; trata-se de predicar uma *especial força e necessidade* ao comando de um IC que a formulação

da estrutura, um comando moral é *tão normativo* como um comando de etiqueta[106]. Não aparenta existir qualquer motivo (normativo) suficientemente sólido pelo qual se possa dizer que o primeiro é uma *razão autónoma para a acção*, que não carece de qualquer justificação de suporte, e o segundo não. Também não existe, sob este prisma, qualquer motivo pelo qual se possa afirmar que um destinatário de uma norma de etiqueta (incluindo uma norma formulada de modo *incondicional* do género "*deves fazer Ø*") pode, se assim o entender – nomeadamente por ter razões específicas para não ter *interesse* na sua reputação e, assim, se *auto-excluir* do âmbito de destinatários – ignorar as razões de suporte que subjazem ao respectivo comando, mas um destinatário de uma norma moral já *não pode* (em Kant, ninguém escapa aos comandos da Moral em virtude dos seus interesses ou desejos). O que sucede é que, independentemente das boas razões *pedagógicas* que para tal possam existir, esta última conclusão – a da inescapabilidade, incondicionalidade e insusceptibilidade de excepções dos comandos morais – é mais vezes *repetida* do que *explicada*[107].

3.1.3. *"(...) the appellant's mind and her forceful clarity «is all that Marie has left»"*[108]

As diferenças entre as duas concepções de DPH_{mor} (e, por consequência, de DPH_{jur}) ficam mais claras. A concepção comunitário-religiosa e heterónoma confere à DPH_{mor} (e, por consequência, à DPH_{jur}) o carácter

condicional não pode comportar. Mas essa sustentação é, em si, problemática. É uma questão de implicação lógica que a condição de aplicação de normas elementares (*i.e.*, normas sem condições descorrelacionadas com o efeito estatuído) constitui uma condição que deve ser satisfeita se houver uma oportunidade para realizar aquelo que é o conteúdo da norma (i.c., a acção permitida ou obrigatória): não pode haver um comando (válido) que obrigue Ø se, nas circunstâncias x, não houver oportunidade para fazer Ø (*impossibilium est nulla obligatio* ou a própria formulação kantiana conhecida como *ought implies can*), pelo que a oportunidade para fazer Ø é sempre uma condição implícita da obrigação de fazer Ø. Cfr. G. H. von Wright, *Norm and Action*, cit., p. 73.

[106] Assim, P. Foot, *Morality as a System of Hypothetical Imperatives* in *The Philosophical Review*, 81, 3, Jul. 1972, p. 310.

[107] Porventura porque nenhuma explicação suficientemente sólida existe a auto-justificação de um comando normativo. Assim, novamente, P. Foot (1972), *Morality as a System of Hypothetical Imperatives*, cit., 308-309.

[108] Fleming v Ireland [2013], IESC 19, para. 15.

de *automatic reason-giving force*, dado que assenta geralmente num comando moral de dignidade que não necessita de referência a um *interesse ou fim*, definido pelo destinatário como *bom* ou *digno* e que opere como suporte (assertórico ou problemático) do comando emitido[109]. A segunda concepção é distinta. O fim determinado activa e voluntariamente pelo destinatário constitui o próprio suporte do comando moral. Trata-se, *grosso modo*, uma espécie de proposição anankástica de meio→fim[110]. Do acima exposto segue que o destinatário do primeiro comando (IC) não pode excluir-se do âmbito daquele pelo simples facto de sustentar que a acção determinada não é necessária ou conveniente para a prossecução dos seus interesses (IC é *incondicional*). Muito distintamente, o destinatário do segundo comando pode. O IH é *condicional* à definição de um *fim* ou *interesse* por vontade auto-determinada do próprio destinatário, o que implica que o destinatário apenas deva moralmente seguir o comando enquanto e na medida em que o seu *fim e interesse* subsistir.

Para a *perspectiva interna* de Hart, a obrigação jurídica de realizar a conduta Ø é praticamente apenas uma questão de *percepção*. As normas jurídicas criam obrigações quando são "*pensadas* como importantes porque se *acredita* que são necessárias"[111]. Algo de semelhante parece ocorrer a respeito das obrigações morais. Se não existir qualquer distinção puramente normativa entre um comando moral e qualquer outro (jurídico ou de etiqueta), sobra a constatação empírica segundo a qual as *regras morais* são impostas e ensinadas com uma particular força vinculativa (*stringency*)[112]. A especial força vinculativa da Moral é frequentemente aludida – em especial no discurso da DPH –, mas não é claro o que tal significa a não ser que resulta eficazmente em os seus destinatários – querendo, ou não, pensando nisso, ou não – se *sentirem* verdadeiramente incapazes de dela escapar, muitas vezes em razão da autoridade de quem emitiu determinados comandos[113].

[109] Na realidade, a necessidade de cumprir o comando, no IC carece de ser totalmente independente da aceitação de um sistema de normas (aliás, sempre revogável) ou do receio da sanção associada ao incumprimento de comandos morais.

[110] Sobre as proposições anankásticas, cfr. G.H. von Wright, *Norm and Action*, cit., p. 10.

[111] Cfr. H. L. A. Hart, *The Concept of Law*, Oxford, 1961, p. 85; R. Barnett, *A Law Professor's Guide to Natural Law and Natural Rights*, Harv. J.L. & Pub. Pol'y, 20, 1997, p. 676.

[112] Com esta conclusão, cfr. P. Foot (1972), *Morality as a System of Hypothetical* Imperatives, cit., p. 310.

[113] É que, em bom rigor, uma coisa é afirmar que os comandos morais são auto-justificados e auto-suficientes, o que implica afirmar que as acções moralmente correctas devem ser

É inequívoco que a resistência às razões para excluir o cumprimento de uma determinada regra moral é incomparavelmente superior à das razões para excluir o cumprimento de uma norma de etiqueta. Mas isso nada diz a respeito de as primeiras serem razões para agir *auto-justificadas* e as segundas não. Essa constatação não contraria as conclusões segundo as quais, em qualquer sistema normativo, terá de preexistir uma *aceitação interna e promoção* (um *endorsement*) de um dado sistema de normas, o que, incontornavelmente, enfatiza a dimensão voluntarista na justificação de um sistema normativo. A compreensão da Moral como sistema de IC está ancorada na desconfiança kantiana a respeito dos *motivos ulteriores egoístas* que podem subjazer ao cumprimento de comandos morais por *razões distintas* (*e.g.*, ser honesto apenas porque compensa financeiramente)[114]. Todavia, nada parece obstar que o homem moral *adira* a um sistema de normas pura e simplesmente porque o cumprimento dessas normas é, na sua visão, *bom* e porque genuinamente se preocupa com o *sofrimento alheio*. Como refere Popper, *"historicamente, toda a ética nasceu com a religião (...) mas eu não estou agora a lidar com questões históricas. Apenas mantenho que somos nós – e nós apenas – os responsáveis por adoptar ou rejeitar determinadas normas morais sugeridas"*[115].

A definição autónoma de *fins* e *interesses* não carece necessariamente de ser refém de uma concepção egoísta da humanidade. Os interesses autodeterminados podem ser vistos como algo próximo ao que Dworkin chama, por contraposição aos interesses experienciais, os *interesses críticos*. Aque-

realizadas simplesmente porque estão certas porque são categóricas (*for their own sake*); outra coisa é constatar que os destinatários *usualmente* se conformam com comandos morais (mas também com comandos de etiqueta) sem questionar o motivo desses comandos, simplesmente porque sim (ou porque são ensinados, com bons ou maus motivos, como categóricos). Esta última hipótese, se abre espaço ao cumprimento de comandos morais sem questionar o seu fundamento, não implica a impossibilidade de os questionar.

[114] Os fundamentos kantianos para esta concepção, a respeito de uma particular visão (hedonista e egoísta) da natureza humana são descritos, uma vez mais, em P. Foot, *Morality as a System of Hypothetical Imperatives*, cit., pp. 313-314.

[115] Continuando: *"somos nós que devemos distinguir entre os verdadeiros e falsos profetas. Todos os tipos de normas já foram tidos como compreendendo normas dadas por Deus. Se aceitamos a ética Cristã da igualdade, tolerância religiosa e liberdade de consciência apenas no pressuposto de que repousa sobre autoridade divina, então estamos a construir* [um sistema moral] *sobre uma base frágil; pois muitas vezes se alegou que a desigualdade era vontade de Deus e que não devemos ser tolerantes com os descrentes. Se, ao invés, aceitamos a ética Cristã, não porque somos comandados a tal, mas pela nossa* convicção *de que leva a decisões correctas, então somos nós próprios que o decidimos."* Cfr. K. Popper, *The Open Society and its Enemies, volume 1,* cit., p. 55.

les interesses dos quais genuinamente depende a qualidade da vida de um sujeito (*"interesses cuja satisfação faz efectivamente com que a vida de alguém seja genuinamente melhor vivida, interesses que alguém se equivocaria, e em pior situação ficaria, acaso não os reconhecesse"*)[116]. Dworkin, cujo pensamento é curiosamente por vezes conotado com uma certa medida de jusnaturalismo, define a dignidade humana como *"o direito moral – e a responsabilidade moral –* [dos seres humanos] *de confrontar os aspectos mais fundamentais acerca do significado e do valor das nossas próprias vidas, para nós próprios, respondendo à nossa consciência e convicções"*[117]. A DPH dworkiniana repousa, portanto, no direito de agir nas respostas dadas por cada um a essas interrogações, pelo que, se se acreditar que a própria vida, quando vivida de determinado modo, não tem valor, ou se se antecipar que proximamente perderá o valor *segundo a própria concepção de dignidade de vida*, o tratamento de outrém com dignidade implicará respeitar a sua *liberdade* de decidir por si próprio sobre como pretende terminar a sua vida[118]. Naturalmente, as concepções expostas pressupõem a auto-determinação do sujeito. São, portanto, diametralmente opostas às que sustentam o carácter eventualmente fictício (ou mesmo *inexistente*) da autonomia da pessoa humana[119/120].

[116] Cfr. R. Dworkin, *Life's Dominion,* cit., pp. 201-202.

[117] Cfr. R. Dworkin, *Life's Dominion,* cit., p. 166.

[118] É paradigmática a frase de Dworkin, citada abundamente: *"Fazer com que alguém morra de um modo que outros aprovam mas que o próprio acredita ser uma horrível contradição da sua vida é uma forma devastadora e odiosa de tirania"*. Cfr. R. Dworkin, *Life's Dominion,* cit., p. 217.

[119] Assim, com cautelas a respeito do carácter *eventualmente* fictício, filiando-se numa visão não secularista da DPH, em reacção à visão kantiana, L. Pereira Coutinho, *Human Dignity as Background Idea,* cit., pp. 109 ss., em particular, p. 111. O argumento da negação da dignidade como autonomia assente na situação da indignidade dos incapazes não parece, contudo, definitivo. A autonomia é concebida como uma espécie de *propriedade disposicional* aferida em determinados graus [em J. Raz (*The Morality of Freedom,* Oxford, 1986, p. 371), surge como a *capacidade* (disposicional) *de autodeterminação que pode, ou não, traduzir-se com sucesso numa acção*]. Do mesmo modo que o açúcar é, por definição, solúvel mas apenas se dissolve em determinadas condições (e em distintos graus), também a autonomia, enquanto propriedade disposicional, apenas se efectiva, com sucesso, em acções mediante determinadas condições (e em determinados graus). Cfr. S. Choi S./ M. Fara, M., *Dispositions* in The Stanford Encyclopedia of Philosophy (Spring 2016 Edition), Zalta E. N. (ed.), URL = https://plato.stanford.edu/archives/spr2016/entries/dispositions/.

[120] Concretamente a respeito da eutanásia, o *mito da autonomia* (e a afirmação peremptória da sua inexistência, enquanto *dogma moderno*) é um argumento usado pela visão comunitário-religiosa, num contexto de insusceptibilidade de ponderação, onde aquela (mais que questionada) é pura e simplesmente *negada* e a solidariedade (outro conceito sujeito a um

Não é infrequente que a referência a teorias distintas da Moral como IC sejam tidas como destrutivas ou subversivas da própria Moral. Julga-se, todavia, que essas afirmações apenas resultam de a concepção da Moral como sistema de IH – algo de semelhante sucede a respeito do relativismo metaético – poder ser efectivamente assustadora[121]. Se à partida parece encerrar um paradoxo, há boas razões para se entender que apenas se pode dar *real valor* a algo (*e.g.*, o que decorre da prossecução dos *fins* estabelecidos em IH) quando esse algo não é absolutamente necessário (e como poderia ser?), existindo efectivamente um receio de o perder.

À dimensão efectivamente assustadora de uma tal concepção de Moral, especialmente a respeito da matéria de que se trata, reage-se com a propalada *cultura de morte*, argumento lançado sobre quem reconheça a *liberdade* de por termo à própria vida ou a excepcionais e particulares casos de admissibilidade legal de suicídio assistido, bem como à inexistência de comandos morais definitivamente proibitivos de assistência a esse fim[122]. O argumento da *cultura de morte* revela-se, no mínimo, perfeitamente contido no tipo de argumento *slippery slope*[123]. E, como se sabe, a força do *slippery*

desentendimento interpretativo profundo) erigida a comando moral supremo. Assim, D. Gonçalves, *Eutanásia e o «mito da autonomia»*, Jornal Observador, 11/02/2017. Ainda que não o seja enquanto *problema filosófico*, a autonomia parece ser, sob o ponto de vista das suas consequências – muitas vezes lamentavelmente –, ao contrário da alegada universalidade dos comandos morais que a pretendem neutralizar, empiricamente verificável.

[121] "[C]*orremos o risco de entrar em pânico face ao pensamento de que nós próprios (ou outras pessoas) poderemos deixar de gostar e nos preocupar com as coisas de que gostamos e com as quais nos preocupamos e* sentimos *que o imperativo categórico nos dá algum controlo sobre a situação*". Cfr. P. Foot, *Morality as a System of Hypothetical Imperatives*, cit., p. 315.

[122] Afirmando expressamente que *"um pouco por toda a parte, as sociedades pluralistas de Estados alegadamente democráticos vão permitindo uma progressiva amputação da garantia constitucional do direito à vida (...) materializando esta orientação (...):* [ii]*a aprovação de leis permitindo a eutanásia em pacientes terminais ou em grande sofrimento, enquanto expressão de um alegado direito de cada um a dispor da sua própria vida e, se necessário, a recorrer a terceiros para o auxiliar a morrer (...) aquilo que existe é um «efectivo eclipse do valor da vida» ou, segundo outra óptica, o desenvolvimento de uma «cultura de morte» (...) a vida nascente e a vida terminal tornam-se violáveis ou disponíveis, expressando uma paradoxal debilitação das formas mais débeis ou frágeis de vida humana (...) num tal cenário, decididamente que a democracia se torna desumana, caminhando em sentido convergente ao totalitarismo (...)"*. Cfr. P. Otero, *Instituições Políticas e Constitucionais*, cit., pp. 618-619.

[123] O argumento *slippery slope* verifica-se quando se afirma que um primeiro passo, relativamente reduzido e ancorado em específicos pressupostos de facto, leva a uma cadeia de eventos relacionados culminando num efeito negativo significativo. É usualmente utilizado para exagerar efeitos e assustar (o designado *fearmongering*) uma determinada audiência. Cfr., por

slope reside somente na demonstração de que um determinado processo leva necessariamente ao efeito negativo significativo, como culminar de uma *cadeia de reacção* gerada a partir de um primeiro passo (*in casu,* que o reconhecimento da inexistência de um dever de não assistir, em casos excepcionais e particulares de pacientes terminais em sofrimento extremo, perfeitamente capazes de querer e entender, que manifestem o desejo inequívoco de por termo à vida, sem condições físicas para o efeito, conduz em linha recta a uma *cultura de morte*).

O argumento é, também, refém do maniqueísmo da *neutralidade generalizante,* bem como de uma suposta definitividade encerrada na inversão de um *paradigma de vida.* Nega excepções para salvaguarda da regra (curiosamente desconsiderando o *exceptio probat regulam in casibus non exceptis*). Ora, será trivial afirmar que a visão comunitarista não tem o património exclusivo da defesa do valor intrínseco da vida[124]. Simplesmente, expressa-o sob determinados pressupostos não universalmente compartilhados de *incondicionalidade,* por vezes de modo totalmente desassociado das liberdades e interesses dos titulares[125]. Nem é necessário ser partidário do particularismo moral para refutar a asserção. Basta afirmar que aquela visão não leva em conta que todas as decisões, jurídicas e morais, são decisões

exemplo, D. WALTON, *Slippery Slope Arguments. Oxford, 1992, passim. Sobre o argumento slippery slope (e as falácias naquele implicadas) a respeito da eutanásia, cfr.* R. DWORKIN, *Life's Dominion, cit.,* pp. 216 ss.

[124] Veja-se, sem prejuízo das transcrições *supra* sobre a tirania de obrigar alguém a morrer de um modo que possa representar uma contradição da sua vida, a defesa do *valor intrínseco da vida* em R. DWORKIN, *Life's Dominion,* cit., p. 204 ss.

[125] Num exemplo extremo – e sempre com o cuidado de não misturar, numa única categoria, as várias, distintas e legítimas concepções comunitaristas –, um Tribunal do Missouri entendeu, por referência à *santidade da vida,* que o Estado do Missouri, enquanto comunidade, tinha razões válidas, independentemente de todos os processos judiciais iniciados pelos seus pais, para manter viva Nancy Cruzan (paciente em estado vegetativo irreversível, cujo córtex cerebral havia sido destruído, por falta de oxigénio na sequência de um despiste automóvel), *mesmo na assunção de que permanecer viva seria contra os seus próprios interesses,* na medida em que *"o Estado podia dizer que é intrinsecamente mau que alguém morra deliberada e prematuramente".* Na apreciação da questão pelo *Supreme Court,* o Juiz Antonin Scalia foi mais longe, afirmando que *o valor intrínseco da vida humana não depende de nenhuma assunção acerca de direitos ou interesses dos pacientes.* Para este, o Estado tem o poder de prevenir o suicídio de pessoas capazes (em qualquer circunstância) que, com motivos legítimos, entendam que devem morrer, um poder que não deriva de qualquer preocupação acerca dos direitos e interesses daqueles sujeitos. A este respeito, criticamente, cfr. R. DWORKIN, *Life's Dominion,* cit., p. 13.

pro tanto, necessariamente condicionadas aos factos do caso e possivelmente integradas, como excepções, em normas que regulam *prima facie* (uma espécie de *principled particularism*).

Torna-se uma conclusão cada vez mais comum dever-se predicar a todas as normas (jurídicas ou morais), como directa consequência da sua estrutura normativa, a propriedade de derrotabilidade. A derrotabilidade é uma propriedade disposicional usada para descrever todos os comandos normativos como *context-sensitive, i.e.,* sensíveis ao contexto factual e normativo implicitamente compreendido nas condições de emissão do comando. O contexto factual que circunda a aplicação de um determinado comando normativo não é imutável. Esse contexto pode variar e as propriedades relevantes de um caso$_{mor}$ (ou caso$_{jur}$) podem instanciar normas conflituantes de um dado sistema. A aceitação desta pressuposição bastará para infirmar que regras$_{mor}$ (e, pela mesma ordem de razão, regras$_{jur}$) possam abstractamente ser tidas como comandos definitivos e incondicionais, visto que, à luz desta concepção, nenhuma norma pode definir, *por si só,* as suas próprias condições de uma aplicação *all things considered* (mas, isoladamente, apenas da sua aplicabilidade *prima facie*)[126]. O carácter definitivo da sua prescrição encontra-se sujeito ao designado *fortalecimento do antecedente* (*i.e.,* o encerramento das condições aplicativas da prescrição, sujeita à factualidade *pro tanto*). Aquele, na melhor das hipóteses, apenas pode ser alcançado através da proposição epistémica segundo a qual nenhum comando conflituante e prevalecente, sob qualquer critério aplicável, é instanciado pelas propriedades relevantes do caso.

A derrotabilidade de uma norma, jurídica ou moral, prende-se tão-somente com a constatação da sua *susceptibilidade de derrota,* em determinadas condições adequadas. Não se trata, de todo, da promoção da sua *derrota generalizada,* como o argumento da «cultura de morte» veicula[127].

[126] H. L. A. Hart, *Problems of the Philosophy of Law,* in H.L.A. Hart, *Essays in Jurisprudence and Philosophy,* Oxford, 1983, 106

[127] Sobre a derrotabilidade normativa, entre tantos, cfr. J. Ferrer Beltrán / G. Battista Ratti, *Defeasibility and Legality: a Survey,* in J.F. Beltrán/G. B. Ratti (eds.), *The Logic of Legal Requirements: Essays on Defeasibility,* Oxford, 2012, pp. 11 e ss.; J. C. Bayón, *Why is Legal Reasoning Defeasible?,* in A. Soeteman (ed.), Pluralism and Law, Dordrecht, 2001, pp. 327–346; B. Brozek, *Defeasibility of Legal Reasoning,* Krakow, 2004, em especial, pp. 157 e ss. Sobre as propriedades disposicionais como capacidade (*ability*) para reagir activa ou passivamente em determinadas circunstâncias (*e.g.,* as propriedades de «quebrável», «derrotável», «frágil», «solúvel», *etc.*), cfr. G. Ryle, *The Concept of Mind.* New York 1949, pp.

De modo próximo do raciocínio derrotável, pode pensar-se, como Holton sustenta, nas decisões jurídicas e morais como contendo, em todos os casos, cláusulas implícitas de *that's it* (*i.e.*, cláusulas sobre a inexistência de princípios jurídicos e morais relevantes e factos relevantes a acrescer aos que são apresentados no argumento). Permite-se, deste modo, o *distinguishing* face a juízos futuros em categorias de casos *prima facie* semelhantes. Quando o *distinguishing* face ao caso decidido é realizado em casos futuros, é tipicamente a cláusula de *that's it* que é negada. E essa negação, aliás, *corrobora* – ao contrário do que sustenta quem argumenta com a «cultura de morte» – a máxima *exceptio probat regulam in casibus non exceptis*. Tratando um caso como uma excepção – algo que não deriva de uma proposição de *erro* da norma – a norma é implicitamente reafirmada, para os casos nos quais a cláusula *that's it* não opera[128].

4. *"Nothing in this judgment should be taken as necessarily implying that it would not be open to the State (...) to legislate to deal with a case such as that of the appellant"*[129]

No caso *Fleming v. Ireland*, Marie Fleming pretendia, nas terríveis condições em que se encontrava, o reconhecimento da *liberdade* de cometer suicídio em condições idênticas às daqueles que não se encontravam fisicamente diminuídos, bem como o reconhecimento da inexistência de dever constitucional de terceiros de não prestar assistência à realização daquele fim. Invocava precisamente o que comummente se designa o preenchimento autónomo do próprio conceito de DPH_{jur} (ou DPH_{mor}). O *Supreme Court* rejeitou a pretensão, ancorado numa concepção arquetípica de dignidade e moral e de localização fundamental da pessoa no espaço constitucional à qual era *inescapável* o não reconhecimento da inexistência de dever de não prestar assistência ao exercício da liberdade de por termo à própria vida. Trata-se de um caso de uma categoria. A categoria inclui,

100ss.; H. PUTNAM, *The Many Faces of Realism*, 1987 pp. 11ss.. No sentido de que todas as propriedades são disposicionais, K. POPPER, *Conjectures and Refutations. The Growth of Scientific Knowledge*, London 1963, p. 154.

[128] Cfr. R. HOLTON, *Particularism and Moral Theory: Principles and Particularisms, Aristotelian Society Supplementary Volume*, 76, 2002, pp. 191–209, em particular p. 209.

[129] Fleming v Ireland [2013], IESC 19, para. 108.

porém, também aqueles casos, por vezes decididos de distinto modo, em que se atendeu ao reconhecimento de uma particular *concepção de vida digna* que, enquanto fim e interesse seriamente desejado, um sujeito possa ter definido ao longo da vida (e pretenda que se mantenha no fim da mesma – "[that] *death keeps faith with the way we want to have lived*" – quer essa concepção passe por uma resiliência extrema a quaisquer circunstâncias, quer incida sobre uma existência sem sofrimento incomportável[130].

Na decisão do *High Court*, Marie Fleming foi descrita pelo seu Presidente, Nicholas Kearns, como "*a testemunha mais formidável que qualquer membro deste Tribunal alguma vez teve o privilégio de encontrar*"[131]. Muito embora tenha negado provimento a todas as pretensões – incluindo a pretensão dirigida a obter a aprovação, pelo *Director of Public Prossecutions*, de directrizes definitórias dos factores a ter em conta na decisão de acusar (ou permitir a acusação) de qualquer sujeito que eventualmente assistisse a recorrente em por fim à sua própria vida –, o *High Court* expressou, em *obter dicta*, ter a "*certeza*" que o *Director of Public Prosecutions* agiria de modo "*humano e sensível*" quando considerasse, na sua discricionariedade, acusar, ou não, qualquer sujeito que assistisse o suicídio de Marie Fleming[132]. Após a decisão do recurso pelo *Supreme Court,* Tom Curran, parceiro de Marie Fleming, expressou publicamente a sua disponibilidade para ajudar Marie a morrer, "*se essa fosse a sua vontade*". Em 2016, foi noticiado que os *Gardaí* irlandeses tinham iniciado um inquérito a respeito de um possível caso de suicídio assistido[133]. Desconhece-se se o *Director of Public Prossecutions* agirá segundo o que, em *obter dicta*, o *High Court* entendeu ser um modo "*humano e sensível*"[134].

[130] A citação é de R. Dworkin, *Life's Dominion,* cit., p. 199. Muitos outros são referidos em Idem, *op. cit.*, pp. 199 ss. Veja-se, também, acerca desta fidelidade entre a concepção de vida digna vivida e o momento do fim da vida (a morte), a decisão da *Corte di Cassazione* sobre o caso *Eluana Englaro* (Cass. Sez, I, Civile, sentenza n. 21748, 16-10-2007).

[131] *Marie Fleming's lawyers claim she faces painful death*, BBC News, 26 de Fevereiro de 2013.

[132] *Marie Fleming's lawyers claim she faces painful death*, BBC News, 26 de Fevereiro de 2013.

[133] *Tom Curran, partner of Marie Fleming, disappointed at inquiry,* The Irish Times, 24 de Outubro de 2016.

[134] *"Talvez devêssemos preocupar-nos menos com o medo de deserção da causa moral; talvez devêssemos ter até menos razões para esse medo, acaso as pessoas pensassem em si mesmas como um conjunto de voluntários unidos na luta pela liberdade e justiça e contra a desumanidade e opressão. É frequentemente sentido, ainda que obscuramente, que há um elemento de engano na linha oficial sobre a Moral. E enquanto alguns se deixaram persuadir pelo discurso sobre a autoridade da Lei Moral, outros afastaram-se com uma sensação de desconfiança"*. Cfr. P. Foot, *Morality as a System of Hypothetical Imperatives*, cit., p. 315-316.

Dignidade da Pessoa Humana e "Morte Assistida" na Jurisprudência do Tribunal Constitucional Colombiano

Jorge Pação*

1. Determinação do referencial

Apesar do caos linguístico[1] e do diferente enquadramento sistemático dos enunciados normativos constitucionais relativos à dignidade da pessoa humana, a sua previsão é elemento comum à grande maioria dos textos constitucionais dos Estados sul-americanos[2], padrão a que não foge a Constituição colombiana, mediante a enunciação, no seu primeiro artigo, de que a República colombiana funda-se «no respeito pela dignidade humana»[3].

* Assistente Convidado da Faculdade de Direito da Universidade de Lisboa. Investigador Associado do Centro de Investigação de Direito Público (CIDP). Assessor do Gabinete de Juízes do Tribunal Constitucional.

[1] Cfr. Giancarlo Rolla, El valor normativo del principio de la dignidad humana. Consideraciones en torno a las Constituciones ibero-americanas, in *Anuario Iberoamericano de Justicia Constitucional*, nº 6, 2002, p. 464.

[2] Cfr. Claudia Lima Marques / Lucas Lixinski, Human dignity in South American Law, in *Cambridge Handbook on Human Dignity*, Cambridge University Press, 2014, pp. 395 a 400.

[3] Num enunciado normativo com semelhanças com o artigo 1º da Constituição da República Portuguesa, o artigo 1º da Constituição colombiana dispõe que a «Colômbia é um Estado social de direito, organizada sob a forma de República unitária, descentralizada, com autonomia das suas entidades territoriais, democrática, participativa e pluralista, fundada no respeito pela dignidade humana, no trabalho e da solidariedade das pessoas que a integram e na prevalência do interesse geral».

E se a mencionada Constituição de 1991 constituiu um marco significativo na proteção dos direitos fundamentais e na idealização de um Estado de Direito sustentado no dignidade da pessoa humana, foi a *Corte Constitucional*, através do seu intenso labor jurisprudencial, que mais contribuiu para a centralidade da dignidade da pessoa humana, em afirmação, desde o primeiro ano de funcionamento do tribunal, de que «não é apenas uma declaração de ética, mas sim uma norma juridica de caráter vinculante», enquanto «valor fundante e constitutivo do ordenamento jurídico»[4].

Imbuído de um intenso ativismo judicial focado na proteção da pessoa e dos seus direitos fundamentais, o Tribunal Constitucional colombiano destacou-se, sobretudo a partir da segunda metade da década de noventa, pela invocação da dignidade da pessoa humana num número significativo de arestos. Esta abundante "utilização" da dignidade humana "forçou" o tribunal a explorar, com particular profundidade, a sua dimensão normativa, aplicando-a, não raras vezes, como critério decisório, e não como mera "bengala" argumentativa ou por enunciação puramente retórica. E fê-lo em várias vertentes, em promoção de uma verdadeira *multifuncionalidade normativa* da dignidade da pessoa humana, declaradamente variando, ao longo dos anos, na sua configuração e aplicação enquanto valor, princípio ou direito fundamental[5].

Ainda que este reiterado "recurso" à dignidade da pessoa humana nos juízos de (in)constitucionalidade possa ser tido como contrário a uma reserva de "aplicação normativa" a *situações-limite*[6], não será dificil reconhecer que esta opção contribuiu para que a jurisprudência do tribunal venha sendo particularmente rica no que toca ao princípio da dignidade da pessoa humana, com enfoque na autonomia individual[7].

[4] Cfr. Decisão T-499/92, de 21 de agosto de 1992, disponível em: www.corteconstitucional.gov.co.

[5] Cfr. Adriana Ospina, Acercamiento conceptual a la dignidad humana y su uso en la Corte Constitucional colombiana, in *Diálogos de Derecho y Política*, nº 6, 2011, p.14.

[6] Cfr. Jorge Reis Novais, *A Dignidade da Pessoa Humana. Dignidade e Inconstitucionalidade*, Vol. II, Almedina, Coimbra, 2016, p.65; Neomi Rao, On the Use and Abuse of Dignity in Constitucional Law, in *Columbia Journal of European Law*, Vol. 14, nº 2, 2008, pp. 201 a 256.

[7] Cfr. Manuel Cepeda Espinosa / David Landau, *Colombia Constitutional Law. Leading Cases*, Oxford University Press, Nova Iorque, 2017, pp. 51 e ss.

Ora, considerando que o presente escrito, por deveres de exiguidade, será centrado na abordagem à dignidade da pessoa humana a partir de uma decisão judicial, são inevitáveis as dificuldades de delimitação do seu objeto, face à especial predileção deste tribunal com sede em Bogotá pela dignidade pela dignidade humana.

De todo o modo, do leque de decisões que seriam merecedoras da nossa atenção[8], centrar-nos-emos no Acórdão C-239/97, de 20 de maio[9], subordinado à discussão jurídico-constitucional da "morte assistida"[10].

Esta decisão da *Corte Contitucional* foi não só fundamental para o desenvolvimento da posterior jurisprudência do tribunal relacionada com o princípio da dignidade da pessoa humana, como terá sido, à escala global, a primeira decisão de um Tribunal Constitucional que, com fundamento na dignidade humana, realizou um juízo de não inconstitucionalidade da "morte assistida"[11]. E ainda que a decisão possa ser tida como temporal-

Notam também Manuel Cepeda Espinosa e David Landau que num Estado com um contexto histórico profundamente influenciado pelo pensamento social católico, seria de esperar que a *Corte Constitucional* subordinasse, com alguma regularidade, a autonomia individual ao interesse geral da comunidade. E, no entanto, desde a criação do tribunal que a primeira tornou-se a "pedra de toque" da jurisprudência. Sobre o contexto histórico e social do Estado colombiano, cfr. David Bushnell, *The Making of Modern Colombia: A Nation in Spite of Itself*, University of California Press, Berkeley e Los Angeles, 1993.

[8] Sem pretensões de absoluto rigor estatístico, entre os anos 1992 e 2000 o Tribunal Constitucional colombiano terá produzido cerca de setenta acórdãos nos quais elegeu o princípio da dignidade da pessoa humana como fundamento determinante do sentido decisório adotado.

[9] Disponível em: http://www.corteconstitucional.gov.co/relatoria/1997/c-239-97.htm. Na língua inglesa, resumo oficial disponível em: http://english.corteconstitucional.gov.co/sentences/C-239-1997.pdf.

[10] Sobre "morte assistida" e dignidade humana, cfr., entre outros, Ronald Dworkin, *Life's Dominion. An argument about Abortion, Euthanasia and Individual Freedom*, Vintage Books, Nova Iorque, 1994, 179 e ss.; Luís Roberto Barroso, Here, There, and Everywhere: Human Dignity in Contemporary Law and in the Transnational Discourse, in *Boston College International and Comparative Law Review*, Vol. 35, 2, 2012, pp. 387 a 391; Luís Roberto Barroso / Letícia de Campos Martel, A morte como ela é: dignidade e autonomia individual no final da vida, *in Revista da Faculdade de Direito – UFU*, Vol. 38, nº 1, 2010, pp. 235 a 274; Marcus Düwell, On the border of life and death: human dignity and bioethics, in *Cambridge Handbook on Human Dignity*, Cambridge University Press, 2014, pp. 526 a 534.

[11] Cfr. Sabine Michlowski, Legalising Active Voluntary Euthanasia Through the Courts: Some Lessons From Colombia, in *Medical Law Review*, Vol. 6, 2, Oxford University Press, 2009, pp. 183 e ss.

mente longínqua, o entendimento e o sentido decisório aí expressos foram reiterados no Acórdão T-970/14, de 15 de dezembro[12].

É, por isso, de reconhecer que a decisão "merece" ser trazida à colação para o debate entorno das valências normativas do princípio da dignidade da pessoa humana, em especial para a discussão em torno da sua "aplicação" enquanto *critério normativo.*

2. A dignidade da pessoa humana na decisão C-239/97 sobre "morte assistida"[13]

Fazendo uso da *acción pública de inconstitucionalidad*[14], José Eurípides Parra invocou, junto do Tribunal Constitucional colombiano, a inconstitucionalidade do artigo 326º do Código Penal, preceito relativo a crime de «*homicidio por piedad*»[15], para o qual o legislador estabeleceu uma moldura penal reduzida face aos restantes tipos legais de homicídio. A questão de constitucionalidade suscitada por José Parra encontrava-se fundamentada na consideração de que às situações de facto subsumíveis na previsão normativa do artigo 326º, deveria ser aplicada a moldura penal prevista para o homicídio simples ou para o homicídio qualificado, sob pena de violação, no essencial, do direito à vida e do princípio da igualdade.

Todavia, o tribunal não se limitou a apreciar a eventual inconstitucionalidade da norma relativa ao "*homicidio por piedad*" no sentido peticionado. Pelo contrário, a *Corte Constitucional* colombiana dedicou-se sim, no âmbito

[12] Disponível em: http://www.corteconstitucional.gov.co/relatoria/2014/t-970-14.htm. Na língua inglesa, resumo oficial disponível em: http://english.corteconstitucional.gov.co/sentences/T-970-2014.pdf.

[13] Todas as citações realizadas neste capítulo sem expressa indicação de fonte correspondem a passagens da decisão C-239/97, disponível em: http://www.corteconstitucional.gov.co/relatoria/1997/c-239-97.htm.

[14] Prevista nos artigos 241º da Constituição colombiana, desencadeia a fiscalização sucessiva abstrata da constitucionalidade de normas legais, correspondendo a uma ação de legitimidade ativa alargada a qualquer cidadão. Sobre este modo de fiscalização da (in)constitucionalidade, cfr. David Mendieta González, La acción pública de inconstitucionalidad: a propósito de los 100 años de su vigencia en Colombia, in *Vniversitas*, 120, Bogotá, 2010, pp. 61 a 84.

[15] «Aquele que matar outrem por piedade, para terminar com o seu intenso sofrimento proveniente de lesão corporal ou doença grave ou incurável, incorre numa pena de prisão de três meses a três anos».

da referida ação, a aferir da eventual inconstitucionalidade do artigo 326º do Código Penal, por dele obrigatoriamente decorrer a criminalização da "morte assistida".

E fê-lo partindo da seguinte premissa:

> «*A Constituição de 1991 introduziu significativas modificações relacionadas com os direitos fundamentais, que obrigam a reinterpretar todas as disposições do Código Penal, sob esse novo prisma; sendo por isso que a Corte abordará se é legítimo no âmbito desta ordem constitucional que se penalize a pessoa que pratica um homicídio por piedade, respeitando a vontade do próprio sujeito passivo.*»[16]

É nesta medida que o tribunal, para além da prévia invocação de outros argumentos, predominantemente secundários[17], discorre sobre a dignidade da pessoa humana por relação com a eventual inconstitucionalidade da criminalização da "morte assistida".

Considere-se que o tribunal afirma, em primeiro lugar, existir «consenso de que a vida é pressuposto necessário dos demais direitos», «sem o qual o exercício dos restantes direitos seria impensável».

Sendo que, sem prejuízo desse "consenso", assume que a proteção da vida enquanto bem jurídico pode ser vista a partir de duas posições: (*i*) «a de que assume a vida como algo sagrado»; (*ii*) a de que a vida «é um bem valioso mas não sagrado, pois as crenças religiosas ou as convicções metafísicas que fundamentam a sua sacralização são apenas uma entre várias opções».

Adotando-se a posição referida em (*i*), concluir-se-á que «independentemente das condições em que se encontra a pessoa, a morte deve chegar por causas naturais».

Caso se perfilhe a posição definida em (*ii*), admitir-se-á que «em circunstâncias extremas, o indivíduo possa decidir se continua ou não a viver», por se considerar «que as circunstâncias da sua vida não a tornam desejável nem digna de ser vivida», nomeadamente «quando o intenso sofrimento físico não tem possibilidades reais de alívio, e a suas condições de existência são tão precárias, que podem levar a pessoa a ver a morte como uma opção preferível à sobrevivência».

[16] Cfr. Terceiro parágrafo, subcapítulo C, capítulo II.

[17] A título meramente exemplificativo, relativos ao *princípio da culpa*, ao direito penal do ato e à piedade como elemento subjetivo do ato.

Nesta sequência, o tribunal parte para a indagação sobre qual das posições acima identificadas é acolhida pelo ordenamento jurídico, em especial pela Constituição, tendo o princípio da dignidade da pessoa humana merecido, de imediato, a sua atenção.

Na afirmação de que, segundo o artigo 1º da Constituição[18], o Estado colombiano, «pluralista e secular»[19], encontra-se fundado no respeito pela dignidade da pessoa humana, configura-a como «pressuposto essencial da consagração da totalidade do sistema de direitos contemplado na Constituição», e como princípio que obriga ao respeito «da autonomia e identidade». É, pois, a partir de uma dimensão subjetiva da dignidade humana, focada na autonomia da pessoa humana em detrimento de uma visão comunitária da dignidade humana, que o Tribunal fundamenta, em grande medida, a sua decisão: «não seria compreensível que o necessário processo de socialização do indivíduo fosse entendido como uma forma de massificação e homogeneização integral da sua conduta, redutora dos seus traços de originalidade e peculiaridade». Sendo «a pessoa um fim em si mesma, a busca e realização do seu destino conformam a sua razão de ser».

A Constituição «considera a pessoa como um sujeito capaz de assumir de forma responsável e autónoma as suas decisões sobre os assuntos que lhe dizem diretamente respeito, devendo o Estado limitar-se a impor deveres, em princípio, em função de outros sujeitos morais com quem a pessoa está obrigado a conviver, e portanto, se a maneira como as pessoas veem a morte reflete as suas próprias convicções, estas não podem ser forçadas a continuar a viver quando, por força das circunstâncias extremas em que se encontram, consideram que tal não é desejável nem compatível com a sua própria dignidade.»

[18] Cfr. Nota 3.

[19] No preâmbulo da Constituição colombiana é expressamente invocada a "proteção de Deus", sendo que a *Corte Constitucional* afirmou, desde cedo, a natureza normativa do texto preambular (cfr. Decisão C-470/92, de 13 de agosto, disponível em: www.corteconstitucional.gov.co). Neste contexto, é particularmente relevante a afirmação pelo tribunal da secularidade do Estado, interpretando-se a mencionada passagem do texto preambular no seguinte sentido: «Ao invocar a proteção de Deus, os constituintes não consagraram um Estado confessional, mas simplesmente quiseram expressar que as crenças religiosas constituíam um valor constitucional protegido» (cfr. Decisão C-350/94, de 4 de agosto, disponível em: www.corteconstitucional.gov.co); Neste sentido, cfr. Mario Madrid-Malo Garizabal, *Constitución Política de Colombia comentada por la Comisión Colombiana de Juristas*, Bogotá, 1998, pp. 21 e 22.

Pelo que, com este fundamento, e numa primeira tomada de posição quanto às duas hipóteses identificadas pelo tribunal [(*i*) «a de que assume a vida como algo sagrado»; (*ii*) a de que a vida «é um bem valioso mas não sagrado, pois as crenças religiosas ou as convicções metafísicas que fundamentam a sua sacralização são apenas uma entre várias opções»] conclui que «se o respeito à dignidade humana fundamenta o ordenamento, é claro que a vida não pode ser vista simplesmente como algo sagrado, ao ponto de se desconhecer a situação real em que se encontra a pessoa e a sua posição em relação ao valor que a vida tem para si.»

Em contraponto, o tribunal declara que a Constituição colombiana «não apenas protege a vida como um direito, mas também como um valor do ordenamento». A lei fundamental «não é neutra face ao valor vida, sendo sim um ordenamento claramente a seu favor», o que implica «um dever do Estado de proteger a vida.».

Contudo, «o Estado não pode cumprir essa obrigação desconhecendo a autonomia e a dignidade das próprias pessoas». «O dever do Estado de proteger a vida deve ser então compatível com o respeito pela dignidade humana e o livre desenvolvimento da personalidade.» O «direito fundamental a viver implica então o direito a morrer condignamente, pois condenar uma pessoa a prolongar por um tempo escasso a sua existência, quando não o deseja e padece de profundo sofrimento, equivaleria a um tratamento cruel e desumano». Como também «estaríamos perante uma «anulação da sua dignidade e da sua autonomia com sujeito moral». «A pessoa seria reduzida a um instrumento para a preservação da vida enquanto valor abstrato».

Nestes termos, a *Corte Constitucional* concluiu que o Estado não está a habilitado a opor-se ao desígnio da pessoa, «nem impedir, através de uma proibição ou de uma sanção, que um terceiro o ajude a exercer a sua opção». «Não se trata de diminuir a importância do dever do Estado de proteger a vida, mas sim de reconhecer que esta obrigação não se traduz na preservação da vida apenas como facto biológico».

Pelo que, na concreta resolução do caso, o tribunal determinou que «o dever estadual [de proteção da vida] cede perante o consentimento informado do paciente que deseja morrer de forma digna». E, na concretização deste juízo, o tribunal declarou ainda que, tendo o Estado o dever de proteger a vida humana, é sempre necessário «que se estabeleçam normas legais muito rigorosas quanto ao modo como deve ser prestado o consentimento e a ajuda a morrer» destinadas a assegurar que o «consentimento seja genuíno»[20].

3. A dimensão normativa da *dignidade-autonomia* na renúncia ao direito fundamental à vida

A decisão acima descrita convoca, no essencial, dois parâmetros constitucionais: (*i*) o artigo 1º, na parcela referente ao princípio da dignidade da pessoa humana[21]; (*ii*) o artigo 11º, relativo ao direito fundamental à vida[22].

Ainda que, em algumas passagens, o Tribunal Constitucional colombiano se refira, conjuntamente, à dignidade da pessoa humana e ao livre desenvolvimento da personalidade, não restarão dúvidas de que o princípio da dignidade da pessoa humana foi o fundamento normativo determinante do sentido decisório adotado. Aliás, tal foi, em 2014, expressamente reiterado pelo mesmo tribunal, no já referenciado acórdão T-970/14, de 15 de dezembro[23].

Nestes termos, estando em discussão a (in)constitucionalidade da renúncia, livre e esclarecida, ao direito à vida, o tribunal não idealizou qualquer colisão de direitos fundamentais[24], nomeadamente pela identificação de um eventual conflito normativo entre o direito fundamental à

[20] Apesar deste sentido decisório e de o tribunal ter realizado uma atípica exortação ao Parlamento para que legislasse sobre a "morte assistida", tal não aconteceu até 2015, na sequência do acórdão T-970/14, de 15 de dezembro, confirmativo do fundamento e sentido decisório do acórdão de 1997. O regime legal foi criado pela Lei nº 1733, de 8 de setembro de 2014, regulamentada pela Resolução nº 1216/2015, de 20 de abril, ambas disponíveis, respetivamente, em: wsp.presidencia.gov.co; www.minsalud.gov.co.

[21] Cfr. Nota 3.

[22] «O direito à vida é inviolável. Não haverá pena de morte.»

[23] Por referência à decisão de 1997, o tribunal afirma que «a dignidade humana como princípio e valor constitucional foi o fundamento para despenalizar o homicídio por piedade». No entanto, no prolongamento da decisão de 1997, o tribunal, com fundamento no princípio da dignidade da pessoa humana, reconheceu a existência de um *direito fundamental a morrer dignamente* (em paralelo, sobre a "descoberta" pelo Tribunal Constitucional português de *direitos fundamentais não escritos* a partir do princípio da dignidade da pessoa humana, cfr. MARIA LÚCIA AMARAL, O Princípio da Dignidade da Pessoa Humana na Jurisprudência Constitucional Portuguesa, in *Liberum Amicorum de José de Sousa e Brito*, Almedina, Coimbra, 2009, pp. 956 a 963).

[24] Neste sentido, cfr. BENEDITA MAC CRORIE, *Os Limites da Renúncia a Direitos Fundamentais nas Relações entre Particulares*, Almedina, Coimbra, 2017, pp. 98 a 107.

vida e o direito fundamental ao desenvolvimento da personalidade[25], nem encarou o poder de disposição do direito à vida como uma prerrogativa diretamente fundamentada na própria titularidade desse direito[26].

Decorre, pois, do *iter c*ognitivo da decisão, que a renúncia ao direito à vida, nos termos aí admitidos, encontrou o seu fundamento em norma jurídica extraída do enunciativo normativo relativo ao princípio da dignidade da pessoa humana. A dignidade da pessoa humana foi invocada *a se*, como fundamento normativo direto da admissibilidade, em determinadas condições, da renúncia ao direito à vida.

Em concreto, o tribunal fundou a sua decisão na invocação da dignidade humana na sua dimensão subjetiva de *dignidade-autonomia,* enquanto último garante da liberdade pessoal e autodeterminação de cada um dos indivíduos[27/28].

[25] Também previsto na Constituição colombiana, no seu artigo 16º: «Todas as pessoas têm direito ao livre desenvolvimento da sua personalidade sem mais limitações do que as impostas pelos direitos de os demais e pelo ordenamento jurídico».

[26] Sobre a renúncia enquanto modo de exercício do direito fundamental, cfr. Jorge Reis Novais, *Direitos Fundamentais: Trunfos Contra a Maioria*, Coimbra Editora, Coimbra, 2006, pp. 233 a 239.

[27] «Autonomia é pois o fundamento da dignidade da natureza humana e de toda a natureza racional» – cfr. Immanuel Kant, *Fundamentação da Metafísica dos Costumes*, Edições 70, 2007, p. 84.

[28] De influência kantiana, o reconhecimento, em maior ou menor medida, da *dignidade-autonomia* enquanto dimensão subjetiva da dignidade da pessoa humana tem sido traço comum ao labor de densificação normativa do princípio.

Neste sentido cfr., entre muitos outros, Jorge Miranda, A dignidade da pessoa humana e a Constituição, in *Liber Amicorum Fausto Quadros*, Vol. I, Almedina, Coimbra, 2016, p. 74; cfr. Jorge Reis Novais, *Direitos fundamentais: trunfos contra a maioria*, Coimbra Editora, Coimbra, 2006, p. 30; *A dignidade da pessoa humana. Dignidade e direitos fundamentais,* Vol. I, reimpressão, Almedina, Coimbra, 2016, pp. 61 a 66. *A dignidade da pessoa humana. Dignidade e inconstitucionalidade*, Vol. II...*cit.*, pp. 106 a 111; cfr. Daniel Sarmento, *Dignidade da pesssoa humana. Conteúdo, trajectórias e metodologia*, 1ª edição, Editora Fórum, Belo Horizonte, 2016, pp. 135 a 162; Luís Roberto Barroso, *A dignidade da pessoa humana no direito constitucional contemporâneo. A construção de um conceito jurídico à luz da jurisprudência mundial*, 4ª reimpressão, Editora Fórum, Belo Horizonte, 2016, pp. 81 a 86; Julian Nida-Rümelin, Why Human Dignity Rests upon Freedom, in *Human Dignity as a Foundation of Law*, Franz Steiner Verlag, Estugarda, 2013, pp. 83 a 92; Christopher Mccrudden, Human Dignity and Judicial Interpretation of Human Rights, in *The European Journal of International Law*, Vol. 19, nº 4, 2008, pp. 685 a 689; Jeremy Waldron, Moral Autonomy and Personal Autonomy, in *Autonomy and the Challenges to Liberalism*, Cambridge University Press, 2005, pp. 308-14; Robert Taylor, Kantian Personal Autonomy, in *Political Theory*, Vol. 33, nº 5, 2005, pp. 602 a 628.

É de avançar, desde já, que não se discorda do enquadramento jurídico realizado pela *Corte Constitucional* colombiana. Pelo contrário, é de aderir, em grande parte, à compreensão da renúncia aos direitos fundamentais como atuação fundada no princípio da dignidade da pessoa humana na sua dimensão normativa relativa à *dignidade-autonomia*.

A favor desta conceção, é de considerar, por um lado, a relação estabelecida entre a dignidade da pessoa humana e os direitos fundamentais, identificando-se a a primeira, neste preciso contexto, como o *direito a ter direitos*[29]. O referencial jurídico que fundamenta a existência e delimitação normativa dos restantes direitos fundamentais da pessoa. Identifica-se, neste sentido, a dignidade da pessoa humana como elemento normativo que confere unidade de sentido ao conjunto de direitos fundamentais previstos na Constituição[30]. Nesta medida, os direitos fundamentais «são obrigatórios juridicamente, porque são explicitações da dignidade da pessoa humana, que lhes dá fundamento»[31.]

Se a dignidade humana corresponde ao fundamento jurídico de todo e qualquer direito fundamental, a renúncia a uma destas posições jurídicas encontrará a sua "habilitação" no princípio da dignidade da pessoa humana, na dimensão normativa da *dignidade-autonomia*[32]. Aliás, a partir do momento em que se reconhece a dignidade humana como fundamento da consagração constitucional dos direitos fundamentais, ter-se-á como difícil outra conclusão, a não ser que se admitisse existir uma equivalência valorativa entre o princípio da dignidade da pessoa humana e outra norma constitucional[33].

[29] Cfr. Christoph Menke, Dignity as the right to have rights: human dignity in Hannah Arendt, in *Cambridge Handbook on Human Dignity*, Cambridge University Press, 2014, pp. 333 a 342; Jorge Reis Novais, *A dignidade da pessoa humana*, Vol. II...*cit.*, p. 70; Os dois por referência a Hannah Arendt (cfr. *Es gibt nur ein einziges Menschenrecht*, 5, 1, Novembro de 2009, p 760, disponível em: www.hannaharendt.net).

[30] Cfr. Vieira de Andrade, *Os Direitos Fundamentais na Constituição Portuguesa de 1976*, 5ª Edição, Almedina, Coimbra, 2016, p. 93.
No mesmo sentido, cfr., entre outros, Gomes Canotilho, Dignidade e Constitucionalização da pessoa humana, in *Estudos de Homenagem ao Professor Doutor Jorge Miranda*, Vol. II, Coimbra Editora, Coimbra, 2012, pp. 288 a 290.

[31] Cfr. Vieira de Andrade, *Os Direitos Fundamentais...cit.*, p. 105.

[32] Cfr. Gerhard Robbers, Der Grundrechtsverzicht. Zum Grundsatz 'volenti non fit iniuria' im Verfassungsrecht, in *JuristischeSchulung*, 25, 1985, pp. 929 e 930.

[33] Ainda que aparente perfilhar a tese segundo a qual a renúncia aos direitos fundamentais encontra o seu fundamento direto na própria titularidade do direito fundamental, Jorge Reis Novais não rejeita que o princípio da dignidade da pessoa humana possa ser invocado

Mas mesmo que se admita existirem determinadas situações de autorrestrições a direitos fundamentais que sejam subsumíveis a normas permissivas extraídas de outros enunciados constitucionais que não do princípio da dignidade da pessoa humana[34], outras "ativam", em qualquer caso, a produção de efeitos jurídicos da dimensão normativa subjetiva do princípio.

Desde logo, nas situações de renúncia total e irreversível a um direito fundamental, a habilitação constitucional a esta disposição apenas poderá encontrar fundamento no princípio da dignidade da pessoa humana e não em qualquer outro dispositivo normativo constitucional, sob pena de total descaracterização da dignidade da pessoa humana como esteio do sistema constitucional de direitos fundamentais. E dificilmente se dirá que, deste modo, contribuímos para a banalização do conteúdo normativo da dignidade da pessoa humana: reconhecido o princípio da dignidade da pessoa humana como fundamento último dos direitos fundamentais, é dele que deriva toda a "ordem", pelo que a eventual retirada definitiva e global de um dos elementos dessa "ordem" implica que se recorra ao seu fundamento. Por outras palavras, o intérprete, ao reconhecer o princípio da dignidade da pessoa humana como *ratio essendi* dos direitos fundamentais, não será encaminhado pelo sistema jurídico para outras normas aquando da eventual renúncia absoluta e irreversível a um direito fundamental, estando "obrigado" a recorrer ao princípio da dignidade da pessoa humana para esse efeito.

É este, a nosso ver, o enquadramento devido para os casos de renúncia ao direito à vida, até porque estes implicam, pela sua natureza, a extinção absoluta e irreversível do bem jurídico aí protegido. Acresce ainda outro argumento que reforça a coerência desta posição: a renúncia ao direito à vida terá como consequência irrefutável a extinção dos restantes direitos fundamentais na sua dimensão subjetiva[35]. Pelo que as situações de renún-

como fundamento desse poder de disposição (cfr. *Direitos fundamentais: trunfos contra a maioria*, Coimbra Editora, Coimbra, 2006, p. 274).

[34] Deixar-se-á para outra oportunidade a discussão sobre em que medida determinadas autorrestrições ao exercício de direitos fundamentais não acionam a norma jurídica da *dignidade-autonomia*, admitindo-se a sua disposição com fundamento noutras normas constitucionais, tais como as que expressamente o admitem, bem como no caso de autorrestrições temporárias de "menor relevância", que dificilmente justificam a invocação do princípio da dignidade da pessoa humana enquanto fundamento dessa disposição.

[35] A vida constitui "o substrato físico da titularidade de direitos fundamentais" (cfr. Claus-Wilhelm Canaris, *Direitos Fundamentais e Direito Privado*, 4ª reimpressão, Almedina, Coimbra, 2016, p. 113).

cia ao direito à vida terão necessariamente fundamento no princípio da dignidade da pessoa humana enquanto alicerce da consagração constitucional de todos e cada um dos direitos fundamentais, e não em qualquer outra norma constitucional.

Posto isto, no plano do fundamento normativo, e tal como concluído pela *Corte Constitucional* colombiana, as situações de renúncia ao direito à vida não são aptas a "ativar" os efeitos jurídicos de outra norma constitucional (e.g. direito fundamental ao livre desenvolvimento da personalidade), que não o princípio da dignidade da pessoa humana na dimensão normativa da *dignidade-autonomia*, enquanto fundamento do poder de, na sua individualidade, cada pessoa se autodeterminar.

4. Para além da decisão do Tribunal Constitucional colombiano: os "limites" ao consentimento enquanto conflito de dimensões normativas da dignidade

Desde que o ato de renúncia corresponda à expressão de uma vontade livre e esclarecida, a "morte assistida" encontra fundamento na dignidade da pessoa humana na vertente da *dignidade-autonomia*. Neste sentido, a *Corte Constitucional* não discutiu a eventual existência de "limites" à "aplicação" dessa dimensão normativa.

Esses "limites" corresponderiam ao reconhecimento de que nem todas as situações de consentimento do envolvido – neste caso, de renúncia ao direito à vida – são legitimadas pelo direito, ainda que diretamente fundadas numa dada dimensão normativa do princípio da dignidade da pessoa humana. Nestes termos, nos casos em que a dignidade humana não é apenas tida como valor ou elemento interpretativo, mas é sim fundamento direto de determinada conduta, em que medida poderá outro elemento normativo do ordenamento constituir um "limite" à sua aplicação?

A resposta será a de que, nos casos de "aplicação" de norma jurídica decorrente da dignidade da pessoa humana, apenas outra norma extraída do enunciado constitucional relativo ao princípio da dignidade da pessoa humana poderá "concorrer" com a primeira. E, em boa verdade, é esta a "realidade normativa" que resulta da afirmação, particularmente comum, de que os "limites" à autonomia individual da pessoa, fundada na dignidade da pessoa humana, são impostos pela própria dignidade da pessoa humana na sua dimensão objetiva[36].

Verifica-se, pois, um conflito normativo entre a dignidade humana na sua dimensão subjetiva e a dignidade humana na sua vertente objetiva. Os chamados "limites" impostos pela dignidade humana à autonomia do individuo, também ela fundada na dignidade humana, não são, nesta medida, mais do que a identificação de um conflito normativo entre duas normas extraídas do enunciado constitucional relativo ao princípio da dignidade da pessoa humana.

Testemos resumidamente o agora afirmado, a partir de dois casos jurisprudenciais e comumente discutidos pela doutrina, e das quais ressalta a consideração da dignidade da pessoa humana como "fundamento" e "limite" nas situações de consentimento do envolvido, para que, no final, o façamos quanto ao caso decidido pela *Corte Constitucional* colombiana.

No paradigmático caso francês do "lançamento do anão"[37], verifica-se que este último consentiu, de forma livre e esclarecida, o seu arremesso por outras pessoas num ato lúdico. Assim sendo, verifica-se que, por um lado, a dignidade da pessoa humana é "invocável" na sua dimensão subje-

[36] Reconhecendo, a nosso ver, um conflito normativo entre estas duas dimensões, cfr., entre outros, Jorge Reis Novais, nomeadamente ao afirmar ser de enorme complexidade a "compatibilização da dimensão objetiva com a dimensão subjetiva da dignidade humana" (cfr. *A dignidade da pessoa humana,* Vol. II...*cit.*, p. 70, nota 73; p. 108); Luis Roberto Barroso, ao configurar a dignidade-heteronomia ou valor comunitário (dimensão objetiva da dignidade) como um "limite" à autonomia individual da pessoa (cfr. A dignidade da pessoa humana... *cit.* p.88).
Noutra terminologia, referindo-se à oposição entre a dignidade humana "*as empowerment*", identificada com a autonomia individual da pessoa, e a dignidade humana "*as constraint*", relativa à invocação objetiva da dignidade humana enquanto "limite", cfr. Deryck Beyleveld / Roger Brownsword, *Human dignity in bioethics and biolaw*, 1ª edição, Oxford University Press, 2002. No mesmo sentido, cfr. Christopher Mccrudden, Human Dignity and Judicial Interpretation of Human Rights,in *The European Journal of Internacional Law*, Vol. 19, nº 4, 2008, pp. 702 a 705.
Na sua identificação como um problema estrutural e paradoxal da dignidade humana, Matthias Mahlmann refere-se a este conflito através da seguinte interrogação: "Pode a dignidade humana, estando intimamente associada à autonomia, ser usada como "limite" à autonomia?" (cfr. Human Dignity and Autonomy in Modern Constitutional Orders, in *The Oxford Handbook of Comparative Constitutional Law*, Oxford University Press, Oxford, 2012, p. 385).

[37] Para uma descrição e análise, cfr. Jorge Reis Novais, *A Dignidade da Pessoa Humana*, Vol. I...*cit.*, pp. 105; 108 a 110.

tiva, enquanto garante da autodeterminação dos indivíduos. E, por outro, caracterizando o lançamento enquanto tratamento denegridor da sua dignidade, estará igualmente em causa o princípio da dignidade da pessoa humana, mas agora na sua dimensão objetiva[38].

No caso do "canibal de Rotenburg"[39], em síntese, duas pessoas, maiores, acordaram que uma delas mataria a outra e comeria partes do seu corpo. Ora, de um lado, na medida em que a vítima renunciou, de forma livre e esclarecida, ao seu direito fundamental à vida, encontrar-se-á a "invocação" da *dignidade-autonomia*, visto que vítima deu, comprovadamente, o seu inequívoco consentimento. Do outro, como "limite" ao exercício dessa autonomia individual, invocar-se-á que, *in casu*, ocorreu, enquanto dimensão objetiva da dignidade, a violação da dignidade intrínseca da pessoa humana[40].

É, no entanto, de rejeitar que essa dimensão objetiva da dignidade da pessoa humana, (conflituante com a já identificada dimensão subjetiva da dignidade), corresponda a uma *dignidade-heteronomia*, dita comunitária, fundada na moral pública[41].Tal significaria a idealização de uma dimensão objetiva de dignidade humana promotora do paternalismo estadual[42], conferindo liberdade aos poderes públicos para a imposição de uma dada conceção social de dignidade, e, nessa medida, colocando a pessoa humana, e a sua autonomia, à mercê do Estado. A dimensão objetiva da dignidade não será então uma dignidade "nossa", diluída no interesse da comunidade[43], mas sim definida a partir de um critério normativo predominantemente

[38] Igualmente na identificação deste conflito no caso do "lançamento do anão", cfr. Andreas Dimopoulos, *Issues in Human Rights Protection of Intellectually Disabled Persons*, Routledge, Nova Iorque, 2016, p. 35

[39] Para uma descrição e análise, cfr. Vera Bergelson, The 2008 David J.Stoffer Lecture: Autonomy, Dignity, and Consent to Harm, in *Rutgers Law Review*, Vol. 60, nº 3, 2008,pp. 724 e 725; 730 e 731.

[40] Neste sentido, identificando, por referência ao caso do "canibal de Rotenburg", um conflito entre uma conceção subjetiva da dignidade e uma conceção objetiva da dignidade, tendo, na mencionada situação, prevalecido a última, cfr. Vera Bergelson, *The 2008 David J.Stoffer Lecture: Autonomy...cit.*, pp. 730 e 731.

[41] Cfr. Luís Roberto Barroso, *A dignidade da pessoa humana...cit.* p. 97.

[42] Sobre os requisitos para que uma dada atuação ou omissão seja tida como paternalista, cfr. Gerald Dworkin, Paternalism, in *The Stanford Encyclopedia of Philosophy*, Spring 2017 Edition, disponível em: https://plato.stanford.edu/archives/spr2017/entries/paternalism/.

[43] Cfr. Luís Roberto Barroso, *A dignidade da pessoa humana...cit.* pp. 87 e ss.

objetivo, relativo à proibição da degradação da pessoa na sua humanidade intrínseca[44], à sua banalização enquanto pessoa.

Ora, tal dimensão normativa objetiva[45] da dignidade humana tem sido identificada, não raras vezes, com a *fórmula do objeto* (*Objektformel*)[46/47], enquanto proibição de instrumentalização da pessoa humana. Com efeito, nas situações de facto já delimitadas, nas quais ocorre o consentimento consciente e responsável do envolvido, a *proibição de instrumentalização* encontra-se numa relação de tensão[48] com a *dignidade-autonomia*[49]. O chamado "limite" à autodeterminação dos indivíduos fundada na dimensão subjetiva da dignidade humana, não corresponderá a uma conceção heterónoma e comunitária da dignidade da pessoa humana, mas sim à proibição da desumanização da pessoa, enquanto dimensão normativa objetiva da dignidade, por "aplicação" da *fórmula do objeto*[50].

[44] Cfr. JORGE REIS NOVAIS, *A Dignidade da Pessoa Humana*, Vol. II, ...*cit*, pp. 102 a 106; p. 117.

[45] Cfr. MIGUEL NOGUEIRA DE BRITO, *Introdução ao Estudo do Direito*, AAFDL, Lisboa, 2017, p. 43.

[46] De influência kantiana e perfilhada pelo Tribunal Constitucional alemão, a fórmula é usualmente atribuída a GÜNTER DÜRIG (cfr. Die Menschenauffassung des Grundgesetzes, in *Juristische Rundschau*, nº 7, 1952, p. 259).

[47] Sobre a *fórmula do objeto*, cfr, entre muitos outros, HORST DREIER, Human Dignity in German Law, in *Cambridge Handbook on Human Dignity*, Cambridge University Press, 2014, pp. 375 a 385; KLEIN ECKART, Human dignity in German law, in *The Concept of Human Dignity in Human Rights Discourse*, Kluwer Law International, 2002, pp. 145 a 159; INGO VON MÜNCH, La Dignidad del Hombre en el Derecho Constitucional, in *Revista Española de Derecho Constitucional*, 2, nº 5, 1982, pp. 19 a 22.

[48] Cfr. KLAUS MATHIS, Human Dignity as a Two-edged Sword, in *Human Dignity as a Foundation of Law*, Franz Steiner Verlag, Estugarda, 2013, pp. 131 a 144; CONOR O'MAHONY, There is no such thing as a right to dignity, in *International Journal of Constitutional Law*, Oxford University Press, Vol. 10, 2012, pp. 555 e 556.

[49] Para além dos *hard cases* acima descritos, nos quais, quer no "lançamento do anão", quer no caso do "canibal de Rotenburg", estava em causa a *proibição da instrumentalização* como "limite" à *autonomia* do envolvido, considere-se ainda o caso relativo ao "*peep show*", no qual o Tribunal Administrativo Federal alemão (*Bundesverwaltungsgericht*) "aplicou" a *proibição de instrumentalização* como "limite" à autodeterminação da mulher, que "atuava" de livre vontade. Neste sentido, MARTHA NUSSBAUM destaca a notoriedade da decisão por, precisamente, ter colocado em confronto estas duas dimensões (cfr. *Hiding from Humanity: Disgust, Shame and the Law*, Princeton University Press, 2004, p. 146).

[50] Em aplicação da *fórmula do objeto* como "limite" ao poder da pessoa determinar por si própria o sentido e conteúdo da sua dignidade, na medida da prestação de consentimento, cfr. JORGE REIS NOVAIS, *Os princípios constitucionais estruturantes da República Portuguesa*, 1ª Edição, Reimpressão, Coimbra Editora, Coimbra, 2014, p. 62.

Nestes termos, as situações de facto nas quais determinada pessoa, no exercício da sua autonomia, se sujeita ou adota uma conduta potencialmente promotora da sua instrumentalização, convocam a aplicação de duas normas de efeitos jurídicos contraditórios: (*i*) a dimensão normativa subjetiva da dignidade enquanto *dignidade-autonomia*; (*ii*) a dimensão normativa objetiva da dignidade enquanto *proibição de instrumentalização.*

Surge, por isso, um conflito normativo concreto[51] entre duas normas de natureza principiológica, extraídas do mesmo enunciado normativo[52/53], insuscetível de ser resolvido mediante uma norma de conflitos, obrigando o intérprete a recorrer à *ponderação*[54/55], em "aplicação" do prin-

[51] Sobre os requisitos da ocorrência de um conflito normativo, cfr. David Duarte, Normative Conditions of Balancing: Drawing Up the Boundaries of Normative Conflicts that Lead to Balances, in *Legal Reasoning: the Methods of Balancing*, Franz Steiner Verlag, Estugarda, 2010, pp. 51 e ss..

[52] Na identificação de uma semelhante "realidade normativa", David Duarte refere-se a situações de conflito de "uma norma consigo mesma", enquanto conflito uninormativo que pressupõe a existência de interesses divergentes de dois sujeitos, derivados da mesma posição jurídica (cfr. Structuring Addresses in Fundamental Rights Norms: An Application, in *Fundamental Rights.Justification and Interpretation*, Eleven International Publishing, 2016, pp. 90 a 92). No entanto, no conflito aqui identificado, não estamos perante um conflito de uma norma consigo mesma, mas sim um conflito entre duas normas extraídas da mesma disposição legal.
Igualmente na identificação de conflitos intraprincípios, cfr. Marcelo Neves, *Entre Hidra e Hércules. Princípios e regras constitucionais como diferença paradoxal do sistema jurídico*, 1ª edição, Editora WMF, São Paulo, 2013, pp. 160 e ss. Para uma recensão à obra de Marcelo Neves, cfr. Jorge Silva Sampaio, Recensão Marcelo Neves, entre hidra e hércules – Princípios e regras constitucionais, São Paulo, 2012, *in Revista E-Pública, Vol. 2, nº 1, 2015, disponível em:* www.e-pública.pt*;* Ainda sobre o tema, cfr. Mauro Barberis, Los Derechos humanos como adquisición evolutiva, in *DOXA*, Cuadernos de Filosofía del Derecho, 36, 2013. p. 39.

[53] Diga-se ainda que o reconhecimento deste conflito entre duas dimensões normativas extraídas da disposição constitucional relativa ao princípio da dignidade da pessoa humana poderá ser bem recebida por quem, em defesa do carácter absoluto da dignidade da pessoa humana, considera que "não pode haver um outro bem, valor, interesse, princípio ou direito que justifique uma restrição da dignidade da pessoa humana, ou seja, que legitime juridicamente uma agressão à dignidade" (cfr. Jorge Reis Novais, *A Dignidade da Pessoa Humana*, Vol. II...*cit.*, pp. 157 e 158).

[54] Cfr. Robert Alexy, *A Theory of Constitutional Rights*, Oxford University Press, 2002, pp. 100 a 109; Carlos Bernal Pulido, Estructura y límites de la ponderación, in *DOXA*, *Cuadernos de Filosofía del Derecho*, 26, 2003, pp. 225-238.

[55] Vemo-nos, deste modo, "obrigados" a "sujeitar" o princípio da dignidade da pessoa humana ao *método da ponderação.* No entanto, realce-se, essa ponderação é provocada por um conflito entre duas dimensões normativas relativas à dignidade da pessoa humana, e não entre o

cípio da proporcionalidade no teste da *proporcionalidade em sentido estrito*[56].

Neste âmbito, considerando que as duas dimensões normativas em colisão dizem respeito ao mesmo "bem jurídico" (dignidade da pessoa humana) e são extraídas do mesmo enunciado normativo, será de considerar que estamos perante duas normas que gozam do mesmo *peso abstrato*[57], pela que a *ponderação* terá apenas como "objeto" o *peso concreto* das normas conflituantes[58], exercício no qual as circunstâncias e os interesses subjacentes à situação de facto são determinantes na definição do efeito jurídico prevalecente.

Todavia, a conclusão de que as situações de facto nas quais determinada pessoa, no exercício da sua autonomia, se sujeita ou adota uma conduta que potencialmente promova a sua instrumentalização, obrigam à resolução, com recurso à *ponderação*, de um conflito normativo entre a dimensão normativa subjetiva da *dignidade-autonomia* e a dimensão normativa objetiva da *proibição de instrumentalização*, não significa que a primeira não venha, com particular regularidade, a prevalecer sobre a segunda.

Na verdade, num juízo meramente estatístico, diríamos que na esmagadora maioria das situações de facto com os contornos acima descritos, a norma da *dignidade-autonomia* prevalecerá sobre a aplicação da norma de *proibição de instrumentalização*. Desde logo, porque os termos do consentimento, nomeadamente (*i*) o modo de exteriorização dessa vontade; (*ii*) a sua plena pessoalidade (*iii*) a comprovação da sua veracidade; (*iv*) o grau de clareza na expressão dessa vontade; (*v*) a sua atualidade; (*vi*) e a sua reiteração, revelar-se-ão elementos de facto determinantes na reso-

princípio da dignidade da pessoa humana e uma norma extraída de outro enunciado normativo do sistema jurídico. Sobre a necessidade de sujeitar a dignidade humana à ponderação, ainda que noutros termos, cfr. MATTIAS KUMM / ALEC D. WALEN, Human Dignity and Proportionality: Deontic Pluralism in Balancing, in *Proportionality and the Rule of Law. Rights, Justification, Reasoning*, Cambridge University Press, pp. 67 a 89.

56 Cfr. ROBERT ALEXY, Constitutional Rights and Proportionality, in *Revus – Journal for Constitutional Theory and Philosophy of Law*, 22, 2014, pp. 54 a 57.

57 Sendo que tal já resultaria de anterior conclusão, por estarmos perante um conflito *prima facie* irresolúvel (cfr. PEDRO MONIZ LOPES, *Derrotabilidade normativa e normas administrativas*, Tese de doutoramento, Direito (Ciências Jurídico-Políticas), Universidade de Lisboa, Faculdade de Direito, 2016, p. 320).

58 Referindo-se, em análise ao caso do "lançamento do anão", ao peso concreto da norma de *proibição de instrumentalização*, em detrimento da consideração do seu *peso abstrato*, cfr. JORGE REIS NOVAIS, *A Dignidade da Pessoa Humana*, Vol. II...*cit.*, p.112.

lução do conflito normativo. Aliás, poder-se-á dizer que, existindo uma declaração de vontade livre, pessoal, atual, inequívoca e reiterada, as situações nas quais da colisão resultará a prevalência do efeito jurídico decorrente da dimensão normativa objetiva da dignidade, impedindo que a pessoa cumpra o seu desígnio ao abrigo da *dignidade-autonomia*, serão excecionais[59].

Acresce ainda, no plano da relevância do consentimento na *ponderação* a realizar, que um dos juízos passa pela medição da gravidade da "instrumentalização consentida" face às restantes "modalidades" de instrumentalização da pessoa[60]. E, não raras vezes, será de concluir pela menor gravidade da "instrumentação consentida" ocorrida no caso concreto, face a outros níveis de "instrumentalização não consentida", o que diminuirá o *peso concreto* da dimensão objetiva da dignidade no conflito em resolução.

Importa ainda considerar, como elemento relevante na *ponderação*, a mediação do nível de afetação e a irreversibilidade da capacidade de autodeterminação atual ou futura do sujeito enquanto consequência do consentimento prestado pelo envolvido[61]. Nestes termos, desde que numa relação de causalidade com consentimento prestado, quanto maior for o nível de afetação da sua autonomia, atual ou futura, ou se conclua pela irreversibilidade, maior será o *peso concreto* da dimensão normativa relativa à *proibição de instrumentalização.*

De todo o modo, e recuperando um juízo já antecipado, será de considerar que existindo consentimento do envolvido, prestado de forma livre, pessoal e reiterada, para que a norma relativa à *proibição de instrumentalização* prevaleça sobre a norma da *dignidade-autonomia* num caso "instrumentalização consentida", será necessário, tendo em conta a *ponderação* a realizar, que a conduta adotada ou permitida corresponda a uma violação extrema da dignidade intrínseca da pessoa[62]. Pelo que, estatisticamente falando, aquando da colisão destas duas dimensões normativas, provocada por uma situação factual de "instrumentação consentida", regra geral será "ativada" a consequência jurídica decorrente da *dignidade-autonomia*, em

[59] Referimo-nos à excecionalidade não enquanto "propriedade" da norma jurídica da *proibição de instrumentalização*, mas sim no plano estatístico.

[60] Na identificação de vários níveis de instrumentalização, cfr. Jorge Reis Novais, *A Dignidade da Pessoa Humana*, Vol. II...*cit.*, pp. 116 e 117.

[61] Cfr. Jorge Reis Novais, *A Dignidade da Pessoa Humana*, Vol. II...*cit.*, p. 95.

[62] Cfr. Jorge Reis Novais, *A Dignidade da Pessoa Humana*, Vol. II...*cit.*, p. 103.

detrimento da *proibição de instrumentalização*, preservando-se a autodeterminação da pessoa, em detrimento da sua limitação pelos poderes públicos em nome de uma dada dimensão objetiva da dignidade.

5. Em conclusão e de "regresso" à decisão do Tribunal Constitucional colombiano sobre "morte assistida"

Como descrito acima (cfr. ponto 3.), o Tribunal Constitucional colombiano, aquando da prolação do acórdão relativa à "morte assistida", considerou que a situação convocava tão-somente a "aplicação" do princípio da dignidade da pessoa humana na vertente da *dignidade-autonomia*, tendo aí encontrado o fundamento normativo do sentido decisório adotado.

Com efeito, o tribunal não discutiu a existência de eventuais "limites" à autonomia individual fundada na dignidade da pessoa humana, mormente os que decorreriam da consideração da dignidade da pessoa humana numa dada dimensão normativa objetiva.

Por outras palavras, o tribunal não apreciou a eventual ocorrência de qualquer tipo de conflito normativo, tendo dado como assente que a possibilidade de uma pessoa requerer, de forma livre e esclarecida, o auxílio de terceiro para terminar com a sua vida, encontra fundamento no respeito pela dignidade da pessoa humana na dimensão normativa relativa à dignidade enquanto garantia da autodeterminação do indivíduo.

Ora, considerando o exposto no capítulo anterior, relativo ao conflito normativo provocado pelas situações nas quais determinada pessoa, no exercício da sua autonomia, se sujeita ou adota uma conduta potencialmente promotora da sua instrumentalização, será que a decisão tomada pelo Tribunal Constitucional colombiano poderia ou deveria ter sido diferente?

Em concreto, a resposta a esta interrogação passa, nos termos delimitados acima (cfr. ponto 4.), pela análise sobre se o caso concreto da "morte assistida", enquanto renúncia ao direito fundamental à vida, provoca ou não a ocorrência de um conflito normativo entre a dimensão subjetiva do princípio da dignidade da pessoa humana enquanto *dignidade-autonomia* e uma dada dimensão normativa objetiva da dignidade.

Para tal se verificar, a situação de facto não pode apenas ser susceptível de "accionar" a produção de efeitos jurídicos pela dimensão normativa da *dignidade-autonomia* – o que no caso da "morte assistida" já se deu por confirmado

– mas igualmente pela aferição se também convoca a "aplicação" da dimensão normativa objetiva dignidade enquanto *proibição de instrumentalização.*

Ora, a nosso ver, é difícil sustentar que a situação de facto subjacente à "morte assistida" seja subsumível à norma relativa à *proibição de coisificação*, na medida em que a instrumentalização, por definição, implicará que um terceiro (público ou privado) se sirva da pessoa enquanto meio para atingir os seus fins. Por outras palavras, o preenchimento da previsão da norma relativa à *proibição de instrumentalização* depende da ocorrência de uma situação de facto na qual a pessoa está a ser utilizada por "outrem", sendo, nessa medida, sujeita à prossecução de um fim que lhe é estranho.

Pelo contrário, no caso da "morte assistida", desde que comprovado o consentimento, livre e esclarecido, do envolvido, este encontra-se a prosseguir um fim que lhe é, em toda a linha, próprio, cumprindo a sua vontade, não se verificando a sua "utilização" por terceiro. Em suma, a pessoa é tida como um fim em si mesma[63].

Mas mesmo que se teorizasse sobre uma alegada "autoinstrumentalização", por se considerar que a pessoa estaria, nestes casos, a utilizar-se a si própria como objeto, tendo em vista a prossecução de um fim contrário à sua dignidade, tal argumento, em boa verdade, já não atende à instrumentalização da pessoa, mas sim à censurabilidade do fim prosseguido, por ser tido como atentatório de uma outra conceção objetiva da dignidade que não a *proibição de instrumentalização.*

No nosso entendimento, a situação de facto subjacente à "morte assistida" não provoca uma colisão entre a dimensão normativa objetiva da dignidade enquanto *dignidade-autonomia* e a dimensão normativa objetiva da dignidade relativa à *proibição de instrumentalização* da pessoa humana. O conflito normativo apenas se colocaria caso se atribuísse um conteúdo distinto à dimensão objetiva da dignidade da pessoa humana, configurando-a como uma dignidade assente na moral pública[64], enquanto dignidade comunitária, ou mesmo numa dignidade abstrata intrínseca[65], ou dignidade enquanto espécie[66] que se rejeitam, por serem contrárias à con-

[63] Aliás, a *fórmula do objeto* foi usada pelo Tribunal Constitucional colombiano na decisão aqui em análise, no sentido de que, negando-se a "morte assistida", «a pessoa seria reduzida a um instrumento para a preservação da vida enquanto valor abstrato» (cfr. ponto 2.).

[64] Cfr. Daniel Sarmento, *Dignidade da pesssoa humana...cit.*, pp. 174 a 182.

[65] Cfr. Ronald Dworkin, *Life's Dominion...cit.*, p. 195.

[66] Ainda que revelando a pretensão de conciliar a dignidade individual com a dignidade enquanto espécie, George Kateb admite ainda que a tentativa de reconhecimento de uma

sideração da pessoa na sua individualidade, e promotoras do paternalismo estadual[67/68].

Inexistindo, no que toca à "morte assistida", um conflito normativo entre duas dimensões normativas extraídas do enunciado constitucional relativo à dignidade da pessoa humana, verifica-se a direta convocação do princípio da dignidade da pessoa humana na dimensão normativa da *dignidade-autonomia*. Pelo que, tal como decidido pelo Tribunal Constitucional colombiano, não estamos perante um caso de dever de proteção do Estado da pessoa contra si própria[69]. O papel dos poderes públicos passa sim pela difícil garantia de que o envolvido se encontra, de forma pessoal, atual, consciente e esclarecida, a manifestar a vontade de terminar com a própria vida, sendo que a sua realidade implica irremediavelmente que esse desígnio apenas possa ser cumprido com o auxílio de terceiro.

dignidade da espécie convida a um maior cepticismo e hostilidade na delimitação do conceito (cfr. *Human Dignity*, Harvard University Press, Cambridge, 2011, pp. 5 e 6).

[67] No fundo, como um Estado que administra sabia e prudentemente os seus cidadãos.

[68] Sobre a relevância do "antipaternalismo" na configuração da dignidade da pessoa humana como conceito jurídico cfr. João Costa Neto, *Dignidade humana. Visão do Tribunal Constitucional Federal Alemão, do STF e do Tribunal Europeu*, Editora Saraiva, São Paulo, 2014, pp.35 a 38.

[69] No mesmo sentido, cfr., entre outros, Martha Nussbaum, Human Dignity and Political Entitlements, in *Humam Digniy and Bioethics: Essay Comissioned by the President's Council on Bioethics*, Washington, 2008, disponível em: bioethicsarchive.georgetown.edu.

A Dignidade (da Morte) da Pessoa Humana: o Caso Eluana Englaro

André Gonçalo Dias Pereira*
Mafalda Francisco Matos**

Resumo: No presente estudo procederemos a uma breve reflexão sobre o direito a uma morte assistida – também conhecido como *direito a uma morte digna* – enquanto manifestação do respeito pelo princípio da dignidade da pessoa humana, através da análise do polémico caso Eluana Englaro, decidido pela *Corte Suprema di Cassazione* italiana.

Sumário: **1.** Introdução **2.** A dignidade da pessoa humana e o direito a uma morte assistida: breves reflexões. **3.** O caso Eluana Englaro. **4.** O enquadramento jurídico... **4.1.** ...Em Portugal **4.2.** ...Em Angola. **5.** Notas sobre o debate em torno da Morte assistida **6.** Conclusões

* Professor da Faculdade de Direito da Universidade de Coimbra e Diretor do Centro de Direito Biomédico da Universidade de Coimbra, Pátio da Universidade, 3004-545 Coimbra, Portugal, andreper@fd.uc.pt. Este artigo integra-se nas atividades do Grupo de Investigação "Vulnerabilidade e Direito" do Instituto Jurídico da Faculdade de Direito da Universidade de Coimbra, no âmbito do Projecto "Desafios Sociais, Incerteza e Direito" (UID/DIR/04643/2013), financiado pela Fundação para a Ciência e a Tecnologia (FCT).

** Assistente da Faculdade de Direito da Universidade Agostinho Neto e Investigadora do Centro de Estudos de Direito Público da Universidade Agostinho Neto, Avenida Ho Chi Minh, Luanda, Angola, mafaldafranciscomatos@gmail.com.

1. Introdução

Vivemos, atualmente, em Portugal, uma nova vaga de discussão[1] sobre o *direito à morte digna*. Não deixa de ser curioso, por isso, que esta nossa reflexão, à luz do princípio da dignidade da pessoa humana, sobre o caso Eluana Englaro – cujo desfecho data de 2009 – pareça ainda mais oportuna, face ao manifesto "Direito a morrer com dignidade"[2] assinado por mais de 100 personalidades portuguesas e que parece ter espoletado múltiplas opiniões, aparentemente adormecidas, sobre a posição da ordem jurídica portuguesa face ao fim de vida.

Procuraremos, nesta reflexão, definir alguns conceitos relacionados com a morte assistida e o *direito a uma "morte digna"* – habitualmente apelidada *tout court* de *eutanásia* – de modo a que seja mais clara a análise do caso Eluana Englaro. Só assim, estaremos em condições de perceber se este caso teria o mesmo desfecho à luz do ordenamento jurídico português. Analisaremos, também, pelo trabalho de investigação que estamos a desenvolver em Angola, se, também aí, se poderia acolher uma tal decisão.

Não deixaremos, ainda, a final, de apontar breves notas sobre o debate em torno da morte assistida.

2. A dignidade da pessoa humana e o direito a uma morte assistida: breves reflexões

Morrer sem padecer de qualquer sofrimento é, estamos em crer, o desejo de qualquer pessoa. E não será esta a dignidade que se pode atribuir à morte? Não será o *direito a uma morte digna* o direito de morrer em paz, de forma serena?

[1] De facto, servindo-nos das palavras do Professor WALTER OSSWALD: "De tempos a tempos ressurge a discussão sobre a eutanásia; e podemos dizer que ressurge, pois nunca deixou de estar presente no evoluir do pensamento humano, dos sábios gregos aos teólogos cristãos, das locubrações filosóficas aos arrebatados discursos de proponentes e opositores. Trata-se, de facto, de uma questão *persistente* no debate bioético que, por isso mesmo se distingue das questões emergente, que o avanço tecno-científico vai trazendo à colação.", in "Eutanásia – ainda e sempre", *Brotéria*, Cristinanismo e Cultura, nº 6, vol. 167, Dezembro de 2008, p. 453.

[2] "É imperioso acabar com o sofrimento inútil e sem sentido, imposto em nome de convicções alheias. É urgente despenalizar e regulamentar a Morte Assistida", assim termina o Manifesto, publicado em vários jornais portugueses em 6 de Fevereiro de 2016, assinado inclusivamente por vários juristas e professores de Direito portugueses.

Nos últimos anos, em Portugal, graças aos métodos modernos de reanimação e suporte de vida que prologam a vida para lá do que seria possível de ser vivido, cada vez mais se morre "num hospital, despido, entubado, ligado a uma ou várias máquinas que asseguram a manutenção das funções vitais"[3] e, por isso, cada vez se revela comum a perspectiva de um *direito a uma morte (digna)* quando, em bom rigor, sempre nos habituámos à ideia da fundamental proteção de um *direito à vida*.

Mas estaremos, afinal, a falar de um *direito à morte* ou antes um *direito a morrer com dignidade*? Não será um direito a viver a morte, porque certa, de modo diferente daquele que se afigura muito previsível? Trata-se de um *direito a morrer* (ou *não morrer*) ou um *direito (subjetivo) de escolher em que condições morrer*?[4] Aqui, importa deixar claro que, nesta nossa reflexão, apenas nos referimos, precisamente, aos casos de doentes terminais ou que se possam encontrar em profundo sofrimento perante uma morte eminente, escusando-nos, assim, de falar de pessoas saudáveis que se encontrem fora deste âmbito.

Como nos apresenta Helena Pereira de Melo[5] este *direito a uma morte digna*, surge como um direito de quarta geração, recentíssimo, mas reconhecido em múltiplos textos éticos e jurídicos, no plano nacional e internacional. Diz-nos a Autora que se trata de um direito subjetivo – um poder conferido pela ordem jurídica a um sujeito para a realização por este de interesses, para o desfrute de bens no sentido mais amplo do termo – sendo claro que o seu titular se trata de uma pessoa física, singular, dotada de personalidade jurídica e que se encontra num estádio final da sua vida.

2.1. O princípio da dignidade da pessoa humana

O *direito a uma morte digna* não poderá senão assentar no *princípio da dignidade da pessoa humana*. Na verdade, é a dignidade devida ao ser humano que vem fundamentar o direito a ter um fim de vida digno.

[3] Helena Pereira de Melo, "O direito a morrer com dignidade", *Lex Medicinae, Revista Portuguesa de Direito da Saúde*, Ano 3, nº 6, Julho/Dezembro 2006, p. 69.

[4] No mesmo sentido, cfr. Henrique Guerra Tavares Gomes, "O Direito a uma morte digna", *JusJornal*, nº 1761, 26 de Setembro de 2013, Editora Wolters Kluwer Portugal, disponível em *http://jusjornal.wolterskluwer.pt*.

[5] Helena Pereira de Melo, "O direito a morrer com dignidade", *op. cit.*, p. 69.

A Constituição da República Portuguesa – tal como a Constituição da República de Angola – consagra o respeito pela dignidade da pessoa no seu artigo 1º. Ao ser formalmente acolhida, enquanto fundamento da República Portuguesa, no texto constitucional, a dignidade da pessoa humana, sem perder a qualidade de valor moral legitimador da força normativa da Constituição de um Estado de Direito material, transforma-se também em dever ser jurídico.[6]

Numa concepção de dignidade da pessoa humana como conceito aberto a um preenchimento onde impera a autonomia do interessado e o seu poder, dificilmente se aceitará que a sociedade imponha ao titular os ideais pretensamente objectivos de dignidade da pessoa humana que colidam com as suas próprias concepções e muito menos se aceitará que a autoridade pública se arrogue o poder de proteger contra si próprio, impedindo-o de renunciar a posições protegidas de direitos fundamentais.[7]

Concedemos que o artigo 24º, ao proteger o direito à vida na Constituição de 1976 utilizou uma terminologia mais veemente do que, por exemplo, a Convenção para a Proteção dos Direitos do Homem e das Liberdades Fundamentais. Se nesta última, o seu artigo 2º remete para a lei a defesa da vida (*"1. O direito de qualquer pessoa à vida é protegido pela lei."*) e o seu nº 2 prevê expressamente um conjunto relativamente alargado de exceções[8], já a nossa Constituição afirma perentoriamente, no artigo 24º, nº 1 que: *"A vida humana é inviolável"*. Ainda assim, vemos espaço de interpretação para a não inconstitucionalidade de eventual legislação que venha a moldar os termos da morte assistida, pois, se numa primeira época histórica, os direitos fundamentais eram oponíveis ao Estado, e numa segunda fase, se consideram eficazes nas relações horizontais e constituem imperativos de proteção que conduzem a "proibição de insuficiência"[9], já nos parece

[6] Jorge Reis Novais, *Os Princípios Constitucionais Estruturantes da República Portuguesa,* Coimbra Editora, 2004, p. 51.

[7] Jorge Reis Novais, *op. cit.,* p. 61 e 62.

[8] Artigo 2º (Direito à vida) 1. O direito de qualquer pessoa à vida é protegido pela lei. Ninguém poderá ser intencionalmente privado da vida, salvo em execução de uma sentença capital pronunciada por um tribunal, no caso de o crime ser punido com esta pena pela lei. 2. Não haverá violação do presente artigo quando a morte resulte de recurso à força, tornado absolutamente necessário: *a)* Para assegurar a defesa de qualquer pessoa contra uma violência ilegal; *b)* Para efectuar uma detenção legal ou para impedir a evasão de uma pessoa detida legalmente; *c)* Para reprimir, em conformidade com a lei, uma revolta ou uma insurreição

[9] Cfr., por todos, Claus Wilhelm Canaris, *Direitos Fundamentais e Direito Privado,* Almedina, 2016 (tradução de Ingo Wolfgang Sarlet e Paulo Mota Pinto).

interpretação excessiva e para além do sentido útil da norma, considerar que os direitos fundamentais se impõem *aos seus próprios titulares.*

2.2. A dignidade da morte e as diferentes modalidades de eutanásia

Mas como podem os doentes almejar uma morte digna? A resposta tem sido difícil de perceber: enquanto muitos apelam à *eutanásia* outros apresentam os comprovados benefícios dos *cuidados paliativos.*

Etimologicamente *eutanásia* – *eu* (bem) + *thanatos* (morte) – significa boa morte e, portanto, uma morte em paz e sem dor.

Como refere Vera Lúcia Raposo[10], "De acordo com esta definição seriam classificados de eutanásicos os procedimentos destinados a prestar cuidados paliativos ao doente e a controlar a sua dor sem que tivessem por finalidade a sua morte".

Sabemos, contudo, que a expressão *eutanásia* assumiu o significado de ato que provoca a morte a alguém que se encontra em profundo sofrimento, por compaixão. Trata-se de um ato de auxílio, misericordioso e não de uma pura defesa da morte. Falamos, aqui, de *eutanásia voluntária*, para os casos que, nas palavras de Nuno Ferreira[11] se referem "ao desejo de um adulto competente de morrer mediante um ato praticado por um terceiro, mediante o seu pedido lúcido e repetido, sob certas condições previamente estabelecidas e através de meios indolores.". Destaca, ainda, o Autor, que tradicionalmente esta *eutanásia voluntária* se fundamenta em três valores: *i)* a prevenção da crueldade – na medida em que ao ser proibida a eutanásia, significa obrigar alguém cujo estado físico e mental se degrada, a continuar a viver; *ii)* o princípio da autonomia e respeito pela autodeterminação e *iii)* a valorização da dignidade humana. Em nada confundamos a *eutanásia voluntária* com a aquela *eutanásia involuntária ou eugénica* utilizada em Esparta e na Alemanha Nazi.[12]

[10] Vera Lúcia Raposo, "Directivas antecipadas de vontade: em busca da lei perdida", *Revista do Ministério Público,* Janeiro: Março de 2011, p. 184

[11] Nuno Ferreira, "A eutanásia: entre o debate jurídico e a evolução da opinião pública", *Lex Medicinae, Revista Portuguesa de Direito da Saúde,* Ano 3, nº 6, Julho/Dezembro 2006, p. 139.

[12] Luísa Neto, *O Direito Fundamental à Disposição sobre o Próprio Corpo (A relevância da vontade na configuração do seu regime),* Coimbra Editora, 2004, pp.785 e ss.

Porém, a eutanásia, mesmo assim pensada, não assume uma única forma e podemos ter, em geral, três modalidades de *eutanásia*: a *ativa direta*, a *ativa indireta* e a *passiva*.

Na *eutanásia ativa direta* a morte é provocada por aquele que assiste o doente, através da administração de terapêuticas ou meios letais. Há um intencional, direto e certo encurtamento da vida do paciente. Esta modalidade é claramente punida, em Portugal, pelo artigo 134º do Código Penal – e de certa forma, também, o pode ser pelo artigo 133º (*Homicídio privilegiado*) – a título de *Homicídio a pedido da vítima*[13]. Note-se que a sensibilidade e sabedoria do Professor Eduardo Correia levou a que – já em 1982 – este tipo legal de crime tivesse como previsão máxima de pena os 3 anos, ao contrário do Homicídio que é punível até 16 anos de prisão – ou mesmo 25 anos, no caso de Homicídio qualificado.

Quanto à *eutanásia (ativa) indireta* – também chamada de *ortotanásia* – compreendemos com Faria Costa que "em verdadeiro rigor, de eutanásia se não trata. A determinação da chamada eutanásia indireta mais não é do que a aceitação de um comportamento, por quase todos normalmente tido como lícito, que se preenche quando a ministração de um qualquer fármaco analgésico (...) provoca ou pode provocar um ligeiro encurtamento do tempo esperado de vida."[14]. Ou seja, há a utilização de analgésicos, de meios destinados a reduzir a dor do paciente, mas que têm como efeito colateral previsível o encurtamento da vida do paciente o que, tem vindo a ser aceite no âmbito do risco que envolve a prática médica e, por isso, constituem condutas lícitas.

Já de *eutanásia passiva*[15] "se falará com propriedade quando o médico renuncia a medidas susceptíveis de conservar ou de prolongar a vida (p. ex., tratamento medicamentoso ou cirúrgico, oxigenação, reanimação)

[13] Uma figura com a qual o *homicídio a pedido da vítima* poderá, não raras vezes, ser confundida e que, também, é punida pelo ordenamento jurídico-penal português é o *incitamento ou ajuda ao suicído* previsto e punido pelo artigo 135º do Código Penal. Sobre a distinção entre estes dois institutos *vide*, entre outros, Jorge de Figueiredo Dias, "Artigo 131º (*Homicídio*)" in *Comentário Conimbricense do Código Penal, Parte Especial*, Tomo I, Jorge de Figueiredo Dias (Dir.), Coimbra Editora, 1999, p. 60 e ss.

[14] José de Faria Costa, "O fim de vida e o Direito Penal" in *Liber Discipulorum para Jorge de Figueiredo Dias*, Manuel da Costa Andrade et al. (Org.), Coimbra Editora, 2003, p. 782

[15] No fundo, procurando a diferença entre *eutanásia activa* e *eutanásia passiva* a "questão básica que a eutanásia coloca é determinar se matar é efectivamente mais grave que deixar morrer", Nuno Ferreira, *op.cit.*, p. 138.

de doentes em estado desesperado (moribundos, pessoas em coma profundo e irreversível ou estados análogos).[16] De acordo com Walter Osswald "não é seguramente eutanasiante a atitude de suspensão ou omissão de medidas que eventualmente possam prolongar a vida, quando esta se encontra já muito próxima do seu fim natural e tais medidas se possam considerar como desproporcionadas e/ou causadoras de desconforto ou sofrimento."[17]Mas, e constituindo este um ponto que abordaremos *infra*, ainda estaremos em sede de *eutanásia passiva* quando não o médico, mas o doente – usando do *direito à autodeterminação* que lhe concede a ordem jurídica, relativamente aos atos médicos, – recusa essas medidas susceptíveis de conservar a vida?

Esta distinção terminológica, para efeitos da reflexão que nos propomos fazer, não estará completa sem uma breve referência ao conceito de *distanásia*. São considerados *distanásia* os atos que procuram prolongar a vida de um doente – em estado vegetativo, por exemplo – sem qualquer esperança de recuperação, usando, para o efeito, meios ordinários e extraordinários[18], prolongando por isso, a vida a qualquer custo.

Feitos estes *considerandos*, vejamos agora o caso Eluana Englaro.

3. O caso Eluana Englaro

O caso Eluana Englaro foi um verdadeiro terramoto jurídico, político, religioso e social em Itália. De tal sorte se fizeram sentir as réplicas deste terramoto que acabou por inspirar o cineasta italiano Marco Bellocchio a produzir *Bella Adormentata* (ou, em português, *Bela Adormecida*), um filme que conta a história dos últimos dias de vida de Eluana.

Mas desde cedo, o caso Eluana Englaro havia extrapolado as fronteiras italianas e dado mote a profundos debates sobre o fim de vida e a eutanásia.

[16] Jorge de Figueiredo Dias, "Artigo 131º (*Homicídio*)" in *Comentário Conimbricense do Código Penal, Parte Especial,* Tomo I, Jorge de Figueiredo Dias (Dir.), Coimbra Editora, 1999, p. 13

[17] Walter Osswald, *op. cit.,* p. 457

[18] Os meios ordinários correspondem aos de uso corrente e efeitos proporcionais. Os meios extraordinários seriam os de uso em situações excepcionais e exigiriam ações desproporcionais. Como nos alerta Nuno Ferreira, esta distinção torna-se dúbia para os profissionais de saúde na medida em que qualquer meio de suporte de vida, nas sociedades materialmente mais abastadas da Europa ocidental e da América do Norte, é praticamente ordinário. Nuno Ferreira, *op.cit.*, p. 139

Em 18 de Janeiro de 1992, Eluana Englaro, uma jovem italiana, regressava de uma festa quando foi vítima de um acidente de automóvel que a condenou a um *Estado Vegetativo Persistente*.

Depois de algum tempo em suporte artificial de vida – *hidratação e alimentação* –, o pai, Beppino Englaro, pediu para que o tubo de alimentação artificial fosse removido, de modo a permitir que Eluana pudesse morrer naturalmente.

Argumentava, Beppino Englaro, que, em consciência, a sua filha havia manifestado, a propósito de um amigo da família que tinha sofrido um grave acidente e ficado em estado vegetativo, a vontade de não lhe ser prolongada a vida de modo artificial e que preferiria morrer em caso de acidente ou doença que a deixasse em coma prolongado ou estado vegetativo.

A pretensão do Pai de Eluana tinha por base o artigo 32º da Constituição da República italiana: "Ninguém pode ser obrigado a um determinado tratamento sanitário senão por disposição legal. A lei não pode em caso algum violar os limites impostos pelo respeito pela pessoa humana."

O caso acabou por assumir contornos processuais e políticos completamente inéditos, mas após todas estas delongas, a *Sentenza 21748/2007 da Corte Suprema di Cassazione* de 16 de Outubro de 2007[19] decidiu que o reconhecimento do direito à autodeterminação terapêutica não pode ser negado, mesmo no caso em que o paciente adulto não esteja já em condições de manifestar a sua vontade, constituindo prova dessa vontade as declarações proferidas antes da queda em estado vegetativo, que podem ser legitimamente expressas em juízo pelo seu representante legal.

Esta possibilidade, no entanto, foi condicionada pelo mesmo tribunal à verificação de dois requisitos. Para se autorizar a interrupção da alimentação artificial, teria de concluir-se sem quaisquer dúvidas: *i)* "que, segundo uma rigorosa apreciação clínica, a condição de estado vegetativo é irreversível e não há qualquer fundamento médico, à luz das *leges artis* reconhecidas a nível internacional, que permitam supor sequer a mínima possibilidade de recuperação da consciência e de regresso a uma percepção ao mundo externo" e que *ii)* "com base em elementos de prova claros, unívocos e convincentes, a interrupção da alimentação é a expressão fiel da própria voz da paciente, face às suas precedentes declarações e à sua personalidade, estilo de vida e convicções, correspondentes ao seu modo

[19] Disponível em *http://www.edscuola.it/archivio/norme/varie/sencorcas21748_07.pdf*

de conceber, antes de ter caído em estado de inconsciência, a própria ideia de dignidade da pessoa" – com o que se reclama a prova de que a requerida interrupção corresponde à vontade do paciente.[20]

Com o decreto de 9 de Julho de 2008, a *Corte d'Appello Civile di Milano* autorizou o pai da paciente, enquanto seu curador, a interromper o tratamento de hidratação e alimentação forçada que a mantinha viva.

O Governo de Sílvio Berlusconi terá, ainda, tentado impedir a morte de Eluana Englaro por decreto que esbarrou na recusa do presidente Giorgio Napolitano em aceitar a medida. Mesmo depois da morte de Eluana, o Governo manteve a decisão de votar esta proposta. [21]

Eluana foi transferida no dia 3 de Fevereiro de 2009 para a clínica "La Quiete", em Uddine, onde uma equipa de voluntários iniciou a cessação da alimentação e hidratação artificial. No dia 9 de Fevereiro de 2009 acabou por falecer.

4. O enquadramento jurídico...

4.1. ... Em Portugal

Na Constituição da República Portuguesa (CRP) não consta um preceito análogo ao artigo 32º da Constituição italiana e que, como já vimos *supra,* serviu de fundamento à pretensão do Pai de Eluana Englaro, porquanto consagra um direito à *autodeterminação na saúde.*

Em Portugal, apenas encontramos, no artigo 64º da CRP[22], que todos têm direito à proteção da saúde e o dever de a defender e promover, sendo, aí, estabelecidas uma série de garantias.

Não deixa, contudo, a CRP, de atribuir um direito fundamental à liberdade e, necessariamente, à autodeterminação que, embora não explicitamente, integra o direito à autodeterminação na saúde. [23] E, neste sentido,

[20] *Vide* Miguel João de Almeida Costa, "Eutanásia. Um enquadramento jurisprudencial.", *JusJornal*, nº 802, 18 de Junho de 2009, Editora Wolters Kluwer Portugal, disponível em *http://jusjornal.wolterskluwer.pt*

[21] Informações do jornal português *Público* de 11 de Fevereiro de 2009

[22] Sobre o artigo 64º da CRP *vide* J. J. Gomes Canotilho / Vital Moreira, *Constituição da República Portuguesa Anotada,* Volume I, 4ª edição revista, Coimbra Editora, 2007, pp.823 e ss.

[23] No mesmo sentido de Miguel João de Almeida Costa, *op. cit.*

embora não tenhamos, efetivamente, uma epígrafe constitucional que atribua um expresso *direito à autodeterminação na saúde*, não fica, de modo algum, comprometido o sentido e alcance da autodeterminação relevante para uma recusa de tratamentos médicos.

Tanto assim é que não podemos afastar-nos dos também fundamentais direitos de *liberdade de consciência* (artigo 41º, nº1 da CRP), *à integridade pessoal* (artigo 25º, nº 1 da CRP) e ao *livre desenvolvimento da personalidade* (artigo 26º CRP).

Como já tivemos oportunidade de referir, o bem jurídico vida é, de forma incontestável, de primordial importância e, nessa conformidade, fortemente tutelado pelo ordenamento jurídico. Nas palavras de Faria Costa[24], "O art. 24º, nº 1, da Lei Fundamental representa uma pedra de toque em todo o plano arquitectural jurídico português. Com efeito, o nosso legislador, ao pronunciar-se de forma tão clara e impressiva sobre a vida – "a vida humana é inviolável" – é indesmentível ter querido produzir consequências ou efeitos jurídicos de primeira grandeza."

Compreendendo que o direito penal valora hierarquicamente – de modo contrário ao direito constitucional – os bens ou valores jurídicos que quer proteger, tornando o bem jurídico *vida* o pórtico de entrada da Parte Especial do Código Penal português, não podemos afirmar que a vida seja um valor absoluto em direito penal sob pena de quer o suicídio quer o homicídio praticado como forma adequada de afastar um perigo atual e não removível de outro modo fosse punível.[25] Aliás, considerar a *vida* como um bem supra-individual cuja tutela se efetivaria *erga omnes* – incluindo aí, até, o próprio portador desse bem jurídico – mostrar-se-ia contrária aos princípios jurídicos fundamentais de um Estado de direito, cujas raízes históricas são indissociáveis de uma compreensão liberal-individualista da realidade humana e social,[26] como já atrás referimos.

Como podemos inferir, a relevância do bem jurídico *liberdade e autodeterminação* é fortemente considerada. E, também o é, desde logo, pelo

[24] José de Faria Costa, *op. cit.*, p. 786

[25] José de Faria Costa, *op. cit.*, 786 e ss.

[26] João Varela, "Direito a morrer a própria morte", CEDIS Working Papers, *Criminalia*, nº 1, Setembro de 2015 (disponível em *www.fd.unl.pt*) p. 3, acompanhando, Gunther Jakobs, "Sobre el injusto del suicídio y del homicidio a petición", em Eduardo Montealegre Lynett (org.) *Cuadernos de conferencias y artículos*, nº 4, Bogotá, Universidade Externado de Colombia, 1996, pp. 8 e ss.

artigo 156º do CP [27] que – prevendo o crime de *intervenções e tratamentos médico-cirúrgicos arbitrários*, abarca as intervenções e tratamentos médico-cirúrgicos que, por preencherem os requisitos do artigo 150º do CP, não preenchem um ilícito típico de ofensa à integridade física, mas que vêm a ser realizados sem o consentimento do paciente. Este artigo afasta a incriminação das ofensas corporais e tem como bem jurídico tutelado a autodeterminação do paciente, a "liberdade de dispor do corpo e da própria vida".[28]

De acordo com Faria Costa[29], hoje, encontramo-nos muito longe daquele modelo hipocrático relativamente às relações entre o médico e o paciente. Vigora, indubitavelmente, a ideia de autodeterminação do paciente, passando a ser este o centro de todo o *ato médico*, na medida em que este só existe porque o paciente assim o deseja. No modelo hipocrático, o *ato médico* podia existir desde que o médico, interpretando uma hipotética vontade do paciente, entendesse que esse ato seria no sentido do bem do paciente. Atualmente, para que o médico possa levar a cabo qualquer ato, mesmo que no indesmentível interesse do doente, terá de primeiro obter o seu consentimento.

Ora, por maioria de razão, o que parece – e se nos afigura lógico – é que se se atribui o poder de consentir, terá de se permitir, de igual modo, poder para recusar um tratamento ou intervenção. De outro modo, se assim não fosse, o direito de tomar decisões e, portanto, de consentir, seria, tão só, o de concordar com a prática médica.

[27] Artigo 156º (*Intervenções e tratamentos médico-cirúrgicos arbitrários*):
1. As pessoas indicadas no artigo 150º que, em vista das finalidades nele apontadas, realizarem intervenções ou tratamentos sem consentimento do paciente, são punidas com pena de prisão até 3 anos ou com pena de multa.
2. O facto não é punível quando o consentimento: *a)* Só puder ser obtido com adiamento que implique perigo para a vida ou perigo grave para o corpo e para a saúde; ou *b)* tiver sido dado para certa intervenção ou tratamento, tendo vindo a realizar-se outro diferente por se ter revelado imposto pelo estado dos conhecimentos e da experiência da medicina como meio para evitar um perigo para a vida, o corpo ou a saúde; e não se verificarem circunstâncias que permitam concluir com segurança que o consentimento seria recusado. (...)

[28] Jorge de Figueiredo Dias, "O problema da Ortotanásia..." *apud* Manuel da Costa Andrade, "Artigo 156º *(Intervenções e tratamentos médico-cirúrgicos arbitrários)*", *op cit.*, p. 380.

[29] José de Faria Costa, "Em redor da noção de acto médico", *Revista de Legislação e de Jurisprudência*, ano 138º, Janeiro–Fevereiro de 2009, nº 3954, Coimbra Editora, pp. 126-137, p. 133.

A visão paternalista do médico encontra-se, hodiernamente, afastada, não existindo, de acordo com o sistema jurídico, legitimação para submeter o doente a um tratamento ou intervenção contra a sua vontade – senão nos casos que se prendem com questões de saúde pública.

Avançámos, até, num estudo anterior[30] ao próprio caso que aqui nos merece reflexão que haverá um específico *direito a morrer*[31] – de *jure condito* – o direito à abstenção (omissão) dos profissionais de saúde, verificados certos pressupostos. E, pelo que vem de ser exposto, podemos concluir que, no plano penal, não é *auxílio ao suicídio* a recusa de tratamento por parte de um doente, mesmo que essa recusa possa provocar a morte do paciente. O médico que, respeitando a vontade do paciente, não intervém e não o salva, não comete a infracção.[32]

Ora, a *nutrição e hidratação* – que é o que efetivamente se encontra aqui em causa – tem sido considerada por quase todos os tribunais superiores dos Estados Unidos da América como tratamentos médicos e consequentemente admite-se o direito de recusar este tipo de intervenções nos mesmos termos que os restantes tratamentos.[33]

Neste sentido, também o – não muito pacífico[34] – *Parecer sobre o Estado Vegetativo Persistente* do Conselho Nacional de Ética para as Ciências da Vida (CNECV) de 15 de Fevereiro de 2005 que expressamente vem consagrar que "toda a decisão sobre o início ou a suspensão de cuidados bási-

[30] André Dias Pereira, *O Consentimento Informado na Relação Médico-Paciente,* Coimbra, Coimbra Editora, 2004, p. 502

[31] Sobre um *direito (subjectivo) a morrer,* João Varela, *op. cit.*, p. 4: "Quer-nos parecer ainda que este "direito à vida" integra, na sua vertente negativa, um "direito a morrer", sendo ambas as dimensões expressões de um direito geral de personalidade, cujo desenvolvimento está, constitucionalmente, garantido (cfr. art. 26º, nº 1, CRP). Conclusão esta que, em nosso entender, resulta desde logo da estrutura normativa de todo e qualquer direito subjectivo, fundamental ou não. É que na perspectiva do respectivo titular o direito subjectivo só possui, verdadeiramente, essa natureza jurídica, caso inclua no cômputo geral dos seus poderes ou faculdades a possibilidade da sua própria negação.".

[32] No mesmo sentido de Manuel da Costa Andrade, "Artigo 156º – Intervenções e tratamentos médico-cirúrgicos arbitrários", *op cit.,* p. 386; Rabindranath Capelo de Sousa, *Direito Geral de Personalidade,* Coimbra, Coimbra Editora, 1995, p. 206, nota 400: "O doente pode recusar uma operação e desse modo suportar um encurtamento da sua vida".

[33] Cfr. a nota 1162 do nosso *O Consentimento Informado..., op. cit.,* Coimbra, Coimbra Editora, 2004, p. 504.

[34] *Vide* Teresa Quintela de Brito, "Interrupção de Alimentação e Hidratação Artificiais de Pessoa em Estado Vegetativo Persistente, Teresa Quintela de Brito et al., *Direito Penal – Parte Especial: Lições,* Coimbra Editora, 2007, pp. 119 a 167.

cos da pessoa em Estado Vegetativo Persistente deve respeitar a vontade do próprio".

A ideia de que qualquer pessoa adulta tem direito de recusar os tratamentos propostos por mais irrazoável que pareça a um médico acaba por ser acolhida em numerosos estados como: Inglaterra, Escócia, Irlanda, Nova Zelândia, Austrália, Canadá, Estados Unidos, África do Sul e Zimbabwe, França, Bélgica, Alemanha, Suíça ou Áustria.[35] E é, no fundo, acolhida também em Portugal. Para Costa Andrade, "A obediência à vontade do paciente – que se opõe a um tratamento indicado para lhe salvar ou prolongar a vida, ou reclama a interrupção do tratamento já iniciado e indispensável para assegurar a sua sobrevivência – não colide com a incriminação do *Homicídio a pedido da vítima* (artigo 134º)."

Como também já tivemos oportunidade de referir[36], é claro que quando a pessoa se encontra em *Estado Vegetativo Persistente* surgem, de forma especialmente controversa, alguns problemas relacionados com a tal autonomia do paciente. O Estado Vegetativo Persistente é um estado clínico de completa ausência de consciência de si e do ambiente circundante, com ciclos de sono vigília e preservação completa ou parcial das funções hipotalâmicas e do tronco cerebral, sendo que assume o carácter de persistente quando as alterações neurológicas persistem por mais de três meses após a anóxia cerebral e doze meses na sequência de traumatismo craniano.[37]

Ponto de partida, para a doutrina dominante, é assumir que "o paciente em estado vegetativo crónico está vivo – não devendo ser feita qualquer confusão com a morte cerebral, apesar de apresentar uma probabilidade mínima de recuperação[38] – gozando de tutela constitucional e legal[39], não estando ferido de qualquer *capitis deminutio*."[40]. Assim, "a tutela da perso-

[35] Cfr. a nota 1163 do nosso *O Consentimento Informado...*, *op. cit.*, Coimbra, Coimbra Editora, 2004, p. 505.

[36] André Dias Pereira, *Direitos dos Pacientes e Responsabilidade Médica*, Coimbra, Coimbra Editora, 2015, p. 197 e ss.

[37] Inês Fernandes Godinho, *op. cit.*, p. 13.

[38] *Idem, ibidem.*

[39] Paula Ribeiro de Faria, *Aspectos Jurídico-Penais dos Transplantes*, Porto, Universidade Católica Editora, 1995, p.101: "O médico que no intuito de proceder a uma colheita de órgãos, faz recuar a fronteira da morte em relação a um determinado paciente, ainda que terminal, afirmando a sua ocorrência com base num critério de morte cerebral parcial, comete jurídico-penalmente um homicídio".

[40] João Loureiro, "Metáfora do Vegetal...", *op. cit.*, p. 34

nalidade humana individual implica a proteção não só no apogeu físico e racional da vida de um indivíduo mas também do seu decaimento em situações de vida humana dita vegetativa".[41]

Assim, o *Parecer sobre o Estado Vegetativo Persistente* (45/CNECV/005) aponta no sentido de permitir a prova de um *consentimento presumido* no sentido de recusa de tratamentos médicos, incluindo a *hidratação e nutrição.*

Afirma o Parecer 45/CNECV/2005 que: "3. toda a decisão sobre o início ou a suspensão de cuidados básicos da pessoa em Estado Vegetativo Persistente deve respeitar a vontade do próprio; 4. a vontade pode ser expressa ou presumida ou manifestada por pessoa de confiança previamente designada por quem se encontra em Estado Vegetativo Persistente; 5. todo o processo de tratamento da pessoa em Estado Vegetativo Persistente deverá envolver toda a equipa médica assim como a família mais próxima e/ou a pessoa de confiança anteriormente indicada e pressupor a disponibilização da informação conveniente a todo o processo decisório, tendo em consideração a vontade reconhecível da pessoa em Estado Vegetativo Persistente nos limites da boa prática médica, e tendo em conta a proporcionalidade dos meios que melhor se adequem ao caso concreto."

Por seu turno, o Regulamento nº 707/2016 – Regulamento de Deontologia Médica prevê, no seu artigo 67º (Morte) que : "(...) 3.O uso de meios extraordinários de manutenção de vida deve ser interrompido nos casos irrecuperáveis de prognóstico seguramente fatal e próximo, quando da continuação de tais terapêuticas não resulte benefício para o doente. 4. O uso de meios extraordinários de manutenção da vida não deve ser iniciado ou continuado contra a vontade do doente. 5. *Não se consideram meios extraordinários de manutenção da vida, mesmo que administrados por via artificial, a hidratação e a alimentação ou a administração por meios simples de pequenos débitos de oxigénio suplementar.*"

A Lei nº 25/2012, de 16 de julho, regula as *Diretivas Antecipadas de Vontade,* incluindo as disposições que expressem a vontade clara e inequívoca vontade do outorgante a "não ser submetido a tratamento fútil, inútil ou desproporcionado no seu quadro clínico e de acordo com as boas práticas profissionais, nomeadamente no que concerne às medidas de suporte básico de vida e às medidas de alimentação e hidratação artificiais que apenas visem retardar o processo natural de morte (al. b, do nº 2, do artigo 2º)."

[41] Rabindranath Capelo de Sousa, *Direito Geral de Personalidade,* p. 206

Esta norma legal, que obteve a aprovação, por unanimidade, da Assembleia da República, derroga a norma regulamentar exarada a Associação Pública Profissional, Ordem dos Médicos, como resulta das regras de interpretação jurídica.[42]

Ademais, de acordo com o Relatório do CNECV sobre o Estado Vegetativo Persistente, para os doentes nesta condição o "único benefício potencial em serem mantidos em vida com cuidados extraordinários é a hipótese remota de uma recuperação tardia, que é sempre acompanhada por deficiência profunda (...). No caso de um doente em *Estado Vegetativo Persistente*, o prolongar da vida não traz quaisquer benefícios, quer diretos quer indiretos"[43].

Para além deste caso, sobre o qual ora refletimos, a divergência e o debate atingem várias latitudes e longitudes. Do caso *Nancy Cruzan* no Supremo Tribunal dos Estados Unidos, passado pelo caso *Karen Ann Quinlann* no Supremo Tribunal de New Jersey, ao caso *Terri Schiavo* no Supremo tribunal da Florida, em todos eles – após, também complexos e polémicos processos – os tribunais superiores têm acolhido o instituto do *consentimento presumido* para a recusa de tratamentos médicos, incluindo a hidratação e nutrição da pessoa em *Estado Vegetativo Persistente.*

Ora, retomando a distinção que se fez *supra,* no caso Eluana Englaro, os factos não poderão ser reconduzidos a uma *eutanásia ativa,* nem *direta* nem tão pouco *indireta.* Será a modalidade *eutanásia passiva* que acolhe este caso. E, em bom rigor, chamar *eutanásia* – ainda que *passiva* – parece-nos querer atribuir um significado que à luz do ordenamento jurídico português não faz sentido. Recusar um tratamento médico – que de acordo com os factos configura até a prática de *distanásia*, eticamente reprovável[44] – não nos parece, senão, que se trate de uma claríssima manifestação do *direito à autodeterminação* atribuído pelo artigo 156º do Código Penal. Sobre esta

[42] Assinale-se que outras Ordens Professionais submetem as suas normas deontológicas ao crivo do legislador, constitucionalmente competente. A título de exemplo, veja-se o Código Deontológico da Ordem dos Advogados (Lei n. º 145/2015, de 09 de Setembro Estatuto da Ordem dos Advogados) e o Código Deontológico da Ordem dos Enfermeiros (inserido no Estatuto da Ordem dos Enfermeiros, republicado como anexo pela Lei n. º 156/2015 de 16 de setembro).

[43] CONSELHO NACIONAL DE ÉTICA PARA AS CIÊNCIAS DA VIDA, Relatório sobre o Estado Vegetativo Persistente , Fevereiro de 2005, p. 13

[44] RUI NUNES (Rel.), *Guidelines sobre a Suspensão e Abstenção de Tratamento em Doentes Terminais*, Serviço de Bioética e Ética Médica (FMUP), de 26 de Maio de 2008.

perspectiva propomos a leitura de Fernando Araújo, "(...) a sacralização do simples suporte biológico que determina a pertença à nossa espécie, se é um critério tão intuitivo como nobre, revela a sua insuficiência perante aquelas situações extremas em que a escassez dita a necessidade de escolha: ela é, insistamos, um atavismo de uma época pré-tecnológica em que (...) era maior a coincidência entre a vida que sobrevivia e o conceito de vida "com qualidade". Ou, dito de outro modo, quando inventámos métodos para instrumentalizar os sinais de vida para além dos limites da vida com qualidade – da vida com personalidade – perdemos colectivamente o direito de vivermos de acordo com um código moral mais simples."[45]

Como expressa Costa Andrade no comentário ao artigo 156º: "Não há nenhum imperativo – ético, médico ou jurídico – que obrigue a prolongar a vida a todo custo, explorando exasperadamente as possibilidades técnicas hoje disponíveis de prolongar a vida para além da dignidade."[46]

Para esta incriminação, o tratamento só estará justificado até onde se permita concluir com segurança que o consentimento seria recusado. O que vale por dizer, ainda com Costa Andrade[47], que até esse limite está excluído o ilícito típico de *tratamentos arbitrários,* mas não colhe, *a contrario*, a ideia de que, aqui, a omissão de tratamento configuraria, necessariamente, um ilícito criminal a título de *ofensa à integridade física* ou *homicídio* por omissão.

Ademais, continuando nesta perspectiva, e como salienta Vera Lúcia Raposo:

> "De facto, o artigo 156º do Código Penal, depois de exigir a presença de um prévio consentimento do paciente para qualquer ato médico (nº 1), admite a possibilidade de o paciente não estar em condições de o prestar (nº 2), permitindo então ao médico recorrer ao consentimento presumido do paciente. A lei não fornece indicações sobre a forma de orientar tal presunção, mas tudo indica que o médico se poderá socorrer de tudo o que lhe permita aceder à genuína vontade do paciente – note-se bem, aquilo que o paciente decidiria (critério subjetivo) e não aquilo que seja racionalmente o melhor para aquele

[45] FERNANDO ARAÚJO, *A Procriação Assistida e o Problema da Santidade da Vida,* Coimbra, Almedina, 1999, p. 74

[46] MANUEL DA COSTA ANDRADE, "Artigo 156º *(Intervenções e tratamentos médico-cirúrgicos arbitrários)" op. cit.,* p. 384

[47] IDEM, *ibidem.*

paciente (critério objectivo) –, desde escritos prévios da sua parte até a opinião de amigos e familiares e relatos das crenças e convicções pessoais."[48]

E também encontramos esta posição na *Convenção sobre os Direitos do Homem e da Biomedicina,* cujo artigo 9º afirma: "A vontade anteriormente manifestada no tocante a uma intervenção médica por um paciente que, no momento da intervenção, não se encontre em condições de expressar a sua vontade, será tomada em conta".

Claro que um instrumento de maior utilidade no sentido de apurar a vontade da pessoa em Estado Vegetativo Persistente é o *testamento de paciente* – a sua *diretiva antecipada de vontade* – se existir. Mas sobre a questão das diretivas antecipadas de vontade não nos debruçaremos sob pena de nos afastarmos daquele que é o propósito deste texto.[49]

Do que resulta da sentença da *Corte Suprema de Cassazione* e, como de resto, também foi notícia em vários jornais, e já aqui referimos, Eluana havia manifestado claramente, perante os pais e amigos qual a sua vontade face a uma situação de queda em Estado Vegetativo Persistente.[50]

Ainda que se considere o que vem de ser dito sob a designação de *eutanásia passiva,* diz-nos Paula Ribeiro de Faria que esta modalidade não se revela problemática onde corresponda à vontade real ou presumida do paciente porquanto, o tratamento contra a vontade traduziria uma violação da autonomia do doente[51] nos termos do artigo 156º[52]

[48] Vera Lúcia Raposo, "No dia em que a morte chegar (decifrando o regime jurídico das directivas antecipadas de vontade)", *Revista Portuguesa do Dano Corporal,* Ano XXII, Nº 24, Dezembro de 2013, p. 93

[49] Sobre a problemática das Directivas antecipadas de Vontade consultar, entre outros: André Dias Pereira, "Declarações antecipadas de vontade: vinculativas ou apenas indicativas?" in José de Faria Costa / Inês Fernandes Godinho (Orgs.), *As Novas Questões em Torno da Vida e da Morte em Direito Penal,* Wolters Kluwer Portugal / Coimbra Editora, 2010; Vera Lúcia Raposo, "No dia em que a morte chegar (decifrando o regime jurídico das directivas antecipadas de vontade)", *Revista Portuguesa do Dano Corporal,* Ano XXII, Nº 24, Dezembro de 2013; Laura Ferreira dos Santos, *Testamento Vital, O que é? Como elaborá-lo?,* Sextante Editora, 2011.

[50] Sobre a autonomia dos doentes em sede do artigo 156º, especialmente no caso de menores, *vide,* Mafalda Francisco Matos, *O Problema da (Ir)relevância do Consentimento dos Menores em sede de Cuidados Médicos Terapêuticos (Uma perspectiva jurídico-penal),* Coimbra Editora, 2013, pp. 123 e ss.

[51] André Dias Pereira, *Valor do Consentimento num Estado Terminal,* Separata da obra *Estudos de Direito da Bioética,* Volume IV, Almedina, 2012, p. 56

[52] Paula Ribeiro de Faria, "A Responsabilidade Penal dos Médicos: os tipos legais de crime no Código Penal", *Revista Portuguesa de Anestesiologia,* 1999, nº 10, pp. 74 -105.

Apesar de se poder entender que esta situação seria *eutanásia passiva* e que esta possa representar o preenchimento do tipo legal de *homicídio a pedido da vítima* cometido a título omissivo[53] porquanto sobre o médico continuaria a recair um dever de garante[54], este argumento não parece colher. Acompanhando Augusto Silva Dias[55], o entendimento de que esta posição se mantém leva a que o médico continue vinculado a um dever especial de agir para evitar a morte do paciente, o que significa na prática que ele deve impor a este último um tratamento não querido, daí decorrendo a prática do crime do artigo 156º. Assim entendido, estaríamos perante uma violação do princípio da unidade da ordem jurídica, enquanto princípio de não contradição prático-normativa. Como defende Figueiredo Dias[56] e, como já vimos *supra* também, Costa Andrade, em tais situações cessará a posição de garante porque é, a final, indesejada pelo paciente.

Do que vem exposto, atrevemo-nos a dizer que, a solução preconizada, em Itália, para o caso Eluana Englaro poderia ser perfeitamente acolhida em Portugal.

4.2. ... Em Angola

Feito o enquadramento do caso à luz do ordenamento jurídico português, propomo-nos, agora a descortinar se, face ao ordenamento jurídico angolano, também a solução italiana poderia encontrar respaldo legal.

Do ponto de vista da Lei Fundamental, também Angola não dispõe de um preceito análogo ao artigo 32º da Constituição italiana e que serve de

[53] "La frontera entre una eutanásia activa punible y la passiva impune no debe extraerse del critério naturalístico consistente en el desarrollo o no de movimentos corporales. Más bien depende de si normativamente es interpretable como un cesse del tratamento, pues entonces existe una omisión en sentido jurídico que, al apoyarse en la voluntad del paciente, resulta ser impune. La opinión de enjuiciar como una omisión la denominada interrupción técnica del tratamento, es en la actualidad dominante." Claus Roxin, "Tratamiento jurídico-penal de la eutanasia" in *Revista Electrónica de Ciencia Penal y Criminologia*, nº 1, 1999. Tradução de Miguel Olmedo Cardenete, Universidad de Granada. Criminet (disponível em *www.criminet.ugr.es*)

[54] Defendendo a manutenção da posição de garante nestes casos Teresa Quintela de Brito, "Crimes contra a vida: questões preliminares", *op. cit.*, p.58 e ss.

[55] Augusto Silva Dias, *Crimes contra a vida e a integridade física*, 2ª ed., revista e actualizada, AAFDL, 2007, p. 60

[56] Jorge de Figueiredo Dias, "Artigo 131º (*Homicídio*)", *op. cit.*, p. 13

fundamento à pretensão do Pai de Eluana Englaro. Ainda assim, à semelhança da CRP, a Constituição da República de Angola (CRA) confere um *direito à saúde e proteção social* no seu artigo 77º[57]

Ora, também não deixa a CRA de atribuir um direito fundamental à *liberdade* (artigo 36º). Em anotação a este artigo, Raul Araújo e Elisa Rangel Nunes esclarecem que a "Constituição estabelece que a liberdade física e a segurança individual incluem (...) o direito de usufruir plenamente da sua integridade física e psíquica; o direito à segurança e controlo sobre o próprio corpo e ainda o direito de não ser submetido a experiências médicas ou científicas sem o seu prévio consentimento."[58]

Também em Angola, do ponto de vista constitucional não vemos que possa estar minimamente comprometido o sentido de uma *autodeterminação na saúde*. E, uma vez mais, confirmando o que vem de ser dito, não podemos alhear-nos dos direitos *à integridade pessoal* (artigo 31º, CRA), *à identidade, à privacidade e à intimidade* (artigo 32º), *à liberdade de consciência, de religião e de culto* (artigo 41º, CRA).

Claro que, como não poderia deixar de ser, o bem jurídico *vida* é, sem quaisquer contestações, imperioso e amplamente tutelado pelo ordenamento jurídico: "o Estado respeita e protege a vida da pessoa humana, que é inviolável".[59]

Contudo, no que diz respeito ao Código Penal da República de Angola, este é, ainda, herança da administração portuguesa, ou seja, corresponde, ainda, ao Código Penal português de 1886, porquanto não é de estranhar que exista um desfasamento relativamente a alguns dos direitos constitucionalmente consagrados. Felizmente, espera-se que a Reforma deste importantíssimo diploma legal seja levada a cabo ainda este ano, pois que a discussão do anteprojeto – até com variadíssimas consultas públicas – tem vindo a ser operada e encontra-se, atualmente, na ordem do dia.

Como podemos compreender do diagnóstico feito à legislação penal angolana, com vista à sua reforma: "o Código desconhece e não faz qualquer alusão à eutanásia e aos motivos específicos que podem levar muita gente ao cometimento de crimes de homicídio, por motivos socialmente

[57] Raul Carlos Vasques Araújo / Elisa Rangel Nunes, *Constituição da República de Angola Anotada*, Tomo I, Ed. dos Autores, Luanda 2014, p. 413.

[58] *Idem*, *ibidem*, p. 299.

[59] *Cfr.* a anotação ao artigo 30º, *Idem*, *ibidem*, p. 279.

positivos. Recorda-se que, embora, em geral, condenada, há casos de eutanásia lenitiva e de eutanásia homicida por omissão ou distanásia que têm merecido na doutrina e na jurisprudência comparadas tratamento cuidado, em particular na época como a que vivemos, em que o progresso da tecnologia e da ciência médica permitem o prolongamento artificial da vida."[60]

Não encontramos, assim, no Código Penal angolano vigente, um preceito semelhante ao artigo 156º do Código Penal português. Punir tratamentos arbitrários, de modo autónomo, – quer no plano nacional quer num plano de direito comparado – é uma incriminação relativamente recente. Como nos mostra Álvaro da Cunha Rodrigues[61], a maioria dos Estados Europeus não inscreveu (ainda) nos respectivos códigos penais (ou legislação extravagante) preceito análogo ao do artigo 156º do atual Código Penal português, nem um inciso semelhante ao do artigo 150º, nº 1, que vedam *expressis verbis* a subsunção dos tratamentos e intervenções médicas, ainda que sem o consentimento do ofendido, na previsão do ilícito criminal de ofensas corporais, desde que se verifique a existência de determinados elementos subjetivos e objetivos.

Durante o século XIX o tratamento arbitrário era, de resto, considerado legítimo se necessário para salvar a vida do paciente. Não se conhecia a consciência nem do bem jurídico protegido, nem da dignidade penal da conduta.[62]

Ou seja, em Angola a intervenção médico-cirúrgica é, no plano da tipicidade, uma ofensa corporal que pode ser justificada pelo consentimento do paciente. É, portanto, o consentimento do paciente que vem justificar aquele ato médico. Ou seja, se não existir consentimento do paciente, a intervenção, ainda que medicamente indicada, de acordo com as *leges artis* e plenamente conseguida, pode ser punida a título de *ofensas corporais* (artigo 359º e ss., CP angolano).

[60] Vasco Grandão Ramos / Orlando Ferreira Rodrigues / Luzia de Almeida Sebastião, "Diagnóstico da legislação penal de Angola. Novo Código Penal", *Revista da Faculdade de Direito da Universidade Agostinho Neto*, nº 5, Ed. da Faculdade de Direito da UAN, Dezembro de 2004, p. 250

[61] Álvaro da Cunha Gomes Rodrigues, "Consentimento Informado – Pedra angular da responsabilidade criminal do médico", *Direito da Medicina – I*, Coimbra Editora, 2002, p. 9

[62] Cfr. Mafalda Francisco Matos, *op. cit.*, p. 29

Podemos questionar se, uma vez que não havia consentimento[63] para a manutenção do ato médico, não estaríamos perante uma *ofensa à integridade física*. Contudo, como refere o Professor de Direito Penal, Orlando Rodrigues, "relativamente à questão de saber se o consentimento tem alguma relevância penal nestes casos de intervenções cirúrgicas com o fim de cura ou de salvação da vida, a resposta só poderá ser afirmativa se se considerar a acção do cirurgião como uma acção típica, indiciadora de ilicitude, o que, como já vimos, é negado pelo *princípio da acção socialmente adequada*."[64]

Mas se nos é difícil, pelo Código Penal, compreender a posição do ordenamento jurídico face a uma tal situação, o *Código Deontológico da Ordem dos Médicos de Angola*, vem desmistificar qualquer dúvida. Este diploma diz expressamente no seu artigo 34º (Secção III – Problemas respeitantes a vida e a morte) a título de *princípio geral:* "O Médico deve guardar respeito pela vida humana desde o seu início; Constitui falta deontológica grave a prática da eutanásia; Não é considerada eutanásia para efeitos do presente artigo, a abstenção de qualquer terapêutica, quando tal resulte de opção livre e consciente do doente ou seu representante legal."

E resulta, ainda, do artigo 35º do mesmo diploma, "um dever de abstenção de terapêutica sem esperança, podendo limitar a sua intervenção, a assistência moral ao doente e a prescrição ao mesmo de tratamento capaz de o poupar de sofrimento inútil, no respeito pelo seu direito a uma morte digna e conforme a sua condição de ser humano".

Ora, se por um lado, o acto médico, do ponto de vista do direito penal é, ainda que tenhamos presente uma especial adequação social, uma ofensa à integridade física justificada pelo consentimento do doente – que, neste caso, fazendo valer aqui o que foi dito relativamente ao *consentimento presumido, supra* – não poderemos dizer que esta justificação possa, aqui, ser considerada. E, se por outro lado, o *Código Deontológico dos Médicos* afirma, sem pudores, que não constitui *eutanásia* a abstenção de tratamento, quando tal corresponda à vontade do paciente ou do seu representante legal, admitimos que a sentença proferida em Itália não poderia senão sair confortada.

[63] "Problema, pode ser já o de saber dentro de que limites poderá mesmo o cidadão ser obrigado a "suportar contra (ou sem) a sua vontade a intervenção médica; caso em que, a poder afirmar-se tal obrigação, já não estaríamos, obviamente, no domínio da relevância do consentimento do ofendido.", ORLANDO FERREIRA RODRIGUES, *Apontamentos de Direito Penal*, Escolar Editora, 2014, p. 186

[64] *IDEM*, p.187

5. Notas sobre o debate em torno da Morte assistida

Feita a análise da sentença da *Corte Suprema de Cassazione* à luz dos ordenamentos jurídicos português e angolano, importa, ainda, sempre assentes no princípio da dignidade da pessoa humana, dar conta de algumas notas referentes ao debate em torno da morte assistida. É que, de facto, perante os avanços da medicina e da técnica, que podem prolongar a vida a situações antes inimagináveis, como fomos compreendendo, as sociedades vêm caminhando no sentido de proteger o direito a cada indivíduo de se *"réapproprier sa mort" (reapropriar da própria morte)*.[65] Daí o desenvolvimento, na última década, dos aspetos jurídicos ligados aos cuidados paliativos, o debate em torno da eutanásia e a consagração do direito a nomear procuradores de cuidados de saúde e a escrever um testamento vital com instruções que venham a ser respeitadas.[66]

Dentro de uma certa ordenação racional do debate, consideramos que se vai registando algum consenso em determinadas áreas, enquanto que noutras as divergências mantêm-se profundamente assinaláveis.

Percebemos que vai existindo concordância relativamente aos seguintes pontos:

a. Proibição da distanásia e a aceitação da ortotanásia

Quando o tratamento é considerado inútil ou desproporcionado é boa prática clínica a suspensão ou abstenção de meios desproporcionados de tratamento. Se estamos perante um doente terminal, espera-se o recurso a uma *medicina paliativa*, admitindo-se a utilização de fármacos que visem minorar a dor e dar conforto ao paciente. Fala a doutrina jurídica, expressivamente, de um "*direito de morrer (direito a não prolongar, artificialmente e sem esperança, a vida),*"[67] como um direito especial de personalidade, ou seja, a *ortotanásia*.

b. Aceitação da doutrina do duplo efeito

Tem-se gerado um consenso em torno da aceitação da doutrina do duplo efeito. Assim, a Igreja Católica, desde a *alocução de Pio XII de 1957 aos Médicos*, aceita a possibilidade de que a vida possa ser encurtada como efeito

[65] Comite Consultatif National d'Ethique pour les Sciences de la Vie et de la Sante, *Avis sur Fin de vie, arrêt de vie, euthanasia*, n° 63 –27, Janvier 2000.

[66] Cfr. Laura Ferreira Dos Santos, *op.cit.*

[67] Diogo Leite de Campos, *Lições de Direitos de Personalidade*, Almedina, 2000.

colateral – e não intencional – da utilização de drogas para diminuir o sofrimento de pacientes com dores insuportáveis. A intenção é diminuir a dor, porém o efeito colateral do tratamento pode ser a aceleração da morte do paciente.

Confirmando a doutrina exposta, João Paulo II publicou em 1980 a *Declaração sobre Eutanásia*,[68] onde admitia o tratamento de duplo efeito e a suspensão ou redução de esforços extraordinários para prolongar a vida de pacientes terminais, nomeadamente quando o tratamento passa a ser considerado inútil – *terapia fútil*.

Em França, a *loi Leonetti, loi du 22 avril 2005*, veio conferir uma proteção acrescida aos doentes em fase terminal. A lei mantém a interdição de causar deliberadamente a morte a outra pessoa – *eutanásia* – proibindo, contudo, a "obstination déraisonnable"[69]. Considera-se como irrazoável a administração de tratamentos inúteis, desproporcionados ou sem qualquer outro efeito que não a manutenção artificial da vida. A lei promove, também, o respeito pela vontade dos pacientes: é o doente que aprecia se um determinado tratamento é ou não razoável, desde que esteja em condições de exprimir a sua vontade. Caso contrário, será o médico a tomar a decisão, depois de ter investigado qual teria sido a vontade do paciente – através da consulta de *diretivas antecipadas*, da consulta do procurador de cuidados de saúde, ou da *família e pessoas próximas* – e sempre após um *procedimento colegial*.

A lei visa ainda a preservação da dignidade das pessoas doentes e cria a obrigação de dispensa de cuidados paliativos; logo que os tratamentos considerados como obstinação irrazoável cessem ou sejam limitados, a lei obriga o médico a fazer o alívio da dor e a respeitar a honorabilidade do paciente e de acompanhar as pessoas próximas. Com o respeito por estes procedimentos visa-se a proteção dos diferentes atores (doente, família, pessoas próximas, equipa de profissionais de saúde).[70]

[68] Congregação para a Doutrina da Fé, *Declaração sobre Eutanásia*, Vaticano, 5 de Maio de 1980.

[69] L. 1110-5 CSP, alinéa 2.

[70] Cf. José Coelho, *Les droits du malade en fin de vie*, Brodeuaux, Les Études Hospitalières, 2007; Dupont / Bergoignan-Esper / Paire, *Droit hospitalier*, 8ème édition, Dalloz, 2011, p. 650 ss..

c. O direito aos cuidados paliativos

A promoção dos *cuidados continuados* em geral e dos *cuidados paliativos* em particular é uma marca de água de um sistema de saúde de qualidade. Em Portugal, a Lei nº 52/2012, de 5 de setembro – *Lei de Bases dos Cuidados Paliativos* – consagra o direito e regula o acesso dos cidadãos aos cuidados paliativos, define a responsabilidade do Estado em matéria de cuidados paliativos e cria a Rede Nacional de Cuidados Paliativos, que ainda está em desenvolvimento.

Para além da criação das instalações, dos recursos humanos e do funcionamento destes cuidados, impõe-se uma revisão da legislação laboral no sentido de permitir que os familiares e pessoas próximas possam acompanhar a pessoa doente na fase final da sua vida.[71] Nesta senda, a Assembleia da República aprovou a Resolução da Assembleia da *República nº 130/2016* (Recomenda ao Governo medidas de apoio aos cuidadores informais e a aprovação do seu estatuto).[72]

Claro que, como referimos logo no início, o acesso aos cuidados paliativos não pode, de modo algum, substituir o debate sobre a *eutanásia*, uma vez que, sendo realidades diferentes, visam, também, doentes distintos.[73]

Num caminho intermédio, podemos, aqui, referir as experiências de legalização da sedação terminal. Assim, no sentido de garantir maior autonomia da pessoa no fim da vida, a Andaluzia aprovou em 2010 a Ley 2/2010, de 8 de abril, *de Derechos y Garantías de la Dignidad de la Persona en el Proceso de la Muerte*[74] que consagra o direito à sedação terminal.

Na Argentina foi aprovada, em maio de 2012, a *Lei da morte digna*. Esta lei modifica vários dispositivos da ley 26.529 *Derechos del paciente en su rela-*

[71] Assim acontece em França. Em fevereiro de 2010, a Assembleia Nacional adotou um diploma que prevê que «l'aidant», qui accompagne à domicile son parent mourant, recevra une *allocation congé d'accompagnement de fin de vie*.. Cf. BÉRENGÈRE LEGROS, *Euthanasie, arrêt de traitement, soins palliatifs et sédation*: *L'encadrement par le droit de la prise en charge médicale de la fin de vie*, Bordeaux: Les Études Hospitalières, 2011.

[72] Diário da República, 1ª série, 18 de julho de 2016.

[73] GILLES GENICOT, *Droit médical et biomédical*, p. 46. O Autor escreve no contexto do seu país, a Bélgica, onde, para além de uma rede de cuidados paliativos de qualidade, a lei regulamenta a eutanásia.

[74] Boletín Oficial de la Junta de Andalucía, Boletín número 88 de 07/05/2010. Para uma leitura crítica deste diploma, *vide* ANDRÉS OLLERO, "*Reflexiones Sobre El Anteproyecto De Ley Reguladora De Los Derechos De La Persona Ante El Proceso Final De La Vida*", 2011.

ción con los profesionales e instituciones de la salud, quer em sede de direito à recusa de tratamento, de direito à informação e de diretivas antecipadas de vontade, por forma a abranger a possibilidade de exercício da autodeterminação em caso de doença irreversível, incurável ou que se o paciente se encontrar em estádio terminal, ou que tenha sofrido lesões que o coloquem em igual situação.

i. As experiências de regulação do direito à morte – e ao suicídio – assistida e à eutanásia

Alguns países já regulamentaram a *morte assistida,*[75] seja através da descriminalização do suicídio assistido – como acontecer, por exemplo, na Europa, na Suíça e, nos Estados Unidos da América, no Estado de Oregon, do Vermont e da Califórnia –,[76] seja mesmo pela legalização da *eutanásia* – como assistimos nos Países Baixos, Bélgica e Luxemburgo[77]. No Uruguai e na Colômbia também se verifica uma descriminalização do *homicídio piedoso* e o projeto do novo Código Penal brasileiro – Projeto de Lei n. 236/2012 – aponta para soluções de *exclusão de ilicitude.*

Mais recentemente, a Califórnia legalizou o suicídio assistido e a Suprema Corte do Canadá veio considerar a criminalização da eutanásia inconstitucional.

Em fevereiro de 2015, numa votação unânime, o Supremo Tribunal Canadiano veio considerar a criminalização da *eutanásia* inconstitucional, quando praticada por um médico, desde que os pacientes canadianos estejam mentalmente competentes e com uma doença terminal, devendo o legislador promulgar legislação conforme à Constituição a breve trecho, tendo sido aprovada no Senado, a 17 de junho de 2016, uma Lei que autoriza a eutanásia e o suicídio assistido.

[75] Para mais desenvolvimentos, cf. SOPHIE PARICARD, "L'encadrement de la volonté de mourir des personnes en fin de vie," in ANNE-MARIE DUGUET, *Actions pour la santé et la recherche médicale en faveur des personnes vulnérables et des pays émergents,* Les Études Hospitalières, 2012, p. 41-56.

[76] Cf. VERA LÚCIA RAPOSO, "Directivas Antecipadas de Vontade: em busca da lei perdida," *Revista do Ministério Público,* Janeiro-Março 2011, p. 171 ss.

[77] Designadamente nos Países Baixos (Lei de Comprovação da Terminação da Vida a Pedido do Próprio e de Auxílio ao Suicídio *(Wet toetsing levensbeëindiging op verzoek en hulp bij zelfdoding, Stb.* 2001, 194), na Bélgica (*Loi relative a l'euthanasie, du 28 mai 2002*) e no Luxemburgo, onde no dia 16 de março de 2009, o Grão-Ducado adotou duas leis relativas ao fim de vida: (1) la *loi relative aux soins palliatifs, à la directive anticipée* et à *l'accompagnement en fin de vie,* e (2) la *loi sur l'euthanasie et l'assistance au suicide.*

Na Califórnia, já no final do ano de 2015, foi promulgada a lei *End of Life Option Act* que permite aos médicos prescreverem medicamentos letais para certos doentes terminais. Esta lei, seguindo a arquitetura jurídica das leis já existentes nos estados de Oregon e Vermont, exige que os pacientes que queiram solicitar que lhes seja prescrita uma dose letal de medicamentos para que administrem por si próprios, tenham recebido dois diagnósticos acerca da natureza da sua doença terminal, da parte de dois médicos independentes, demonstrem que a sua esperança de vida é inferior a seis meses, tenham dado o seu consentimento informado através de pedido voluntário e que tenham efectuado o pedido, pelo menos três vezes. Para além destes requisitos, é ainda necessário que o paciente seja maior de idade, tenha capacidade para tomar decisões médicas e que o seu pedido seja realizado com o apoio de três médicos – dois por via oral e um por forma escrita.

6. Conclusão

A doutrina jurídica tem vindo a apontar, claramente, no sentido do respeito por um fim de vida sem tratamentos fúteis ou desnecessários e do respeito pela recusa de tratamento, incluindo através de uma *diretiva antecipada de vontade.* A lei portuguesa admite mesmo a recusa antecipada de *hidratação e nutrição* (artigo 2º, nº 2, al. b da Lei nº 25/2012, de 16 de julho) e, assim, Eluana Englaro poderia ter visto, logo, respeitado o seu desejo a não viver 17 anos em *Estado Vegetativo Persistente*, desde que tivesse formalizado o referido *testamento vital.*

O debate em torno da *eutanásia ativa direta* está lançado em Portugal e vai espreitando em Angola. Mas, neste ponto, já só há consenso de que a discórdia é extrema, fundada e argumentativamente sustentada. Com efeito, o preceito "não matarás" é carregado de uma força simbólica não irrelevante na proteção dos mais desvalidos e vulneráveis. Por outro lado, contudo, muitos médicos, designadamente anestesiologistas, praticam com sustentação ética e técnica a sedação terminal, nos casos de doentes terminais com dores insuportáveis, mostrando que é imperioso implementar e consolidar uma extensa e capaz rede nacional de cuidados paliativos.

Na época do "Terramoto Geracional"[78], à grande diminuição da natalidade junta-se o extraordinário aumento da esperança de vida. O *Século*

[78] PAUL WALLACE, *Terramoto Geracional*, Edições Europa-América, 2001.

Biotech[79] promete-nos grandes avanços no conhecimento da nossa genética e melhorias extraordinárias na qualidade de vida e longevidade. Assim, uma em cada duas meninas chegará aos 100 anos de idade.

Se, por um lado a humanidade e a medicina vão alcançando estas vitórias, por outro, tal acarreta um final de vida muitas vezes bastante prolongado e sofrido. Assiste-se a um certo esbatimento das fronteiras entre a vida e a morte e à desapropriação pelo moribundo da sua própria morte. O mundo ocidental entra no século XXI com a morte hospitalizada. Mais de 70% das pessoas em França e 80% nos Estados Unidos[80] conhecem o *ómega* da sua vida entre quatro paredes brancas, rodeados de uma parafernália de tecnologia, intoxicados em produtos farmacêuticos e muitas vezes afastados dos seus familiares e amigos próximos.

Os próprios rituais da morte, como o luto, começam a desvanecer-se: a morte é um tabu! A sociedade da beleza e do consumo[81] não aprecia a debilidade do doente e do moribundo.

[79] Jeremy Rifkin, O *Século Biotech,* Edições Europa-América, 2001.

[80] Lopes Brito/ Lopes Rijo, *Estudo Jurídico da Eutanásia em Portugal,* p. 19 afirmam que 90% da população, nas sociedades ocidentais, morre em hospitais. Dupont / Bergoignan-Esper / Paire, *op. cit.,* p. 657 afirmam que, em França, essa percentagem subiu de 30% em 1960 para mis de 70%, sendo ainda maior nas grandes cidades. Segundo Isabel Borges Moreira, *O Doente Terminal em Contexto Familiar,* Coimbra, Formasau: Formação e Saúde Lda., 2001, p. 13, cerca de 70 a 80% dos doentes em fase terminal morrem em meio hospitalar.

[81] Neste sentido, vide J. Baudrillard, *The consumer society: myths and structures,* Sage, 2005 e Gilles Lipovetsky, *Le Crépuscule du devoir,* Paris, Gallimard, 1992.

VI

DIGNIDADE, IGUALDADE E AUTONOMIA

O Argumento do Princípio da Dignidade da Pessoa Humana: Paternalismo Jurídico e Restrições a Direitos Fundamentais

Mariana Melo Egídio*

"O lançamento de anões é uma atracção que afronta a dignidade da pessoa humana, constituindo o respeito pela mesma parte da ordem pública (...) e não sendo o princípio da liberdade de escolha de profissão e de iniciativa económica privada impedimentos à proibição daquela actividade (...) *mesmo havendo consentimento do indivíduo*"[1].

I. Introdução: as diferentes facetas do princípio da dignidade da pessoa humana

Já na década de 20 do século passado, Cunha Gonçalves entendia que "o homem tem o direito de dispor sobre si próprio como melhor entender, exercendo livremente a sua actividade para a realização dos seus fins", que "o homem pode exercer direitos sobre a sua própria pessoa" e que seria também titular de "direitos sobre o seu próprio corpo", seja atra-

* Assistente Convidada da Faculdade de Direito da Universidade de Lisboa. Investigadora Associada do Centro de Investigação em Direito Público (CIDP). Doutoranda em Ciências Jurídico-Políticas na Faculdade de Direito da Universidade de Lisboa. Contacto: marianameloegidio@fd.ulisboa.pt.

[1] Manuel Wackenheim v. França, Comunicação Nº 854/1999, U.N. Doc. CCPR/C/75/D/854/1999 (2002), consultado *online* em http://www1.umn.edu/humanrts/undocs/854-1999.html

vés de actos tidos como normais (vejam-se os deliciosos exemplos "cortar o cabelo e as unhas, fazer a barba, fumar, medicar-se ou sujeitar-se a operações cirúrgicas"), como através de outros mais extremos ou extraordinários, como "ceder o sangue para uma transfusão, a fim de salvar um doente; atirar-se à água ou no meio das chamas para salvar uma vida alheia; sujeitar-se à experiência de novas terapêuticas, ou legar o cadáver ao teatro anatómico, ou uma das vísceras a uma cidade, como fez D. Pedro IV; alistar-se voluntariamente para uma guerra, mesmo em país estrangeiro; contratar-se para arriscados serviços desportivos nos circos ou nas barracas de saltimbancos, sujeitando-se a perigosas provas como *fakir*, jejuador ou atleta", concluindo que "se o homem pode dispor do corpo inteiro, com maior razão pode dispor de parcelas dele, que por sua vontade separou"[2].

Hodiernamente, encontramos jurisprudência – como o acórdão cuja passagem transcrevemos *supra* – que, em nome do princípio da dignidade da pessoa humana, limita (restringe mesmo) o exercício de direitos fundamentais por parte dos cidadãos – *in casu*, a liberdade de escolha e exercício de profissão. E limita-a mesmo quando o comportamento vedado (considerado contrário ao princípio da dignidade da pessoa humana) corresponde a uma verdadeira, voluntária e consciente manifestação de vontade do indivíduo, portanto, a uma manifestação de autodeterminação em que o indivíduo opta e escolhe "dispor sobre si próprio". Esta intervenção jurisprudencial não é, também, desconhecida do Tribunal Constitucional português, como veremos neste texto.

Ainda que se entenda que não existe uma conexão necessária entre Direito e Moral[3], não podemos negar que o ordenamento jurídico nacional não é axiologicamente neutro, estando-lhe subjacente o personalismo ético de raiz kantiana[4], não só no campo do Direito Civil, mas em todos os

[2] Cfr. Luiz da Cunha Gonçalves, *Tratado de direito civil: em comentário ao Código Civil Português*, I, Coimbra, Coimbra Editora, 1929, p. 301 e ss.

[3] Cfr., na impossibilidade de desenvolvimento, por todos, Herbert Hart, *O Conceito de Direito*, 4ª edição, Lisboa, Fundação Calouste Gulbenkian, 2005, p. 201 e ss.

[4] Sobre o princípio da dignidade humana em Kant, entre outros, António Cortês, "O Princípio da Dignidade Humana em Kant", *BFDUC*, Vol. LXXXI, Coimbra, 2005, pp. 601-631 e, para contraponto, a concepção de Hegel, por exemplo em Kurt Seelman, "Pessoa e dignidade da pessoa humana na filosofia de Hegel", *Dimensões da Dignidade. Ensaios de Filosofia do Direito e de Direito Constitucional*, Béatrice Maurer/ Ingo Wofgang Sarlet/Kurt Seelman/Michael Kloepfer/Peter Häberle, (coord.), Porto Alegre, Livraria do Advogado Editora, 2005, pp. 45-59. Note-se que, como se verá, ainda hoje "o elemento nuclear

restantes ramos de Direito[5]: todo o ordenamento jurídico gira em torno do princípio da dignidade da pessoa humana[6], a qual, não por acaso, é mencionada logo no primeiro artigo da Constituição enquanto base da República Portuguesa, fundada, assim, no respeito da dignidade de cada indivíduo[7].

Note-se, ainda, que as Declarações de Direitos vindas do constitucionalismo bem como, hodiernamente, as Declarações e textos normativos de Direito Internacional e de direito interno enquadram o princípio da dignidade da pessoa humana como "postulado axiológico do jurídico"[8].

O princípio da dignidade da pessoa humana[9] constitui, pois, o valor fundamental do ordenamento jurídico, elemento "base" de toda a ordem

da noção de dignidade da pessoa humana parece continuar sendo reconduzido – e a doutrina maioritária conforta esta conclusão – primordialmente à matriz kantiana", INGO WOLFGANG SARLET, "As dimensões da dignidade da pessoa humana: construindo uma compreensão jurídico-constitucional necessária e possível", *Dimensões da Dignidade. Ensaio de Filosofia do Direito e Direito Constitucional, op. cit.*, p. 21.

[5] Cfr. OLIVEIRA ASCENSÃO, *Direito Civil – Teoria Geral, I, Introdução. As pessoas. Os bens*, Coimbra, Coimbra Editora, 1997, p. 193 e ss e 201 e ss. e, especificamente a propósito do Direito Constitucional, PAULO OTERO, *Instituições Políticas e Constitucionais*, Volume I, Coimbra, Almedina, 2007, p. 25 e ss, nomeadamente p. 29 "o paradigma da Constituição não pode ser o Estado ou o Poder, antes radica no ser humano e na sua dignidade inviolável".

[6] Cfr. GOMES DA SILVA, *Esboço de uma Concepção Personalista do Direito. Reflexões em torno da utilização do cadáver humano para fins terapêuticos e científicos*, Lisboa, 1965, p. 131, "a ideia de pessoa humana, ou melhor, a pessoa humana viva e concreta, tem o primado em toda a construção do direito".

[7] A positivação do princípio da dignidade da pessoa humana ocorreu nos textos constitucionais posteriores à II Guerra Mundial, cfr. os exemplos em PETER HÄBERLE, "A dignidade humana como fundamento da comunidade estatal", *Dimensões da Dignidade. Ensaio de Filosofia do Direito e Direito Constitucional, op. cit.*, p. 90 e ss. A menção ao princípio no artigo 1º da Constituição surge a par da vontade popular como base da República e encontra-se intimamente ligado à garantia constitucional dos direitos fundamentais, pelo menos daqueles fruto de uma visão antropocêntrica, como se verá de seguida – cfr. GOMES CANOTILHO/VITAL MOREIRA, anotação ao art. 1º, *Constituição da República Portuguesa Anotada*, artigos 1º a 107º, Volume I, 4ª edição revista, Coimbra, Coimbra Editora, 2007, p. 198; JOSÉ DE MELO ALEXANDRINO, *A estruturação do sistema de direitos, liberdades e garantias na Constituição Portuguesa, Volume II, A construção dogmática*, Coimbra, Almedina, 2006, p. 279 e ss, nomeadamente p. 306 e ss.

[8] Na expressão de PAULO MOTA PINTO, "O Direito à Reserva sobre a Intimidade da vida privada", *BFDUC*, volume 69, 1993, p. 479.

[9] A doutrina salienta, no geral, a importância do termo "dignidade da pessoa humana", por oposição a "dignidade humana", na medida em que este último se refere a uma noção transpessoal, qual seja a de humanidade, que não deve ser a adoptada quando se fala de direitos dos indivíduos.

constitucional[10], enquanto *fundamento, limite* e *critério* de validade de todo o Direito[11].

Contudo, apesar da importância que o princípio assume, uma definição do mesmo não se afigura fácil[12]. Tendo sido até entendido durante alguns tempos como conceito extra-jurídico[13], procura-se hoje encontrar-lhe um

[10] José de Melo Alexandrino, *A estruturação do sistema de direitos, liberdades e garantias na Constituição Portuguesa, volume II, op. cit*, p. 312. Veja-se igualmente o título do artigo de Jorge Miranda, "A dignidade da pessoa humana e a unidade valorativa do sistema de direitos fundamentais", *Tratado Luso-Brasileiro da Dignidade Humana*, Jorge Miranda/Marco Antonio Marques da Silva, (coord.), São Paulo, Quartier Latin, 2008, pp. 167-176. Cfr. também Ingo Sarlet, *A eficácia dos direitos fundamentais*, 11ª edição revista e atualizada, Porto Alegre, Livraria do Advogado, 2012, p. 125, "o princípio da dignidade da pessoa humana vem sendo considerado fundamento de todo o sistema dos direitos fundamentais, no sentido de que estes constituem exigências, concretizações e desdobramentos da dignidade da pessoa humana (...) exerce o papel de fonte jurídico-positiva dos direitos fundamentais, dando-lhes unidade e coerência".

[11] Cfr. Paulo Otero, *Lições de Introdução ao Estudo do Direito*, I, 1º tomo, Lisboa, Pedro Ferreira, 1998, p. 54 e ss. O facto de ser fundamento de validade não significa que o seja com a mesma intensidade em relação a todas as normas, cfr. Vieira de Andrade, *Os Direitos Fundamentais na Constituição Portuguesa de 1976*, 4ª edição, Coimbra, Almedina, 2010, pp. 96-97. Cfr. também Jorge Reis Novais, *Os Princípios Constitucionais Estruturantes da República Portuguesa*, 1ª Edição, Coimbra, Coimbra Editora, 2004, pp. 52-53, "Pode acontecer que nem todos os direitos fundamentais constitucionalmente enumerados apresentem o mesmo grau de proximidade e incindibilidade àquele núcleo inspirador mas, em última análise, é a dignidade da pessoa humana que confere unidade de sentido explicativo ao chamado sistema constitucional de direitos fundamentais e orienta as margens de abertura e actualização do respectivo catálogo". Sobre este papel de *fundamento* do princípio da dignidade da pessoa humana, cfr., entre outros, Acórdão do Tribunal Constitucional nº 951/96, consultado *online* em http://www.tribunalconstitucional.pt/tc/acordaos/19960951.html, "a nossa Lei Fundamental assenta na dignidade da pessoa humana, que é o fundamento de todo o ordenamento jurídico, base do próprio Estado, ideia que unifica todos os direitos fundamentais".

[12] Cfr. Hans Jörg Sandkühler, *Menschliche Würde – Wert, Prinzip, Regel, Rechtsbegriff*, 2006, consultado *online* em http://www.unesco-phil.unibremen.de/texte/Sandk%FChler,%20 Menschliche%20W%FCrde%20-%20deutsch.pdf. e Friedhelm Hufen, "Erosion des Menschenwürde?", *JuristenZeitung*, 59, 2004, 7, pp. 313-318 e ainda Roberto Andorno, "The Paradoxical notion of human dignity", *Rivista Internazionale di Filosofia del Diritto*, ano 78, nº 2, 2001, pp. 151-168.

[13] Cfr, por exemplo, Hans C. Nipperdey, "Die Würde des Menschen", *Die Grundrechte*, II, F.L. Neumann/ H. C. Nipperdey/ U. Scheuner (coord.), Berlin, Duncker & Humblot, 1954, p. 1. Afigura-se difícil tarefa conseguir densificar o conteúdo deste princípio, cfr., Ingo Wolfgang Sarlet, "As dimensões da dignidade da pessoa humana: construindo uma compreensão jurídico-constitucional necessária e possível", *Dimensões da Dignidade. Ensaios de Filosofia do Direito e Direito Constitucional, op. cit.*, 2005, p. 14, "já se percebe o quão difícil se

âmbito identificativo, ainda que o mesmo não possa ser considerado universal[14]. Esta busca de uma definição – e de compreensão do seu alcance – é essencial para concluir quais os limites que este princípio pode traçar ao exercício de outros direitos fundamentais.

Ora, ao contrário de outras normas jusfundamentais que regulam bens jurídicos específicos, o conteúdo do princípio da dignidade da pessoa humana não se afigura evidente[15], na medida em que se liga antes a uma transversalidade da ideia de pessoa[16], o que acarreta uma utilização por vezes excessiva desta norma (nomeadamente pelos tribunais), com consequências negativas para a sua compreensão dogmática[17].

Para a sua compreensão, sugere alguma doutrina que se procure partir "de baixo para cima", olhando para os direitos fundamentais[18], tanto de

torna a busca de uma definição do conteúdo desta dignidade da pessoa e, portanto, de uma correspondente compreensão (ou definição) jurídica. Assim, por mais que não seja esta a posição a ser adotada, verifica-se que não é inteiramente destituída de qualquer fundamento racional e razoável a posição dos que refutam a possibilidade de uma definição, ou, pelo menos, de uma definição jurídica da dignidade".

[14] Até porque, mesmo num contexto de "Estados de Direito, partilhando as mesmas concepções globais sobre as relações entre Estado e cidadãos, subscrevendo os mesmos documentos internacionais de tutela dos direitos fundamentais e aceitando idêntica jurisdição de instâncias internacionais sobre as decisões que tomem nesta matéria, têm, é certo, legitimidade suficiente sobre as decisões para decidirem com um sentido diferente eventuais conflitos ou colisões entre direitos fundamentais e outros valores comunitários", Jorge Reis Novais, *As restrições aos direitos fundamentais não expressamente autorizadas pela Constituição*, 1ª edição, Coimbra, Coimbra Editora, 2003, p. 372.

[15] Referimo-nos, obviamente, ao conteúdo jurídico, porquanto as concepções filosóficas sobre o mesmo têm variado ao longo do tempo.

[16] Ingo Wolfgang Sarlet, *Dignidade da Pessoa Humana e Direitos Fundamentais na Constituição Federal de 1988*, 3ª edição revista, actualizada e ampliada, Porto Alegre, Livraria do Advogado, 2004, p. 40, apoiado em Michael Sachs e salientando, p. 69, o facto de este princípio ser base de vários direitos fundamentais e dele se poderem retirar outros direitos não positivados – e neste sentido, mas *apenas* neste, se poder assim reconhecer tratar-se de uma *norma de direito fundamental*.

[17] Cfr. Ingo Wolfgang Sarlet, *Dignidade da Pessoa Humana e Direitos Fundamentais na Constituição Federal de 1988*, *op. cit.*, p. 100, n. 242, na esteira de Peter Häberle, no sentido de que é recomendável "um uso não inflacionário da dignidade" e repudiando a utilização da dignidade "de modo panfletário e como fórmula vazia de conteúdo".

[18] Havendo até quem sugira, cfr. por exemplo Dominique Rousseau, *Les libertés individuelles et la dignité de la personne*, Paris, Montchrestien, 1998, p. 70, que a dignidade apenas existe através da sua concretização nos específicos direitos fundamentais.

valor constitucional[19] como legislativo, procurando apreender se os bens jurídicos que estes tutelam em específico podem ser aproveitados para a densificação do princípio da dignidade da pessoa humana[20].

Em bom rigor, a ideia baseada na consideração do ser humano como livre, dotado de autonomia e consequentemente irrepetível é pré-kantiana[21], podendo ser encontrada já na moral estóica e cristã[22], mas o conceito apenas adquire relevo com o tratamento que dele é feito por IMMANUEL KANT (Age de tal maneira que uses a humanidade, tanto na tua pessoa como na pessoa de qualquer outro, sempre e simultaneamente como fim e nunca simplesmente como meio[23]).

A influência kantiana sentida no tratamento da dignidade da pessoa humana constitucionalmente tutelada não significa, note-se, que a pessoa humana seja apenas configurada abstractamente – enquanto parte da

[19] Cfr. o comentário de JÜRGEN SCHWABE, *Cinquenta Anos de Jurisprudência do Tribunal Constitucional Federal Alemão*, tradução de LEONARDO MARTINS, Konrad-Adenauer Stiftung, 2005, p. 178, "Outra tese bastante corrente na literatura especializada é que boa parte (alguns afirmam erroneamente que todos) os direitos fundamentais teriam um lastro na garantia da dignidade humana. Entre eles, destaque-se o Art. 2 I GG (livre desenvolvimento da personalidade), que abrange os direitos gerais da personalidade, funcionando como lex generalis em face de garantias mais específicas dos Art. 3 et seq. GG, como a inviolabilidade do domicílio (Art. 13 I GG) ou do sigilo telefônico (Art. 10 I GG), direito à incolumidade física ou mesmo a liberdade de locomoção contra os seus mais diversos cerceamentos, incluindo os legais (Art. 2 II c.c. Art. 104 I 1 GG)".

[20] PETER HÄBERLE, "Die Menschenwürde als Grundlage der staatlichen Gemeinschaft", *Handbuch des Staatsrecht der Bundesrepublik Deutschland*, ISENSEE/KIRCHHOF (coord.*), op. cit.*, p. 853. Isto, ainda que não pareça possível conseguir apreender o princípio na sua totalidade, cfr. ARTHUR KAUFMANN, *Filosofia do Direito,* 3ª edição, Lisboa, Calouste Gulbenkian, 2009, p. 269 e ss.

[21] Sobre a evolução do princípio, cfr. MARTIN KRIELE, *Einführung in die Staatslehre. Die geschichtlichen Legitimitätsgrundlagen des demokratischen Verfassungsstaates*, 6., überarbeitete und erweiterte Auflage, Stuttgart, Berlin, Köln, Kohlhammer, 2003, pp. 181-188.

[22] Para o desenvolvimento da noção de pessoa humana ao longo da evolução histórico-filosófica e constitucional, cfr. PAULO OTERO, *Instituições Políticas e Constitucionais, op. cit.*, p. 57 e ss, MENEZES CORDEIRO, *Tratado de Direito Civil, IV, Parte Geral, Pessoas,* 3ª edição, Coimbra, Almedina, 2011, pp. 32-35, INGO WOLFGANG SARLET, *Dignidade da Pessoa Humana e Direitos Fundamentais na Constituição Federal de 1988, op. cit.*, p. 29 e ss e BÉATRICE MAURER, "Notas sobre o respeito da dignidade da pessoa humana... ou pequena fuga incompleta em torno de um tema central", *Dimensões da Dignidade. Ensaio de Filosofia do Direito e Direito Constitucional*, INGO WOLFGANG SARLET, (coord.), *op. cit.,* p. 64 e ss.

[23] IMMANUEL KANT, *Fundamentação da Metafísica dos Costumes*, Coimbra, Atlântida, 1948, tradução de PAULO QUINTELA, p. 69.

"humanidade", o que poderia ser reconduzido ao imperativo kantiano – mas sim enquanto *pessoa humana em concreto*[24] e historicamente situada, porquanto "é a dignidade da pessoa humana viva e concreta e não o Estado ou a Constituição que outorgam ou justificam a dignidade da pessoa humana e os direitos humanos"[25].

Ora, a influência kantiana traduz-se na compreensão do princípio da dignidade da pessoa humana através da fórmula do objecto[26], desenvolvida sobretudo por GÜNTHER DÜRIG, expressão de que a dignidade "será heteronomamente violada quando a pessoa for degradada ao nível de uma coisa ou de um objecto do actuar estadual, na medida em que deixe de ser considerada um fim autónomo, para ser tratada como instrumento ou meio de realização de fins alheios. Por sua vez, será violada, mesmo com o consentimento do lesado, quando este anua na destruição ou anulação das condições da sua auto-determinação futura, ou aceite colocar-se numa situação que iniba a possibilidade de continuar a conformar a sua vida de acordo com planos pessoais livremente concebidos, na medida em que isso signifique uma degradação, sem possibilidades de correcção, ainda que voluntária, ao nível de um objecto heteronomamente determinado"[27].

[24] Cfr. GOMES DA SILVA, *op. cit.*, p. 134, "quando se afirma que o direito é inerente à personalidade e que o fim dele é salvaguardar a dignidade desta e concorrer para a realizar pelo cumprimento do fim último, não pode ter-se em vista a pessoa humana como realidade abstracta, mas sim o homem como ser real e concreto".

[25] Cfr., a este propósito, ANTÓNIO ENRIQUE PÉREZ LUÑO, *Derechos Humanos, Estado de Derecho y Constitucion*, Octava Edicion, Madrid, Tecnos, 2003.

[26] Cfr. TATJANA GEDDERT-STEINACHER, *Menschenwürde als Verfassungsbegriff. Aspekte der Rechtssprechung des Bundesverfassungsgerichts zu Art. 1 Abs. 1 Grundgesetz*, Berlin, Duncker & Humblot, 1990, p. 31 e ss. Porém, como salienta JORGE REIS NOVAIS, *Os princípios constitucionais estruturantes da República Portuguesa, op. cit.*, p. 57 "a «fórmula do objecto» não pode reivindicar uma aplicação sem modulações atinentes às circunstâncias da integração comunitária das pessoas, pois, de algum modo, as necessidades de convivência social e compatibilização de valores e interesses em tensão sempre hão-de determinar que o indivíduo seja objecto de imposições ordenadas pelo interesse geral tal como são apreciadas pela maioria democrática" e que "o Estado a afecte desnecessária, fútil ou desproporcionadamente ou quando proceda a uma instrumentalização da autonomia individual ou a uma redução objectiva das oportunidades de livre desenvolvimento da personalidade que não sejam justificadas pela estrita necessidade de realização de fins, valores ou interesses dignos de protecção jurídica e efectuadas segundo procedimentos e com sentido e alcance constitucionalmente conformes".

[27] Cfr. JORGE REIS NOVAIS, "Renúncia a direitos fundamentais", *Direitos fundamentais. Trunfos contra a maioria*, Coimbra, Coimbra Editora, 2006, pp. 329-330.

O respeito pela dignidade de cada um implica assim, *prima facie*, também o respeito pela sua *autonomia*, enquanto "liberdade que as pessoas têm de se regerem e vincularem a si próprias, umas perante as outras, de prometerem e de se comprometerem"[28]. Por isso, a dignidade da pessoa humana já foi apelidada de "direito a outros direitos"[29].

Tal postulado significa que o indivíduo é titular de direitos não apenas como cidadão – como parte da comunidade – mas também enquanto pessoa e, consequentemente, dotado de uma esfera incomprimível de autodeterminação.

A evolução sentida neste domínio permite, aliás, que actualmente alguma doutrina refira que Portugal é hoje um Estado de direitos humanos, sendo a pessoa humana o centro da Constituição[30] e consistindo tarefa fundamental do Estado a tutela dos direitos fundamentais do indivíduo[31] – cfr. artigo 9º, alínea *b*) da Constituição. Neste quadro, também o próprio conceito de dignidade da pessoa humana serve de "critério referencial" para se chegar a um conceito material de direitos fundamentais[32].

O princípio da dignidade da pessoa humana impõe-se, assim, tanto como tarefa do Estado, como enquanto limite para a sua intervenção – ou seja, o Estado deve proteger a dignidade da pessoa humana e não deve, simultaneamente, exercer os seus poderes de forma atentatória daquela[33].

[28] Cfr. MENEZES CORDEIRO, *Tratado de Direito Civil Português, I, Parte Geral, Tomo I*, 3ª edição, Coimbra, Almedina, 2005, pp. 391-397.

[29] Cfr. CHRISTOPH ENDERS, *Die Menschenwürde in der Verfassungsordnung. Zur Dogmatik des Art. 1 GG*, Tübingen, Mohr Siebeck, 1997, p. 501 e ss.

[30] Esta é, aliás, uma característica comum às constituições do pós-guerra, cfr. por exemplo, FRANCK MODERNE, "La dignité de la personne comme principe costitutionnel dans les constitutions portugaise et française", *Perspectivas Constitucionais, Nos 20 anos da Constituição de 1976*, Volume I, Coimbra, Coimbra Editora, 1996, pp. 197-230.

[31] Cfr. PAULO OTERO, *Instituições Políticas e Constitucionais, op. cit.*, p. 43, "É no «Estado de direitos humanos» que se encontra hoje a efectiva resposta constitucional à pergunta de Kant "o que é o Homem?". Como salienta INGO WOLFGANG SARLET, *A Eficácia dos Direitos Fundamentais, op. cit.*, p. 117, " a dignidade da pessoa humana é simultaneamente limite e tarefa dos poderes estatais".

[32] Cfr., entre outros, INGO WOLFGANG SARLET, *op. cit.*, p. 104 e ss, embora não seja evidentemente o único.

[33] Cfr. INGO WOLFGANG SARLET, *Dignidade da Pessoa Humana e Direitos Fundamentais na Constituição Federal de 1988, op. cit.*, p. 47, "a dignidade da pessoa humana é simultaneamente limite e tarefa dos poderes estatais e, no nosso sentir, da comunidade em geral, de todos e de cada um, condição dúplice esta que também aponta para uma paralela e conexa dimensão defensiva e prestacional da dignidade".

A ideia de dignidade da pessoa surge, como resulta do exposto, fortemente ligada ao conceito de autonomia e de autodeterminação[34]; a base kantiana do princípio assenta precisamente na defesa da liberdade individual, enquanto "faculdade de não obedecer a quaisquer leis externas senão enquanto lhes puder dar o meu consentimento"[35].

Se, como assinalado *supra*, é difícil entender o que se encontra compreendido neste princípio, a análise da jurisprudência constitucional pode oferecer um contributo importante na busca de uma definição e dos reais limites operativos do recurso à ideia de dignidade da pessoa humana. Ora, com particular relevo para o presente texto – como se verá – se inerente à dignidade do ser humano está ele não poder ser tratado como um objecto, tal implica que também o Estado possa impor que o próprio nunca se possa degradar *a si próprio* a mera *coisa*, ou seja, vinculará este princípio o próprio ser humano perante si próprio[36], impondo que o indivíduo não deve nunca renunciar à sua dignidade[37]? Poderá assim este, vinculado também ele à sua própria dignidade, renunciar a determinados direitos que seriam, em princípio, indisponíveis, porque destinados a tutelar essa mesma dignidade? Poderá o Estado impor a sua visão mesmo quando o indivíduo, livremente e consentidamente, optou por outra? Esta a questão subjacente ao "caso do anão" e também ao acórdão do Tribunal Constitucional que serve de mote a este texto.

Alguma doutrina, baseada nestas premissas, entende que "A liberdade, sendo expressão intrínseca da individualidade humana, nunca pode ser usada para justificar uma renúncia ou uma abdicação dessa mesma individualidade ou da "pessoalidade": nenhum ser humano tem autonomia ou liberdade para se afastar do princípio da humanidade, renunciando a ser um fim em si mesmo e convertendo-se em mero objecto, coisa ou meio"[38], já que "a autonomia da vontade encontra na individualidade do ser humano e no princípio da humanidade limites absolutos, ilustrando que a liber-

[34] Cfr. Christoph Enders, *Die Menschenwürde in der Verfassungsordnung, op. cit.*, pp. 88-91.

[35] Immanuel Kant, *A Paz Perpétua*, p. 128, n. 4.

[36] Cfr. Kant, *A Metafísica dos Costumes, op. cit.*, p. 291 e ss. A dignidade da pessoa humana teria, pois, uma dimensão "auto-referencial", cfr. Paulo Otero, *Direito da Vida, Relatório sobre o Programa, Conteúdos e Métodos de Ensino,* Coimbra, Almedina, 2004, p. 126 e *Instituições Políticas e Constitucionais, op. cit.*, p. 567 e ss.

[37] Cfr. Kant, *op. cit.*, p. 299.

[38] Paulo Otero, *Instituições Políticas e Constitucionais, op. cit.*, pp. 485-486.

dade conhece limites intransponíveis radicados na garantia de defesa da própria natureza humana"[39].

Nesta visão, não havendo liberdade para renunciar à dignidade, esta tornar-se-ia em um limite intransponível.

As pistas para iniciar a nossa reflexão apontam para que a resposta tenha de ser procurada no ordenamento jurídico no seu todo: será a dignidade da pessoa humana um princípio absoluto, ou este é susceptível de ponderação e, consequentemente, passível de ser limitado, tal como qualquer outro direito consagrado na Constituição[40]?

Neste ponto, teremos de atender, parece-nos, a três aspectos diferentes em torno do princípio da dignidade da pessoa humana, mas interligados: *i)* a *estrutura* da norma da dignidade da pessoa humana, *ii)* o *comportamento* da norma da dignidade da pessoa humana; *iii)* as *dimensões* da dignidade da pessoa humana.

i) Em termos de *estrutura*, a norma que consagra a dignidade da pessoa humana é uma norma princípio, ou seja, reconduz-se a um imperativo de optimização, cuja morfologia – com base no enunciado constante do artigo 1º da Constituição – se poderá traduzir numa previsão ampla, com um pressuposto implícito "*em todas as situações de qualquer género*" e a estatuição "*a dignidade da pessoa humana será inviolável*"[41] e impondo, consequentemente, o seu respeito na maior medida possível.

ii) Quanto ao seu comportamento, embora falemos de "princípio da dignidade da pessoa humana" – e que, como visto no tópico anterior, possamos falar de uma norma com estrutura de princípio – em caso de conflitos normativos parece que a mesma assumirá natureza de norma-regra, dada a sua preponderância nos casos dos, afinal aparentes, conflitos com outras normas[42]. Esta posição não é, contudo, unânime[43].

[39] *Ibidem.*

[40] Para a caracterização da dignidade da pessoa humana como um verdadeiro direito fundamental, cfr. Christoph Enders, *Die Menschewürde in der Verfassungsordnung, op. cit.*, pp. 92-97.

[41] Cfr. David Duarte, *A Norma de Legalidade Procedimental Administrativa. A teoria da norma e a criação de normas de decisão na discricionariedade instrutória*, Coimbra, Almedina, 2006, p. 139 e, nomeadamente, p. 743 e ss.

[42] O que levanta, em termos de compreensão dogmática, alguns problemas, cfr. Jorge Reis Novais, *As restrições aos direitos fundamentais não expressamente autorizadas pela Constituição, op.*

Existem, assim, duas normas de dignidade da pessoa humana: a norma *regra* e a norma *princípio*[44].

iii) Para além desta dupla dimensão (a estrutura de princípio e o comportamento como norma regra), a dignidade da pessoa humana pode ainda ser reconduzida a uma norma que apresenta uma função defensiva, negativa (o clássico *status negativus*, de JELLINEK), e outra de norma de protecção, logo, positiva[45] (agora, *status positivus*), numa "dupla direcção protectiva"[46].

A primeira vertente implica que esta norma é parte de outras, ou seja, que se reflecte, pelo menos, no núcleo essencial destas[47], enquanto limite

cit., p. 351 e ss, MARTIN BOROWSKI, *Grundrechte als Prinzipien, Die Unterscheidung von Prima-facie-Position und definitiver Position als fundamentaler Konstruktionsgrundsatz der Grundrechte,* Baden-Baden, Nomos, 1998, p. 215 e ss e ROBERT ALEXY, *Theorie der Grundrechte,* Baden-Baden, Suhrkamp, 1994 (Nomos 1985), p. 224 e ss.

[43] Cfr. INGO WOLFGANG SARLET, *Dignidade da Pessoa Humana e Direitos Fundamentais na Constituição Federal de 1988, op. cit.*, pp. 124-141; GOMES CANOTILHO/JONÁTAS MACHADO, *"Reality shows" e liberdade de programação,* Coimbra, Almedina, 2003. Cfr., recentemente, NILS TEIFKE, *Das Prinzip Menschenwürde. Zur Abwägungsfähigkeit des Höchstrangigen,* Tübingen, Mohr Siebeck, 2011.

[44] Num sentido com que não se concorda, cfr. NUNO PINTO DE OLIVEIRA, *O Direito Geral de Personalidade e a "Solução do Dissentimento". Ensaio sobre um caso de "constitucionalização" do Direito Civil,* Coimbra, Coimbra Editora, 2002, p. 105, «Enquanto regra, a norma da dignidade da pessoa humana deverá aplicar-se somente nas hipóteses em que se encontrem em jogo "intromissões graves nas componentes elementares da personalidade", ou em que ocorra "real e inequívoca incompatibilidade [das soluções consagradas na lei] com o princípio regulativo constitucional que esteja em causa"; enquanto princípio, a norma da dignidade da pessoa humana deverá aplicar-se em todas as situações em que esteja em causa o "valor intrínseco" do indivíduo».

[45] Cfr. INGO WOLFGANG SARLET, *Dignidade da Pessoa Humana e Direitos Fundamentais na Constituição Federal de 1988, op. cit.*, pp. 97-98.

[46] Cfr. PETER HÄBERLE, "A dignidade humana como fundamento da comunidade estatal", *Dimensões da Dignidade. Ensaio de Filosofia do Direito e Direito Constitucional, op. cit.*, p. 137. Sobre a constatação de que a norma da dignidade da pessoa humana não configura apenas um direito de defesa (*Abwehrrecht*), mas é composta por vários direitos, os quais implicam outras funções, cfr. MARTIN BOROWSKI, *op. cit.*, p. 215, n. 194.

[47] "O conteúdo em dignidade da pessoa humana acaba por ser identificado como constituindo o núcleo essencial dos direitos fundamentais, ou pela circunstância de – mesmo não aceite tal identificação – se considerar que pelo menos (e sempre) o conteúdo em dignidade da pessoa em cada direito fundamental encontra-se imune a restrições", cfr. INGO WOLFGANG SARLET, *Dignidade da Pessoa Humana e Direitos Fundamentais na Constituição Federal de 1988, op. cit.*, p. 119.

intransponível, como veremos de seguida, sendo assim um limite às restrições e violações de direitos fundamentais, conferindo ao indivíduo um direito de defesa contra o Estado.

No caso da segunda vertente, o princípio da dignidade da pessoa humana pode também ele constituir fundamento para serem restringidos e impostos limites a outros direitos fundamentais do cidadão ou de terceiros, o que significa que, em nome deste dever de protecção[48], o Estado pode assumir atitudes ditas de paternalismo jurídico, que serão aprofundadas *infra*.

Podemos portanto concluir, com INGO SARLET, que "a dignidade da pessoa humana actua simultaneamente como limite dos direitos e como limite dos limites"[49], porquanto a dignidade da pessoa humana apresenta também uma inultrapassável dimensão interpessoal[50], ou seja, comunitária (cfr. artigo 1º da DUDH).

Ainda que não tenha, forçosamente, de haver uma correspondência entre núcleo essencial e o reflexo da dignidade da pessoa humana em um direito fundamental, é, contudo, o que acaba por ocorrer frequentemente, cfr. BODO PIEROTH/BERNHARD SCHLINK, *Grundrechte – Staatsrecht II*, 11. Auflage, Heidelberg, C.F. Müller, 1995, p. 80. Cfr. igualmente JORGE REIS NOVAIS, *Os princípios constitucionais estruturantes da República Portuguesa, op. cit.*, p. 60, "na relação entre os indivíduos e o Estado, que se traduz no reconhecimento constitucional, expresso ou implícito, de uma margem de liberdade incomprimível que conforma, se se quiser, um núcleo ou conteúdo essencial em cada direito fundamental onde as concepções, representações e mundividência de cada um valem tanto quanto as concepções da autoridade estatal, da maioria política ou dos restantes concidadãos".

48 Cfr. GOMES CANOTILHO/VITAL MOREIRA, anotação ao art. 1º, *Constituição da República Portuguesa Anotada, op. cit.*, p. 199, mencionando três dimensões do princípio: *i)* como dimensão intrínseca do ser humano, *ii)* como dimensão aberta e carecedora de prestações e *iii)* como expressão de reconhecimento recíproco. Em sentido diferente, JORGE MIRANDA, anotação ao art. 1º, JORGE MIRANDA, RUI MEDEIROS, (coord.), *Constituição Portuguesa Anotada, Tomo I, Introdução Geral. Preâmbulo. Artigos 1º a 79º*, 2ª edição, Coimbra, Coimbra Editora, 2010, p. 86, " a dignidade da pessoa humana não é um específico direito, mas essencialmente um *princípio englobante* onde se fundamentam todos os direitos fundamentais. E terá a dignidade uma *dimensão objectiva*? Parece que a função específica da dignidade da pessoa humana é a não instrumentalização das pessoas em nome de outros fins que lhe sejam extrínsecos. A protecção de bens objectivos faz-se por intermédio das diversas disposições consagradoras de direitos fundamentais específicos, pois todas elas têm subjacente um princípio normativo de protecção de bens independentemente da imediata presença de um sujeito jurídico, mas não é essa a função específica do princípio da dignidade da pessoa humana".

49 INGO WOLFGANG SARLET, *Dignidade da Pessoa Humana e Direitos Fundamentais na Constituição Federal de 1988, op. cit.*, p. 124.

50 Cfr. JORGE REIS NOVAIS, *Os Princípios Constitucionais Estruturantes da República Portuguesa, op. cit.*, p. 53, "A dignidade da pessoa humana do Estado social e democrático de Direito é

Sintetiza Paulo Otero que o princípio em causa *i)* surge como síntese axiológica civilizacional; *ii)* é princípio cimeiro do ordenamento jurídico; *iii)* possui um efeito irradiante ou expansivo sobre esse mesmo ordenamento; *iv)* constitui fundamento e limite também do poder político; *v)* serve de critério unificador; *vi)* serve como critério interpretativo e integrativo, o que resulta em um postulado geral *in dubio pro dignitate*[51] [entre duas (ou mais) interpretações normativas ou soluções integrativas que conduzam a resultados diferentes em matéria de dignidade da pessoa humana, deve sempre preferir-se a solução que se mostra conforme ou mais conforme à dignidade humana ou ao reforço garantístico e protector dessa mesma dignidade]; *vii)* assume-se também como direito fundamental, enquanto direito absoluto e inalienável à dignidade e ao seu respeito pelo Estado e pelos indivíduos; *viii)* desta dimensão decorre um dever de respeito por parte da comunidade; *ix)* é um valor absoluto, insusceptível de compressão salvo se tal se tornar necessário para garantir um espaço de operatividade que salvaguarde a dignidade humana concorrente ou conflitual; *x)* pode servir de fundamento para afectações de outros direitos fundamentais, operando ao mesmo tempo, nessa relação, como critério limitativo e restritivo; *xi)* institui um dever fundamental para o Estado; *xii)* comporta uma dimensão relacional e comunicacional e *xiii)* assume-se como propósito ou objectivo educativo[52].

circunstancial e temporalmente determinada e, nesse sentido, é própria de um indivíduo comunitariamente integrado e condicionado, titular de direitos fundamentais oponíveis ao Estado e aos concidadãos, mas socialmente vinculado ao cumprimento dos deveres e obrigações que a decisão popular soberana lhe impõe como condição da possibilidade de realização da dignidade e dos direitos de todos".

[51] Cfr. Frank Littwin, *Grundrechtsschutz gegen sich selbst*, Frankfurt-am-Main, Peter Lang, 1993, p. 136 e ss. Criticando este princípio, Jorge Reis Novais, *Os princípios constitucionais estruturantes da República Portuguesa, op. cit.*, pp. 53-54, "no relacionamento entre o Estado e o indivíduo há uma presunção de partida a favor da pessoa e da sua autonomia, no sentido tradicional de que a liberdade é, em Estado de Direito, em princípio ilimitada e que as possibilidades de o Estado nela intervir são limitadas e carentes de justificação, já não é mais possível, no Estado de Direito democrático dos nossos dias, fazer assentar na máxima *in dubio pro libertate* o critério último de resolução dos conflitos e colisões de valores e interesses que a própria Constituição não resolve", podendo mesmo "virar-se" contra o imperativo de liberdade dos indivíduos, na medida em que "a solução constitucionalmente mais correcta não é necessariamente a que dê sempre prevalência ao interesse pontual ou parcelar de liberdade em colisão com outros bens constitucionais".

[52] Cfr. Paulo Otero, *Instituições Políticas e Constitucionais, op. cit.*, pp. 561-566.

O princípio da dignidade da pessoa humana pode, assim, ser simultaneamente esgrimido como limite absoluto das possibilidades de renúncia a direitos fundamentais – no sentido de invalidar qualquer restrição a um direito fundamental que possa ser configurada com lesão daquele princípio – , mas também invocado como fundamento do próprio poder de disposição sobre posições protegidas por normas de direitos fundamentais[53].

Quando prevalecerá, então, a autonomia da vontade do indivíduo, expressão da sua dignidade – ainda que dissonante da visão que o Estado tem de dignidade – e quando prevalecerá antes a visão do Estado, enquanto promotor da "verdadeira" dignidade da pessoa humana, mesmo que contrária à vontade do indivíduo?

É o que veremos de seguida, tendo em conta que a intervenção do Estado em casos como o do acórdão ora em análise deve ser enquadrada num contexto de "protecção do indivíduo contra si mesmo" ou de "paternalismo jurídico"[54].

II. O Tribunal Constitucional e o princípio da dignidade da pessoa humana – A dignidade da pessoa humana *contra* os direitos fundamentais?

Como sintetiza o Tribunal Constitucional (cfr. acórdão nº 522/2007[55], recuperando a lição de VIEIRA DE ANDRADE, que servira já de base ao acórdão nº 144/2004[56]), «"o princípio da dignidade da pessoa humana (...) está na base de todos os direitos constitucionalmente consagrados (...). (...) Pode ser diferente o grau de vinculação dos direitos àquele princípio. Assim, alguns direitos constituem explicitações de primeiro grau da ideia de dignidade, que modela todo o conteúdo deles: o direito à vida,

[53] Cfr. JORGE REIS NOVAIS, "Renúncia a direitos fundamentais", *op. cit.*, p. 274.

[54] Salientando como é essencial ter em conta este aspecto quando se analisa a figura da renúncia a direitos fundamentais, FRANK LITTWIN, *Grundrechtsschutz gegen sich selbst, op. cit.*, p. 228 e ss.

[55] Acórdão de 18 de Outubro de 2007, processo nº 380/07, 1ª Secção, Relator: Conselheiro José Borges Soeiro, consultado *online* em http://www.tribunalconstitucional.pt/tc/acordaos/20070522.html.

[56] Acórdão de 10 de Março de 2004, processo nº 566/2003, 2ª Secção, Relatora: Conselheira Maria Fernanda Palma, consultado *online* em http://www.tribunalconstitucional.pt/tc/acordaos/20040144.html

à identidade e à integridade pessoal, à liberdade física e de consciência, por exemplo, tal como a generalidade dos direitos pessoais, são atributos jurídicos essenciais da dignidade dos homens concretos", acrescentando que "O conjunto dos direitos fundamentais é significativo e desvendável, porque é referido a um critério de valor; os direitos fundamentais são obrigatórios juridicamente, porque são explicitações do princípio da dignidade da pessoa humana que lhes dá fundamento. É que a unidade dos direitos fundamentais, como a unidade da ordem jurídica em geral, há-de ser uma unidade axiológica, material que funde e legitime o seu conteúdo normativo."»

Existem, assim, vários acórdãos do Tribunal Constitucional português que se referem à dignidade da pessoa humana como elemento unificador do ordenamento jurídico[57].

Porém, como assinala José Manuel Cardoso da Costa, raramente o princípio da dignidade da pessoa humana é invocado sozinho[58]; o Tribunal também não profere, por regra, decisões de inconstitucionalidade directamente baseadas na violação do princípio da dignidade da pessoa humana.

A função deste princípio no quadro da jurisprudência do Tribunal Constitucional português é, assim, a de um *princípio orientador* na delimitação do âmbito de protecção de outros direitos fundamentais[59], o que

[57] Cfr., sobre a jurisprudência do Tribunal Constitucional português sobre dignidade da pessoa humana, entre outros, José Manuel Cardoso da Costa, "O Princípio da Dignidade da Pessoa Humana na Constituição e na Jurisprudência Constitucional Portuguesa", *Direito Constitucional- Estudos em Homenagem a Manoel Gonçalves Ferreira Filho,* Sérgio Resende de Barros/Fernando Aurelio Zilveti (coord.), São Paulo, Dialética, 1999, pp. 191-199; Maria Lúcia Amaral, "O princípio da dignidade da pessoa humana na jurisprudência constitucional portuguesa", *Liber Amicorum de José de Sousa e Brito em comemoração do 70º aniversário,* Coimbra, Almedina, 2009, pp. 945-964.

[58] Cfr. José Cardoso da Costa, "O Princípio da Dignidade da Pessoa Humana na Constituição e na Jurisprudência Constitucional Portuguesa", *op. cit.*, p. 197.

[59] Como sintetiza o Tribunal no acórdão nº 105/1990, de 29 de Março de 1990, processo: nº 39/88, 2ª Secção, Relator: Conselheiro Bravo Serra, consultado *online* em http://www.tribunalconstitucional.pt/tc/acordaos/19900105.html, "Não se nega, decerto, que a «dignidade da pessoa humana» seja um valor axial e nuclear da Constituição portuguesa vigente, e, a esse título, haja de inspirar e fundamentar todo o ordenamento jurídico. Não se trata efectivamente – na afirmação que desse valor se faz logo no artigo 1º da Constituição – de uma mera proclamação retórica, de uma simples «fórmula declamatória», despida de qualquer significado jurídico-normativo; trata-se, sim, de reconhecer esse valor – o valor eminente

significa que, não sendo ele próprio um direito fundamental, desempenha um papel verdadeiramente *fundamental* no ordenamento jurídico[60].

De entre essa pluralidade de assuntos já tratados em torno do conceito de dignidade da pessoa humana, o caso que motiva a presente reflexão parte do acórdão do Tribunal Constitucional nº 641/2016, de 21 de Novembro de 2016, processo nº 401/16, 2ª Secção (Relator: Conselheiro Fernando Ventura)[61] e, particularmente, das declarações de voto constantes do mesmo.

A discussão de fundo do referido acórdão não é nova na jurisprudência do Tribunal Constitucional. Em causa estava um recurso, interposto ao abrigo da alínea *b*) do nº 1 do artigo 70º da Lei do Tribunal Constitucio-

do homem enquanto «pessoa», como ser autónomo, livre e (socialmente) responsável, na sua «unidade existencial de sentido» – como um verdadeiro princípio regulativo primário da ordem jurídica, fundamento e pressuposto de «validade» das respectivas normas». E, por isso, se dele não são dedutíveis «directamente», por via de regra, «soluções jurídicas concretas», sempre as soluções que naquelas (nas «normas» jurídicas) venham a ser vasadas hão-de conformar-se com um tal princípio, e hão-de poder ser controladas à luz das respectivas exigências (sobre o que fica dito, v., embora não exactamente no mesmo contexto, Vieira de Andrade, Os Direitos Fundamentais na Constituição Portuguesa de 1976, Coimbra, 1983, pp. 106 e segs. e, especialmente, pp. 130 e segs.). Quer tudo isto dizer – em suma – que o princípio da «dignidade da pessoa humana» é também seguramente, só por si, padrão ou critério possível para a emissão de um juízo de constitucionalidade sobre normas jurídicas. Simplesmente, não pode também deixar de reconhecer-se que a ideia de «dignidade da pessoa humana», no seu conteúdo concreto – nas exigências ou corolários em que se desmultiplica –, não é algo de puramente apriorístico (cfr. Gomes Canotilho e Vital Moreira, Constituição da República Portuguesa Anotada, 1º vol., 2ª ed., Coimbra, 1984, p. 70, anotação iv) e ou a-histórico, mas algo que justamente se vai fazendo (e que vai progredindo) na história, assumindo, assim, uma dimensão eminentemente «cultural». Para dizer ainda com Vieira de Andrade: «o valor da dignidade da pessoa humana [...] corresponde a uma potencialidade característica do ser humano, que se vai actualizando nas ordens jurídicas concretas» (ob. cit., p. 113). Ora, este ponto reveste-se da máxima importância, quanto à possibilidade de emitir um juízo de inconstitucionalidade sobre determinada solução legal, com base tão-só em que ela viola esse valor, ideia ou princípio".

[60] Cfr. José Cardoso da Costa, "O Princípio da Dignidade da Pessoa Humana na Constituição e na Jurisprudência Constitucional Portuguesa", *op. cit.*, p. 192, «Mas se, deste modo, se será tentado a dizer que tal princípio é *menos* do que um direito fundamental, em boa verdade também poderá simultaneamente afirmar-se que, no fundo, é *mais* do que isso, já que representa o "princípio de valor" que é o *fundamento* mesmo (e o "critério") desses direitos e do respectivo catálogo – catálogo ao qual confere uma "unidade de sentido".» Em sentido próximo, Maria Lúcia Amaral, *op. cit.*, p. 945, "a dignidade da pessoa humana, enunciada como sendo a «base» da República, surge *fora* e *antes* do sistema dos direitos fundamentais".

[61] Consultado *online* em http://www.tribunalconstitucional.pt/tc/acordaos/20160641.html

nal (Lei nº 28/82, de 15 de novembro, doravante LTC), do acórdão do Tribunal da Relação de Coimbra de 3 de fevereiro de 2016 que, concedendo provimento parcial ao recurso, condenara a recorrente pela prática de um crime de lenocínio, p. e p. pelo artigo 169º, nº 1, do Código Penal[62], na pena de 3 anos e 2 meses de prisão. Na verdade, a incriminação do lenocínio já foi alvo de outros arestos do Tribunal – nomeadamente o já mencionado acórdão nº 144/2004, constantemente reiterado em jurisprudência posterior sobre o tema[63]. Mas as declarações de voto agora emanadas por dois juízes conselheiros que votaram vencidos assumem relevo pelas questões que colocam quanto à tendência seguida pelo Tribunal na apreciação destes casos. Vejamos.

Para sustentar a inconstitucionalidade da norma e entre outros fundamentos, invocou a recorrente no recurso para o Tribunal Constitucional que, "atento o consentimento, voluntarismo e desejo radicado em cada uma das mulheres, terá a recorrente (bem como os demais arguidos!) de ser expressamente absolvida atenta a exclusão da ilicitude, na medida em que se teria por inconstitucional, por compressão ilícita e não proporcional, nos termos do art. 18º da Constituição, bem como violação dos direitos à liberdade (mesmo sexual, radicando em tal campo o direito à diferença!) e ao trabalho, consagrados nos arts. 1º, 27º nº 1, 58º) a dimensão normativa de tal norma (art. 38º nº 1 CP) quando interpretada no sentido de se ter por contrária aos bons costumes, para efeitos de não exclusão da ilicitude, a livre prática de relações sexuais, fora da via pública e em reserva

[62] " 169º – Lenocínio
1 – Quem, profissionalmente ou com intenção lucrativa, fomentar, favorecer ou facilitar o exercício por outra pessoa de prostituição é punido com pena de prisão de seis meses a cinco anos.
2 – Se o agente cometer o crime previsto no número anterior:
a) Por meio de violência ou ameaça grave;
b) Através de ardil ou manobra fraudulenta;
c) Com abuso de autoridade resultante de uma relação familiar, de tutela ou curatela, ou de dependência hierárquica, económica ou de trabalho; ou
d) Aproveitando-se de incapacidade psíquica ou de situação de especial vulnerabilidade da vítima;
é punido com pena de prisão de um a oito anos."

[63] Como o próprio acórdão recupera, estão em causa os acórdãos n.os 170/2006, 33/2007, 396/2007, 522/2007, 141/2010, 559/2011, 605/2011, 654/2011, 203/2012 e 149/2014, todos reafirmando o que foi entendido no Acórdão nº 144/2004, *leading case* sobre a temática.

da respetiva intimidade, ainda que a troco de dinheiro, sempre e quando a mesma seja levada a cabo entre maiores, de sexos distintos, radicando numa vontade e desejo livres e esclarecidos de ambas as pessoas sem qualquer coação, violência ou ameaça grave, constrangimento, ardil ou manobra fraudulenta, abuso de autoridade ou aproveitamento de incapacidade psíquica ou especial vulnerabilidade da vítima".

Ora, como esclareceu o Tribunal, "a conformidade constitucional da criminalização do lenocínio, perante a tipificação contida no artigo 169º, nº 1, do CP, na redação conferida pela Lei nº 59/2007, de 4 de setembro, ou aquela que antecedeu essa alteração de redação, *constitui questão simples*, na aceção do nº 1 do artigo 78º-A da LTC, por repetidamente apreciada por este Tribunal, sempre com afastamento de censura constitucional, por lhe estar subjacente uma perspetiva fundamentada na ordem axiológica da Constituição[64]. Essa "perspectiva axiológica" radica, precisamente, no princípio da dignidade da pessoa humana[65].

Assim, indeferindo a reclamação e mantendo a decisão sumária reclamada, o Tribunal aduziu que a reclamante assentara «todo o seu raciocínio na convicção de que a incriminação do lenocínio, quando não verificados os elementos típicos previstos no nº 2 do artigo 169º do CP, obedece ao propósito de tutelar uma certa *moralidade sexual*, que aponta como abandonada "*numa era de modernidade e evolução social, em que aquilo que era imoral há anos atrás hoje já não o é*". Não é essa, porém, a razão de política criminal que a justifica: permanece válido o entendimento de que a ofensividade que legitima a intervenção penal assenta numa perspetiva fundada de que as

[64] Entendendo também que "não se encontram na reclamação em apreço argumentos inovadores, não ponderados nas decisões atrás referidas, que justifiquem o afastamento da referida orientação jurisprudencial".

[65] Como resume o acórdão, "*Tal perspetiva não resulta de preconceitos morais mas do reconhecimento de que uma Ordem Jurídica orientada por valores de Justiça e assente na dignidade da pessoa humana não deve ser mobilizada para garantir, enquanto expressão de liberdade de ação, situações e atividades cujo "princípio" seja o de que uma pessoa, numa qualquer dimensão* (seja a intelectual, seja a física, seja a sexual), *possa ser utilizada como puro instrumento ou meio ao serviço de outrem.* A isto nos impele, desde logo, o artigo 1º da Constituição, ao fundamentar o Estado Português na igual dignidade da pessoa humana. E é nesta linha de orientação que Portugal ratificou a Convenção sobre a Eliminação de Todas as Formas de Discriminação contra as Mulheres (Lei nº 23/80, em D.R., I Série, de 26 de julho de 1980), bem como, em 1991 a Convenção para a Supressão do Tráfico de Pessoas e de Exploração da Prostituição de Outrem (D.R., I Série, de 10 de outubro de 1991)". (itálicos nossos).

situações de prostituição, relativamente às quais existe promoção e aproveitamento económico por terceiros, *comportam um risco elevado e não aceitável de exploração de uma situação de carência e desproteção social, interferindo com – colocando em perigo – a autonomia e liberdade do agente que se prostitui.*» (sublinhado nosso).

O Tribunal frisou, ainda, que "Não se concebe, assim, uma mera proteção de sentimentalismos ou de uma ordem moral convencional particular ou mesmo dominante, que não esteja relacionada, intrinsecamente, com os valores da liberdade e da integridade moral das pessoas que se prostituem, valores esses protegidos pelo Direito enquanto aspetos de uma convivência social orientada por deveres de proteção para com pessoas em estado de carência social."

Ao decidir neste sentido – em linha, note-se – com jurisprudência anterior – o Tribunal Constitucional tomou (ou continuou a seguir) uma opção: partindo de uma ideia de dignidade assente na "fórmula do objecto", entendeu ser conforme à Constituição uma norma que proíbe a utilização de outra pessoa como puro instrumento ou meio ao serviço de terceiro (ainda que estivesse em causa uma vontade livre e esclarecida dessa pessoa). Defendeu o Tribunal: "Na realidade, ainda que se entenda que a prostituição possa ser, num certo sentido, uma expressão da livre disponibilidade da sexualidade individual, o certo é que o aproveitamento económico por terceiros não deixa de poder exprimir já uma interferência, que comporta riscos intoleráveis, dados os contextos sociais da prostituição, na autonomia e liberdade do agente que se prostitui (colocando-o em perigo), na medida em que corresponda à utilização de uma dimensão especificamente íntima do outro não para os fins dele próprio, mas para fins de terceiros" e "relativamente ao relacionamento com os outros *há deveres de respeito que ultrapassam o mero não interferir com a sua autonomia,* há deveres de respeito e de solidariedade que derivam do princípio da dignidade da pessoa humana".

Se a fundamentação do acórdão nada tem de inovador face à anterior jurisprudência do Tribunal – sendo, aliás, feita por "decalque" do referido acórdão nº 144/2004 – as duas declarações de voto emanadas apresentam especial interesse, como referido. A declaração do Conselheiro Lino Ribeiro, entendendo que a norma decorrente do artigo 169º do Código Penal, aplicada ao caso dos autos, é inconstitucional, esclarece que «não é no valor da dignidade da pessoa humana que se pode encontrar o bem jurídico-constitucional digno de proteção penal. Como refere Figueiredo

Dias, não é «essa a natureza do princípio, como não é essa a função de que surge investido em matéria penal; antes sim a de se erguer como veto inultrapassável a qualquer atividade do Estado que não respeite aquela dignidade essencial e, deste modo, *antes que como fundamento, como limite* de toda a intervenção estadual».

A posição sustentada na declaração de voto assenta assim na necessidade de fazer uma interpretação restritiva da norma, no sentido de esta se aplicar apenas aos casos em que a vítima se encontra numa situação de necessidade económica e social – "admitindo que a conduta de quem, profissionalmente, ou com intenção lucrativa, fomenta, favorece ou facilita o exercício de prostituição por pessoa que se encontra numa situação de necessidade económica e social necessita de tutela penal, como o entendo, então só a introdução desse último elemento no tipo legal colocará o preceito em conformidade com a Constituição."

Já o Conselheiro Manuel da Costa Andrade entendeu que a norma em causa também seria inconstitucional, por violação do artigo 18º, nº 2, esclarecendo que «Uma consideração das coisas contra a qual não pode pertinentemente invocar-se a ideia de obviar a perigos contra a dignidade ou a autonomia das pessoas – homens ou mulheres – envolvidas na prostituição. Na certeza de que a incriminação é que pode, ela própria, configurar um atentado perverso à dignidade ou autonomia das pessoas. Que sendo adultas, esclarecidas e livres – no fundo a situação típica pressuposta pela incriminação – devem poder legitimamente escolher conduzir a sua vida tanto à sombra da "virtude" como do "pecado".»

Esta declaração de voto, com base em Figueiredo Dias, coloca, claramente, o problema na esfera do papel paternalista do Estado: "claro que pertence à liberdade da vontade da pessoa dedicar-se ou não ao exercício da prostituição. O que colocaria o Estado (detentor do *jus puniendi*) na mais contraditória e perversa das situações: a de sacrificar a integridade pessoal invocando como legitimação o propósito de a tutelar!". Não bastaria, assim, apoiar a legitimação material da incriminação na sua relação "com os valores da liberdade e da integridade moral das pessoas que se prostituem", como tem vindo a ser feito na jurisprudência que se iniciou com o acórdão nº 144/2004. Como refere o Conselheiro na declaração de voto, "teríamos uma situação absolutamente anormal e incompreensível: a de o direito penal, pretendendo tutelar o bem jurídico da eminente dignidade (sexual) da pessoa, sacrificá-lo ou violá-lo justamente em nome daquela dignidade."

Cumpre reflectir, consequentemente, sobre a relação entre princípio da dignidade da pessoa humana e protecção do indivíduo contra si próprio[66], independentemente da vontade deste ir em sentido contrário à vontade do Estado.

Decorre da ideia de dignidade da pessoa humana – e da consequente protecção da autonomia individual – um imperativo de subsidiariedade da intervenção estatal: "o Estado não pode substituir-se ou invadir o espaço decisório próprio e natural do ser humano"[67].

Isto explica-se porque se procura hoje privilegiar uma concepção da dignidade da pessoa humana como conceito aberto a um preenchimento, onde impera a autonomia do interessado e o seu poder consequente de conformação da própria vida[68]. O núcleo material mínimo de dignidade pessoal encontra-se, pois, indissociavelmente ligado à autonomia individual e ao direito ao livre desenvolvimento da personalidade[69].

Do reconhecimento da dignidade da pessoa humana deve decorrer assim, também, a possibilidade de a pessoa se autodeterminar, de dispor livremente e de autoconformar a sua vida, incluindo aí tanto o poder de exercer direitos fundamentais, como de se vincular ao não exercício ou invocação de uma posição de direito fundamental.

Já não na década de 20 mas em 1965, GOMES DA SILVA[70] salientava que "dos direitos da pessoa própria, baluartes da segurança individual, passou-se ao poder de dispor do próprio corpo e à tendência para legitimar os contratos mais estranhos e para mercadejar com o próprio corpo; e dos direitos sobre a pessoa alheia, restritos a aspectos essenciais da sociedade e do homem, degenerou-se para toda a espécie de aproveitamentos ou utilizações do homem como simples objecto. E quando não querem sancionar essa tendência, pelo menos nas modalidades mais extremistas, *os legislado-*

[66] A expressão alemã para designar esta intervenção do Estado (*Grundrechtsschutz gegen sich selbst*) é, a este propósito, bastante sugestiva.

[67] Cfr. PAULO OTERO, *Instituições Políticas e Constitucionais, op. cit.*, p. 558.

[68] JORGE REIS NOVAIS, "Renúncia a direitos fundamentais", *op. cit.*, p. 276.

[69] JORGE REIS NOVAIS, "Renúncia a direitos fundamentais", *op. cit.*, 277. Sobre todo este tema, LUÍSA NETO, *O Direito Fundamental à disposição sobre o próprio corpo (a relevância da vontade na configuração do seu regime)*, Coimbra, Coimbra Editora, 2004.

[70] MANUEL GOMES DA SILVA, *op. cit.*, p. 50.

res são tomados de preocupações de que os antigos foram isentos e vêem-se obrigados a fixar limites à livre disposição das pessoas" (itálico nosso).

A afirmação do Autor demonstra como a intervenção crescentemente paternalista[71] do Estado, nomeadamente na vertente do paternalismo de valores (*Wertepaternalismus*) na regulação do exercício de direitos fundamentais por parte dos indivíduos não ocorreu desde sempre, mas foi fruto da evolução da sociedade e de novas práticas por parte dos destinatários das normas.

Com efeito, se antes se entendia que vigorava, nomeadamente no âmbito das relações especiais de poder, uma ideia de *volenti non fit injuria* – tudo estaria bem desde que os cidadãos renunciassem *voluntariamente*[72] ao exercício dos seus direitos – hoje em dia este entendimento encontra-se claramente ultrapassado[73].

Ora, com o desenvolvimento da sociedade e as interrelações que se estabelecem entre os indivíduos, a esfera dita *pessoal* não o é totalmente. À medida que crescem os deveres de protecção por parte do Estado, condutas de auto-colocação em risco, que poderiam antes ser perspectivadas como tendo um efeito sobre terceiros apenas emocional, começam a ter

[71] Sobre o significado do conceito, cfr. WOLFGANG ENDERLEIN, *Rechtspaternalismus und Vertragsrecht*, München, C.H. Beck, 1996, com particular interesse para o caso de renúncia a direitos fundamentais operada por via contratual e ainda HORST EIDENMÜLLER, *Effizienz als Rechtsprinzip*, Tübingen, Mohr Siebeck, 3. ª edição, 2005, pp. 358-391; Cfr., finalmente, MANUEL ATIENZA, "Discutamos sobre paternalismo", *Doxa*, vol. 5, pp. 203-214, 1988 e PAULETTE DIETERLEIN, "Paternalismo y Estado de Bienestar", *Doxa*, vol. 5, 1988, pp. 175-194.

[72] MICHAEL SACHS, "«Volenti non fit inuria». Zur Bedeutung des Willens des Betroffenen im Verwaltungsrecht", *Verwaltungsarchiv*, vol. 76, 1996, pp. 398-426. Cfr. igualmente ÁLVARO GOMES RODRIGUES, *Consentimento Informado: pedra angular da responsabilidade criminal do médico*, Direito da Medicina – I, Centro de Direito Biomédico, Coimbra, Coimbra Editora, 2002, p. 15 e ss.

[73] Cfr. GOMES CANOTILHO, *op. cit.*, p. 463. PAULO MOTA PINTO, "O Direito ao Livre Desenvolvimento da Personalidade", *Portugal-Brasil Ano 2000*, Coimbra, Coimbra Editora, 1999, p. 194, n. 127, parece ser tributário deste entendimento, ao afirmar que "Já não parece, todavia, que se deva reconhecer um dever de protecção a cargo do Estado contra a auto-ofensa, pelo próprio titular, salvo quando não exista livre exercício da vontade". Cfr. também GERHARD SPIEβ, *Der Grundrechtsverzicht, op. cit.*, p. 53 e ss. Ainda assim, sempre houve manifestações do Estado que interferiam com as escolhas privadas, nomeadamente com o aspecto: desde as vestes coloridas terem sido banidas em Roma, em 215 a.C, à proibição de os súbditos de Carlos V usarem sapatos pontiagudos, até ao édito de Pedro, o Grande, em 1698, o qual regulava o uso de barba na Rússia (exemplos em LAURENCE H. TRIBE, *American Constitutional Law*, Second Edition, Mineola, New York, The Foundation Press, Inc., 1988, p. 1386).

uma dimensão coerciva, porquanto as condutas de um indivíduo poderão, dadas as externalizações negativas, afectar outros elementos da sociedade[74] (o que implica que, nesses casos, os direitos fundamentais dos indivíduos em causa deixem de ser *trunfos contra a maioria*[75]).

Esta atitude de "paternalismo jurídico" decorre da vertente *positiva* do princípio da dignidade da pessoa humana, enquanto dever de protecção imposto ao Estado, implica a protecção da dignidade humana de cada sujeito em relação aos outros mas também, se necessário, *em relação a si próprio*, quando o Estado entenda que a conduta praticada atenta contra a própria dignidade do indivíduo[76], na medida em que a mesma é indisponível e que constitui também um dever do indivíduo, não só para com os outros, mas também para consigo mesmo[77].

"Não há dúvida de que nas sociedades contemporâneas vigora um certo e inevitável «paternalismo legal» sobre a saúde e a vida, como o demonstram as exigências legais sobre cintos de segurança, venda de drogas, políticas sanitárias de alimentos, álcool e tabaco. Este paternalismo baseia-se na ideia que um incremento limitado de liberdade leva a que surjam «liberticidas». Ora, o paternalismo significa negativamente coagir ou limitar a liberdade de uma pessoa em nome do seu próprio bem, interesse ou bem-estar. Positivamente, é um modo de intervenção sobre a liberdade alheia para evitar um dano a terceiros. Quem sabe o grande argumento a favor de todo o paternalismo reside em que provocar um dano a si próprio pode significar causar um dano a outro ou a interesses colectivos"[78].

[74] LAURENCE H. TRIBE, *American Constitutional Law, op. cit.*, p. 1305.

[75] Cfr. JORGE REIS NOVAIS, *Os princípios constitucionais estruturantes da República Portuguesa, op. cit.*, p. 60 "o Estado, o Governo legítimo, a maioria democrática, só podem intervir restritivamente na minha liberdade de expressão para garantir um outro bem igualmente digno de protecção jurídica e que, nas circunstâncias do caso concreto, apresente um peso superior ao meu *trunfo*".

[76] Cfr. FRANK LITTWIN, *Grundrechtsschutz gegen sich selbst, op. cit.*, dando vários exemplos, como o consumo de álcool, tabaco, medicamentos em excesso, desportos perigosos, inalação de substâncias de risco, suicídio, emissões sonoras, jogos de azar, especulação bolsista, experimentação humana, eutanásia, greves de fome, esterilização, pornografia, entre outros. Cfr. igualmente LAURENCE H. TRIBE, *American Constitutional Law, op. cit.*, p. 1312 e ss. Finalmente, cfr. ainda REINHARD SINGER, "Vertragsfreiheit, Grundrechte und der Schutz des Menschens vor sich selbst", *JuristenZeitung*, ano 50, nº 23, 1995, pp. 1133 – 1141.

[77] Cfr. JESÚS GONZÁLEZ PÉREZ, *La Dignidad de la Persona*, Madrid, Civitas, 1986, p. 62.

[78] NICOLÁS LÓPEZ CALERA, "La vida y la muerte ante la ética y el derecho, paternalismo médico y desarollo científico", DOXA, vol. 15-16, 1994, p. 718. Cfr. STUART MILL, *On Liberty*,

Foi já mencionado, aliás, que uma das consequências deste entendimento do princípio da dignidade da pessoa humana consiste precisamente na defesa do indivíduo perante agressões à sua dignidade, inclusive infligidas pelo próprio[79].

Esta afirmação significa, pois, que "a autonomia da vontade (dignidade como capacidade de autodeterminação), (...) poderá ser relativizada em face da dignidade na sua dimensão assistencial (protectiva), já que, em determinadas circunstâncias, nem mesmo o livre consentimento autoriza determinados procedimentos, tal como ocorre, *v.g.*, com a extracção de dentes de um paciente sem qualquer tipo de indicação médica, especialmente quando o consentimento estiver fundado na ignorância técnica"[80].

Pergunta-se, porém, até que ponto poderá o Estado impor ele próprio limites fundados na dignidade da pessoa humana, mesmo que contrários aos limites que o indivíduo considera a si próprios aplicáveis – ou seja, que representam o que ele considera ofensivo da sua própria dignidade[81].

London, Penguin Classics, 1982, pp. 68-69, "o único objectivo pelo qual um poder pode ser correctamente exercido sobre qualquer membro de uma sociedade civilizada, contra a sua vontade, é para prevenir danos a outrem... Em relação a si próprio, à sua mente e corpo, o indivíduo é soberano".

[79] As atitudes de paternalismo tornam-se mais claras pensando em exemplos que envolvam a vida dos indivíduos, nomeadamente ligadas a situações de eutanásia e à discussão sobre a existência de um "direito a morrer". Se o indivíduo pretende morrer, ao recusar um tratamento que lhe poderia salvar a vida – porque receia o sofrimento e incerteza advenientes desse tratamento- que fundamentos terá o Estado para impor, contra a vontade do mesmo (sendo este capaz), o tratamento em causa? E se a recusa for fundamentada em motivos religiosos? O que decidir se um preso fizer greve de fome, e o guarda o obrigar a alimentar-se? Sobre estas questões, fr. ALFONSO RUIZ MIGUEL, "Autonomia individual y derecho a la própria vida", *Revista del Centro de Estudios Constitucionales*, nº 14, 1993, pp. 135-165.

[80] Exemplo em INGO WOLFGANG SARLET, *Dignidade da Pessoa Humana e Direitos Fundamentais na Constituição Federal de 1988, op. cit.*, p. 49, n. 84. Cfr. também, sobre o conceito e o papel da autonomia, GERALD DWORKIN, *The Theory and Practice of Autonomy*, New York, Cambridge University Press, 1988, particularmente p. 76 e ss e p. 124 e ss, nomeadamente a distinção entre *soft paternalism* e *hard paternalism*: a primeira corrente entende que *i)* o paternalismo por vezes é justificado; *ii)* é condição necessária para essa justificação que a pessoa alvo da actuação paternalista não seja, de alguma maneira, capaz – posição adoptada por JOEL FEINBERG, "Legal Paternalism", *Canadian Journal of Philosophy*, 1, 1977, pp. 106 e ss. Já a segunda corrente entende que a atitude paternalista pode encontrar-se justificada mesmo se a acção do particular for voluntária e no pleno uso das suas capacidades. Como é evidente, para o âmbito do presente texto interessa-nos esta última acepção.

[81] Por exemplo, RONALD DWORKIN, *Life's dominion, An argument about abortion, euthanasia and individual freedom*, New York, Vintage Books, 1994, p. 12, menciona a argumentação do juiz

É esta, também, a questão que resulta do acórdão, sobretudo após a análise das declarações de voto ao mesmo[82].

Para responder a estas questões, atentemos aos casos de paternalismo mais comuns. Estes podem ser, *grosso modo*, reconduzidos a motivos de segurança (*v.g.*, a imposição de uso de capacete ou de cinto de segurança[83]) ou protecção da saúde (por exemplo, proibir fumar em determinados sítios[84] ou proibir o uso de determinadas substâncias) e protecção de outros interesses difusos, como o ambiente (por exemplo, a obrigação de uso de produtos não poluentes, de pagamento de taxas de compensação de emissões ou de impostos de circulação), a eficiência do mercado (a imposição de seguros para realização de determinadas actividades), e

Scalia, ao expor que "o valor intrínseco da vida humana não depende de nenhuma assunção sobre os direitos ou interesses do paciente; os Estados têm o poder de prevenir o suicídio de pessoas capazes que pensam convictamente que estariam melhor mortas, um poder que claramente não deriva de qualquer preocupação com os seus direitos/interesses. Se é errado aquelas pessoas tirarem a sua própria vida, isto é *apesar de*, e não *por causa dos* seus direitos. É porque as suas vidas têm valor intrínseco – são sagradas – mesmo se não é no seu próprio interesse continuar a viver." Mais à frente, p. 103, elucida que "leis que proíbem o aborto ou o tornam difícil ou caro privam a mulher grávida de uma liberdade ou oportunidade que é crucial para muitas. Uma mulher que é forçada a carregar uma criança que não quer porque não pode fazer um aborto seguro e cedo não está mais no comando do seu corpo: a lei impôs um tipo de escravidão sobre ela".

[82] Cfr. Ronald Dworkin, *Life's Dominion*, *op. cit.*, p. 150, "O problema descrito encontra-se na intersecção entre duas tradições conflituantes, ambas parte integrante do legado político da América. A primeira é a tradição da liberdade individual. A segunda comete ao governo a responsabilidade de guardar a ordem pública em que os cidadãos se movem. Uma boa parte do direito constitucional consiste na reconciliação destas duas ideias".

[83] Cfr. Carla Amado Gomes, "Estado Social e concretização de direitos fundamentais na era tecnológica: algumas verdades inconvenientes", *Textos Dispersos de Direito Constitucional*, Lisboa, AAFDL, 2011, pp. 70 71, "Todavia, numa matriz de Estado Social (democrático, de Direito), "a repercussão de custos sociais na colectividade por condutas "temerárias" pode justificar a imposição de restrições – limitações, não proibições -, desde que assentes em parâmetros de proporcionalidade (*v.g.*, aplicação de multa por condução sem cinto de segurança, imposto sobre o tabaco). O Estado é *democrático* – salvaguarda as escolhas vivenciais da população – mas é também *social* – responsabiliza-se pelo bem-estar das pessoas e por isso, porque os recursos são escassos, deve cuidar para que a incúria de alguns não ponha em causa o acesso dos restantes a prestações básicas".

[84] Sobre a análise do paternalismo estatal aplicado ao consumo de tabaco, cfr. Teresa Pizarro Beleza/Helena Pereira de Melo, "Liberdade e direito : a opção pela estrada do tabaco", *Estudos em homenagem ao Professor Doutor Carlos Ferreira de Almeida*, 3º volume, Coimbra, Almedina, 2011, pp. 15-36.

a protecção da própria autonomia do indivíduo (aqui se incluindo a generalidade das questões que se estudam no domínio da Bioética, nomeadamente a interrupção voluntária da gravidez, a eutanásia, mas também o caso que motiva o acórdão ora analisado).

O Estado carece de um motivo muito forte para justificar os casos em que recorre a estas medidas[85], nomeadamente quando se tratam de direitos fundamentais, ou seja, de direitos constitucionalmente garantidos e quando, para mais, foi o próprio titular que renunciou ao exercício de determinado direito. O dever de fundamentação torna-se acrescido quando está em causa, não a protecção dos direitos de determinadas pessoas, mas sim "valores intrínsecos", que melhor pertenceriam, parece, à consciência individual[86].

Ora, de acordo com esta concepção de dignidade da pessoa humana, qualquer limitação, *mesmo voluntária*, de um direito fundamental afectaria também o bem comum, já que o bem protegido pelo direito fundamental é, sempre, um bem de todos, pelo menos na medida em que o exercício de um direito fundamental – para além da pontual realização da liberdade individual – é sempre um elemento relevante na constituição sempre renovada da ordem social e, como tal, é irrenunciável[87].

Como ilustra Gerald Dworkin, «a nossa objecção para autorizar a submissão voluntária à condição de escravo encontra-se ligada à promoção do preciso valor que o paternalismo afecta – a autonomia individual. Se concebermos a autonomia como a capacidade de os indivíduos reflectirem criticamente e responsabilizarem-se pelo tipo de pessoa que pretendem ser, então estaremos a impedir as pessoas de se tornarem escravos, de forma a preservar a sua capacidade de definirem o tipo de vida que querem levar (...) não há nada na ideia de autonomia que impeça que uma pessoa

[85] Cfr. Ronald Dworkin, *Life's Dominion, op. cit.*, p. 105, "O Estado precisaria de uma razão verdadeiramente forte para justificar uma compressão no conteúdo político do que um indivíduo pode dizer ou escrever, por exemplo, visto que a liberdade desse tipo é assegurada a todos os cidadãos pela Primeira Emenda". Cfr, ainda Laurence H. Tribe, *American Constitutional Law, op. cit.*, p. 1371 e ss.

[86] Ronald Dworkin, *Life's Dominion, op. cit.*, p. 149.

[87] Cfr. Gerd Sturm, "Probleme eines Verzichts auf Grundrechte", *Menchenwürde und freiheitliche Rechtsordnung, Festschrift für Willi Geiger zum 65. Geburtstag*, Tübingen, Mohr, 1974, pp. 197 ss.; Giuseppino Treves, "Il problema della rinuncia nel Diritto Amministrativo", *Studi im memoria de Guido Zanobini*, II, Milão, 1965, p. 756 e Jorge reis Novais, "Renúncia a direitos fundamentais", *op. cit.*, p. 241.

diga "Eu quero ser o tipo de pessoa que actua sob o comando de outras. Eu defino-me como um escravo e acolho essas atitudes e preferências. A minha autonomia consiste em eu tornar-me um escravo". Se esta concepção estiver correcta, não poderemos argumentar contra a escravatura deste indivíduo com base na violação da autonomia. O argumento terá que apelar para uma ideia de que é uma vida digna de uma pessoa e, assim, numa tentativa directa de impor a outra pessoa a concepção do que é "bom" [88]».

Assim, "o modo como o indivíduo deva entender a sua dignidade e as consequências que isso acarrete à sua apresentação e à sua forma de vida é algo que deve estar confiado à sua exclusiva responsabilidade (...) É legítima a protecção de terceiros ou da colectividade perante exibições agressivas, incómodas ou perigosas (por exemplo, para os jovens). Mas o importante é essa protecção, não a ideia de que alguém deva ser protegido contra si mesmo ou contra uma concepção duvidosa da sua dignidade"[89], o que significa que a relevância de uma actuação deve ser confrontada com o projecto pessoal de vida do agente e não com o valor em abstracto que poderia ter na comunidade[90].

Ou seja, "implica o reconhecimento a cada um, *prima facie* (se não intervierem limitações), da *permissão* de fazer ou deixar de fazer o que quiser, bem como do *direito* a que tal conduta não seja vedada (ou, de outra perspectiva, o direito a recusar-se a seguir a imposição de uma conduta)"[91].

Isto significa, na senda de ROBERT ALEXY, que o indivíduo tem *apenas* um direito *prima facie* à autodeterminação e à conformação da sua vida, enquanto vertente do direito ao desenvolvimento da personalidade e do princípio da dignidade da pessoa humana, ou seja um "*direito prima facie* a que o Estado não impeça as suas acções e as suas omissões (norma de direitos fundamentais); e em segundo lugar, cada um tem a *permissão prima facie* de fazer ou de não fazer o que quiser (norma permissiva: *Erlaubnisnorm*)",

[88] GERALD DWORKIN, *The Theory and Practice of Autonomy, op. cit.*, p. 129.

[89] ERNST BENDA, "Dignidad humana y derechos de la personalidad", BENDA/MAIHOFER/VOGEL/HESSE/HEYDE, *Manual de Derecho Constitucional*, Madrid, Marcial Pons, 1996, p. 144.

[90] Pense-se, por exemplo, na prática de desportos radicais: para a comunidade em geral, poderá parecer um exercício da liberdade com relevância reduzida, ademais pelos riscos que pode envolver para o direito à vida e integridade física, mas para o indivíduo, em concreto, aquelas podem assumir uma relevância muito maior, quando configuradas tendo em conta o seu projecto pessoal.

[91] Cfr. PAULO MOTA PINTO, *O Direito ao Livre Desenvolvimento da Personalidade, op. cit.*, p. 204.

podendo esta ceder se forem "invocadas razões suficientes (direitos de terceiros e interesses colectivos) para a restrição da liberdade".

Ora, inexistindo razões suficientes – como sucede nos casos de restrições arbitrárias ou desproporcionadas –, a lei restritiva de direitos fundamentais – ainda que baseada no princípio da dignidade da pessoa humana – será considerada inconstitucional. O ónus de argumentar (de enunciar razões suficientes para justificar a restrição) recai sobre o legislador: nisto consistindo a prioridade *prima facie* da liberdade sobre as leis restritivas da liberdade"[92].

Como sintetiza a este propósito também Reis Novais, "a relevância da dignidade da pessoa humana na problemática da renúncia a direitos fundamentais não se traduz tanto em saber se o particular pode renunciar à pretensão de respeito e protecção da sua dignidade – o que seria inadmissível – mas, sobretudo, na averiguação dos limites ao poder de o particular determinar por si próprio o sentido e conteúdo dessa dignidade"[93].

Uma outra concepção de dignidade aceita mal que possa ser a sociedade, a autoridade pública, o intérprete oficial ou terceiros a impor ao titular do direito (fundamental), representações de dignidade da pessoa humana pretensamente objectivas, que colidam com as concepções segundo as quais o próprio pretende modelar a sua vida[94].

Muito menos aceitará que, em nome de uma concepção de dignidade em que o interessado não se revê, a autoridade pública se arrogue o poder de o proteger contra si próprio, impedindo-o, por exemplo, de renunciar a posições de direitos fundamentais[95].

Do exposto, conclui-se que a renúncia a direitos fundamentais, para além dos requisitos que decorrem de situações a ela análogas, tais como a limitação convencional dos direitos de personalidade ou o consentimento em Direito Penal, só se poderá considerar constitucionalmente conforme à Constituição se não implicar uma destruição da autonomia do indivíduo, ou seja, se não anular ou destruir as condições da futura auto-determina-

92 Nuno Pinto de Oliveira, *O Direito Geral de Personalidade e a "Solução do Dissentimento". Ensaio sobre um caso de "constitucionalização" do Direito Civil, op. cit.*, pp. 85-86.

93 Jorge Reis Novais, "Renúncia a Direitos Fundamentais", *op. cit.*, p. 276.

94 Cfr. Jorge Reis Novais, "Renúncia a direitos fundamentais", *op. cit.*, p. 276.

95 Cfr. Jorge Reis Novais, "Renúncia a direitos fundamentais", *op. cit.*, p. 276 e Jürgen Schwabe, "Der Schutz des Menschen vor sich selbst", *JuristenZeitung*, 1998, p. 66 e ss.

ção e do livre desenvolvimento da personalidade deste[96], violando desproporcionadamente o princípio da dignidade da pessoa humana.

Voltando ao acórdão: nele entendeu o Tribunal que «ainda que se entenda que a prostituição possa ser, num certo sentido, uma expressão de livre disponibilidade da sexualidade individual, o certo é que o aproveitamento económico por terceiros não deixa de poder exprimir já uma interferência que comporta riscos intoleráveis, dados os contextos sociais da prostituição, na autonomia e liberdade do agente que se prostitui (colocando-o em perigo), na medida em que corresponda à utilização de uma dimensão especificamente íntima do outro não para fins dele próprio, mas para fins de terceiro".

Ora, como expressa Manuel da Costa Andrade na sua declaração de voto, «Para além desta (suposta) tutela da autonomia e da liberdade – contra o (efetivo) sacrifício da autonomia e da liberdade –, sobra ainda a ideia de prevenção do risco de exploração. Assim e ainda nos termos do mesmo acórdão: "o facto de a exploração legal não exigir, expressamente, como elemento do tipo uma concreta relação de exploração não significa que a prevenção desta não seja a motivação fundamental da incriminação a partir do qual o aproveitamento económico da prostituição de quem fomente, favoreça ou facilite a mesma exprima, tipicamente, um modo social de

[96] Cfr. Jorge Reis Novais, "Renúncia a direitos fundamentais", *op. cit.*, p. 331. Neste sentido, seriam obviamente ilegítimas, por violação do princípio da dignidade da pessoa humana, eventuais renúncias a direitos fundamentais que transformassem a pessoa em coisa à mercê do poder de outrem (Jorge Reis Novais, "Renúncia a direitos fundamentais", *op. cit.*, pp. 277-278), por exemplo, um contrato de escravatura ou o consentimento para sujeição a processos degradantes de obtenção de provas em Direito processual penal, não sendo admissíveis as renúncias ao exercício de direitos fundamentais que afectem essencialmente alguma dimensão da pessoa enquanto ser susceptível de autodeterminação ou ponham decisivamente em causa as condições futuras da liberdade de conformação da própria vida (por exemplo, o caso de renúncias com carácter permanente ou muito prolongadas ao exercício de direitos políticos ou de liberdades pessoais; também só excepcionalmente serão admissíveis renúncias à *titularidade* de direitos fundamentais – na medida em que a renúncia à titularidade envolve a perda do direito por impossibilidade de revogação, qualquer renúncia deste tipo implica uma amputação de uma dimensão relevante da personalidade. Só a existência de outros valores ponderosos ou a relevância extrema da vontade do próprio em ser titular do direito podem, excepcionalmente, justificá-la, pelo menos quando se trate de renúncias com carácter permanente eventualmente admissíveis, por aparentemente não porem em causa, de forma decisiva, a dignidade do interessado – como, por exemplo, os casos da renúncia à cidadania, da esterilização voluntária.

exploração de uma situação de carência e desproteção social". Em vez de uma incriminação preordenada à tutela da autonomia e da liberdade sexual, teríamos então uma infração, concebida como crime de perigo abstrato e apostada em obviar ao perigo de um "modo social de exploração de uma situação de carência e desproteção social". Bem podendo, por isso, acontecer que a prevenção do perigo abstrato de uma forma desviante de comportamento ou de condução da vida se faça à custa do sacrifício da liberdade e da autonomia sexual. Afinal de contas, à custa do sacrifício do único bem jurídico em nome do qual o legislador pode incriminar comportamentos humanos relacionados com a vida sexual das pessoas.»

A linha jurisprudencial seguida pelo Tribunal Constitucional vê no artigo 169º do Código Penal mais do que este realmente consagra – o que se torna particularmente perigoso quando estamos perante tipos criminais e o princípio da legalidade criminal. Este corresponde a um caso, portanto, em que ressalta o carácter multifacetado do princípio da dignidade da pessoa humana: usado na realidade *contra* os direitos fundamentais[97] – independentemente da discussão em torno da *moralidade* do *exercício em concreto* do direito fundamental decorrente do artigo 47º, nº 1, da Constituição no caso – a invocação da dignidade da pessoa humana é feita sob a capa de estar *ao lado* dos direitos fundamentais[98] – impedindo assim a "exploração" de um terceiro, mesmo que ele nisso consinta.

[97] Cfr., sobre o conteúdo normativo da dignidade quando utilizada contra os direitos fundamentais, Jorge Reis Novais, *A dignidade da pessoa humana*, volume I, Coimbra, Almedina, 2015, p. 107 e ss. e volume II, Coimbra, Almedina, 2016, p. 25 e ss. Note-se como o exemplo em torno do qual gira essa explicação – o caso do lançamento do anão – encontra ligação com o objecto de análise do presente texto.

[98] Sobre o conteúdo normativo da dignidade quando utilizada a favor dos direitos fundamentais, Jorge Reis Novais, *A dignidade da pessoa humana*, volume I, Coimbra, Almedina, 2015, p. 167 e ss e volume II, Coimbra, Almedina, 2016, p. 27 e ss.

Moral ou Dignidade no Lenocínio: Um Crime à Procura de um Bem Jurídico

MAFALDA SERRASQUEIRO*

In the part which merely concerns himself, his Independence is, of right, absolute. Over himself, over his own body and mind, the individual is sovereign.
JOHN STUART MILL, *On Liberty*

1. Apresentação do tema e problema de estudo

Foi recentemente reaberta, através da prolação do Acórdão 641/2016 do Tribunal Constitucional[1], a polémica relativamente à constitucionalidade do nº 1 do artigo 169º do Código Penal, o chamado lenocínio simples, recuperando, porém, argumentos já fortemente enraizados na sua jurisprudência sobre esta matéria.

Se é verdade que o Tribunal Constitucional tem, desde sempre, jurisprudência firmada no sentido da não inconstitucionalidade da referida norma[2], também é verdade que alguns dos arestos que se debruçaram sobre o tema foram alvo de declarações de voto de juízes conselheiros, no sentido da inconstitucionalidade do preceito, com argumentos variados.

* Licenciada em Direito e em Ciências da Comunicação. Assistente Convidada da Faculdade de Direito de Lisboa e Assistente de Investigação do Centro de Investigação de Direito Público da Faculdade de Direito de Lisboa.

[1] Acórdão do Tribunal Constitucional de 21.11.2016, pesquisável em www.tribunal constitucional.pt.

[2] Abaixo citados alguns exemplos mais relevantes.

Por outro lado, também a doutrina há muito se tem vindo a debater com esta questão, sendo possível encontrar defensores de ambas as posições, tanto no campo do Direito Constitucional como do Direito Penal.

Contudo, e sem prejuízo de se ter, necessariamente, de recorrer aos contributos do Direito Penal neste âmbito, é duma perspetiva de Direito Constitucional que ora se pretende analisar a questão, mormente à luz do princípio da dignidade humana que, curiosamente, é invocado em defesa dos seus argumentos por ambos os contendentes nesta disputa jurídico-constitucional e penal, o que evidencia, desde logo, uma das questões que se pretende abordar no presente estudo: a problemática indeterminabilidade do conceito de "dignidade da pessoa humana".

Ora, o problema essencial que se pretende analisar é o de saber de que formas influi a dignidade da pessoa humana na configuração do crime de lenocínio simples, tentando daí extrair um contributo para uma tomada de posição sobre se o referido princípio aponta para a não inconstitucionalidade da norma ou se, pelo contrário, este aponta para a inconstitucionalidade do referido preceito.

Como é bom de ver, a questão coloca-se relativamente à pessoa que se prostitui e não ao lenocida, evidentemente. É a sua dignidade que se sustenta ser tutelada por esta incriminação, através da incriminação do proxeneta. Como veremos, porém, a questão não é tão linear como à primeira vista possa parecer, ao que acresce poderem ser pensadas uma série de situações concretas que, na prática, cabem, sem dúvida, dentro do conceito de lenocínio simples, mas que se tende a afirmar que qualquer pessoa "razoável" duvidará, pelo menos, da justeza de tal incriminação.

2. A dignidade da pessoa humana – problemas conceptuais e conceito adotado

Até há pouco tempo relativamente escassamente tratado na doutrina portuguesa, especialmente no que concerne ao seu conteúdo normativo, nunca esse foi um óbice à invocação do conceito de dignidade da pessoa humana, no qual cada um tende a verter as suas conceções axiológicas, retirando ao conceito grande parte da sua operatividade: se a dignidade da pessoa humana pode ser tudo, então, na verdade, ela não será nada e de nada servirá.

Assim, pode afirmar-se que se trata de um conceito sobre o qual reina a discórdia[3], não sendo fácil "chegar a um acordo sobre esse conteúdo e, sem um acordo tendencialmente consensual, a dignidade não poderá funcionar adequadamente como princípio constitucional e, muito menos, como princípio constitucional supremo em que assenta o Estado de Direito"[4], com um "conteúdo normativo autónomo, diverso dos conteúdos extraídos das normas jusfundamentais e que permita à dignidade da pessoa humana funcionar, com efetividade e utilidade, como princípio supremo da ordem jurídica"[5].

Pegando na inevitável perspetiva *kantiana* sobre a dignidade da pessoa humana, dir-se-á, antes de mais, que todas as pessoas, independentemente do seu estatuto social ou outro, têm um igual valor ou dignidade intrínsecos[6], devendo, em consequência, todas as pessoas ser tratadas nunca como um meio, mas sempre como um fim em si próprias. A dignidade humana seria, assim, de acordo com esta perspetiva, "um valor incondicional e incomparável que não admite equivalente"[7]. Por outro lado, este ponto de vista assenta também numa presunção de que todas as pessoas, boas ou más, e independentemente das suas capacidades, detêm, só por serem pessoas, uma autonomia[8] para reger a sua vida de acordo com regras gerais que racionalmente surjam perante qualquer um como permitidas[9].

[3] No sentido de se tratar de um conceito de contornos vagos e imprecisos, caracterizado por uma ambiguidade, porosidade e polissemia, Ingo Wolfgang Sarlet, Dignidade da pessoa humana e direitos fundamenteis na Constituição Brasileira de 1988 – algumas notas, com destaque para a jurisprudência do Supremo Tribunal Federal, *in Estudos em Homenagem ao Prof. Doutor Jorge Miranda*, Vol. I, Coimbra, 2012, p. 941. Veja-se também Michael Ignatieff, Dignity and Agency, *Human Rights as Politics and Idolatry*, Princeton, 2001, p. 164 ss..

[4] Jorge Reis Novais, *A Dignidade da Pessoa Humana*, Vol. II, Coimbra, 2016, pp. 63 e 64.

[5] Jorge Reis Novais, *A Dignidade*, Vol. II, p. 63.

[6] Thomas E. Hill, Jr, Kantian perspectives on the rational basis of human dignity, *in The Cambridge Handbook of Human Dignity*, Cambridge, 2014, p. 215.

[7] Thomas E. Hill, Jr, Kantian perspectives, p. 215.

[8] "Autonomy is therefore the ground of the dignity of human nature and of every rational nature", *in* Dietmar Von Der Pfordten, Some remarks on the Concept of Human Dignity, *Human Dignity as a Foundation of Law*, Stuttgart, 2013, p. 19, citando Kant; Norbert Campagna, Human dignity and prostitution, *in The Cambridge Handbook of Human Dignity*, Cambridge, 2014, p. 457.

[9] Thomas E. Hill, Jr, Kantian perspectives, p. 215. Também sustentando a separação, para KANT, entre o Estado e a moralidade, Jorge Reis Novais, Contributo para uma Teoria do Estado de Direito, Coimbra, 1987, pp. 55-62.

Parece, contudo, que este ponto poderá abrir um flanco relativamente a esta teoria, na medida em que esta aparenta presumir que o Homem é, regra geral, racional e razoável o que, a ser assim, levaria a que, perante qualquer discórdia na sociedade, esta chegasse sempre a um resultado satisfatório para todos os seus membros, porque todos seriam sensíveis a uma argumentação racional pelo que a "solução boa", o que quer que isso fosse, acabaria sempre por ser aceite por todos que, de boa vontade, se conformariam com ela, apontando para um estado de paz social permanente que, como se sabe, pura e simplesmente não é real, e seguramente, não o é em sociedades abertas e plurais como as que temos hoje no mundo ocidental.

Mas, voltando à questão da referida autonomia de que todos os seres humanos disporiam só pelo facto de serem pessoas, e lhes ser inerente esse valor de dignidade que a nada se compara, daquela decorreria também uma consequência prática, segundo a teoria *kantiana*, que seria o facto de as instituições deverem interpretar, aplicar e implementar coativamente o seu direito inato à liberdade, devendo ainda cada um dos indivíduos respeitar a liberdade de todos os outros, tratando-os com o mesmo respeito que lhes é devido a si próprios[10].

A dignidade da pessoa humana, assim entendida, pode ser vista como um valor e um *status* incondicional, incomparável e sem equivalente que, nem cometendo atos ditos reprováveis, poderá ser perdida[11].

Contudo, poder-se-á ainda perguntar, como faz THOMAS E. HILL, JR, a que se deve a atribuição de dignidade aos seres humanos, de acordo ainda com a perspetiva *kantiana*, questão à qual a resposta parece apontar para o facto de estes possuírem racionalidade e liberdade, podendo estes conceitos ser entendidos como decorrendo da "nossa natureza de seres racionais com autonomia da vontade"[12] que se presumem conhecedores dos mais básicos requisitos de moralidade e que sentem dever organizar a sua vida de acordo com eles, embora possam falhar muitas vezes nesse empreendimento[13].

Por outro lado, cumpre notar que esta teoria assume que necessariamente surgirão na sociedade questões acerca de direitos, da autoridade

[10] THOMAS E. HILL, JR, Kantian perspectives, pp. 215-216.

[11] THOMAS E. HILL, JR, Kantian perspectives, p. 216-217.

[12] THOMAS E. HILL, JR, Kantian perspectives, p. 217.

[13] THOMAS E. HILL, JR, Kantian perspectives, p. 218.

do estado e da justiça, sendo o mundo um espaço limitado em que inevitavelmente acabaremos por constranger a liberdade do outro. Deste prisma, pergunta-se quando é que uma pessoa pode, legitimamente, interferir com a liberdade de outra e, em última análise, o que é que justifica a existência de um Estado com poder coativo[14]. A estas questões pode, desde logo, apontar-se um princípio universal de justiça, do qual se retira que uma ação é correta se puder coexistir com a liberdade de todos de acordo com uma lei universal[15] e daqui decorre a consequência importante, para o estudo que ora empreendemos, de que os inatos direitos de *liberdade*[16] e *igualdade*, que todos os seres humanos possuem, são simultaneamente a base e o limite à autoridade do Estado[17].

Por último, refira-se, ligada à teoria kantiana, a famosa "fórmula do objeto", desenvolvida por DÜRIG[18], que parte da premissa de que se é sujeito titular de direitos só por ser pessoa, sendo esta sempre um fim em si mesma e nunca um meio para atingir quaisquer fins: "se alguém é reconhecido como sujeito, não pode ser simultaneamente tratado como se fosse objeto, coisa"[19]. DÜRIG[20] sustenta que há um núcleo material mínimo de dignidade que é independente da conceção que o próprio tenha sobre a sua própria dignidade, sendo esse núcleo reconduzido às situações em

[14] Thomas E. Hill, Jr, Kantian perspectives, p. 220.

[15] Thomas E. Hill, Jr, Kantian perspectives, p. 220.

[16] «O princípio da liberdade apenas permite interferências na liberdade individual para evitar a ocorrência de um dano a outrem, e parece evidente que, por mais vaga que esta expressão seja„ "ela proíbe a supressão da individualidade de uma pessoa meramente para garantir aos outros um aumento da sua realização pessoal» *in* Karl Prelhaz Natscheradetz, *O Direito Penal Sexual: Conteúdo e Limites*, Coimbra, 1985, p. 53, citando H. L. A. HART.

[17] Thomas E. Hill, Jr, Kantian perspectives, p. 220. Veja-se ainda: "Os crimes sexuais constituem um domínio de eleição para aferir o grau de respeito do legislador pela liberdade individual" *in* Rui Pereira, Liberdade Sexual, A sua tutela na reforma do Código Penal, *Sub Judice*, nº 11, Lisboa, 1996, p. 42. Defendendo um imperativo de neutralidade ética do Estado nas imposições que faz aos cidadãos, Paulo Mota Pinto, Nota sobre o "imperativo de tolerância" e seus limites, *in Estudos em memória do Conselheiro Luís Nunes de Almeida*, Coimbra, 2007, p. 761.

[18] Gunter Dürig, Der Grundrechtssatz von den Menschenwrde, *in*, AöR, 81, 1956, p. 127, *apud* Jorge Reis Novais, *A Dignidade*, Vol. II, p. 112.

[19] Jorge Reis Novais, *A Dignidade*, Vol. II, p. 112.

[20] Gunter Dürig, Der Grundrechtssatz, p. 125, 152-153, *apud* Benedita Mac Crorie, *Os Limites da Renúncia a Direitos Fundamentais nas relações entre os particulares*, Coimbra, 2013, p. 230.

que a pessoa é colocada na posição de objeto ou meio[21]. Essa seria, então, a parte absolutamente indisponível da dignidade humana, ainda que contra a vontade do próprio. Adiante discutiremos as consequências deste ponto específico – a indisponibilidade da dignidade humana, contra vontade do próprio, ou os casos de renúncia.

O Tribunal Constitucional Alemão veio a recorrer a esta fórmula para aferir se, em casos concretos, teria havido violação da dignidade humana, acabando a "fórmula do objeto" por ser usada noutras jurisdições, incluindo o Tribunal Constitucional Português[22]. Recorrendo a este esquema, os tribunais viriam a procurar justificar a inconstitucionalidade no tratamento da pessoa só como meio, através da sua coisificação, degradação ou instrumentalização[23]. Como bem nota Reis Novais, o sucesso desta fórmula assenta em dois fatores essenciais: no facto de se centrar "no apuramento da violação da dignidade e não na determinação positiva do conteúdo do conceito" e, por outra parte, porque "em vez de se orientar para a definição e a extração das consequências normativas do que significa *ser sujeito*, ser pessoa, constrói a *norma* da dignidade em torno da exclusão do tratamento como *objeto*, como *coisa*, como *meio*"[24], em suma, por outras palavras, porque se remete a uma construção pela negativa – centrando-se em detetar a patologia em vez de estabelecer um "dever-ser" prescritivo.

Contudo, esta teorização não é isenta de dúvidas na doutrina, no que concerne à interpretação do conceito de dignidade humana[25], porque, desde logo, "as necessidades de convivência social e compatibilização de valores e interesses em tensão sempre hão de determinar que o indivíduo seja objecto de imposições ordenadas pelo interesse geral tal como são apreciadas pela maioria democrática"[26], ou seja, situações há em que as

[21] Benedita Mac Crorie, *Os Limites da Renúncia*, pp. 230 ss..

[22] Benedita Mac Crorie, O recurso ao princípio da dignidade da pessoa humana na jurisprudência do Tribunal Constitucional, *in Estudos em comemoração do 10º aniversário da licenciatura em direito da Universidade do Minho*, Coimbra, 2004, pp. 171 ss..

[23] Jorge Reis Novais, *A Dignidade*, Vol. II, p. 113.

[24] Jorge Reis Novais, *A Dignidade*, Vol. II, p. 113.

[25] Especificamente sobre a inutilidade da "fórmula do objeto" para o "estabelecimento de limites ao poder do particular de determinar por si próprio o sentido e conteúdo da sua dignidade" veja-se Benedita Mac Crorie, *Os Limites da Renúncia*, p. 231 e, ainda, Benedita Mac Crorie, O recurso ao princípio, pp. 171-173.

[26] Jorge Reis Novais, *Os Princípios Constitucionais Estruturantes da República Portuguesa*, Coimbra, 2014, p. 57. No mesmo sentido, ver também Jorge Reis Novais, *A Dignidade*, Vol. II, pp. 114-115.

pessoas são, efetivamente, objeto de medidas por parte do Estado sem que a sua dignidade seja violada e, igualmente, inversamente, a pessoa poderá "ser tratada atendendo também à sua condição de pessoa e, ainda assim, haver violação da sua dignidade"[27].

Assim, o próprio Tribunal Constitucional Federal Alemão veio, mais tarde, a reconhecer que esta fórmula não constitui uma "fórmula mágica" que apenas poderá "apontar uma direção para a busca de lesões da dignidade"[28].

Deste modo, pode sustentar-se que "a *objectivização* proscrita pela *fórmula do objecto* só releva, para efeito de significar violação da dignidade, quando nela está decisivamente presente um elemento de *coisificação, desvalorização, desprezo, humilhação*[29] ou, em geral, de *degradação da pessoa*"[30], algo que, tendencialmente, só é aferível pelo circunstancialismo concreto em que a situação ocorre, sem descurar o significado social da ação[31], pelo que utilizar a "fórmula do objeto" sem atender a este intencionalismo denegridor e desqualificador consubstanciará um uso abusivo da mesma, daí resultando a sua menor operatividade.

Por último, refiram-se ainda dois tipos de abordagens opostas ao conceito de dignidade humana: as de pendor *liberal-individual* e as de pendor *comunitarista-social*. Nas primeiras "a dignidade surge intimamente ligada à autonomia tendendo a sua densificação à maximização da capacidade de

[27] JORGE REIS NOVAIS, *A Dignidade*, Vol. II, p. 115.

[28] DIETER HÖMIG, Die Menschenwürdegarantie de Grundgesetzes in der Rechtsprechung der Bundesrepublik Deutschland, *in Europäische GRUNDRECHTE-Zeitschrift*, nº 34, 2007, p. 637, *apud* BENEDITA MAC CRORIE, *Os Limites da Renúncia*, p. 231. No mesmo sentido, veja-se JOSÉ DE MELO ALEXANDRINO, *Direitos Fundamentais – Introdução Geral*, Parede, 2011, p. 66: «em nosso entender, a chamada "fórmula do objeto" constitui apenas uma *linha orientadora*, na medida em que deixa designadamente na sombra aquisições tão importantes como as ideias de representação pessoal e de atribuição (responsabilidade) individual, bem como as componentes de deveres de protecção, promoção e prestação, componentes essas que desfrutam de um claro acolhimento constitucional».

[29] Sobre a "humilhação" como forma possível de violação da dignidade da pessoa humana, no caso concreto da prostituição, veja-se BENJAMIN JAMES SHEPHERD, *Does prostitution violate human dignity?*, Anglia Ruskin University, Cambridge, 2015, disponível *online* em http://arro.anglia.ac.uk/700994/ (consultado pela última vez a 14/04/2017) e, ainda, JULIAN NIDA-RÜMELIN, Why Human Dignity Rests upon Freedom, *Human Dignity as a Foundation of Law*, Stuttgart, 2013, p. 83-88.

[30] JORGE REIS NOVAIS, *A Dignidade*, Vol. II, p. 117.

[31] JORGE REIS NOVAIS, *A Dignidade*, p. 119.

autodeterminação e das condições materiais e jurídicas que reclama", já nas segundas, ligadas "a valores compartilhados pela comunidade, presta-se a ser fundamento de limitações heterónomas à liberdade", donde decorre que, nas primeiras "a liberdade é o elemento central da concepção de dignidade", surgindo como suporte de direitos e, nas segundas, "é a dignidade que é elemento limitador da liberdade", surgindo como limitadora de direitos[32]. Como se verá, a opção entre uma ou a outra destas duas teses essenciais, será determinante para as conclusões a retirar do presente estudo.

Aqui chegados, cumpre perguntar em que se funda, então, a dignidade da pessoa humana.

A esta questão não pode senão responder-se que o seu fundamento jurídico se encontra no seu acolhimento pelos textos constitucionais[33], que a erigem como princípio basilar sobre o qual se edifica o Estado de Direito Democrático. Mas, pode eventualmente ir-se mais longe, apontando como fundamento material desse princípio, o sentido de Justiça[34], colocando-nos do lado de um prisma de justificação da dignidade em termos *objetivos*, e não sob a perspetiva de como cada um de nós concebe a sua própria dignidade.

Desta perspetiva, e considerando que nos reportamos a um Estado de Direito Democrático laico, plural e aberto, este conceito há de ser observado como "valor e princípio, em que as várias correntes e opiniões de um pluralismo razoável se possam rever, ou seja, terá de apresentar um conteúdo que possa constituir um património comum de uma sociedade, de uma civilização e de uma época"[35]. Daqui, retira Reis Novais uma série

[32] Pedro Soares Albergaria / Pedro Mendes Lima, O crime de lenocínio entre o moralismo e o paternalismo jurídicos, *Revista Portuguesa de Ciência Criminal*, Ano 22, nº 2, Coimbra, 2012, p. 244. Veja-se, ainda, Jorge Reis Novais, *A Dignidade da Pessoa Humana*, Vol. I, Coimbra, 2015, pp. 97-119.

[33] Poder-se-ia questionar se, por exemplo, na ilha onde se encontrava Robinson Crusoé, não havendo Constituição, não haveria também, por isso, dignidade humana. Ou, ainda, sendo a dignidade humana um conceito relacional, que há-de ser reconhecido pelo *outro*, antes de aparecer Sexta-Feira, não existia naquela ilha dignidade humana?
Sustentando que a dignidade humana é, necessariamente, um conceito relacional em que eu só ma reconheço a mim se a reconhecer ao outro e vice-versa, veja-se Paul Tiedmann, Human Dignity as na Absolute Value, *Human Dignity as a Foundation of Law*, Stuttgart, 2013, p. 35.

[34] Jorge Reis Novais, *A Dignidade*, Vol. II, p. 40.

[35] Jorge Reis Novais, *A Dignidade*, Vol. II, p. 41. Em sentido semelhante, Ingo Wolfgang Sarlet, Dignidade da pessoa humana, pp. 944-945 e J. J. Gomes Canotilho, *Direito Constitucional e Teoria da Constituição*, 7ª ed., Coimbra, 2003, pp. 225-226.

de postulados nucleares concretizadores da dignidade humana: o "valor próprio da pessoa, de igualdade de consideração e de respeito recíprocos, de subjetividade[36] e de autonomia individuais, de responsabilidade[37] de cada pessoa como sujeito jurídico, de autodeterminação[38] e de livre desenvolvimento da personalidade[39]"[40], numa expressão lapidar com a qual se concorda e que, desde já se adota por ser de grande valia para o estudo que ora se empreende e a discussão que adiante se levará a cabo.

Assim, dá-se também como firmado que o conceito de dignidade da pessoa humana há de ser concretizado com recurso à Constituição de um Estado de Direito Democrático, plural e aberto, abarcando, tanto quanto possível, um "common ground"[41] em que, tendencialmente, todos se possam rever, não há de ser um conceito abstrato e atemporal e, por fim, não deverá ser um "repositório" de determinadas conceções religiosas, políticas, filosóficas, ideológicas ou outras[42], representativas de apenas um setor da sociedade, caso que se trataria de uma imposição ilegítima de uma determinada visão a todos aqueles que dela não partilhassem[43].

Quanto ao já referido sentido de Justiça, ele próprio iagualmente carecido de densificação, também ele deve ser observado de uma perspetiva temporal e localizada, ou seja, aquilo que era considerado justo há centenas ou mesmo dezenas de anos não tem de corresponder ao que hoje temos como justo.

[36] Stephan Kirste, A Legal Concept of Human Dignity as a Foundation of Law, *Human Dignity as a Foundation of Law*, Stuttgart, 2013, p. 78.

[37] Veja-se também Karl Prelhaz Natscheradetz, *O Direito Penal Sexual*, p. 23.

[38] Dietmar Von Der Pfordten, Some remarks, p. 20, apontando: „Human dignity hence means self-determination and openness of decisions", p. 20.

[39] Sobre este conceito, desenvolvidamente, Paulo Mota Pinto, O Direito ao Livre Desenvolvimento da Personalidade, *Stvdia Ivridica – Portugal-Brasil Ano 2000*, nº 40, Coimbra, 1999, pp. 149-246.

[40] Jorge Reis Novais, *A Dignidade*, Vol. II, p. 41.

[41] Ronald Dworkin, *Is Democracy Possible Here?*, Princeton, 2006, pp. 1 ss., e Jorge Reis Novais, *A Dignidade*, Vol. II, p. 42.

[42] Roger Brownsword, Human dignity from a legal perspective, *in The Cambridge Handbook of Human Dignity*, Cambridge, 2014, p. 8.

[43] Isto poderia levar ao "condicionamento da livre decisão do legislador democrático ou a proibição do exercício de modalidades de liberdade de acção que, de outra forma, seriam consideradas lícitas, e isso é feito à luz de um sentido de dignidade com um conteúdo *forte*, mas, em simultâneo, materialmente controverso, disputado, conflitual, em que só uma parte da nossa sociedade se revê" *in* Jorge Reis Novais, *A Dignidade*, Vol. I, p. 103.

Por outro lado, são precisamente a individualidade e racionalidade do Homem que lhe permitem ter uma capacidade de escolha, de valoração moral e de destrinça entre o bem e o mal, o justo e o injusto, levando a um reconhecimento mútuo entre os homens, uma forma de empatia, de respeito pela condição de "pessoa humana como sujeito da sua própria vida"[44], constituindo-se, assim, o sentido de Justiça, inerente a todas as pessoas, o fundamento material da dignidade da pessoa humana[45].

Contudo, apesar do que já se disse, cumpre ainda apresentar uma proposta de conteúdo normativo do princípio da dignidade humana, por forma a que este ganhe operatividade.

Como vimos, sendo um conceito envolto em controvérsia, esta tarefa não se revela facilitada uma vez que tal conteúdo normativo deverá poder ser aceite pela generalidade das pessoas e, nas sociedades atuais, é natural encontrarmos uma miríade de visões religiosas, filosóficas ou políticas, opostas entre si, o que torna a busca por um consenso um empreendimento relativamente complexo e que leva a uma inevitável insegurança jurídica[46].

Por outro lado, a dignidade da pessoa humana tem a potencialidade de ser um argumento usado numa discussão por ambos os adversários, em sentidos opostos, sendo uma espécie de "finalizador de discussão". Com efeito, enquanto argumento retórico, quando se "lança" contra adversário uma acusação de violação da dignidade humana, este argumento é inultrapassável, pelo valor intrínseco do princípio, fazendo, assim, que discussões sobre direitos fundamenteis, por exemplo, terminem subitamente, de uma forma que se poderá considerar ilegítima: se, numa discussão, eu acusar o meu adversário de que o que ele defende consubstancia uma violação da dignidade humana, podemos dizer que ganho a discussão por "KO" sem, contudo, ter combatido.

Uma proposta de conteúdo normativo da dignidade da pessoa humana que responda aos óbices *supra* mencionados é aventada por Reis Novais, para quem este princípio deverá ter uma aplicação apenas a título exce-

[44] Jorge Reis Novais, *A Dignidade*, Vol. II, p. 60.

[45] Com isto não se pretende, obviamente, dizer que todas as pessoas agem de acordo com o seu sentido de Justiça, escolhendo sempre o que é certo, o que é justo, mas tão só que têm a capacidade de distinguir o justo do injusto, embora, precisamente por serem seres livres e racionais, poderem optar conscientemente por agir injustamente.

[46] Christopher Mccruden, Human Dignity and Judicial Interpretation of Human Rights, *European Journal Of International Law*, Vol. 14, nº 4, 2008, pp. 702 ss., Jorge Reis Novais, *A Dignidade*, Vol. I, p. 104.

cional[47] e cuja aplicação deverá ser subsidiária ou incremental[48], ou seja, apenas na ausência ou na insuficiência de outros princípios ou direitos fundamentais. De igual modo, a sua aplicação deverá ficar reservada a situações excecionais e extremas[49].

Consequentemente, o Autor sustenta uma conceção restritiva do conceito de dignidade humana[50], prescrevendo "uma delimitação de conteúdo de proteção menos ambiciosa em extensão, mas susceptível de proporcionar, também por essa razão, uma garantia mais resistente ou até incontestável do âmbito de protecção que se considera abrangido pela dignidade da pessoa humana"[51].

Assim, será então dentro da ideia *rawlsiana* de *pluralismo razoável* que impera nas sociedades democráticas, abertas e plurais, que se poderá encontrar esse conteúdo normativo mínimo definidor do conceito[52].

Contudo, esta ideia não pode ser aceite sem mais. O que é que pode ser considerado razoável? Serão todas as pessoas razoáveis? Parece manifesto que a resposta a esta questão não poderá ser positiva. Assim, ainda de acordo com o mesmo Autor, quem não reconhecer todas as pessoas como livres e iguais em dignidade não poderá participar da comunidade considerada para efeitos de apuramento do que é a dignidade humana[53].

Por outro lado, e ainda apoiado em conceitos *rawlsianos*, sustenta o mesmo Autor que na delimitação do conceito em estudo, devem apenas ser aceites "argumentos de *razão pública*, aceitáveis por quaisquer doutrinas compreensivas dentro de um pluralismo razoável e que qualquer pessoa não possa razoavelmente rejeitar"[54].

[47] JORGE REIS NOVAIS, *A Dignidade*, Vol. II, pp. 65 ss.

[48] JORGE REIS NOVAIS, *A Dignidade*, Vol. II, p. 67.

[49] JORGE REIS NOVAIS, *A Dignidade*, Vol. II, pp. 68 ss..

[50] Contra uma conceção ampliativa onde, dentro do conceito se poderiam enquadrar todas as situações que, de alguma forma, se possam associar à dignidade humana ou que esta pudesse proteger,JORGE REIS NOVAIS, *A Dignidade*, Vol. II, p. 71.

[51] JORGE REIS NOVAIS, *A Dignidade*, Vol. II, p. 71, STEPHAN KIRSTE, A Legal Concept, p. 71-73.

[52] Apontando também a ideia da necessidade de um consenso social, veja-se MANUEL AFONSO VAZ, *Lei e Reserva da Lei*, 2ªed., Coimbra, 2013, pp. 191 ss..

[53] JORGE REIS NOVAIS, *A Dignidade*, Vol. II, p. 79. Parece, contudo, que a esta conceção poderá ser apontada a famosa problemática do paradoxo da intolerância, ou seja, o problema de saber se, e em que medida, devemos cada um de nós, a sociedade, mas sobretudo o Estado, ser tolerante com os intolerantes.

[54] JORGE REIS NOVAIS, *A Dignidade*, Vol. II, p. 81.

Deste modo, propõe-se uma delimitação negativa do conceito[55], apontando aquilo que razoavelmente se possa concordar ser uma violação do mesmo, realçando ainda, de forma positiva, caraterísticas que, aparentemente, caberão dentro das consequências normativas que o conceito de dignidade humana comporta: "respeito da humanidade intrínseca, garantia individual das possibilidades de desenvolvimento e de prosperidade como sujeito e reconhecimento de igual dignidade a todas as pessoas[56].

Como veremos, esta conceção servirá o propósito do que se pretende sustentar no ponto seguinte, pelo que aderimos à tese sustentada por REIS NOVAIS, porém, não sem lhe apontar uma debilidade essencial que, de resto, já foi aflorada: o conceito de "razoável" utilizado com o fim de delimitar o universo de pessoas que podem participar da destilação do conceito de dignidade humana, não é isento de problemas. Com efeito, poderá, desde logo, perguntar-se a quem cabe definir o que é ou não razoável. Por outro lado, releva aqui o paradoxo da tolerância, para o qual não há uma resposta unânime, pelo que decidir que os intolerantes ficam de fora da "assembleia deliberativa" que será tida em consideração para o apuramento do conceito de dignidade humana é, em si, uma decisão político-filosófica que, consequentemente, será imposta a uma minoria – os intolerantes[57].

Expostos os conceitos essenciais e os pressupostos de que se parte sobre a problemática da dignidade humana, cumpre agora proceder à sua aplicação ao caso concreto que nos propomos tratar – a análise da constitucionalidade do nº 1 do artigo 169º do Código Penal (o chamado lenocínio simples) à luz da dignidade da pessoa humana.

3. O crime de lenocínio como violação da dignidade humana? (De quem?)

O crime de lenocínio sofreu já, ao longo das diversas revisões do Código Penal, várias alterações, sendo que a mais relevante, para o que aqui nos concerne, foi a que teve lugar em 1998.

[55] Jorge Reis Novais, *A Dignidade*, Vol. II, pp. 83 ss..

[56] Jorge Reis Novais, *A Dignidade*, Vol. II, p. 87.

[57] Sobre este ponto veja-se a posição de Paulo Mota Pinto, Nota sobre o "imperativo de tolerância, pp. 770 ss..

Ora, antes da referida revisão de 1998, a redação era seguinte:

ARTIGO 170º
Lenocínio

1 – Quem, profissionalmente ou com intenção lucrativa, fomentar, favorecer ou facilitar o exercício por outra pessoa de prostituição ou a prática de actos sexuais de relevo, **explorando situações de abandono ou de necessidade económica**, é punido com pena de prisão de 6 meses a 5 anos.

2 – Se o agente usar de violência, ameaça grave, ardil ou manobra fraudulenta, ou se aproveitar de incapacidade psíquica da vítima, é punido com pena de prisão de 1 a 8 anos.

Atualmente, a redação do artigo 169º do Código Penal é a que se segue:

ARTIGO 169º
Lenocínio

1 – Quem, profissionalmente ou com intenção lucrativa, fomentar, favorecer ou facilitar o exercício por outra pessoa de prostituição é punido com pena de prisão de seis meses a cinco anos.

2 – Se o agente cometer o crime previsto no número anterior:

a) Por meio de violência ou ameaça grave;

b) Através de ardil ou manobra fraudulenta;

c) Com abuso de autoridade resultante de uma relação familiar, de tutela ou curatela, ou de dependência hierárquica, económica ou de trabalho; ou

d) Aproveitando-se de incapacidade psíquica ou de situação de especial vulnerabilidade da vítima; é punido com pena de prisão de um a oito anos.

No que diz respeito ao presente estudo, concentrar-nos-emos no nº 1 do artigo 169º, antigo nº1 do artigo 170º, onde está consagrado o chamado lenocínio simples – estando as formas agravadas previstas no nº 2 dos referidos preceitos.

Consequentemente, constata-se que a reforma de 1998 procedeu a um alargamento do âmbito de punição[58] ao ter deixado de se exigir o elemento "explorando a sua situação de abandono ou de necessidade", podendo

[58] JOSÉ MOURAZ LOPES, *Os crimes contra a liberdade e autodeterminação sexual no Código Penal*, 4ª ed., Coimbra, 2008, p. 84.

considerar-se que se procedeu a "uma solução de neo criminalização de condutas até àquela data não punidas criminalmente"[59], tendo esse facto sido expressamente admitido pelo então Ministro da Justiça aquando do debate parlamentar onde se discutiu a reforma[60].

Assim, foi a partir desta reforma específica que a doutrina e a jurisprudência, nomeadamente a constitucional[61], começaram a discutir a constitucionalidade do nº 1 do artigo 169º do Código Penal. Aliás, consequentemente com a sua posição já defendida desde os anos 70 relativamente à criminalização de condutas sexuais, durante a própria discussão no seio da Comissão Revisora, FIGUEIREDO DIAS defendeu, desde logo, a descriminalização do lenocínio simples, afirmando que se tratava de "um problema social e de polícia"[62].

A discussão voltou recentemente ao Palácio Ratton, através do Acórdão 641/2016[63], com dois votos de vencido, sendo um deles do seu Presidente, o Conselheiro MANUEL DA COSTA ANDRADE, e o outro do Conselheiro LINO RODRIGUES RIBEIRO, tendo ambos sustentado a inconstitucionalidade do preceito por violação do nº 2 do artigo 18º da Constituição da República Portuguesa.

Por outro lado, desde sempre também reinou a discórdia sobre os bens jurídicos tutelados[64].

[59] JOSÉ MOURAZ LOPES, *Os crimes contra a liberdade*, p. 84.

[60] JOSÉ MOURAZ LOPES, *Os crimes contra a liberdade*, p. 84.

[61] Refira-se que a referência à jurisprudência se refere, essencialmente, aos votos de vencido de alguns Conselheiros, na medida em que o Tribunal Constitucional tem jurisprudência firmada desde sempre no sentido da não inconstitucionalidade da norma em apreço.
Como Acórdãos paradigmáticos do Tribunal Constitucional sobre esta matéria, vejam-se os Acórdãos 144/2004 (que fixou a argumentação a partir daí seguida), 196/2004, 303/2004, 170/2006, 396/2007, 552/2007, 591/2007, 141/2010, 559/2011, 605/2011, 654/2011, 203/2012 e 149/2014, todos pesquisáveis em www.tribunalconstitucional.pt.

[62] COMISSÃO DE REVISÃO DO CÓDIGO PENAL, *Código Penal – Actas e Projecto da Comissão de Revisão*, Ministério da Justiça, Lisboa, 1993, p. 258.

[63] Acórdão do Tribunal Constitucional de 21.11.2016, pesquisável em www.tribunalconstitucional.pt.

[64] Sobre este ponto veja-se INÊS FERREIRA LEITE, A tutela penal da liberdade sexual, *Instituto de Direito Penal e Ciências Criminais*, 2012, p. 1.
"Por tradição, associado estudo da criminalidade sexual encontra-se sempre alguma polémica terminológica quanto à designação e/ou caracterização dos bens jurídicos tutelados. Tal peculiaridade talvez possa ser explicada pelo peso histórico das concepções moralistas associadas à tutela penal da sexualidade. Afinal, foi apenas nos últimos 30 anos que os Códigos

Ora, o que agora se pretende analisar é a forma como se articula a dignidade humana com esta incriminação específica, havendo quem sustente que esta protege a dignidade humana da pessoa que se prostitui[65] e, por outra parte, havendo quem defenda o contrário, ou seja, que com este crime se viola a dignidade humana da pessoa que se prostitui, ao ignorar a sua individualidade, livre arbítrio, capacidade de orientação da sua vida sexual, o seu livre desenvolvimento da personalidade e correspondente liberdade geral de ação e, em consequência, a sua dignidade humana[66].

Cumpre precisar, portanto, que, em qualquer caso, é a um terceiro que se dirige esta norma, seja para o defender ou para o atacar, consoante a perspetiva adotada, e não ao próprio criminoso, o lenocida, vulgo, ao proxeneta.

Praticamente assente, hoje em dia, é a noção de que "não é função do direito penal, nem primária, nem secundária, tutelar a virtude ou a moral: quer se trate da moral estadualmente imposta, da moral dominante, ou da moral específica de um qualquer grupo social"[67], asserção que se coaduna

Penais europeus vêm a ser "expurgados" destas tendências e do recurso a expressões de matriz moralista na delimitação do bem jurídico e na construção dos tipos inseridos no âmbito da criminalidade sexual."

[65] Como sustenta PEDRO VAZ PATTO, Direito Penal e Ética Sexual, *Direito e Justiça*, Vol. XV, Tomo 2, Lisboa, 2001, pp. 123-145, especialmente, pp. 134-135, onde o autor defende expressamente que o bem jurídico protegido por este crime é a dignidade da pessoa humana.

[66] "A escolha livre e desimpedida dos indivíduos pode ser considerada como um valor em si mesmo em relação ao qual *prima facie* será errado intervir. O exercício desimpedido da escolha livre pode ainda ser válido por permitir aos indivíduos experimentar e descobrir coisas válidas para eles próprios e para outros. Por fim, e quanto à moral sexual, a supressão dos impulsos sexuais é geralmente algo que afecta o desenvolvimento ou equilíbrio da vida emocional, felicidade e personalidade do indivíduo" in LUÍSA NETO, *O direito fundamental à disposição sobre o próprio corpo*, Coimbra, 2004, p. 524.

[67] FIGUEIREDO DIAS, *Direito Penal – Parte Geral*, Tomo I, 2ª ed., Coimbra, 2012, p. 112, e, do mesmo autor, Direito Penal e Estado de Direito Material. Sobre o método, a construção e o sentido da doutrina geral do crime, *Revista de Direito Penal*, 1982, p. 43, *apud* MANUEL DA COSTA ANDRADE, Sobre a reforma do Código Penal Português: dos crimes contra as pessoas, em geral, e das gravações e fotografias ilícitas, em particular, *Revista portuguesa de ciência criminal*, Lisboa, Ano 3, nº 2-4, 1993, pp. 440-441. No mesmo sentido, veja-se KLAUS ROXIN, *Problemas Fundamentais de Direito Penal*, 3ª ed., Lisboa, 1998, p. 60, MANUEL DA COSTA ANDRADE, *Consentimento e Acordo em Direito Penal*, Coimbra, 2004 (reimpressão), p. 387 e notas apostas na mesma página, e, ainda, KARL PRELHAZ NATSCHERADETZ, *O Direito Penal Sexual*, pp. 15 ss., VERA LÚCIA RAPOSO, Da moralidade à liberdade: o bem jurídico tutelado na criminalidade sexual, *in Liber Discipulorum para Jorge de Figueiredo Dias*, Coimbra, 2003, p. 932.,

com a noção de liberdade para a individualidade[68] que atrás apontámos como traços da dignidade humana.

Por outro lado, cabe assim ao direito penal a tutela de *ultima ratio* de bens dotados de dignidade penal, ou seja, de bens jurídicos cuja lesão demonstra a necessidade de pena[69], concluindo, assim, FIGUEIREDO DIAS, que «um bem jurídico político-criminalmente tutelável existe ali – e só ali – onde se encontre *reflectido* num valor jurídico-constitucionalmente reconhecido em nome do sistema social total e que, deste modo, se pode afirmar que "preexiste" ao ordenamento jurídico-penal»[70].

Relevante será ainda a questão da legitimidade do direito de punir estatal, em que se defende que decorre do Estado de Direito Democrático, pluralista e secularizado, a consequência de que "o Estado só deve tomar de cada pessoa o *mínimo* dos seus direitos e liberdades que se revele indispensável ao funcionamento sem entraves da comunidade"[71], donde o Autor retira que "puras violações morais não conformam como tais a lesão de um autêntico bem jurídico e não podem, por isso, integrar o conceito material de crime"[72].

Expostos os pressupostos jurídico-penais, mas igualmente constitucionais, de que se parte, cumpre agora aplicá-los ao crime de lenocínio simples.

Antes de mais, haverá que perguntar qual é o bem jurídico protegido por esta incriminação, sob pena de, não havendo, ou sendo ilegítimo, falecer a sua conformidade constitucional.

Sobre este ponto encontramos, essencialmente, duas correntes na doutrina e na jurisprudência: uma que defende que, ao eliminar a exigência

[68] "An adequate normative concept of human dignity is thoroughly individualistic" *in* JULIAN NIDA-RÜMELIN, Why Human Dignity, p 89.

[69] FIGUEIREDO DIAS, *Direito Penal*, p. 114.

[70] FIGUEIREDO DIAS, *Direito Penal*, p. 120.

[71] FIGUEIREDO DIAS, *Direito Penal*, p. 123.

[72] FIGUEIREDO DIAS, *Direito Penal*, p. 124. No mesmo sentido, veja-se a expressão de CARL FERDINAND HOMMEL, *Des Herrn Marquis von Beccaria unsterbliches Werk von Verbrechen und Strafen*, Berlin, 1966, p. 49, *apud* KLAUS ROXIN, *Problemas Fundamentais*, pp. 60-61: "Crime ou facto ilícito será só aquilo que privou direta e imediatamente algo ao próximo, individual ou... à *res publica*", e ainda, KLAUS ROXIN, *Problemas Fundamentais*, p. 62, referindo-se especificamente à moral sexual. Ainda num sentido semelhante, e especificamente sobre o direito penal sexual, veja-se KARL PRELHAZ NATSCHERADETZ, *O Direito Penal Sexual*, p. 131, citando POLAINO NAVARRETE.

da ligação a uma situação de "exploração de situações de abandono ou de necessidade económica", o legislador estará apenas a tutelar condutas que tem por imorais, daí decorrendo a sua inconstitucionalidade[73], e outra que sustenta que o bem jurídico protegido é a própria dignidade da pessoa humana[74], podendo ainda apontar-se uma sub-posição que defende que o bem jurídico tutelado é "o interesse geral da sociedade na preservação da moralidade sexual e do ganho honesto"[75].

Com efeito, e de acordo com a sua inserção sistemática, o bem jurídico protegido deveria ser a liberdade de expressão sexual da pessoa (CAPÍTULO V – Dos crimes contra a liberdade e autodeterminação sexual – SECÇÃO I – Crimes contra a liberdade sexual), pelo que caberá, assim, perguntar se esta incriminação protege, de facto, a liberdade sexual da

[73] Veja-se Figueiredo Dias, *Direito Penal*, p. 124, Anabela Rodrigues, Anotação ao artigo 169º, *in Comentário Conimbricense do Código Penal – Parte Especial*, Tomo I, 2ª ed., Coimbra, 2012, p. 797 (embora sem taxar o preceito de inconstitucional), José Mouraz Lopes, Os crimes contra a liberdade, p. 85, Vera Lúcia Raposo, Da moralidade à liberdade, p. 949, Carlota Pizarro de Almeida, O crime de lenocínio no artigo 170º, nº 1 do Código Penal – Anotação ao Acórdão do Tribunal Constitucional nº 144/04, *Jurisprudência Constitucional*, nº 7, Lisboa, 2005, pp. 21 ss., especialmente, p. 31, onde a Autora sustenta que não há bem jurídico lesado. No mesmo sentido, Joaquim Malafaia, A inconstitucionalidade do nº 1 do artigo 169º no Código Penal, *Revista Portuguesa de Ciência Criminal*, Ano 19, nº 1, Coimbra, 2009, p. 47, e, ainda, Pedro Soares Albergaria / Pedro Mendes Lima, O crime de lenocínio, p. 255-256.
Sem intenção de exaustividade, vejam-se, na jurisprudência constitucional, as declarações de voto dos Conselheiros Lino Rodrigues Ribeiro e Manuel da Costa Andrade ao Acórdão 641/2016, da Conselheira Maria João Antunes, ao Acórdão 396/2007, do Conselheiro Joaquim de Sousa Ribeiro ao Acórdão 654/2011, e, ainda com uma argumentação particularmente extensa e bem conseguida, o voto de vencido do Conselheiro Eduardo Maia Costa ao Acórdão do Supremo Tribunal de Justiça de 05.09.2007, Proc. 07P1125 (gentilmente cedido pela Biblioteca do Supremo Tribunal de Justiça).

[74] Pedro Vaz Patto, Direito Penal, p. 135.

[75] Sénio Manuel dos Reis Alves, *Crimes sexuais: notas e comentários aos artigos 163 a 179 do Código Penal*, Coimbra, 1995, pp 67 ss.. Considera-se que esta se trata de uma sub-posição dado não ser sufragada, ao que sabemos, por qualquer outro autor, nem tão pouco pelo Tribunal Constitucional, possivelmente porque tal visão extrema de *comunitarismo* e *paternalismo*, tenderia a anular a autonomia individual dos cidadãos, a sua liberdade, em nome de uma moral social, que o autor reputa de bem com dignidade penal, mas que, como vimos atrás, mal se coadunaria com o conceito de Estado de Direito Democrático, laico, aberto e plural, em que uma dada moral social, religiosa, filosófica ou outra não pode ser imposta pelo Estado a cidadãos que não a reconheçam como sua, devendo antes procurar-se um consenso razoável entre todas as tendências na sociedade.

pessoa que se prostitui, ou antes a constrange. Este ponto em particular aproxima-nos de uma questão mais profunda, mas àquele intimamente ligada, que é a de saber se esta incriminação tutela a dignidade da pessoa que se prostitui ou antes a viola. Tentar-se-á discutir paralelamente as duas questões.

Para defender a primeira posição, normalmente recorre-se ao argumento empírico de que, em regra, a mulher ou o homem que se prostitui fá-lo contra vontade, por necessidade económica, pelo que a sua vontade não é verdadeiramente livre[76]. Assim se pode ler no Acórdão do Tribunal Constitucional 144/2004[77] que o que visa o legislador penal é uma «protecção da liberdade e de uma "autonomia para a dignidade" das pessoas que se prostituem» e, mais adiante, que "o entendimento subjacente à lei penal radica, em suma, na protecção por meios penais contra a necessidade de utilizar a sexualidade como modo de subsistência, protecção diretamente fundada no princípio da dignidade da pessoa humana".

Contra esta posição podem, desde logo, ser apontados argumentos inversos. Antes de mais, um argumento histórico, que bem nota Silva Dias, ao apontar que não é fácil "manter a ideia de que o motivo fundamental da incriminação é caracteristicamente a prevenção de situações de carência e de abandono social depois de o legislador ter eliminado expressamente essa referência no nº 1 do artigo 169º e a ter transferido para o tipo qualificado do nº 2"[78].

Doutro ponto de vista, que sentido faz afirmar-se que se pretende combater "a necessidade de utilizar a sexualidade como modo de subsistência" se a prostituição em si não é proibida?

Por outro lado ainda, crê-se não se poder dar como dado adquirido que em todas as situações de proxenetismo haja uma situação de exploração e uma vítima a quem proteger[79], "uma vez que pode haver contra-presta-

[76] Considerando que "a verificação desse nexo não é, naturalmente, condição suficiente para legitimar uma proibição pena", veja-se Pedro Soares Albergaria / Pedro Mendes Lima, O crime de lenocínio, p. 235.

[77] Acórdão do Tribunal Constitucional de 10.03.2004, pesquisável em www.tribunalconstitucional.pt.

[78] Augusto Silva Dias, Reconhecimento e coisificação nas sociedades contemporâneas: uma reflexão sobre os limites da intervenção penal do Estado, *in Liber Amicorum de José de Sousa e Brito em comemoração do 70º Aniversário: Estudos de Direito e Filosofia*, Coimbra, 2009, pp. 124-125.

[79] No sentido de que este constitui um "crime sem vítima" vejam-se Pedro Soares Albergaria / Pedro Mendes Lima, O crime de lenocínio, p.211, Carlota Pizarro

ções, criando-se uma relação sinalagmática na qual, em troca do dinheiro cedido, a pessoa que se prostitui beneficie de alojamento, proteção contra clientes que não pagam ou se tornem violentos"[80].

Na verdade, esta posição recusa por completo um eventual consentimento da pessoa que se prostitui, consubstanciado na sua "autonomia para a liberdade", a sua individualidade enquanto ser capaz de orientar as suas condutas, a sua vida, no fundo, analisando as hipóteses de que dispõe e, eventualmente, escolhendo uma vida "de pecado"[81], que aquela tese reputa como errada e imoral. No fundo, aquela posição parte da premissa de que ninguém, racionalmente, escolhe livremente prostituir-se, pressuposto esse que nos parece errado, por moralista e paternalista, ao presumir, os que a defendem, que sabem melhor o que é melhor para a pessoa que se prostitui do que ela própria, ignorando assim, parece, a sua dignidade enquanto ser livre para orientar a sua vida, dotado «da faculdade de cada um orientar a busca da "vida boa" segundo ponderações que só a si devem respeitar»[82], pondo em causa a sua autonomia individual que é desconsiderada e funcionalizando a pessoa a programas objetivados de valores.

Com efeito, verifica-se que a atividade da prostituição é altamente complexa e diversificada[83], onde desde as situações de extrema carência da pessoa a levam a prostituir-se ou a não deixar a atividade[84], até situações de

DE ALMEIDA, O crime de lenocínio, p. 34, ANABELA RODRIGUES, Anotação ao artigo 169º, p. 798 e voto de vencido do Conselheiro EDUARDO MAIA COSTA, ao Acórdão do Supremo Tribunal de Justiça de 05.09.2007, Proc. 07P1125, p. 19.

[80] CARLOTA PIZARRO DE ALMEIDA, O crime de lenocínio, p. 29.

[81] Neste sentido, KARL PRELHAZ NATSCHERADETZ, *O Direito Penal Sexual*, pp. 26 ss. e RUI PEREIRA, Liberdade Sexual, p. 43.

[82] PEDRO SOARES ALBERGARIA / PEDRO MENDES LIMA, O crime de lenocínio, p. 212.

[83] PEDRO SOARES ALBERGARIA / PEDRO MENDES LIMA, O crime de lenocínio, p. 237.

[84] O próprio TJUE já se pronunciou sobre a natureza desta atividade, no Acórdão do Tribunal de 20 de Novembro de 2001 – Aldona Malgorzata Jany e outros contra Staatssecretaris van Justitie, Proc. C-268/99, onde se pode ler:

«A prostituição constitui assim uma prestação de serviços remunerada que, conforme resulta do n.º 33 do presente acórdão, é abrangida pelo conceito de «actividades económicas».

Das considerações que precedem resulta que há que responder à quarta questão que os artigos 44.º, n.º 4, alínea *a), i)*, do Acordo de associação Comunidades/Polónia e 45.º, n.º 4, alínea *a), i)*, do Acordo de associação Comunidades/República Checa devem ser interpretados no sentido de que o conceito de «actividades económicas não assalariadas» utilizado nas referidas disposições tem o mesmo significado e alcance que o de «actividades não assalariadas» constante do artigo 52.º do Tratado.

prostituição dita "de luxo", passando pelas "casas de massagens", "bares de alterne" ou "saunas", é possível encontrar uma miríade de realidades diferentes. Ora, querer abarcar todas estas realidades sob um mesmo tipo, criando a presunção legal de que nenhuma destas pessoas escolheu livremente[85] prostituir-se, parece ser claramente abusivo. Para entender esta ideia basta equacionar a seguinte situação (admissível como real) uma pessoa jovem, com baixa escolaridade, que hipóteses reais tem de conseguir um trabalho que lhe garanta um alto rendimento, rapidamente? Seguramente muito poucas ou nenhumas, para além da prostituição. Seguidamente poder-se-á perguntar: o que há de errado, excluindo quaisquer considerações morais, na escolha que essa pessoa leve a cabo pela via da prostituição? De acordo com o Direito Penal, nada, uma vez que a atividade não é punida. Então se, criminalmente, nada há a apontar à pessoa que exerce esta atividade, o que faz com que um terceiro, a quem ela se associe voluntariamente, seja por que razão for, seja punido, senão uma eventual transferência da censura moral que recai sobre o trabalho da pessoa que se prostitui para esse terceiro garantindo, dessa forma, que "no fim das contas" alguém é "castigado"?

Uma determinada corrente de feminismo radical, representada por A. Mackinnon e Andrea Dworkin[86], curiosamente, sustenta algo muito próximo da posição anterior, que parece enquadrar-se numa abordagem conservadora Para quem sustente aquela tese "a subsistência da dominância masculina, estrutural, conduz sempre à condição última de que na realidade o consentimento da mulher não pode ser genuíno"[87], o que leva à irrelevância do consentimento das mulheres.

A esta tese, mais uma vez, pode apontar-se que não parece certo que essa seja "uma representação aceitável da realidade social moderna", aventando

A actividade de prostituição exercida como independente pode ser considerada um serviço fornecido mediante remuneração e é, por conseguinte, abrangida por estes dois conceitos.», pesquisável *online* em http://curia.europa.eu.

[85] Tal é sustentado por Lena Edlung / Evelyn Korn, A Theory of Prostitution, *Journal of Political Economy*, Vol. 110, nº 1, 2002, p. 209.

[86] Pedro Soares Albergaria / Pedro Mendes Lima, O crime de lenocínio, pp. 216 ss..

[87] Pedro Soares Albergaria / Pedro Mendes Lima, O crime de lenocínio, p. 221. Veja-se também Michela Marzano, Le mythe du consentement, *Droits – Revue Française de Théorie, de Philosophie et de Culture Juridiques*, 48, Paris, 2009, pp. 109-130, em especial, 128 e David Simard, The question of sexual consent: Between individual liberty and human dignity, *Sexologies*, 24 (3), 2015, p. 67.

Pedro Soares de Albergaria e Pedro Mendes Lima as hipóteses de um "relacionamento sexual entre patroa e empregado, entre superiora e subordinado ou, plasticamente, entre uma executiva endinheirada e o operário fabril com quem numa saída nocturna mantém relacionamento"[88], que desmontam o argumento radical feminista através de exemplos práticos, suscetíveis de ocorrer na vida real das sociedades contemporâneas.

Assim, parece que o consentimento é essencial para dar a relevância devida à autonomia individual, indispensável ao conceito de dignidade humana que se sustenta, e que negar a sua importância, eventualmente argumentando que assim se está a defender a dignidade da pessoa que se prostitui, poderá consubstanciar uma forma de paternalismo[89].

Sobre este conceito, e baseando-se na definição traçada por Alemany Garcia, os Autores *supra* citados consideram paternalismo "o exercício de um poder sobre outrem com a finalidade que o mesmo leve a cabo acções ou omissões que a si próprio causem dano e/ou impliquem um aumento do risco de dano[90], sendo esses danos exclusivamente de tipo físico, psíquico ou económico[91]"[92].

Parece ser manifesto que o que aqui nos preocupa é um paternalismo estatal, jurídico e, mais especificamente, jurídico-penal[93], e não exatamente um paternalismo que qualquer pessoa possa demonstrar face a outrem.

Assim, ainda de acordo com os mesmos Autores, estar-se-ia, no caso do lenocínio simples, perante um paternalismo manifestado de *forma indireta*[94],

[88] Pedro Soares Albergaria / Pedro Mendes Lima, O crime de lenocínio, pp. 222-223.

[89] Sobre este conceito, veja-se Pedro Soares Albergaria / Pedro Mendes Lima, O crime de lenocínio, pp. 226-228, notas 49-52, John Rawls, *Uma teoria da Justiça*, Lisboa, 1993, p. 173 ss., Carla Amado Gomes, Estado Social e concretização de direitos fundamentais na era tecnológica: algumas verdades inconvenientes, *Scientia Ivridica*, Tomo LVII, nº 315, 2008, pp 420 ss., e, em particular Macário Alemany Garcia, *El concepto y la justificación del paternalismo*, 2005, disponível *online* em https://rua.ua.es/dspace/bitstream/10045/9927/1/Alemany%20Garc%C3%ADa,%20Macario.pdf (consultado pela última vez a 15/4/2017).

[90] Macário Alemany Garcia, *El concepto y la justificación*, pp. 443 ss..

[91] A restrição aos tipos de danos descritos é proposta, entre outros, por Joel Feinberg, *Harm to self*, Oxford, 1986, p.4 e, ainda, Ernesto Garzón Valdés, Es eticamente justificable el paternalismo jurídico?, *DOXA*, 1988, disponível *online* em https://rua.ua.es/dspace/bitstream/10045/10872/1/Doxa5_08.pdf (consultado pela última vez a 15/4/2017).

[92] Pedro Soares Albergaria / Pedro Mendes Lima, O crime de lenocínio, pp. 228 ss..

[93] Pedro Soares Albergaria / Pedro Mendes Lima, O crime de lenocínio, p. 229.

[94] Sobre as formas de manifestação do paternalismo jurídico veja-se Pedro Soares Albergaria / Pedro Mendes Lima, O crime de lenocínio, pp. 230 ss.

na medida em que se pune aquele que "profissionalmente ou com intuito lucrativo, fomenta, favorece ou facilita a prostituição de outra pessoa [...] limitando (indiretamente ainda) o leque de escolhas respectivo, [para] proteger a última de danos físicos ou psíquicos, presuntivamente implicados por aquela atividade", sendo igualmente um paternalismo *duro*, na medida em que para a lei não releva um eventual compromisso entre ambos, ou a capacidade decisória da pessoa que se prostitui[95].

Note-se que, se o problema fosse a proteção da pessoa que se prostitui face a um perigo potencial ao associar-se a um proxeneta, e não uma oculta reprovação moral da atividade, certos desportos de combate[96] ou mesmo as touradas deveriam igualmente ser proibidos, por comportarem riscos para a integridade física e, até mesmo, para a vida, das pessoas que nessas atividades participam.

Neste contexto, seja para fugir a acusações de paternalismo, ou para obviar ao problema de que o eventual "dano a ter em conta teria de ser de tal porte que permitisse irrelevar o próprio consentimento (ou acordo, aqui tanto monta) da vítima; teria mesmo de ir ao ponto de exigir daquela obrigações para consigo mesma", contata-se que o Tribunal Constitucional encontrou na dignidade da pessoa humana, isoladamente considerada, a forma de obviar a estas questões[97].

Assim, voltando ao Acórdão nº 144/2004, já citado, o aproveitamento económico de situações de prostituição por terceiros consubstanciaria uma exploração da sua dignidade humana, a qual não pode ser mobilizada para garantir, enquanto expressão da liberdade de ação, atividades cujo princípio seja a utilização de alguém como seu mero instrumento, negando-se, assim, a humanidade da mulher, e justificando, deste modo, a "protecção por meios penais contra a necessidade de utilizar a sexualidade

[95] PEDRO SOARES ALBERGARIA / PEDRO MENDES LIMA, O crime de lenocínio, p. 232. Criticando os exemplos dados pelo Acórdão 144/2004 do Tribunal Constitucional, como sendo casos paralelos aos da incriminação do lenocínio simples, os Autores referem ainda não se poderem comparar os casos do homicídio a pedido ou do auxílio ao suicídio com o lenocínio simples, dado que, naqueles estariam em causa, "de modo evidente, danos ou perigos de danos graves e irreversíveis para bens jurídicos de monta do sujeito passivo da intervenção" (p. 233).

[96] Exemplo dado por PEDRO SOARES ALBERGARIA / PEDRO MENDES LIMA, O crime de lenocínio, p. 237.

[97] PEDRO SOARES ALBERGARIA / PEDRO MENDES LIMA, O crime de lenocínio, p. 239.

como modo de subsistência, protecção diretamente fundada no princípio da dignidade da pessoa humana"[98].

Ora, como já foi referido no ponto anterior, o conceito de dignidade humana é um conceito essencialmente contestado e controverso, imbuído das circunstâncias históricas[99] em que concretamente é apreciado, o que pode levar ao questionamento acerca da sua admissibilidade como bem jurídico-penal[100], desde logo pelo facto de a sua indeterminação poder contender com o princípio da legalidade, que impõe a determinabilidade dos bens jurídicos protegidos[101].

Por outro lado, sem prejuízo da legitimidade de cada um optar por uma conceção de pendor *liberal-individual*, ou *comunitarista-social*, caso em que as conclusões que retirará do problema em estudo poderão ser diametralmente opostas, crê-se que é a primeira das conceções, a que apresenta a "dignidade como autonomia"[102], a que mais se coaduna com o moderno Estado de Direito Democrático, aberto e pluralista, respeitante da diversidade, o qual pressupõe que a intervenção estatal nos direitos fundamentais se restrinja ao mínimo indispensável para uma vida sustentável em sociedade, funcionando a dignidade humana como um "limite aos limites" de direitos fundamentais[103] e que se configura como "uma orientação herme-

[98] Acórdão do Tribunal Constitucional de 10.03.2004, pesquisável em www.tribunalconstitucional.pt.

[99] Sobre a evolução histórica do conceito veja-se CHRISTOPHER MCCRUDEN, Human Dignity, pp. 656-663, JORGE REIS NOVAIS, *A Dignidade*, Vol. I, pp.3-46 e, ainda, STEPHAN KIRSTE, A Legal Concept, p. 64-68.

[100] Neste sentido, PEDRO SOARES ALBERGARIA / PEDRO MENDES LIMA, O crime de lenocínio, p. 241 e nota 47, onde são mencionadas extensas doutrina e jurisprudência sobre este ponto específico.

[101] Os Autores vão mais longe ao sustentar que a dignidade humana é "essencialmente inviolável" salvo em situações extremas de completa sujeição de um homem a outro, como seja o caso da escravatura, mas, mesmo aí, insistindo que o que é violado não seria a sua dignidade humana mas sim a sua liberdade jurídica (p. 243). Sustentando, sensivelmente, a mesma posição, veja-se JOÃO CARLOS LOUREIRO, Pessoa, Dignidade e Cristianismo, *in Estudos em Homenagem ao Prof. Doutor António Castanheira Neves*, Vol. I, Coimbra, 2008, p. 720.

[102] PEDRO SOARES ALBERGARIA / PEDRO MENDES LIMA, O crime de lenocínio, p. 245. No mesmo sentido, veja-se ainda JORGE REIS NOVAIS, *Direitos Fundamentais – Trunfos contra a Maioria*, Coimbra, 2006, pp. 273-278, JÓNATAS MACHADO, *Liberdade de Expressão – Dimensões constitucionais da esfera pública no sistema social*, Coimbra, 2002, pp. 357 ss..

[103] JORGE REIS NOVAIS, *A Dignidade*, Vol. I, p. 98. Veja-se, ainda, na mesma obra, as páginas 101 e 102, onde se pode ler: "Em situações de silêncio da lei, o princípio da dignidade passou igualmente a ser convocável enquanto fundamento de imposição ao legislador democrático

nêutica que atribui a maior relevância à autonomia do próprio titular na fixação daquele conteúdo"[104].

Com efeito, é por causa da dignidade da pessoa humana que deve ser reconhecida uma esfera de autonomia ao seu titular, esfera essa que está subtraída ao poder do Estado, e que este está "juridicamente obrigado a respeitar, a proteger e a promover"[105], levando isto a concluir que a pessoa "deve poder conformar autonomamente a existência segundo as suas próprias concepções e planos de vida que têm, à luz do Estado de Direito fundado na dignidade da pessoa humana, o mesmo valor que quaisquer outras concepções ou escolhas, independentemente da maior ou menor adesão social que concitem"[106], donde decorre também o poder da pessoa em renunciar a posições protegidas de direitos fundamentais (questão que adiante abordaremos).

Por outro lado, o que foi dito tem também como consequência que não pode uma maioria democraticamente legitimada, só por ser maioria, impor uma determinada visão de dignidade humana a uma minoria que nela não se revê[107]. Sendo certo, contudo, que há manifestações *comunitaristas* no texto constitucional, como seja na consagração de valores ou instituições coletivas, certo é também que o valor da liberdade continua a apontar para a relevância dada à autonomia do indivíduo na Constituição[108].

Ora, é esta autonomia individual que leva a que possa ser sustentável que o conceito de dignidade humana possa ser "modelável" pelo respetivo titular[109] e é precisamente a desconsideração da autonomia individual

de obrigações legiferantes, normalmente de cariz proibicionista, e que não raramente exigiriam mesmo a criminalização de comportamentos individuais que, de outra forma, sem o constrangimento imposto pela observância desse princípio, estariam dentro do perímetro da liberdade geral de acção admitida numa sociedade democrática" e, mais adiante, "ela surge aí como fundamento de restrições, juridicamente controversas, de direitos fundamentais" – ora, crê-se que as passagens acabadas de citar se aplicam na perfeição ao problema em análise. Em sentido convergente, Ingo Wolfgang Sarlet, Dignidade da pessoa humana, pp. 698 ss..

104 Jorge Reis Novais, *A Dignidade*, Vol. I, p. 168.

105 Jorge Reis Novais, *A Dignidade*, Vol. I, p. 170.

106 Jorge Reis Novais, *A Dignidade*, Vol. I, p. 171.

107 Jorge Reis Novais, *A Dignidade*, Vol. I, p. 176 e Pedro Soares Albergaria / Pedro Mendes Lima, O crime de lenocínio, p. 245.

108 Pedro Soares Albergaria / Pedro Mendes Lima, O crime de lenocínio, pp. 245-246.

109 Pedro Soares Albergaria / Pedro Mendes Lima, O crime de lenocínio, p. 246 – facto que provaria, segundo os Autores, o que já haviam sustentado: que a dignidade humana não tem a natureza de bem jurídico diretamente tutelável pelo direito penal.

de quem se prostitui que é levada a cabo reiteradamente pelo Tribunal Constitucional nos arestos mencionados, *maxime* no Acórdão 144/2004, já citado[110].

Assim, e seguindo aqui de muito perto o raciocínio de PEDRO SOARES ALBERGARIA e PEDRO MENDES LIMA, considerando que o crime de lenocínio simples prescinde da verificação de um dano e "nem é divisável um perigo de dano jurídico-penalmente relevante – empiricamente sustentado [...] que permitisse tê-lo como um legítimo crime de perigo abstracto[111]"[112], então, na verdade, na referida jurisprudência, esta incriminação resultaria não de um paternalismo em sentido próprio, nos termos *supra* mencionados (quando se verifique um dano físico, psíquico ou económico), mas antes de um *moralismo paternalista* ou *paternalismo moralista*, sendo, portanto, uma forma de *moralismo* que se manifesta no objetivo de "evitar à prostituta, indiretamente ainda, danos morais"[113], isto é, que passam pela sua degradação no plano moral[114].

Parece, contudo, que contra este argumento rapidamente se pode perguntar: no plano moral de quem? Contra esta mobilização do conceito de dignidade humana para sustentar um padrão moral de um determinado setor da sociedade, e os riscos que daí decorrem, já se pronunciou REIS NOVAIS[115], Autor com o qual genericamente concordamos. E, assim sendo, não poderá consubstanciar uma violação da dignidade da pessoa que se prostitui, por desconsideração da sua autonomia individual e reconhecimento dela enquanto ser capaz de orientar a sua vida segundo os padrões que entenda melhores para si, querer impor-lhe uma determinada conceção moral sobre o que é uma "vida boa", o que é certo ou errado?

[110] Vejam-se as seguintes passagens ilustrativas do que se disse e que apontam para uma conceção *objetiva* da dignidade humana: "há deveres de respeito que ultrapassam o mero não interferir com a sua autonomia", cumprindo proteger "a imagem da mulher e a construção da respetiva identidade como pessoa", consistindo o lenocínio na "negação da humanidade da mulher".

[111] No sentido em que não se trata de crime de perigo, veja-se CARLOTA PIZARRO DE ALMEIDA, O crime de lenocínio, p. 32.

[112] PEDRO SOARES ALBERGARIA / PEDRO MENDES LIMA, O crime de lenocínio, p. 247.

[113] PEDRO SOARES ALBERGARIA / PEDRO MENDES LIMA, O crime de lenocínio, p. 247.

[114] Para FEINBERG, tal não consubstanciaria necessariamente um dano para o "lesado", a não ser que se apurasse que seria interesse dele ter um melhor caráter, *in* JOEL FEINBERG, *Harm to Others*, Oxford, 1984, p. 66.

[115] JORGE REIS NOVAIS, *A Dignidade*, Vol. I, pp. 121 ss..

Por outro lado, porque é que o Direito Penal não cuida da prostituição em si, tratando do fenómeno apenas se a pessoa que se prostitui decidir associar-se a um terceiro para exercer a sua atividade? Dir-se-ia que poderá estar aqui disfarçada uma certa necessidade social de censurar a conduta, ainda que não haja coragem política para o fazer através da pessoa que se prostitui, que é vista como vítima, pelo que, haverá que fazê-lo através da incriminação do proxeneta. Ou seja, de uma forma ou de outra, a sociedade parece querer censurar esta atividade, seja de que forma for, por motivos que, até ao momento, nos parecem meramente morais.

Voltando à argumentação expendida nos arestos em apreço, a mesma aponta a mira também à violação da dignidade humana da pessoa que se prostitui pelo facto, presumido, note-se, de haver sempre na sua relação com o proxeneta um efeito de exploração.

Parece, contudo, poder contra-argumentar-se que caberia demonstrar que em todas as relações entre a pessoa que se prostitui e o proxeneta haverá uma exploração daquela. Na verdade, situações haverá em que tal não se verifica. Pense-se, por exemplo, nos casos (comuns, aliás) em que várias pessoas que se prostituem arrendam um apartamento onde exercem a sua atividade; uma delas será a titular do contrato de arrendamento, sendo, portanto, a arrendatária e, todos os meses, receberá de cada uma das outras pessoas a sua parte correspondente da renda, que entregará ao senhorio. Esta situação, por bizarro que possa parecer, cairia dentro do conceito de lenocínio simples podendo a arrendatária ser condenada por favorecer ou facilitar a atividade das restantes. Será que, de alguma forma remota, se poderá encontrar aqui uma forma de exploração? A resposta parece-nos ser negativa.

Ademais, o conceito de "exploração" tão pouco é livre de dúvidas. PEDRO SOARES ALBERGARIA e PEDRO MENDES LIMA[116] apresentam dois exemplos para ilustrar este ponto: também se pode considerar que um empresário de minas explora os mineiros que desenvolvem uma atividade altamente perigosa; o "apoderado" do pugilista profissional ("e já agora o canal televisivo de desportos e as agências publicitárias") ganha dinheiro com cada golpe que este desfere. Em ambos os casos tanto os mineiros como os pugilistas recebem uma contraprestação pelo seu trabalho, seja sob a forma de salário, promoção e agenciamento de contratos,

[116] PEDRO SOARES ALBERGARIA / PEDRO MENDES LIMA, O crime de lenocínio, p. 250.

etc.. No caso do proxeneta, pelo menos em certos casos, a contraprestação que este oferece à pessoa que se prostitui pode ser facultar-lhe condições de conforto, higiene, saúde e mesmo de segurança.

Aliás, poder-se-ia até ir mais longe adotando uma conceção estritamente marxista, o que nos levaria a considerar que um operário da construção civil está igualmente a ser explorado, tratado como um meio para obtenção de lucro do dono da obra, através da sua força, do seu corpo. Enfim, tal poderia ser dito sobre qualquer atividade: há sempre alguém que lucra através da "exploração" das capacidades físicas ou intelectuais de outrem...

Então, se assim é, o que é que leva a sociedade a censurar a exploração do uso do corpo pela pessoa que se prostitui e não a exploração do uso do corpo do operário da construção civil? Crê-se poder afirmar que a única explicação para este facto é, por detrás da incriminação em causa, estar uma oculta censura moral que ainda subsiste na sociedade acerca do sexo, e em especial relativamente à liberdade sexual da mulher, que se quer casta e recatada. No fundo, seria uma "aggiornata máscara laica da cláusula de bons costumes"[117].

Noutra perspetiva, o dinheiro da prostituição seria "sujo, contaminado, e por isso cabe sancionar quem a ele aceda"[118].

Note-se, ainda, que quanto às acusações de eventual objetificação da mulher, nem todos os casos provarão que se trata de uma regra universal. Na verdade, com NORBERT CAMPAGNA, não se descortina qualquer impeditivo a que um qualquer cliente pague e se dirija à pessoa que se prostitui nos seguintes termos: "Eu pago-te pelo ato sexual e respeito-te enquanto ser humano"[119].

Por outro lado, tal como este argumento da coisificação não colhe no caso do "lançamento do anão, tão pouco aqui parece dever ser tido em conta, senão vejamos: se para efeitos de aceitação da atividade de prostituição não se considera que exista uma coisificação violadora da dignidade

[117] PEDRO SOARES ALBERGARIA / PEDRO MENDES LIMA, O crime de lenocínio, p. 253.

[118] MANUEL GÓMEZ TOMILLO, Derecho penal sexual y reforma legal – Análisis desde una perspectiva politico criminal, *Revista Electrónica de Ciência Penal y Criminologia*, 2005, p. 22, disponível *online* em http://criminet.ugr.es/recpc/07/recpc07-04.pdf (último acesso a 16.4.2017).

[119] NORBERT CAMPAGNA, Human dignity, p. 459.

humana e que imponha uma proibição e sanção penal, por maioria de razão não poderia ser invocada no quadro do lenocínio simples[120].

Em suma, o crime de lenocínio simples parece ser um crime sem vítima, sem bem jurídico tutelado, "punindo-se a imoralidade ou o exercício de uma profissão imoral, que não a prostituição, deixando-se de punir a violação da liberdade e autodeterminação sexual da pessoa que, quando consentida, inexiste"[121].

Por último, umas breves palavras acerca da questão que se poderá levantar sobre se a pessoa que se prostitui estaria a renunciar à sua dignidade humana ao consentir associar-se ao proxeneta.

Havendo dúvidas na doutrina[122] sobre se e, em caso afirmativo, até que ponto ela poderia renunciar à sua dignidade, crê-se que o problema nem sequer se chega a colocar no caso em apreço dado que, em concordância com tudo aquilo que se tem vindo a sustentar, na verdade a pessoa que se prostitui não está a renunciar a nada – pelo contrário, sustenta-se que a pessoa que se prostitui está a exercer livremente o seu direito à liberdade sexual e liberdade de consciência, à autonomia individual e, em última análise, à sua dignidade enquanto pessoa[123].

4. Conclusões

De tudo o que foi exposto, parece poder afirmar-se que, sob a capa de defender a dignidade humana da pessoa que se prostitui, na verdade do

[120] Sustentando que o argumento da objetificação não colhe em casos de livre escolha autónoma da pessoa, veja-se Tatjana Hörnle / Mordechai Kremnitzer, Human dignity as a Protected Interest in Criminal Law, *Israel Law Review*, Vol. 44, Issue 1-2, 2011, p. 148.

[121] Joaquim Malafaia, A inconstitucionalidade, p. 47.

[122] Para uma extensa análise do problema veja-se Jorge Reis Novais, *Direitos Fundamentais*, pp. 211-282, Benedita Mac Crorie, *Os Limites da Renúncia*, em particular, pp. 75 ss..

[123] Para uma análise aprofundada de um caso que, em termos teóricos, é muito semelhante ao do presente estudo – *o caso do lançamento do anão* – veja-se Jorge Reis Novais, *A Dignidade*, Vol. I, p. 108-119 (sobre o tema específico deste estudo veja-se, em particular, as páginas 105-106). No sentido de que a colaboração voluntária não pode ser proibida às mulheres no *peepshow* e não o pode ser no caso do "lançamento de anões", com base na dignidade humana, veja-se Bodo Pieroth / Bernhard Schlink, *Direitos Fundamentais, Direito Estadual II*, Lisboa, 2008, pp. 105-106. Para uma breve panorâmica de alguma jurisprudência internacional neste âmbito, Roger Brownsword, Human dignity, pp. 12-13.

que se trata, nesta incriminação, é de censurar um determinado modo de vida[124], seja a da pessoa que se prostitui que usa o seu corpo[125] como forma de trabalho, *rectius*, usa a sua liberdade sexual como forma de trabalho, ou a do proxeneta, que recebe parte do dinheiro da pessoa que se prostitui e que, em certos casos, lhe garantirá uma contraprestação de qualquer tipo[126].

Destarte, cumpre perguntar se um crime sem vítima e sem bem jurídico, justificado apenas por uma conceção moralista, não estará, ao invés de proteger a dignidade da pessoa que se prostitui, como se propõe, antes a negar-lhe essa mesma dignidade. É esta, no fundo, a tese que se propõe.

Ao ignorar a sua vontade, o seu consentimento na relação com o proxeneta, a sua autonomia individual e a sua natureza de ser responsável pelas suas escolhas e capaz de orientar a sua vida da forma que considerar melhor para si, todas características da conceção de dignidade da pessoa humana que adotámos e que nos parece ser a mais consentânea com o Estado de Direito, na verdade, o Estado, através do direito penal, está a dizer àquelas pessoas em concreto que não são iguais em dignidade a todas as outras – são menores em consciência, pelo que precisam de ser guiadas pela mão orientadora do Direito Penal[127].

Não se esconde, como é facilmente constatável ao longo do estudo, que se atribui a maior relevância à autonomia individual na construção do conceito de dignidade humana, o que leva a que se sustente que é a dignidade humana que deve ser chamada a tutelar este caso, como ponto de apoio essencial para a sua solução.

Consequentemente, além de nos juntarmos à doutrina que defende a inconstitucionalidade do nº 1 do artigo 169º do Código Penal por violação do nº 2 do artigo 18º da Constituição, crê-se ser defensável que o mesmo preceito enferma ainda de inconstitucionalidade por violação do artigo 1º da Constituição, na medida em que se sustenta estar a ser violada a dig-

[124] Neste sentido, Ana Rita Alfaiate, *A Relevância Penal da Sexualidade dos Menores*, Coimbra, 2009, pp. 104 ss..

[125] Sobre este ponto, veja-se Norbert Campagna, Human dignity, p. 456.

[126] Mais que não seja, pelo menos garantir-lhe-á segurança, dado que ele próprio não tem interesse, económico até, em que a pessoa que se prostitui seja magoada ou mesmo morta, tendo, obviamente, que deixar de trabalhar, reduzindo o seu lucro.

[127] Num sentido semelhante, veja-se Vera Lúcia Raposo, Da moralidade à liberdade, p. 950 e voto de vencido do Conselheiro Eduardo Maia Costa, ao Acórdão do Supremo Tribunal de Justiça de 05.09.2007, Proc. 07P1125, p. 15 (sustentando poder ser considerado um "atentado contra a autodeterminação por parte de quem se dedica à prostituição").

nidade humana da pessoa que se prostitui, através da incriminação do proxeneta a quem, livremente se associa, fazendo uso da sua individualidade, livre arbítrio, capacidade de orientação da sua vida sexual, do seu livre desenvolvimento da personalidade e correspondente liberdade geral de ação e, em consequência, da sua dignidade.

Dignidade e Igualdade no Contexto da Atribuição (Pública) de Prémios Olímpicos e Paraolímpicos

Anotação ao Acórdão nº 486/03, do Tribunal Constitucional

Tiago Serrão*

I. Introdução

1. A escolha para a presente anotação residiu num aresto que se afigura bem revelador das dificuldades – mais práticas, do que teóricas – do método de controlo do princípio basilar da igualdade, assente na «proibição do arbítrio», que o Tribunal Constitucional, de modo corrente, tem afirmado e vindo a mobilizar. É assim porque, por via de tal método, sempre que se encontre em causa tal parâmetro de controlo, assiste-se a uma procura incessante, por parte do próprio Tribunal, de uma justificação racional para as distinções efetuadas (mesmo quando o legislador é omisso a esse propósito) e, só em situações muito excecionais, se consideram as diferenciações arbitrárias, logo, inconstitucionais. Isto sem prejuízo da correção introduzida, pelas denominadas *categorias suspeitas*, à formulação pura do aludido método de controlo, correção que o Tribunal Constitucional também afirma adotar, em face do disposto no artigo 13º, nº 2 da Constituição da República Portuguesa (doravante, "Constituição")[1].

* Assistente Convidado da Faculdade de Direito da Universidade de Lisboa.
Investigador do Centro de Investigação de Direito Público da Faculdade de Direito da Universidade de Lisboa.

[1] Sobre esta temática, promovendo um *diagnóstico* e, mais do que isso, apresentando uma proposta de solução, cfr. Jorge Reis Novais, *Os Princípios Constitucionais Estruturantes da*

Mas se, por si só, estas ilações preliminares poderiam justificar uma anotação, a principal razão que, no contexto de uma obra coletiva como a presente, me levou a fazer tal opção, encontra-se na gritante omissão à dignidade da pessoa humana, constatável no Acórdão em referência. Com exclusão de duas das suas declarações de voto, lê-se e relê-se o mesmo e, de modo impressivo, diante de um quadro normativo em sindicância que não a podia ignorar, a verdade é que não se verifica uma alusão, ainda que mínima, ainda que indireta, à dignidade da pessoa humana, seja enquanto princípio, seja como direito fundamental[2].

Tal omissão revela-se muito significativa. É que uma adequada aplicação (autónoma) da dignidade da pessoa humana, enquanto parâmetro de controlo, deveria ter levado o Tribunal Constitucional a declarar inconstitucionais as normas objeto de sindicância no aresto em anotação. Mas mais: o resultado teria sido idêntico se tivesse sido promovida – o que também não sucedeu – uma adequada aplicação do princípio da igualdade, que, como tem vindo a ser salientado, apresenta uma especial (e até histórica) conexão, precisamente, com o princípio da dignidade da pessoa humana[3].

República Portuguesa, Coimbra Editora, Coimbra, 2004, pp. 111-119. Dando nota da insuficiência, para a doutrina, do critério da «proibição do arbítrio», cfr. José Melo Alexandrino, *Direitos Fundamentais – Introdução Geral*, 2ª edição, Princípia, Cascais, 2011, p. 82.

[2] Sobre a problemática da (dupla) qualificação da dignidade da pessoa humana como princípio e como direito, cfr. Maria Lúcia Amaral, "O *princípio da dignidade da pessoa humana na jurisprudência constitucional*", in *Jurisprudência Constitucional*, nº 13, Coimbra Editora, janeiro-março de 2007, pp. 4-6; Paulo Otero, *Instituições Políticas e Constitucionais*, volume I, Almedina, Coimbra, 2009, pp. 561-563; José Melo Alexandrino, "Perfil constitucional da dignidade da pessoa humana: um esboço traçado a partir da variedade de concepções", in *O Discurso dos Direitos*, Coimbra Editora, Coimbra, 2011, pp. 47-48; Jorge Reis Novais, *A Dignidade da Pessoa Humana*, volume I, *Dignidade e Direitos Fundamentais*, Almedina, Coimbra, 2015, p. 13. A igualdade também pode ser perspetivada quer como constituindo um princípio, quer como sendo um direito. Sobre o afastamento, em Portugal, da tese que qualifica a igualdade como um direito, com referências doutrinais relevantes sobre o tema, cfr. José Melo Alexandrino, *Direitos Fundamentais – Introdução Geral*, ..., p. 81.

[3] Sobre a assinalada ligação entre os dois princípios, cfr., entre outros, Jorge Reis Novais, *Os Princípios Constitucionais...*, pp. 56, 58, 63, 101, 105, 110, 112, 113 e 114; Idem, *A Dignidade da Pessoa Humana*, volume I, ..., pp. 17, 28, 33, 36, 37, 40, 41, 42, 45; Idem, *A Dignidade da Pessoa Humana*, volume II, *Dignidade e Inconstitucionalidade*, Almedina, Coimbra, 2016, em particular, p. 133; J.J. Gomes Canotilho e Vital Moreira, *Constituição da República Anotada*, volume I, 4ª edição revista, Coimbra Editora, Coimbra, 2007, pp. 198 e 199; Paulo Otero, *Instituições Políticas e...*, p. 553; José Melo Alexandrino, *Direitos Fundamentais – Introdução geral*, ..., pp. 66, 67 e 79; Idem, *Lições de Direito Constitucional*, volume II, 2ª edição, AAFDL Editora,

Em momento anterior à explanação da argumentação que permite sustentar tais conclusões críticas – segmento que, no fundo, consubstanciará o fulcro da presente anotação –, importa expor, a título de enquadramento, os principais traços (fácticos e decisórios) do Acórdão em referência. É o que se fará, no imediato, cumprindo reforçar um ponto essencial: o Acórdão nº 486/03 representa uma página infeliz do percurso jurisprudencial percorrido, ao longo das últimas décadas, pelo Tribunal Constitucional. A prova disso mesmo encontra-se, de modo paradigmático, em duas marcantes declarações de voto, da autoria dos Conselheiros Maria Fernanda Palma e Mário José de Araújo Torres, que integram o aresto em apreço, relatado pelo Conselheiro Bravo Serra, que não serão olvidadas na análise subsequentemente empreendida. Não por acaso, em tais declarações de voto, a dignidade da pessoa humana não foi negligenciada.

Ainda a título introdutório, é de referir que, embora com alterações que também serão referidas adiante, os normativos objeto de fiscalização no Acórdão em alusão mantiveram-se em vigor no ordenamento jurídico, durante muito tempo. Só recentemente, por via da Lei nº 42/2016, de 28 de dezembro (Lei do Orçamento do Estado para 2017), ocorreu uma mudança radical do quadro normativo flagrantemente discriminatório com o qual, numa versão originária, o Tribunal Constitucional foi confrontado – e que será exposto, nos seus principais traços, seguidamente. Releva a este propósito o artigo 95º desse diploma legal, cuja epígrafe se apresenta totalmente clara quanto à mutação entretanto sucedida: "*Equiparação dos prémios de mérito desportivo nas provas paralímpicas aos atribuídos nas provas olímpicas*"[4].

Lisboa, 2017, p. 81. No mais, realçando, no contexto do movimento olímpico, a conexão entre os princípios da igualdade e da dignidade da pessoa humana, e salientando que as atletas do sexo feminino não podem auferir apoios para a prática desportiva inferiores aos atribuídos a atletas do sexo masculino, cfr. Alexandre Miguel Mestre, *Direito e Jogos Olímpicos*, Almedina, Coimbra, 2008, p. 131.

[4] Eis o teor integral do preceito em referência: "*Sem prejuízo da necessidade de promover uma política integrada de acesso à prática desportiva, o Governo procede à equiparação dos montantes dos prémios atribuídos em reconhecimento do valor e mérito dos êxitos desportivos nas provas paralímpicas aos atribuídos nas provas olímpicas, previstos na Portaria nº 103/2014, de 15 de maio, em desenvolvimento do artigo 32º do Decreto-Lei nº 272/2009, de 1 de outubro, que estabelece as medidas específicas de apoio ao desenvolvimento do desporto de alto rendimento e procede à primeira alteração ao Decreto-Lei nº 393-A/99, de 2 de outubro, que regula os regimes especiais de acesso e ingresso no ensino superior, garantindo que não há redução dos montantes atribuídos*".

Quer isto dizer que, de um panorama normativo – em matéria de prémios atribuídos pelo Estado – de inequívoca diferenciação entre atletas olímpicos e paraolímpicos, se passou, por via da intervenção do legislador ordinário, para uma solução bem diferente, marcada pelo respetivo nivelamento. A meu ver, também por esta razão – bem elucidativa da atualidade da problemática – se afigura apropriada a escolha do Acórdão nº 486/03, para efeitos da presente anotação, podendo dizer-se que o Estado, embora com muitos anos de atraso, virou nitidamente a página em matéria de atribuição dos aludidos prémios desportivos.

II. Linhas fundamentais do Acórdão em apreço

2. A decisão em anotação, proferida em sede de fiscalização abstrata da constitucionalidade, tem na base um pedido do Procurador-Geral da República tendente à declaração de inconstitucionalidade, com força obrigatória geral, das normas ínsitas aos n.os 1º, 2º e 9º da Portaria nº 393/97, de 17 de junho, na medida em que aí "*se fixam – para os resultados de excelência obtidos na prática desportiva, em competições internacionais, por cidadãos portadores de deficiência – prémios de montantes desproporcionalmente inferiores aos que estão previstos – actualmente na Portaria nº 211/98, de 3 de Abril – para os praticantes em regime de alta competição que obtiverem resultados desportivos correspondentes aos níveis máximos de rendimento da modalidade*"[5/6].

No entender do Procurador-Geral da República, estava em causa – quanto a todas as normas *supra* identificadas – a preterição do princípio da igualdade, com assento no artigo 13º da Constituição, e o direito ao

[5] Cfr. o excerto do pedido do Procurador-Geral da República, constante do primeiro parágrafo do ponto 1 do aresto em anotação.

[6] Concretamente quanto à norma resultante do nº 2º da aludida Portaria, mais do que uma questão de desproporção, nos termos assinalados, quanto aos valores dos prémios, o que se constata é uma proibição de acumulação de prémios, sempre que as medalhas obtidas pelo atleta portador de deficiência sejam superiores a três: "*Os prémios são cumulativos até ao máximo de três medalhas – correspondentes aos três primeiros lugares obtidos pelo praticante. No caso de este conquistar mais de uma medalha no mesmo quadro competitivo, será atribuído por inteiro o prémio correspondente à melhor classificação, 50% do prémio relativo à segunda e 25% do prémio relativo à terceira*". Dito de modo claro, é apenas por relação às normas derivadas dos n.os 1º e 9º da Portaria nº 393/97 que se constata um problema de discriminação subjetiva quanto à previsão dos valores dos prémios.

incentivo à cultura física, consagrado no artigo 79º, nº 1, também da Lei Fundamental Portuguesa – o qual deveria, no contexto do caso concreto, ser devidamente conjugado com o artigo 71º da mesma Lei.

Tudo isto num quadro em que o artigo 33º, nº 1 do Decreto-Lei nº 125/95, de 31 de maio[7], estabelecia que "[a]*os praticantes em regime de alta competição que obtiverem resultados desportivos correspondentes aos níveis máximos de rendimento da modalidade são atribuídos prémios em reconhecimento do valor e mérito daqueles êxitos*", incumbindo ao membro do Governo que tutela a área do desporto fixar, mediante portaria, "[o]*s resultados desportivos a considerar, o montante dos prémios e os termos da sua atribuição cumulativa à equipa técnica e aos clubes desportivos que participaram na formação e enquadramento do praticante*"[8]. Foi, precisamente, essa a tarefa da Portaria nº 393/97[9], no que se reporta, especificamente, aos "*resultados de excelência na prática desportiva em competições internacionais*" alcançados por atletas portadores de deficiência.

3. Após enquadrar as normas objeto de fiscalização e enunciar sumariamente os parâmetros convocados pelo requerente, afirmou-se, no Acórdão em anotação, que "*o princípio da igualdade reclama* (...) *que seja conferido tratamento igual a situações de facto essencialmente iguais*"[10]. Foi, assim, dado destaque à dimensão material do princípio da igualdade[11], para, ato con-

[7] Conforme resulta expressamente do Acórdão em alusão, tal Decreto-Lei veio proceder ao desenvolvimento da *Lei de Bases do Sistema Desportivo*, aprovada pela Lei nº 1/90, de 13 de janeiro.

[8] Cfr. o artigo 33º, nº 2 do Decreto-Lei nº 125/95. Nessa fixação, devia ser tomada em consideração "*a especificidade de cada modalidade*" (cfr. o segmento final de tal preceito legal).

[9] No seguimento da revogação do Decreto-Lei nº 125/95 pelo Decreto-Lei nº 272/2009, de 1 de outubro, tal Portaria foi, entretanto, revogada pela Portaria nº 103/2014, de 15 de maio, mas a previsão de montantes base de prémios muito diferenciados, consoante se tratasse de conquistas em provas olímpicas e paraolímpicas, continuou a ser bem visível na mesma (cfr. o artigo 3º, nº 4 e, quanto a prémios por obtenção de recordes, o nº 8).

[10] Cfr. o terceiro parágrafo do ponto 4 do aresto em anotação.

[11] Referindo-se a tal dimensão, cfr. Jorge Reis Novais, *Os Princípios Constitucionais...*, p. 104, e, entre outros, José Melo Alexandrino, *Direitos Fundamentais – Introdução Geral...*, p. 80. Fazendo uma síntese, jurisprudencialmente fundamentada, das várias dimensões tipicamente atribuídas ao princípio da igualdade (proibição do arbítrio, proibição de discriminação e obrigação de diferenciação), e das várias fases ou determinações do mesmo princípio, segundo a doutrina, cfr. José Melo Alexandrino, *Lições de Direito Constitucional*, volume II, ..., p. 82. Sobre este último ponto, cfr., em particular, Maria da Glória Garcia, "Princípio da Igualdade: Fórmula Vazia ou Fórmula «Carregada» de Sentido", in *Estudos sobre o Princípio*

tínuo, se proceder ao elenco de inúmeros arestos, do Tribunal Constitucional, em que tal afirmação foi repetidamente efetuada, constatando-se, depois, um centramento no Acórdão nº 232/2003[12].

Neste derradeiro aresto, cuja fundamentação foi largamente transcrita no Acórdão em anotação, encontra-se expresso o essencial do entendimento do Tribunal Constitucional – que, ao longo do tempo, tem sido adotado – *(i)* quanto ao princípio da igualdade (em si) e, sobretudo, *(ii)* quanto aos poderes de controlo jurisdicional relativos a tal parâmetro constitucional. No essencial, e conforme resulta da introdução do presente texto, para o Tribunal Constitucional, o princípio da igualdade não é mais do que um parâmetro reconduzível à fórmula da «proibição do arbítrio». Dito de outro modo, o princípio da igualdade não proíbe diferenciações de tratamento, desde que as mesmas revelem justificação material bastante, o que leva a que se qualifique tal princípio como um "*«princípio negativo de controlo», ao limite externo de conformação da iniciativa do legislador*"[13]. Isto sem prejuízo dos fatores elencados, a título exemplificativo, no artigo 13º, nº 2 da Constituição[14] e que atuam presuntivamente. Trata-se, nas palavras do Tribunal Constitucional, de uma "*presunção de diferenciação normativa envolvendo violação do princípio da igualdade*"[15].

Passando para o caso concreto, o Tribunal Constitucional sustentou que, objetivamente, "*dificilmente são comparáveis*" os jogos e os campeonatos em que participam atletas portadores de deficiência e em que participam atletas não portadores de deficiência[16]. O universo de concorrentes seria diferente (os jogos e campeonatos dos atletas portadores de deficiência revelariam alcance circunscrito, ao contrário dos jogos e campeonatos de atletas não portadores de deficiência, que apresentariam alcance geral) e

da Igualdade, Almedina, Coimbra, 2005, p. 36 e ss. e, mais recentemente, Miguel Nogueira de Brito, "Medida e Intensidade do controlo da Igualdade na Jurisprudência da Crise do Tribunal Constitucional", in *O Tribunal Constitucional e a Crise – Ensaios Críticos* (organizadores: Gonçalo de Almeida Ribeiro e Luís Pereira Coutinho), Almedina, Coimbra, 2014, p. 111 e ss.

[12] Cfr. o quinto parágrafo do ponto 4 do aresto em anotação.

[13] Cfr. o segundo parágrafo do ponto 1.2. do Acórdão nº 232/2003.

[14] Sobre a conexão desses fatores com o princípio da dignidade da pessoa humana, cfr. Maria da Glória Garcia, "Princípio da Igualdade: Fórmula...", ..., pp. 61 e 62.

[15] Cfr. o quarto parágrafo do ponto 1.2. do Acórdão nº 232/2003.

[16] Cfr. o primeiro parágrafo do ponto 4.1. do aresto em anotação.

as "*formas de realização das provas em presença*" também se revelariam distintas no contexto de uns e outros jogos e campeonatos[17].

Mas depois de ter ficado assente – num plano alegadamente objetivo – tal difícil equiparação, o Tribunal afirmou imediatamente, por relação às normas atinentes à previsão dos valores dos prémios, algo decisivo para o juízo decisório que viria a alcançar mais adiante: existe uma justificação razoável para a distinção levada a cabo quanto ao quantitativo dos prémios atribuído às duas categorias de atletas. Essa justificação razoável residiria no diferente relevo dado pela opinião pública e no diverso impacto mediático, nos planos interno e internacional, entre as competições em que participam atletas portadores de deficiência (sendo a mais conhecida os Jogos Paraolímpicos) e as competições em que participam atletas não portadores de deficiência (como seja, os Jogos Olímpicos).

Tal diferente importância na opinião pública e tal diverso impacto mediático – enquanto realidades suscetíveis de individualização, mas que se encontram fortemente relacionadas – produzem, no entendimento do Tribunal Constitucional, expresso no Acórdão em referência, diferentes resultados ao nível da projeção de Portugal, sempre que um atleta alcance o pódio: essa projeção do país seria maior, no caso das competições em que participam atletas não portadores de deficiência. Ora, para o Tribunal Constitucional, em face de tal diferença, o Estado fica habilitado a conferir "*um mais acentuado relevo à conquista de um dos três primeiros lugares nos jogos e campeonatos em que participam atletas não portadores de deficiência*"[18].

Aliás, com relevância para o exame que se pretende promover na presente anotação, pode ler-se no aresto em alusão o seguinte: "(...) *é certamente a pensar no contributo para a projecção internacional do País que o legislador veio erigir uma norma como a ínsita no artº 33º do Decreto-Lei nº 125/95, muito embora esse fundamento para a estipulação de prémios não esteja expressamente naquele normativo, o qual só alude ao* valor e mérito dos êxitos desportivos"[19]. Ou seja, para o Tribunal Constitucional, a verdadeira *ratio* do referido preceito legal não é a que encontra respaldo na sua própria letra (reconhecer o valor e o mérito dos êxitos desportivos), mas uma outra que o Tribunal, *motu proprio*, encontrou empiricamente: a assinalada diferente importân-

[17] Cfr. o segundo parágrafo do ponto 4.1. do aresto em anotação.

[18] Cfr. o sétimo parágrafo do ponto 4.2. do aresto em anotação.

[19] Cfr. o oitavo parágrafo do ponto 4.2. do aresto em anotação.

cia das competições internacionais em que participem atletas portadores de deficiência e atletas não portadores de deficiência. Concluiu-se, assim, no aresto em exame, pela não violação do princípio da igualdade, no que se refere às normas derivadas dos n.ºs 1º e 9º da Portaria nº 393/97.

4. Quanto à norma resultante do nº 2 da mesma Portaria, a argumentação jurisprudencialmente adotada encontra-se em linha com a que acabou de se expor. Para o Tribunal Constitucional, a existência de um fundamento não arbitrário para a diferenciação dos valores dos prémios deve, de idêntico modo, ser tida em consideração por relação a tal norma: a diferenciação ora em alusão (referente ao número de prémios suscetíveis de acumulação) seria, por identidade de razões, constitucionalmente legítima.

Acrescentou, ainda, o Tribunal Constitucional duas razões que suportariam a decisão de não preterição do princípio da igualdade: *(i)* a maior probabilidade – que assumiria cariz objetivo – de os atletas portadores de deficiência alcançarem lugares cimeiros, por comparação com os atletas não portadores de deficiência, atenta a constatação, no que se refere às competições em que os primeiros participam, de uma "*menor concorrência de participantes e outros fatores*"[20]; *(ii)* a impossibilidade de acumulação de prémios a partir de um determinado número consubstanciaria um incentivo a uma participação de um número mais dilatado de atletas portadores de deficiência[21].

Tudo visto, para o Tribunal Constitucional, a norma que, à data, estabelecia um limite máximo de prémios suscetíveis de ser recebidos por atletas portadores de deficiência não se encontrava ferida de inconstitucionalidade, por violação do princípio da igualdade[22].

[20] Cfr. o quinto parágrafo do ponto 4.3. do aresto em anotação.

[21] Cfr. o sexto parágrafo do ponto 4.3. do aresto em anotação.

[22] Para finalizar, por reporte à totalidade das normas em sindicância, o Tribunal Constitucional enfrentou, em apenas seis parágrafos, a invocada preterição do disposto nos artigos 71º e 79º da Constituição. Quanto a este derradeiro preceito, a fundamentação adotada no sentido da não preterição desse preceituado centrou-se na circunstância de as normas fiscalizadas não impedirem os poderes públicos de promover, estimular e orientar a prática e a difusão da cultura física e do desporto (cfr. o terceiro parágrafo do ponto 5. do aresto em anotação). Por seu turno, relativamente ao artigo 71º, o Tribunal Constitucional reiterou que a diferenciação dos montantes dos prémios não tem por base a deficiência de uns por comparação com a situação dos demais. Mais referiu que, por via da dimensão positiva do nº 2 desse preceito constitucional, o legislador poderia estabelecer prémios iguais ou até superiores aos que

III. Da correta aplicação do princípio da igualdade à situação dos autos

5. Na introdução da presente anotação, adiantou-se que uma adequada aplicação do princípio da igualdade teria conduzido o Tribunal Constitucional a tomar uma decisão muito diferente, a saber, a declarar a inconstitucionalidade *(i)* das normas que estabeleciam valores de prémios muitíssimo discrepantes, consoante se tratasse de alcançar, em provas internacionais concretamente definidas, resultados desportivos de destaque por atletas portadores de deficiência ou por atletas não portadores de deficiência, e a declarar a inconstitucionalidade *(ii)* da norma que, somente para os atletas portadores de deficiência, estabelecia um teto máximo de prémios auferível.

Urge, neste momento, expor a argumentação que permite sustentar tal posição, para, em fase posterior, se analisar a (des)conformidade das mesmas normas à luz do princípio da dignidade da pessoa humana, autonomamente considerado.

6. Importa, em primeiro lugar, deixar bem claro que a razão que o Tribunal Constitucional identificou para a diferenciação subjetiva descrita, quanto aos montantes dos prémios devidos, consubstancia uma pura criação jurisprudencial.

Em linha com o que se afirmou anteriormente, importa reforçar que, em lado e momento algum, o Estado legislador ou mesmo o Estado administrador, emissor das normas em destaque, afirmou que atribuir prémios de montantes substancialmente superiores a atletas não portadores de deficiência – por comparação com os quantitativos públicos devidos, também a título de prémios, aos atletas portadores de deficiência – tem que ver com a diferente projeção, para Portugal, que os lugares alcançados por uns e por outros, nas respetivas provas, acarreta. Do mesmo modo que, conexamente, o mesmo Estado também não afirmou que essa dife-

vigoram para os cidadãos não portadores de deficiência. Todavia, se o podia fazer, não se pode dizer – afirmou o Tribunal Constitucional, no Acórdão em referência – que o Estado se encontre constitucionalmente obrigado a fazê-lo: "(...) *a realização das condições que permitam o efectivo exercício dos direitos e deveres dos cidadãos portadores de deficiência cai, indubitavelmente, no espaço de discricionariedade do legislador ordinário, o qual, se tem por incumbência levar a efeito medidas tendentes àquele desiderato constitucional, é livre na forma concreta como elas se podem efectivar e concretizar*" (cfr. o sexto parágrafo do ponto 5. do aresto em anotação).

rença se encontra justificada atenta a diferente relevância dada pela opinião pública e pelos meios de comunicação social, aos lugares de destaque internacionalmente alcançados pelas duas categorias de atletas oportunamente identificadas.

Lê-se a argumentação expendida, pelo órgão jurisdicional de cúpula em matéria constitucional, e fica claro isso mesmo: a autoria do critério alegadamente justificativo da diferenciação pertence ao julgador, nos exatos termos constantes do Acórdão em alusão, e não ao Estado emissor de normas[23/24]. E trata-se de um critério que, ao contrário do que se refere no aresto em apreço (ao mobilizar, repetidas vezes, o termo objetivamente), não se encontra devidamente fundamentado. Recorre-se a ideias vagas, jornalística e empiricamente cunhadas, sem marca científica mínima que as suporte. Este constitui, aliás, um traço caracterizador (e muito negativo) do Acórdão em apreço.

Reforçando o que ficou dito, tudo se passa, conforme afirmou MARIA FERNANDA PALMA, de uma *"perspetiva de senso comum, de uma visão assente na «consciência do povo», do interesse geral ou (...) de ideias estereotipadas sobre a notoriedade internacional do país ou de qualquer ideal de perfeição eugénica"*[25]. Sobre este mesmo ponto, MÁRIO JOSÉ DE ARAÚJO TORRES deixou expresso, com total clareza, o seguinte: "(...) *não se compreende como é possível sustentar a abissal desigualdade de prémios a atribuir a praticantes não portadores de deficiência e a portadores de deficiência e ainda o diferente regime para as situações de pluralidade de êxitos de um mesmo atleta, com base numa pretensa «verdadeira justificação da atribuição dos prémios», que o Tribunal Constitucional decidiu, com total autonomia («sem lei, para além de lei e contra lei»), vislumbrar na diferente «contribuição para a projecção do País», tendo como critério aferidor a «repercussão mediática» dos diversos sucessos desportivos, «impressionisticamente» avaliada. Mesmo que esta «impressão» corresponda à realidade, o que é inadmissí-*

[23] A justificação, por parte deste último, não foi dada nem no plano legal, nem no plano administrativo, nem sequer no contexto do próprio processo, onde o Primeiro-Ministro se limitou a oferecer o merecimento dos autos, conforme consta do sexto parágrafo do ponto 1. do aresto em anotação.

[24] Defendendo que, no caso em exame, o Tribunal Constitucional levou a cabo uma operação de substituição do legislador, ao formular uma justificação, para si intuitiva, quanto à diferenciação normativa em sindicância, cfr. JOSÉ CARLOS VIEIRA DE ANDRADE, nota ao Acórdão nº 486/03, *Desporto & Direito – Revista Jurídica do Desporto*, ano I, nº 3, Coimbra Editora, Coimbra, maio / agosto de 2014, p. 489.

[25] Cfr. o quarto parágrafo da aludida declaração de voto.

vel é que critérios jornalísticos possam ser erigidos em parâmetro de aferição da violação do princípio constitucional da igualdade"[26]. Estamos, pois, muito longe de uma fundamentação de base constitucional, podendo mesmo dizer-se que se encontra nos seus antípodas.

Note-se, em acréscimo ao exposto, que do artigo 33º do Decreto-Lei nº 125/95 não resulta qualquer fundamento para o estabelecimento da discriminação em análise. Do referido preceito legal decorre, isso sim, um fundamento expresso para o estabelecimento de prémios por relação aos lugares cimeiros alcançados em tais provas internacionais (a retribuição do "*valor e mérito dos êxitos desportivos*"), mas não para a diferenciação levada a cabo nos nºs 1º e 9º da Portaria nº 393/97. No que se refere a tal distinção verifica-se – reitera-se – um *silêncio* absoluto, em matéria de fundamento para a mesma, sendo de rejeitar a leitura efetuada pelo Tribunal Constitucional, que retirou de tal preceito do Decreto-Lei nº 125/95 um fundamento implícito para a atribuição dos prémios e, mais do que isso, para a diferenciação promovida pelas normas sindicadas.

Refutado que fica um argumento essencial no panorama do aresto em anotação, releva referir, em segundo lugar, que, na ausência de revelação expressa de um fundamento para a diferenciação efetuada, só uma conclusão se afigura possível, no contexto da situação concreta: tal disparidade de tratamento, ao nível dos prémios desportivos de topo a atribuir com dinheiros públicos, fica a dever-se, unicamente, à condição intrínseca da pessoa, o que equivale a dizer que a distinção se funda na circunstância de se ser ou não portador de uma deficiência.

Com efeito, num contexto em que, como se viu, o Estado não apresenta, nem expressa, nem implicitamente, qualquer justificação para a diferenciação em apreço e em que a mesma assume um enfoque marcadamente subjetivo (ser portador de uma deficiência confere direito a prémios de mérito desportivo muito abaixo daqueles que são suscetíveis de ser alcançados por não portadores de deficiência) não pode ser outra a conclusão a retirar: os n.os 1º e 9º da Portaria nº 393/97 introduziram, no ordenamento jurídico, uma discriminação com base na condição intrínseca do sujeito, o mesmo valendo para o nº 2 da mesma Portaria (que não encontra paralelo no que se refere aos atletas não portadores de deficiência).

[26] Cfr. o décimo segundo parágrafo da aludida declaração de voto.

Tal afirmação permite chegar a um terceiro e decisivo passo – este de índole conclusiva – do périplo argumentativo, que foi antecipado, em sede introdutória: a diferenciação em exame não se afigura constitucionalmente admissível, porque, ao contrário do que argumentou o Tribunal Constitucional, assenta, na expressão de JORGE REIS NOVAIS, num critério atentatório da "*igual consideração e respeito devidos a todas as pessoas*"[27]. Com efeito, fundar a diferença – muito assinalável – de prémios em apreciação na circunstância de se ser ou não portador de uma deficiência, ou seja, numa circunstância intrínseca ao sujeito e totalmente incontrolável pelo mesmo[28], sem que tenha sido apresentada qualquer justificação racional para tal opção, colide flagrantemente com a exigência de igual dignidade, constitucionalmente acolhida[29].

Em rigor, estamos diante de um caso em que a preterição do princípio da dignidade da pessoa humana surge derivadamente da violação do princípio da igualdade: a dignidade é postergada, porque o Estado tratou os atletas portadores de deficiência de modo (muito) diferente dos demais atletas, precisamente com base na circunstância de se ser ou não portador de uma deficiência, o que representa uma característica intrínseca do sujeito ao qual o mesmo é totalmente alheio.

7. Em face do exposto, há que concluir que o Tribunal Constitucional mal andou ao não declarar a inconstitucionalidade das normas ínsitas aos

[27] Cfr. JORGE REIS NOVAIS, *Os Princípios Constitucionais...*, p. 110.

[28] Sustentando que se evidenciam em colisão com a Constituição as diferenciações "*que se baseiem exclusivamente em atributos sobre os quais as pessoas não têm qualquer possibilidade de controlo*", cfr. JORGE REIS NOVAIS, *Os Princípios Constitucionais...*, p. 110. Na mesma linha, no contexto do princípio da dignidade da pessoa humana, o mesmo Autor defende a "*proibição da diferenciação de estatutos de dignidade estabelecidos em função de atributos pessoais sobre os quais o indivíduo não dispõe de qualquer controlo*": cfr. *Os Princípios Constitucionais...*, p. 58.

[29] Tal conclusão sai, aliás, reforçada se se tiver presente que a Constituição, no seu artigo 71º, nº 1, preceitua uma solução de plena equiparação dos cidadãos portadores de deficiência ao nível da titularidade de direitos e da sujeição aos deveres constitucionais. Mas mais: o nº 2 do mesmo preceito também não pode deixar de ser tido em conta, na medida em que os normativos fiscalizados são de sentido totalmente contrário à norma resultante do mesmo. Criticando, por relação ao caso em discussão, a falta de ponderação, pelo Tribunal Constitucional, das dimensões positivas do princípio da igualdade, cfr. JOSÉ CARLOS VIEIRA DE ANDRADE, nota ao Acórdão nº 486/03, ..., p. 486. Sobre o artigo 71º da Constituição na doutrina recente, cfr. ALEXANDRA CHÍCARO DAS NEVES, *Os Novos Paradigmas que Balizam o Estatuto Jurídico dos "Cidadãos Invisíveis"*, Chiado Editora, Lisboa, 2015, pp. 47-49.

números 1º, 2º e 9º da Portaria nº 393/97. Em jeito de síntese parcelar, face ao que se asseverou nos parágrafos precedentes, é de referir que a decisão do Tribunal Constitucional é suscetível de crítica em dois aspetos decisivos.

Em primeiro lugar, revela-se negativa a circunstância de tal órgão jurisdicional ter sustentado a existência de um fundamento objetivo para a discriminação e, nessa medida, ao considerar a opção normativa tomada constitucionalmente não censurável.

Não é assim, na medida em que, como se referiu e ora se reitera, esse fundamento não existe. O fundamento constante do aresto em anotação não é mais do que uma criação pretoriana, não encontrando qualquer respaldo para lá do que se pode ler no próprio Acórdão e, mesmo nesse contexto, o julgador não fundamentou minimamente, em termos juridicamente admissíveis, a sua revelação. Assim sendo, mesmo mobilizando, nos seus exatos termos, o método de controlo que se propôs utilizar, o Tribunal Constitucional deveria ter concluído pela inadmissibilidade constitucional do quadro normativo em apreço, por total falta de justificação para a diferenciação introduzida no ordenamento jurídico.

Mas, ainda que tal linha de entendimento não prevalecesse, o Tribunal Constitucional não poderia ter ignorado – como parece ter sucedido – a circunstância de as normas sindicadas se moverem em *terrenos* constitucionalmente *sensíveis*, porque *suspeitos*, em face das categorias exemplificativamente descritas no artigo 13º, nº 2 da Constituição[30]. A condição intrínseca da pessoa portadora de deficiência, seja no plano físico, seja no plano psíquico, enquanto fator determinante da diferenciação, é suscetível de gerar uma presunção de inconstitucionalidade que, no caso dos autos, não foi minimamente afastada. Também por isso se referiu oportunamente (e ora se renova *in totum*) que as normas em apreço padeciam de inconstitucionalidade, por colisão com a igual dignidade, que a Constituição acolhe, num *casamento* (que deve ser qualificado de) natural e perfeito entre igualdade e dignidade da pessoa humana, enquanto princípios fundamentais do Estado de direito democrático.

[30] Sobre este preceito constitucional, assinalando a abertura da lista de fatores que o integram, cfr., entre outros, José Melo Alexandrino, *Direitos Fundamentais – Introdução Geral...*, p. 82.

IV. Da aplicação (autónoma) do princípio da dignidade da pessoa humana à situação dos autos

8. Do que ficou dito resulta à saciedade a inconstitucionalidade das normas sindicadas no Acórdão nº 486/03, por via de uma adequada aplicação do princípio da igualdade. No entanto, como se mencionou, este não era o único caminho constitucionalmente possível, podendo o Tribunal Constitucional, em face da especial gravidade da discriminação em presença, ter declarado a inconstitucionalidade dessas mesmas normas por apelo direto ao princípio da dignidade da pessoa humana. Aliás, se o tivesse feito, não teria sido a primeira vez que o Tribunal Constitucional o mobilizava autonomamente, enquanto parâmetro relevante de uma inconstitucionalidade normativa.

Recorde-se, a este propósito, o Acórdão nº 509/2002 – proferido pouco tempo antes do aresto em anotação – em que se encontrava preventivamente em análise a norma constante do artigo 4º, nº 1, do Decreto da Assembleia da República nº 18/IX, que limitava a titularidade do direito ao rendimento social de inserção (antigo rendimento mínimo garantido) às pessoas com idade igual ou superior a 25 anos. Por comparação com o regime constante da Lei nº 19-A/96, de 29 de junho, tal limitação (subjetiva) implicava a exclusão (da possibilidade de auferir tal prestação social) de todos os jovens com idade compreendida entre os 18 e os 25 anos. Sem prejuízo do cumprimento dos demais requisitos previstos no correspondente regime jurídico, só os 25 anos abririam a porta a tal prestação pública.

Num aresto marcante, em que o Tribunal Constitucional se pronunciou pela inconstitucionalidade da norma *supra* referida, poderia tal órgão jurisdicional ter suportado, exclusivamente, o seu juízo decisório no princípio da igualdade[31]. Bastaria para o efeito sustentar que a discriminação não apresentava qualquer fundamento razoável, logo, seria arbitrária, encontrando-se, em consequência, em causa a violação do princípio basilar da

[31] Neste preciso sentido, defendendo que o Tribunal Constitucional também poderia ter emitido uma pronúncia de inconstitucionalidade, *"por violação directa do direito à segurança social"*, cfr. Jorge Reis Novais, *Os Princípios Constitucionais...*, p. 67. Ainda sobre este relevante aresto, afirmando que, no mesmo, o princípio da dignidade da pessoa humana *"parece ter sido usado na sua – máxima (?) – funcionalidade deôntica"*, cfr. Maria Lúcia Amaral, *A Forma da República*, Coimbra Editora, Coimbra, 2012, p. 163, nota 170, e, na mesma linha, Idem, "O *princípio da dignidade...*", ..., p. 15.

igualdade, com assento no artigo 13º da Constituição. Mas não foi esta a linha seguida pelo Tribunal Constitucional, que optou por fundamentar a inconstitucionalidade da mencionada norma por referência imediata ao princípio da dignidade da pessoa humana, tendo deduzido do mesmo o direito a um mínimo de existência condigna, que ficaria afetado no que se refere aos jovens destinatários da norma sindicada.

A questão que agora importa fazer é se, também no contexto do Acórdão nº 486/03, o Tribunal Constitucional poderia ter declarado a inconstitucionalidade das normas aí objeto de fiscalização abstrata, mobilizando, de modo autónomo, o princípio da dignidade da pessoa humana. Já antecipámos que o poderia ter feito. Aliás, este teria sido o caminho ideal, dada a gravidade da discriminação em presença[32]. É o que, em termos sintéticos, procuraremos evidenciar nas próximas linhas, sem que se deixe de recorrer a alguns ensinamentos doutrinais, relativos ao princípio da dignidade da pessoa humana, enquanto parâmetro de controlo, que se afiguram relevantes para a reflexão do caso em consideração.

9. Resulta de tudo quanto se afirmou no presente texto que as normas que foram objeto de fiscalização, pelo Tribunal Constitucional, no Acórdão em referência, introduziram no ordenamento jurídico uma diferenciação. Tal distinção apresenta uma especial configuração: não evidencia qualquer fundamento razoável, o que permitiu concluir, em momento oportuno, que se tratava de uma diferenciação arbitrária.

Mas tal distinção apresenta especificidades adicionais que a tornam particularmente censurável, no quadro constitucional aplicável, e que permitem que se sustenta a tese da verificação, neste caso, de uma violação autónoma do princípio da dignidade da pessoa humana (e não apenas uma *simples* preterição do princípio da igualdade): a diferenciação foi (exclusivamente) estabelecida com base na circunstância de se ser ou não portador de uma deficiência, o que tem como resultado uma inequívoca menorização de tais cidadãos, por confronto com os demais[33]. Por via dos

[32] Assinalando, perante violações ou ameaças graves, a relevância da aplicação direta da dignidade da pessoa humana, dado que permite realçar "*propectivamente a relevância do ilícito e a necessidade da sua absoluta proscrição e erradicação*", cfr. Jorge Reis Novais, *A Dignidade da Pessoa Humana*, volume II, ..., p. 67.

[33] Integrando no dilatado conjunto de exigências resultantes do conceito de dignidade da pessoa humana, que compõem uma zona nevrálgica desse mesmo conceito, a proibição de

normativos em apreço, o Estado diferencia sem fundamento admissível, mas, mais do que isso, coloca, de modo muito vincado, num patamar inferior, os atletas portadores de deficiência, seja num plano individual (de cada um desses atletas), seja num plano mais geral (quando se perspetiva a categoria de atletas abrangidos). Dito de modo inteiramente claro, os normativos em apreço são causa de efetiva marginalização dos atletas portadores de deficiência[34].

"*estigmatizações*" e de "*discriminações arbitrárias*", cfr. PAULO OTERO, *Instituições Políticas e...*, p. 555. Note-se que o Autor sustenta que o princípio da dignidade da pessoa humana será violado sempre que o ser humano seja reduzido a uma coisa, o mesmo é dizer, a um objeto, "*sendo descaracterizado como sujeito de direitos ou desconsiderado como pessoa dotada de inteligência e liberdade*" (cfr. *Instituições Políticas e...*, p. 551). Pode, assim, afirmar-se, que, para efeito de definição do conteúdo mínimo ou elementar do princípio da dignidade da pessoa humana, PAULO OTERO adota a denominada «fórmula do objeto», atribuída a GÜNTER DÜRIG e que revela nítida influência kantiana. Recusando à «fórmula do objeto» a capacidade de definição do conteúdo do princípio em referência, mas reconhecendo à mesma relevância (orientadora) para o apuramento de situações extremas (e excecionais) de violação de tal norma, cfr. JOSÉ MELO ALEXANDRINO, "Perfil constitucional da...", ..., p. 19; IDEM, *Lições de Direito Constitucional*, volume II, ..., pp. 79-80. Tais dificuldades de definição por apelo à «fórmula do objeto», são, aliás, visíveis noutros Autores: cfr., entre outros, BENEDITA MAC CRORIE, "O recurso ao princípio da dignidade da pessoa humana na jurisprudência do Tribunal Constitucional", in AA.VV. *Estudos em Comemoração do Décimo Aniversário da Licenciatura em Direito da Universidade do Minho*, Almedina, Coimbra, 2004, pp. 171-172 e 174.

[34] Em estudo recente, já citado, para o qual se remete, JORGE REIS NOVAIS sustenta que haverá inconstitucionalidade, por preterição do princípio da dignidade da pessoa humana, *(i)* quando a pessoa não for respeitada na sua integridade humana e, ainda, *(ii)* quando o postulado da igual dignidade não for reconhecido (cfr. *A Dignidade da Pessoa Humana*, volume II, ..., p. 95 e ss.). É neste contexto que, num exercício tendente à determinação autónoma do conteúdo normativo da dignidade da pessoa humana, o Autor enumera diversos casos-padrão em que a violação de tal princípio deve ser dada por verificada. As situações avançadas apresentam um traço comum: a extrema gravidade. Nesse leque, composto pelos casos de "*desrespeito*", de "*subjugação ou de exclusão*", de "*degradação*", de "*alienação identitária*", de "*devassa e de humilhação*", de "*incapacitação*" e de "*estigmatização*" (cfr. *A Dignidade da Pessoa Humana*, volume II, ..., pp. 139 e 140), merece destaque o último (a "*estigmatização*"), verificável, nas precisas palavras do Autor, quando "*alguém é discriminado de forma estigmatizante ou é tratado com desigual respeito e consideração de interesses e de forma a sugerir socialmente, objetiva ou intencionalmente, dever ser-lhe atribuída uma natureza ou um estatuto de inferior ou de digno de menor consideração e respeito*". É precisamente o que se verifica no contexto das normas sindicadas no Acórdão nº 486/03, conforme procuramos demonstrar na presente anotação. Para uma crítica recente à construção doutrinária de JORGE REIS NOVAIS, cfr. JOSÉ MELO ALEXANDRINO, *Lições de Direito Constitucional*, volume II, ..., p. 80.

Conexo com o exposto, não se revela indiferente à presente análise a circunstância de se constatarem diferenças, muito expressivas, e não meramente simbólicas, no que se refere aos quantitativos devidos pelo Estado, por reporte a um e a outro tipo de atletas. Este aspeto afigura-se relevante, pois o facto de se tratar de diferenças abissais (de praticamente o dobro), é bem revelador, em termos objetivos, de uma consideração estadual dos atletas portadores de deficiência como seres marcadamente inferiores, o que se evidencia constitucionalmente inadmissível, justamente, atento o princípio da dignidade da pessoa humana[35]. Por outras palavras, tal disparidade, tão considerável, no que se refere aos montantes dos prémios devidos, acentua fortemente a discriminação (já de si arbitrária, por falta de fundamento legítimo) e torna-a constitucionalmente intolerável, primeiro que tudo, à luz do princípio da dignidade da pessoa humana[36].

Em linha com a doutrina citada, é assim – concretize-se um pouco mais – porque os atletas portadores de deficiência são objeto de um tratamento

[35] Sustentando que o princípio da dignidade da pessoa humana "*alimenta materialmente o princípio da igualdade*" e que proíbe "*qualquer diferenciação ou qualquer pesagem de dignidades*", dando como exemplo, de tal proibição, a que se refere, precisamente, aos «deficientes» e às «pessoas normais», cfr. J.J. Gomes Canotilho e Vital Moreira, *Constituição da República Anotada*, volume I, ..., pp. 198 e 199. Conexo com este ponto, é de notar que a doutrina também defende que o princípio da dignidade da pessoa humana postula uma especial tutela dos sujeitos mais vulneráveis, como é o caso das pessoas portadoras de deficiência. Sobre esta matéria, cfr., de modo expressivo, Paulo Otero, *Instituições Políticas e...*, p. 553; Idem, "Dignidade da Pessoa Humana", in *Enciclopédia da Constituição Portuguesa* (coordenação: Jorge Bacelar Gouveia e Francisco Pereira Coutinho), Quid Juris, Lisboa, 2013, p. 117; Jorge Miranda e António Cortês, em anotação constante da obra de Jorge Miranda e Rui Medeiros, *Constituição Portuguesa Anotada*, tomo I, 3ª edição, Universidade Católica Editora, Lisboa, 2017, p. 84.

[36] Se, nos termos *supra* expostos, a propósito da violação do princípio da igualdade pelas normas sindicadas no aresto em apreço, constatámos que a preterição do princípio da dignidade da pessoa humana surgia (apenas) de modo derivado ou indireto, a *relação de forças* dos dois princípios aparece agora invertida: é o princípio da dignidade da pessoa humana que é direta e autonomamente violado, sem que, todavia, num plano secundário, não deixe de estar preterido o princípio da igualdade. Todavia, a violação deste último é juridicamente absorvida pela preterição do princípio da dignidade da pessoa humana. A conexão entre os dois princípios, oportunamente assinalada, torna-se, uma vez mais, bem visível. Aliás, é a própria Constituição que a acolhe, de modo bem patente, quando, no preceito especificamente dedicado ao princípio da igualdade, estabelece que "*[t]odos os cidadãos têm a mesma dignidade social e são iguais perante a lei*" (cfr. o artigo 13º, nº 1). Sobre este preceito, analisado ao nível das projeções da dignidade da pessoa humana, cfr., entre outros, Jorge Miranda, *Manual de Direito Constitucional*, tomo IV, 6ª edição, Coimbra Editora, Coimbra, 2015, pp. 256-259.

normativo que colide com a consideração da pessoa como igual e, a par disso, decorre de tal tratamento normativo uma «sugestão social» clara e gravemente denegridora ou de menorização: os atletas portadores de deficiência aufeririam prémios de excelência de menor monta, por comparação com os atletas ditos «normais», porque seriam, individual e sobretudo coletivamente considerados, pelo Estado, como atletas inferiores.

É o que incute, de modo muito nítido, o quadro normativo em alusão, apesar do silêncio justificativo, *supra* aludido, quanto à diferenciação em presença. Por isso mesmo se afirmou que a distinção em apreço é especial, atenta a particular intensidade da afetação da imagem dos sujeitos visados, pois, por via da mesma, há, para o Estado, atletas de diferentes níveis, sendo essa hierarquização promovida com base na circunstância de se ser ou não portador de uma deficiência, o que se afigura constitucionalmente inadmissível à luz do princípio da dignidade da pessoa humana[37], tanto mais que do comportamento do Estado resulta uma projeção para a sociedade de menorização dos atletas portadores de deficiência.

Em síntese, constata-se na diferenciação em referência – hoje, felizmente, ultrapassada, pelo legislador – uma inferiorização de uma categoria específica de sujeitos (os atletas portadores de deficiência), particularmente flagrante e grave, que, ao contrário do que decidiu o Tribunal Constitucional, não podia deixar de acarretar a inconstitucionalidade das respetivas normas, antes de mais, por preterição do princípio da dignidade da pessoa

[37] O caso em consideração apresenta, ainda, outra especificidade digna de nota. É que, mesmo que a diferenciação resultante das normas em alusão assentasse nas razões que o Tribunal Constitucional lhe atribuiu, tal não seria de molde a afastar a violação autónoma da dignidade da pessoa humana. Efetivamente, se se atender ao quadro justificativo da diferenciação constante do Acórdão em anotação – relativo à diferente importância na opinião pública e ao diverso impacto mediático das provas em que participam os atletas portadores e não portadores de deficiência – também, desse modo, não seria de afastar a existência de um tratamento claramente diferenciado e, mais do que isso, a criação de um foco de radical subalternização dos atletas portadores de deficiência, face aos não portadores de deficiência. Para o Tribunal Constitucional, o segundo tipo de atletas, com a sua participação e obtenção de lugares de destaque em provas internacionais, conferiria um protagonismo para o Estado claramente superior ao adveniente da participação e obtenção de lugares de destaque, pelo primeiro tipo de atletas, em provas equivalentes. Deste modo, os atletas portadores de deficiência seriam, à luz das normas aqui relevantes, vistos como pessoas inferiores, no fundo, como seres detentores de um estatuto menor, transparecendo para os próprios e para a sociedade essa perspetiva que, justamente por via do princípio da dignidade da pessoa humana, a Constituição não admite.

humana. Conforme resulta de todo o exposto, é, assim, no essencial, porque se está diante de uma distinção arbitrária e, mais do que isso, estigmatizante. Se a diferenciação arbitrária geraria *apenas* violação do princípio da igualdade, a existência de uma estigmatização associada a esse mesmo comportamento público é fonte, em primeira linha, de uma violação autónoma do princípio da dignidade da pessoa humana.

Dignidade da Pessoa Humana e Liberdade Contratual – A Propósito de um Acórdão do Supremo Tribunal de Justiça de 24-09-2008*

José João Abrantes**

1. Dos tempos do "*qui dit contractuel dit juste*" aos tempos de um contrato "*menos contratual*"

O liberalismo partia de uma separação radical entre o Estado e a sociedade civil, entre o direito público e o direito privado, vendo a Constituição reduzida à garantia da liberdade individual perante o Estado, encarado como o único poder capaz de a ameaçar. Tal como resulta daquela que é a Magna Carta do liberalismo, isto é, a Declaração dos Direitos do Homem e do Cidadão, de 26 de Agosto de 1789 (artº 16), a Constituição aparece então como instrumento de protecção dos *direitos individuais naturais*, anteriores e superiores à sociedade política e ao Estado, que não os conferem, não os criam, antes se limitam a reconhecê-los, a declará-los. Existindo em todos os homens, em todos os tempos e lugares (artº 1), esses direitos não são funcionalizáveis, só tendo por limites os iguais direitos de todos os outros homens (artº 4). São *direitos de defesa contra o Estado*, a única força capaz de ameaçar a liberdade individual.

* Em termos de referências bibliográficas, remete-se para os textos anteriores que temos dedicado a esta temática, designadamente para a nossa tese de doutoramento *Contrato de trabalho e direitos fundamentais*, Coimbra, 2005, e para a nossa lição de agregação *Direitos fundamentais da pessoa humana no trabalho – em especial, a reserva da intimidade da vida privada*, Coimbra, 2014.

** Professor Catedrático da Faculdade de Direito da Universidade Nova de Lisboa.

O direito privado, por sua vez, precisamente porque era o reino das relações entre iguais, aparece amplamente dominado pelos princípios da autonomia da vontade e liberdade contratual. A intervenção do legislador era aí proscrita, dado que só as partes, livres e actuando em igualdade, podiam auto-regulamentar os seus interesses de uma forma justa.

Com o Estado Social de Direito, que já não é o Estado neutro da tradição liberal, antes se reconhece "o direito e o dever de intervir nas relações económicas entre os cidadãos", existindo esse dever ainda que tal intervenção sacrifique a liberdade individual e as suas projecções na liberdade contratual e na propriedade privada, também se modifica o anterior entendimento dos princípios da autonomia da vontade e liberdade contratual, expressões do liberalismo económico, a que praticamente não eram postas restrições. Da autonomia da vontade e da liberdade contratual sem limites passa-se para um *novo conceito de contrato*, marcado pelo cercear crescente daquela autonomia e daquela liberdade – o que leva, por exemplo, Josserand a perguntar se não se estará face a um contrato «*menos contratual*».

No fundo, o que ocorre é a passagem de um conceito de liberdade abstracta para a liberdade concreta, da afirmação da igualdade jurídico-formal dos contraentes para o reconhecimento da sua desigualdade real. Dos códigos civis oitocentistas passa-se à crítica do liberalismo e à (impropriamente chamada) «*crise do contrato*», com a entrada em cena da justiça social e a funcionalização dos direitos e do contrato.

2. A justiça social e a protecção do contraente débil

Um dos valores que aparece então é a protecção do contraente débil, que tem momentos diferenciados.

Se, numa primeira fase, a debilidade contratual é encarada apenas como característica individual do contraente[1], mais tarde passa a ser vista como característica de certas *categorias* de contraentes[2], chegando-se por fim à garantia constitucional da autonomia privada.

[1] E daí a resposta para o problema aparecer centrada sobretudo nas teorias das incapacidades e dos vícios da vontade, no regime dos negócios usurários (lesão), nos institutos da imprevisão e do abuso de direito, etc.

[2] Como o trabalhador, o inquilino, o comprador a crédito ou a prestações, o mutuário, etc., sem esquecer o aderente nas *cláusulas contratuais gerais* ou *contratos de adesão*.

Dá-se a *materialização*, a *socialização* e a *constitucionalização* do direito privado.

Como escreve Ana Prata, "não só não pode, pois, pensar-se a autonomia privada como um dado inerente à tutela constitucional da liberdade, como antes há que desta tutela retirar importantes elementos num sentido ou restritivo da liberdade negocial, ou reordenador desta em tais termos que o seu significado clássico surge completamente alterado".

Apenas a actuação dos direitos fundamentais configura, para o legislador constituinte, a autêntica liberdade, que, por não ser diferente consoante se situe no domínio público ou privado, deve valer *erga omnes*, contra os poderes públicos e também contra entidades privadas – de forma a garantir, sempre, contra quem quer que seja, aquilo que a Constituição considera intangível, isto é, a dignidade da pessoa humana.

A Constituição constitui uma *objektive Wertordnung* e daí deriva a eficácia *horizontal* dos direitos fundamentais (artº 18º/1 da CRP).

3. A eficácia horizontal dos direitos fundamentais

A ideia de que os direitos fundamentais se impõem aos cidadãos nas suas relações interprivadas, constituindo um limite à autonomia negocial, é originária da Alemanha, país onde veio mesmo a transformar-se num "*tema-paradigma*" do Direito Constitucional e do Direito do Trabalho nos anos 50 e 60.

Assenta na concepção dos direitos fundamentais como *princípios objectivos* da ordem jurídica civil, ou seja, no reconhecimento a esses direitos de uma *dimensão objectiva*, deixando de ser apenas direitos subjectivos de defesa perante os poderes do Estado.

Os direitos que a Constituição reconhece aos cidadãos constituem princípios objectivos, "*princípios ordenadores da vida social*", válidos para todas as relações sociais estabelecidas no interior da ordem jurídica estadual, pública ou privada.

A Constituição não é "uma ordem axiologicamente neutra", mas sim uma "*ordem objectiva de valores*", um "*sistema de valores*" ("*Wertsystem*"), no contexto de uma ordem jurídico-política que se afasta do modelo pretensamente neutral e abstencionista do Estado liberal.

Esta construção influenciou a jurisprudência dos tribunais alemães e viria a encontrar a sua mais completa expressão no célebre acórdão do caso *Lüth*, proferido pelo Tribunal Constitucional Federal (*Bundesverfassungsgericht*) em 15.01.1958.

Os direitos fundamentais representam a expressão máxima dessa *ordem axiológica*, desse *sistema de valores*, em que assenta a *unidade do ordenamento* ("*Rechtseinheit*") e cujo valor fundamental é, em última instância, a *dignidade da pessoa humana* ("*Menschenwürde*") (artº 1º da *Grundgesetz*), de que todos os outros direitos fundamentais – designadamente a faculdade que qualquer indivíduo tem de se autodeterminar e desenvolver livremente (artº 2º) – não passam de concretizações. Esses direitos deverão, por isso, valer do ponto de vista da comunidade em geral, como valores que esta se propõe prosseguir. Têm, pois, uma *função social* e uma *dimensão objectiva*, de que resulta a sua eficácia *erga omnes*, a obrigação geral de respeito desses direitos (também) nas próprias relações que os particulares estabelecem entre si.

Para o Tribunal Constitucional, "*a imagem que a Lei Fundamental nos dá do homem não é a de um indivíduo isolado; na relação entre o indivíduo e a comunidade, a Constituição dá precedência à integração do indivíduo no todo e às suas obrigações para com ele*".

É fundamentalmente a partir deste entendimento do homem, não como mero indivíduo isolado, mas sim como *pessoa*, integrado na sociedade, que a doutrina e, na sua esteira, a jurisprudência vieram afirmar a impossibilidade de manter o domínio das relações privadas fechado aos valores constitucionais, com o aparecimento de várias teorias.

3.1. *A formulação originária da teoria da* Drittwirkung

A primeira dessas teorias, cujos principais defensores foram *Hans Carl Nipperdey* e *Walter Leisner*, defende a *eficácia directa ou imediata* ("*unmittelbare Drittwirkung*") dos direitos fundamentais nas relações de direito privado.

Para a tese em questão, a primeira das necessidades de que objectivamente nasce a *Drittwirkung* é a de manter a "*coerência interna*" do ordenamento, ligada à *dimensão objectiva*, e não meramente subjectiva, hoje reconhecida aos direitos fundamentais, sendo que a segunda dessas necessidades corresponde ao reconhecimento da presença na sociedade civil de fortes poderes económicos e sociais.

Por outro lado, a autonomia privada e a liberdade contratual supõem uma situação mais ou menos equivalente dos contraentes, quer do ponto de vista jurídico, quer real: sem ela, toda a autodeterminação dos sujeitos de direito seria excluída *a priori*. É essa autodeterminação que pode faltar quando um indivíduo é confrontado com uma situação de superioridade social ou económica de outras pessoas. Diz-se então que a protecção daqueles direitos não pode ser dirigida apenas contra os poderes estaduais, mas igualmente contra as entidades privadas detentores de um cada vez maior poder social e económico e, por isso, capazes de afectar intensamente aspectos relevantes da vida e personalidade dos indivíduos.

Sem pretender pôr em causa os valores específicos da ordem jurídica privada, a aplicação directa tem como sua maior (não única) preocupação a protecção da liberdade individual contra os poderes sociais.

Não surpreende, pois, que a teoria tenha sido inicialmente colocada no âmbito laboral.

Mas a *Drittwirkung* rege também as relações entre *iguais*, de direito e *de facto*. A sua imposição sempre resulta da dimensão objectiva reconhecida aos direitos fundamentais, que devem considerar-se válidos para toda a ordem jurídica; só que, aí, a aplicação dos preceitos constitucionais cederia em favor da autonomia privada, na medida em que o *conteúdo essencial* dos direitos garantidos por tais preceitos não fosse atingido.

A teoria da eficácia directa veio a ter a sua maior repercussão junto do Tribunal Federal do Trabalho (*Bundesarbeitsgericht*), que, já numa decisão de 3.12.54, escrevia que "*uma série de importantes direitos fundamentais não garantem apenas a liberdade individual contra o poder do Estado; eles são, acima de tudo, princípios da vida social*", pelo que são também directamente aplicáveis "*nas relações entre os cidadãos*". A principal razão da aceitação desta doutrina pelo BAG prende-se obviamente com o desequilíbrio existente nas relações laborais.

Mas também, por exemplo, no BVerfG é possível encontrarmos exemplos desta teoria. É o que acontece no caso *Blinkfüer* (BVerfGE 25, 256: boicote pela editora *Springer* à *Blinkfüer*, uma pequena revista que, após a construção do Muro de Berlim, continuava a dar publicidade aos programas da rádio e da televisão leste-alemãs), em que o BVerfG, numa decisão de 26 de Fevereiro de 1969, anulou o julgamento anterior, considerando ilegal o boicote promovido pela editora, visto ter esta utilizado a forte pressão social resultante da sua posição dominante no mercado contra a liberdade de expressão e imprensa, direito fundamental garantido no artº 5/I da Lei Fundamental; entendendo que o boicote não feria o § 823 (1) do *BGB* ("*bons costumes*"), decidiu o tribunal que, contra ele, e face à inoperância de uma mera eficácia mediata dos princípios constitucionais (a partir daquela cláusula geral de direito privado), poderia a *Blinkfüer* valer-se desses princípios, entendidos como directamente aplicáveis.

3.2. *Desenvolvimentos dogmáticos posteriores*

A admissibilidade da *Drittwirkung* deparou, contudo, com obstáculos. Contra ela invocou-se, sobretudo, a perversão do direito civil, da autonomia privada e do livre desenvolvimento da personalidade a que tal teoria conduziria. Invocou-se que a eficácia imediata daqueles direitos iria restringir, de uma forma intolerável, a autonomia privada e o poder de autodeterminação individual, que são as bases de toda a ordem jurídica privada. Tal eficácia "coagiria" os cidadãos e representaria uma ameaça à sua liberdade, uma vez que lhes traria vinculações injustificadas, invertendo-se assim o sentido dos direitos fundamentais, ao aniquilar tal liberdade em nome dela própria.

Para *Günter Dürig*, sem dúvida o nome mais representativo desta corrente, aqueles direitos não valem, em princípio, para as relações entre particulares, sob pena de ser prejudicado o *princípio do livre desenvolvimento da personalidade* ("*freie Entfaltung der Persönlichkeit*"), do artº 2 da GG, base em que assenta toda a ordem jurídica privada. Desse alargamento do seu âmbito de validade resultaria um aumento excessivo do poder do Estado, que, para fiscalizar os "deveres" dos indivíduos, invadiria toda a esfera da autonomia pessoal dos mesmos. O reconhecimento de uma eficácia imediata aos direitos fundamentais teria como resultado inverter o sentido desses mesmos direitos, aniquilando-se – ou, pelo menos, reduzindo-se ao mínimo – a liberdade que eles, em princípio, visariam garantir.

Para *Dürig*, o Estado seria, pois, o único sujeito passivo dos referidos direitos, aparecendo tal ideia como expressão da *autonomia do direito privado*, valor que entendia estar sacrificado na teoria da eficácia imediata. Reconhecendo-se-lhes uma eficácia deste tipo, estar-se-ia, diz, a atingir precisamente o resultado inverso (a redução da liberdade ao mínimo) daquilo que esses direitos devem assegurar. Ao contrário, a *decisão constitucional em favor da liberdade* ("*Grundentscheidung des Grundgesetzes für die Freiheit*") tem por corolário a faculdade reconhecida aos particulares, no quadro do tráfico jurídico privado, de se desviar de normas e princípios que são inultrapassáveis pela actuação dos poderes públicos, sendo, por isso, em princípio, perfeitamente legítimos os negócios privados feitos à margem dessas regras, que, pelo contrário, vinculam os poderes públicos.

Mas essa *autonomia* do direito privado não pode levar a que se esqueça a necessidade de ser simultaneamente garantida a *unidade da ordem jurídica* ("*Einheit der Gesamtrechtsordnung*"). Ela não significa, pois, independência face aos direitos fundamentais, precisamente porque, enquanto sujeito passivo destes direitos, o Estado tem o dever de protegê-los em todas as relações que se estabeleçam no seio da ordem jurídica e, naturalmente, também contra entidades privadas.

Só que essa protecção apenas se afirmaria de uma forma indirecta ou mediata, através dos *princípios e regras próprios do direito privado*. Neste ramo do direito, os valores constitucionais seriam garantidos por *normas imperativas* e, na eventual falta ou insuficiência dessas normas, através do recurso às cláusulas gerais ou conceitos indeterminados de direito privado (*ordem pública*, principalmente), de que os preceitos da Constituição serviriam como *princípios de interpretação*, sempre dentro do espírito do direito privado.

Esta é a solução que, de acordo com o autor, assegurava tanto a *unidade da ordem jurídica* como a *autonomia do direito privado*.

Também esta teoria da *eficácia indirecta ou mediata* ("*mittelbare Drittwirkung*") encontrou eco junto dos tribunais alemães, sobretudo do Tribunal Constitucional, ao qual a problemática chegou precisamente através do já referido caso *Lüth*, cuja sentença, não só contém a mais completa expressão da concepção dos direitos fundamentais enquanto "*sistema de valores*", como também ilustra muitíssimo bem o modelo de análise fornecido pela teoria da eficácia indirecta. O tribunal de 1ª instância, considerando que se estava face a *um incitamento ao boicote contrário aos bons costumes* ("*eine sittenwidrige Aufforderung zum Boycott*"), violador, pois, do § 826 do *BGB*, condenou o jornalista, que interpôs um recurso de apelação para o *Landgericht*, bem como um recurso de constitucionalidade, invocando a violação do seu direito à liberdade de expressão, que, no seu entender, incluiria a possibilidade de influenciar outros mediante a palavra. Por decisão de 15.01.1958, veio o Tribunal Constitucional dar-lhe razão, com o fundamento de que, dadas as circunstâncias concretas do caso, o apelo ao boicote não atentava contra a referida cláusula dos *bons costumes* ("*guten Sitten*") do § 826 *BGB*; considerando que a liberdade de expressão (artº 5/I.1 da *GG*) não era aplicável de forma directa às relações privadas, entendeu que o tribunal *a quo* decidira incorrectamente, ao não ter anteposto o princípio objectivo subjacente a tal liberdade – que seria válido (também) para o Direito Civil, devendo, por conseguinte, ser levado em conta no próprio entendimento da cláusula de "*bons costumes*" – aos interesses privados da companhia produtora de filmes.

Também o célebre caso *Grundgens-Mephisto* (BVerfGE, 30, 173) configura uma aplicação da teoria da eficácia indirecta; a sentença incidiu aí sobre uma queixa apresentada por uma editora, em recurso contra uma sentença cível, que havia proibido, por razões ligadas à defesa do bom nome de um conhecido actor, Gustaf Grundgens, a distribuição de uma novela ("*Mephisto – Roman einer Karriere*") da autoria de um também muito conhecido escritor, Klaus Mann. À queixa foi negada procedência, por sentença de 24.01.1971, mantendo-se, pois, a proibição decretada pelo tribunal *a quo*, por ter considerado que a liberdade de criação artística deveria ceder perante os direitos de personalidade decorrentes dos artºs 1 e 2 da *Grundgesetz*.

Referência autónoma, tratando-se, aliás, de uma teoria que, de certa maneira, aparece como um desenvolvimento e uma precisão da *mittelbare Drittwirkung*, merece a "*Schutzauftragslehre*" (ou "*Schutzpflichtslehre*"), que radica na concepção dos direitos fundamentais como "*mandatos de protecção*" ("*Schutzgebote*"), invocando-se desde logo o artº 1/I.2 da *GG*, que diz que os poderes estaduais, não apenas devem respeitar ("*achten*") a dignidade da pessoa humana, mas também protegê-la ("*schützen*"). O Estado tem o dever de proteger os direitos fundamentais, o que implica, nomeadamente, proteger a parte mais fraca de uma relação contratual de poder-sujeição, para a qual, no fundo, a autonomia da vontade e o direito ao livre desenvolvimento da personalidade não são por vezes mais do que uma mera ficção; aquele deve, pois, estabelecer mecanismos de correcção de uma tal situação, porque a protecção da liberdade significa a garantia de um verdadeiro poder de decisão livre e autónomo.

De facto, a autonomia privada é ameaçada por situações de inferioridade negocial, não sendo os mecanismos civis suficientes para assegurar a autodeterminação do contraente que não tem condições de autotutela dos seus interesses constitucionalmente protegidos e havendo, pois, que limitar a autodeterminação formal em nome da autodeterminação substancial. Trata-se de uma ideia particularmente importante, por exemplo, para o direito do trabalho, do qual se pode dizer que «*o desequilíbrio de forças entre as partes do contrato de trabalho é a sua razão de ser e a compensação desse desequilíbrio a sua finalidade*».

O que se passa é que a eficácia dos preceitos constitucionais nas relações de Direito Privado – considere-se a mesma imposta por uma *Drittwirkung* desses preceitos ou por um *mandato de protecção* ("*Schutzauftrag*") dirigido ao Estado – deverá sempre ser realizada através de uma *ponderação de interesses*.

Hoje, assiste-se ao reconhecimento generalizado da eficácia dos direitos fundamentais nas relações jurídicas privadas, com recurso às regras dos conflitos de direitos, nomeadamente com aplicação do princípio da proporcionalidade, entenda-se essa aplicação imposta directamente pelos próprios preceitos constitucionais ou pelas cláusulas gerais de direito privado (*v.g.*, a boa fé).

O contrato de trabalho, porque implica o envolvimento integral do trabalhador, aumentando a probabilidade de ameaças aos seus direitos fundamentais enquanto pessoa humana, representou, desde sempre, por toda a parte, nos ordenamentos democráticos, o âmbito natural para o desenvolvimento de uma tal eficácia dos preceitos e valores constitucionais, tornando-se necessário responder à questão de saber *se* – e *até que ponto* – os interesses na base do poder do empregador exigem e justificam, no caso concreto, a limitação da liberdade do trabalhador[3]. Nele, é particularmente intenso o conflito entre interesses de sinal contrário, tendo sido sob a égide da *protecção do contraente débil* que o juslaboralismo ganhou foros de cidadania em relação ao direito civil: de facto, uma das partes está em posição de poder exercer sobre a outra uma espécie de (quase)-poderes de autoridade, com o desequilíbrio entre as partes a colocar em crise o exercício de uma efectiva liberdade contratual, que fica facticamente derrogada. Trata-se de uma situação em que a estrutura do direito privado se aproxima do direito público, havendo, pois, que estabelecer limites à prevalência de uma parte sobre a outra e transformar assim essas situações em situações de equilíbrio ou, pelo menos, de desequilíbrio tolerável.

[3] Foi no âmbito de uma controvérsia acerca do dever de igualdade de tratamento entre homem e mulher no trabalho que Hans Carl Nipperdey (RdA 1950, p. 121 ss.) lançou as bases da sua teoria, sustentando a eficácia *directa* do artº 3 (e de outros preceitos) da Lei Fundamental nas relações privadas. O ordenamento laboral foi também o âmbito privilegiado para o nascimento das principais controvérsias sobre a matéria na Itália, na França e na Espanha.

Em Portugal, a eficácia horizontal e a sua projecção laboral chegaram com a Constituição de 1976, onde se deu a aceitação dessa eficácia horizontal, consagrada expressamente pelo artº 18º/1 da CRP, como uma eficácia "directa".

4. A justiça contratual no contrato de trabalho

É à luz dessa eficácia que os direitos fundamentais actuam, podem actuar, como limites dos poderes empresariais, apontando-se para a concordância prática entre liberdade civil do trabalhador e autonomia contratual, através de um *princípio de proporcionalidade*, na sua tripla dimensão de *necessidade* ou *indispensabilidade* (de salvaguardar a correcta execução do contrato), de *idoneidade* ou *adequação* (entre o objectivo a alcançar com a limitação e o nível desta) e de *proibição do excesso* (devendo a restrição ser a menor possível, em função da finalidade a ser alcançada com a sua imposição).

O que se exige é uma *ponderação de interesses*, entre, por um lado, os direitos fundamentais da pessoa humana no trabalho e, por outro, "*outros direitos ou interesses constitucionalmente protegidos*" (nº 2 do artº 18º da CRP), como a honra e a intimidade do empregador e dos outros trabalhadores, o direito à saúde e à integridade física e moral e outros direitos e interesses legítimos do empregador, nomeadamente a liberdade de empresa (e a propriedade privada), o seu direito de gerir eficazmente a empresa e sobretudo o seu direito de se proteger da responsabilidade ou do prejuízo que as acções dos trabalhadores podem suscitar. A questão é de equilíbrio entre a salvaguarda dos direitos dos trabalhadores e a correcta execução dos seus compromissos contratuais, equilíbrio a ser alcançado seja pelo recurso à lei, seja por via da interpretação, com recurso, por exemplo, às cláusulas gerais de direito privado, *v.g.*, a boa fé[4].

Estão em causa *os limites da subordinação jurídica*.

[4] A boa fé tem, com efeito, uma função integradora do contrato, expressa, por ex., na criação de deveres, como o dever de segredo relativamente à "organização, métodos de produção ou negócios" da entidade patronal, e, de uma forma geral, todos os deveres elencados no artº 128º do CT, ou então, ainda, com a imposição de limites à liberdade de expressão (como a proibição da calúnia ou difamação).

Os direitos do trabalhador constituem limites ao exercício dos poderes patronais e só poderão ser restringidos *se* – e *na medida em que* – colidirem com interesses relevantes, ligados ao bom funcionamento da empresa e ao correcto desenvolvimento das prestações contratuais.

Entendemos que, *em princípio, o trabalhador é livre para tudo aquilo que não diga respeito à execução do seu contrato.* Há aqui uma *presunção de liberdade,* a qual significa que quaisquer limitações impostas à liberdade do trabalhador deverão revestir natureza absolutamente excepcional[5], não podendo justificar-se senão em obediência a *critérios de proporcionalidade* e de respeito do conteúdo essencial mínimo do direito atingido (cfr. nºs 2 e 3 do artº 18º da CRP).

Hoje, o Código do Trabalho, nos seus artigos 14º e seguintes, reconhece expressamente alguns direitos fundamentais da pessoa humana no trabalho, entre os quais se inclui a intimidade da vida privada. Os trabalhadores têm, com efeito, o direito de esperar um certo grau de respeito pela sua vida privada no seu lugar de trabalho, pois é aí que desenvolvem uma parte importante das suas relações com outras pessoas. Mas tal direito deve ser equilibrado com outros direitos e interesses legítimos, do empregador e de terceiros, motivos legítimos que podem justificar limitações ao direito à vida privada dos trabalhadores.

O artº 16º do CT refere esse direito à reserva da intimidade da vida privada, que se analisa na proibição tanto do acesso de estranhos a informações sobre a vida privada como da divulgação de informações que alguém

[5] Nesta questão de saber até que ponto a actuação dos particulares pode comprimir direitos fundamentais, entendemos que, nas situações de poder-sujeição, como a do contrato de trabalho, o fundamento e os limites da *Drittwirkung* se encontram na analogia com o poder do Estado. O poder patronal está, pois, em regra, sujeito à relevância dos direitos fundamentais, só assim não acontecendo quando tal represente o prejuízo *desrazoável* e *injustificado* da área de autonomia que lhe é constitucional e legalmente reconhecida. Esta nossa concepção significa um repúdio das teses que sufragam a sujeição da liberdade do trabalhador a um, pretensamente superior, "*interesse da empresa*", que justificaria, por exemplo, que o titular desta pudesse fazer tudo aquilo que lhe não fosse especificamente proibido (por via legal, convencional ou contratual). A regra é, precisamente, a oposta: o empregador só poderá limitar a liberdade do trabalhador *quando tal lhe seja especificamente permitido* (legal, convencional ou contratualmente) *e/ou se houver subjacentes à sua actuação interesses que, no caso concreto, se mostrem merecedores de uma tutela superior à daquela liberdade.* Pode dizer-se que, *grosso modo,* as entidades patronais estão, nesta matéria, sujeitas a um princípio de *competência,* e não de *liberdade,* o que é um corolário, no fundo, da ideia de que a *Drittwirkung* encontra aqui o seu fundamento e limites na analogia com as relações com os poderes públicos.

tenha sobre ela; é o que diz o seu nº 2, cujo elenco não é exaustivo, abrangendo a proibição quaisquer factos não relevantes para efeitos de valoração da atitude profissional do trabalhador, até mesmo, por exemplo, os seus gostos pessoais e hábitos de vida, situação familiar, estado de saúde, etc.[6]

Também aqui, por imposição quer do nº 2 do artº 18º da CRP quer do artº 335º do C. Civil, a reserva da intimidade da vida privada deve ser a *regra*, não a excepção, apenas se justificando a sua limitação quando interesses superiores (*"outros direitos ou interesses constitucionalmente protegidos"*) o exijam.

De acordo com o *princípio* (fundado nesse direito) *da separação entre vida privada e relação de trabalho*, o trabalhador pode, em regra, dispor da sua vida extraprofissional, sendo vedado ao empregador investigar e/ou fazer relevar factos dessa sua esfera, a não ser que haja uma ligação directa com as suas funções. Nomeadamente, factos que integram a esfera privada do trabalhador (até mesmo uma condenação penal) não podem constituir justa causa para o seu despedimento, a não ser que, em concreto, possam perturbar a empresa e o correcto desenvolvimento das prestações contratuais, por motivos directamente ligados às funções por ele exercidas ou à natureza da própria empresa[7].

Se, por exemplo, procedermos a uma análise de algumas decisões jurisprudenciais sobre justa causa de despedimento[8], ver-se-á precisamente que, para haver infracção disciplinar, é sempre necessário haver violação de deveres contratuais e, por isso, factos da vida privada do trabalhador dificilmente poderão constituir infracção disciplinar. Essa vida extraprofissional apenas pode, por conseguinte, ter um relevo meramente indirecto na consistência do vínculo laboral, na medida em que se reflicta negati-

[6] A chamada *teoria das 3 esferas* (*"Dreisphärentheorie"*), de origem alemã, distingue entre: a esfera íntima (corresponde ao núcleo duro do direito e abrange a vida familiar, saúde, comportamentos sexuais e convicções políticas e religiosas, cuja protecção é, em princípio, absoluta); a esfera privada (cuja protecção é relativa, podendo ceder em caso de conflito com direitos e interesses superiores); e a esfera pública ou social (relativa às situações que são objecto de conhecimento público e que, por isso, podem ser livremente divulgadas, colocando-se já no quadro do direito à imagem e à palavra, e não no do direito à intimidade da vida privada).

[7] *V.g.*, empresa de tendência.

[8] Para uma visão geral da jurisprudência portuguesa sobre o tema, cfr., da nossa autoria, *Contrato de trabalho e direitos fundamentais*, Coimbra, 2005, p. 190 ss., *maxime*, nota (408), bem como as obras de Teresa Coelho Moreira referenciadas no Anexo III.

vamente, prejudicialmente, na relação de trabalho, sendo que, em todo o caso, não é aquela, mas apenas este reflexo, que pode ser objecto de sanções aplicadas pelo empregador[9].

Os artigos seguintes têm também a ver com a vida privada, neles se definindo, por ex., os termos em que se pode "exigir ao candidato a emprego ou ao trabalhador que preste informações relativas à sua vida privada", "à sua saúde ou estado de gravidez" (artº 17º), tratar dados biométricos do trabalhador (artº 18º) exigir-lhe "a realização ou apresentação de testes ou exames médicos" (artº 19º), utilizar "meios de vigilância à distância no local de trabalho" (artºs 20º e 21º) ou "estabelecer regras de utilização dos meios de comunicação na empresa, nomeadamente do correio electrónico" (artº 22º).

O direito à intimidade só pode ser limitado se interesses relevantes o justificarem, não podendo pôr-se em causa os princípios constitucionais da necessidade, adequação e proibição do excesso.

O empregador só deverá, pois, aceder a dados sobre a vida privada que sejam estritamente necessários e relevantes para avaliar a aptidão do trabalhador para a execução do contrato[10].

[9] Como condutas consideradas como constituindo justa causa de despedimento, cfr., por exemplo, as que se encontram em causa nos seguintes acórdãos: Acórdão Rel. Lisboa 17.06.93, Col. Jur. 1993-III, p. 187 ss., confirmado por acórdão STJ 11.05.94, BMJ nº 437, p. 335 ss.: violação de deveres contratuais por um comandante de aeronave fora do horário de trabalho; Acórdão Rel. Lisboa 8-01-1997 (Proc. 0001854; Relator GUILHERME PIRES): assédio sexual; Acórdão Relação Évora 7-04-92, Col. Jur. 1992-II, p. 321 s.: prática de relações sexuais no local de trabalho.
Até uma condenação penal pode não configurar uma infracção laboral, por não ter reflexos na relação laboral. Sobre o ponto, veja-se a crítica feita por Menezes Cordeiro ao acórdão Rel. Porto 16.12.85, Col. Jur. 1985-V, p. 212 ss., confirmado por STJ 31.10.86, BMJ nº 360, p. 468 ss., decisão relativa a um perito de companhia de seguros condenado por tráfico de droga: para o autor, a solução do tribunal *in casu* é criticável, por não se ter provado reflexos reais, mas apenas potenciais, da conduta do trabalhador para a relação de trabalho (Menezes Cordeiro, "O respeito pela esfera privada do trabalhador", *in I Congresso Nacional de Direito do Trabalho. Memórias*, Coimbra, 1998, p. 37).

[10] Por exemplo, quem se candidata a motorista pode ser inquirido sobre se costuma ou não infringir as regras de trânsito; pode ser importante saber se uma mulher está grávida, se tiver que trabalhar com raios X; pode justificar-se o pedido, pelo empregador, de exames médicos que comprovem não ter um trabalhador nenhuma doença respiratória que o impeça de trabalhar com determinadas substâncias tóxicas ou de desenvolver a actividade em determinados ambientes, como, por exemplo, uma mina (como meio de protecção do próprio trabalhador ou candidato a emprego).

É assim que, nos termos do nº 1 do artº 17º do CT, os princípios que devem nortear a recolha de dados para efeitos de contratação de pessoal são a *necessidade* e a *proporcionalidade*, só podendo o empregador solicitar dados *sobre a vida privada "estritamente necessários e relevantes"* para avaliar a aptidão para executar o contrato[11] e não podendo as limitações à intimidade dos trabalhadores revelar-se desnecessárias ou excessivas, sob pena de contrariedade aos artºs 26º e 18º/2 da CRP.

Por sua vez, o artº 19º/1 fixa algumas situações em que pode ser solicitada a realização ou apresentação de *testes e exames médicos* a candidatos a emprego ou trabalhadores: se tiverem "por finalidade a protecção e segurança do trabalhador ou de terceiros"; e "quando particulares exigências inerentes à actividade o justifiquem"; resulta do nº 3 que esses exames médicos só podem ser feitos por ordem e sob a direcção de um médico e o resultado dos mesmos deverá ser inacessível à entidade empregadora.

O direito à privacidade não é, como é óbvio, um direito absoluto: pode ser limitado, por exemplo, se estiver em causa a protecção da saúde pública ou a segurança do próprio ou de terceiros[12].

[11] Regras idênticas são, entre outras, as dos artigos L 121-6 e L 122-45 do *Code du Travail* francês.

[12] Aliás, existem actividades profissionais, como é o caso, entre outros, dos pilotos de avião, maquinistas, condutores de autocarros, controladores de tráfego aéreo, que justificam a adopção de medidas mais severas na selecção de trabalhadores. V., a propósito, o artº 47º, nº 1, da CRP, que estatui que a liberdade de escolha da profissão se encontra limitada pelas "restrições legais impostas pelo interesse colectivo ou inerentes à sua própria capacidade".
Também, por ex., o acórdão do TC nº 368/02, de 25-09-2002, não considerou inconstitucional, em certas condições, o pedido de informações relativas ao estado de saúde do trabalhador, nem a sujeição a exames médicos, antes tendo entendido que o trabalhador não pode deixar de se sujeitar a esses exames, por exemplo, "para minimizar o risco de acidentes de trabalho de que outros trabalhadores ou o público possam vir a ser vítimas, em função de deficiente prestação por motivo de doença no exercício de uma actividade perigosa, ou para evitar situações de contágio para os restantes trabalhadores ou para terceiros, propiciados pelo exercício da actividade profissional do trabalhador".
Também em relação a testes de alcoolemia ou para detecção de droga, têm os tribunais – aí se incluindo, entre outros, o Tribunal Constitucional e o STJ – julgado que apenas interesses dignos de protecção social, como, *v.g.*, a segurança rodoviária ou a prevenção de acidentes laborais, os poderão justificar. Assim, aquele primeiro tribunal já considerou, referindo-se ao domínio rodoviário, que a submissão de um condutor ao teste de alcoolemia "não viola o dever de respeito pela dignidade da pessoa do condutor, nem o seu direito ao bom nome e à reputação, nem o direito que ele tem à reserva da intimidade da vida privada"; por sua vez, o STJ, não só considerou legítima a ordem do empregador para que o trabalhador se sujeitasse

Em síntese, poder-se-á dizer que a plena eficácia dos direitos fundamentais da pessoa humana no âmbito da relação laboral só tem como limites "*outros direitos ou interesses constitucionalmente protegidos*". Tal relação é assimétrica, não podendo ser vista como simples relação de troca trabalho-salário, antes devendo ter-se noção de que a sua questão fundamental é a pessoa humana e os seus direitos, e de que as restrições a esses direitos não podem, sob pena de se estar a contrariar o artº 18º, nº 2, do texto constitucional, revelar-se desnecessárias, inadequadas ou excessivas[13].

5. Estudo de caso: um acórdão do Supremo Tribunal de Justiça de 24-09-2008

Vamos terminar com um estudo de caso, relativo à situação objecto de julgamento num acórdão do Supremo Tribunal de Justiça proferido em 24-09-2008, de cujo conteúdo se fará então uma breve avaliação crítica[14].

Tratava-se aí de um trabalhador que, na sequência de exames realizados pela medicina do trabalho, foi considerado inapto para a profissão de cozinheiro, tendo então a entidade patronal (um hotel) considerado o contrato caducado. Chamadas a pronunciar-se, as sucessivas instâncias judiciais consideraram que o facto de um cozinheiro ser portador de HIV positivo é motivo para fazer cessar o contrato de trabalho por caducidade.

A nossa análise abordará 3 pontos: o primeiro é o de saber se o HIV gera, ou não, inaptidão para a profissão de cozinheiro; o segundo incide sobre se houve ou não violação dos deveres de lealdade e informação por parte do trabalhador ao não comunicar ao empregador que era portador

a um teste de alcoolemia, como acrescentou que a imposição da obrigatoriedade do teste, através de regulamento interno, se encontra abrangida pelo poder directivo do empregador, violando o dever de obediência o trabalhador que se recuse a fazê-lo. Cfr. ainda, entre outros: acórdãos STJ 24-06-98, *Col. Jur. (STJ)* 1998-II, p. 292 ss.; STJ 27-04-2006 (Proc. 05S4320; relator PINTO HESPANHOL), e Rel. Lisboa 6-10-2010 (Proc. 475/07.7TTFUN.L1-4; relatora PAULA SÁ FERNANDES).

[13] Ao longo deste texto, focámos apenas algumas questões, deixando de fora muitos outros tópicos específicos, como, *v.g.*, o "direito à mentira", os testes genéticos, as organizações de tendência, etc., cuja análise pode ser encontrada nas nossas monografias referidas na nota.

[14] O texto do acórdão pode ser visto no nosso *Direitos fundamentais da pessoa humana no trabalho..., cit.*, p. 151-187 (e, naturalmente, também no site www.dgsi.pt).

daquele vírus; o terceiro sobre se o médico podia ou não comunicar ao empregador a doença de que padecia o trabalhador.

5.1. Os acórdãos em causa consideraram que o facto de o trabalhador ser seropositivo o tornava inapto para o exercício das funções de cozinheiro, dado ter de manipular alimentos e utilizar objectos cortantes, podendo o vírus[15] ser transmitido se houver, por exemplo, derrame de sangue sobre alimentos servidos em cru e consumidos por quem tenha uma ferida na boca.

Porém, para além de não ter sido feita qualquer prova de que, na cozinha daquele hotel, fossem frequentes situações dessas, as decisões assentaram em bases cientificamente incorrectas, pois faz parte do conhecimento científico existente[16] que a transmissão daquele vírus só se efectua através de relações sexuais não protegidas, por via endovenosa e por via materno-fetal – e não por manipulação de alimentos.

Não havia, pois, em nosso entender, base para sustentar que o contrato caducara, face à ausência de prova mínima de risco efectivo, concreto, objectivo de transmissão do vírus por parte de um cozinheiro no exercício das suas funções e por causa delas.

A cessação do contrato de trabalho foi, pois, ilícita[17].

5.2. Por estas mesmas razões, é igualmente fácil a resposta à questão de saber se o trabalhador deveria, ou não, ter informado a empresa que era portador de HIV positivo, sendo seguro, em nosso entender, não ter o trabalhador violado deveres de lealdade e informação ao não comunicar esse facto à entidade patronal.

5.3. Por sua vez, o médico não podia comunicar à entidade patronal a doença de que padecia o trabalhador. Não havia *in casu* nenhuma causa

[15] Que existe no sangue, bem como na saliva, no suor e nas lágrimas.

[16] Constante de documentos emanados das mais prestigiadas organizações, médicas e não só, como a OMS, o Conselho da Europa e a OIT.

[17] Refira-se, aliás, que o médico assistente do trabalhador se tinha pronunciado no sentido de este poder retomar a sua actividade normal, não apresentando qualquer perigo para os colegas. *In casu*, havia ainda a questão, que o tribunal igualmente abordou, de saber se, face à incapacidade para o trabalho, existiria ou não o dever, por parte do empregador, de propor a modificação da actividade contratada.

justificativa para quebrar o segredo médico[18]. Em caso algum, é admissível divulgar a terceiros a doença de que o trabalhador padece, mesmo que essa doença fosse relevante para a aferição da sua aptidão para o trabalho[19].

No caso concreto, o médico do trabalho tomou conhecimento do problema durante a consulta e seguidamente terá revelado o facto à Direcção do Hotel. A divulgação desta informação clínica é ilícita[20]. Está-se, pois, perante uma violação do direito à intimidade da vida privada (artº 26º da CRP) e a prática pelo referido médico de um ilícito criminal, civil e disciplinar (nos termos dos artigos 192º e 195º do Código Penal, 70º, 80º, 483º e 496º do Código Civil, e 67º e 68º do Código Deontológico dos médicos)[21].

[18] Nem consentimento do titular, nem lei a permitir a divulgação de informação clínica. O dever de segredo médico tem como principais excepções o caso da menoridade, com os pais a poderem ter acesso ao segredo, no interesse do menor, e o do casamento, em que o acesso ao segredo poderá ser concedido ao cônjuge, caso haja risco para a sua saúde. Neste segundo caso, Guilherme de Oliveira fala mesmo de um *dever*, a cargo do cônjuge seropositivo, de revelar o estado serológico ao companheiro; e o CNECV, no seu Parecer nº 32/2000, estende esse dever de revelação ao próprio médico. Também Maria Fernanda Palma entende haver aqui um verdadeiro dever, sob pena de o médico poder incorrer no crime previsto no artº 283º do C. Penal, o crime de propagação de doença.

[19] V., aliás, conforme já referido, *supra*, o nº 3 do artº 19º (e também o nº 2 do artº 17º) do CT.

[20] De acordo com o regime da medicina do trabalho, a ficha clínica encontra-se sujeita a segredo profissional, só podendo ser facultada às autoridades de saúde e aos médicos da ACT.

[21] A análise terá sempre de ser casuística. Cfr., por exemplo, André Dias Pereira, "Cirurgião seropositivo – do pânico ao direito", *in* Lex Medicinae, nº 8 (2007), p. 97 ss., em que se sustenta não ser ilícita a conduta de um médico do trabalho que revelou a uma directora clínica o facto de um cirurgião ser seropositivo: não só o médico tinha dúvidas sobre a decisão a tomar quanto à aptidão do cirurgião, não sendo indiferente o risco a que este último pudesse expor os doentes, como se estava perante uma relação laboral muito especial, em que, do lado da entidade patronal, surge uma directora clínica, também médica e, como tal, sujeita ao dever de segredo.
A propósito do risco de transmissão do HIV por parte de um trabalhador no exercício das suas funções e por causa delas, diga-se que há dados que, no caso de um cirurgião em cirurgia aberta, apontam para um risco, que, embora real, é muito diminuto (sendo tal risco, obviamente, ainda muito menor em cirurgia laparoscópica ou, então, em casos como o de um cozinheiro ou outro profissional).

VII

DIGNIDADE, DEVERES DE PROTECÇÃO E PONDERAÇÃO

Das Dimensões da Dignidade da Pessoa Humana na Jurisprudência do Tribunal Interamericano dos Direitos Humanos: o Caso *Velásquez Rodriguez* v. *Honduras*

Francisco de Abreu Duarte*
Lucas Alcici**

Índice: 1. Introdução; **2.** A proteção da dignidade da pessoa humana (DPH) no Direito Internacional; **3.** Das dimensões da DPH na jurisprudência no Tribunal Interamericano dos Direitos Humanos à luz do caso Velásquez Rodriguez: **3.1.** Enquadramento: O caso Velásquez Rodriguez v. Honduras; **3.2.** A DPH enquanto parâmetro objetivo; **3.3.** A DPH enquanto conteúdo mínimo de outros direitos fundamentais; **3.4.** A DPH enquanto mandado de interpretação *pro homine*; **3.5.** A DPH enquanto fundamento de jurisdição; **4.** Conclusões.

1. Introdução

O presente estudo visa compreender o tratamento dado pela jurisprudência do Tribunal Interamericano dos Direitos Humanos (TIDH) ao princípio da dignidade da pessoa humana enquanto norma operativa de Direito Internacional. Para esse efeito é importante identificar as diferentes dimensões dessa Dignidade na aplicação a casos concretos daquele Tribunal, procurando identificar linhas orientadoras distintas em que se possam

* LL.M., New York University (NYU) e Assistente de Investigação do Centro de Investigação de Direito Público da Faculdade de Direito da Universidade de Lisboa (CIDP/FDUL).
** Mestrando em Ciências Jurídico-Internacionais na Faculdade de Direito da Universidade de Lisboa. Aluno em mobilidade na Université Toulouse 1 Capitole.

afirmar usos sistemáticos do princípio enquanto critério operativo de resolução de casos concretos. A análise será conduzida no enquadramento mais alargado do Direito Internacional Público Geral, nomeadamente quanto à aplicação daquele princípio nas várias jurisdições internacionais de relevo.

Focaremos a análise da dignidade da pessoa humana no caso Velásquez Rodriguez v. Honduras[1] procurando essa sistematização na aplicação feita pelo Tribunal nas suas várias vertentes, quer como norma jurídica autónoma, quer como conteúdo mínimo de direitos fundamentais ou ainda como critério interpretativo.[2]

Avançaremos no final uma nova dimensão daquela Dignidade, existente apenas no contexto transnacional, a que apelidaremos de Dignidade enquanto critério de atribuição de jurisdição.

Com efeito, como exposto nos anteriores volumes desta obra, numa tentativa de sistematização de um possível conteúdo útil da dignidade da pessoa humana, é possível distinguir algumas faces ou dimensões daquele princípio jurídico.

Por um lado, a Dignidade é frequentemente apontada como um parâmetro autónomo de controlo (i), ou seja, como verdadeiro limite jurídico independente. Esta dimensão, que vê na Dignidade um limite estruturante, naturalmente nada dispõe acerca do verdadeiro conteúdo positivo da Dignidade remetendo antes para uma função negativa de controlo das políticas públicas. Fosse esta a única dimensão e dificilmente se perspetivaria uma dignidade que impusesse condutas positivas, ou seja, mais dificilmente se entenderia uma Dignidade que impusesse prestações em vez de omissões do poder estatal. A esta dimensão chamaremos Dignidade enquanto parâmetro objetivo de controlo. Como veremos, do ponto de vista do Direito Internacional em geral, e tendo em conta a jurisprudência do TIDH em particular, é uma dimensão que carece de positivação expressa nos documentos internacionais e cujo uso é, por isso, menos expressivo do que nos ordenamentos nacionais.

A Dignidade surge também, por outro lado, com uma função de "injeção" axiológica de um reduto mínimo nos direitos fundamentais (ii), ou

[1] TIDH. Case of Velásquez Rodriguez v. Honduras, judgement of 29 July 1988, available at: http://www.refworld.org/cases,IACRTHR,40279a9e4.html [accessed 19 April 2017].

[2] Partindo destas dimensões JORGE MIRANDA, *A Dignidade da pessoa humana e a Constituição, in* Liber Amicorum Fausto de Quadros, Almedina, Lisboa, pp.736 e ss; da mesma forma REIS NOVAIS, *A Dignidade da pessoa humana,* vol. II, Almedina, Lisboa, pp. 27 e ss.

seja, como garantia de um conteúdo inexpugnável em cada direito. Aliás nos ordenamentos jurídicos nacionais, esta visão da Dignidade terá por detrás uma determinada conceção daquele valor como garante de uma determinada unidade de sentido a todo o sistema. Como aponta JORGE MIRANDA, quanto ao sistema português, "a Constituição confere uma unidade de sentido, de valor e de concordância prática ao sistema de direitos fundamentais. E ela repousa na dignidade da pessoa humana, ou seja, na conceção que faz da pessoa fundamento e fim da sociedade e do Estado."[3] Esta dimensão vê na Dignidade também uma função de limite, não já de um limite autónomo, mas antes de um limite que é encontrado na interpretação do direito em concreto. Parece-nos até poder dizer-se que se trata de um limite encontrado *in casu*, detetável não apenas através da mera interpretação da norma ou normas em questão, mas antes na fase da ponderação entre dois bens jurídicos em conflito, sendo por isso um limite que se revela apenas no momento do balanceamento. Seria, pois, o tal reduto último de "autonomia, liberdade e do bem estar"[4], de que fala REIS NOVAIS, presente em cada Direito por uma prévia injeção de um conteúdo digno em cada direito fundamental. De alguma forma os obstáculos que se colocam à definição concreta de um conteúdo autónomo de Dignidade são mitigados por uma aproximação daquela às posições jurídicas típicas de um direito fundamental específico. Permanece, no entanto e sempre, a dúvida acerca de qual o conteúdo objetivo típico que permite identificar esse tal limite. Como veremos, é esta a dimensão mais disseminada no Direito Internacional geral e regional, sendo inúmeras as aproximações da Dignidade a direitos específicos, como garantia de uma determinada noção de autonomia da pessoa enquanto parte de uma minoria (direitos das mulheres, crianças e pessoas com deficiência) ou em virtude de um estado temporário de coisas (condições de detenção, desaparecimentos forçados e acesso à Justiça).

Fica ainda assim por saber se a Dignidade pode também funcionar como um mecanismo de "injeção axiológica" não apenas nos direitos fundamentais, reconduzindo-se à dimensão (ii), mas também aos próprios princípios estruturantes como sejam a proporcionalidade, a proteção da confiança ou

[3] JORGE MIRANDA, *A Dignidade da Pessoa Humana e a Constituição, in* Lieber Amicorum a Fausto de Quadros, Almedina, Lisboa, p. 734.

[4] REIS NOVAIS, *op. cit.*, vol. II, p. 33.

a igualdade. Cremos que a resposta a esta possibilidade só pode ser negativa, seja qual for o ordenamento jurídico de base. Parece-nos, pois, que ao princípio operativo estruturante por excelência de qualquer ordenamento jurídico, o da proporcionalidade, não lhe cabe um papel valorativo com conteúdos de Dignidade, mas antes um papel auxiliar de descoberta desses limites mínimos nos vários direitos fundamentais. Porque das duas uma: ou o direito fundamental não tem qualquer conteúdo mínimo pré-estabelecido e é a proporcionalidade que o confere, num juízo de aplicação e ponderação *in casu*, o que levaria a concluir pela falta de autonomia da Dignidade enquanto definição de conteúdos mínimos da Dignidade nos direitos fundamentais (seriam por isso juízos de uma *proporcionalidade digna* que ditariam esses limites); ou o direito fundamental tem em si mesmo uma dimensão mínima, injetada pela Dignidade, a qual se subtrai ao poder legislativo, e então a proporcionalidade tem um papel exclusivamente de descoberta dessa garantia mínima no caso. Ora, qualquer que seja a posição tomada, a dignidade da pessoa humana tem apenas uma daquelas duas funções – ou a de uma injeção axiológica no princípio da proporcionalidade e uma aplicação dessa dimensão, caso a caso, à ponderação de direitos fundamentais, ou o da injeção de um conteúdo mínimo naqueles direitos fundamentais – colocando a proporcionalidade como critério meramente auxiliar de descoberta de tais mínimos. Tendemos assim para esta última opção, sendo também aquela onde se baseiam os ordenamentos jurídicos transnacionais de proteção de direitos humanos.

Finalmente, a Dignidade apresenta-se ainda como critério interpretativo de outros direitos fundamentais, ou seja, como um mandado interpretativo *pro homine* (iii). Esta dimensão é recorrentemente usada num momento pós ponderação de bens, em que a Dignidade serve um propósito de resolução de um conflito de ponderação fazendo pender a balança para aquele lado que apresenta uma maior aproximação à Dignidade[5]. No entanto, no Direito Internacional, esta dimensão é usada frequentemente como exigência imposta aos Estados de fazerem uma interpretação de determinada norma jusfundamental naquela medida mais favorável ao particular, e é bem patente em diversos votos por parte dos juízes dos tribunais regionais internacionais. É desde logo vista como a génese das normas interpretativas elencadas no artigo 29º da Convenção Americana sobre Direitos Humanos.

[5] Reis Novais, *op. cit.*, vol. II, p. 28.

Por último, como veremos, a Dignidade enquanto princípio jurídico internacional possui ainda uma função exclusiva do fenómeno transnacional, que é aquela da atribuição de jurisdição ao tribunal internacional em questão (iv). Ou seja, a Dignidade pode ainda funcionar como uma garantia do particular a um acesso pleno à jurisdição internacional, mesmo que dentro das limitações processuais, evitando dessa forma o uso de mecanismos de deferimento da jurisdição, como sejam o caso da margem de livre apreciação ou outros fenómenos similares. A esta Dignidade apelidaremos de Dignidade enquanto fundamento de jurisdição.

Vejamos agora como é que estas dimensões se articulam na jurisprudência do TIDH, enquadrando a temática com uma breve exposição do tratamento da Dignidade no Direito Internacional.

2. A proteção da Dignidade no Direito Internacional: considerações gerais

O princípio da dignidade da pessoa humana, concebido como elemento fundante das ordens jurídicas nacionais do pós-2ª Grande Guerra, não se configura de forma evidente enquanto tal no Direito Internacional.[6] De resto, o princípio é usado ora com funções operativas ora com objetivos políticos ou de enquadramento. Nalguns casos, a dignidade é vista como verdadeiro direito subjetivo[7]; noutros, porém, impera como substrato axiológico do sistema, onde os restantes direitos fundamentais se baseiam e fundamentam.[8] Por vezes a Dignidade surge como igualdade e liberdade[9], aproximando-se de um verdadeiro direito civil e político, enquanto que outras vezes prescreve mínimos a observar imputando deveres ao Estado

[6] Neste sentido e procedendo a um estudo exaustivo – CHRISTOPHER MCCRUDDEN, *Human Dignity and Judicial Interpretation of Human Rights*, European Journal of International Law, vol.19, nº 4, 2008, pp. 667 e ss.

[7] Artigo 5º da Carta Africana dos Direitos Humanos e dos Povos; artigo 1º da Carta dos Direitos Fundamentais da União Europeia.

[8] Basta atentar nos diversos preâmbulos que referimos de seguida.

[9] Por exemplo o preâmbulo da Carta dos Direitos Fundamentais da União Europeia dita a ligação indivisível entra a Dignidade e outros valores fundamentais do ordenamento como a liberdade e a igualdade: "A União baseia-se nos valores indivisíveis e universais da dignidade do ser humano, da liberdade, da igualdade e da solidariedade".

em matérias económicas, sociais e culturais.[10] O seu papel não é, de todo o modo, absolutamente consentâneo no ordenamento jurídico internacional.

Richard Mccruden procura encontrar esta noção fundamental de Dignidade no ordenamento jurídico internacional reconduzindo-a a três elementos principais: *i)* o de que toda a pessoa possui um valor intrínseco, simplesmente pela qualidade de ser pessoa (elemento ontológico)[11]; *ii)* o de que este valor intrínseco deve ser respeitado pelos outros (elemento relacional) e o da *iii)* possibilidade deste elemento relacional ser usado contra o Estado justificando a sua existência principal para proteção do indivíduo (elemento de garantia).[12]

Com efeito, basta atentar no documento materialmente constituinte da ordem jurídica internacional, a Carta das Nações Unidas[13], para não se denotar naquela qualquer referência aquele princípio à exceção de uma breve referência no seu preâmbulo.[14] Do mesmo modo, os dois instrumentos jusfundamentais de matriz universal de maior relevo, o Pacto dos Direitos Civis e Políticos e o Pacto dos Direitos Económicos Sociais e Culturais, não elencam a dignidade da pessoa humana enquanto parâmetro autónomo ou como direito fundamental, mas antes enquanto conteúdo mínimo de outros direitos fundamentais a observar no respeito pelos direitos a um tratamento digno em detenção (10º PIDCP) e à educação (13º PIDESC). Foi também essa a visão adotada nas grandes convenções jusfundamentais específicas que lhes seguiram, como o caso da Convenção sobre a Eliminação de Todas as Formas de Discriminação contra as Mulheres ou a

[10] O caso do artigo 10º e 13º do Pacto Internacional dos Direitos Civis e Políticos e do Pacto Internacional dos Direitos Económicos, Sociais e Culturais respetivamente. Assim também o nº 1 do artigo 31º da Carta dos Direitos Fundamentais da União Europeia.

[11] Assim também Antônio Cançado Trindade, "Juvenile Reeducation Institute" v. Paraguay, TIDH, voto vencido, para 17.

[12] Christopher McCrudden, *Human Dignity and Judicial Interpretation of Human Rights*, European Journal of International Law, vol.19, nº 4, 2008, p. 679.

[13] Mais recentemente numa afirmação da Dignidade da pessoa humana enquanto valor jurídico da Carta, Resolução da Assembleia Geral das Nações Unidas A/55/L.2, United Nations Millennium Declaration, quando se afirma: "We recognize that, in addition to our separate responsibilities to our individual societies, we have a collective responsibility to uphold the principles of human dignity, equality and equity at the global level. As leaders we have a duty therefore to all the world's people, especially the most vulnerable and, in particular, the children of the world, to whom the future belongs.".

[14] 2º considerando da Carta das Nações Unidas.

Convenção contra a Tortura e Outras Penas ou Tratamentos Cruéis, Desumanos ou Degradantes[15].

Esta linha de raciocínio é parcialmente abandonada na Declaração Universal dos Direitos do Homem, em que se afirma, de forma perentória, que todos os seres humanos "nascem livres e iguais em dignidade e em direitos" (art. 1º DUDH), numa aproximação clara da dignidade da pessoa humana à própria condição de se ser pessoa, na necessidade de uma existência livre e igual entre os demais[16]. No entanto, a lógica da Dignidade enquanto conteúdo mínimo de direitos fundamentais, que se observa nos Pactos, não é ainda assim totalmente afastada, podendo ser encontrada também na formulação clássica do mínimo de subsistência ou *existenzminimum*[17], a propósito do direito à segurança social e à retribuição (art. 22º e 23º/3).[18] Em ambos os artigos, o princípio da Dignidade traduz aquela aceção de conteúdo mínimo dos direitos fundamentais como reduto inexpugnável. Não deixa de ser curioso, no entanto, que dos quatro instrumentos jurídicos internacionais com pendor universalista, seja aquele que carece de menor força normativa[19] o único a arriscar-se numa formulação primacial da Dignidade.

[15] Em ambos os casos, os textos das Convenções dedicam apenas passagens do preâmbulo à matéria da Dignidade, fazendo por isso uma alusão à Dignidade enquanto substrato programático de toda a Convenção e não enquanto princípio operativo de resolução dos casos concretos.

[16] É também esta a lógica de uma das Convenções mais ratificadas do mundo – A Convenção Relativa às pessoas com deficiência – que afirma no seu artigo 3º o valor da Dignidade inerente à pessoa enquanto autonomia individual.

[17] À semelhança da conceção presente no Direito Alemão. Para uma análise da jurisprudência do Tribunal Constitucional Alemão até 1994, Volker Neumann *Menschenwürde und Existenzminimum*, Neue Zeitschrift für Verwaltungsrecht, 1995, Humboldt Universität, Berlim, pp. 430 e ss; uma análise mais recente à luz dos direitos sociais, Jakob Nolte, *Rationale Rechtsfindung im Sozialrecht: Die vom Bundesverfassungsgericht aufgestellten Anforderungen an die Bestimmung des Existenzminimums im Lichte neuerer sozialgerichtlicher Rechtsprechung*, Der Staat, vol. 52, nº 2, 2013, pp. 245-265.

[18] A tradução portuguesa publicada em aviso do Ministério dos Negócios Estrangeiros no Diário da República, I Série A, nº 57/78, de 9 de março de 1978, omite a referência original à Dignidade no artigo 22º, remetendo-se apenas para o adjetivo "indispensável". Discordamos desta tradução que omite verdadeiramente a referência à Dignidade enquanto critério ou parâmetro do que deverá ser tido como "indispensável".

[19] Independentemente de se avançar a natureza costumeira de algumas das suas disposições, é inegável que na sua génese a Declaração Universal dos Direitos do Homem foi aprovada enquanto Resolução da Assembleia-Geral das Nações Unidas, carecendo por isso de

De todo o modo, a Dignidade é sempre inevitavelmente referida como princípio programático em todos os preâmbulos dos quatro documentos, ditando uma determinada tendência interpretativa *pro dignitat* ou *pro homine* que veremos adiante.

Na própria jurisprudência do Tribunal Internacional de Justiça (TIJ) é surpreendente a inexistência de qualquer referência expressa àquele princípio enquanto norma operativa de resolução de litígios. É seguro dizer que o TIJ nunca se pronunciou acerca da dignidade da pessoa humana enquanto verdadeiro princípio de Direito Internacional, remetendo sempre as suas alusões para uma ideia de Dignidade enquanto direito à honra ou imagem do Estado ou estritamente ligada à proteção diplomática dos seus agentes. Com efeito, as referências a tal Dignidade podem ser encontradas exclusivamente em votos de vencido esparsos de entre a jurisprudência do Tribunal.[20]Esta inexistência, ainda que surpreendente, não é inexplicável e pode ser entendida com recurso a um argumento material e a um argumento processual.

Por um lado, o TIJ foi construído na sua génese como um tribunal que dirime conflitos entre Estados soberanos, ou seja, como um tribunal de direitos de soberania e não de direitos humanos. Isto explica já em alguma medida a magna ausência do princípio da dignidade da pessoa humana das suas decisões, princípio jurídico visto frequentemente como direito fundamental inerente à própria pessoa enquanto pessoa, e, portanto, verdadeiro direito subjetivo impassível de qualquer "estadualização". Mais, a própria conceção da Dignidade enquanto parâmetro da resolução de casos concretos, quer seja como direito fundamental autónomo quer seja como mínimo denominador comum, foi sendo construída como verdadeiro *trunfo* contra o Estado, baseado em relações verticais radicalmente distintas da habitual horizontalidade nas relações Estado v. Estado. Assim sendo o Tribunal Internacional de Justiça, como tribunal de Estados e não como tribunal de direitos humanos[21], dificilmente teria acesso a questões

verdadeira força normativa vinculativa enquanto tal. Discutindo a questão, e defendendo a natureza costumeira das suas disposições, EDUARDO CORREIA BAPTISTA, *Ius Cogens em Direito Internacional*, LEX, Lisboa, 1997, pp. 400 e ss.

[20] CHRISTOPHER MCCRUDDEN, *Human Dignity and Judicial Interpretation of Human Rights*, p. 682.

[21] EVA RIETER, *International human rights law and the International Court of Justice*, January 2014. Também apontando um possível novo caminho à proteção dos direitos fundamentais no TIJ

que materialmente justificassem uma dogmatização extensa da Dignidade enquanto princípio jurídico autónomo.

Depois porque o próprio processo perante o Tribunal foi construído para evitar que os particulares possuíssem legitimidade para se encontrar em juízo (art. 34º do ETIJ) o que necessariamente reduz drasticamente o rol de questões de direitos humanos a serem apresentadas perante o Tribunal. Ao impedir os particulares de acederem aquela jurisdição a intenção dos Estados foi clara em manter uma linha de afastamento dos particulares do acesso à justiça internacional, vontade aliás que se encontrava já presente no Estatuto do Tribunal Permanente de Justiça Internacional, posição criticada à altura, e que se mantém como uma das *magnas* questões processuais perante o TIJ.[22]

Com a existência dos citados obstáculos materiais e processuais, necessariamente a proteção dos direitos fundamentais, e com eles da dignidade da pessoa humana, obrigaram a um crescimento em lógicas de fragmentação, ou seja, de proteções crescentemente mais regionais dos direitos fundamentais. Os tratados de direitos humanos e a sua proteção prática acabariam por sofrer um desenvolvimento exponencial em lógicas de *self-contained regimes*[23], afastando-se de um substrato comum de Direito Internacional e permitindo necessariamente abordagens distintas do princípio da dignidade da pessoa humana enquanto norma operativa de Direito Internacional.

No contexto africano, por exemplo, o princípio da Dignidade é elencado enquanto valor fundamental daquela ordem jurídica ao afirmar-se

vide Caso Diallo (Guiné c. República Democrática do Congo), Case Concerning Ahmadou Sadio Diallo, Guinea v the Democratic Republic of the Congo, Judgment on compensation, General List No 103, ICGJ 435 (ICJ 2012), 19th June 2012, International Court of Justice. Neste caso, no julgamento de compensação, o TIJ parece ter os direitos fundamentais de Diallo em conta, nao apenas para efeitos de cálculo do montante da indemnização, mas verdadeiramente sugerindo que o dinheiro deveria ser entregue pelo Estado da Guiné à pessoa lesada. Trata-se por isso de uma decisão que parece querer afetar diretamente particulares, algo inovador na jurisprudência do TIJ.

[22] Um dos maiores críticos desta impossibilidade de acesso é o juiz do Tribunal Internacional de Justiça António Cançado Trindade, *The Access of Individuals to International Justice,* Oxford University Press, 2011, pp. 114 e ss. Também sobre esta discussão o acórdão clássico do Tribunal Europeu dos Direitos Humanos, Loizidou versus Turkey, Julgamento de 23 de março de 1995, para. 82.

[23] Bruno Simma, *Self-contained regimes,* Netherlands Yearbook of International Law, vol. 16, 1985, p. 111; Bruno Simma e Dirk Pulkowski, *Of planets and the universe: Self-contained regimes in international law,* European Journal of International Law, vol 17, nº3, p. 493.

que "Todo indivíduo tem direito ao respeito da dignidade inerente à pessoa humana e ao reconhecimento da sua personalidade jurídica" (art. 5º) da Carta dos Direitos Humanos e dos Povos, e especificamente consagrado a propósito das matérias de igualdade de género, no Protocolo relativo aos direitos das mulheres (art. 3º). Seguindo uma abordagem semelhante, ainda que baseada num fundamento teológico direto, a Carta Árabe dos Direitos Humanos elenca a Dignidade como princípio conformador do ordenamento jurídico da Liga Árabe, assumindo-a no preâmbulo como o princípio conformador e depois usando-a como fundamento para as proibições do racismo, xenofobia, ocupação e domínio estrangeiro (alínea *b)* do artigo 1º) [24]. No contexto europeu, por razões mais históricas do que dogmáticas, a Dignidade não é sequer elencada no texto original da Convenção Europeia dos Direitos Humanos[25], embora lhe seja feita referência no preâmbulo do Protocolo 13, surgindo ainda assim na Carta Social Europeia (art. 26º), na Convenção para a Proteção dos Direitos Humanos e da Dignidade da Pessoa Humana relativos à Biomedicina: Convenção Europeia dos Direitos Humanos e Biomedicina (preâmbulo e art. 1º) e nos vários

[24] Carta Árabe dos Direitos Humanos, adotada no Cairo, a 25 de setembro de 1994, artigo 1º. Nesta matéria, Mervat Rishmawi, *The Arab Charter on Human Rights and the League of Arab States: An Update,* Human Rights Law Review , vol. 10, nº 1, Oxford University Press, 2010, pp. 169-178.

[25] Sem prejuízo de efetivamente não existir uma menção clara a este princípio na Convenção Europeia dos Direitos Humanos, o Tribunal Europeu dos Direitos Humanos tem aplicado lógicas baseadas na Dignidade em múltiplas decisões. Na doutrina, avançando uma explicação de ordem prática baseada no objectivo de ter uma Convenção realmente aplicável e pragmática, Jean-Paul Costa, *Human Dignity in the Jurisprudence of the European Court of Human Rights,* in: Christopher McCrudden (ed.), Understanding Human Dignity – Proceedings of the British Academy, vol. 192, 2013, pp. 393-402. Ilustrando uma recente aplicação do princípio da Dignidade da pessoa humana no contexto do TEDH veja-se o caso *Yaroslav Belousov v. Rússia,* queixas nºs 2653/13 e 60980/14, assim como *Kudła v. Polónia,* queixa nº 30210/96, para. 92-94, e *Popov v. Rússia,* queixa nº 26853/04, para. 208. Sobre a aplicação da Dignidade ao tempo de detenção veja-se *Alver v. Estónia,* queixa nº 64812/01. No caso Christine Goodwin v. Reino Unido queixa nº 28957/95, o TEDH foi mais longe em afirmar que " Nonetheless, the very essence of the Convention is respect for human dignity and human freedom. Under Article 8 of the Convention in particular, where the notion of personal autonomy is an important principle underlying the interpretation of its guarantees, protection is given to the personal sphere of each individual, including the right to establish details of their identity as individual human beings", para. 90. Sobre a Dignidade enquanto proibição da tortura e tratamentos degradantes *vide* Jalloh v. Alemanha, queixa nº 54810/00.

instrumentos da União Europeia,[26] com o artigo 1º da Carta dos Direitos Fundamentais na liderança.

No continente americano é também patente o uso regional daquele princípio. Na verdade, atentando nos preâmbulos da Convenção Interamericana para Prevenir e Punir a Tortura[27] e para a Declaração Americana dos Direitos e Deveres fica clara a tendência estruturante da Dignidade enquanto elemento fundador daquela ordem jurídica regional. No entanto, bem mais do que apenas uma tendência interpretativa, o princípio da Dignidade tem sido recorrentemente usado como norma operativa pelo Tribunal Interamericano dos Direitos Humanos em face das sucessivas queixas apresentadas perante a Comissão Interamericana dos Direitos Humanos em matérias de violações grosseiras de direitos fundamentais como sejam os desaparecimentos forçados, o trabalho infantil ou a escravatura. Muito embora não se autonomize a Dignidade enquanto direito autónomo, pode facilmente retirar-se de todo o texto da Convenção um princípio *pro homine* que ressalta do papel individualizador da Convenção, concretizado depois pela jurisprudência, quanto a determinados grupos minoritários como as crianças, mulheres ou pessoas com deficiência.[28] Esta noção individualizadora é explicada pela natureza regional específica do Tribunal em questão, em face dos desafios humanos que se observam no continente americano, mas tem também uma direta influência do pensamento de ANTÓNIO CANÇADO TRINDADE, ex-juiz e presidente do TIDH, nomeadamente quanto ao conceito que apelida de novo *Ius Gentium,* baseando o direito internacio-

[26] Em 2004 o Tribunal de Justiça pronunciou-se acerca do princípio a título de questão prejudicial, nomeadamente acerca da possibilidade de restrição da liberdade de circulação e estabelecimento de atividades que, na ótica nacional, lesariam a noção de Dignidade da pessoa humana da Constituição Alema. Estava em causa saber-se se um jogo de *laser tag,* em que se simulavam homicídios de inimigos, e que fora considerado como uma violação da Dignidade da pessoa humana pelo Tribunal Constitucional Alemão, poderia ser arguido pelo Estado Alemão para restringir fundamentais liberdades de Direito da União Europeia. O Tribunal haveria de se pronunciar positivamente, admitindo que o princípio da Dignidade da pessoa humana pudesse funcionar como limite intransponível até para o Direito da UE, permitindo uma derrogação de disposições fundamentais em prol do seu cumprimento. TJUE, *Omega,* C-36/02, 14 de Outubro de 2004, para. 40 e 41.

[27] http://www.oas.org/juridico/portuguese/treaties/a-51.htm

[28] LUDOVIC HENNEBEL *the inter-american court of human rights: the ambassador of universalism,* originalmente publicado em francês em L. HENNEBEL & H. TIGROUDJA, *La Cour interaméricaine des droits de l'homme: entre universalisme et particularisme,* Paris, 2009, p. 75.

nal numa verdadeira proteção universal da pessoa humana.[29]Foi também, de resto, este o pensamento do Tribunal quanto à interpretação atualista e humanista da Convenção Americana[30]. Esta noção individualizadora tem, desde 1994, uma especial expressão na denominada Convenção do *Belém do Pará*, uma Convenção especializada que previne e pune a violação contra mulheres [31] e em que se elencam duas das típicas modalidades ou dimensões da dignidade. Por um lado nos termos da alínea *e)* do artigo 4º, fazendo-se referência à noção de dignidade enquanto elemento inato ao ser humano, reconduzindo-se a Dignidade a substrato axiológico do sistema; por outro lado referindo-se à Dignidade enquanto conteúdo mínimo do direito à privacidade e à intimidade da vida privada, funcionando como limite a atitudes degradantes de jornalistas e outros face a mulheres, nomeadamente impondo obrigações de não publicação de notícias essencialmente degradantes (alínea *g)* do artigo 8º).

Da mesma forma, e embora não exista uma menção autónoma à Dignidade na Convenção Americana dos Direitos Humanos, enquanto direito fundamental, as sucessivas referências a um tratamento digno, a propósito dos direitos fundamentais à integridade física (art. 5º), à proibição da escravatura (art. 6º) ou à honra e ao bom nome (art. 11º) naturalmente indicam uma forte aplicação do princípio da dignidade da pessoa humana enquanto reduto mínimo de outros direitos e como substrato axiológico daquela convenção. Como veremos de seguida, é particularmente importante a aplicação que é feita da Dignidade na jurisprudência do TIDH, em especial tendo em conta as sucessivas violações dos estados parte em matérias de detenção arbitrária e de desaparecimentos forçados.[32]

[29] Antônio Cançado Trindade, *International Law for Humankind. Towards a New Ius Gentium, Martinus Nijhoff Publishers,* Leiden-Boston, 2010, p. 726.

[30] TIDH, Advisory opinion nº OC-10/89, de 14 de julho de 1989, para. 37.

[31] https://www.cidh.oas.org/basicos/portugues/m.Belem.do.Para.htm

[32] Apresentando uma visão expansionista da jurisprudência do TIDH como abrangendo crescentemente mais áreas não inicialmente consagradas na Convenção – Lucas Lixinski, Treaty Interpretation by the Inter-American Court of Human Rights: Expansionism at the Service of the Unity of International Law, European Journal of International Law, 2010, vol. 21, nº 3, pp. 585-604.

3. Das dimensões da dignidade da pessoa humana na jurisprudência no Tribunal Interamericano dos Direitos Humanos à luz do caso Velásquez Rodriguez

3.1. Enquadramento: O caso Velásquez Rodriguez v. Honduras[33]

i. Factos do caso

Um dos fundamentais casos de aplicação do princípio da dignidade da pessoa humana pelo TIDH pode ser encontrado no contencioso que opôs Manfredo Velásquez, estudante universitário, e o Estado das Honduras, em que se discutiam as matérias relativas ao enquadramento jurídico a ser dado aos denominados desaparecimentos forçados naquela região.[34]

Em 1981, Manfredo Velásquez, à altura estudante universitário, teria sido alegadamente detido por elementos da Direção Nacional de Investigação e do G-2 (polícia secreta) das Forças Armadas de Honduras de forma "violenta e sem intermédio de ordem judicial de prisão"[35]. Manfredo Velásquez teria desaparecido entre as 16:30 e 17:00 horas, de um estacionamento de veículos no centro de Tegucigalpa, sequestrado por vários homens fortemente armados, não fardados mas empunhando armas militares, que o teriam colocado num veículo sem matrícula para o levarem posteriormente às entidades militares.

Estariam por detrás daquela detenção as filiações partidárias de Vélasquez, que teriam levado a que, após a detenção, tivesse ainda sido submetido a intensos interrogatórios com recurso a técnicas de tortura e finalmente tivesse sido dado como desaparecido para os seus familiares e amigos.

A Comissão Interamericana de Direitos Humanos haveria de notificar o Governo Hondurenho para se pronunciar acerca daqueles factos e, na ine-

[33] TIDH, Velásquez Rodríguez v. Honduras, Judgment of the 29 July 1988, available at: http://www.refworld.org/cases,IACRTHR,40279a9e4.html [accessed 21 April 2017].

[34] Sobre o papel contencioso do Tribunal Interamericano dos Direitos Humanos, fazendo uma análise para o futuro do que seria o impacto do caso Vélasquez – Amy S. Dwyer, *The Inter-American Court of Human Rights: Towards Establishing an Effective Regional Contentious Jurisdiction,* Boston College International and Comparative Law Review, vol. 13, nº 1, 1990, pp. 127 e 128; sobre os limites pp. 156 e ss.

[35] Para. 3.

xistência de uma resposta por parte daquele, acabaria por presumir aqueles factos como verdadeiros[36] e a comunicar ao Estado Hondurenho que tais atuações constituiriam gravíssimas violações ao direito à vida (art. 4º) e ao direito à liberdade pessoal (art. 7º) da Convenção Americana (Resolução 30/83, de 4 de outubro de 1983).

Seguir-se-iam vários anos de troca de informações entre a Comissão e o Governo Hondurenho, com o estabelecimento por parte do último de uma comissão para investigação daquele desaparecimento cujas conclusões, levadas posteriormente a tribunal, se concluiriam com a inexistência de qualquer condenação dos vários intervenientes policiais e militares envolvidos no litigio.

A Comissão levou então o caso ao Tribunal Interamericano dos Direitos do Homem em 1986, alegando para esse efeito que a conduta do Estado Hondurenho se integraria numa onda generalizada de desaparecimentos forçados efetuados pelas forças policiais e militares das Honduras, estimado entre 100 a 150 pessoas no período de 1981 a 1984, cujos alvos representavam sempre, na aceção do Governo, indivíduos perigosos para a Segurança do Estado, que eram vendados e depois submetidos a práticas de interrogatório e tortura para serem depois dados como desaparecidos.[37]

3.2. A DPH enquanto parâmetro objetivo e autónomo

É precisamente no âmbito da qualificação dos desaparecimentos forçados[38], enquanto violação de direitos fundamentais, que o Tribunal rejeita

[36] Sobre a matéria da prova no TIDH, ALBERTO BOVINO, *Evidential issues before the Inter-American Court of Human Rights,* Revista Internacional dos Direitos Humanos. vol.2, nº 3, São Paulo, 2005.

[37] Para. 147.

[38] Sobre esta matéria e em sentido diferente desta decisão ver o caso Caballero-Delgado e Santana v. Colômbia. O caso em apreço colocou-se nos seguintes termos: De acordo com a petição trazida pela Comissão, e pela subsequente Resolução submetida ao TIDH, Isidro Caballero-Delgado e María del Carmen Santana teriam sido capturados em Guaduas, San Alberto, Colômbia, por patrulhas militares do exército colombiano. À semelhança do caso Vélasquez, também neste caso Isidro Caballero-Delgado tinha exercido funções políticas dissidentes com o regime vigente, nomeadamente como dirigente de uma central sindical em matéria de Educação, com o qual trabalhava María del Carmen, com funções de recrutamento de militantes para aquele sindicato. À altura do rapto, ambos se encontravam na preparação de

liminarmente a possibilidade de recurso a tais práticas constituindo uma violação clara e direta da dignidade da pessoa humana:

> *"por mais graves que possam ser certas ações e por mais culpáveis que possam ser os réus de determinados delitos, não cabe admitir que o poder possa ser exercido sem limite algum ou que o Estado possa valer-se de qualquer procedimento para alcançar seus objetivos, sem sujeição ao direito ou à moral. Nenhuma atividade do Estado pode fundar-se sobre o desprezo à dignidade humana.*[39]"

A dignidade da pessoa humana é encarada nesta sede como limite último ao exercício do poder do Estado, ou seja, como verdadeiro princípio estruturante do Estado de Direito. Independentemente do facto da própria segurança do Estado se encontrar alegadamente em causa, tendo em conta as ações daqueles que se dariam como desaparecidos, tal perigo não seria, no entanto, em caso algum, suficiente para justificar a abolição do tratamento digno dos réus. É aqui uma função objetiva da dignidade da pessoa humana enquanto parâmetro de controlo autónomo que se aplica. Ou seja, a Dignidade aqui apresenta-se como limite aos limites da atuação estatal, com um aparente conteúdo próprio, que limitará qualquer atuação do Estado, mesmo ainda antes de se atentar ao conteúdo útil de cada Direito Fundamental. O que o Tribunal parece implicar com este raciocínio é o de que, na ponderação entre um determinado objetivo/fim a ser prosseguido pelo Estado, existirão limites absolutos que, por maior que sejam as violações perpetradas, sempre terão que ser observados.

Esta foi aliás a visão do TIDH no caso *Godínez Cruz v. Honduras* em que o TIDH reconheceu que a prática de desaparecimento forçado implicava, geralmente, a execução secreta dos prisioneiros, sem que existisse julgamento e com o posterior desaparecimento dos seus corpos, de forma que essa prática não só constituiria uma violação ao artigo 4º da Convenção (direito à vida), mas demonstraria também um abandono radical dos valo-

um evento que visasse colocar em debate público as matérias relativas à guerra e às condições de trabalho do setor. Ao contrário do que foi decidido no caso Vélasquez, no entanto, o tribunal condenaria o Estado colombiano apenas na medida da violação ao artigo 7º e do artigo 4º, e não já da integridade pessoal e tratamento condigno previsto no artigo 5º por não existirem provas suficientes de que os detidos tivessem sofrido tratamentos degradantes. Julgamento de 8 de dezembro de 1995, caso Caballero-Delgado e Santana v. Colômbia, Tribunal Interamericano dos Direitos Humanos.

[39] Para. 154.

res que emanam da dignidade humana e dos princípios fundamentais sob os quais o sistema interamericano é baseado.[40] Nessa mesma linha, o TIDH decidiu, no caso *Cantoral-Benavides v. Peru*, após reiterar o entendimento acima, que a necessidade de conduzir investigações e as dificuldades inerentes do combate ao terrorismo não podem ser usadas como justificação para restringir a proteção da integridade física da pessoa.[41] O poder do Estado estaria por isso limitado na prática de atos visando a sua própria segurança, não sendo admissível que o Estado pudesse agir de modo ilimitado com o fim de alcançar os seus objetivos, desrespeitando assim a lei e a moralidade. Repetia-se a formulação clássica do TIDH – "*No State activity can be grounded on disregarding human dignity*".[42]

3.3. A DPH enquanto conteúdo mínimo de outros direitos fundamentais

Esta dimensão da Dignidade seria depois complementada por uma segunda dimensão, esta mais recorrente na jurisprudência do TIDH, que é a da Dignidade enquanto núcleo mínimo e irredutível de direitos fundamentais específicos. Esta dimensão é talvez aquela onde a Dignidade se observa com maior relevância e que necessariamente levanta sérios problemas acerca da sua autonomia face a outros direitos fundamentais, na medida em que se possa reconduzir única exclusivamente a uma ferramenta de defesa contra aquelas restrições extremas, em que o reduto mínimo de um direito fundamental se vê desrazoavelmente atingido.[43]

O TIDH argumenta também neste sentido de Dignidade quando, no caso Vélasquez, condena aquela ação do Estado Hondurenho por violação

[40] TIDH, Case of Fairén-Garbi and Solís-Corrales v. Honduras, Judgment of March 15, 1989 (Merits), para. 150-151.

[41] TIDH, Case of Cantoral-Benavides v. Peru. Judgment of August 18, 2000 (Merits), para 96. Disponível em: http://www.corteidh.or.cr/docs/casos/articulos/seriec_69_ing.pdf. Acesso em: 27 de março de 2017.

[42] TIDH, Case of Durand and Ugarte v. Peru. Judgment of August 16, 2000 (Merits), para 69. Disponível em: http://www.corteidh.or.cr/docs/casos/articulos/seriec_68_ing.pdf. Acesso em: 28 de março de 2017.

[43] Jorge Reis Novais, *A Dignidade da Pessoa Humana: Dignidade e inconstitucionalidade*, vol. II, Almedina, Lisboa, pp. 33-35.

dos artigos 7º (Direito à Liberdade pessoal) e 5º (Direito à Integridade pessoal e tratamento condigno), na medida em que o tratamento dado a Vélasquez configuraria um "caso de privação arbitrária de liberdade que viola, ademais, o direito do detido a ser levado sem demora perante um juiz e a interpor os recursos adequados para controlar a legalidade de sua prisão"[44] e ainda "o isolamento prolongado e a incomunicabilidade coativa a que se vê submetida a vítima representam, por si mesmos, formas de tratamento cruel e desumano, lesivas da liberdade psíquica e moral da pessoa e do direito de todo detido ao respeito devido à dignidade inerente ao ser humano"[45]. Como vimos acima, ao contrário das Constituições nacionais, a Convenção Americana dos Direitos Humanos não consagra uma cláusula genérica de proteção da dignidade da pessoa humana, fazendo-lhe alusão unicamente a propósito do direito à vida (art. 4º) da integridade física (artº 5º), da proibição de escravidão ou servidão (art. 6º) e à proteção da honra e dignidade (art. 11º). É por isso natural que a dimensão mais focada da Dignidade seja aquela do conteúdo mínimo daqueles direitos fundamentais específicos, como no caso em apreço, ditando que num conflito entre o direito à segurança nacional do Estado, e o tratamento dos alegados infratores, a Dignidade impõe sempre um tratamento com garantias mínimas, funcionando como " critério de delimitação de mínimos necessariamente garantidos nas várias dimensões em que os direitos fundamentais projetam a sua força normativa em Estado de Direito social e democrático."[46]

É esta a dimensão mais focada na variada jurisprudência do TIDH em matéria de proteção de direitos fundamentais enquanto mínimos de dignidade, sobretudo tendo em conta o tratamento das matérias relativas aos desaparecimentos forçados, detenções arbitrárias e desrespeito aos direitos das pessoas privadas de liberdade, estes últimos geralmente em decorrência da prática de tortura ou tratamento degradante. Trata-se de uma jurisprudência extensa, tendo em conta que essas práticas foram, e ainda são, recorrentes em inúmeros países latino-americanos sob os quais o Tribunal tem jurisdição.

Ao analisar tais casos, o Tribunal interpretou, particularmente, os artigos 4º e 5º da Convenção Americana sobre Direitos Humanos, que dispõem

[44] Para. 155.

[45] Para. 156.

[46] Jorge Reis Novais, *A Dignidade da Pessoa Humana,* vol. 1, Almedina, Lisboa, p. 182.

sobre o direito à vida e o direito à integridade pessoal, respetivamente. Nas decisões do TIDH, é notória a ligação que é estabelecida entre os direitos fundamentais da vida e integridade física e o respeito por um conteúdo mínimo de Dignidade enquanto definição dos limites que devem ser respeitados no âmbito das restrições.

Um bom exemplo disso pode ser encontrado nos casos colocados perante o Tribunal respeitantes ao tratamento de prisioneiros e detidos, nomeadamente quanto à extensão dos direitos daqueles indivíduos detidos por tempo indeterminado. No caso *Godínez Cruz v. Honduras*, o TIDH decidiu que o isolamento prolongado e a privação de comunicação configurariam tratamentos cruéis e desumanos, que atentariam contra a integridade moral e psicológica do ser humano e que, em última instância, constituiriam uma violação ao direito do detido ao respeito inerente à sua dignidade humana violando, dessa forma, o artigo 5º da Convenção, que reconhece o direito à integridade pessoal. O Tribunal acabaria por ir mais longe no tratamento da Dignidade, apontando-a como um fim último do respeito dos direitos fundamentais, imposto ao Estado enquanto um dever de prevenir situações que colocassem em causa a garantia digna da integridade física dos detidos.[47]

Da mesma forma, no caso *Fairén-Garbi e Solís-Corrales v. Honduras*, o TIDH haveria de decidir que o mero isolamento em detenção, coercitivo e prolongado, pela sua natureza, constituiria um tratamento cruel e degradante, violador da integridade moral e mental do indivíduo e o direito à dignidade inerente à pessoa humana, violando, assim e novamente, o artigo 5º da Convenção.[48]

No caso *Neira Alegría et al. v. Peru*, ao analisar o direito das pessoas privadas de liberdade, o TIDH decidiu que, nos termos do segundo parágrafo do artigo 5º da Convenção, toda pessoa privada de liberdade tem o direito de viver em detenção com condições compatíveis com a sua dignidade pessoal[49],

[47] TIDH, Case of Godínez-Cruz v. Honduras. Judgment of January 20, 1989 (Merits), para. 164, 166, 197. Disponível em: http://www.corteidh.or.cr/docs/casos/articulos/seriec_05_ing.pdf. Acesso em 27 de março de 2017.

[48] TIDH, Case of Fairén-Garbi and Solís-Corrales v. Honduras, para. 149.

[49] Nesse mesmo sentido: TIDH. Case of Tibi v. Ecuador, para 262; Case of De La Cruz-Flores v. Peru. Judgment of November 18, 2004 (Merits, Reparations and Costs), para 124. Disponível em: http://www.corteidh.or.cr/docs/casos/articulos/seriec_115_ing.pdf. Acesso em: 28 de março de 2017; Case of Lori Berenson-Mejía v. Peru. Judgment of November 25, 2004, para 102.

ou seja, compatíveis com a inerente dignidade da pessoa humana[50], e que o Estado deve garantir a essas pessoas o direito à vida e à integridade física. Nessa decisão, o TIDH acabaria por reconduzir o núcleo essencial do artigo 5º à regra que nenhuma pessoa pode ser submetida à tortura ou a tratamento ou punição cruel, desumana ou degradante e que todas as pessoas privadas de liberdade deveriam ser tratadas com o respeito inerente à dignidade da pessoa humana, mais uma vez fazendo uso de uma noção de Dignidade em estreita conexão com o conteúdo do direito fundamental (tratamento digno dos prisioneiros)[51]. Da mesma forma, concretizando

Disponível em: http://www.corteidh.or.cr/docs/casos/articulos/seriec_119_ing.pdf. Acesso em: 28 de março de 2017; Case of Caesar v. Trinidad and Tobago. Judgment of March 11, 2005 (Merits, Reparations and Costs), para 96. Disponível em: http://www.corteidh.or.cr/docs/casos/articulos/seriec_123_ing.pdf. Acesso em: 28 de março de 2017; Case of Raxcacó-Reyes v. Guatemala. Judgment of September 15, 2005 (Merits, Reparations and Costs), para 95. Disponível em: http://www.corteidh.or.cr/docs/casos/articulos/seriec_133_ing.pdf. Acesso em: 28 de março de 2017; Case of García-Asto and Ramírez-Rojas v. Peru. Judgment of November 25, 2005 (Preliminary Objections, Merits, Reparations and Costs), para 221. Disponível em: http://www.corteidh.or.cr/docs/casos/articulos/seriec_137_ing.pdf. Acesso em: 28 de março de 2017; Case of López-Álvarez v. Honduras. Judgment of February 1, 2006 (Merits, Reparations and Costs), para 105. Disponível em: http://www.corteidh.or.cr/docs/casos/articulos/seriec_141_ing.pdf. Acesso em: 27 de março de 2017; Case of Yvon Neptune v. Haiti. Judgment of May 6, 2008 (Merits, Reparations and Costs), para 130. Disponível em: http://www.corteidh.or.cr/docs/casos/articulos/seriec_180_ing.pdf. Acesso em: 28 de março de 2017.

[50] TIDH, Case of Boyce et al. v. Barbados. Judgment of November 20, 2007 (Preliminary Objection, Merits, Reparations and Costs), para 88. Disponível em: http://www.corteidh.or.cr/docs/casos/articulos/seriec_169_ing.pdf. Acesso em 28 de março de 2017. Nesse mesmo sentido: Case of Chaparro Álvarez and Lapo Íñiguez v. Ecuador. Judgment of November 21, 2007 (Preliminary Objections, Merits, Reparations, and Costs), para 170. Disponível em: http://www.corteidh.or.cr/docs/casos/articulos/seriec_170_ing.pdf. Acesso em: 28 de março de 2017; Case of Yvon Neptune v. Haiti, para 129.

[51] De modo a ilustrar esse entendimento, podemos citar a sentença do TIDH no caso Montero-Aranguren et al (Detention Center of Catia) v. Venezuela, na qual o TIDH concluiu que o espaço de aproximadamente 30 cm2 disponível para cada detido era absolutamente inaceitável, pois configuraria um tratamento cruel, desumano e degradante, contrário à dignidade inerente à pessoa humana constituindo assim uma violação do parágrafo 2 do artigo 5º da Convenção. TIDH, Case of Neira-Alegría et al. v. Peru. Judgment of January 19, 1995 (Merits), paras 60 e 86. Disponível em: http://www.corteidh.or.cr/docs/casos/articulos/seriec_20_ing.pdf. Acesso em 27 de março de 2017. Nesse mesmo sentido: Case of Bámaca-Velásquez v. Guatemala. Judgment of November 25, 2000 (Merits), para 171. Disponível em: http://www.corteidh.or.cr/docs/casos/articulos/seriec_70_ing.pdf. Acesso em: 27 de março de 2017; Case of Hilaire, Constantine and Benjamin et al. v. Trinidad and Tobago. Judgment of June 21, 2002 (Merits, Reparations and Costs), para 165. Disponível em: http://

este tratamento digno, o TIDH explicou que no direito internacional dos direitos humanos os detidos poderiam ser mantidos *em isolamento* em situações absolutamente excecionais, visto que essa prática constituiria um ato contrário à dignidade humana.[52] Basta aliás, na visão do Tribunal, que o detido se encontre em isolamento prolongado para que tal detenção configure já um problema de tratamento cruel e desumano que causa danos à integridade moral e psíquica do indivíduo e viola o direito ao respeito à dignidade inerente à pessoa humana.[53]

A mesma lógica de dignidade foi usada em casos sobre detenção arbitrária, em que o TIDH reiteradamente afirmou que uma pessoa que foi detida ilegalmente estaria numa situação de vulnerabilidade capaz de criar um sério risco de ter os seus demais direitos, tais como os direitos à integridade física e a ser tratado com dignidade, violados.[54] De acordo com o TIDH, mesmo que a detenção arbitrária dure apenas um curto período de tempo já bastaria para que se conformasse uma violação à integridade física e moral do indivíduo.[55]

www.corteidh.or.cr/docs/casos/articulos/seriec_94_ing.pdf. Acesso em: 27 de março de 2017; Case of Montero-Aranguren et al (Detention Center of Catia) v. Venezuela. Judgment of July 5, 2006 (Preliminary Objection, Merits, Reparations and Costs), para 85. Disponível em: http://www.corteidh.or.cr/docs/casos/articulos/seriec_150_ing.pdf. Acesso em: 28 de março de 2017; Case of the Miguel Castro-Castro Prison v. Peru. Judgment of November 25, 2006 (Merits, Reparations and Costs), para 274. Disponível em: http://www.corteidh.or.cr/docs/casos/articulos/seriec_160_ing.pdf. Acesso em: 28 de março de 2017.

52 TIDH, Case of Cantoral-Benavides v. Peru, para 82. Nesse mesmo sentido: Case of Bámaca-Velásquez v. Guatemala, para 150. Nesse mesmo sentido: Case of Chaparro Álvarez and Lapo Íñiguez v. Ecuador, para 171.

53 TIDH, Case of the Miguel Castro-Castro Prison v. Peru. Judgment of November 25, 2006 (Merits, Reparations and Costs), para 323.

54 TIDH, Case of the "Street Children (Villagran-Morales et al.) v. Guatemala, para 166. Nesse mesmo sentido: Case of Bámaca-Velásquez v. Guatemala, para 150; Case of Juan Humberto Sánchez v. Honduras. Judment of June 7, 2003 (Preliminary Objections, Merits, Reparations and Costs), para 96. Disponível em: http://www.corteidh.or.cr/docs/casos/articulos/seriec_99_ing.pdf. Acesso em: 27 de março de 2017; Case of Tibi v. Ecuador. Judgment of September 07, 2004 (Preliminary Objections, Merits, Reparations and Costs), para 147. Disponível em: http://www.corteidh.or.cr/docs/casos/articulos/seriec_114_ing.pdf. Acesso em: 27 de março de 2017; Case of López-Álvarez v. Honduras. Judgment of February 1, 2006 (Merits, Reparations and Costs), para 104; Case of Baldeón-García v. Peru. Judgment of April 6, 2006 (Merits, Reparations and Costs), para 119. Disponível em: http://www.corteidh.or.cr/docs/casos/articulos/seriec_147_ing.pdf. Acesso em: 28 de março de 2017.

55 TIDH, Case of Gómez-Paquiyauri Brothers v. Peru. Judgment of July 8, 2004 (Merits, Reparations and Costs), para 108. Disponível em: http://www.corteidh.or.cr/docs/casos/articulos/seriec_110_ing.pdf. Acesso em: 27 de março de 2017;

Neste domínio foram várias as tentativas dos Estados para justificarem as restrições aplicáveis, nomeadamente atribuindo as violações a fatores externos tais como condições económicas, algo manifestamente negado pelo TIDH. De facto aquele tribunal entende que os Estados não podem invocar dificuldades económicas e financeiras para justificar as condições carcerárias e prisionais incompatíveis com os padrões mínimos internacionais.[56], pelo que se torna essencial que os Estados formulem e adotem uma efetiva estratégia preventiva para evitar a escalada de violência nas penitenciárias para a proteção da vida e integridade pessoal dos detentos e também para a garantia do seu direito a viver com dignidade (dimensão positiva da Dignidade).[57]

Esta dimensão positiva da Dignidade é justamente a prova de que uma Dignidade enquanto reduto mínimo deve impor não apenas limites negativos (os quais proíbem o legislador de restringir abaixo de um certo nível de proteção e impõem, por isso, uma obrigação de *non facere) mas também verdadeiros limites positivos*, ou seja, garantir que os particulares possuem níveis mínimos de bem-estar.

No famoso caso das "Crianças de Rua", do voto conjunto dos Juízes Cançado Trindade e Abreu-Burelli, infere-se que a dignidade da pessoa humana é interpretada como uma qualificadora do direito à vida numa dimensão verdadeiramente positiva, ou seja, como uma diretriz de interpretação ao que deva ser entendido como o conteúdo do direito fundamental à vida. Esse conteúdo não seria assim apenas o direito a não ser morto, mas incluiria também um verdadeiro direito a viver com dignidade. Nas palavras de Cançado Trindade e Abreu-Burelli: "*The duty of the State to take positive measures is stressed precisely in relation to the protection of life of vulnerable and defenseless persons, in situation of risk, such as the children in the streets. The arbitrary deprivation of life is not limited, thus, to the illicit act of homicide; it extends*

[56] TIDH, Case of Boyce et al. v. Barbados, para 88.

[57] TIDH, Case of Yvon Neptune v. Haiti, para 182. O TIDH, no caso "Juvenile Reeducation Institute" v. Paraguay, também reconheceu que o direito à vida abrange o direito à viver com dignidade. Nesse caso, o TIDH pontuou que o Estado tem um importante papel de garantidor dos direitos daqueles privados de liberdade, tendo em vista a relação de subordinação entre estes e aquele. Para tanto, o TIDH concluiu que o Estado deve adotar medidas de modo a assegurar que as pessoas privadas de liberdade tenham as condições necessárias para viver com dignidade e para gozar dos direitos que não podem ser restringidos em qualquer circunstância. O Estado tem, portanto, a obrigação de prover às pessoas privadas de liberdade as mínimas condições para que elas tenham respeitadas a sua dignidade humana.

itself likewise to the deprivation of the right to live with dignity. This outlook conceptualizes the right to life as belonging, at the same time, to the domain of civil and political rights, as well as economic, social and cultural rights, thus illustrating the interrelation and indivisibility of all human rights. (...) The needs of protection of the weaker, – such as the children in the streets, – require definitively an interpretation of the right to life so as to comprise the minimum conditions of life with dignity."[58]

Deste voto concorrente resulta também uma outra conclusão de relevo: os juízes admitem que o princípio da Dignidade possa na verdade funcionar não apenas como princípio negativo (não pode ser restringido) mas também como uma obrigação de promoção do Estado (deve ser feito). Esta visão da Dignidade como impondo uma conduta comprova que a noção de reduto ou de conteúdo mínimo necessariamente pressupõe também uma ideia de um conteúdo mínimo que deve ser alcançado (e não apenas que não pode ser violado).[59] [60] Desde logo porque no caso *"Yakye Axa Indigenous Community v. Paraguay*, o Tribunal reiterou que uma das obrigações do Estado é proteger e garantir o direito à vida, de modo a garantir o mínimo de condições de vida que seja compatível com a dignidade da pessoa humana através de medidas positivas e concretas com a finalidade

[58] TIDH, Case of the "Street Children (Villagran-Morales et al.) v. Guatemala. Judgment of November 19, 1999 (Merits), Joint Concurring Opinion of Judges A.A. Cançado Trindade and A. Abreu-Burelli, paras 4 e 7. Disponível em: http://www.corteidh.or.cr/docs/casos/articulos/seriec_63_ing.pdf. Acesso em: 27 de março de 2017.

[59] Esta visão da Dignidade enquanto reduto mínimo do direito à vida pode ainda ser interpretada como uma verdadeira recondução do valor da Dignidade ao direito fundamental à vida, confundindo-se de alguma forma a Dignidade enquanto princípio estruturante e enquanto verdadeiro direito fundamental. Foi este o debate no caso *Sawhoyamaxa Indigenous Community v. Paraguay*, em que o Juiz Cançado Trindade reiterou a jurisprudência do TIDH sobre o direito à vida digna, ressaltando que no caso das "Crianças de Rua" o TIDH considerou que: "*The right to life is a fundamental human right, and the exercise of this right is essential for the exercise of all other human rights. If it is not respected, all rights lack meaning. Owing to the fundamental nature of the right to life, restrictive approaches to it are inadmissible. In essence, the fundamental right to life includes, not only the right of every human being not to be deprived of his life arbitrarily, but also the right that he will not be prevented from having access to the conditions that guarantee a dignified existence. States have the obligation to guarantee the creation of the conditions required in order that violations of this basic right do not occur, and in particular, the duty to prevent its agents from violating it.*

[60] TIDH, Case of the Sawhoyamaxa Indigenous Community v. Paraguay. Judgment of March 29, 2006 (Merits, Reparations and Costs). Separate Opinion by Judge A.A. Cançado Trindade, para 2. Disponível em: http://www.corteidh.or.cr/docs/casos/articulos/seriec_146_ing.pdf. Acesso em: 28 de março de 2017.

de garantir o direito à vida digna, especialmente às pessoas mais vulneráveis e em situação de risco.[61]

Deste duplo tratamento da Dignidade no caso Manfredo Vélasquez, em estreita conexão com a jurisprudência mais recente do TIDH, denota-se já o caráter complexo do princípio da dignidade da pessoa humana, que surge ora com uma face de norma-regra, como meta princípio impassível de ponderação, afastando quaisquer outras normas do ordenamento que possam com ela conflituar[62], ora surge como conteúdo mínimo de direitos fundamentais.

3.4. A dignidade humana como princípio fundamental do direito internacional dos direitos humanos e o princípio *pro homine* na jurisprudência do TIDH

Uma outra dimensão observável do princípio da dignidade da pessoa humana diz respeito ao uso da norma enquanto mandado de interpretação, ou seja, como uma exigência de uma interpretação em favor do particular[63] ou *pro homine*. Esta visão da dignidade é amplamente apoiada na jurisprudência do TIDH servindo como norma interpretativa à aplicação dos instrumentos regionais de proteção dos direitos da pessoa humana,

[61] TIDH, Case of the Yakye Axa Indigenous Community v. Paraguay. Judgment of June 17, 2005, para 162. Disponível em: http://www.corteidh.or.cr/docs/casos/articulos/seriec_125_ing.pdf. Acesso em: 28 de março de 2017.

[62] Cremos que não existe nesta dimensão/face da Dignidade um verdadeiro conflito de direitos fundamentais sujeito a ponderação. A Dignidade da pessoa humana, a aceitar-se esta dimensão, exerce um controlo verdadeiramente hierárquico sobre as outras normas jurídicas, sendo que em conflito não se requerem juízos de ponderação mas antes de hierarquia material/axiológica que ditará sempre a "vitória" da regra Dignidade. Ao contrário da função da Dignidade enquanto conformadora dos princípios jurídicos auxiliares da resolução de conflitos, como seja o caso da proporcionalidade, onde a Dignidade exerce apenas uma função de injeção valorativa, nesta face a Dignidade surge como verdadeira norma-regra autónoma de nível superior, resolvendo-se o conflito não através da maximização de dois princípios jurídicos e da ponderação no caso concreto, mas antes através da aplicação do critério hierárquico-material que o seu posicionamento enquanto norma fundadora do ordenamento jurídico lhe atribui.

[63] Neste sentido, no Direito nacional, PAULO OTERO, *Instituições Políticas e Constitucionais*, vol. I, Coimbra, 2007, p. 562.

em especial a Convenção Americana sobre Direitos Humanos, pelos juízes desse tribunal.[64]

Exemplo disso é a opinião do Juiz Sergio García Ramírez, no seu voto concorrente no Caso *Mayagna (Sumo) Awas Tingni Community v. Nicarágua*, que ditava que ao exercer a jurisdição contenciosa, o Tribunal Interamericano estaria não apenas obrigado a observar as disposições da Convenção Americana, como também a interpretá-las de modo a ter especialmente em conta o objeto e o propósito do tratado, ou seja, que a interpretação fosse conduzida na busca da mais completa proteção dos indivíduos, com a finalidade de preservar a dignidade humana, de forma a garantir os direitos fundamentais e encorajar o seu desenvolvimento. Nas palavras do Juiz Sergio García Ramírez: "(...) *the object and purpose of the American Convention on Human Rights are to uphold human dignity and recognize the demands that the protection and fulfillment of the human person pose, to articulate attendant obligations, and to provide juridical instruments that preserve that human dignity and meet those demands. When examining the ordinary meaning of the terms of the treaty now being applied –namely, the American Convention-, one has to consider the scope and meaning –or scopes and meanings- that the term "property" has in the countries of the Americas*".[65]

Ilustrando o seu pensamento, ao interpretar o direito à vida, reconhecido no artigo 4º da Convenção, o juiz Sergio García Ramírez fez alusão ao princípio *pro homine* ao defender a aplicação restritiva da pena de morte como medida para a maior proteção dos indivíduos.[66]

[64] É também de alguma forma a visão da própria União Europeia no relacionamento com os Estados-Membros para a proteção de direitos fundamentais. A existência do famoso caso *Solange* I e II é justamente a prova de que a União admite que seja a interpretação mais favorável ao particular aquela que deve prevalecer (com as limitações da jurisprudência Melloni bem entendido). Recentemente advogando a aplicação da doutrina da proteção mais completa no relacionamento entre a UE e o Direito Internacional, nomeadamente o Conselho de Segurança das Nações Unidas, *vide* J. KOKOTT, e C. SOBOTTA, *The Kadi Case – Constitutional Core Values and International Law – Finding the Balance?, in* The European Court of Justice and External Relations Law, edited by Marise Cremona e Anne Thies, Hart, 2014, pp. 216-222.

[65] TIDH, Case of the Mayagna (Sumo) Awas Tingni Community v. Nicaragua. Judgment of August 31, 2001 (Merits, Reparations and Costs), Concurring Opinion of Judge Sergio García Ramírez, paras 2 e 4. Disponível em: http://www.corteidh.or.cr/docs/casos/articulos/seriec_79_ing.pdf. Acesso em: 27 de março de 2017.

[66] TIDH, Case of Raxcaco Reyes v. Guatemala. Judgment of September 15, 2005. Separate Opinion of Judge Sergio Garcia Ramirez, para 12. Disponível em: http://www.corteidh.or.cr/docs/casos/articulos/seriec_133_ing.pdf. Acesso em 21 de abril de 2017.

Esta noção de dignidade enquanto cânone interpretativo encontra-se em grande medida na génese das normas interpretativas elencadas no artigo 29º da Convenção Americana sobre Direitos Humanos, em que se prevê não apenas a aplicação da norma mais protetiva ou tuteladora dos direitos (introduzindo assim um critério de ponderação adicional) mas também a impossibilidade dos Estados de limitar o gozo e o exercício dos direitos e liberdades reconhecidos na Convenção em maior medida do que nela é permitido.

Como ensina Mazzuoli, o mandado de interpretação *pro homine*, ao reconhecer a preponderância da pessoa humana, indica duas normas de interpretação das normas de direito internacional dos direitos humanos.

Em primeiro lugar, as normas devem ser interpretadas de maneira extensiva, de forma a garantir o pleno exercício dos direitos e liberdades, ora de maneira restritiva, quando elas limitarem os direitos protegidos. Isto significa, pois que, numa fase prévia à ponderação, de definição dos conteúdos presentes em determinados direitos fundamentais conflituantes, deve sempre ser dada prevalência aquele significado extensivo *pro* liberdade.

Em segundo lugar, essa interpretação deverá ser aquela que garanta a maior proteção do individuo, ou seja, é criada uma obrigação de aplicação da norma mais favorável em caso de conflito entre normas.[67]

Parece ser também essa a opinião do Juiz Antônio Augusto Cançado Trindade, no seu voto separado no caso *Plan de Sánchez Massacre v. Guatemala*, quando afirmava que os princípios da dignidade da pessoa humana e o da inalienabilidade dos direitos humanos pertenceriam à categoria de princípios fundamentais do direito internacional dos direitos humanos, constituindo por isso a tal base axiológica que analisámos acima.[68] Para o autor, a primazia do respeito pela dignidade da pessoa humana seria necessariamente o propósito dos sistemas jurídicos nacional e internacional, pelo que todos os indivíduos deviam ser respeitados, pelo simples fato de pertencerem à raça humana, independente de qualquer outra circunstância.[69]

[67] Nesse sentido: Valerio de Oliveira Mazzuoli, e Dilton Ribeiro, *The Pro Homine Principle as an Enshrined Feature of International Human Rights Law*. Indonesia Journal of International & Comparative Comparative Law , 2016, p. 90.

[68] Essa opinião é reiterada no voto concorrente do Juiz Cançado Trindade no caso "Juvenile Reeducation Institute" v. Paraguay. TIDH. Case of the "Juvenile Reeducation Institute" v. Paraguay. Concurring Opinion of Judge A.A. Cançado Trindade, para 17.

[69] TIDH, Case of Plan de Sánchez Massacre v. Guatemala. Judgment of April 29, 2004 (Merits). Separate Opinion of Judge A. A. Cançado Trindade, paras 16-17. Disponível em:

Conclui-se por isso que a dignidade da pessoa humana pode também funcionar como mero critério interpretativo, que baseado numa lógica *pro homine*, serve como substrato interpretativo aos juízes do TIDH, que devem pautar a sua atuação de forma a possibilitar a maior proteção aos indivíduos, garantindo, em última análise, a proteção da sua dignidade.

Ao contrário das duas outras dimensões da dignidade, que procuram substantivamente a resolução de conflitos, esta parece apontar a uma dimensão mais secundária ou adjetiva, no sentido de definição da melhor interpretação de conteúdos jusfundamentais já existentes.

3.5. A DPH enquanto fundamento de jurisdição

Por fim, o Tribunal aponta ainda uma derradeira dimensão da Dignidade no caso Vélasquez quando assume que:

> *"O exercício da função pública tem limites que derivam de que os direitos humanos são atributos inerentes à dignidade humana e, em consequência, superiores ao poder do Estado"*[70]

Como vimos acima, uma das funções clássicas da dignidade da pessoa humana seria a de funcionar, assim como outros princípios constitucionais ou verdadeiros direitos fundamentais, como um limite ao arbítrio de poderes maioritários, ou seja, como verdadeiros trunfos contramaioritários que garantiriam a proteção das minorias contra o Estado. As relações eram por isso classicamente verticais, em que os direitos fundamentais eram usados pelos particulares contra o Estado. A construção pós 2ª Grande Guerra é, no entanto, apontada aos ataques despóticos do Estado e às garantias constitucionais dos particulares contra o legislador estadual, de alguma forma ignorando a existência crescente de outras ordens jurídicas. Ora com o advento e expansão do Direito Internacional contemporâneo, as proteções jusfundamentais não são mais apenas as constitucionais mas verdadeiramente as supranacionais, com tribunais especializados de Direitos Humanos que postulam intervenções também elas contramaioritárias.

http://www.corteidh.or.cr/docs/casos/articulos/seriec_105_ing.pdf. Acesso em: 28 de março de 2017.

[70] Para. 165.

A doutrina popularizada por DWORKIN[71] serviu propósitos específicos nos ordenamentos jurídicos nacionais, prevenindo que os direitos fundamentais se encontrassem exclusivamente dependentes de uma vontade conjetural maioritária. Com o advento do Direito Internacional, no entanto, parece poder dizer-se que os trunfos se sobrepõem não apenas às maiorias formadas numa lógica de trunfo do particular contra o Estado, mas verdadeiramente em lógicas de garantia do primado do Direito Internacional dos Direitos Humanos sobre o Direito nacional. Por isso, a dimensão presente nesta passagem deve ser entendida no contexto de um verdadeiro Tribunal Internacional de direitos humanos, ou seja, como uma dimensão de primado da dignidade da pessoa humana sobre **todos os poderes do Estado**, e não apenas da delimitação do poder discricionário do legislador. É pois não apenas uma limitação da soberania de quem legisla, face a quem julga, na dimensão clássica do princípio da separação de poderes, mas é verdadeiramente uma limitação de todos os órgãos de soberania do Estado em face de uma noção de dignidade da pessoa humana transnacional. **É, assim, o princípio da Dignidade enquanto limitação de Soberania.**

O próprio Tribunal Interamericano já o teria dito naquela opinião consultiva[72]:

> *"A proteção aos direitos humanos, em especial aos direitos civis e políticos reunidos na Convenção, parte da afirmação da existência de certos atributos invioláveis da pessoa humana que não podem ser legitimamente prejudicados pelo exercício do poder público. Trata-se de esferas individuais que o Estado não pode violar ou nas quais só pode penetrar limitadamente. Assim, na proteção dos direitos humanos, está necessariamente compreendida a noção da restrição ao exercício do poder estatal".*

E esta restrição não se deve bastar, para que seja efetivo o cumprimento da obrigação prevista no artigo 1º da Convenção Americana dos Direitos Humanos, com uma mera abstenção de atuações restritivas, mas antes com um exercício efetivo de soberania tendente à proteção dos Direitos Fundamentais.[73]

[71] RONALD DWORKIN, *Taking Rights Seriously*, Harvard University Press, Cambridge, 1977.

[72] TIDH, Parecer Consultivo OC-6/86 de 9 de maio de 1986. Série A Nº. 6, par. 21.

[73] A interpretação que o Tribunal faz do artigo 2º da Convenção é uma interpretação muito mais restrita do que seria aparente. Não se trata apenas de um mandado de adoção progressiva de legislação, mas uma obrigação de fins cujo incumprimento não será tolerado pelo Tribunal. Neste sentido diz o próprio Tribunal:

Defendemos por isso que a Dignidade poderá ter, no contexto contemporâneo internacional, uma dimensão inovadora distinta das clássicas faces que se observam nos ordenamentos nacionais, que é a de funcionar como "fundamento" da jurisdição internacional, repensando a ideia de Soberania e Dignidade como responsabilidade dos Estados[74] e não como uma sua prerrogativa absoluta. Ou seja, se alguma forma olharmos o Direito Internacional como um outro ordenamento jurídico apto a proteger os Direitos Fundamentais, então necessariamente também esse ordenamento jurídico teria que fundar a sua conceção do conteúdo dos direitos fundamentais numa qualquer ideia originária de Dignidade[75].

O caso Vélasquez tem assim um significado particularmente importante a dois níveis: para a jurisprudência do TIDH em matéria de Dignidade, na medida em que faz uso da Dignidade não apenas como princípio conformador do conteúdo mínimo dos direitos fundamentais, mas como norma complexa, com autonomia própria, que funciona como limite último à atividade do Estado. Esta ideia de limitação, quando confrontada com um ordenamento jurídico internacional, transforma-se também em atribuição de jurisdição e limitação da soberania, não apenas do poder político, mas de qualquer órgão de soberania do Estado. É o valor intransponível no ordenamento, que não resulta apenas de um consenso político/social circunstancial, no qual se poderia argumentar que os dissidentes políticos não se encontrassem adstritos, mas antes de um valor estruturante do ordenamento que todos engloba e que proíbe todas e quaisquer violações desse limite.[76]

A dignidade da pessoa humana enquanto fundamento de jurisdição foi recentemente discutida no âmbito da função consultiva do TIDH.

167. A obrigação de garantir o livre e pleno exercício dos direitos humanos não se esgota com a existência de uma ordem normativa dirigida a fazer possível o cumprimento desta obrigação, mas comporta a necessidade de uma conduta governamental que assegure a existência, na realidade, de uma eficaz garantia do livre e pleno exercício dos direitos humanos.

[74] Não deixa de ser esta a ideia por detrás do conceito de Responsabilidade de Proteger do Direito Internacional Público, em que os crimes que despoletam a doutrina terão, inegavelmente, uma aproximação muito estreita ao princípio da Dignidade da pessoa humana.

[75] Contrário a esta posição, Jeremy Waldron., *Is Dignity the Foundation of Human Rights?"*, New York University Public Law and Legal Theory Working Papers, Paper 374, 2013, pp. 27-29.

[76] Neste último sentido, Viviana Bohórquez Monsalve e Javier Aguirre Román, *As tensões da dignidade humana: conceituação e aplicação no direito internacional dos direitos humanos*, Revista internacional dos direitos humanos, vol.6, nº 11, São Paulo, 2009, p. 52.

A Opinião Consultiva nº 22, de 2016, versou sobre a titularidade de direitos das pessoas coletivas no Sistema Interamericano de Direitos Humanos e originou-se de uma consulta formulada pela República do Panamá, que solicitou ao TIDH que se pronunciasse, entre outros temas, sobre o alcance e a proteção dos direitos das pessoas coletivas como tais, no Sistema Interamericano.

O TIDH pronunciou-se, por unanimidade, que Convenção Americana só consagra direitos a favor de pessoas físicas e, por conseguinte, as pessoas coletivas não seriam titulares dos direitos consagrados na Convenção.

Fundamentando o seu voto concorrente na Dignidade como requisito para atribuição de jurisdição, o Juiz Roberto F. Caldas pronunciou-se no sentido que: "*Para que casos relativos al derecho a la propiedad puedan ser conocidos por los órganos que componen el sistema interamericano de derechos humanos, estos deben: (i) estar limitados a los bienes necesarios a la vida digna del individuo o (ii) representar un bien vital para el desarrollo de actividad profesional, siempre y cuando sea necesario para garantizar la vida digna de la persona*".[77] Roberto Caldas concluiu afirmando que não se pode falar em dignidade da pessoa coletiva em campo de direitos humanos, demonstrando que, ausente a dignidade humana, ausente a jurisdição do TIDH. Adicionalmente, pontuou que a via judicial comum nacional, e não a internacional dos direitos humanos, é que seria competente para conhecer das violações dos direitos das pessoas coletivas.[78]

A Dignidade da pessoa humana é, portanto, critério de atribuição da jurisdição interamericana, e a sua ausência serviu de justificativa para afastar a jurisdição do TIDH para casos em que haja violação dos direitos das pessoas coletivas.

4. Conclusões

Da análise conduzida a propósito do princípio da dignidade da pessoa humana no Direito Internacional, com especial enfoque na aborda-

[77] TIDH, Opinión Consultiva OC-22/16 de 26 de Febrero de 2016. Titularidad de Derechos de las Personas Jurídicas en el Sistema Interamericano de Derechos Humanos. Voto Concurrente del Juez Roberto F. Caldas, para. 14. Disponível em: http://www.corteidh.or.cr/docs/opiniones/seriea_22_esp.pdf. Acesso em: 30 de março de 2017.

[78] Idem, para 15.

gem conferida pela jurisprudência dinâmica do Tribunal Interamericano dos Direitos Humanos, podem ser retiradas essencialmente cinco grandes conclusões:

1º O princípio da dignidade da pessoa humana no Direito Internacional Geral possui uma relevância consideravelmente menor do que aquela que é conferida pelas constituições dos Estados, sendo reconduzido na maior parte das vezes à sua dimensão de conteúdo intransponível de outros direitos fundamentais. A dignidade é por isso vista como uma qualificação conferida a certos outros direitos fundamentais, carecendo de absoluta autonomia enquanto limite aos limites, variando entre os vários subsistemas de Direito Internacional dos Direitos Humanos em fenómenos de fragmentação, não existindo assim uma interpretação única e uniforme do seu significado.

2º O Tribunal Internacional de Justiça, pelas razões substanciais e processuais expostas, nunca se pronunciou efetivamente sobre a noção do princípio da dignidade da pessoa humana, tendo reconduzido os seus julgamentos na matéria exclusivamente sobre a dimensão da Dignidade enquanto direito à honra do Estado no plano internacional ou à Dignidade humana sob a forma de proteção diplomática. Em qualquer caso, o Tribunal sempre se absteve de tomar qualquer decisão concreta sobre a matéria, preferindo reconduzir essas matérias às jurisdições especiais de direitos humanos.

3º A Dignidade na jurisprudência do Tribunal Interamericano dos Direitos Humanos observa algumas das dimensões classicamente teorizadas nos direitos internos, como sejam a Dignidade enquanto parâmetro objetivo e enquanto conteúdo mínimos e outros direitos fundamentais, mas avança também uma dimensão interpretativa *pro homine* na busca de interpretações mais favoráveis ao particular e ainda, esta exclusiva das jurisdições internacionais, uma dimensão de Dignidade enquanto garantia de jurisdição internacional. Esta última reflete a crescente importância da existência de novos níveis de jurisdição de proteção de direitos humanos que devem intervir quando o maior nível de proteção não seja aquele do Estado, mas o conferido pela organização internacional de direitos humanos.

4º O caso Vélasquez Rodriguez c. Honduras surge como um caso de estudo da aplicação da conceção de Dignidade no Tribunal Interamericano dos Direitos Humanos, podendo observar-se diversas dimensões daquele princípio na abordagem do tribunal ao caso. Tratando-se de uma matéria especialmente sensível no estado hondurenho, a dos desaparecimentos forçados, o Tribunal constrói a sua condenação arguindo que Manfredo Velásquez fora efetivamente lesado na sua Dignidade, na medida do tratamento desumano a que foi sujeito em detenção (Dignidade como conteúdo mínimo) e que independentemente do nível de ameaça à segurança do Estado que pudesse suscitar, nenhuma atividade que lesasse a Dignidade poderia ter sido avançado pelo Estado (Dignidade enquanto parâmetro objetivo). Na sua argumentação o Tribunal afirma de forma categórica a sua jurisdição contenciosa, ditando que nenhum poder do Estado se subtrai à jurisdição internacional quando estejam em causa violações grosseiras de direitos humanos, substrato da própria existência do Tribunal (Dignidade enquanto jurisdição).

5º A ideia da dignidade enquanto fundamento de jurisdição pode ser observada de forma atual na negação da proteção de pessoas coletivas perante o Tribunal Interamericano dos Direitos Humanos, especialmente porque a essas não lhes subjaz uma jusfundamentalidade baseada na Dignidade, provando dessa forma que o grande critério de atribuição de uma jurisdição internacional acima do Estado é justamente a defesa daquele princípio nas suas múltiplas dimensões. Não existindo uma ameaça de violação da Dignidade então o Tribunal defere a sua competência de proteção aos tribunais nacionais, onde a questão deve ser discutida e analisada.

O Caso Alemão da "Lei da Segurança da Aviação" e a Norma da Dignidade da Pessoa Humana à Luz de uma Análise Estrutural

Jorge Silva Sampaio*

§1º Aspectos preliminares

1. Não sobram dúvidas algumas acerca da centralidade sistemática que a norma da dignidade da pessoa humana possui, em regra, nos Estados de Direito Democráticos, sendo normalmente consagrada no primeiro ou nos primeiros artigos das constituições, tal como acontece na Constituição da República Portuguesa, cujo enunciado normativo corresponde ao seu artigo 1º[1/2]. Todavia, se não se discute o seu «valor representativo»[3], a

* Mestre em Direito e doutorando pela Faculdade de Direito da Universidade de Lisboa («FDUL»). Assistente convidado na FDUL. Investigador associado do Centro de Investigação de Direito Público. Assessor do Gabinete de Juízes do Tribunal Constitucional. jorgesilvasampaio@fd.ul.pt.
Agradeço ao Professor José Melo Alexandrino pelos comentários, críticas e sugestões que fez ao artigo. Em qualquer caso, os erros naturalmente apenas a mim são imputáveis.

[1] Realçando a «clareza» da sua inserção sistemática, cfr. Maria Lúcia Amaral, O princípio da Dignidade da Pessoa Humana, AAVV, *Liber Amicorum de José de Sousa e Brito – Em Comemoração do* 70º Aniversário, Coimbra, 2009, p. 947. Em qualquer caso, em minha opinião, não decorre daqui que a norma da dignidade da pessoa humana se mostre hierarquicamente superior às demais normas constitucionais.

[2] Merece ser salientado que, historicamente, as referências constitucionais, salvo raras excepções, aparecem no pós 2ª Grande Guerra e pós-regimes autoritários – cfr., por exemplo, Christian Starck, *Jurisdicción Constitucional y Derechos Fundamentales*, Madrid, 2011, pp. 123 e 124. Para uma perspectiva histórica da dignidade humana, cfr., por exemplo, Christopher McCrudden, Human Dignity and Judicial Interpretation of Human Rights, *The European Journal of International Law*, Vol. 19, nº 4, 2008, pp. 656 ss.

[3] Cfr. Doron Shultziner, Human Dignity: Functions and Meanings, Jeff Malpas/Norelle Lickiss (Eds.), *Perspectives on Human Dignity: A Conversation*, Dordrecht, 2007, p. 77.

verdade é que não são poucas as incertezas que se colocam quanto a esta norma: seja quanto à sua estrutura ou quanto ao seu significado normativo. As dúvidas, ainda assim, costumam parar no que se refere à sua alegada força normativa: costuma-se afirmar que a norma da dignidade humana é uma norma *absoluta*, no sentido de que não pode ser sujeita a *ponderação*[4], embora geralmente sem que tal natureza mereça grande explicação normativa.

Mais concretamente, a doutrina e os tribunais costumam afirmar que da norma da dignidade da pessoa humana decorre a ideia de que a pessoa é um *fim em si mesmo*, como indivíduo singular e não enquanto membro de qualquer corpo ou realidade transpersonalista; o Estado seria um instrumento que não existe para si, senão para servir as pessoas individuais, assegurando e promovendo a dignidade, autonomia, liberdade e bem-estar dessas pessoas concretas[5/6]. Em igual medida, outra ideia muito destacada é a de que a dignidade humana aparece sistematicamente como o princípio de valor que está na base do estatuto jurídico dos indivíduos – referindo-se, neste âmbito, ao valor, à independência, à essência e à natureza do homem[7] – e confere *unidade de sentido* ao conjunto das normas de direitos fundamentais. Estas normas não se justificam isoladamente pela protecção de bens jurídicos avulsos, mas ganhariam sentido enquanto ordem que manifesta o respeito pela unidade existencial de sentido que cada homem é para além dos seus actos e atributos[8]; enfim, a dignidade da pessoa humana estaria na base e constituiria a *referência valorativa* de

[4] Por exemplo, cfr. NILS TEIFKE, Human Dignity as an 'Absolute Principle', MARTIN BOROWSKI (Ed.), *On the Nature of Legal Principles*, Stuttgart, 2010, pp. 93 ss.

[5] Cfr. JORGE REIS NOVAIS, *Os princípios* Estruturantes da República Portuguesa, Reimpr., Coimbra, 2011, pp. 51 ss.

[6] Todavia, começa agora a discutir-se se o conceito de dignidade deve cingir-se à pessoa ou se não deveria ser estendida a animais ou, como proximamente também se começará a questionar, a robôs com inteligência artificial. Sobre esta discussão, a título meramente ilustrativo, cfr. ROBERT HEEGER, Dignity only for humans? A controversy, AAVV (Eds.), *The Cambridge Handbook of Human Dignity – Interdisciplinary Perspectives*, Cambridge, 2015, pp. 542 ss; PETER SCHABER, Dignity only for humans? On the dignity and inherent value of non-human beings, AAVV (Eds.), *The Cambridge*, pp. 546 ss.

[7] Cfr. HANS CARL NIPPERDEY, Die Würde des Menschen, FRANZ NEUMANN/HANS CARL NIPPERDEY/ULRICH SCHEUNER (Hrsg.), *Die Grundrechte. Handbuch der Theorie und Praxis der Grundrechte*, Band II, Berlin, 1954, p. 1.

[8] Cfr. VIEIRA DE ANDRADE, *Os Direitos Fundamentais na Constituição Portuguesa de 1976*, 5ª ed., Coimbra, 2012, pp. 96 e 97.

todos os direitos fundamentais[9]. Parece ser justamente neste contexto que se costuma defender que a mesma se encontra furtada à ponderação, pois o seu sentido deôntico traduzir-se-ia numa "proibição absoluta" de qualquer actuação que pudesse, por qualquer forma, afectar a dignidade humana. Diversamente, do mesmo passo que a constituição consagraria a dignidade da pessoa humana enquanto valor absoluto, admitiria a restrição normativa dos restantes direitos fundamentais[10].

2. Das considerações precedentes imediatamente se percebe que a norma da dignidade humana («NDH») convoca vários problemas que procurarei abordar no presente estudo, e que, a meu ver, podem ser encontrados em três planos distintos (embora não poucas vezes confundidos): (i) interpretativo; (ii) aplicativo; e (iii) conflitual. Ou seja, desde logo, (i) importa decifrar interpretativamente a estrutura da NDH e, nesse sentido, o seu conteúdo; (ii) em face desse conteúdo, em especial da sua previsão, cumpre perceber que problemas podem colocar-se no momento da sua aplicação; e, (iii) caso colida com outras normas de direitos fundamentais, como acontece, importa igualmente perceber como se resolvem tais conflitos normativos.

Neste sentido, o objecto do presente estudo reside, em primeiro lugar, na análise da estrutura lógica e comportamental da NDH, e, em segundo lugar, na reanálise do vulgarmente chamado «Caso da Lei da Segurança da Aviação», decidido pelo Tribunal Constitucional Alemão em 2006. Para o efeito, (i) após fixar uma série de premissas conceptuais, (ii) procederei a uma análise da NDH numa perspectiva estática, na qual (ii2) decomporei estruturalmente a norma de forma a clarificar o seu conteúdo. De seguida, (iii) avançarei para a análise da norma da dignidade numa perspectiva dinâmica, no âmbito da qual analisarei (iii1) a possibilidade de a

[9] Por exemplo, cfr. JORGE MIRANDA, *Manual de Direito Constitucional – Direitos Fundamentais*, Tomo IV, Coimbra, 2012, pp. 180 ss; GOMES CANOTILHO/VITAL MOREIRA, *Constituição da República Portuguesa – Anotada*, Reimpr., Coimbra, 2014, pp. 58 e 59. Sobre a relação entre a dignidade humana e os direitos humanos, cfr., por exemplo, PAUL TIEDERMANN, The Relation between Human Dignity and Human Rights, WINFRIED BRUGGER/STEPHAN KANE (Eds.), *Human Dignity as a Foundation of Law*, Stuttgart, 2013, pp. 193 ss.

[10] Assim, no panorama germânico, entre outros, cfr. PETER HUBER, Das Menschnbild im Grundgesetz, *Jura*, 1998, pp. 507 e 508; FRIEDHELM HUFEN, Erosion der Menschenwürde?, *JZ*, 2004, p. 314; JÖRN IPSEN, Der verfassungsrechtliche Status des Embryos in vitro, *JZ*, 2001, p. 990.

mesma entrar em conflitos normativos, (iii2) a sua sujeição à ponderação de forma a resolver tais conflitos e, por conseguinte, (iii3) a necessidade de aplicação da proporcionalidade como norma reguladora da ponderação. Finalmente, (iv) procederei a uma reanálise do «Caso da Lei da Segurança da Aviação», na qual (iv1) começarei por sucintamente relembrar os contornos factuais do caso e, logo depois, (iv2) resolverei o caso à luz dos dados normativos a que tiver chegado.

§2º Premissas conceptuais de partida

2.1. Aspectos gerais

3. Antes de avançar para a análise estrutural da NDH, em especial por uma questão metodológica, julgo ser importante fixar algumas premissas conceptuais, que serão indispensáveis para o estudo que pretendo levar a cabo acerca da aludida norma. Irei, assim, (i) proceder à distinção entre os conceitos de interpretação, aplicação e resolução de conflitos normativos, (ii) explicitar os conceitos de condicionalidade e de derrotabilidade normativas, assim como, (iii) a distinção entre regras e princípios.

2.2. Distinção entre as operações da interpretação, aplicação e resolução de conflitos normativos

4. Como ponto de partida, interessa, embora com alguma brevidade, traçar a distinção entre três operações: (i) interpretação; (ii) aplicação; e (iii) resolução de conflitos normativos. A primeira nota a fazer tem que ver com o facto de, previamente à interpretação, serem necessárias outras duas operações: com efeito, a resolução de uma questão jurídica pressupõe, em primeiro lugar, a determinação do «universo do discurso»[11] – sucintamente, a delimitação factual do caso – e, em segundo lugar, a identificação do «material jurídico relevante» – basicamente, a especificação dos enunciados que, à primeira vista, se relacionam com o caso[12]. A segunda nota

[11] Cfr. Carlos Alchourrón/Eugenio Bulygin, Introducción a la metodología de las ciencias *jurídicas y sociales*, Buenos Aires, 2006, p. 32.

[12] Cfr. David Martínez Zorrilla, *Metodología jurídica y argumentación*, Madrid, 2010, pp. 39 ss.

reside no facto de a ordem apresentada não ser um mero acaso: a operação da interpretação precede logicamente a da aplicação; por seu turno, a operação da aplicação pode ser dividida ela própria em dois momentos: a *prima facie* e a definitiva. Com efeito, a aplicação *prima facie* precede necessariamente o momento da resolução dos conflitos normativos, uma vez que só sabemos se existe um conflito se houver mais do que uma norma aplicável ao caso. Resolvido o conflito, chegamos à norma que será, definitivamente ou tudo-considerado, aplicada. Claro está que daqui não pode retirar-se a inexistência de uma relação entre as três operações, como se verá, mas isso não afecta a ordem lógica enunciada.

4.1. No que toca à interpretação, importa dizer que, partindo de uma concepção *pragmática* (ou essencialmente *semântica*)[13], esta operação consiste na «descodificação de significados» contidos em enunciados (embora não necessariamente, pelo menos em ordenamentos jurídicos como o português, em regra, os enunciados são linguísticos escritos)[14]. De onde se intui que, em toda a interpretação linguística – e, logo, também na jurídica –, uma coisa é o enunciado interpretado (ou o significante), outra é o enunciado interpretativo (ou o significado); ou em termos mais simples: uma coisa é o enunciado normativo, outra é a norma[15]. Podíamos, assim, representar a estrutura de um enunciado interpretativo da seguinte forma: «EN (enunciado interpretado) significa N»[16]. Por outro lado, cumpre tam-

[13] Poderia, por exemplo, partir de uma concepção *meramente* semântica da interpretação (sobre estas concepções, entre outros, cfr. Jordi Ferrer Beltrán/Jorge Luis Rodríguez, *Jerarquías normativas y dinámica de los sistemas jurídicos*, Madrid, 2011, pp. 35 ss). Ainda assim, a verdade é que muito dificilmente tal concepção poderia explicar o facto de existirem significados (pelo menos alguns) cuja compreensibilidade apenas é possível mediante o seu enquadramento num determinado contexto de fundo. Sobre isto, cfr. Vittorio Villa, Deep Interpretive Disagreements and Theory of Legal Interpretation, Alessandro Capone/Francesca Poggi (Eds.), *Pragmatics and Law – Philosophical Perspectives*, Springer, 2016, pp. 113 ss. Seja como for, daqui não deve retirar-se, muito pelo contrário, que desconsidero o aspecto semântico – parece-me ser o mais importante.

[14] Cfr. David Duarte, Linguistic Objectivity in Norm Sentences: Alternatives in Literal Meaning, *Ratio Juris*, Volume 24, Issue 2, June 2011, pp. 112 ss. David Duarte salienta ainda, a este respeito, que da utilização de uma língua natural nos enunciados normativos escritos decorre que a operação da interpretação é, no essencial, um processo de análise semântica.

[15] Sobre a distinção entre enunciado e norma, cfr., entre tantos outros, Riccardo Guastini, *Interpretar y argumentar*, Madrid, 2014, pp. 77 ss.

[16] Cfr. David Martínez Zorrilla, *Metodología jurídica*, p. 47.

bém referir que, na linha de GUASTINI[17], é possível subdividir a operação da interpretação em dois momentos diferentes: (i) «interpretação cognitiva» – identificação de todos os significados contidos num enunciado; e (ii) «interpretação decisória» – *escolha* de um significado de entre os identificados[18]. Deste modo, o que se encontra ligado à distinção entre enunciado e norma, é de mencionar que de um enunciado podem decorrer várias normas[19], bem como que as normas são, de alguma forma, o *resultado* da interpretação. Em último lugar, não posso deixar de referir que, no referente às diferentes teorias da interpretação normativa[20], parto aqui de uma *concepção intermédia da interpretação*, de acordo com a qual, de uma forma *hartiana*[21], nalguns casos – os *fáceis* – é possível falar num significado *correcto*, ao passo que noutros casos – os *difíceis*[22] –, na falta de resposta correcta, o significado não é mais do que uma *decisão* do intérprete[23/24].

[17] Todavia, GUASTINI fala também de «interpretação criativa», ainda que alertando que esta operação vai para além da mera interpretação e pode, por isso, ser qualificada como *criação de direito* – cfr. RICCARDO GUASTINI, *Interpretar y*, pp. 45 ss.

[18] Como é natural, esta escolha não é livre: (i) é orientada pelas normas aplicáveis à interpretação no respectivo ordenamento jurídico; (ii) caso não seja possível escolher um dos significados por o resultado das regras da interpretação aplicáveis ser inconclusivo, então a escolha deve ter em atenção as normas de princípio que subjazem à norma a determinar, mediante um juízo de ponderação. Assim, cfr. DAVID DUARTE, Linguistic Objectivity, pp. 132 ss.

[19] Cfr. RICCARDO GUASTINI, *Interpretar y*, pp. 77 ss.

[20] Sobre as teorias *cognoscitivistas*, *cépticas* e *intermédias* da interpretação, cfr. RICCARDO GUASTINI, *Interpretar y*, pp. 346 ss; JOSÉ JUAN MORESO, *La indeterminación del Derecho y la interpretación de la Constitución*, 2ª ed, Lima, 2014, pp. 157 ss.

[21] Ou seja, partindo de uma concepção positivista próxima da defendida por HART, nos termos da qual, por um lado, o direito está parcialmente indeterminado e, por outro e em consequência, os intérpretes-aplicadores do direito têm uma discricionariedade limitada (cfr. HERBERT HART, *The concept of law*, 3rd ed., Oxford, 2012, pp. 124 ss e 251 ss).

[22] Sobre a distinção entre «casos fáceis» e «casos difíceis», cfr. NEIL MACCORMICK, *Legal Reasoning and Legal Theory*, Oxford, 1994, cap. VIII.

[23] Como diria HART, todos os enunciados possuem um «núcleo de certeza» (negativa e positiva) e uma «penumbra de incerteza». Neste sentido, uma interpretação que chegasse a uma norma que colidisse com o núcleo de certeza seria, muito provavelmente, uma interpretação incorrecta – cfr. HERBERT HART, *The Concept*, p. 123; sobre isto, cfr. ainda DAVID DUARTE, Linguistic Objectivity, pp. 125 ss.

[24] Quanto a saber se a maioria dos casos são fáceis ou difíceis, esta é uma questão meramente estatística. Na realidade, existem casos de diferente complexidade, pelo que reconduzir maniqueisticamente os casos existentes a casos fáceis ou difíceis nem sequer será o mais apropriado.

4.2. No respeitante à *aplicação*, antes do mais, cumpre explicitar que o termo pode respeitar a várias coisas[25]. Quando me refiro a aplicação estou a falar de um momento posterior à selecção dos preceitos e eventuais normas que, em princípio, podem vir a determinar a resposta jurídica ao caso a resolver – refiro-me já ao momento da qualificação deôntica da acção. Isto é, para solucionarmos um determinado caso concreto é necessário qualificar juridicamente os factos – por outras palavras, para saber se uma norma é aplicável a um determinado caso, é preciso proceder à operação da *subsunção* dos factos (do caso individual) à previsão (genérica) da norma escolhida[26]. Nesta medida, está em causa um momento no qua se procura determinar se o caso concreto, em face das suas propriedades, se subsume à previsão da norma ou das normas seleccionadas. Aplicando-se as normas de forma condicional, se o caso se subsumir à previsão da norma, então esta será utilizada como premissa maior do raciocínio que nos levará a uma norma individual e concreta[27]. Em suma, recorrendo à distinção feita por Moreso e Navarro[28/29] entre «aplicabilidade externa»[30] e «aplica-

[25] Como, *exempli gratia*, à selecção e uso do material jurídico relevante para justificar uma determinada decisão jurídica (ou seja, resolver um caso) (cfr. Riccardo Guastini, *Interpretar y*, p. 249). Parece-me, contudo, que a selecção antecede inclusive o momento da interpretação.

[26] Cfr. David Martínez Zorrilla, *Metodología jurídica*, pp. 127 ss. Note-se que neste momento podem colocar-se vários problemas, como por exemplo dúvidas sobre se, em virtude de problemas linguísticos – a norma contém um conceito vago ou polissémico –, um determinado caso individual é ou não subsumível à previsão da norma em causa. Cfr. Neil MacCormick, *Rethoric and the Rule of Law*, Oxford, 2005, pp. 32 ss.

[27] Estamos, pois, a falar da *justificação interna* de um raciocínio que pode ser descrita assim: (i) primeira premissa – de acordo com N1 que se aplica ao caso, «é proibido torturar»; (ii) segunda premissa – «O João espetou agulhas nos olhos do terrorista»; (iii) terceira premissa – «Espetar agulhas nos olhos de alguém subsume-se ao conceito de "tortura"»; (iv) quarta premissa – «João torturou o terrorista»; e (v) quinta premissa – «O João violou a norma que proíbe a tortura». Neste sentido, cfr. Robert Alexy, *Teoria da argumentação jurídica – A teoria do discurso racional como teoria da justificação jurídica*, Landy, 2004, pp. 176 ss; Riccardo Guastini, *Interpretar y*, pp. 253 e 254. Sobre os conceitos de justificação *externa* (raciocínios mediante os quais o intérprete-aplicador justifica as premissas da justificação interna) e *interna*, cfr., por todos, Cfr. Jerzy Wróblewski, Legal Decision and Its Justification, *Logique et Analyse*, nº 53/54, 1971, pp. 409 ss; cfr. também David Martinez Zorrilla, *Conflictos Constitucionales, Ponderación y Indeterminación Normativa*, Madrid, 2007, pp. 38 ss.

[28] Cfr. Pablo E. Navarro/José Juan Moreso, Applicability and Effectivess of Legal Norms, *Law and Philosophy*, May 2005, Vol. 16, Issue 2, pp. 201 ss.

[29] Ainda que com a simplificação que pode ser encontrada em Jordi Ferrer Beltrán/Jorge Luis Rodríguez, *Jerarquías normativas*, pp. 61 e 62.

bilidade interna», é a esta última que me refiro, nos termos da qual uma norma é internamente aplicável a um determinado caso se o caso individual se subsume ao seu campo de aplicação.

4.3. Finalmente, caso mais do que uma norma seja *aplicável* ao mesmo caso concreto, podemos estar perante um *conflito normativo* que terá de ser resolvido de modo a podermos avançar das normas *aplicáveis* até à norma, tudo-considerado (*all things considered*), *aplicada*. Quanto aos conflitos normativos, importa começar por dizer que os ordenamentos jurídicos são *inconsistentes*, uma vez que, pela sua extensão e complexidade, estão pejados de antinomias entre normas. São duas as condições para a verificação de um conflito normativo: (i) sobreposição (total ou parcial) das previsões de duas ou mais normas; e (ii) incompatibilidade dos efeitos decorrentes da estatuição da norma em função do modo deôntico (por exemplo, de acordo com N1 é proibido α, ao passo que de acordo com N2 é permitido α[31]. Isto significa que é possível identificar três tipos de conflitos: (i) total-total; (ii) total-parcial; e (iii) parcial-parcial[32]. Para o presente estudo acerca da NDH, em virtude da sua estrutura, interessa em especial o terceiro tipo de conflitos: nos conflitos de tipo parcial-parcial, verifica-se uma sobreposição parcial do âmbito de aplicação de cada uma das normas, ou seja, uma determinada situação preenche, ao mesmo tempo, um ou mais pressupostos de ambas as normas, existindo igualmente outros pressupostos das duas normas que não se sobrepõem. Assim, a norma N1 pode ser aplicável nuns casos sem que esta colida com uma norma N2 e noutros casos N2 é aplicável sem que colida com N1[33]. Por exemplo, num conflito entre a norma da liberdade de imprensa e a norma do direito à honra, verifica-se uma sobreposição parcial-parcial na medida em que uma acção de expressão jornalística é simultaneamente uma acção que se subsume e activa a

[30] Nos termos da qual uma norma N1 é externamente aplicável num tempo T a respeito de um caso individual C, que é subsumível a um caso genérico, se e só se outra norma N2, que pertence ao sistema jurídico em T, obriga ou permite aplicar N1 aos casos individuais que são instâncias de C.

[31] Cfr. David Duarte, Drawing Up The Boundaries of Normative Conflicts That Lead to Balances, Jan-R. Sieckmann (Ed.), Legal Reasoning: the Methods of Balancing, Stuttgart, 2010, pp. 51 ss.

[32] Por todos, cfr. Alf Ross, *On Law and Justice*, New Jersey, 2004, pp. 158 ss.

[33] Cfr. David Martínez Zorrilla, *Metodología jurídica*, pp. 145 ss.

norma da liberdade de imprensa e pode ser uma acção de interferência que incide sobre a norma do direito à honra.

Como é natural, os ordenamentos contêm formas de resolução dos conflitos normativos. Em regra, destacam-se as seguintes normas de conflitos de 1º grau (*metanormas*): (i) norma da superioridade hierárquica; (ii) norma da posterioridade; e (iii) norma da especialidade[34/35]. É ainda de salientar que estas normas de conflitos estabelecem relações de prevalência entre as normas colidentes, afastando-se a aplicabilidade da norma derrotada[36]. Conforme se deixou já antever, habitualmente, (i) os conflitos entre normas constitucionais pertencem ao terceiro tipo, (ii) são compostos por normas de princípio – embora não necessariamente –, e (iii) as três normas de conflitos mencionadas não se aplicam, na maioria das vezes, a este tipo de conflitos, tendo em conta que as normas em causa (iii1) se encontram no mesmo patamar hierárquico, (iii2) foram aprovadas ao mesmo tempo e (iii3) não se encontram numa relação de especialidade. É justamente para os casos em que nenhuma das restantes normas de resolução de conflitos resolve a antinomia que é necessário recorrer à chamada *ponderação*[37]. Desta forma, é possível afirmar que as condições de aplicação da norma da ponderação são duas: (i) existência de um conflito normativo; e (ii) impossibilidade de resolução do conflito mediante as demais normas de conflitos – pelo que parece ter um carácter residual[38/39]. Por outro lado, a

[34] As conhecidas *lex superior derogat legi inferiori, lex posterior derogat legi priori* e *lex specialis derogat legi generali.*

[35] Importa aqui referir dois aspectos (que não podem, porém, ser desenvolvidos): (i) os critérios enunciados podem também colidir entre si – levando a soluções contraditórias –, caso em que estaremos perante conflitos de 2º grau, que, por sua vez, requerem normas de conflitos de 2º grau (*metametanormas*) para a resolução; (ii) a interpretação também pode, embora apenas até um certo ponto, servir para resolver conflitos normativos: a interpretação conforme à Constituição é justamente um exemplo disso mesmo.

[36] Afigura-se óbvio que os efeitos da prevalência sobre a norma derrotada são diferentes consoante a norma de resolução aplicada, podendo ir desde a remoção da norma derrotada do ordenamento jurídico (pelo menos, em termos estáticos) até ao mero afastamento naquele caso concreto, como acontece na esmagadora maioria dos conflitos entre normas constitucionais.

[37] Cfr. David Duarte, Rebutting Defeasibility as Operative Normative Defeasibility, Liber Amicorum de José de Sousa Brito. Coimbra, 2009, pp. 168 e 169.

[38] Cfr. Pierluigi Chiassoni, *Técnicas de interpretación jurídica*, Madrid, 2011, p. 326.

[39] O que, de antemão, significa que, de forma contrária ao que normalmente é veiculado pela doutrina (entre outros, cfr. Robert Alexy, *A Theory*, pp. 66 ss), ainda que a esmagadora maioria o seja, nem todos os conflitos entre princípios constitucionais são resolvidos por

ponderação significa simplesmente a atribuição de discricionariedade de escolha entre as normas colidentes ao aplicador[40]: sendo de afastar o cenário de *non liquet*, o aplicador fica obrigado a escolher de entre as normas colidentes a que prevalecerá e se aplicará ao caso[41]. Isto dito, sobra uma dúvida: como se leva a cabo a operação da ponderação?[42] Como é intuível, na maioria dos ordenamentos jurídicos, é possível encontrar *normas reguladoras da ponderação*[43], como a norma da proporcionalidade, que, de certa forma, nos diz como devemos ponderar[44].

2.3. Conceito de norma – entre a condicionalidade e a derrotabilidade normativa

5. Por se tratar de um aspecto com influência sobre vários dos problemas que serão abordados neste estudo – como deixei logo referido, uma das ideias comummente expostas neste âmbito consiste na alegada natureza *absoluta* da NDH, o que apenas procederia se existissem normas *inderrotáveis*; outra das ideias consiste no facto de apenas os princípios serem ponderáveis, ao passo que as regras se aplicariam numa lógica de tudo-ou-

ponderação – pense-se numa revisão constitucional, por exemplo, ou numa situação em que uma norma constitucional é especial relativamente a outra.

[40] Cfr. David Duarte, Drawing Up, p. 61. Não obstante, pode discutir-se sobre se esta discricionariedade não será reduzida, pelo menos, por imperativos de coerência ao nível do discurso.

[41] No que concerne à ponderação, esta actividade parece ser subjectiva no sentido *guastiniano* e, assim, implicar um regresso ao momento da ponderação em todas as situações em que duas normas colidem no contexto de um determinado caso, uma vez que as relações de prevalência criadas são *móveis* e só valem para aquele caso, o que nos coloca num cenário de «particularismo jurídico». Contudo, este particularismo pode ser mitigado: de facto, do resultado das ponderações resultam regras de decisão, as quais podem servir para orientar a qualificação deôntica de casos posteriores, na eventualidade de as propriedades *relevantes* do caso se repetirem (naturalmente, será necessário identificar critérios para a determinação destas propriedades), o que, aliás, acontece recorrentemente na actividade judicial. Neste sentido, mas indo bem mais longe, cfr. José Juan Moreso, *La Constitución: modelo para armar*, Madrid, 2009, pp. 283 e 284. Cfr. ainda David Martinez Zorrilla, *Conflictos Constitucionales*, pp. 211 ss e 229 ss.

[42] Cfr. David Martínez Zorrilla, *Metodología jurídica*, pp. 155 ss.

[43] Cfr. David Duarte, Drawing Up, p. 59.

[44] Cfr. David Martínez Zorrilla, *Metodología jurídica*, pp. 161 ss.

-nada, como se a operação da subsunção apenas operasse na aplicação de regras –, cumpre agora discutir se a *condicionalidade* e a *derrotabilidade* são ou não propriedades necessárias das normas. Este aspecto é tanto mais importante no presente estudo, se se recordar que aqueles – a esmagadora maioria – que defendem que a NDH é absoluta costumam começar por caracterizá-la dessa forma e só posteriormente constroem uma tese que o sustente. Contudo, sob pena de incorrermos numa *petitio principii*, o percurso argumentativo tem, necessariamente, de ser o inverso: em concreto, temos de começar por demonstrar que existem normas inderrotáveis e apenas depois será logicamente possível concluir que a NDH, por conter certa propriedade, é inderrotável ou absoluta[45].

5.1. Primeiramente, é possível definir *norma jurídica* como o significado de enunciados normativos[46], que se traduz num sentido de dever ser de âmbito genérico[47], ou seja, que expressa que acções ou estados de coisas são *obrigatórios*, *proibidos* ou *permitidos*[48] a um conjunto indeterminável de destinatários[49], emitida por uma determinada «autoridade normativa»[50], e que faz parte de um determinado ordenamento jurídico[51].

No que toca à estrutura das normas, muito resumidamente, partirei da ideia de que uma *norma completa* é composta simplesmente pelos seguintes três elementos: (i) previsão – condições de aplicação da norma[52]; (ii) ope-

[45] Como é compreensível, a crítica esvai-se caso esteja em causa uma mera intuição que, em seguida, é normativamente demonstrada.

[46] Cfr. Riccardo Guastini, *Interpretar y*, p. 31; Giorgio Pino, *Derechos e interpretación – el razonamiento jurídico en el Estado constitucional*, Bogotá, 2014, p. 37; Aulis Aarnio, *The Rational as Reasonable – A Treatise on Legal Justification*, Dordrecht, 1987, pp. 61 ss.

[47] Cfr. David Duarte, *A norma de legalidade procedimental administrativa – a teoria da norma e a criação de normas de decisão na discricionariedade administrativa*, Coimbra, 2006, pp. 72 ss.

[48] Cfr. Eugenio Bulygin/Daniel Mendonca, *Normas y sistemas normativos*, Madrid, 2005, p. 15; Robert Alexy, *A theory*, pp. 51 ss; Jan-R. Sieckmann, Norma Jurídica, Jorge Luis Fabra Zamora/Verónica Rodríguez Blanco (Eds.), *Enciclopedia de Filosofía y Teoría del Derecho*, Vol II, p. 896.

[49] Cfr. David Duarte, An Experimental Essay on Its Antecedent and Its Formulation, *i-lex*, 16, Luglio 2012, p. 54.

[50] Cfr. Eugenio Bulygin/ Daniel Mendonca, *Normas y*, p. 15.

[51] Cfr. Jan-R. Sieckmann, Norma Jurídica, p. 905.

[52] No que toca à previsão, pode identificar-se três elementos necessários: (i) existência de destinatários; (ii) regulação de uma conduta; e (iii) oportunidade(s) para a realização da

rador deôntico – sentido ordenador da norma[53]; e (iii) estatuição – efeitos da norma[54/55]. Neste sentido, é possível afirmar que são desnecessárias para a individuação de uma norma completa (i) as condições de validade, (ii) as condições de aplicabilidade e (iii) as condições negativas (*defeaters*)[56].

5.2. Cabe agora analisar a propriedade da *condicionalidade*, de acordo com a qual os efeitos de uma norma (o seu conteúdo normativo) ficam dependentes da verificação de, pelo menos, uma condição. Noutros termos, trata-se das condições que, no mínimo, devem ser satisfeitas se houver uma *oportunidade para realizar* o conteúdo de uma norma[57]. As condições de aplicação de uma norma correspondem à sua previsão (ou antecedente). Assim, se a condicionalidade é uma propriedade necessária das normas (o que aqui se assume), então, é possível afirmar que *todas* as normas têm, pelo menos, uma condição de aplicação e, nessa conformidade, todas as normas têm uma previsão[58]. A partir daqui é possível enunciar logicamente a estrutura da norma «se fizer frio, é obrigatório fechar a porta» da seguinte forma: «se *p* então obrigatório *e*» ou «p → Oe»[59].

5.3. Em relação à *derrotabilidade*, mais recentemente, tem vindo a crescer o interesse por este fenómeno[60]. Pese embora a derrotabilidade não

estatuição. Sobre isto, cfr G. H. von Wright, *Norm and Action – A logic enquiry*, London, 1963, pp. 72 ss; Alf Ross, *Directives and Norms*, London, 1968, pp. 106 ss.

53 Como é sabido, são três as modalidades deônticas: (i) proibição; (ii) obrigação; e (iii) permissão.

54 Por exemplo, distinguindo seis componentes das normas: (i) o carácter prescritivo; (ii) o conteúdo; (iii) a condição de aplicação; (iv) a autoridade normativa que promulga a norma; (v) os destinatários; e (vi) a ocasião, cfr. G. H. von Wright, *Norm and*, p. 70.

55 Ou seja, a presença destes três elementos é condição *necessária* e *suficiente* para a existência de uma norma.

56 Cfr. David Duarte, An Experimental, pp. 39 ss.

57 Cfr. G. H. von Wright, *Norm and*, p. 73.

58 Sublinhe-se que as *normas categóricas* não têm de corresponder necessariamente a *normas incondicionais*, isto é, também as normas categóricas possuem condições de aplicação. Assim, cfr. David Martínez Zorrilla, *Conflitos constitucionales*, pp. 81 ss.

59 Em que «p» é a previsão (condição) e «e» a estatuição (efeito).

60 Sobre a derrotabilidade, mais recentemente, cfr., entre outros, os vários estudos contidos em Jordi Ferrer Beltrán/Giovanni Battista Ratti (Eds.), *The Logic of Legal Requirements – Essays on Defeasability*, Oxford: OUP, 2012; Bartosz Brozek, *Defeasibility of Legal Reasoning*, Krakow, 2004; David Duarte, Rebutting Defeasibility, pp. 161 ss; Pedro Moniz Lopes,

seja univocamente apontada a uma área específica, muito pelo contrário[61], aqui irei apenas considerá-la como propriedade (necessária) das normas – enquanto «sensibilidade» das normas ao «contexto factual e jurídico»[62] –, de acordo com a qual o preenchimento das condições de aplicação de uma determinada norma não significa, *necessariamente*, que essa norma seja, tudo-considerado, aplicada ao caso; por outras palavras: o preenchimento dos pressupostos de aplicação constantes da previsão de uma norma, embora seja *condição necessária* para a sua aplicação ao caso, não é *condição suficiente*. E não é condição suficiente pela simples razão de que podem existir outras normas também aplicáveis ao mesmo caso. A conclusão a extrair do que venho a dizer é a de que as normas só são aplicáveis *prima facie*, uma vez que a aplicação de cada norma fica dependente (i) da identificação das demais normas aplicáveis ao caso e, em virtude de as várias normas aplicáveis poderem colidir, (ii) da resolução do conflito normativo verificado. Logo, sempre que mais do que uma norma seja aplicável a um

Derrotabilidade normativa *e normas administrativas*, Dissertação de Doutoramento submetida à Faculdade de Direito da Universidade de Lisboa, policopiado, 2016, pp. 160 ss.

[61] Com efeito, os fenómenos que em seguida se elencam têm vindo a ser considerados *derrotáveis*: (i) factos, (ii) crenças, (iii) conceitos legais, (iv) formulações normativas, (v) interpretações normativas, (vi) normas, regras ou princípios, (vii) argumentação jurídica, (viii) posições legais, (ix) construções jurídicas, (x) pretensões jurídicas, (xi) conclusões legais (cfr. PIERLUIGI CHIASSONI, Defeasibility and Legal Indeterminacy, JORDI FERRER BELTRÁN/GIOVANNI BATTISTA RATTI (Eds.), *The Logic*, pp. 160 ss), bem como (xii) propriedades (cfr. HERNÁNDEZ MARÍN, Defeasible Properties, JORDI FERRER BELTRÁN/GIOVANNI BATTISTA RATTI (Eds.), *The Logic*, pp. 137 ss), (xiii) argumentos, e (xiv) formas de argumentos (cfr. HENRY PRAKKEN/GERARD VREESWIJK, Logics for Defeasible Argumentation, DOV GABBAY/FRANZ GUENTHNER (Eds.), *Handbook of Philosophical Logic*, 2nd ed., Vol 4, Dordrecht, 2002, pp. 219 ss). De outro prisma, é possível encontrar referências doutrinárias acerca de vários tipos de derrotabilidade, tais como (i) ontológica, (ii) conceptual, (iii) epistémica, (iv) deôntica e (v) lógica (cfr. JAAP HAGE, *Studies in Legal Logic*, Dordrecht, 2005, pp. 8 ss; BARTOSZ BROŻEK, *Defeasibility of*). Por seu turno, autores como SARTOR e PRAKKEN focam-se noutro aspecto e, nesse quadro, distinguem entre derrotabilidade (i) baseada em inferências, (ii) baseada no processo e (iii) baseada na teoria (cfr. HENRY PRAKKEN/GIOVANNI SARTOR, The three faces of defeasibility in the law, *Ratio Juris*, 17:1, 2004, pp. 118 ss). Por fim, a derrotabilidade tem inclusivamente sido relacionada com conceitos como a (i) vagueza, (ii) textura aberta e (iii) revisabilidade (cfr. BRIAN BIX, Defeasibility and Open Texture, JORDI FERRER BELTRÁN/GIOVANNI BATTISTA RATTI (Eds.), *The Logic*, pp. 193 ss).

[62] Cfr. PEDRO MONIZ LOPES, "Implicações da genericidade na (in)consistência e na (in)completude dos sistemas jurídicos", artigo apresentado no XXII Seminário Luso-Hispano-Franco-Italiano de Teoria do Direito (disponível em file:///C:/Users/jsilvasampaio/Downloads/lopes%20-%20genericidade.pdf), 2016, pp. 7 e 8.

determinado caso, a aplicabilidade definitiva dessas normas fica dependente do resultado do conflito normativo: tudo-considerado, somente será aplicada a norma prevalecente, saindo a(s) outra(s) derrotada(s).

Em suma: por um lado, possuindo todas as normas uma previsão, é possível distinguir três aspectos diferentes: (i) preenchimento das condições de aplicação de uma norma, (ii) aplicabilidade de uma norma, e (iii) aplicação de uma norma – a primeira é condição necessária mas não suficiente para a segunda, e a segunda é igualmente condição necessária mas não suficiente para a terceira[63]; por outro, como todas as normas podem entrar em conflitos normativos – tenham a natureza de regra ou de princípio –, todas as normas são meramente aplicáveis *prima facie*, uma vez que caso sejam derrotadas em concreto, não são aplicadas (tudo-considerado) ao caso[64/65].

Não obstante ser possível distinguir entre «derrotabilidade refutativa» (*undercutting*), nos termos da qual uma norma prevalece sobre outra em virtude de uma norma terceira de prevalência, e «amputativa» (*rebutting*), de acordo com a qual uma norma pode prevalecer sobre outra no contexto de uma ponderação – que se aplica justamente nos casos em que nenhuma outra norma de resolução de conflitos resolve a antinomia –[66], para o presente estudo, interessa em especial a *derrotabilidade amputativa*.

Um aspecto com manifesto interesse para a temática da dignidade humana, no contexto da derrotabilidade amputativa, reside na possibi-

[63] Assim, embora por referência a regras, cfr. BARTOSZ BROZEK, *Defeasibility of*, pp. 98 e 99.

[64] Partimos aqui do entendimento de que todas as normas (e, por isso, também as regras) são derrotáveis. No sentido de que a distinção entre regras e princípios é indiferente para este efeito, cfr. ALEKSANDER PECZENIK, *On Law and Reason*, Dordrecht, 2008, pp. 61 ss. Em Portugal, cfr. DAVID DUARTE, Rebutting defeasibility, p. 173; PEDRO MONIZ LOPES, Implicações da, pp. 7 ss; Derrotabilidade normativa, pp. 226 ss.

[65] É de notar que uso o termo *prima facie* para me referir à propriedade da aplicabilidade (norma que embora pareça ser aplicável, tudo considerado afinal pode não ser), ao passo que usarei o termo *pro tanto* para me referir à ideia de que, numa colisão, uma norma pode ter mais peso (ou resistência) do que outra e, por conseguinte, prevalecer. No fundo, a relevância da distinção coloca-se em momentos distintos. Sobre a distinção entre os dois conceitos, por exemplo, cfr. SUSAN HURLEY, *Natural Reasons*, Oxford, 1989, p. 261; SHELLY KAGAN, *The Limits of Morality*, Oxford, 1989, p. 17. Referindo-se a ambos os conceitos, cfr. ainda ROBERT ALEXY, Deber ideal, LAURA CLÉRICO/JAN-R. SIECKMANN/DANIEL OLIVER-LALANA (Coords.), *Derechos fundamentales, principios y argumentación – Estudios sobre la teoría jurídica de Robert Alexy*, Granada, 2011, p. 18.

[66] Sobre isto, cfr. DAVID DUARTE, Rebutting Defeasibility, pp. 172 ss.

lidade, de forma intuitiva e no quadro de uma perspectiva meramente estatística – à luz dos resultados ponderativos de conflitos normativos em que determinada norma entrou –, de identificar diferentes *graus de derrotabilidade* das normas existentes num ordenamento jurídico. Exemplificativamente, poderíamos falar em normas de derrotabilidade (i) elevada, (ii) intermédia ou (iii) baixa, consoante fossem na maioria das vezes derrotadas em conflitos, não fossem normalmente derrotadas mas também não prevalecessem quase sempre, ou prevalecessem na maioria das vezes.

Como se deixou antever, a distinção entre regras e princípios é indiferente no que toca à derrotabilidade das normas. De facto, mesmo no que concerne à categoria da derrotabilidade amputativa, a verdade é que qualquer uma das normas referidas – regras ou princípios – pode ser derrotada num determinado caso, uma vez que é possível identificar casos de conflito normativo entre regras a cuja resolução são inaplicáveis os tradicionais critérios de resolução de conflitos (superioridade, posterioridade e especialidade), tendo de se recorrer também aí à ponderação. Neste sentido, basta recordar o exemplo clássico da colisão entre a regra que proíbe parar em frente a um quartel e da regra que obriga a parar num semáforo vermelho que se encontra justamente em frente de um quartel[67].

2.4. A distinção entre regras e princípios

6. De forma a fechar as premissas conceptuais de que parto, interessa ainda proceder à distinção entre regras e princípios, aspecto com importância para o presente artigo para efeitos de caracterização normativa da NDH, na medida em que poderá ajudar na compreensão e explicação do seu comportamento normativo. Como é sabido, desde que DWORKIN defendeu a existência de uma diferença entre estes dois tipos de normas[68], tem sido defendido que é possível distingui-los de uma forma (i) qualita-

[67] Cfr. PEDRO MONIZ LOPES, Implicações da, pp. 8 ss. Quanto à ponderação de regras, cfr. ainda CARLOS ALCHOURRÓN, Conflicts of Norms and the Revision of Normative Systems, *Law and Philosophy*, 10, 4, 1991, pp. 423 ss; ALEKSANDER PECZENIK, *On Law*, pp. 66 e 67.

[68] Por exemplo, cfr. RONALD DWORKIN, *Taking Rights Seriously*, Cambridge, 1977.

tiva (tese forte)[69], (ii) quantitativa ou de grau (tese fraca)[70], ou até mesmo defender que (iii) não existe critério para efectuar a diferenciação[71]. Para proceder à distinção «forte» ou «fraca» entre regras e princípios é ainda possível identificar vários critérios[72]: (i) semântico – relacionado com o significado das palavras usadas no enunciado respectivo[73]; (ii) pragmático – ligado ao uso das duas categorias no discurso jurídico[74]; e (iii) sintáctico – atinente aos elementos da estrutura normativa e às suas relações lógicas[75/76].

Sendo impossível entrar na discussão aludida no presente artigo[77], limitar-me-ei a partir do pressuposto de que a distinção entre regras e princípios reside na *estrutura* das normas, mais concretamente, na sua *previsão*[78].

[69] Entre outros, cfr. RONALD DWORKIN, *Taking Rights*; ROBERT ALEXY, On the Structure of Legal Principles, *Ratio Juris*, 13, 2000, pp. 295 ss; JAN-R SIECKMANN, Los Derechos Fundamentales como Principios, JAN-R. SIECKMANN (Ed.), *La Teoría Principialista de los Derechos Fundamentales – Estudios sobre la Teoría de los Derechos Fundamentales de Robert Alexy*, Madrid, 2011, pp. 28 ss, DAVID MARTINEZ ZORRILLA, *Conflictos Constitucionales*, pp. 81 ss.

[70] Entre outros, cfr. JOSEPH RAZ, Legal Principles and the Limits of Law, 1972, pp. 834 ss; NEIL MACCORMICK, *Legal Reasoning*, cap. VII; HERBERT HART, Postscript, *The Concept*, pp. 238 ss; JOSÉ JUAN MORESO, *La Constitución*, p. 277; GIORGIO PINO, *Derechos e*, pp. 110 ss.

[71] Cfr. BARTOSZ BROŻEK, Legal Rules and Principles: a Theory Revisited, *i-lex*, 17, p. 224; JULIANO MARANHÃO, *Positivismo Jurídico Lógico-Inclusivo*, Madrid, 2012, pp. 79 e 120 ss.

[72] Desenvolvidamente sobre isto, cfr. PEDRO MONIZ LOPES, *Derrotabilidade Normativa*, pp. 112 ss; CLAUDIO LUZZATI, *El principio de autoridade y la autoridade de los princípios – La genericidad del derecho*, Madrid, 2013, pp. 42 ss.

[73] Sobre esta característica, cfr. GIORGIO PINO, *Derechos e*, p. 108.

[74] Precisamente o critério utilizado por autores como ROBERT ALEXY, para quem os princípios são usados como normas derrotáveis e razões *prima facie* que, ao contrário das regras, se encontram sujeitos a uma condição geral de ponderação com normas conflituantes. Assim, cfr. ROBERT ALEXY, On the Structure, pp. 300 ss.

[75] Neste sentido, por exemplo, cfr. DAVID DUARTE, An Experimental, pp. 37 ss; PEDRO MONIZ LOPES, *Derrotabilidade Normativa*, pp. 127 ss.

[76] É justamente no contexto desta distinção que se costuma afirmar, entre outras coisas, que os princípios são, *prima facie*, mais genéricos, vagos e indeterminados (em virtude da «abertura» da respectiva previsão) do que as regras, que conectam consequências jurídicas a condições de aplicação precisas; que a aplicação dos princípios está dependente de considerações de «peso» e «importância», ao passo que tais considerações seriam irrelevantes no caso das regras, porque estas ou se aplicam ou não se aplicam; que os princípios seriam normas derrotáveis, enquanto as regras, caso se verifiquem os pressupostos de aplicação, seriam sujeitas a uma forma de aplicação categórica, de tudo-ou-nada; ou que os princípios seriam «mandados de optimização» e, por isso, diferentes das regras que impõem uma regulação fixa. Sobre isto, cfr. GIORGIO PINO, *Derechos e*, pp. 107 ss.

[77] Para uma análise crítica, cfr. PEDRO MONIZ LOPES, *Derrotabilidade Normativa*, pp. 112 ss.

[78] No presente artigo, não vou discutir sobre se a distinção é, necessariamente, forte ou fraca.

A ideia a reter aqui é a de que as condições de aplicação a que corresponde a previsão dos princípios, contrariamente ao que acontece com as regras, são dotadas de *indeterminabilidade*[79] ou, em termos próximos (ainda que não coincidentes), de *genericidade*[80] – ou seja, têm um conjunto ilimitado de pressupostos de aplicação disjuntivos (termos em que o preenchimento de qualquer um dos pressupostos de aplicação suscita o efeito da norma), mostrando-se cada condição suficiente para accionar a respectiva estatuição, provendo a solução *prima facie* do caso – quanto às condutas ou estados de coisas que constituem o antecedente. Como é normal, a estatuição não deve ser totalmente arredada da distinção: como as condições de aplicação dos princípios são determinadas a partir da acção que constitui o conteúdo da norma em causa, as características da indeterminabilidade ou genericidade repercutem-se igualmente sobre a estatuição dos princípios, isto é, de alguma forma, a indeterminabilidade *a priori* da conduta estatuída na norma, que é provocada pela sua inespecificidade[81], manifesta-se identicamente sobre a estatuição da norma. Enfim, a genericidade seria uma propriedade necessária para a existência de uma norma de princípio[82].

[79] Cfr. David Duarte, An Experimental Essay, pp. 51 ss.

[80] Apontando a característica da genericidade (da previsão) como o critério distintivo das regras e princípios, chegando assim a uma distinção *forte*, cfr. Pedro Moniz Lopes, *Derrotabilidade Normativa*, pp. 127 ss; Implicações da, pp. 4 ss. Salientando, além de outras, a propriedade da genericidade e da indeterminação como características tendencialmente mais presentes nos do que nas regras, chegando a uma distinção *fraca* (de grau), cfr., por exemplo, Giorgio Pino, *Derechos e*, pp. 112 ss.

[81] Estão aqui em causa condutas altamente inespecíficas que podem ser realizadas, em diversas ocasiões, através de uma variedade de condutas mais específicas, as oportunidades para realizar aquelas condutas compreendem as oportunidades para realizar as condutas mais específicas. A título de exemplo, cfr. Joseph Raz, Legal Principles, pp. 836 ss; Giorgio Pino, *Derechos e*, pp. 110 ss; Claudio Luzzati, *El principio*, pp. 21 ss e 86 ss. Entre nós, Pedro Moniz Lopes, *Derrotabilidade Normativa*, pp. 127 ss; Implicações da, pp. 9 ss.

[82] Claro está que, como admite Pedro Moniz Lopes, esta construção pressupõe um critério sólido para distinguir condutas específicas das genéricas, o que remete para a filosofia da acção. Uma hipótese, como a que por aquele é seguida, reside meramente em «saber se os enunciados descrevem uma categoria de condutas (e a indiferença implicada) ou condutas cuja realização pode variar apenas de acordo com propriedades diferenciadoras, nomeadamente, ferramentas, objectivos ou estilo» – pense-se na diferença entre a conduta de fumar, que é específica (a não ser que se individualize, por exemplo, estilos de fumar), e a de expressar uma opinião (que pode ser feita mediante um conjunto indeterminável de condutas mais específicas, como escrever um livro ou compor uma música). Por exemplo, cfr. Pedro Moniz Lopes, Implicações da, pp. 11 e 12.

Finalmente, o que se acaba de dizer permite ainda explicar a intuição de que a regulação adveniente de uma regra ou de um princípio é diferente: a regulação das condutas imposta pela estatuição dos princípios é *variável*, o que explica a natureza de «aplicação gradual» e de «mandados de optimização» habitualmente assacada aos princípios; ao passo que no caso das regras os pressupostos de aplicação que constituem a sua previsão são «determinados» e «fechados» (não admitem excepções implícitas à sua aplicação), pelo que a regulação proporcionada por uma regra, quando aplicável, é *fixa*, e isto explica a natureza de «tudo-ou-nada» geralmente imputada a este tipo de normas[83].

§3º A norma da dignidade da pessoa humana

3.1. Análise da norma da dignidade numa perspectiva estática

3.1.1. *Aspectos introdutórios*

7. No presente parágrafo, cumpre proceder a uma análise estrutural da NDH. Para este intento, é necessário começar por precisar o conceito de "dignidade humana", porquanto os enunciados que consagram a aludida norma são, em regra, vagos. Nesta medida, conforme é sabido, o primeiro grande problema colocado pela NDH consiste precisamente nas dificuldades de concretização do conceito da dignidade humana, razão pela qual chega a ser apontado como um exemplo de «desacordo interpretativo profundo» (*deep interpretive disagreement*)[84].

A isto acresce o facto de os enunciados normativos sobre a dignidade humana não serem todos iguais nos distintos ordenamentos jurídicos, o que indicia que as respectivas normas não têm, pelo menos necessariamente, de ser iguais[85]. A título ilustrativo, enquanto na Constituição Portu-

[83] Cfr. David Duarte, An Experimental, pp. 51 ss.

[84] O desacordo quanto a estes conceitos não teria que ver com a banal vagueza das suas fronteiras, mas com a vagueza do próprio objecto. Assim, cfr. Vittorio Villa, Deep Interpretive, p. 97.

[85] E as normas não são, efectivamente, iguais em todos os ordenamentos. Neste sentido, referindo que, em relação ao entendimento dominante na Alemanha, pode ser encontrado um entendimento muito mais relativizador da dignidade humana em ordenamentos como o Sul-Africano, o Israelita ou o Francês, cfr. Christopher McCrudden, Human Dignity, p. 699.

guesa se prescreve apenas que "*Portugal é uma República soberana, baseada na dignidade da pessoa humana*" (cfr. artigo 1º)[86], diferentemente, na Constituição Alemã prescreve-se que "[a] *dignidade humana é intangível. É dever de todas as autoridades do Estado respeitá-la e protegê-la*" (cfr. artigo 1º)[87]. Pese embora este facto, a verdade é que a dignidade humana tem sido "construída" em Portugal em termos não muito diferentes daqueles que é possível encontrar na Alemanha: em especial, a ideia de que a NDH é *absoluta*[88].

Para uma análise comparativa entre a NDH na Europa e nos Estados Unidos da América, cfr. GIOVANNI BOGNETTI, The concept of human dignity in European and US constitutionalism, GEORG NOLTE (Ed.), *European and US Constitutionalism*, Cambridge, 2005, pp. 85 ss; JAMES Q. WHITMAN, 'Human dignity' in Europe and the United States: the social foundations, GEORG NOLTE (Ed.), *European and*, pp. 108 ss. Paolo Becchi/ Klaus Mathis (orgs), *Handbook of Human Dignity in Europe*, Dordrecht, 2018.

[86] Obviamente que depois é possível encontrar referências mais específicas à dignidade humana noutros artigos da Constituição, como nos artigos 13º, 26º, 67º e 206º.

[87] No caso alemão, a doutrina e jurisprudência tira consequências do facto de o legislador constituinte ter prescrito que a dignidade humana é «intangível» (cfr., por exemplo, HORST DREIER, Human Dignity in German Law, AAVV (Eds.), *The Cambridge Handbook of Human Dignity – Interdisciplinary Perspectives*, Cambridge, 2015, p. 376). Além disso, é de salientar que o termo usado no enunciado relativo à dignidade humana – *Unantastbar* – traduz algo de mais intenso que aquele que é usado, por exemplo, no artigo relativo ao direito à vida – *Unverletzlich* –, daí a possibilidade de distinguir, na falta de melhores termos, entre «intangível» e «inviolável». Assim, por exemplo, cfr. KAI MÖLLER, On Treating Persons as Ends: The German Aviation Security Act, Human Dignity, and the Federal Constitutional Court, *Public Law*, 2006, p. 458; The Right to Life Between Absolute and Proportional Protection, SIMON BRONITT/MIRIAM GANI/SASKIA HUFNAGEL (eds.), *Shooting to Kill*, Oxford, 2012, p. 49. Acerca da discussão no momento constituinte, cfr. MATTHIAS HERDEGEN, Art. 1 § 1, par. 2 e 3; CHRISTOPH MÖLLERS, Democracy and Human Dignity: Limits of a Moralized Conception of Rights in German Constitutional Law, *Israel Law Review*, Vol. 42, Issue 2, 2009, pp. 417 ss.

[88] Sobre o tema, na Alemanha, com inúmeras referências, cfr. HORST DREIER, Art. 1 § 1, HORST DREIER (Org.), *Grundgesetz Kommentar*, Vol. I, Tübingen, 2013, par. 46; assim como, para além de tantos outros, MATTHIAS MAHLMANN, Elemente einer ethischen Grundrechtstheorie, Baden-Baden, 2008, p. 228; BODO PIEROTH/BERNHARD SCHLINK, *Grundrechte. Staatsrecht*, II, Heidelberg, 2005, p. 80; ECKART KLEIN, Human Dignity in German Law, DAVID KRETZMER/ECKART KLEIN (Eds.), *Concept of Human Dignity in Human Rights Discourse*, p. 148. Em Portugal, entre outros, defendendo a ideia da dignidade humana enquanto garantia absoluta, com uma considerável amplitude, cfr. PAULO OTERO, *Direito Constitucional Português – Identidade Constitucional*, Vol. I, Coimbra, 2010, pp. 40 ss.; *Instituições Políticas e Constitucionais*, Vol. I, Coimbra, 1009, em especial, pp. 545 ss. Para a ideia de que a NDH é absoluta, embora com matizes, como se discutirá adiante, cfr. JORGE REIS NOVAIS, *A dignidade da pessoa humana – Dignidade e inconstitucionalidade*, Vol. II, Coimbra, 2016, pp. 143 ss. Pode, todavia, dizer-se que a doutrina portuguesa tem sido mais relativista neste contexto em comparação com a alemã, o que, aliás, decorre do próprio elemento histórico ssubjacente

Em adição, não posso ainda deixar de referir que, para além da afirmação de que a NDH é absoluta e, consequentemente, resistente à *ponderação*, também se tem afirmado que está em causa um princípio, o que pode sugerir uma possível contradição, pelo facto de normalmente se defender que os princípios são, por natureza, ponderáveis (*i.e.*, a sua característica definitória é justamente a de que se aplicariam por ponderação)[89]. Talvez, à luz do que disse, se possa então questionar sobre se não estaríamos perante uma regra, uma vez que geralmente se afirma que uma das propriedades definitórias desta categoria de normas é a não sujeição à ponderação. Contudo, de acordo com as premissas que comecei por fixar – em especial, a de que tanto a condicionalidade como a derrotabilidade (pelo menos, nos termos expostos) são propriedades necessárias de todas as normas –, alguns dos axiomas que costumam ser avançados em matéria de dignidade humana, como aqueles já referidos, parecem ser colocados em causa.

Dito isto, de seguida, importa, após *assumir* um determinado conteúdo da NDH, decompor analiticamente a sua estrutura, perceber se está em causa um princípio ou uma regra e, bem assim, se se trata de uma norma absoluta.

3.1.2. Conteúdo da norma da dignidade humana

8. A determinação do conteúdo da NDH, não obstante o escasso apoio linguístico que a Constituição nos consegue fornecer e as inúmeras – talvez até intermináveis – dúvidas conceptuais que se colocam[90], passa essencialmente

à Constituição de 76 (cfr. José Melo Alexandrino, O perfil constitucional da dignidade da pessoa humana: um esboço traçado a partir da variedade de concepções, José Melo Alexandrino, O discurso dos direitos, Coimbra, 22011, pp. 35 ss). Não obstante, mesmo os autores que propugnam teses relativizadoras, como Melo Alexandrino, sempre lhe encontram uma dimensão absoluta. Considerando que, como valor, a dignidade da pessoa humana tem um carácter aabsoluto, por exemplo, cfr. José Melo Alexandrino, O perfil, p. 49.

[89] Paradigmaticamente, cfr. Robert Alexy, *A Theory*, pp. 66 ss.

[90] Verificando-se, inúmeras vezes, neste tema uma confusão entre o plano do dever ser (normativo) e do ser (factual) – Enders chega a dizer que a dignidade não pode ser adquirida nem perdida, pelo que é literalmente inviolável, daqui se retirando que a Constituição Alemão está efectivamente a descrever algo (cfr. Oliver W. Lembcke, Human Dignity – a Constituent na Constitutional Principle: Some Perspectives of a German Discourse, Winfried Brugger/Stephan Kane (Eds.), *Human Dignity as a Foundation of Law*, Stuttgart, 2013, pp. 210 e 211) –, importa esclarecer que a perspectiva aqui adoptada, partindo da separação ontológica entre aqueles dois mundos, é estritamente normativa.

pela compreensão do *conceito normativo* de dignidade humana. Os dois grandes problemas no que toca à determinação interpretativa da NDH parecem, então, residir, por um lado, nas parcas referências linguísticas que é possível encontrar no texto constitucional e, por outro lado, na indeterminação – e enorme desacordo – acerca do conceito normativo de dignidade humana. Neste sentido, é possível começar por chamar a atenção para o facto de, em face dos problemas referidos, a partir dos respectivos enunciados, os sentidos deônticos possíveis parecerem ser indetermináveis – isto é, não está em causa uma situação em que o intérprete consegue identificar os vários sentidos que o respectivo enunciado comporta e tem de escolher um, mas, neste caso, o intérprete, no momento da "interpretação cognitiva", nem sequer consegue determinar, com certeza, o conjunto de sentidos possíveis[91/92].

Debruçando-se sobre os dois planos aludidos, ainda que numa perspectiva diversa, sob uma lente *wittgensteiniana*, MATTHILDI CHATZIPANAGIOTOU, Practicing the Law of Human Dignity: A Story of 'Something Missing', Dissertation Zur Erlangung des akademischen Grades Dr. iur., Berlin, 2014, pp. 375 ss.

[91] Com efeito, tal como costuma ser avançado pela doutrina, a NDH é susceptível de entendimentos diversos (cfr. VIEIRA DE ANDRADE, *Os Direitos*, p. 93), não sendo possível encontrar *a priori*, pelo menos facilmente, um seu «conteúdo fixo» (cfr. DORON SHULTZINER, Human Dignity, pp. 77 e 78). Uma das razões para tal indeterminação reside no facto de o conceito de dignidade humana ser justamente um daqueles que, ao longo dos tempos, tem suscitado, mesmo no domínio limitado do pensamento ocidental, as mais profundas divergências, salientando-se as que opõem as respectivas concepções religiosas, culturais e científicas (sobre isto, cfr. FRANK DOMKE, *Grundrechtliches System und systematisiertes Grundrecht*, Frankfurt, 1998, pp. 121 ss; CHRISTIAN STARCK, *Jurisdicción Constitucional*, pp. 137 ss) – assim, em função das diferenças interculturais, é possível encontrar variações e divergências consoante o país em causa (cfr. JÖRG LUTHER, La razonabilidad y dignidade humana, *Revista de Derecho Constitucional Europeo*, n. 7, 2007, p. 318). É nesta conjuntura que se mostram justificadas as afirmações, por parte da doutrina, de que, muito provavelmente, é impossível concretizar o *intangível* (cfr. JOSEF FRANZ LINDNER, Die Würde des Menschen und sei Leben, *DöV*, 2006, p. 583; em sentido similar, ARIEL L. BENDOR/MICHAEL SACHS, The Constitutional Status of Human Dignity in Germany and Israel, *Israel Law Review*, Vol. 44, Issue 1-2, Jan 2011, p. 44) e, enfim, que se trata de um conceito que não é *apreensível*, até porque diz respeito à própria definição de *ser humano* (cfr. MARTIN NETTESHEIM, Die Garantie der Menschenwurde zwischen metaphysischer Überhöhung und bloem Abwägungstopos, *AöR*, 2005, p. 77). Relacionando também a dignidade humana com o «valor» ou «significado» da vida humana e com a sua natureza, cfr. JEFF MALPAS, Human Dignity and Human Being, JEFF MALPAS/NORELLE LICKISS (Eds.), *Perspectives on Human Dignity: A Conversation*, Dordrecht, 2007, pp. 19 ss.

[92] Em qualquer caso, tem razão TIEDERMANN quando afirma que a interpretação dos enunciados relativos à dignidade não pode ser *arbitrária*, tendo de ser ligada ao entendimento

Para além de várias outras possibilidades[93], têm sido avançados, pelo menos, três diferentes significados (ou, noutros termos, fundamentos) para o conceito normativo de dignidade humana: (i) dignidade como «atributo» – pressupõe-se que o homem seria dotado de uma certa qualidade ou característica (atribuída pelo seu criador ou por natureza); (ii) dignidade como «produção» – a dignidade humana seria uma criação própria, como produto da sua subjectividade; e (iii) dignidade no âmbito da «teoria da comunicação» – a dignidade seria um conceito relacional correspondente a uma comunidade de reconhecimento ou discurso, no quadro do qual o bem dignidade adviria de um reconhecimento (social) recíproco do outro na sua singularidade e especialidade individual[94]. Não são poucas as críticas que têm sido feitas contra todas as possibilidades avançadas.

intuitivo acerca do conceito na linguagem ordinária – cfr. PAUL TIEDERMANN, Human Dignity as na Absolute Value, WINFRIED BRUGGER/STEPHAN KANE (Eds.), *Human Dignity as a Foundation of Law*, Stuttgart, 2013, p. 28.

[93] Mesmo que por vezes confundindo os planos que começámos por divisar – interpretação, aplicação e resolução de conflitos normativos –, muitas têm sido as propostas no que toca à dignidade humana: vão desde a negação do seu carácter de direito fundamental e enquadramento como mera directriz da actuação dos poderes públicos ou de interpretação dos direitos (cfr. GUNTHER DÜRIG, Der Grundrechtssatz von der Menschenwürde, *AöR*, 1956, p. 119; ERNST-WOLFGANG BÖCKENFÖRDE, Menschenwürde als normatives Prinzip, *JZ*, 2003, p. 810; CHRISTOPH ENDERS, Würde- und Lebensschutz im Konfliktfeld von Biotechnologie und Fortpflanzungsmedizin, *Jura*, 2003; The Right to have Rights: The concept of human dignity in German Basic Law, RECHTD, 2(1), janeiro-junho, 2010, p. 3); passando pela defesa de uma concepção mais restrita do seu âmbito de aplicação (cfr. MARTIN NETTESHEIM, Die Garantie, p. 85; HORST DREIER, Art. 1 § 1, p. 126); a possibilidade de a mesma poder ser objecto de ponderação (cfr. MATTHIAS HERDEGEN, Art. 1 § 1, THEODOR MAUNZ/GÜNTHER DÜRIG, *Grundgesetz Kommentar*, München, 2016, par. 46 ss). Em todo o caso, a doutrina maioritária, ao menos a germânica, continua a a residir na defesa da dignidade humana como *direito fundamental intangível* (por exemplo, cfr. PETER HUBER, Das Menschenbild im Grundgesetz, *Jura*, 1998, pp. 507 e 508; TATJANA HÖRNLE, Menschenwürde und Lebensschutz, *ARSP*, 2003, pp. 319 e 320; FRIEDHELM HUFEN, Erosion der Menschenwürde?, *JZ*, n. 7, April 2004, pp. 314 ss; HASSO HOFMANN, La promessa della dignità umana, *RiFD*, 4ª serie, nº 76, 1999, pp. 620 ss; WOLFRAM HÖFLING, Die Unantasbarkeit der Menschenwurde – Anndherungen an einen schwierigen Verfassungsrechtssatz, *JuS*, 1995, p. 857).

[94] Sobre estas três determinações substantivas da dignidade, por todos, cfr. HORST DREIER, Art. 1 § 1, par. 44. Sucintamente, cfr. ROSEMARIE WILL, Dilemas Alemanes en el Tratamiento Jurídico de la Dignidad Humana, JORGE ALGUACIL GONZÁLEZ-AURIOLES/ IGNACIO GUTIÉRREZ GUTIÉRREZ (Eds.), *Constitución: norma y realidad*, Madrid, 2014, pp. 131 ss. Em Portugal, cfr. também JORGE REIS NOVAIS, *A dignidade...*, Vol. II, pp. 95 ss; JOSÉ DE MELO ALEXANDRINO, Perfil constitucional da dignidade da pessoa humana: um esboço traçado a

A título de exemplo, embora se trate da interpretação que tem tido mais sucesso, têm sido apontadas incontáveis críticas à "fórmula do objecto", como a de que é de tal forma vaga que facilmente abre o flanco a avaliações subjectivas[95] ou a de implicar uma generalização normativa de uma concepção ética determinada (com raízes kantianas e cristãs)[96]. Enfim, é muito provavelmente devido a todas as dificuldades que são colocadas no momento da determinação do conteúdo da NDH que, na maioria dos casos em que recorrem ao conceito da dignidade da pessoa humana, os tribunais (e a doutrina), muito mais do que procurar compreender interpretativamente no que consiste o conceito de tratar uma pessoa como um objecto (ou como um meio), o fazem quase sempre de forma negativa, referindo-se meramente às actuações que infringem tal obrigação[97].

9. No presente estudo, ciente das dificuldades interpretativas em escolher um dos indetermináveis sentidos possíveis, assumirei que os elementos interpretativos apontam *prima facie* no sentido de uma interpretação restritiva[98] e, nesse contexto, partirei da ideia da dignidade como integridade,

partir da variedade de concepções, José de Melo Alexandrino, *O Discurso dos Direitos*, Coimbra, pp. 492 ss.

[95] Assim, cfr. Horst Dreier, Art. 1 § 1, par. 55.

[96] Sobre isto, cfr. Miguel Nogueira de Brito, O conceito constitucional de dignidade humana entre o absoluto e a ponderação: o caso da reprodução humana, AAVV, *Estudos em Homenagem ao Prof. Doutor José Joaquim Gomes Canotilho*, Vol. III, Coimbra, 2012, pp. 169 e 170. Para outras referências, cfr. Matthildi Chatzipanagiotou, Practicing the, pp. 367 ss; Benedita Mac Crorie, *Os Limites da Renúncia a Direitos Fundamentais nas Relações entre Particulares*, Reimpr., Coimbra, 2017, pp. 234 ss.

[97] Assim, cfr. Jorge Reis Novais, *A dignidade*, p. 113. Defendendo justamente que a melhor abordagem é a definição pela negativa através da identificação de violações mediante o recurso a certos critérios e na presença de certos factos relevantes, cfr. Horst Dreier, Human Dignity, p. 378; Art. 1 § 1, p. 166. Para uma tentativa de construção da NDH que obvie às dificuldades criadas tanto pela fórmula do objecto, como pelo modelo da ponderação – que reside na desconexão da dignidade e da vida humana, através de uma concepção que permita a distinção entre os titulares e o conteúdo da protecção –, cfr. Miguel Nogueira de Brito, O conceito, pp. 171 ss.

[98] Quanto a isto, cumpre, porém, fazer algumas notas. Por um lado, por não ser possível proceder a uma análise mais detalhada a este nível, limito-me a escolher um sentido restritivo em virtude de os elementos apontarem no sentido de que a NDH é absoluta (mesmo que tal tipo de normas não exista). Contudo, por outro lado, não posso deixar de referir que não me parece aceitável efectuar ponderações encapotadas de modo a ir, cada vez mais, restringindo o âmbito de aplicação da NDH, para conseguir manter o axioma da sua inderrotabilidade – como é claro, isso significa misturar e confundir os planos da interpretação e da resolução

concretizada enquanto proibição de instrumentalização da pessoa, ou seja, concretizada ao abrigo da chamada "fórmula do objecto"[99] desenvolvida inicialmente por DÜRIG[100], sob influência kantiana[101], a qual, pese embora as críticas que lhe costumam ser feitas, não deixa de ser por todos comentada

de conflitos normativos com o único objectivo de manter o aludido axioma. Afirmando expressamente que «a natureza absoluta e imponderável da dignidade humana só pode ser preservada se a sua aplicação for limitada a um conjunto pequeno, mas indisputável e genericamente aceite número de situações factuais», cfr., a título ilustrativo, HORST DREIER, Human Dignity, p. 375; ARIEL L. BENDOR/MICHAEL SACHS, The Constitutional, p. 37. Em síntese, não podemos, para tentar manter a ideia de que partimos de que a NDH é absoluta, regressar infinitamente ao momento da interpretação de modo a ir estreitando o âmbito de aplicação daquela norma até chegarmos a um ponto em que, nas parcas situações a que a norma se aplica, prevalece efectivamente sempre.

[99] Não significa isto que não estou ciente de todos os problemas que são colocados a este nível. Entre outros, poderia perguntar-se se esta concretização é, sequer, possível à luz do enunciado linguístico de que partimos ou se não se estaria a ir para além do sentido possível das palavras. Pode questionar-se sobre se estamos perante uma mera questão interpretativa ou se não estaremos já perante a gestação de uma nova norma (implícita), seja mediante a sua dedução concretizadora (cfr. RICCARDO GUASTINI, *La sintaxis*, pp. 362 ss) ou através de uma indução generalizadora (cfr. PEDRO MONIZ LOPES, *Princípio da Boa Fé e Decisão Administrativa*, Coimbra, 2011, pp. 53 ss; RICCARDO GUASTINI, *Interpretar y*, pp. 197 ss). Por seu turno, além do sentido que no presente estudo será desenvolvido, também não tenho dúvidas de que, por exemplo, o princípio da dignidade humana pode sempre ser usado como uma espécie de razão normativa de 1ª ordem que permite dar peso a outras normas de direitos fundamentais em sede de conflito normativo (em sentido próximo, cfr. CHRISTOPH ENDERS, The Right, pp. 5 ss; ou, falando de justificação para dar mais força às conclusões a tirar, cfr. HORST DREIER, Human Dignity, p. 380; sobre a ideia dos princípios como razões de 1ª ordem das estatuições das regras, cfr. JOSEPH RAZ, *Practical Reason and Norms*, 3ª ed., Oxford, 1999, p. 187) – esta ideia da razão de 1ª ordem talvez permita explicar por que motivo a dignidade aparece quase sempre «em combinação com» (LERCHE) outros direitos (referindo-se ao facto de a NDH quase sempre aparecer em combinação com outros direitos, cfr. CHRISTOPH MÖLLERS, Democracy and, pp. 423 ss). Como não é possível no presente artigo abordar todas estas questões, que sem dúvida mereceriam um estudo autónomo, tendo em conta que o sentido assumido tem sido não poucas vezes apontado como um significado normativo da dignidade humana, será aqui usado como um dado normativo de partida.

[100] Cfr., por exemplo, GÜNTER DÜRIG, Der Grundrechtssatz von der Menschenwürde, *AöR*, 81, 1956, p. 127.

[101] A referida fórmula é inspirada na proibição da instrumentalização de seres humanos teorizada por KANT – cfr. IMMANUEL KANT, *Fundamentação da Metafísica dos Costumes*, Coimbra, 1960, p. 68. Sobre a ideia da dignidade humana e o pensamento de KANT, entre outros, cfr. THOMAS E. HILL JR, Kantian perspectives on the rational basis of human dignity, AAVV (Eds.), *The Cambridge Handbook of Human Dignity – Interdisciplinary Perspectives*, Cambridge, 2015, pp. 215 ss.

e encontrar adesão na jurisprudência[102] – numa palavra, esta tese, até ao momento, ainda não cedeu o seu lugar a outra possibilidade interpretativa[103].

A partir da ideia da pessoa como sujeito autónomo, nos termos da qual se poderia discernir deonticamente uma *obrigação* de o Estado tratar quaisquer pessoas (todas) como «sujeitos» autónomos e livres como fins em si mesmos[104], seria também possível – o que em boa verdade está ligado à *interdefinibilidade* dos modos deônticos[105] – identificar uma *proibição* de o Estado tratar quaisquer (todas) pessoas como objectos, ou noutras formulações, uma proibição de instrumentalização das pessoas ou uma proibição de tratamento das pessoas como meios para alcançar fins que lhes são externos.

10. Para saber se a NDH, enquanto norma que proíbe que qualquer pessoa seja tratada como um meio, é ou não aplicável a um caso, é necessário, em primeiro lugar, fixar interpretativamente o que significa tratar alguém como um *meio* para um fim que lhe é externo, ou seja, saber o que significa instrumentalizar uma pessoa.

Para além da doutrina do «duplo efeito» tradicionalmente avançada para explicar o que é um *meio* neste contexto – nos termos da qual se distingue um mal provocado a alguém de forma *intencional* e um mal provocado de forma *não intencional* (embora antecipável) –[106], mais recentemente, tem-se recorrido à distinção entre «facilitadores» (*enablers*) e «dificultadores» (*disablers*) para explicar o que significa tratar alguém como um meio[107].

[102] Em Portugal, por exemplo, cfr. o paradigmático Acórdão do Tribunal Constitucional nº 144/2004, sobre o crime de lenocínio, que parte de uma perspectiva de dignidade como integridade e se relaciona justamente com a fórmula do objecto (assim, cfr. Maria Lúcia Amaral, O Princípio, pp. 963 e 964). Recentemente, mantendo o mesmo sentido, cfr. o Acórdão nº 641/2016. Veja-se, porém, o Acórdão n.º 101/2009, no qual o Tribunal Constitucional acaba por não se comprometer com oa referida fórmulla.

[103] Assim, cfr. Matthias Herdegen, Art. 1 § 1, par. 36.

[104] Em sentido próximo, cfr. Jorge Reis Novais, *A dignidade*, p. 106.

[105] Acerca do fenómeno, cfr. David Duarte, Os Argumentos da Interdefinibilidade dos Modos Deônticos em Alf Ross: a Crítica, a Inexistência de Permissões Fracas e a Completude do Ordenamento em Matéria de Normas Primárias, Revista da Faculdade de Direito da Universidade de Lisboa, XLIII, 1, 2002, pp. 257 ss.

[106] Sobre isto, cfr., a título meramente ilustrativo, T. A. Cavanaugh, *Double-Effect Reasoning: Doing Good and Avoiding Evil*, Oxford, 2006. Relacionando-a justamente com a «fórmula do objecto», cfr. Jorge Reis Novais, *A dignidade*, Vol. II, pp. 262 ss.

[107] Neste sentido, por exemplo, cfr., Matthias Kumm/Alec D. Walen, Human Dignity and Proportionality: Deontic Pluralism in Balancing, Grant Huscroft/Bradley W.

A compreensão destes dois conceitos pode ser facilitada se recorrermos ao «problema do trólei»[108], no âmbito do qual se costuma levantar as duas hipóteses seguintes:

i) Um trólei desgovernado tirará a vida a cinco pessoas, se um transeunte não mudar o seu curso para outra linha, caso em que, o que é por aquele previsto, tirará a vida apenas a uma pessoa;

ii) Um trólei desgovernado tirará a vida a cinco pessoas, se um transeunte não empurrar um homem enorme, que se encontra próximo, para a linha, de forma a parar o trólei, sendo previsto pelo transeunte que este homem morrerá[109].

Para além de outras questões que aqui não serão analisadas, nestes cenários, estamos perante um dilema: do acto de salvar cinco pessoas parece resultar a morte de uma pessoa que, se nada fosse feito, não morreria. Contudo, ainda que talvez fosse mais fácil, de um prisma *consequencialista*, permitir simplesmente o salvamento das cinco pessoas, ou, de um prisma *deontológico*, não permitir nenhum dos salvamentos porque a vida de uns não pode ser «trocada» pela de outros[110], a verdade é que intuitivamente os dois cenários apresentados não parecem ser totalmente idênticos.

Antes do mais, no primeiro caso, a morte do transeunte parece ser contingente – uma vez que aquele podia ou não estar na linha para onde o trólei é desviado –, ao contrário do segundo caso, no qual o homem enorme é usado como um meio para salvar as cinco pessoas que, de outra forma, seriam abalroadas pelo trólei. Independentemente da discussão sobre qual a melhor interpretação de usar outrem como um meio – se a subjectiva ou a objectiva[111] –, irei aqui partir da *interpretação causal*, ainda que o aspecto

Miller/Grégoire Webber (Eds.), *Proportionality and the rule of law rights justification reasoning*, Cambridge, 2016, pp. 75 ss; Alec D. Walen, Transcending the Means Principle, *Law and Philosophy*, 33, 2014, pp. 427 ss; Kai Möller, *The Global Model of Fundamental Rights*, Oxford, 2012, pp. 144 ss.

108 Sobre este problema, entre outros, cfr. Judith Jarvis Thompson, The Trolley Problem, *The Yale Law Journal*, Vol. 94, No. 6, May, 1985, pp. 1395 ss.

109 Para estes dois cenários, cfr. Matthias Kumm/Alec D. Walen, Human Dignity, p. 71. Analisando mais cenários, por exemplo, cfr. Judith Jarvis Thompson, The Trolley, pp. 1395 ss.

110 Cfr. Matthias Kumm/Alec D. Walen, Human Dignity, p. 72.

111 Sendo certo que ambas colocam problemas: se, por um lado, as intenções são dificílimas de determinar e, no fim das contas, o que interessa é o resultado, por outro lado, não é clara

decisivo, no exemplo aventado, se encontre na diferente pretensão de cada um dos transeuntes[112]. Com efeito, a pretensão do transeunte que se encontra na linha é a de que o facto de lá se encontrar deveria *impedir* (*disable*) a, de outra forma possível, acção de salvamento; por seu turno, no cenário do homem enorme, este é usado ele próprio como um meio para parar o trólei e, assim, *permitir* (*enable*) a acção de salvamento – simplisticamente, o transeunte do primeiro caso é um «problema», ao passo que o homem enorme é a «solução»[113]. Uma palavra final se impõe sobre o facto de que, mais do que invocar uma diferença entre usar alguém como um meio e causar um dano a alguém como um efeito colateral, com esta tese procura explicar-se por que razão aqueles que sofrem danos de forma colateral têm uma pretensão mais *fraca* do que aqueles que são usados como meios – no fundo, em face da diferente perspectiva, aquele que é colateralmente atingido não pode fazer uso, tal como aquele que é usado como um meio, da pretensão de o deixarem seguir a sua vida de forma autónoma[114].

O que se acaba de dizer antecipa, naturalmente, a ideia de que as diferentes pretensões em causa, no contexto das circunstâncias concretas de cada situação, serão consideradas em sede de ponderação.

3.1.3. A estrutura da norma da dignidade humana

a) *Elementos da norma da dignidade humana*

11. Determinado o conteúdo normativo da NDH, é agora possível identificar os vários elementos que a compõem, o que se fará encarando, conforme se definiu, a NDH à luz da «fórmula do objecto», ou seja, enquanto *proibição de tratamento das pessoas como objectos*. Dito isto, importa proceder à sua decomposição analítica, de forma a fixar os vários elementos que estruturalmente compõem a norma que decorre do enunciado a que se aludiu.

Tal como se afirmou no ponto **2.3.**, todas as normas são compostas por três elementos – previsão, operador deôntico e estatuição –, que, por sua

a importância moral do papel causal. Sobre isto, cfr. ALEC D. WALEN, Transcending the, pp. 428 ss.

112 Cfr. MATTHIAS KUMM/ALEC D. WALEN, Human Dignity, pp. 73 e 74.

113 Cfr. KAI MÖLLER, *The Global*, p. 146.

114 Cfr. MATTHIAS KUMM/ALEC D. WALEN, Human Dignity, pp. 73 e 74.

vez, se decompõem também em diferentes subelementos. Tendo como pano de fundo esta tripartição normativa, cumpre, para começar, proceder ao recorte da NDH como proibição de instrumentalização da pessoa, para depois individualizar os vários elementos em que a mesma se decompõe, o que nos permitirá compreender melhor o sentido da norma em causa.

Conforme se avançou, é possível construir a NDH da seguinte forma: [previsão] *se houver oportunidade por parte do Estado para instrumentalizar qualquer pessoa*, [operador deôntico] *fica proibido* [estatuição] o *Estado de instrumentalizar qualquer pessoa*[115]. Ora, a norma aqui em causa pode caracterizar-se como uma *norma constitucional atributiva de um direito à não instrumentalização (situação jurídica de vantagem)*[116] a quaisquer (todas) pessoas (sujeitos indirectos no que se refere à estatuição da norma em causa)[117] – está, pois, aqui em causa a ideia de um *direito fundamental à dignidade humana*[118/119].

[115] A norma em causa pode ser representada logicamente da seguinte forma: NDH – «a1 (a1' V a1' V a1''...a1^n) → Ph (Estado) b (todos).

[116] Cfr. David Duarte, *A norma*, pp. 775 ss. Em termos não exactamente coincidentes, sobre o conceito de norma de direito fundamental, entre tantos outros, cfr., por exemplo, Robert Alexy, *A Theory*, pp. 30 ss; Jorge Reis Novais, *As restrições aos direitos fundamentais não expressamente autorizadas pela Constituição*, 2ª ed., Coimbra, 2010, pp. 51 ss; José Melo Alexandrino, *Direitos Fundamentais: Introdução Geral*, Estoril, 2007, pp. 24 ss.

[117] Numa perspectiva *hohfeldiana*, a atribuição de um direito à não instrumentalização a qualquer um perante o Estado implica, correlativamente, a existência de um dever do Estado a não instrumentalizar qualquer um.

[118] Ainda que noutra perspectiva, no ordenamento alemão, referindo-se à existência de um direito fundamental à dignidade humana, além do Tribunal Constitucional, entre tantos outros, cfr. Hans Carl Nipperdey, Die Würde, p. 12; Matthias Herdegen, Art. 1 § 1, par. 10. Analisando vários cenários de expresso reconhecimento constitucional, lacuna, etc., cfr. Aharon Barak, *Human Dignity: The Constitutional Value and the Constitutional Right*, Cambridge, 2015, pp. 139 ss. Contra, porém, entre outros, cfr. Horst Dreier, Art. 1 § 1, par. 57; Human Dignity, pp. 378 ss; Christoph Enders, *Die Menschenwürde*, pp. 501 ss; The Right, p. 3; em Portugal, considerando que «a dignidade da pessoa humana não é um específico direito, mas essencialmente um princípio englobante onde se fundamentam todos os direitos fundamentais», cfr. Jorge Miranda/António Cortês, Anotação ao Artigo 1º, Jorge Miranda/Rui Medeiros, *Constituição Portuguesa Anotada*, Tomo I, 2ª ed., Coimbra, 2010, p. 86. Em particular, autores como Dreier ou Enders, parecem assacar à garantia constitucional da dignidade humana um valor apenas *formal* – «direito a ter direitos», nas palavras de Enders –, não passando de um mero *critério interpretativo* que dirige a interpretação dos direitos fundamentais que dele derivam, sob pena de – se tratada como um direito fundamental – a ideia de que é absoluta ser colocada em crise, pois não escaparia à ponderação. Ironicamente, o efeito parece ser justamente o contrário: perdendo, em certa medida, a NDH a natureza primariamente regulativa, no fim de contas, o alegado

Como é fácil de ver, a complexidade da norma constitucional em análise reside na sua previsão, embora também exista uma questão relevante ao nível da respectiva estatuição. Vejamos, então, de forma esquemática, como se decompõe a norma constitucional em análise:

a) Previsão da norma
  i) Destinatários – Estado[120]
  ii) Condições de aplicação: quaisquer (todas) acções que possam subsumir-se à conduta de instrumentalizar uma pessoa

b) Operador deôntico – proibição

c) Estatuição
  i) Destinatários
    i1) Destinatários directos – Estado
    i1) Destinatários indirectos – quaisquer (todas) pessoas[121]

valor absoluto poderá esgotar-se numa quase nula aplicabilidade prática no que respeita às condutas dos agentes que possam instrumentalizar alguém.

[119] É de salientar que a partir da desconstrução analítica deste direito – enquanto complexo de posições jurídicas (sobre as diferentes posições jurídicas, entre outros, cfr. Robert Alexy, *A Theory*, pp. 111 ss) – também se pode descortinar um direito a acções negativas (direito de defesa) em relação aos destinatários directos da norma (e correlativamente, como se afirmou, um dever de respeito por parte desses mesmos destinatários directos), bem como um direito a acções positivas em relação ao Estado (que se traduz correlativamente no dever, por parte do Estado, de protecção da dignidade dos destinatários indirectos da norma e eventualmente até de promoção (não se deve esquecer, porém, que estes deveres positivos dependem de previsão normativa). Sobre estes deveres, cfr. Jorge Reis Novais, *A dignidade*, Vol. II, pp. 182 ss.

[120] Importa realçar que este é um aspecto contingente: depende, obviamente, daquilo que é prescrito constitucionalmente. Por exemplo, no caso português, uma vez que, nos termos do nº 1 do artigo 18º da Constituição, os direitos fundamentais também vinculam as entidades privadas (independentemente da discussão que é espoletada a este propósito), na verdade, deve entender-se que os destinatários da previsão e os destinatários directos da estatuição são afinal "todos".

[121] Isto não significa que não se colocam problemas interpretativos quanto a saber quem são os destinatários indirectos da norma, mais concretamente referentes ao conceito de "pessoa humana". São várias as questões com manifesto interesse que aqui se podem colocar, como a que respeita a saber se existe um critério para determinar de que "pessoas" estamos a falar (como a pertença a uma espécie biológica – *e.g. homo sapiens*). A isto acresce duas questões extremamente complexas: (i) quando começa a dignidade (por exemplo, uns dizem que começa com a inseminação, outros com a nidação e outros ainda com o nascimento)? (ii) quando termina a dignidade (com a morte ou vai para além da morte?)? Sobre isto, entre tantos outros, cfr. Oliver W. Lembcke, Human Dignity, pp. 212 e 213; Marcus Düwell, Human Dignity: concepts, discussions, philosophical perspectives, AAVV (Eds.), *The Cambridge Handbook of Human Dignity*

ii) Efeito jurídico: instrumentalizar pessoas

Agora que é claro em que é que se traduzem concretamente os três elementos que compõem a NDH enquanto proibição de instrumentalização da pessoa, passarei à análise da sua alegada natureza absoluta, bem como da sua caracterização como regra ou princípio.

b) *A norma da dignidade humana como princípio derrotável*

12. Normalmente, a NDH é caracterizada como um princípio, embora lhe costumem imputar a propriedade de ser absoluta, o que parece contradizer a teoria *alexiana* de que os princípios são ponderáveis. Perante este quadro, afiguram-se várias possibilidades acerca da categorização da NDH – talvez seja um princípio absoluto, ou uma regra, ou até mesmo um princípio e uma regra.

A título preliminar, posso começar por questionar se a NDH não será um «direito absoluto»[122]. A ideia que costuma ser veiculada acerca deste conceito é a de que um direito seria absoluto se, e apenas se, o «âmbito de protecção do direito» coincidisse totalmente com o seu «âmbito de protecção efetivo»[123], de onde se retiraria uma proibição total de afectação do conteúdo do mesmo[124]. Outras vezes, todavia, fala-se, por exemplo, em princípios que prevalecem sempre perante outros princípios[125]. A NDH seria justamente um desses casos. Mas como esta norma é habitualmente

– *Interdisciplinary Perspectives*, Cambridge, 2015, pp. 33 ss; Christian Starck, *Jurisdicción Constitucional*, pp. 153 ss, e, em especial, sobre a questão dos embriões, pp. 220 ss; com referências jurisprudenciais variadas, cfr. Christopher McCrudden, Human Dignity, pp. 707 ss.

[122] Aproximando o conceito de direitos absolutos e de direitos relativos, respectivamente, da teoria interna e da teoria externa das restrições, cfr. Martin Borowski, Limiting clauses: On the Continental European Tradition of Special Limiting Clauses and the General Limiting Clause of Art 52(2) Charter of Fundamental Rights of the European Union, *Legisprudence*, Vol. 1, No 2, pp. 204 ss.

[123] Pode dizer-se que o «âmbito de protecção» corresponde à previsão da respectiva norma de direito fundamental, ao passo que o «âmbito de garantia efectivo» seria a parte intocada da previsão que seria identificada após uma restrição.

[124] Cfr. Aharon Barak, *Proportionality – Constitutional Rights and their Limitations*, Cambridge: CUP, 2012, p. 27; *Human Dignity*, pp 227 ss. Sobre estes conceitos, por exemplo, cfr. Robert Alexy, *A Theory*, pp. 196 ss; Jorge Reis Novais, *As restrições*, pp. 396 ss.

[125] Cfr. Robert Alexy, *A Theory*, p. 62.

encarada como um princípio, surge a questão de saber se existem ou não *princípios absolutos*[126].

Como é manifesto, se não são poucos os que defendem que a dignidade humana é absoluta, não é menos verdade que nunca se precisa com exactidão o que significa o predicado «absoluto». Concretamente, está em causa uma norma que nem sequer entra em conflitos? Está em causa uma norma que prevalece em todos os conflitos em que entra? Está em causa uma norma que tem um valor hierárquico superior a todas as demais e é por essa razão que prevalece sempre?

Parece-me que uma norma é absoluta se, e apenas se, sempre que entrar num conflito normativo, prevalecer sobre as normas conflituantes. Esta relação de prevalência absoluta parece poder resultar do facto de certa norma possuir uma certa propriedade, como a propriedade formal nos termos da qual essa norma é hierarquicamente superior a todas as demais.

13. Posto isto, em segundo lugar, posso afirmar com Alexy que um princípio seria absoluto caso prevalecesse sempre sobre os princípios colidentes. Todavia, a existir algum, a própria definição de princípio – ao menos, a daquele autor – teria de ser alterada[127], uma vez que, para aquele, os princípios aplicam-se por *ponderação* e são sensíveis às circunstâncias do caso concreto (ao passo que as regras se aplicariam por *subsunção*)[128]. Ao invés, o mesmo autor parece considerar que como as regras não são ponderáveis[129], então estas normas seriam absolutas. Assim, como as normas apenas podem ser regras ou princípios e a NDH não pode ser ponderada, poder-se-ia questionar sobre se a NDH não seria, na verdade, uma regra[130].

[126] É de realçar que pelo facto de uns falarem, a este respeito, de «direitos» e outros de «princípios» não significa que estejam a falar de coisas diferentes. Com efeito, é de notar que os direitos são consagrados normativamente, pelo que a existência de um direito há-de advir de uma norma (regra ou princípio).

[127] Cfr. Robert Alexy, *A Theory*, pp. 62 ss.

[128] Por exemplo, cfr. Robert Alexy, On Balancing and Subsumption. A Structural Comparison, *Ratio Juris*, 16, 2003, pp. 436 ss. O que, conforme deixei dito no ponto 2.2., não sucede: estão em causa operações distintas e, por também terem previsão, os princípios também são aplicados subsuntivamente. Assim, cfr. David Duarte, 15 minutos para 15 páginas: duas dúvidas para um problema fundamental, *Boletim da Faculdade de Direito da Universidade de Coimbra*, Vol. LXXXVIII, Tomo II, Coimbra, 2012, pp. 530 e 531.

[129] Também considerando que uma norma é uma regra se, e apenas se, não for ponderável, cfr. Martin Borowski, *La estrutura de los derechos fundamentales*, Bogotá, 2003, pp. 82 ss.

[130] Cfr. Nils Teifke, Human Dignity, p. 95.

De forma a conseguir salvar a sua tese de que os princípios são, por natureza, ponderáveis e confrontando-se com a possibilidade da existência de um princípio absoluto, ALEXY argumenta que a NDH é uma regra e um princípio, bem como que há uma série de condições à luz das quais pode afirmar-se, com certeza, que o princípio da dignidade humana prevalece[131]. A natureza de regra da NDH pode ser compreendida a partir do facto de não se questionar sobre se ela prevalece ou não sobre outras normas, mas tão-somente sobre se ela foi ou não violada. Em face da abertura semântica da NDH, haveria uma ampla margem de apreciação sobre a existência da violação. Contudo, se estivesse em causa o princípio da dignidade humana, este poderia ser ponderado. Embora de uma forma não totalmente clara, o autor observa que o princípio seria ponderado com outras normas de modo a determinar-se o conteúdo da regra de dignidade humana; por outras palavras, a relação de precedência do princípio sobre outras normas de princípio permitir-nos-ia chegar à regra. Em conformidade, o princípio não seria absoluto, senão a regra da dignidade humana[132].

Em face do exposto, parece que ALEXY se está a referir às «normas de direito fundamental derivadas» (que se distinguem das «normas constitucionais expressamente consagradas»)[133], que são normas obtidas a partir do resultado de ponderações levadas a cabo entre princípios conflituantes[134]; ou seja, parecem corresponder às «normas de decisão»[135]. Mas se assim é,

[131] Cfr. ROBERT ALEXY, *A Theory*, p. 64. Seguindo este autor quanto a esta ideia, cfr. JOSÉ MELO ALEXANDRINO, *O perfil*, pp. 47 ss.

[132] Cfr. ROBERT ALEXY, *A Theory of*, p. 64. Ainda assim, no seguimento das críticas de Teifke, Alexy acaba por parcialmente recuar na ideia de que a NDH enquanto regra seria absoluta, uma vez que estaria dependente («dominada») do conteúdo daquela norma enquanto princípio, e, como a propriedade essencial da estrutura normativa da NDH é o seu status de princípio, somente a tese relativizadora estaria correcta (cfr. ROBERT ALEXY, *Menschenwürde und Verhältnismäßigkeit*, in AöR, 140, 2015, pp. 497 ss). Como se verá do que direi em seguida, a razão para a sua tese inicial improceder é outra.

[133] Sobre esta distinção, cfr. ROBERT ALEXY, *A Theory of*, pp. 33 ss.

[134] Cfr. NILS TEIFKE, Human Dignity, p. 97.

[135] Refiro-me às normas que, supondo uma conjugação entre o conteúdo expresso nos «elementos estruturais» da norma aplicável – a previsão, o operador deôntico e a estatuição – e os factos relevantes do caso, não emergem de enunciados normativos aprovados por autoridades normativas competentes para a respetiva edição segundo as formas admitidas, mas antes da mediação que entre tais enunciados e as circunstâncias *sub judice* são levadas a cabo pelos aplicadores. No fundo, são aquelas em que se estabelece «o sentido deôntico que confere a solução jurídica do caso» concreto através da afirmação de que, para os «factos»

nem sequer se deveria falar de uma regra da dignidade humana, mas de tantas quantos conflitos a NDG vencesse outras normas (pelo menos, sempre que as propriedades relevantes do caso fossem diferentes).

De outro prisma, TEIFKE questiona se não poderíamos encarar o *princípio* da dignidade humana à luz da «teoria externa das restrições» e a *regra* da dignidade humana à luz da «teoria interna das restrições»[136]. Como esta tese parece colocar em causa a própria «teoria dos princípios», que apenas faz sentido se enquadrada nos termos da teoria externa – além do facto de nem sequer parecer ser possível uma combinação de ambas as teorias –, o mesmo autor procura ainda questionar se não haveria, então, uma norma com um «duplo-aspecto», ao combinar o nível imediato das regras e o nível dos princípios, caso em que estaríamos perante uma norma que era *formalmente* uma regra e *substantivamente* um princípio, hipótese que é afastada pelo próprio[137]. Note-se que todos estes esforços argumentativos têm sempre um objectivo: salvar o axioma de que os princípios são, por natureza, ponderáveis, ao passo que as regras não. Desta artificialidade parece decorrer, pelo contrário, que o problema reside exactamente no axioma originário.

A isto é de acrescentar que a «tese da absolutividade» não parece sequer ser salva pela ideia de que as regras da dignidade resultantes de ponderações seriam absolutas, ou seja, noutro prisma, mediante a tentativa de definir a NDH pela interferência concreta. Estamos simplesmente a confundir os planos, tudo sempre com o intuito de procurar salvar a conclusão de partida: a NDH é absoluta (e, no caso de ALEXY, a ideia de que só os princípios são ponderáveis). Nesta altura parece estar já claro o problema: embora se afirme que o âmbito de garantia efectivo da NDH é absoluto, a sua identificação apenas é possível no seguimento da resolução de um conflito, razão pela qual tal asserção é redundante[138]. É o mesmo que dizer que a NDH é absoluta no momento «tudo-considerado», descurando

que nele se compreendem «e de acordo com uma questão, a solução jurídica é *x*» (cfr. DAVID DUARTE, *A norma*, pp. 190 ss).

136 Na teoria interna, contrariamente à teoria externa, não há lugar a restrições admissíveis, uma vez que o «âmbito de protecção» coincide com o «âmbito de garantia efectivo»; assim, só no quadro da teoria externa faz sentido distinguir entre «direito *prima facie*» e «direito definitivo» (que é aquilo que resta após a restrição). Por exemplo, cfr. MARTIN BOROWSKI, Limiting clauses, p. 202.

137 Cfr. NILS TEIFKE, Human Dignity, p. 98.

138 Cfr. NILS TEIFKE, Human Dignity, p. 100.

todas as operações levadas a cabo para chegar a esse resultado, tal como a interpretação ou a escolha de uma de duas normas conflituantes *prima facie* aplicáveis ao caso.

Do quadro assim esboçado resulta que a NDG é apenas aparentemente absoluta, o que advém de um conjunto de propriedades nos termos das quais, com alguma certeza, é possível afirmar antecipadamente que a NDG, sempre que colidir com outras normas, irá prevalecer (o que é uma afirmação meramente estatística)[139].

Além do que se acaba de dizer, e talvez até mais importante, os problemas que se acabam de expor ficam, no entanto, desde logo dissipados à luz do que defendi no ponto **2.3.**: sendo a derrotabilidade uma característica definitória das normas, então, conceptualmente, é indefensável a existência de direitos, princípios ou regras absolutos. Daqui não resulta, como se compreende, que certas normas, como as regras ou determinados princípios, não prevaleçam sobre normas conflituantes na maioria dos casos, senão apenas que não é possível defender que uma norma, seja ela de que tipo for, prevalece necessariamente sobre todas as normas conflituantes e em quaisquer circunstâncias. Em consonância com esta linha de pensamento é, pois, plausível afirmar, com recurso a um dos conceitos acima mencionados, que a NDH é uma norma de *derrotabilidade baixa* (ou, se se quiser, muito baixa).

14. Embora seja agora claro que a NDH, independentemente da classificação, é uma norma derrotável como qualquer outra, persiste, no entanto, a primeira questão colocada: afinal, é uma regra ou um princípio? Conforme tive oportunidade de referir no ponto **2.4.**, a diferenciação entre regras e princípios encontra-se na estrutura das normas, mais concretamente numa específica propriedade que as diferencia: a *genericidade* da previsão. Assim, a NDH cai na categoria das normas de princípio, uma vez que a categoria de condutas abrangida – no caso, instrumentalizar uma pessoa – é dotada de inespecificidade, o que significa que um número indeterminável (pelo menos, *a priori*) de acções, como por exemplo torturar, escravizar, ou utilizar o corpo de alguém para salvar outrem, permite activar o consequente da NDH.

139 Em sentido parecido, cfr. NILS TEIFKE, Human Dignity, p. 102.

3.2. Análise da norma da dignidade numa perspectiva dinâmica

3.2.1. *Aspectos introdutórios*

15. Seguindo em frente com a minha investigação, após ter analisado a NDH de um prisma estático – contexto em que fixei como sentido normativo decorrente do enunciado da dignidade humana a proibição de instrumentalização da pessoa, explicitei os vários elementos estruturais da norma com esse sentido, e caracterizei-a como um princípio derrotável –, importa agora, à luz de tudo o que vim defendendo, proceder a uma análise de um prisma dinâmico, isto é, cumpre agora perceber em que tipo de conflitos normativos entra a NDH, como podem esses conflitos ser resolvidos e qual a relevância da norma da proporcionalidade nesta conjuntura.

3.2.2. *Conflitos normativos*

16. Assumindo que existem conflitos normativos entre normas de direitos fundamentais[140], interessa considerar três aspectos diferentes sobre os conflitos entre normas constitucionais («conflitos constitucionais»), nomeadamente: (i) que elementos estão em conflito?; (ii) qual é a estrutura do conflito?; e (iii) como se resolve o conflito?[141]

No que toca aos elementos em conflito, na esmagadora maioria dos casos, as normas que colidem nestas situações não são *regras* mas *princípios*. Ainda assim, é de sublinhar que este aspecto é contingente: se é verdade que a maioria dos direitos fundamentais são consagrados em normas de princípio, tal não significa que não possam existir regras constitucionais em matéria de direitos fundamentais.

Em relação à estrutura do conflito, como na esmagadora maioria dos casos estão em causa conflitos entre princípios, os conflitos constitucionais fogem ao esquema clássico dos conflitos normativos: no fundo, estamos perante conflitos em concreto, que dependem das circunstâncias fácticas dos casos. Em qualquer caso, novamente, o que se acaba de afirmar é mera-

[140] Algo que é negado, por exemplo, por aqueles que defendem a chamada, e já mencionada, «teoria interna das restrições».

[141] Cfr. David Martínez Zorrilla, *Metodologia Jurídica*, pp. 137 e 138.

mente contingente: embora seja a regra, não significa que não possamos ter situações cujos conflitos não são os de tipo parcial-parcial. Mas como a esmagadora maioria dos conflitos constitucionais são os de tipo parcial--parcial, será nesses que fixarei a minha atenção.

No respeitante à resolução do conflito, tendo em conta que normalmente estão em causa conflitos do tipo parcial-parcial, os tradicionais critérios de resolução de conflitos entre regras (nomeadamente, as normas de conflitos da hierarquia, posterioridade e especialidade) não permitem resolver os conflitos constitucionais[142], pelo que urge a necessidade de recorrer a um outro critério de resolução de conflitos normativos – a ponderação –, nos termos do qual não é possível declarar a invalidade ou introduzir excepções a uma das normas.

Não obstante o que se acaba de dizer, o recurso à ponderação quando está em causa a NDH é tudo menos consensual.

17. Antes de abordar a questão da ponderação, parece-me ser proveitoso começar por atentar em alguns exemplos de conflitos normativos entre a NDH e outras normas de direitos fundamentais[143]. Vejamos, então, a título meramente ilustrativo, três eventuais casos de conflito entre a NDH e outras normas e, por isso, sem sequer ter em consideração a eventualidade de a NDH, com o sentido que lhe foi atribuída neste estudo, poder não ser, na verdade, aplicável a tais casos particulares[144].

Em primeiro lugar, se tivermos em consideração o «caso do abate do avião», que será analisado mais detidamente no final deste artigo, nos termos do qual está em causa a permissão de o Estado abater um avião tomado por terroristas e que, eventualmente, contenha passageiros inocentes a bordo, é possível identificar um conflito normativo entre, por um lado, a dignidade humana dos passageiros inocentes e dos próprios terroristas e, por outro lado, eventualmente o direito à vida de outras pessoas que pudessem vir a morrer com o despenhamento do avião. Em segundo lugar, no caso do «lançamento de anões», em que pessoas com nanismo eram lan-

[142] Cfr. David Duarte, Drawing Up, pp. 60 ss.

[143] Considerando que a NDH pode colidir, por exemplo, com o interesse público (segurança do Estado ou ordem pública), cfr. Aharon Barak, *Human Dignity*, pp. 150 ss.

[144] Para uma resenha de casos em que a dignidade humana foi invocada, cfr., por exemplo, Paolo G. Carozza, Human dignity in constitutional adjudication, Tom Ginsburg/ Rosalind Dixon (Eds.), *Comparative Constitutional Law*, Cheltenham, 2011, pp. 459 ss.

çadas, no âmbito de um jogo, por outras pessoas a troco de dinheiro, verifica-se um conflito normativo entre, por um lado, a dignidade humana da pessoa com nanismo e, por outro lado, eventualmente a liberdade de profissão, no caso, do mesmo sujeito[145]. Em terceiro lugar, no caso da interrupção voluntária da gravidez, parece verificar-se um conflito entre a dignidade humana do feto e a autonomia pessoal da mulher[146].

Pelas razões que já expus, a única forma de resolver estes conflitos constitucionais reside, com elevado grau de probabilidade, na ponderação.

3.2.3. *Norma da dignidade humana no contexto da ponderação*

18. Se à luz das premissas conceptuais de que parti não há dúvidas de que os conflitos normativos entre a NDH e outras normas constitucionais terão de ser resolvidos mediante o recurso à ponderação, a verdade é que tal possibilidade não é indiscutível (em especial, em países como a Alemanha ou Portugal). Na Alemanha, a propósito da possibilidade de a NDH ser sujeita a ponderação, tem-se verificado uma enorme discussão, em especial desde que MATTHIAS HERDEGEN a defendeu na sua anotação ao *Grundgesetz Kommentar*[147], tese que gerou fortes críticas, como a de BÖCKENFÖRDE[148/149]. De qualquer modo, conforme tenho vindo a procurar explicitar, a tese de que a NDH é absoluta está ligada a uma série de confusões conceptuais e, bem assim, ao facto de, em função de certas propriedades, ser possível afirmar antecipadamente que a NDG, sempre que colida com outras normas, irá prevalecer.

[145] Há decisões sobre este caso do Tribunal Administrativo de Neustadt e do Conselho de Estado Francês. Respectivamente, v. VG Neustadt, Neue Zeitschrift für Verwaltungsrecht, 1993, pp. 98 ss; Arrêt du Conseil d'Etat, 27 octobre 1995, Commune de Morsang-sur-Orge et Ville d'Aix-en-Provence.

[146] Acerca deste caso, cfr. o acórdão do Tribunal Constitucional Português nº 75/2010, e os acórdãos do Tribunal Constitucional Alemão BVerfGE 88, 203 (*Schwangerschaftsabbruch II*), 1993; BVerfGE 98, 265 (*Bayerisches Schwangerenhilfegesetz*), 1998.

[147] Cfr. MATTHIAS HERDEGEN, Art. 1 § 1, par. 46 ss.

[148] Além de outros escritos, cfr. ERNST-WOLFGANG BÖCKENFÖRDE, Die Würde des Menschen war unantastbar. Zur Neukommentierung der Menschenwürdegarantie des Grundgesetzes, ERNST-WOLFGANG BÖCKENFÖRDE, Recht, *Staat, Freiheit – Studien zur Rechtsphilosophie, Staatstheorie und Verfassungsgeschichte,* 2ª ed, Frankfurt, 2006, pp. 379 ss.

[149] Sobre esta discussão, por cá, cfr. JORGE REIS NOVAIS, *A dignidade*, Vol. II, pp. 144 ss.

Ora, tal como acima defendi, como todas as normas são derrotáveis, também quanto à NDH – independentemente da sua natureza de princípio –, caso entre num conflito normativo, mesmo que tal hipótese seja absolutamente excepcional, haverá a possibilidade de ceder perante outra norma num determinado caso.

19. Malgrado o que acabo de dizer, Reis Novais defende que (i) a dignidade humana é um «comando de vinculatividade absoluta» – o que significaria (i1) a «impossibilidade de cedência da dignidade perante um qualquer outro bem jurídico», pelo que não seria ponderável, (i2) que não pode haver justificação admissível para restringir» a referida norma, e (i3) «tendo sido a Constituição a garantir um tal tipo de prevalência à dignidade da pessoa humana (...), a concretização ou a realização do princípio não ficam dependentes de quaisquer juízos de ponderação posterior a realizar por outra entidade, incluindo o Tribunal Constitucional» – e que (ii) «o apuramento da eventual violação do princípio (...) é insusceptível de realização adequada sem a apreciação e a valoração das circunstâncias do caso, do contexto e das intenções subjacentes, e sem ter em conta eventuais alternativas de acção para a realização do fim que se tinha em vista», o que pode implicar a «eventual necessidade ou conveniência em realizar juízos de ponderação»[150].

A perspectiva explicitada parece, porém, ser contraditória e, por essa razão, logicamente insustentável (por violação da «lei do terceiro excluído» – p v p): ou bem que a NDH é absoluta e, nesse sentido, prevalece sempre sobre as demais normas ou bem que não é absoluta e, assim, pode ceder perante outras normas em sede de ponderação; não pode é ser as duas coisas ao mesmo tempo. Mais especificamente, em primeiro lugar, quanto à impossibilidade de cedência da dignidade perante um qualquer outro bem jurídico, já vimos que tal ideia improcede pelo simples facto de, sempre que colidam com outras, todas as normas serem derrotáveis em sede de ponderação. Em segundo lugar, a ideia de que não existe justificação admissível para restringir a NDH é normativamente insustentável – sendo a NDH uma norma constitucional, quaisquer outras normas constitucionais são justificações plausíveis e, em consequência, candidatos à criação de um conflito normativo, mesmo que não prevaleçam *a final*. Em terceiro

[150] Cfr. Jorge Reis Novais, *A dignidade*, Vol. II, pp. 157 e 158.

lugar, interpretativamente, nem sequer no caso alemão parece decorrer da Constituição qualquer prevalência absoluta da NDH sobre as demais; de outra forma, não se vê como se pode chegar a uma hierarquia axiológica entre a NDH e as restantes normas constitucionais[151]. Em quarto lugar, pensando agora meramente na alegada não submissão da NDH à ponderação, das duas uma: ou a NDH nunca colide com outras normas, o que não parece ser possível, desde logo, em virtude da abertura da sua previsão, ou então, como a ponderação é um critério de resolução de conflitos normativos que se aplica verificadas certas condições, as suas condições de aplicação nunca estão verificadas em conflitos com a NDH, o que também não é o caso. De tudo quanto escrevi já sobre o tema, improcedem todas as razões expostas nos termos das quais a NDH não poderia ser sujeita a ponderação, por exemplo, pelo Tribunal Constitucional.

Quanto à segunda ideia de que, afinal, o apuramento de uma eventual violação do princípio é insusceptível de realização adequada sem a apreciação das várias circunstâncias do caso concreto, termos em que poderia requerer juízos de ponderação, não é claro se o autor se está referir ao momento da aplicação – e aos eventuais juízos valorativos necessários para determinar se uma determinada acção instancia ou não a norma em causa – ou se, o que seria uma contradição insanável como se começou por afirmar, está em causa o momento da resolução de eventuais conflitos normativos. Concedendo que pode tratar-se do primeiro caso, não colocando em causa que também a aplicação das normas coloca problemas valorativos, tal como já procurei demonstrar à saciedade, a NDH pode colidir com outras normas e, na falta de mais critérios de resolução da antinomia, outra solução não há que a de recorrer à ponderação.

Enfim, se facilmente se compreende que a ideia de que esta natureza que costuma ser assacada à NDH é uma espécie de *tabu* que encontra explicação, por exemplo, na história da Alemanha[152] (o mesmo se podendo dizer do caso português), ao ponto de alguns autores se referirem, a este

[151] Sobre as hierarquias axiológicas, por exemplo, cfr. RICCARDO GUASTINI, *La sintaxis*, pp. 211 ss.

[152] Assim, cfr., por exemplo, RALF POSCHER, Menschenwürde als Tabu. Die verdeckte Rationalität eines absoluten Rechtsverbots der Folter, GERHARD BEESTERMÖLLER/HAUKE BRUNKHORST (Hrsg.), *Rückkehr der Folter. Der Rechtsstaat im Zwielicht?*, München, 2006, pp. 75 ss. Sobre isto, cfr. ainda JORGE REIS NOVAIS, *A dignidade*, Vol. II, pp. 157 e 158.

respeito, a «artigo da fé numa religião civil»[153], a verdade é que, em termos puramente lógicos, não procede e, por isso, deve ser abandonada[154].

[153] Cfr. JOSEF ISENSEE, "Menschenwürde: die säkulare Gesellschaft auf der Suche nach dem Absoluten", *AöR*, 2006, p. 179.

[154] A ideia de que todas as normas são derrotáveis briga ainda com outra tese do autor que vinha comentando. Efectivamente, de acordo com este, se a NDH afinal pode ainda ser sujeita a algumas ponderações, o mesmo já não sucederia – e aqui residiria a verdadeira natureza absoluta da NDH no nosso ordenamento – com a norma constitucional que proíbe expressamente a tortura (nº 2 do artigo 25º da Constituição). Para REIS NOVAIS, o legislador constituinte optou, inequivocamente, «por uma proibição absoluta, definitiva, sem abertura jurídica a qualquer futura ponderação de caso concreto ou a qualquer flexibilização» (cfr. JORGE REIS NOVAIS, *A dignidade*, Vol. II, p. 226). Embora me encontre impedido de aqui aprofundar este tema, não posso deixar de começar por sublinhar que esta ideia nos transporta para a problemática da derrotabilidade das regras, matéria que já tive ocasião de abordar. Em abono da tese de que também as regras podem ser preteridas num caso aponta a ideia de que, mesmo que o constituinte quisesse, não lhe seria humanamente possível prever todas as possíveis combinações de circunstâncias que o futuro poderia vir a trazer e de determinar o que poderia ser feito se tais circunstâncias se verificassem (basicamente, em virtude da [i] ignorância sobre a realidade e [ii] indeterminação dos fins – cfr. HERBERT HART, *The concept*, p. 128; cfr. JORDI FERRER BELTRÁN/GIOVANNI BATTISTA RATTI, Defeasibility and Legality: A Survey, JORDI FERRER BELTRÁN/GIOVANNI BATTISTA RATTI (Eds.), *The Logic*, p. 23). Em todo o caso, uma visão extrema da derrotabilidade como a que daqui poderia resultar – de que todas as normas trazem acoplada uma cáusula ceteris paribus, i.e., têm excepções implícitas ad infinitum – é de rejeitar, porque uma tal visão não apenas dificilmente se coadunaria com uma ideia positivista do direito – parece que aquilo que se estaria a fazer passava por uma *correcção* dos resultados menos *bons* que uma certa regra poderia implicar –, como ainda prejudicaria as vantagens das regras: certeza, previsibilidade e estabilidade (cfr. FREDERICK SCHAUER, Is Defeasibility na Essential Property of Law, JORDI FERRER BELTRÁN/GIOVANNI BATTISTA RATTI (Eds.), *The Logic*, pp. 81 e 86). Porém, o tipo de derrotabilidade de que aqui falo é diferente e, como facilmente se pode constatar, muito menos extremo: falo de um tipo de derrotabilidade *externa* que se traduz no facto de poderem, no mesmo ordenamento, existir outras normas com pretensão de regulação do caso de um modo deonticamente conflitual e que, por via disso, se tratam de razões para a não aplicação da regra (em igual sentido e de forma mais desenvolvida, cfr. PEDRO MONIZ LOPES, *Derrotabilidade normativa*, pp. 219 ss; em sentido parecido, embora parecendo distinguir entre derrotabilidade interna – a provocada por outras normas do ordenamento – e externa – a que adviria de considerações extra-sistémicas –, cfr. JORGE L. RODRÍGUEZ, Against Defeasibility of Legal Rules, JORDI FERRER BELTRÁN/GIOVANNI BATTISTA RATTI (Eds.), *The Logic*, pp. 97 e 105), o que não é o mesmo que dizer que as todas as normas, têm excepções implícitas *ad infinitum*. À luz de tudo o que acabo de afirmar começa a vislumbrar-se que, não obstante poderem ser derrotadas, as regras têm um grau de resistência muito superior ao dos princípios, o que encontra explicação no facto de terem sido aprovadas por uma autoridade normativa com legitimidade democrática (que as aprova, naturalmente, no seguimento de

Em jeito de conclusão, perante o que acabei de dizer, contrariamente ao que defende, por exemplo, Reis Novais[155], a dignidade humana, na sua tradução normativa, sempre que o seu sentido deôntico colida com outras normas constitucionais com ela deonticamente incompatíveis – ou seja, sempre que se verifique um conflito do tipo parcial-parcial entre a NDH e qualquer outra norma constitucional, pela sobreposição das previsões instanciadas por uma determinada circunstância, e os efeitos sejam incompatíveis –, o esquema de resolução do conflito é exactamente o mesmo existente para as demais normas de direitos fundamentais, de onde se retira que a mesma será «ponderada», ou, mais precisamente, aplica-se nesses casos a norma da ponderação, sob pena de uma situação de *non liquet*.

20. Conforme procurei clarificar no ponto **2.2.**, a norma da ponderação apenas se aplica caso se verifique um conflito normativo e caso não sejam aplicáveis as demais normas de resolução de conflitos. Já a sua estatuição

ponderações entre princípios) e, em virtude justamente da determinação e precisão dos seus pressupostos de aplicação, à segurança jurídica e previsibilidade que advém das suas soluções (desenvolvidamente sobre a «*resistência* da regra enquanto regra», cfr. Pedro Moniz Lopes, *Derrotabilidade normativa*, pp. 324 ss).
A conclusão a extrair das considerações precedentes no que respeita à regra que proíbe a tortura (aplicando-se o critério distintivo adoptado, trata-se de uma regra pois a conduta regulada é claramente inespecífica) é agora clara: se não há dúvidas de que a regra irá prevalecer na esmagadora maioria dos conflitos normativos, não é possível sustentar igual conclusão para todos os casos imagináveis, como o caso de um terrorista que coloca uma bomba atómica cujo poder destrutivo poderia destruir um país ou um continente inteiros. Contrariamente ao que afirma Reis Novais, o facto de se tratar de um exemplo pouco plausível – e já foi menos – não impede a conclusão lógica de que aquela regra, como qualquer outra, nem que seja num cenário extremíssimo, como o aventado, é derrotável (o que, sublinhe-se novamente, não significa que é derrotada). Como pode verificar-se, tal conclusão deriva da proposição lógica de acordo com a qual uma propriedade apenas é definitória de um *tipo* se e apenas se poder ser encontrada em todos os *tokens* desse *tipo*. Nem tão-pouco procede o argumento do mesmo autor segundo o qual admitir que a proposição de que a proibição da tortura pode, hipoteticamente, nem que seja em casos meramente académicos, ser derrotada por outra norma constitucional signiifca «abrir a caixa de pandora» neste domínio, uma vez que tal argumento é não mais do que uma falácia argumentativa do tipo «slippery slope».

[155] Cfr. Jorge Reis Novais, *A dignidade*, Vol. II, pp. 162 ss. No fundo, o autor parece incorrer numa petição de princípio, uma vez que parte sempre da conclusão – a NDH não é ponderável –, chegando a afirmar que «não seria dogmaticamente adequado sujeitar o princípio jurídico-constitucional da dignidade humana a ponderação» (o que, aliás, é um dado contingente do ordenamento jurídico – é, por exemplo, concebível uma Constituição nos termos da qual a dignidade seja hierarquicamente inferior à liberdade).

implica tão-somente a atribuição de discricionariedade de escolha entre as normas colidentes ao aplicador, que fica obrigado a escolher de entre as normas colidentes a que prevalecerá e se aplicará ao caso. Como também referi, em regra, a operação da ponderação é regulada por outras normas, como a norma da proporcionalidade.

3.2.4. *Regulação de ponderações com a norma da dignidade: norma da proporcionalidade*

21. A ponderação, tal como acabo de escrever, não é, em princípio, totalmente livre, pois é uma operação sujeita a normas que determinam como deve ser levada a cabo[156]. A proporcionalidade é precisamente uma norma que regula o modo de ponderar, orientando a operação e, nesse sentido, influenciando o resultado a que se há-de chegar.

A norma da proporcionalidade pode ser traduzida normativamente da seguinte forma: se (i) [previsão] *se verificar um conflito normativo cujas propriedades imponham o recurso à ponderação* e (ii) *estiver em causa uma relação de meio-fim*[157], [operador deôntico] o Estado está *obrigado* a [estatuição] *escolher um meio* (i) *adequado*, (ii) *necessário* e (iii) *proporcional em sentido estrito*[158].

Para a economia do presente estudo importa apenas fazer uma breve nota sobre o efeito da proporcionalidade em sentido estrito (muitas vezes, também apelidado de *ponderação* ou *sopesamento*[159]). Concretamente, este efeito da proporcionalidade traduz-se na obrigação de, quando se restringe uma norma (N1) com a justificação de satisfazer uma outra norma (N2), a restrição de N1 deve ser equilibrada à luz da satisfação de N2. A «lei da ponderação» de ALEXY aponta justamente neste sentido: *quanto maior*

[156] A forma de a levar a cabo é normativamente contingente: pode, obviamente, variar de ordenamento jurídico para ordenamento jurídico.

[157] Desenvolvidamente sobre este pressuposto, cfr. DAVID DUARTE, *A norma*, pp. 631 ss.

[158] Sobre os efeitos da adequação, necessidade e proporcionalidade em sentido estrito, entre outros, cfr. LAURA CLÉRICO, *El examen de proporcionalidad en el Derecho Constitucional*, Buenos Aires, 2009, pp. 163 ss; CARLOS BERNAL PULIDO, *El principio de proporcionalidad y los derechos fundamentales*, Madrid, 2007, pp. 763 ss.

[159] Referindo-se a sopesamento, cfr. TIAGO ROLO MARTINS, A Configuração do Princípio da Proporcionalidade e a sua Aplicação na Ponderação de Normas de Direitos Fundamentais: a Fórmula da Proporcionalidade, *Revista Jurídica AAFDL*, nº 30, Lisboa, 2016.

for o grau de não satisfação ou restrição de um princípio, tanto maior terá de ser a importância da satisfação do outro[160]. Cabe notar que esta lei não apresenta, nem tem como pretensão apresentar, uma «pauta material» para resolver o conflito, senão um «procedimento para a justificação da decisão», apresentando-se, portanto, como um verdadeiro «modelo de justificação»[161].

22. De qualquer forma, nenhuma destas considerações nos dá efectiva orientação sobre como ponderar e é aqui que a «fórmula do peso» releva[162]. Esta fórmula traduz-se numa operação de *medição* da intensidade da compressão imposta sobre determinadas normas (como as de direitos fundamentais), no âmbito da qual se analisa um conjunto de grandezas relevantes para a operação de determinação da norma que deve prevalecer num certo caso. Habitualmente, são tidas em conta três variáveis diferentes às quais terão de ser atribuídos valores, de modo a estabelecer a prevalência entre as normas colidentes: (i) o peso abstracto das normas colidentes (W)[163]; (ii) a intensidade da interferência sobre essas normas (I); e (iii) a fiabilidade das assunções empíricas e normativas (R)[164/165]. Para efeitos de comparação, é possível atribuir, simplisticamente, três tipos de intensidades às variáveis enunciadas em relação a cada uma das normas colidentes:

[160] Cfr. Robert Alexy, On Balancing, pp. 436 ss.

[161] Permitindo, pois, *racionalizar* a argumentação jurídica. Assim, cfr. Laura Clérico, *El examen*, pp. 196 e 197.

[162] Sobre a fórmula do peso, cfr. Robert Alexy, On Balancing, pp. 433 ss; Carlos Bernal Pulido, On Alexys's Weight Formula, Agustín Menéndez/Erik Eriksen (Org.), *Arguing Fundamental Rights*, Dordrecht, 2006, pp. 101 ss.

[163] Não obstante o recurso à grandeza «peso» me parecer discutível neste contexto, não sendo este o momento para aprofundar exaustivamente tal aspecto e, enfim, por se tratar de uma metáfora elucidativa (é a sua maior virtude), será a utilizada.

[164] A notação da fórmula pode ser a seguinte: $W_{N1/N2}C = \frac{I1 \cdot W1 \cdot R2}{I2 \cdot W2 \cdot R2}$. No fundo, com esta fórmula procura-se ilustrar a estrutura da ponderação com a ajuda de um modelo matemático. '$W_{N1/N2}C$' representa o peso concreto da N1, *i.e.*, o peso de N1 nas circunstâncias concretas do caso a decidir (C), em relação com N2, a norma colidente. 'I_1' ($I_{N1}C$) representa a intensidade da interferência (restrição) sobre N1 mediante o meio ou a medida *M*, cuja proporcionalidade se deve apreciar.

[165] No fundo, é a fiabilidade das assunções relativas ao que significa certa medida *M* para a não realização de N1 e a realização de N2 nas circunstâncias do caso concreto. Por seu turno, os valores a atribuir são (i) certo; (ii) plausível; (iii) não evidentemente falso. Sobre esta última variável, cfr., por exemplo, Matthias Klatt/Moritz Meister, *The Constitutional Structure of Proportionality*, Oxford, 2012, pp. 111 ss.

(i) leve; (ii) moderada; (iii) elevada[166]. O principal problema que aqui se coloca respeita à determinação e atribuição dos valores a estas variáveis[167]. Para o presente artigo, irei apenas abordar, ainda que de forma concisa, as duas primeiras.

No que toca ao peso abstracto, que implica a atribuição de pesos a cada uma das normas de direitos fundamentais sem recurso ao caso concreto – e, nessa medida, apela à determinação da sua importância no contexto do ordenamento em causa –, não posso deixar de realçar a sua questionabilidade, uma vez que parece implicar uma forma de hierarquização cujo fundamento normativo é muito duvidoso senão inexistente[168]. Este peso abstracto poderá, porém, ser reinterpretado enquanto «peso abstracto relacional»: trata-se do peso atribuído a cada uma das normas no contexto da colisão entre ambas; ou seja, é o peso abstracto atribuído a uma norma em termos comparativos com outra norma. Os critérios para a determinação do peso abstracto relacional podem ser os três seguintes[169]: (i) a força dos interesses que subjazem a cada uma das normas[170]; (ii) outras normas

[166] Por um lado, esta escala pode ser complexificada e, por outro lado, é possível atribuir valores numéricos às intensidades (embora tal não seja indispensável): (i) leve – 1; (ii) médio – 2; e (iii) elevado – 4. Assim, mesmo que com termos ligeiramente diferentes, cfr. ROBERT ALEXY, On Balancing, p. 445. É ainda de salientar que, como referido na nota anterior, as intensidades e os respectivos valores a atribuir no caso da fiabilidade das assunções são diferentes: (i) certo – 1; (ii) plausível – 0,5; (iii) não evidentemente falso – 0,25.

[167] Os raciocínios expendidos para este propósito não podem deixar de ser justificados racionalmente, pelo que o recurso à *argumentação jurídica* é, assim, indispensável neste contexto.

[168] Cfr., por exemplo, JOSÉ JUAN MORESO, *La Constitución,* p. 312.

[169] SIECKMANN refere estes três critérios para a determinação do peso abstracto, ainda que pareça, por outro lado, dizer que o peso abstracto tem algo de relativo e, embora sendo diferente, tem uma ligação ao peso relacional (cfr. JAN-R. SIECKMANN, *The Logic*, pp. 100 ss). Precisando, porém, que o primeiro e o terceiro dos critérios podem ser tratados como subcritérios do segundo, cfr. LAURA CLÉRICO, *El examen*, pp. 221 e 222.

[170] Para estabelecer a importância dos interesses, é possível recorrer às *necessidades* da pessoa, que podem ser mais ou menos fortes e/ou urgentes (cfr. JAN-R. SIECKMANN, *The Logic*, p. 101). Contudo, importa aqui referir que a avaliação dos interesses de cada um pode divergir consoante o ponto de vista, pelo que podem ser determinadas de forma subjectiva ou objectiva. Por exemplo, numa colisão entre a liberdade religiosa e o direito à vida, consoante o sujeito em causa na situação concreta, a importância dos direitos em relação pode variar. E isto indicia também que, em bom rigor, pode haver aqui recurso a elementos do caso concreto. Talvez possa isto significar que nem o próprio peso abstracto relacional é totalmente imune ao caso concreto.

que funcionem como razões normativas de reforço[171]; e (iii) a existência de decisões anteriores que estabelecem preferências entre as normas em conflito[172].

No respeitante à intensidade das interferências, esta variável implica a determinação da intensidade da compressão de um meio sobre uma norma de direito fundamental, bem como da correlativa intensidade da compressão sobre o direito colidente no caso de não permissão de utilização do meio. A intensidade da compressão será determinada à luz de várias grandezas factuais – ou seja, à luz de certas propriedades de cada caso concreto[173] –, como o volume, a eficiência ou a duração da interferência[174/175].

O resultado da equação em que se traduz a fórmula do peso dá-nos o «peso concreto» das normas em colisão[176], que é um «peso relativo relacional», que variará naturalmente à luz das circunstâncias relevantes que

[171] Podendo estar em causa uma combinação com normas de princípio materiais ou formais (neste sentido, cfr. LAURA CLÉRICO, *El examen*, pp. 222 ss). Pense-se, por um lado, nas situações em que a instrumentalização afecta também o direito à vida; por outro lado, considere-se o exemplo da norma da liberdade de expressão que, de certa forma, é auxiliada pelo princípio formal da democracia. Tratando os princípios formais como uma espécie de razões normativas que dão peso adicional aos princípios materiais em colisão, cfr. MARTIN BOROWSKI, The Structure of Formal Principles – Robert Alexy's 'Law of Combination', MARTIN BOROWSKI (Ed.), *On the Nature of Legal Principles*, Stuttgart, 2010, pp. 19 ss.

[172] Se for possível concluir que um determinado direito fundamental prevalece, em regra, perante outro, é possível dizer que o seu peso abstracto relacional é superior. SIECKMANN, aliás, considera que a partir desta conclusão pode ser possível inferir a existência de um peso abstracto superior (cfr. JAN-R. SIECKMANN, *The Logic*, p. 97).

[173] Parece-me ser possível evitar cair aqui num *particularismo radical*, caso se proceda à determinação das propriedades relevantes do caso. Assim, caso tais propriedades estejam presentes num caso futuro, a norma decisória resultante daquela ponderação poderá ser aplicada a esse caso sem necessidade de reabrir a ponderação.

[174] Em sentido próximo, mas não coincidente, cfr. CARLOS BERNAL PULIDO, Consideraciones acerca de la fórmula de la ponderación de Robert Alexy, EDUARDO MONTEALEGRE (Coord.), *La Ponderación ene k Derecho*, Bogotá, 2008, p. 128.

[175] É de sublinhar que no que concerne à determinação da intensidade da interferência sobre um direito fundamental – que é apreciada no âmbito da proporcionalidade em sentido estrito – pode também ter-se em consideração a insuportabilidade de uma medida para um particular afectado (ou seja, à luz dos seus interesses concretos) (neste sentido, cfr. LAURA CLÉRICO, *El examen*, pp. 271 ss). Entre nós, autonomizando este momento como um teste autónomo da proporcionalidade, apelidando-o de *razoabilidade*, cfr. JORGE REIS NOVAIS, *As restrições*, pp. 765 ss.

[176] Cfr. ROBERT ALEXY, Derechos constitucionales a protección, ROBERT ALEXY, *Derechos sociales y ponderación*, Madrid, 2007, pp. 59 e 60.

consubstanciam um determinado caso concreto[177]. O caso resolve-se de acordo com a solução estabelecida pela norma que tiver o peso concreto superior na respectiva relação colidente, isto é, o estatuto deôntico do caso concreto é determinado pela norma prevalecente[178]. Por exemplo, se N1 (dignidade humana) proíbe a conduta α (abater avião), e N2 (direito à vida) permite a conduta α, então, se N1 prevalecer nas circunstâncias *y* (as que conformam o caso em análise) perante N2, o resultado da ponderação traduz-se na seguinte norma: *nas circunstâncias* y, *é proibido* α (Cy → Ph α).

23. A questão que se impõe agora é a seguinte: qual é o impacto das considerações precedentes no contexto da NDH? Se a NDH colidir com outra norma de direitos fundamentais e nenhuma norma de resolução de conflitos de 1º grau (como a superioridade hierárquica) se aplicar, então outra coisa não resta senão *ponderar*. Aqui, essencialmente, para além da certeza das premissas, interessa, por um lado, averiguar o peso abstracto relacional da NDH, que, conforme intuição generalizada, é em regra elevado, isto é, *prima facie*, a NDH parece ter – desde logo, à luz dos interesses que tutela, bem como a partir do facto de normalmente prevalecer sobre outras normas noutros casos – um peso abstracto relacional superior às demais normas de direitos fundamentais[179], por exemplo, no ordenamento jurídico português. Daqui não se pode retirar, todavia, a existência de uma relação de prevalência *incondicional* (noutras palavras, absoluta) da NDH sobre as restantes, independentemente das circunstâncias do caso concreto[180]. O facto de ser possível afirmar que a NDH tem um peso abstracto relacional, *prima facie*, superior às demais e, não obstante, tal não significar que aquela NDH prevaleça necessariamente sobre estas normas, tem que ver com o facto de a fórmula do peso não se esgotar nesta variável; inversamente, como afirmei, o resultado da ponderação – e determi-

[177] Sobre este conceito, ainda que em termos não totalmente coincidentes, cfr. JAN- R. SIECKMANN, *The Logic*, pp. 96 e 97.

[178] Caso se atribuam efectivamente valores numéricos às diferentes intensidades no âmbito de cada uma das variáveis, a restrição é admitida se o valor que resulta da equação for superior a 1 (se for 1, no entanto, há uma situação de empate, considerando ALEXY que nesse caso há discricionariedade para a autoridade normativa). Assim, por exemplo, cfr. ROBERT ALEXY, Derechos constitucionales, pp. 64 e 65; Postscript, *A theory*, pp. 394 ss.

[179] Em sentido parecido, cfr. NILS TEIFKE, Human Dignity, p. 101.

[180] Quando muito, conforme foi já exposto, à luz destes elementos, poder-se-ia questionar se não existiria, estatisticamente, uma relação de prevalência *quase incondicional*.

nação da norma prevalecente – não pode ser calculado sem a aferição da intensidade das interferências sobre cada uma das normas conflituantes, bem como da fiabilidade das premissas normativas e fácticas.

Deste modo, as intensidades das interferências à NDH terão sempre de ser valoradas em concreto, como quaisquer outras, cujo resultado acresce ao peso abstracto relacional elevado daquela norma, e apenas após a consideração de todas estas variáveis se poderá chegar, eventualmente, à relação de prevalência da NDH. O que se acaba de dizer permite vislumbrar com clareza que, pese embora tenha um peso abstracto relacional elevado, se a NDH colidir com uma norma de direito fundamental que também possua um peso abstracto similar e que a intensidade da interferência sobre a NDH no caso concreto seja leve, comparativamente com uma interferência (por exemplo) grave pela não satisfação da norma colidente, podemos estar perante um caso – mesmo que muito excepcional – em que, à luz do seu peso concreto, a NDH tem de ser preterida[181].

Por seu turno, é possível identificar alguns elementos dos casos concretos que podem fazer variar a intensidade de interferência sobre a NDH. A título de exemplo, pense-se nas situações de instrumentalização de alguém com ou sem consentimento, não havendo dúvidas da diferença existente: a intensidade da interferência no último caso é grave, ao passo que se houver consentimento é, na pior das hipóteses, média; ainda assim, a aferição do peso não dispensa saber se o consentimento foi concedido de forma livre e esclarecida ou até mesmo se aproveita aos interesses do titular ou, por hipótese e de forma inversa, ao interesse público. A própria situação concreta em que alguém é usado como um meio, mesmo que sem consentimento, também é relevante, como os casos em que estão em causa situações neutras[182]. Imagine-se casos como um em que, num dia de temporal, alguém usa outra pessoa, sem o seu consentimento, como um meio para não ser enlameada por um autocarro[183], ou outro em que se obriga um transeunte a fazer um telefonema para chamar uma ambulância para salvar outra pessoa[184].

[181] Em sentido próximo, cfr. Nils Teifke, Human Dignity, pp. 102 e 103.

[182] Referindo-se a casos de utilização como um meio não consentida, mas neutral, cfr. Jorge Reis Novais, *A dignidade*, II, pp. 116 ss.

[183] Exemplo retirado de Jorge Reis Novais, *A dignidade*, II, p. 115.

[184] Exemplo encontrado em Kai Möller, *The Global*, pp. 146 e 147.

§3º O «caso da Lei da Segurança da Aviação» do Tribunal Constitucional Alemão

3.1. Os dados factuais

24. Após ter procedido a uma análise estática e dinâmica da NDH, irei agora examinar, ainda que de modo conciso, o chamado «caso da Lei da Segurança da Aviação» e, de seguida, reanalisá-lo em coerência com os dados normativos anteriormente obtidos[185].

Tendo como pano de fundo os atentados terroristas do 11 de setembro[186], o legislador federal alemão aprovou a Lei da Segurança da Aviação (*Luftsicherheitsgesetz*) («LSA»), em junho de 2004 (a qual foi ratificada em janeiro de 2005), que permitia às forças armadas alemãs, preenchidos determinados pressupostos, ordenar o abate de um avião, se fosse possível determinar que este ia ser utilizado como arma contra a vida de pessoas que se encontrassem no solo. Mais concretamente, nos termos do Art. 14.1 da LSA, "[p]*ara evitar a produção de um acidente especialmente grave, no espaço aéreo, as forças armadas podem desviar aeronaves, forçá-las a aterrar, ameaçar com o uso de armas ou dar disparos de advertência*". A escolha dos vários meios atrás identificados é feita à luz do princípio da proporcionalidade, nos termos do Art. 14.2. Por fim, de acordo com o Art. 14.3, "[a] *acção directa com recurso a armas apenas é admissível quando, à luz das circunstâncias, se possa supor que a aeronave vá ser usada contra a vida de seres humanos e aquele seja o único meio para a proteger desse perigo*".

185 Sobre este caso, entre tantos outros, cfr. Oliver Lepsius, Human Dignity and the Downing of Aircraft: The German Federal Constitutional Court Strikes Down a Prominent Anti-terrorism Provision in the New Air-Transport Security Act, *German Law Journal*, Vol. 7, Nº 9 – 1, September 2006; Kai Möller, On Treating, pp. 47 ss; Josef Isensee, Vida contra vida. El dilema de derechos fundamentales del ataque terrorista con un avión de pasajeros capturado, Eduardo Montealegre (Coord.), *La Ponderación ene k Derecho*, Bogotá, 2008, pp. 307 ss; Raymond Youngs, Germany: Shooting down aircraft and analysing computer data, *I•Con*, Vol. 6, N. 2, pp. 331 ss; Jorge Reis Novais, *A dignidade*, II, pp. 242 ss. Sobre o caso de uma perspectiva penal, cfr. Saskia Hufnagel, Fundamental Rights and Fundamental Difference: Comparing the Right to Human Dignity and Criminal Liability in Germany and Australia, Simon Bronitt/Miriam Gani/Saskia Hufnagel (eds.), *Shooting to*, pp. 193 ss.

186 Por exemplo, cfr. Oliver Lepsius, Human Dignity, pp. 761 ss; Josef Isensee, Vida contra, pp. 318 ss; Jorge Reis Novais, *A dignidade*, II, pp. 242 ss.

Em 15 de Fevereiro de 2006, o Tribunal Constitucional Federal Alemão declarou a inconstitucionalidade da norma constante do Art. 14.3 da LSA por violação, entre outras normas[187], do disposto nos Art. 2.2, que consagra o direito à vida, e Art. 1.1, que consagra a NDH, ambos da Constituição Alemã[188].

Apesar da inconstitucionalidade declarada, o Tribunal procedeu a uma distinção entre dois casos: (i) abate de aeronave com terroristas e passageiros e tripulantes inocentes a bordo; (ii) abate de avião só com terroristas a bordo. No primeiro caso, o Tribunal, sem para isso ter tido (deveras) em atenção o direito à vida das pessoas que se pudessem encontrar no solo[189], considerou a medida inconstitucional porque o abate do avião com passageiros e tripulantes inocentes a bordo para eventualmente salvar outras pessoas em terra, além de violar o direito à vida dos inocentes a bordo, ao tratá-los como parte do avião que se tinha transformado numa arma, significava a sua instrumentalização para o salvamento dos que se encontravam no solo (recorrendo, assim, à chamada "fórmula do objeto"), o que violava a NDH[190]. No segundo caso, por seu turno, o Tribunal, com fundamento no facto de os terroristas serem sujeitos responsáveis pelas consequências dos seus actos[191], observou que não havia uma instrumentalização dos terroristas a bordo do avião e, por conseguinte, que a NDH não era aplicável, pelo que estávamos perante um clássico caso de vida (das pessoas no solo) contra vida (dos terroristas a bordo). Como o direito à vida não é absoluto

[187] De facto, o Tribunal também considerou a norma inconstitucional por uma questão de conflito de competência dos *Länder* e do *Bund*, fundamento que aqui não será analisado, uma vez que o objeto do presente estudo se esgota na dignidade humana. Sobre isto, cfr. OLIVER LEPSIUS, Human Dignity, pp. 764 ss.

[188] Cfr. BVerfG, Urteil des Ersten Senats vom 15. Februar 2006 – 1 BvR 357/05 – Rn. (1-156).

[189] E, em concreto, o dever de protecção do direito à vida dessas pessoas. Muito criticamente por este facto, cfr. JOSEF ISENSEE, Vida contra, pp. 329 ss; OLIVER LEPSIUS, Human Dignity, pp. 773 ss; JORGE REIS NOVAIS, *A dignidade*, II, pp. 247 ss.

[190] Tendo sido a NDH o argumento decisivo para a decisão de inconstitucionalidade. No sentido de que o direito à vida e a dignidade das pessoas que se encontravam em terra, ainda que ameaçados, não foram considerados pelo Tribunal, cfr. ARIEL L. BENDOR/MICHAEL SACHS, The Constitutional, p. 32.

[191] Tópico argumentativo que levou a um coro de críticas ao Tribunal, uma vez que, tomado literalmente, parecia estar a permitir, por exemplo, a tortura de um terrorista que colocou uma bomba num sítio qualquer, pois também aqui estaria em causa um sujeito responsável pelos seus actos. Assim, entre outros, cfr. KAI MÖLLER, On Treating, pp. 6 e 7; JORGE REIS NOVAIS, *A dignidade*, II, pp. 250 e 251.

à semelhança da dignidade humana, para o Tribunal já era possível ponderar e, nessa medida, recorrer ao princípio da proporcionalidade. Tendo concluído que, nesse caso, a medida de abate do avião só com terroristas a bordo, em face das circunstâncias fácticas, não violava a norma da proporcionalidade, pelo que não era inconstitucional.

Aqui chegados, em face de tudo o que acima deixei dito, parece que a solução adoptada pelo Tribunal Constitucional Federal Alemão é muito discutível.

3.2. Resolução do caso à luz das premissas anteriormente estabelecidas

25. Depois de descrever o caso da LSA, importa agora procurar resolvê-lo à luz dos pressupostos conceptuais e normativos de que parti.

A resolução do caso implica, pelo menos, três passos: (i) tendo em consideração o caso em análise – no âmbito do qual releva a permissão de abater um avião com terroristas e passageiros inocentes a bordo, que pode tirar a vida a pessoas inocentes que se encontram em terra –, cabe, a um tempo, começar por seleccionar o material jurídico *prima facie* relevante, ou seja, os enunciados e eventuais normas constitucionais aparentemente aplicáveis a esta situação factual[192], e, a outro tempo, proceder à operação de *subsunção* dos factos (do caso individual) à previsão (genérica) das normas escolhidas, de modo a confirmar se todas elas são aplicáveis; (ii) verificando-se mais do que uma norma aplicável, cumpre perceber se se verifica ou não um conflito normativo; e, verificando-se a antinomia, (iii) é necessário resolver o conflito normativo concretamente identificado.

No caso do abate do avião, conforme mencionei, é possível divisar duas situações distintas que merecem, por isso, tratamento autónomo: (i) abate de um avião com terroristas e passageiros inocentes a bordo; (ii) abate de um avião apenas com terroristas a bordo.

26. No que se refere à situação de abate de um avião tomado por terroristas com passageiros inocentes a bordo e que está a ser usado como uma arma contra a vida de seres humanos que se encontram em terra, facilmente se constata que temos dois grupos de pessoas: (i) as que se encon-

[192] Furto-me aqui à análise do momento da interpretação.

tram em terra e (ii) as que se encontram no avião (terroristas e pessoas inocentes). Quanto ao primeiro grupo, no caso em análise, a norma constitucional potencialmente aplicável é a norma do direito à vida[193]; quanto ao segundo, é possível identificar duas normas constitucionais *prima facie* aplicáveis a esta situação factual: por um lado, o direito à vida e, por outro lado, a NDH dos terroristas e dos passageiros inocentes[194].

É preciso agora perceber se todas estas normas são efectivamente aplicáveis ao caso em apreciação. A norma do direito à vida (do prisma dos vários sujeitos) não parece colocar problemas quanto à sua aplicação, pois que se um avião se despenhar sobre uma zona povoada, tanto a vida dos tripulantes como a vida das pessoas que se encontram em terra, com um elevado grau de certeza, será afectada. Porém, contrariamente ao juízo do Tribunal Constitucional Federal Alemão[195], a aplicação da NDH é problemática. Importa relembrar que a NDH foi construída como uma proibição de o Estado instrumentalizar pessoas, e, além disso, foi explicitado que é diferente usar alguém como um meio ou causar um dano a alguém como um *efeito colateral*, termos em que apenas a utilização de alguém como um *facilitador* para um determinado fim (como salvar outrem) preenche a previsão da NDH, o mesmo não valendo para os *dificultadores*. No caso do abate do avião, à luz desta perspectiva, as pessoas inocentes a bordo não estão a ser usadas como verdadeiros meios para um fim que lhes é externo, isto é, não estão a ser usadas como facilitadores da acção de salvamento – o abate do avião –, mas, por se encontrarem no avião tomado por terroristas que pode vir a ser abatido, apresentam-se como meros dificultadores da eventual acção de salvamento[196]. O paralelismo com o primeiro caso do trólei

[193] Sendo que a posição jurídica é a do direito destas pessoas a protecção, por parte do Estado, de afectaçoes externas à sua vida e, correlativamente, o dever do Estado, perante estas pessoas, de proteger a sua vida de afectações externas.

[194] Deixarei a análise das normas que aproveitam aos terroristas para o ponto seguinte.

[195] Que, em boa verdade, nem sequer analisou este problema, tendo-se limitado a considerar que os inocentes a bordo do avião estariam a ser tratados como meios. Afirmando que a NDH serviu como uma ferramenta para o Tribunal conseguir fugir à proporcionalidade e, assim, manter a conclusão da natureza absoluta daquela norma, cfr. KAI MÖLLER, The Right, p. 53.

[196] Precisamente neste sentido, cfr. MATTIAS KUMM, Political Liberalism and the Structure of Rights: On the Place and Limits of the Proportionality Requirement, GEORGE PAVLAKOS (Ed.), *Law, Rights and Discourse – The Legal Philosophy of Robert Alexy*, Oxford, 2007, pp. 154 ss; KAI MÖLLER, The Right, pp. 59 e 60. Imagine-se, porém, que havia um terrorista em terra (ou outra pessoa qualquer) e que o Estado o usava como bala de uma arma para abater o avião.

descrito no ponto **3.1.2.**[197] é evidente: tal como a morte do transeunte que se encontra na linha parece ser contingente – uma vez que o transeunte podia ou não estar na linha para onde o trólei é desviado –, também a morte das pessoas inocentes é, nessa conformidade, contingente e colateral, porque eles podiam estar ou não estar no avião que se pretende abater[198]. Sem embargo, é de salientar, desde já, que isto não significa forçosamente que o abate do avião é permitido, senão tão-só que a NDH parece não se aplicar a este caso; de maneira inversa, teríamos então no caso presente um conflito «uni-normativo» da norma do direito à vida que colide com ela própria mediante, claro, diferentes sujeitos da estatuição[199].

O conflito a resolver é, assim, um conflito entre a norma do direito à vida das pessoas que se encontram no solo[200] e o direito à vida das pessoas que se encontram no avião[201]. Por estarmos perante um conflito normativo entre duas normas constitucionais – deonticamente, o direito à vida de uns impunha o abate do avião, ao passo que o direito à vida de outros proibia a mesma conduta –, nenhuma das normas de resolução de conflitos de 1º grau se aplica, caso em que não podia deixar de se recorrer à ponderação, que é regulada pela norma da proporcionalidade. Admitindo que é possível ultrapassar os dois primeiros testes da proporcionalidade[202], restaria analisar o caso à luz da proporcionalidade em sentido estrito, o que nos remete para a «fórmula do peso», que impõe a consideração de três

Neste exemplo (absurdo, é verdade), já estaríamos, sem margem para dúvidas, perante um caso de instrumentalização.

[197] Um trólei desgovernado tirará a vida a cinco pessoas, se um transeunte não mudar o seu curso para outra linha, caso em que, o que por este é previsto, tirará a vida a uma pessoa.

[198] Em igual sentido, ainda que ancorando as suas conclusões na teoria dos efeitos colaterais, cfr. Jorge Reis Novais, *A dignidade*, II, pp. 261 ss. Também considerando que a NDH não se aplicava ao caso, mas com diferentes fundamentos, cfr. Christoph Möllers, Democracy and, pp. 434 ss.

[199] Sobre a distinção entre conflitos *uni-normativos* e *bi-normativos*, cfr. David Duarte, Structuring Addressees in Fundamental Rights Norms: An Application, Kenneth Einar Himma and Bojan Spaić (Eds.), *Fundamental Rights: Justification and Interpretation*, Den Haag, 2016, pp. 90 ss.

[200] Quanto às pessoas em terra, está em causa um dever do Estado, perante estas pessoas, de proteger a sua vida de afectações por parte de terceiros.

[201] Quanto às pessoas que se encontram no avião, está em causa, como se viu, o dever do Estado, perante estas pessoas, de respeitar a sua vida.

[202] Embora alguns comentadores do caso cheguem a questionar a adequação do meio – Oliver Lepsius, Human Dignity, pp. 774 e 775.

variáveis às quais terão de ser atribuídos valores, de modo a estabelecer a prevalência entre as normas colidentes: (i) o peso abstracto das normas colidentes; (ii) a intensidade da interferência sobre essas normas; e (iii) a certeza acerca das premissas empíricas e normativas[203]. Não sendo aqui exequível ensaiar uma completa fundamentação da atribuição de valores a cada uma das variáveis, procederei à sua atribuição sem pretensão de a justificar de maneira desenvolvida, valendo o exercício pela ilustração em concreto da operação.

Conforme ficou já assente, no caso em análise, está em causa uma medida de abate de um avião que, por um lado, restringe o direito à vida das pessoas que se encontram a bordo do avião (N1), e, por outro lado, é adoptada ao abrigo do (noutros termos, é justificada constitucionalmente pelo) direito à vida das pessoas que se encontram no solo (N2).

Quanto ao peso abstracto relacional do direito à vida em conflito consigo próprio, poderia atribuir-se um valor elevado a N1 (4) e um valor elevado a N2 (4), com o simples fundamento de não ser possível defender que a vida de uns vale mais do que a vida dos outros. No que se refere à intensidade da interferência[204], pode atribuir-se um valor médio à intensidade da restrição a N1 (2), ao passo que em relação à restrição da N2 poder-se-ia atribuir um valor elevado à respectiva intensidade (4), o que pode ser justificado pela inevitabilidade da morte das pessoas que se encontravam no avião[205/206]. Assim, o resultado da equação $W_{N1 \cdot N2}C = \frac{W1 \cdot I1}{W2 \cdot I2}$ (ou

[203] Contudo, não irei aqui analisar a variável da fiabilidade; em qualquer caso, parece-me que a mesma não alteraria o resultado da ponderação.

[204] De acordo com o Art. 14.1 da LSA, tinha de estar em causa "*a produção de um acidente especialmente grave*", embora não fique totalmente claro no que consiste este acidente «especialmente grave». Como é normal, saber que tipo de ataque está em causa não é indiferente para a ponderação, mas aqui tal aspecto não será tido em atenção.

[205] Considerando igualmente que a inevitabilidade da morte das pessoas que se encontravam é um dado decisivo para a solução deste caso, cfr. Jorge Reis Novais, *A dignidade*, II, pp. 278 ss. Do lado do direito à vida das pessoas que se encontravam em terra talvez também pudesse considerar-se ainda que a gravidade residia igualmente no facto de estar em causa um ataque contra a sociedade civil como um todo. Ainda que em contexto não coincidente, cfr. Christoph Enders, The Right, p. 6.

[206] O Tribunal embora tenha considerado, sem mais, que se verificava uma instrumentalização dos inocentes e, nessa medida, uma violação da NDH sem recurso à ponderação, referiu vários aspectos fácticos e a incerteza quanto aos mesmos, como as eventuais dificuldades de comunicação que poderiam tornar difícil saber exactamente o que se estava a passar, a ideia de que os intentos dos terroristas podiam não ser claros e, nesse sentido, a situação mudar,

seja, o resultado da ponderação) era o seguinte: $W_{N1 \cdot N2}C = \frac{4 \cdot 2}{4 \cdot 4} = 0{,}5$ (resultado abaixo de 1), de onde se retiraria a prevalência de N2 sobre N1 (isto é, do direito à vida das pessoas que se encontravam no solo sobre o direito à vida das pessoas que se encontravam no avião), caso em que se teria de qualificar deonticamente como *permitida* a medida de abater o avião[207].

bem como o facto de o tempo para proceder à acção de salvamento ser de tal modo curto que a poderia tornar implausível (sobre a incerteza quanto a estes aspectos, por exemplo, cfr. JOSEF ISENSEE, Vida contra, pp. 318 ss; OLIVER LEPSIUS, Human Dignity, pp. 774 ss). Com base nesta ideia poder-se-ia eventualmente amenizar o argumento da inevitabilidade da morte das pessoas a bordo e, nesse sentido, atribuir também um valor elevado à interferência com o direito à vida das pessoas que se encontrassem a bordo (ou, claro, relevar estes aspectos no âmbito da variável da fiabilidade das premissas fácticas). Existem outros argumentos que também aproveitariam às pessoas a bordo e que eventualmente se poderiam considerar: um, consiste no facto de talvez não ser igual a afectação do direito a que o Estado respeite o direito à vida em comparação com a afectação do direito a que a vida seja protegida pelo Estado; outro, consiste na eventual insuportabilidade dos efeitos da medida adoptada para as pessoas a bordo afectadas (considerando que este passo argumentativo poderia resolver a ponderação no caso em apreciação, cfr. GUSTAVO A. BEADE, El carácter deontológico de la ponderación. Una análisis de las posiciones de Alexy y Dworkin en relación con el caso de la Ley de Seguridad Aérea Alemana, GUSTAVO A. BEADE/LAURA CLÉRICO (eds.), *Desafíos a la ponderación*, Bogotá, 2011, pp. 293 ss).

207 Por se mostrar importante para o que se tem procurado demonstrar – a NDH é ponderável –, para efeitos ilustrativos, imaginemos, contudo, que a NDH era efectivamente aplicável ao caso presente. Como nos encontrávamos perante um conflito normativo entre duas normas constitucionais – o direito à vida de uns impunha o abate do avião, ao passo que a NDH proibia a mesma conduta –, nenhuma das normas de resolução de conflitos de 1º grau se aplicava, caso em que se tinha de recorrer à ponderação e, assim, à proporcionalidade. Passando os dois primeiros testes, importaria analisar o caso à luz da proporcionalidade em sentido estrito, mais concretamente com recurso à «fórmula do peso», que impõe a consideração de três variáveis, como se viu. Aqui irei também apenas considerar o peso abstracto das normas colidentes e a intensidade da interferência sobre essas normas.

Quanto ao peso abstracto relacional da NDH em comparação com o direito à vida (N2), poderia atribuir-se um um valor elevado à NDH (4) e um valor médio à N2 (2), com fundamento no facto de a NDH ter, no caso, conexão com a própria vida – enquanto o direito à vida aparece individualmente considerado –, bem como no facto de as decisões dos tribunais costumarem atribuir-lhe um valor superior mesmo tendo por comparação o direito à vida. No que se refere à intensidade da interferência sobre a NDH, poderia considerar-se que era eventualmente elevada (4), ao passo que à interferência sobre a N2 poder-se-ia atribuir um valor elevado (4), o que pode ser justificado simplesmente pelas consequências advenientes da medida do abate para os dois grupos de sujeitos (poder-se-ia, contudo, também discutir sobre se a interferência sobre a dignidade neste caso não era somente média à luz da inevitabilidade do desfecho, para as pessoas a bordo, do despenhamento do avião; é de frisar que se se considerasse a

27. No que se refere à situação de abate de um avião só com terroristas a bordo e que está a ser usado como uma arma contra a vida de seres humanos que se encontram em terra, também temos dois grupos de pessoas: (i) as que se encontram em terra e (ii) as que se encontram no avião, os terroristas. Em relação ao primeiro grupo, a norma constitucional potencialmente aplicável é a norma do direito à vida; já quanto ao segundo, é possível identificar duas normas constitucionais *prima facie* aplicáveis a esta situação factual: por um lado, o direito à vida e, por outro lado, a NDH dos terroristas e dos passageiros inocentes. Em concreto, como se viu no caso anterior, a norma do direito à vida não parece colocar problemas quanto à sua aplicação tanto no tocante às pessoas que se encontram em terra, como quanto aos terroristas. No que concerne à NDH, aplicam-se *mutatis mutandis* as considerações acima feitas em relação às pessoas inocentes a bordo do avião: como os terroristas a bordo não estão verdadeiramente a ser usados como *meios* para um fim que lhes é externo (não são facilitadores), a NDH é inaplicável ao caso do abate do avião e, por isso, não lhes aproveita.

Perante o conflito normativo entre a norma que consagra o direito à vida dos terroristas (N1) e a norma que consagra o direito à vida das pessoas em terra (N2), verificando-se as mesmas condições normativas, somos obrigados a resolver o conflito com recurso às normas da ponderação e da proporcionalidade. Cumpre, assim, voltar à «fórmula do objecto» e, consequentemente, considerar as duas variáveis que esta demanda.

Quanto ao peso abstracto do direito à vida dos terroristas em comparação com o direito à vida das pessoas em terra, poderia atribuir-se um valor eventualmente moderado a N1 (2) e um valor elevado a N2 (4), podendo a diferença ser justificada, por exemplo, com o facto de os terroristas pretenderem, em alguma medida, morrer[208]. Já no que se refere à intensidade da interferência sobre N1 esta era leve (1), ao passo que em relação à interferência sobre N2 se poderia atribuir um valor também elevado (4), com fundamento, a título ilustrativo, no facto de a morte dos terroristas ser um dado inevitável, porque eles próprios criaram a situação e

interferência sobre a NDH apenas média, o resultado da ponderação poderia alterar-se). O resultado da ponderação era o seguinte $W_{NDH \cdot N2}C = \frac{4 \cdot 4}{2 \cdot 4} = 2$, de onde se retiraria a prevalência da NDH sobre a N2 (direito à vida), caso em que se teria de qualificar deonticamente a conduta de abater o avião como proibida.

[208] Referindo que estão em causa «missões suicidas», cfr. RAYMOND YOUNGS, Germany: Shooting, p. 336.

porque a intenção deles era justamente a de morrer à luz de uma qualquer razão. O resultado da ponderação era, portanto, o seguinte: $W_{N1 \cdot N2}C = \frac{2 \cdot 1}{4 \cdot 4} = 0{,}125$, de onde se retiraria, com clareza, a prevalência de N2, ou seja, do direito à vida das pessoas em terra, caso em que se teria de qualificar deonticamente como permitida a medida de abater o avião.

§4º Considerações finais

31. Não é minha intenção sintetizar a integralidade das proposições anteriormente alcançadas, senão apenas sublinhar que com o presente estudo procurei, partindo do sentido normativo da proibição de instrumentalização hipotizado como conteúdo da NDH, reconstruir analiticamente a referida norma, de modo a permitir mais facilmente a sua operatividade prática. Em adição, procurei ainda demonstrar que o axioma da sua natureza absoluta é logicamente insustentável, pelo que a NDH, como qualquer outra, também pode entrar em conflitos normativos e, eventualmente, ser derrotada. Em virtude da sua estrutura previsiva, é, aliás, natural que conflitue com outras normas constitucionais e seja, para a resolução das respectivas antinomias, sujeita à metodologia da ponderação, ainda que norteada pela norma da proporcionalidade. Tudo isto a despeito, naturalmente, de todas as dificuldades suscitadas logo no momento interpretativo, que aqui não foram abordadas.

Não obstante, de importância extrema em face das ideias obtidas que acabo de apresentar se perspectiva a consideração final de que, em bom rigor, nada disto implica a conclusão de que, no contexto do modelo analítico apresentado, a NDH pode ser facilmente derrotada. Pelo contrário, ficou demonstrado que o seu índice de derrotabilidade é, na verdade, muito baixo, em especial à luz da força abstracta que a mesma mostra em comparação com as restantes normas de direitos fundamentais. Os ganhos da tese por mim sustentada residem na descrição de um fenómeno sem necessidade de construções artificiais ou nebulosas para manter uma conclusão axiomática de partida, bem como na coerência e transparência dos juízos argumentativos levados a cabo, como procurei exibir com a reanálise do caso alemão da Lei da Segurança da Aviação.